KB206226

복음 중의 복음

요한계시록

복음 중의 복음 요한계시록

지은이 황규관
펴낸곳 도서출판 하림
편   집 김수정
디자인 황예림

초판 1쇄 발행 2023년 1월
출판신고
서울시 광나루로 44길 55
(02) 456-3927

ISBN 978-89-966439-7-5

복음 중의 복음

요한계시록

황규관 저

말씀 앞에서 떨리는 가슴으로 함께 만든 하모니

본질적으로 기독교 설교와 예배는 '하늘과 땅이 잇대어지는 신비' 이고, 설교자와 회중은 말씀 앞에서 그것을 경험하며 두려운 떨림으로 그 신비의 가장자리에서 함께 춤추는 사역입니다. 그것을 먼저 경험한 설교자는 그 신비를 이 땅에 펼쳐 보이기 위해 몸부림치는 존재, 즉 하나님의 열정과 정념(pathos)에 이끌려 가는 사람입니다. 아브라함 헤셸이 주장한 대로 그는 "가슴 깊은 곳에서 솟구치는 뜨거운 말씀에 사로잡혀" 달려가는 존재입니다. 그에게 성 삼위 하나님은 "거역할 수 없는 실재"이고 "당황하여 쩔쩔매게 하는 임재"입니다. 그분에 대해 뜨거운 감수성과 민감성을 가지고 있기에 그는 그분의 "말씀에 얻어맞은 증인"으로 달려가는 존재이기에 그가 달려가 그 말씀을 전하기 시작할 때 거기에는 하늘의 세계가 활짝 펼쳐지게 됩니다. 그때 사람들은 하나님의 현존을 새롭게 경험하게 되며, 말씀 앞에서 벌떡벌떡 일어나는 경험을 하게 됩니다. 그런 점에서 설교와 예배는 하나님의 신비(mysterium) 가운데 펼쳐지는 사역입니다.

이러한 고백을 가지고 사역의 현장에서 힘차게 달려온 한 설교자가 말씀선포의 현장에서 발견한 사실들을 성도들과 나누기 위하여 준비된 본서는 예배의 현장에서 설교자와 회중이 아름다운 하모니를 이루며 말씀 앞에서 춤추었던 기록을 묶은 것입니다. 예배의 자리에서 설교자와 성도들이 말씀 앞에 엎드려 겸손하게 듣고, 감격하여 '하나님의 신비의 가장자리'(the edge of God's Mystery)에서 춤을 춘 기록들입니다. 1세기 말, 교회가 거대한 박해라는 깊은 어려움 가운데 있을 때 고난 가운데 있는 성도들을 위로하기 위해 주셨던 요한계시록의 말씀을 통해 주시는 메시지를 풀어놓은 책입니다.

장로회신학대학교 예배/설교학 교실에서 공부한 저자는 늘 말씀과 교회, 복음과 말씀의 진리, 광막한 광야와 같은 인생을 허덕이면서 달려가는 성도들을 가슴에 품고 강단에 엎드려 기도로 몸부림치고, 서재에서 말씀 연구로 밤을 지새우고, 거침없이 하나님의 뜻을 선포하기 위해 불타는 가슴을 가지고 강단에 오르는 사역자입니다. 십자가의 피 묻은 복음, 주님의 교회, 성도들, 하나님을 떠나 세상, 바른 말씀이 선포되어야 할 강단…. 그 어느 것 하나도 소홀히 할 수 없어 늘 주님 앞에 엎드려, 불타는 가슴으로 사역의 길을 힘차게 달려오신 목양자가 성도님들과 함께 말씀 앞에 자신을 우뚝 세워가려는 쇠하지 않는 열정이 빛나고 있어 본서는 더 아름답습니다. 그 몸부림의 여정에서 경험한 성 삼위 하나님의 현존과 역사하심을 가슴 뭉클한 이야기로 풀어 증언하고, 긴 몸부림 속에서 금맥을 찾아낸 광부와 같이, 유레카를 외치는 학자의 열정에 찬 외침으로 말씀의 세계를 섬세하면서도 선명하게 풀어주고 있어 본서는 읽는 이로 하여금 그 세계에 온몸을 잠그게 합니다.

코로나 팬데믹으로 긴 시간 묶여 있었던 교회와 사역, 특별히 예배를 새롭게 세워가야 할 사명 앞에 우린 서 있습니다. 성경에서 새롭게 발견한 복음의 핵심 위에 자신과 교회를 바로 세우기 위해 목숨을 걸었던 개혁교회 전통 위에 굳게 서 온 강단에서, 난해한 책으로 여겨지는 요한계시록의 말씀을 다시 읽으며 "'복음의 진수'를 깨달아 믿음의 역동성을 되찾고 그 안에서 자유를 누리고 생명이 회복되는 기쁨"
을 찾기 위해 몸부림치는 설교자와 성도님들이 아름답습니다. 본서는
고난 가운데 있는 성도들에 들려주신 계시록의 말씀 속에 담겨있는
신비를 새롭게 발견할 수 있도록 해 줄 것이라 믿어 일독을 권합니다.

장로회신학대학교 총장 김 운 용

저자 서문

요한계시록을 설교하게 된 계기는 이단에 빠진 두 명의 청년을 상담한 후입니다. 한 명은 목회자의 딸이었고, 다른 한 명도 모태신앙을 가진 청년이었습니다. 두 청년 모두 대학에 입학한 후에 이단에 빠졌었고 다행히 지금은 둘 다 돌아온 상태입니다. 그들은 어릴적부터 교회에서 생활했고 신앙교육도 받았지만, 요한계시록에 관해 교육받지 못했습니다. 이단으로부터 처음 접한 요한계시록은 그들을 정통교회에서 떠나게 하기에 충분했습니다. 이들을 만난 이후에 필자는 회개했습니다. 그때까지 필자는 성경통독원에 참석한 사람들에게 시간이 없다는 이유로 개관만 하고 자세히 가르치지 못했기 때문입니다.

요한계시록은 온갖 학설로 복잡해졌고, 잘 못 다루면 이단 시비에 휘말리기에 다루기를 꺼리는 책이 되었습니다. 강단에서 다루어지지 않으니 성도들은 여기저기서 주워들은 얘기로 요한계시록을 이해하였습니다. 그러는 사이 이단들은 한국교회 안에 깊숙이 들어와 영혼들을 사냥했습니다. 이를 깨닫고 회개한 후에 요한계시록을 설교하고 세미나를 진행하고 있습니다. 이번에 출판한 내용은 필자가 섬기는 교회에서 두 번에 걸쳐 설교한 것을 정리하였습니다.

많은 사람은 요한계시록에서 신비적인 이야기를 기대합니다. 불확실한 미래에 대해 확실하게 알기를 원하거나 종말의 때, 또는 내세와 천국의 모습에 관해 구체적으로 알길 원합니다. 하지만 요한계시록은 그런 이야기에 대해 별 관심이 없습니다. 주님께서 하고자 하신 말씀은 신비한 것이나 미래에 벌어질 일에 대한 것이 아니라 복음과 복음의 삶에 관한 것입니다. 그러기에 본 강해집은 요한계시록이 말하는 복음과 복음의 삶에 관해 이야기합니다.

이 책이 나오기까지 힘이 되어 주신 분들과 하나님께 감사드립니다. 무엇보다 해석에 많은 도움을 주신 선배 목회자들의 연구에 감사드립니다. 또한, 부족한 목사와 함께 하나님의 나라를 세워가며 늘 격려해주시고 기도해 주시는 하림교회 교우들께 감사드립니다. 곁에서 묵묵히 동역하며 편집해 준 아내 김수정 사모와 표지를 디자인하느라 수고한 큰딸 예림이, 자신의 자리에서 성실하게 살아가는 가족들 모두에게 감사드립니다.

그리고 부족한 제자를 위해 기꺼이 추천의 글을 써주신 장로회신학대학교 총장 김운용 목사님께 깊은 감사를 드립니다.

이 책을 통해 요한계시록에 대한 바른 이해가 주어지길 소망합니다.

2023년 1월 함박눈이 하얗게 내리는 날
청담동 작은 방에서
황규관

목차

1. 복음 중의 복음 "요한계시록"

요한계시록을 시작하기 전에 우리는 요한계시록을 보는 관점에 관해 생각해 보길 원합니다. 이단들이 가장 좋아하는 성경이지만, 일반 교회들은 다루기를 가장 꺼리는 성경이 요한계시록입니다. 참 이상하죠? 창세기부터 유다서까지는 그렇지 않은데 가장 마지막에 수록된 요한계시록은 이렇게 극단적인 대우를 받고 있다는 것이 말입니다. 이렇게 된 이유가 있습니다. 그것은 요한계시록에 상징적인 언어가 많이 들어가 있기 때문입니다. 그래서 이단들은 장난질하기에 아주 좋아 다루기를 선호하는 것이고, 반대로 일반교회는 잘못 건들면 이단 시비에 휘말릴 위험이 있기에 아예 다루지 않는 것이 신상에 좋다고 생각하는 경향이 있습니다. 하지만 이렇게 되면 요한계시록을 통해 말씀하시길 원하시는 하나님의 소리를 듣지 못하게 됩니다. 요한계시록은 본서의 제목처럼 "복음"입니다. 그것도 "복음 중의 복음"입니다.

이 요한계시록을 보는 몇 가지 중요한 관점을 말씀드리겠습니다. 이렇게 관점을 먼저 말씀드리는 이유는 어떤 필터를 통해 보느냐에 따라 보이는 사물의 색깔이나 형태가 바뀌어 보이듯이 요한계시록을 보는 관점은 필터와 같아서 관점에 따라 요한계시록을 달리 보게 되기 때문입니다. 신천지 이만희의 가르침을 통해 보는 사람들은 요한계시록뿐 아니라 성경 전체를 왜곡하게 됩니다. 이렇게 말씀드리면, 당신이 말하는 관점도 요한계시록을 당신이 의도하는 데로 이끄는 것이 아니냐고 할 분이 있을 줄 압니다. 하지만 제가 말씀드리는 관점은 창세기부터 요한계시록까지의 성경을 보는 관점과 같다는 것을 먼저 말씀드리겠습니다. 그리고 그 의심의 눈은 버리지 마시고 끝까지 유지하셔야 합니다. 그리고 제가 말씀드리는 관점과 그 이후의 모든 말씀을 듣고 판단하셔야 합니다. 각각의 성도들 안에 거하시는 성령님의 조명하심과 성경 전체가 말하는 의도에 예민하게 반응하면서 함께 보도록 하겠습니다.

첫 번째로 요한계시록은 복음이라는 관입니다.

성경의 주 내용은 복음입니다. 당연하죠. 구약도 복음, 신약도 복음입니다. 구약은 율법, 신약은 복음이 아닙니다. 창세기부터 요한계시록까지 전체가 복음입니다. 인간이 범죄 한 후에 메시아를 약속하실 때, 인간의 행위를 전제하지 않았습니다(창 3:15). 그것은 은혜의 약속이었습니다. 노아의 방주도 그러하며, 믿음의 조상 아브라함을 부르시고 자녀를 주심도 그의 행위에 근거하지 않고 오직 은혜의 복음으로 되었습니다. 출애굽기의 성막도, 레위기의 율법도, 선지서의 메시아 약속도 모두 복음이었습니다. 이렇게 성경은 복음의 시작이었고 본론이었습니다. 그리고 요한계시록은 그 복음의 결론이요 절정입니다. 성경은 복음으로 시작하였다가 요한계시록에서 율법이나 행위로 마무리 짓지 않습니다. 우리가 요한계시록을 진행하면서 보겠지만, 이단들이나 행위를 강조하는 분들은 요한계시록 내에 흰 세마포와 거룩한 행실, 거짓말 한 자, 음행한 자, 우상숭배자 등이 등장할 때마다 문맥이나 그 의도를 놓치고 행위로 구원을 받고 심판을 받는 것이라고 해석하여 복음으로 시작했던 성경의 이야기를 행위나 율법으로 마치려는 어리석음을 범하는 경우가 있습니다. 이런 자들에 대하여 바울은 "(갈 3:3) 너희가 이같이 어리석으냐 성령으로 시작하였다

16

가 이제는 육체로 마치겠느냐"라고 합니다. 창세기부터 유다서까지 하나님의 은혜의 복음으로 보았듯이 요한계시록도 복음의 눈으로 보아야 합니다.

두 번째로 요한계시록은 단지 미래에 될 일만을 기록한 책이 아닙니다.

요한계시록을 미래에 될 일이라고 생각하고 해석하는 사람들이 많습니다. 하지만 이렇게 미래적 해석으로 본 것은 그리 오래된 역사가 아닙니다. 요한계시록에 대한 글들을 보면 1600년대까지는 미래적 해석이 없고 현재적으로 해석했던 것을 볼 수 있습니다. 그러나 조금씩 미래적 해석이 고개를 들어 1800년대 들어서면서 시대적 사건과 연관하여 미래에 될 심판과 구원의 역사로 해석하는 경향이 강해졌습니다. 그리고 이러한 해석은 복음이 성도를 자유롭게 하는 것이 아니라 종교로 옭아매고, 심판이나 천국의 상급 개념 등과 결합하면서 바르지 않은 신앙인들을 만들거나 이단들이 등장하는데 토대가 되었습니다. 중요한 것은 요한계시록이 처음 주어질 때는 현재적인 이야기였다는 사실입니다. 요한계시록은 1세기 당시 이 말씀을 받았던 성도들에게 주어진 것이고 그들은 이 말씀으로 자신들에게 주어진 신앙의 싸움에서 이기라는 격려를 받았습니다. 그리고 그것은 시대가 계속되면서 오고 오는 세대마다 똑같이 현재적인 말씀으로 주어집니다. 모든 말씀이 현재적이고 동시에 미래적인 말씀으로 주어진 것처럼 요한계시록도 현재적이며 미래적인 말씀으로 주어졌습니다. 결론적으로 요한계시록은 시대와 장소, 민족과 나라를 초월하여 말씀을 읽는 모든 사람의 현재의 삶에 주어졌고 적용된 말씀이며 미래의 약속을 붙들고 이기도록 하는 성경입니다.

세 번째로 요한계시록은 수수께끼 책이 아닙니다.

수수께끼 책이 아니라고 말씀드린 것은 많은 분이 요한계시록의 비밀을 푼다고 하며 자신만이 그 해답을 찾은 것처럼 말을 합니다. 마치 하나님께서 자신에게만 말씀해 주신 것처럼 하여 혹세무민하는 일을 행합니다. 이단들도 그렇게 하지만 개혁교회 안에서도 온갖 자의적 해석들이 난무합니다. 요한계시록을 수수께끼 책으로 보는 사람들은 문제집의 답지를 자신만 소유한 것처럼 행동합니다. 그렇게 보면 안 됩니다. 하다못해 문제집을 만들거나 살 때 제작자는 답지를 만들고, 소비자는 그것을 확인하고 삽니다. 마찬가지로 하나님께서는 요한계시록을 답지 없는 문제집으로 만들어 주시지 않았습니다. 요한계시록 안에 답이 있거나, 성경 전체 속에 그 답을 모두 갖고 있습니다. 죄송한 말씀이지만 요한계시록을 수수께끼 풀듯이 하는 분들은 성경 전체를 모르기 때문입니다. 성경에 대해 통전적 지식을 소유한 사람만이 요한계시록을 수수께끼 풀 듯 하지 않고 바르게 해석할 수 있습니다. 요한계시록은 수수께끼 책이 아니라 스스로 해석을 내놓은 책입니다.

네 번째로 요한계시록은 교회로 시작해서 교회로 마치는 성경입니다.

요한계시록의 제일의 관심사는 교회입니다. 교회에 말씀을 전하라고 하시며, 이기라고 하심으로 교회의 최종적인 승리에 관해 이야기하는 책이 요한계시록입니다. 최종적인 승리가 새 예루살렘으로 묘사되고 있는데 그것은 건물이나 지리에 관한 얘기가 아니라 교회의 충만함과 영광스러움에 대한 상징적 묘사입니다. 그러므로 요한계시록은 교회로 시작해서 교회로 끝나는 성경입니다. 교회로 시작해서 소위 "내가 본 천국", 천국환상으로 끝나는 책이 아닙니다. 이 땅의 교회와 전 우주적인 교회의 승리를 약속하고 격려하는 책입니다.

다섯 번째로 요한계시록은 선입견을 버리고 읽어야 하는 책입니다.

요한계시록을 강의할 때마다 사람들이 먼저 묻는 말이 있습니다. 목사님은 전천년주의자십니까? 무천년주의자십니까? 후천년주의자십니까? 등의 질문입니다. 이런 질문을 들을 때마다 그분들이 원하는 답을 드려야 하지만 저는 그렇게 하지 못합니다. 왜냐하면, 요한계시록은 그 어떤 주의나 사상의 틀에 가둘 수 없기 때문이다. 사실 이러한 틀은 10여 가지가 넘습니다. 그런데 10여 개가 넘는 틀 중에 딱 맞는 틀은 하나도 없다는 것이 문제입니다. 사실 이러한 틀은 인간들이 만들고, 자신들이 만든 논리에 빠져 성경의 본 의도를 놓치는 우를 범하게 합니다. 요한계시록을 제외한 어떤 성경도 이러한 틀을 사전에 정해 놓고 읽지 않습니다. 그냥 읽습니다. 읽으면서 성경이 말씀하시는 소리를 듣습니다. 그런데 유독 요한계시록만큼은 이상하게 먼저 틀을 만들고 그 틀 안에서 읽으려고 합니다. 요한계시록도 다른 모든 성경처럼 틀을 벗어버리고 읽어야 합니다. 그렇지 않으면 그 틀 안에서 헤매다가 출구를 못 찾고 다시는 들어가면 안 되는 책으로 만들게 됩니다. 이제부터는 틀은 생각하지 마셔야 합니다. 그냥 읽으시면 됩니다. 단, 서두에서도 말씀드렸듯이 요한계시록만을 편식하고 다른 성경을 읽지 않는다면 수수께끼를 풀 듯하게 된다는 것을 기억하시고 성경 전체를 통해서 하시는 하나님의 말씀을 듣는 일에 열심을 내는 자들이 되셔야 합니다.

여섯 번째로 요한계시록은 풀어내는 책이 아니라 읽으면 알 수 있는 책이라는 사실입니다.

요한계시록은 다른 성경들과 마찬가지로 읽으면 알 수 있는 책입니다. 요한계시록은 예배용 성경이었습니다. 1장 3절을 보면 "읽는 자와 듣는 자와 지키는 자"라는 표현이 나옵니다. 이 세 부류에서 읽는 자는 단수이고 나머지는 복수입니다. 그러니까 이 책은 누군가 읽어주고 나머지는 듣고 지키는 자들이라는 말씀입니다. 당연히 읽는 자도 지켜야 합니다. 이 말씀은 교회들에 보내져 교회마다 예배 때 읽고 회중들은 "아멘"으로 화답한 책입니다. 읽다가 멈추고 단어 하나 하나를 설명하고 문장의 뜻을 해석해 주어야 알 수 있는 비밀이야기가 아닙니다. 앞에서도 말씀드렸듯이 성경 전체의 이야기를 알고 요한계시록을 보는 이들에게는 어려울 것이 없는 책입니다.

일곱 번째로 요한계시록의 초점은 어린양과 하나님의 보좌입니다.

요한계시록 안에 이 두 단어 "어린양과 하나님의 보좌"는 여러 번 등장하고 반복합니다. 예수님을 어린양으로 묘사하고 성도의 현재와 미래의 영광스러운 상태를 보좌 앞에 있는 것으로 묘사하고 있습니다. 왜 예수님을 어린양으로 묘사하고 계속해서 반복할까요? 그것은 유월절 어린양의 피를 문설주에 발라 그 안에 있는 사람들을 구원한 것처럼, 예수님의 피로서 성도들을 구원한 것임을 강조하기 위함입니다. 또한, 하나님의 보좌는 바울도 에베소서 2장 6절에서 "또 함께 일으키사 그리스도 예수 안에서 함께 하늘에 앉히시니"라고 말했듯이 성도들은 하늘에 속한 존재라는 영적 정체성을 분명하게 말씀해 주고 있습니다. 이미 하늘에 앉힌 바 되었고, 영원히 앉을 것을 표현하였습니다. 이렇게 어린양과 보좌를 강조한 핵심적 이유는 모든 성도는 예수님의 은혜로 구원을 받았음을 강조하기 위해서 입니다.

여덟 번째로 요한계시록의 주제는 "이겨라" 입니다.

요한계시록의 주제는 144,000이거나, 천년왕국이 아닙니다. 이것들은 이기는 자들을 묘사하고, 이기는 자들의 영원한 삶에 대한 묘사일 뿐입니다. 요한계시록 안에서 "이기라"라는 표현은 계속됩니다. 왜 그럴까요? 그것은 요한이 이 글을 주로부터 받아 성도들에게 줄 당시 교회가 처한 환경 때문입니다. 로마의 11대 황제 도미티아누스의 박해가 극에 달할 때였습니다. 그는 자기의 아버지 베스파시아누스 황제와 형 티투스 황제처럼 명장 출신도 아니었습니다. 설에 의하면 그는 정신병력도 있었고 몸도 심히 유약했습니다. 그런 그는 형 티투스의 죽음으로 황제의 자리에 오르게 됩니다. 그러기에 그는 자신의 권력을 강화할 필요가 있었습니다. 그는 자신을 신격화하는 작업을 합니다. 도미티아누스는 자신을 "주시요 하나님(My Lord and my God)"으로 부르도록 하였습니다. 이 목적으로 황제숭배 신전이 지어졌고, 그 외의 다른 신을 섬기는 신전들에 황제 신상을 만들어 그 앞에 분향하게 했습니다. 이 행위는 아주 간단했는데 향을 피워드리면서 "황제는 나의 주인이십니다"라고 외치면 되었습니다. 이러한 행위는 소아시아에서 강력하게 행해졌는데 그 이유는 황제의 지원과 인정을 받기 위해 경쟁적으로 했기 때문이었습니다. 그러기에 이 지역에 있는 성도들은 박해를 받을 수밖에 없었습니다. 당시 성도들의 처형은 정당한 법 집행을 통해 이루어졌습니다. 성도들에게 주어진 죄명은 "불신 죄"였습니다. "불신 죄"란 황제뿐 아니라 로마가 공인하는 모든 신을 부인하고 오직 예수님 만을 신으로 섬겼기 때문에 붙은 죄명이었습니다. 요한계시록은 이러한 성도들에게 "이기라"라고 하며, 이기는 자가 받을 영광에 대해 말씀해 주고 있는 성경입니다.

아홉 번째로 요한계시록은 진노와 심판이 아니라 구원에 초점이 있는 책입니다.

요한계시록에 대한 오해는 심판에 관한 책이라는 것입니다. 그래서 요한계시록을 설교하는 이들이 심판을 찾아내고 그 고통이 클 것이라는 이야기로 사람들을 겁박하고 자신들이 원하는 형태의 신앙인으로 만드는 경향이 있습니다. 그 대표적인 것이 "7년 대환난"이라는 표현입니다. 사실 요한계시록에는 나오지도 않는 말이고 그들이 근거로 삼고 있는 구절도 앞뒤를 살피면 전혀 다른 이야기를 하고 있음을 알 수 있습니다. 이 자세한 설명은 본문을 볼 때 더 자세히 말씀드리겠습니다. 하여간 요한계시록은 하나님의 진노와 심판에 초점이 있는 책이 아닙니다. 도리어 반대입니다. 요한계시록은 고통받는 성도들을 위로하시고 구원하시는 일에 초점을 맞추어 기록된 책입니다. 그래서 요한계시록을 제대로 이해한 사람은 예수님의 재림을 간절하게 기다립니다. 혹시 심판받지나 않을까? 혹시 옆에 이 집사님은 구원받고 나는 남아 7년 대환난을 겪어야 하는 것 아닌가? 주님께서 오시면 백보좌 심판이 있고 그 앞에서 행위가 모두 드러난다는데 그리고 그 행위에 근거하여 심판하신다는데……. 등의 생각으로 예수님의 재림이나 개인적으로 주님 앞에 서는 것을 두려워하도록 하는 일에 요한계시록을 동원한다면 그것은 요한계시록의 목적을 크게 훼손하는 행위입니다. 요한계시록은 마치 출애굽기에서 모세의 출현과 그의 행위가 고통받던 히브리인들에게 구원의 기쁜 소식이었던 것과 같이 심판이 아닌 구원에 초점이 맞춰져 있는 책입니다. 요한계시록은 구원에 초점이 있는 책이라는 것을 기억하시기 바랍니다.

열 번째로 요한계시록은 시간의 순서를 따라 기록한 책이 아닙니다.

요한계시록의 기록은 시간의 흐름에 따라 될 일들을 기록한 책이 아닙니다. 1장 다음에 2장, 2장 다음에 3장의 이야기가 진행되는 식의 기록이 아닙니다. 요한계시록은 개괄적으로 기록된 책입니다. 개괄적이란 말을 사전에서 찾아보면 "대강을 추려 요점만 뭉뚱그린 것"이라고 되어있습니다. 그러니까 요한계시록은 어떤 일에 대해 대강을 추려 얘기하고 그것을 다시 언급하여 좀 더 보강하고, 뒤이어 나오는 이야기가 그것을 더 강화하여 결과적으로 분명하게 해주는 방식으로 기록된 책입니다. 이것은 아주 중요합니다. 왜냐하면, 시간상으로 기록되었다고 믿는 사람들은 요한계시록을 보면서 현재 되는 일과 다음에 벌어질 일을 추측하며 미래를 예견하는 일에 요한계시록을 사용하기 때문입니다. 이렇게 해석하면 시대가 지났을 때 부끄러움을 당하게 됩니다. 제가 신학생 때 교회는 열 발가락을 유럽연합이라고 했고, 남 왕국과 북 왕국을 중국과 러시아라고 했습니다. 지금 그런 이야기를 하면 이상한 사람으로 취급받을 것입니다. 요한계시록을 시간의 흐름으로 보면 언제나 오류를 범합니다. 2000전에 이 글이 처음 쓰일 때나 지금이나 해석은 같아야 합니다.

열한 번째로 요한계시록은 종말론이 아닙니다.

요한계시록을 시간순으로 벌어질 일을 기록했다고 보면 오해할 수 있다는 것과 단지 미래적 사건으로만 보면 안 된다는 것을 이미 말씀 드렸습니다. 요한계시록의 가장 큰 오해는 종말론이라고 정의하고 보는 해석입니다. 신학교에 들어가면 조직신학이라는 과목을 공부하게 됩니다. 이 조직신학은 "서론, 신론, 인간론, 구원론, 성령론, 교회론, 종말론" 등으로 나누어지는데 가장 마지막으로 공부하는 것이 종말론입니다. 그런데 종말론이라고 하면서 하는 공부의 주된 내용이 요한계시록입니다. 그러다 보니 신학을 하는 동안 우리의 사고는 "요한계시록은 종말론"이란 생각으로 굳어지고 그 결과, 요한계시록을 볼 때 종말론이라는 프레임을 가지고 보게 됩니다. 사실 모든 성경은 종말론을 포함하고 있습니다. 하나님의 구원과 심판의 내용을 품지 않고 있는 성경이 어디에 있습니까? 그런데 유독 요한계시록만을 종말론이라고 보면서 시작부터 방향을 결정하고 보는 책이 되어 오해를 낳게 되었습니다. 만약 종말에 될 일을 기록한 것이라면 2000년 전에 이 책을 받아 든 이들에게는 무슨 유익이 있을까요? 아니 100년 전의 사람들에게는 무슨 유익이 있었나요? 이 책은 세대를 초월하여 모든 사람에게 똑같이 현재적 말씀으로 주어진 책입니다.

열두 번째로 요한계시록은 구속사로서 원복음의 성취와 완성을 말하고 싶은 책입니다.

요한은 요한복음을 기록하면서 "(요 5:39) 너희가 성경에서 영생을 얻는 줄 생각하고 성경을 연구하거니와 이 성경이 곧 내게 대하여 증언하는 것이니라"라고 하였습니다. 그러므로 모든 성경을 구속사로 해석하는 것은 당연합니다. 그런 차원에서 요한계시록은 구속사의 결론이 됩니다. 창세기가 시작의 책이라면 요한계시록은 결론의 책이 되는 것은 당연합니다. 원복음의 성취란? 아담과 하와의 범죄로 사망 가운데 놓인 인간을 포기하지 않으시는 하나님의 사랑을 "(창 3:15) 내가 너로 여자와 원수가 되게 하고 네 후손도 여자의 후손과 원수가 되게 하리니 여자의 후손은 네 머리를 상하게 할 것이요 너는 그의 발꿈치를 상하게 할 것이니라"라는 말씀으로 드러내셨습니다. 그리고 그 약속은 예수 그리스도의 초림과 죽음, 부활과 승천, 그리고 성령의 강림으로 성취되었으며 최종적으로 그리스도의 강림으로 사탄의 세력을 완전히 멸하시고 승리하시는 것으로 완성됩니다. 그 결과 잃어버렸던 에덴동산을 새 하늘과 새 땅으로 회복하시고, 선악을 알게 하는 실과를 따먹음으로 생명과에서 멀어졌던(창 3:22 여호와 하나님이 이르시되 보라 이 사람이 선악을 아는 일에 우리 중 하나 같이 되었으니 그가 그의 손을 들어 생명나무 열매도 따먹고 영생할까 하노라) 우리에게 생명나무 열매를 먹게 하시는 것으로 성취하셨으며, 에덴에 흐르며, 에덴에 생명을 살게 했던 네 개의 강을 잃어버렸던 우리에게 생명수 강가로 인도하시는 것으로 성취하셨습니다. 이 외에도 요한계시록 전체가 인간의 죄로 잃어버렸던 모든 것이 그리스도를 통하여 성취되고 완성되었음을 알게 하여 이 땅에서의 싸움을 격려하고 이기게 하는 책입니다.

열세 번째로 복음에 확실한 지식이 있는 자가 보아야 바르게 볼 수 있습니다.

요한계시록은 골방에서 해석하는 책이 아닙니다. 산에 들어가 오랜 세월 기도해서 해석하는 책도 아닙니다. 요한계시록은 "복음 중의 복음"으로 성경 전체가 말하는 주제인 복음의 핵심입니다. 그러기에 성경 전체에 대한 지식과 통전적 이해가 있는 사람이 보아야 바르게 해석할 수 있습니다. 이 통전적 지식은 반드시 복음이 기초가 되어야 합니다. 복음이란? 예수님께서 우리의 죄를 짊어지고 죽으셨기에 우리에게 더는 죄에 대한 책임을 물을 수 없게 되었고 그 결과 심판에 이르지 않고 영원한 생명의 구원을 얻었음을 말합니다. 행위에 근거한 구원론을 요한계시록에 적용하면 안 됩니다. 예를 들어, 일명 백 보좌 심판입니다. 20장 13절을 보면, "바다가 그 가운데에서 죽은 자들을 내주고 또 사망과 음부도 그 가운데에서 죽은 자들을 내주매 각 사람이 자기의 행위대로 심판을 받고"라고 하고 있는데 여기서 "행위대로"라는 말을 윤리, 도덕적 행위로 해석하면 안 됩니다. 이 행위는 문맥에서 예수님을 믿는 것과 그렇지 않은 것입니다. 그리고 전체 속에서 믿는 자 즉, 생명책에 기록된 자는 예수님의 보혈로 그 옷을 빤 자입니다(7:14). 한 예를 더 든다면, 새 예루살렘에 들어갈 자격에 대해 말하는 21장 8절의 "두려워하는 자들과 믿지 아니하는 자들과 흉악한 자들과 살인자들과 음행하는 자들과 점술가들과 우상 숭배자들과 거짓말하는 모든 자는 불과 유황으로 타는 못에 던져지리니 이것이 둘째 사망이라"라는 말씀과 22장 15절의 "개들과 점술가들과 음행하는 자들과 살인자들과 우상 숭배자들과 및 거짓말을 좋아하며 지어내는 자는 다 성 밖에 있으리라"라는 말을 근거로 행위 구원을 말하지만, 그것도 그렇지 않습니다. 전후 문맥을 보면 이들도 생명책에 기록되지 못한 자(21:27)이거나 자기 두루마기를 빨지 못한 자(22:14)에게 해당하는 말입니다. 그러니 요한계시록은 복음에 관한 확실한 지식을 소유하고 그것에 대한 믿음이 있는 자가 해석해야 올바르게 해석할 수 있습니다.

열네 번째로 다 이루어진 일을 증언하고 다시 보게 하려는 목적이 있습니다.

요한계시록을 통해 무엇인가를 이루라고 하지 않습니다. 요한계시록을 쓴 요한은 요한복음도 썼습니다. 그러기에 요한계시록의 바른 해석을 위해서는 요한복음과 함께 보아야 합니다. 결론적으로 말하면 요한복음에서 다 이루어진 일을 요한계시록은 그것을 강하게 인식하게 하여 영적 전쟁에서 이기기를 독려하는 책입니다. 또한, 요한복음은 우리의 죄 때문에 죽은 예수님을 기록하고 있고, 요한계시록은 죽음에서 살아나셔서 우리와 함께 계신 예수님에 대해 기록하고 있습니다. 그러므로 요한계시록의 말씀을 통해 성도에게 요구하는 것은 구원을 만들어 내고 완성하라는 것이 아니라 이미 이루어진 구원을 알고 구원받은 자의 삶을 살아 이기라는 것입니다. 요한은 요한복음 3장 36절에서 "아들을 믿는 자에게는 영생이 있고 아들에게 순종하지 아니하는 자는 영생을 보지 못하고 도리어 하나님의 진노가 그 위에 머물러 있느니라"라고 분명하게 말하고 있습니다. 그 외에도 요한복음 5장 24절, 6장 47절에서도 믿음으로 얻은 구원에 대해 말합니다. 그러므로 요한계시록에서 구원이 취소되거나 확정되지 않습니다. 구원의 문제는 행위를 통해 완성되는 것이 아니라 믿음에 근거한 복음을 통해 완성되기에 요한복음에서 이미 성취되었습니다. 십자가 위에서 일곱 마디 말씀하신 것 중에 요한복음 19장 30절에서 "예수께서 신 포도주를 받으신 후에 이르시되 다 이루었다 하시고 머리를 숙이니 영혼이 떠나가시니라"라고 하셨습니다. 다 이루셨습니다. 구원은 우리의 행위 위에서 주어지거나 완성된 것이 아닙니다. 구원은 갈보리 언덕 십자가에서 완성되었습니다. 그러므로 이미 얻은 구원은 요한계시록에서 빼앗기지 않습니다. 요한계시록은 이미 얻은 구원을 다시 보게 하고 그 확신에 근거하여 믿음의 싸움을 이어가게 하는 것이 목적입니다.

열다섯 번째로 인, 나팔, 대접에 대해 당시의 상징성을 인지하고 읽어야 합니다.

요한계시록 5장까지 목사님들의 해석은 거의 같습니다. 하지만 6장부터는 해석이 갈리기 시작해서 결론 부분에 가면 너무 다른 이야기를 만들어 냅니다. 그렇다면 왜 6장부터 해석이 다양해지는 것일까요? 6장에 여섯 개의 인이 나오고 그 후에 나팔과 대접이 연이어 나오기 때문입니다. 일반적으로 "인재앙, 나팔재앙, 대접재앙"이라고 부릅니다. 그렇게 불러도 큰 무리는 없으나 저는 개인적으로 이것들을 재앙이라고 부르는 것은 요한계시록을 바르게 해석하는 데 방해가 된다고 생각합니다. 그래서 저는 인은 하나님의 계획이란 뜻에서 "인계획", 나팔은 경고의 의미가 있기에 "나팔경고", 대접은 최종적인 심판을 의미하기에 "대접심판"이라고 불러야 기록 의도를 해치지 않는다고 생각합니다. 왜 이렇게 정의하고 해석해야 하냐면, 이 세 개의 상징성은 고대 근동의 전쟁문화를 기반으로 기록했기 때문입니다(엡

6:12, 눅 11:14-23). 인은 왕이 전장에 나가 있는 총사령관에게 전쟁의 시작부터 끝까지의 계획을 알려주는 것이고, 나팔은 그것을 듣는 자신의 군사들에게는 깨어서 전쟁을 준비하게 하고, 대적에는 항복을 독려하는 행위였습니다. 마지막으로 대접은 총공격을 의미하는 것이었기에 "인계획", "나팔경고", "대접심판"이라고 정의하고 해석해야 기록 의도를 바르게 이해하게 된다고 생각합니다. 그러니까 인, 나팔, 대접은 현재 일어나고 있는 교회에 대한 박해의 원인과 결과를 알려주시며, 세상을 향한 하나님의 경고가 계속되고, 그 경고가 끝나고 나면 심판이 있을 것을 점점 구체적으로 말씀하시는 상징적 언어입니다.

열여섯 번째로 마지막으로 아주 중요한 것은 "비밀"이란 단어를 오해하면 안 된다는 사실입니다.

요한계시록을 수수께끼 풀 듯이 대하는 것을 자주 봅니다. 일부는 자신만이 계시를 받아 해석할 수 있는 것처럼 성도들을 속입니다. 그러나 요한계시록은 비밀의 책이거나 숨겨진 내용이라 특별히 선택된 사람만 해석할 수 있는 책이 아닙니다. 요한계시록 10장을 보면 바다와 땅을 밟고 있는 천사가 등장하는데 그의 손에는 펴 놓인 작은 책이 들려 있습니다. 그리고 그것을 요한에게 먹게 하는데 그것을 먹은 후에 "(10:11) 네가 많은 백성과 나라와 방언과 임금에게 다시 예언하여야 하리라 하더라."라고 하여 이것이 말씀임을 분명히 알려 줍니다. 하나님의 말씀은 닫힌 책이 아니라 열린 책입니다. 그러기에 누구나 읽으면 이해할 수 있습니다. 현대 교인들이 요한계시록을 어렵게 느끼는 이유는 "어렵다. 아무나 해석하면 안 된다. 칼빈도 해석하지 않았다" 등의 말과 "144,000, 666, 천년왕국, 백 보좌" 등에 관한 바르지 않은 선지식이 바른 이해를 방해했기 때문입니다. 그리고 독자들을 오해하게 한 단어는 "비밀"이라는 단어입니다. 이 단어는 신약 성경에 여러 번 나옵니다. 그런데 이 단어는 헬라어로 "뮈스테리온", 영어로는 "Mystery"입니다. "Secret"이 아닙니다. 숨겨진 것이 아니라 이미 드러났는데 알지 못하고 오직 믿음의 눈이 없으면 이해하지 못하는 것입니다. 이 비밀에 대해 바울은 에베소 교회에 편지하면서 기록하였는데 "(엡 3:2) 너희를 위하여 내게 주신 하나님의 그 은혜의 경륜을 너희가 들었을 터이라 (엡 3:3) 곧 계시로 내게 비밀을 알게 하신 것은 내가 먼저 간단히 기록함과 같으니 (엡 3:4) 그것을 읽으면 내가 그리스도의 비밀을 깨달은 것을 너희가 알 수 있으리라 (엡 3:5) 이제 그의 거룩한 사도들과 선지자들에게 성령으로 나타내신 것 같이 다른 세대에서는 사람의 아들들에게 알리지 아니하셨으니 (엡 3:6) 이는 이방인들이 복음으로 말미암아 그리스도 예수 안에서 함께 상속자가 되고 함께 지체가 되고 함께 약속에 참여하는 자가 됨이라" 라고 하였습니다.

2. 예수 그리스도의 계시
요한계시록 1장 1~3절

요한계시록이란 책의 이름이 말해 주듯이 요한을 통해 주신 하나님의 말씀을 함께 보려고 합니다. 요한은 고난받는 에베소 교회를 위해 예수님의 어머니 마리아와 함께 에베소에 왔고 에베소에서 하나님의 부르심을 받았습니다. 에베소에서 사역하던 요한에 관한 전승 중에는 고난받은 이야기들이 있습니다. 독살을 당할 뻔 하였으나 주님의 은혜로 벗어났고, 끓는 가마 속에 던져졌으나 아무런 해도 당하지 않았다는 이야기입니다. 이런 요한은 도미티아누스 통치 말기에 잡혀 밧모섬에서 노역하였습니다. 그 기간이 약 18개월 정도였다고 합니다. 주 후 96년 도미티아누스가 암살되자 사면되어 이 노역에서 벗어나 에베소로 돌아왔습니다. 그곳에서 주님께서 부르실 때까지 복음을 전하다가 자연사하였습니다.

요한계시록은 요한이 밧모섬에 있을 때 주님의 음성을 듣고 기록했습니다. 주님은 요한에게 이 글을 써서 소아시아의 일곱 교회에 전하라고 하셨고 그 글은 우리에게까지 이르게 되었습니다.

"(계 1:1) 예수 그리스도의 계시라 이는 하나님이 그에게 주사 반드시 속히 일어날 일들을 그 종들에게 보이시려고 그의 천사를 그 종 요한에게 보내어 알게 하신 것이라"

요한계시록은 "예수 그리스도의 계시라"라는 말로 시작합니다. 이 말은 앞으로 계속되는 말의 권위가 예수 그리스도에게 있다는 것을 분명히 합니다. 어떤 사람의 일방적인 주장이나 누군가의 조작된 말을 기록한 것이 아닙니다. 이 글은 예수 그리스도로부터 요한을 통해 주어진 하나님의 말씀이라는 사실을 분명히 하고 있습니다. 그리고 이 글을 "계시"라고 하고 있다는 사실입니다. 우리가 잘 알고 있듯이 계시란 헬라어로 "아포칼룁시스"라고 합니다. 이 단어의 의미는 "감추어져 있는 것, 가려져 있는 것을 드러내는 행위"입니다. 그래서 이 단어는 "폭로, 드러냄, 벌거벗김, 계시"라고 번역될 수 있습니다. 계시라는 한문의 뜻도 같습니다. "열 계, 보일 시"로 "열어서 보여준다."라는 뜻입니다. 그런데 이 계시는 "예수 그리스도를 목적으로 하고 예수 그리스도에게 속한 계시"입니다. 이 말은 앞으로 주어질 이야기가 예수 그리스도에 관한 것이며, 예수 그리스도에 의해 주어졌다는 것을 의미합니다. 그렇습니다. 요한계시록은 예수 그리스도에 대한 계시, 예수 그리스도에 의한 계시입니다.

또한, 이러한 예수 그리스도의 계시는 하나님이 그에게 주셨습니다. 그러니까 예수 그리스도께서 요한을 통해 교회에 하시는 말씀의 출처는 하나님입니다. 이러한 말씀은 예수님의 공생애 기간 스스로 하셨던 말씀과 일치합니다. 주님은 요한복음 5장 19절부터 20절에서 "아들이 아버지께서 하시는 일을 보지 않고는 아무것도 스스로 할 수 없나니 아버지께서 행하시는 그것을 아들도 그와 같이 행하느니라 아버지께서 아들을 사랑하사 자기가 행하시는 것을 다 아들에게 보이시고 또 그보다 더 큰 일을 보이사 너희로 놀랍게 여기게 하시리라"라고 하셨고, 요한복음 5장 30절에서도 "내가 아무것도 스스로 할 수 없노라 듣는 대로 심판하노니 나는 나의 뜻대로 하려 하지 않고 나를 보내신 이의 뜻대로 하려 하므로 내 심판은 의로우니라"라고 하셨습니다. 요한복음과 요한계시록은 모두 요한이 기록했다는 사실을 생각하면, 요한은 예수 그리스도의 언행은 하나님에게서 나온 것이고 예수 그리스도의 말씀을 듣고 행하는 이가 하나님의 백성이라는 사실을 분명히 하고 있음을 알 수 있습니다.

이러한 예수 그리스도의 계시는 미래의 어느 시점에 이루어지는 일이 아닙니다. 그래서 본문은 "속히 일어날 일들"이라고 하여 계시의 내용과 그것의 성취 시점을 말씀합니다. 여기서 "속히"라는 말에 주의해야 합니다. 요한계시록에 기록된 말씀은 단지 종말에 성취될 일만을 기록한 것이 아닙니다. 당시의 성도들에게 이루어질 일에 더 큰 관심을 두고 말하고 있습니다. 환난과 박해 속에서 그들에게 주어질 하나님의 승리 역사를 기록하고 있습니다.

그리고 사도 요한이 말하는 "속히 될 일"은 그리스도께서 계시하신 대로 반드시 일어날 일들입니다. 그리고 이 일들은 시기적으로 보면 가까운 미래에서부터 종말에 이르기까지 일어날 일들을 함께 포함하고 있습니다. 가까운 미래는 현재를 배제하지 않습니다. 앞으로 볼 본문들 속에서 사도 요한이 믿음과 사랑과 회개와 충성을 교회에 요구하는 것은 바로 "지금"입니다. 본서는 종말에 있을 일들만을 말하는 것이 아니라, 지금 교회의 일상적인 신앙생활에서 일어나는 일들 즉, 경계하고 인내하고 소망하고 지켜야 할 일들에 대해서 말씀하고 있습니다. 예언의 말씀인 본서가 가지는 의미는 기록될 당시부터 종말까지 교회의 신앙과 신앙생활에 대한 계시로, 각 교회가 항상 배우고 깨어 온전하고 영원한 생명의 삶을 소망하면서 신앙을 지키고 고난을 인내하면서 거룩한 열매를 맺는 삶을 독려하시는 하나님의 말씀입니다. 이러한 말씀은 시대를 초월하여 모든 성도에게 주어집니다. 이 말씀은 항상 현재적 실현의 말씀이 됩니다. 그것이 "속히"가 의미하는 바입니다.

이렇게 속히 일어날 일들을 종들에게 보이시려고 이 말씀을 하고 있다고 합니다. 왜 종들에게 보여주시려는 것일까요? 그것은 당연히 고통받는 성도들에게 소망을 주고, 나아가 승리하게 하기 위함입니다. 그들이 당하는 어려움의 이유는 무엇 때문이며, 그들에게 주어질 승리는 어떤 것인지, 동시에 성도를 박해하는 사탄의 세력은 어떤 존재이며, 어떻게 될지를 보여주어 그들이 당하는 시험과 환난을 이기게 하십니다. 마찬가지로 오늘을 사는 성도들도 이미 주어진 말씀을 듣기 원합니다. 그래야 이길 수 있기 때문입니다. 성도들이 말씀을 바르게 알지 못하면 신앙생활을 바르게 할 수 없습니다. 여러분은 자신을 어떤 존재라고 여깁니까? 이미 많이 변화되었기에 나름 완벽한 성도의 모습을 갖추었다고 여깁니까? 반대로 자신의 연약함과 죄성으로 인해 자신에게 실망하고 죄책감에 시달리는 존재는 아닙니까? 심지어 거룩한 삶에 대해 포기하고 있지는 않습니까? 하나님의 말씀을 바르게 들어야 이 모든 오류에서 벗어나 바르게 신앙생활 할 수 있습니다. 성경 말씀의 목적은 종들에게 주인의 말씀을 듣게 하는 데 있습니다. 여기서 종들은 누구일까요? 요한만이 종일까요? 아니면 교회의 목회자를 종이라고 하고 있을까요? 그렇지 않습니다. "종"이라는 말은 신약 전체를 통하여 예수 그리스도의 특별한 대리자로서 지명된 사람을 묘사하기 위해 사용되었으나 본서에서는 하나님의 백성 모두를 그 종으로 지칭하고 있습니다(2:20; 7:3; 22:3). 그러니까 오늘날 이 말씀을 듣는 모든 성도가 종입니다. 이 종들은 하나님께서 하시는

34

일에 대해 알아야 하기에 이 말씀을 보여주시려 합니다. 그래야 주인의 뜻을 바르게 행할 수 있는 것 아니겠습니까?

이렇게 하나님께서 예수 그리스도를 통해 하나님의 종들에게 주신 계시가 속히 이루어질 것에 관해 말씀하시고 나서 본문의 저자인 요한의 행위에 관해 설명하고 있습니다.

"(계 1:2) 요한은 하나님의 말씀과 예수 그리스도의 증거 곧 자기가 본 것을 다 증언하였느니라"

요한의 행위, 즉 사역에 대해 묘사하기를 "하나님의 말씀과 예수 그리스도의 증거 곧 자기가 본 것을 다 증언하였느니라"라고 합니다. 이 말씀을 자세히 살펴봅시다. 요한은 두 가지를 소유하고 있고 그것을 증언하고 있습니다. 먼저는 하나님의 말씀을 소유하고 있고, 또 하나는 그것에 대한 증거를 가지고 있습니다. 요한을 움직인 절대적인 이유는 그가 소유한 하나님의 말씀입니다. 하나님의 말씀을 소유했다는 것에 관해 요한은 요한일서 1장 1절에서 다음과 같이 묘사합니다. "태초부터 있는 생명의 말씀에 관하여는 우리가 들은 바요 눈으로 본 바요 자세히 보고 우리의 손으로 만진 바라"라고 합니다. 이 하나님의 말씀을 소유한 것은 동시에 하나님의 말씀에 대한 증거를 가진 것이 됩니다. 요한복음 1장에서 예수님에 대해 묘사하기를, 예수님은 태초부터 계신 자이며, 말씀이시고, 세상을 창조하신 분이라고 합니다. 이런 분이 세상에 빛으로 왔는데, 이분을 영접하면 하나님의 자녀가 되는 권세가 있다고 설명합니다. 그러니까 이분은 하나님의 말씀이며 이분을 영접 즉, 소유하는 자가 하나님의 자녀가 됩니다. 그러므로 요한은 하나님의 말씀을 소유하고 있고 주님을 만나고 따르면서 그분에 대한 증거를 갖게 되었습니다. 요한은 이러한 상태를 요한일서 1장 3절에서 "우리의 사귐은 아버지와 그의 아들 예수 그리스도와 더불어 누림이라"라고 묘사하고 있습니다. 이러므로 요한은 이 모든 것을 증언할 수밖에 없었습니다. 특별히 본서에서 한 증언은 밧모섬에서 받은 계시의 말씀입니다. 이것을 글로써 증언하고 있는 것이 요한계시록입니다.

요한계시록에는 "하나님의 말씀과 예수 그리스도에 대한 증거"라는 말이 여러 번 기록됩니다. 이것이 성도가 사는 이유이고, 이것 때문에 사탄과 세상으로부터 괴로움을 당하고, 이것 때문에 성도는 고난을 겪게 된다고 말씀합니다. 이런 차원에서 우리는 하나님의 말씀을 소유하고 있습니까? 하나님을 만난 증거가 있습니까? 이 두 가지가 있어야 증인으로서 살 수 있습니다. 책상에 앉아 성경공부만 한 사람은 증인으로서 능력을 발휘하지 못합니다. 반대로 말씀은 없고 경험만 있는 사람은 열심은 있으나 바르지 않은 열심이 자칫 자신과 주변 영혼들을 망치는 결과를 낳기도 합니다. 그러므로 모든 성도는 이 두 가지, 하나님의 말씀과 예수 그리스도에 대한 증거를 넉넉하게 소유하고 계속해서 새롭게 충전해야 합니다.

요한은 이 말씀을 전하면서 복 있는 자에 대해 말씀하고 있습니다.

"(계 1:3) 이 예언의 말씀을 읽는 자와 듣는 자와 그 가운데에 기록한 것을 지키는 자는 복이 있나니 때가 가까움이라"

36

본문에는 세 부류의 복 있는 자가 등장합니다. 그것은 "읽는 자, 듣는 자, 지키는 자"입니다. 우리 번역은 읽으면 복을 받고, 듣고 지키면 복을 받는 것처럼 되어있으나 원문은 그렇지 않습니다. 마태복음 5장의 팔 복도 "심령이 가난한 자는 복이 있나니……. 애통하는 자는 복이 있나니……. 온유한 자는 복이 있나니……." 등으로 시작하지만 헬라어 원문은 그렇지 않습니다. 팔 복의 말씀과 본문은 평서문으로 번역하여 오해를 낳은 경우입니다. 두 본문은 무엇인가를 해서 복을 받은 것 같이 번역하였습니다. 그러나 두 본문은 복이 어떤 행위의 결과로 주어진 것이 아니라 복을 받았기 때문에 그 결과로 심령이 가난해지고, 읽고 듣고 지키는 자가 되는 것을 말씀하고 있습니다. 이미 복을 받은 존재임을 강조하여 말씀하고 있습니다. 이 두 본문은 "복이 있다"라는 뜻의 헬라어 "마카리오스"라는 단어가 가장 앞에 나옵니다. 이렇게 복이 있다는 단어를 먼저 기록한 것은 이 말씀을 받는 자들이 이미 복을 받은 자들이라는 뜻입니다. 복을 받았기에 읽고, 복을 받았기에 듣고, 복을 받았기에 지키는 자가 된 것입니다. 마태복음은 "복이 있다. 너 심령이 가난한 자여……."고 한다면 오늘 본문은 "복이 있다 이 말씀을 읽는 자와 듣는 자와 그 가운데서 기록된 것을 지키는 자여 때가 가까움이라"라고 해야 합니다. 성도는 이미 복 있는 존재임을 기억합시다.

그런데 본문에서 읽는 자와 나머지 두 부류, 듣는 자, 지키는 자는 나름의 구별이 있습니다. 읽는 자는 단수로 쓰였고, 듣는 자와 지키는 자는 복수로 쓰였습니다. 이렇게 쓴 이유는 이 글은 예배 때 읽히도록 기록된 것이기 때문입니다. 공 예배 때 누군가가 이 말씀을 읽고 회중은 이 말씀을 듣고 지키는 자였기에 단수와 복수로 표현되었습니다. 앞에서 보았던 1장 "복음 중의 복음, 요한계시록"의 여섯 번째 항목에서 요한계시록은 예배 때 읽혔던 글이라 특별히 설명하지 않아도 되는 책이라고 말씀드렸습니다. 요한계시록은 읽는 자가 앞에서 읽으면 회중은 아멘으로 화답하는 책입니다. 이러한 모습은 유대 회당에서 안식일 예배 때 행하던 모습이었고, 예수님께서도 시험을 받으시고 첫 번째 말씀 사역을 하실 때 나사렛에서 하셨던 행동이었습니다(눅 4:17-22). 그렇다고 예배 때만 읽으라는 것은 아닙니다. 우리는 주님의 말씀을 항상 읽고 주야로 묵상해야 합니다. 바울은 디모데전서에서 아들 같은 디모데에게 "(딤전 4:13) 읽는 것과 권하는 것과 가르치는 것에 전념하라"라고 하였습니다. 이 말은 공적으로 말씀을 읽으라는 말씀으로도 해석할 수 있겠으나 개인적 성경 읽기를 계속하라고 하는 말씀입니다. 칼빈은 말하기를 "성경은 모든 지혜의 샘이므로 목자가 양 떼들 앞에서 제시할 것들을 성경에서 얻어야 한다."라고 하였습니다. 그러니까 성경을 읽는 것은 생명의 샘에서 생수를 공급받는 일이 됩니다.

아모스 8장 11절에서 여호와께서 말씀하시기를 "내가 기근을 땅에 보내리니 양식이 없어 주림이 아니며 물이 없어 갈함이 아니요 여호와의 말씀을 듣지 못한 기갈이라"라고 하였습니다. 우리의 목마름은 돈이 없어서도, 양식이 없어서도 아닙니다. 주님의 말씀을 듣지 못한 데서 오는 기갈입니다. 그러므로 날마다 육신을 위하여 물을 찾듯이 영혼을 위하여 주님의 말씀을 대해야 합니다. 시편 1편 1절과 2절은 "복 있는 사람은 악인들의 꾀를 따르지 아니하며 죄인들의 길에 서지 아니하며 오만한 자들의 자리에 앉지 아니하고 오직 여호와의 율법을 즐거워하여 그의 율법을 주야로 묵상하는도다"라고 합니다. 그러므로 성경을 읽는 일에 시간과 에너지를 사용해야 합니다. 그래야 영혼이 풍성함을 얻게 됩니다.

읽는 자와 함께 기록된 것은 듣는 자, 지키는 자입니다. 사실, 이 모두는 하나입니다. "읽고 듣고 지키고"입니다. 이 세 가지는 나눌 수 없습니다. 읽거나 듣는 자는 반드시 지키는 자가 됩니다. 비록 정도의 차이가 있을 수 있겠으나 여호와의 말씀은 관절과 골수를 쪼개어 죄에서 돌이키게 하고 거룩한 삶을 살도록 합니다(히 4:12). 그러기에 말씀을 가까이해야 합니다. 하나님께서 성도들에게 복을 넘치게 주시길 원합니다. 특별히 말씀을 사모하는 복, 그리하여 말씀을 읽고 듣는 복, 나아가 그 말씀대로 사는 복을 주시길 바랍니다. 그리하여 성도를 통해 하나님의 나라가 서고 믿음의 열매들이 맺히는 복이 있기를 바랍니다.

이렇게 복을 받은 자들이 읽고, 듣고, 지키는 자임을 말씀하신 주님은 이 글을 읽는 자들에게 이 행위를 계속해야 할 이유를 말씀하고 있는데 그것은 "때가 가까움이라"라는 말씀입니다. 원문에는 "가르"라는 접속사가 있습니다. "왜냐하면"이라는 뜻입니다. 이 말을 넣어 번역하면 "복이 있다. 말씀을 읽는 자와 듣는 자들 그 가운데에 기록한 것은 지키는 자들이여 왜냐하면 때가 가깝기 때문이다."라고 할 수 있습니다. 복 있는 자들이 읽고, 듣고, 지키는 일을 계속해야 할 이유는 "때가 가깝기 때문"입니다.

그렇다면 "때"는 어떤 "때"를 말하는 것일까요? 그것은 원어를 보면 알 수 있습니다. 여기서 "때"를 가리키는 단어는 헬라어 "카이로스"입니다. 그리스 신화를 보면 시간의 신이 둘이 있습니다. 하나는 크로노스이고 또 하나는 카이로스입니다. 간단히 정의하면 크로노스는 일반적인 시간의 개념을 의미하고, 카이로스는 기회의 시간을 의미합니다. 본문이 말하고 있는 때는 카이로스를 말하는데 그 신에 관한 이야기를 조금 하겠습니다. 이 신은 앞 머리털은 있으나 뒤 머리털은 없습니다. 그의 양발에는 날개가 달려있고 양손에는 각각 저울과 칼을 가지고 있습니다. 그리고 그 신의 형상 밑에 이렇게 쓰여 있습니다. "앞머리가 무성한 이유는 사람들이 내가 누구인지 금방 알아차리지 못하게 하고, 나를 발견했을 때는 쉽게 붙잡을 수 있도록 하기 위함이고, 뒷머리가 대머리인 이유는 내가 지나가고 나면 다시는 나를 붙잡지 못하도록 하기 위함이며, 발에 날개가 달린 이유는 최대한 빨리 사라지기 위해서이다. 저울을 들고 있는 이유는 기회가 앞에 있을 때는 저울을 꺼내 정확히 판단하라는 의미이며, 날카로운 칼을 들고 있는 이유는 칼같이 결단하라는 의미이다. 나의 이름은 '기회'이다."

그러니까 본문에 때를 가리키는 단어로 "카이로스"를 사용하여 때가 가깝다고 하는데, 이는 어떤 특별한 때를 가리키며 그때가 가까움을 강조하여 말하고 있는 것입니다. 그것의 미래적 의미의 때는 예수 그리스도의 재림 때입니다. 물론 이 의미도 있으나 성경 전체와 이제부터 볼 요한계시록에서 말하는 기회의 때는 성도가 매일 감당해야 할 믿음의 때입니다. 성도에게 주어진 기회의 때를 통해 하나님의 말씀을 증거하며, 사탄과 싸움에서 승리하는 기회의 때를 위해 말씀을 읽고, 듣고, 지키는 자가 되어야 합니다. 그 기회는 매 순간 우리에게 주어지기에 깨어 있어야 잡을 수 있습니다.

바울은 에베소서와 골로새서에서 "세월을 아끼라 때가 악하니라(엡 5:16, 골 4:5)"라고 하고 있는데 여기서 "세월"이라고 한 단어가 "카이로스"입니다. 우리에게 주어지는 삶 속에서 "기회의 때"를 놓치지 말고 복음을 전하라고 하는 말씀입니다. 요한을 통해 예수 그리스도의 계시 말씀의 시작을 보았습니다. 오늘이라는 삶을 사는 동안 하나님의 말씀을 읽고, 듣고, 행하는 일에 힘을 다하여 매 순간 주어지는 기회의 때에 하나님께서 우리에게 맡겨주신 증인의 삶을 사는 자가 되기를 바랍니다.

3. 은혜와 평강이 있기를 원하노라
요한계시록 1장 4 - 5절

그리스도 예수의 계시라고 하며 이 말씀을 읽는 자와 듣는 자들과 지키는 자들이 복이 있다고 한 요한은 이 말씀을 아시아에 있는 일곱 교회에 편지하고 있습니다. 이 편지글을 보면서 하나님께서 일곱 교회를 시작으로 이 땅의 모든 교회에 하신 말씀을 보겠습니다.

"(계 1:4) 요한은 아시아에 있는 일곱 교회에 편지하노니 이제도 계시고 전에도 계셨고 장차 오실 이와 그의 보좌 앞에 있는 일곱 영과"

요한은 아시아에 있는 일곱 교회에 편지합니다. 본문에서 말하는 아시아는 우리가 사는 아시아가 아닙니다. 현재 터키 서남부에 있는 지역입니다. 그리스 동쪽에 있는 에게해를 건너면 첫 번째 만나는 지역이 아시아라는 지역입니다. 이 지역 때문에 현재 우리가 사는 대륙이 아시아라고 불리게 되었습니다. 현재 아시아와 구별하기 위해 요한계시록이 주어졌던 지역을 소아시아라고 말합니다. 요한은 이 지역에 편지를 쓰고 있습니다. 그 이유는 이 지역의 성도들이 심한 박해가운데 있었기 때문입니다. 이곳의 지도자들은 개인적인 영달이나 지역의 발전을 위해 황제의 지원을 끌어내야 했습니다. 그러려면 황제에게 잘 보여야 했고 황제숭배를 적극적으로 행할 수밖에 없었습니다. 이런 곳에서 황제를 신으로 인정하지 않고 오직 예수님만을 하나님으로 믿는 그리스도인들이 박해를 당하는 것은 당연했습니다. 이렇듯 박해받는 교회에 요한은 주님의 말씀을 받아 전하고 있습니다. 그리고 이 일곱 교회는 단지 소아시아의 일곱 교회만을 의미하지 않습니다. 이 일곱 교회는 주님께서 다시 오시기까지 이 땅에 존재하는 모든 교회를 대표합니다. 그러므로 본문의 요한은 오늘을 사는 우리에게 말씀을 전하고 있습니다.

그렇게 교회에 편지하면서 세 분의 역사하심에 대해 언급하며, 이 분들로 말미암아 은혜와 평강이 있기를 기원하고 있습니다.

"(계 1:5) 또 충성된 증인으로 죽은 자들 가운데에서 먼저 나시고 땅의 임금들의 머리가 되신 예수 그리스도로 말미암아 은혜와 평강이 너희에게 있기를 원하노라 우리를 사랑하사 그의 피로 우리 죄에서 우리를 해방하시고"

4절에 두 분, 5절에 한 분을 언급합니다. 이 세분은 성부, 성자, 성령인 삼위의 하나님이십니다. 먼저 "이제도 계시고 전에도 계셨고 장차 오실 이"를 봅시다. 이 부분을 쉬운 성경은 "지금도 계시고, 전에도 계셨으며, 앞으로 오실 한 분 하나님"이라고 번역했는데, 현대어 성경도 "지금도 계시고 전에도 계셨고 또 장차 오실 하나님"이라고 번역하고 있습니다. 우리에게 은혜와 평강을 주실 분은 하나님이십니다. 베드로도 베드로후서 1장 2절에서 "하나님과 우리 주 예수를 앎으로 은혜와 평강이 너희에게 더욱 많을지어다."라고 하였습니다. 그런데 이 하나님을 표현하는 말이 아주 중요한 의미를 지닙니다. 그것은 "이제도 계시고 전에도 계시며 장차 오실 이"라는 표현입니다. 요한은 하나님의 살아계심을 말씀하시면서 "전에도 이제도 장차"라고 하지 않습니다. 순서상 "과거, 현재, 미래"라고 하는 것이 논리적으로 자연스럽습니다. 그러나 요한은 하나님에 대해 묘사하면서 "현재, 과거, 미래" 순으로 하고 있습니다.

　이러한 순서로 말한 이유가 있습니다. 그들의 문화이거나 실수로 그렇게 한 것이 아닙니다. 이렇게 한 이유는 "현재"를 강조하기 위함입니다. 그러니까 이렇게 묘사한 것을 이해하기 쉽게 풀어 말한다면 "현재 계신 하나님은 과거에도 역사하셨던 분일 뿐만 아니라 미래에도 도우실 분"이라고 할 수 있습니다. 과거에도 당신의 백성들을 돌보셨던 하나님이, 오늘을 사는 성도들과 함께 계심을, 나아가 오늘 우리의 삶에 강력한 역사를 통해 도우시는 하나님은 영원히 함께하시는 하나님임을 강조하고 있습니다. 왜 요한은 이렇듯 하나님의 현재성을 강조할까요? 그것은 아주 간단합니다. 현재 환난을 겪는 성도들에게 하나님께서 함께하심을 말하는 싶었기 때문입니다. 현재 당하는 환난으로부터 자신들을 건지실 분이 계신다는 것을 인식하게 하려 함입니다. 환난과 유혹으로 주님을 떠나려 하는 자들에게 현재 함께 하시는 하나님을 강조함으로 그 유혹을 능히 이길 수 있도록 하기 위함입니다.

　하나님의 현재성을 인식하십니까? 하나님께서 오늘 우리의 삶에 함께 계심을 믿느냐고 묻고 있습니다. 환난과 어려움 속에서, 죄가 자신을 유혹하는 그 현장에서, 우리와 함께 계신 그 하나님을 인식하고 계십니까? 사자 굴 속에서 다니엘과 함께하셔서 사자들의 입에서 건지셨던 그 하나님이 오늘도 우리와 함께 계심을 믿습니까? 반대로 자신의 설교를 듣고 마음에 찔려 돌을 들어 치는 자들 속에서 죽어가던

44

스데반과 함께하신 하나님께서 우리가 믿음 때문에 손해 보고 고통당하는 그 현장에도 함께 계심을 믿습니까? 갈멜산에서 불을 내리고 바알 선지자들의 목을 벨 때 함께 하신 승리의 하나님께서 우리의 삶 가운데 기적이라는 불로 함께 하실 것을 믿습니까? 반대로 바벨론의 불에 흔적도 없이 불태워졌던 성전과도 함께 하셨던 하나님께서 우리의 실패와 좌절의 자리에도 함께 계심을 믿습니까?

요한이 이 글을 쓸 때 성도들은 십자가에 죽임을 당하고, 나무에 묶여 불에 태워 죽임을 당했으며, 사자 굴에 던져져 죽임을 당했습니다. 그러할 때 하나님의 현재성을 말하고 있습니다. 기적과 승리 속에서, 사업의 번창과 하는 모든 일이 순탄하게 풀릴 때만 하나님의 현재성을 찬양하는 것이 아닙니다. 도리어 망하고, 실패하고, 억울하고, 사방이 우겨쌈을 당해 답답한 상황에서도 하나님의 현재성 즉, 그분의 함께 하심을 말하고 있습니다. 하나님은 예수님을 이 땅에 보내시면서 "임마누엘"의 예언을 해 주셨습니다. 그 예언의 말씀은 실현되어 오늘 우리의 삶에 하나님께서 함께 행하고 계십니다.

우리의 과거에 하나님께서 함께하셨음을 믿습니까? 그 위기 속에서, 환난과 고난 속에서, 죽을 것 같은 시간 속에서, 성공과 승리의 시간에 함께 해주신 하나님을 믿고 계십니까? 앞으로 함께 하실 하나님을 믿습니까? 우리의 영혼을 천국으로 인도하실 하나님을 믿습니까? 그렇다면 오늘 함께 하고 계신 하나님을 믿으십시오. 많은 신앙인이 현재 당하는 고난 속에서 하나님의 임재를 인식하지 못합니다. 문제 속에 함몰되어 세상의 주관자 되시는 하나님을 보지 못합니다. 환난이라는 홍수 때에 넘치는 물만 보일 뿐 홍수 위에 좌정하여 계신 하나님을 보지 못합니다. "(마 28:18) 예수께서 나아와 말씀하여 이르시되 하늘과 땅의 모든 권세를 내게 주셨으니……. (마 28:20) 내가 세상 끝날까지 너희와 항상 함께 있으리라 하시니라"라고 약속하신 예수님을 잊고 살아갑니다. 그러나 우리의 눈에 보이지 않는다고 하나님이 안 계신 것이 아닙니다. 우리의 인지능력으로 인지할 수 없다고 해서 하나님께서 안 계신 것이 아닙니다. 자신이 원하는 대로 세상이 움직이지 않는다고 하나님께서 일하지 않고 계신 것이 아닙니다. 구약에서 아브라함의 하나님, 이삭의 하나님, 야곱의 하나님이라고 불린 하나님은 오늘 우리에게 "지금도 계시며, 전에도 계셨고, 장차 오실 이"로서 존재하십니다.

두 번째로 은혜와 평강을 주시는 분으로 "일곱 영"이라고 합니다. 이 부분은 약간의 논란이 있습니다. 단지 천사로 보는 분들도 계시나 성령으로 보는 것이 더 자연스럽다고 생각됩니다. 본문의 흐름을 보면 일곱 영 앞에 거론된 분이 성부 하나님이시고, 일곱 영 뒤에 거론된 분이 성자 예수님이십니다. 그러므로 본문의 일곱 영은 성령을 가리키는 상징적인 용어입니다. 베드로전서 1장 9절에도 이 순서로 기록하는 부분이 있습니다. 기록되기를 "곧 하나님 아버지의 미리 아심을 따라 성령이 거룩하게 하심으로 순종함과 예수 그리스도의 피 뿌림을 얻기 위하여 택하심을 받은 자들에게 편지하노니 은혜와 평강이 너희에게 더욱 많을지어다"라고 합니다. 일곱 영은 스가랴서 3장 9절에서 "여호수아 앞에 세운 돌을 보라 한 돌에 일곱 눈이 있느니라"라고 하여 속죄함을 받은 여호수아에게 일곱 눈이라고 묘사된 하나님의 영이 함께 계심을 말하고 있습니다. 그러므로 본문의 일곱 영은 성령을 가리키고 있다고 할 수 있습니다. 그리고 이를 일곱이라고 표현한 것은 성령이 일곱 명이라는 것이 아니라 일곱이 가지고 있는 완전함을 의미합니다. 하나님의 성령의 완전성입니다. 하나님 아버지의 뜻을 완전하게 행하시며 그 성령이 선택받은 성도들에게 임하여 완전한 구원의 역사를 이룸을 의미합니다.

그리고 그 일곱 영이 있는 자리가 "보좌 앞"이라고 합니다. 왜 보좌 앞에 있을까요? 그것은 "보좌 앞"이 성경에서 어떻게 쓰였는지 보면 알 수 있습니다. 조금 전에 스가랴서 3장을 말씀드렸는데 거기에는 대제사장 여호수아가 더러운 옷을 입고 여호와 앞에 있었습니다. 바로 심판의 자리입니다. 죄로 인하여 그 자리에 있었으나 하나님의 은혜로 하나님 곁으로 옮기게 되었고 일곱 눈을 두어 영원히 지켜주심을 말씀하였었습니다. 또한, 요한계시록 20장 11절부터 15절을 보면 일명 "백 보좌 심판" 장면이 기록되어 있습니다. 그 장면에서도 보좌 앞(계 20:12)에 죽은 자들이 모두 서게 되는데 믿지 않는 자들은 그 행위대로 심판을 받고, 믿는 자들은 생명책에 이름이 기록되어 구원함을 얻는 것을 보게 됩니다. 그러니까 보좌 앞은 심판의 자리입니다.

그런데 일곱 영 즉, 성령은 왜 심판의 자리에 서 있을까요? 성령이 심판을 받는다는 뜻일까요? 당연히 아닙니다. 성령께서 보좌 앞에 계신 이유는 성령을 소유한 자들도 모두 보좌 앞, 심판의 자리에 서게 되는데 그때, 그리스도의 영인 성령께서 성도 안에 거하시는 관계로 성도와 함께 심판의 자리에 있게 되고, 하나님이신 성령이 심판을 당할 수 없기에 성도는 심판받지 않고 구원을 얻게 됩니다. 그래서 에베소서 1장 13절과 14절은 말씀하시기를 "그 안에서 너희도 진리의 말씀 곧 너희 구원의 복음을 듣고 그 안에서 또한 믿어 약속의 성령으로 인치심을 받았으니 이는 우리 기업의 보증이 되사 그 얻으신 것을 속량하시고 그의 영광을 찬송하게 하려 하심이라"라고 합니다. 이 구절을 자세히 보면 "인치심, 보증" 등의 표현이 나옵니다. "성령으로 인쳤다"라는 것은 그분이 성도 안에 거하신다는 뜻이고, 보증되셨다는 것은 성령이 거하시는 사람 개인의 행위는 심판받아 마땅하나 거룩하신 성령께서 그 안에 거하시기에 심판받지 않는다는 뜻입니다. 성도는 구원의 보증으로 성령이 계시기에 심판당하지 않습니다. 그러니 믿는 자들도 하나님의 심판 보좌 앞에 서게 되지만 그때 "인"되시고 "보증"되신 성령도 그 앞에 함께 서게 됩니다. 성령이 심판을 당할 수 없기에 그분과 연합한 우리도 심판을 당하지 않습니다. 다시 말씀드리지만, 우리가 온전해서가 아니라 우리의 모든 죄를 짊어지고 죽으신 그리스도의 은혜를 성령께서 우리에게 적용해 주시고 그분이 우린 안에 보증, 달리 말해 볼모 잡혀 계시기에 심판을 당하지 않습니다. 성령께서 심판받을 수 없기에 우리도 그분과 함께 심판을 면하고 영원한 구원의 나라에 임하게 됩니다.

세 번째 분이 5절에 기록되어 있습니다.

"(계 1:5) 또 충성된 증인으로 죽은 자들 가운데에서 먼저 나시고 땅의 임금들의 머리가 되신 예수 그리스도로 말미암아 은혜와 평강이 너희에게 있기를 원하노라 우리를 사랑하사 그의 피로 우리 죄에서 우리를 해방하시고"

은혜와 평강을 주는 첫 번째 분은 성부 하나님이시고, 두 번째는 일곱 영으로 표현된 성령님이시며, 세 번째는 당연히 성자 예수님이십니다. 본문에서 예수님을 가리켜 "충성된 증인으로 죽은 자들 가운데에서 먼저 나시고 땅의 임금들의 머리가 되신 예수 그리스도"라고 합니다. 이제 예수님에 대한 묘사들을 하나씩 살펴봅시다.

먼저 충성된 증인이라고 합니다. 충성된 증인이란 표현을 본서 19장 11절에서는 "충신"이라고 합니다. 기록되기를 "그 이름을 충신과 진실"이라고 하였습니다. 왜 예수님에 대해 충성된 증인, 충신 등의 표현을 사용하고 있을까요? 예수님은 공생애 기간에 자신이 하는 일에 대해 스스로 하는 것이 아니라 하나님 아버지의 뜻을 행하는 것이라고 말씀하셨습니다. 요한계시록의 저자 요한은 요한복음도 함께 기록했는데 요한복음 5장 19절에서는 "그러므로 예수께서 그들에게 이르시되 내가 진실로 진실로 너희에게 이르노니 아들이 아버지께서 하시는 일을 보지 않고는 아무것도 스스로 할 수 없나니 아버지께서 행하시는 그것을 아들도 그와 같이 행하느니라"라고 하셨고, 요한복음 12장 49절과 50절에서도 "내가 내 자의로 말한 것이 아니요 나를 보내신 아버지께서 내가 말할 것과 이를 것을 친히 명령하여 주셨으니 나는 그의 명령이 영생인 줄 아노라 그러므로 내가 이르는 것은 내 아버지께서 내게 말씀하신 그대로니라 하시니라"라고 하셨습니다. 그런 차원에서 요한을 통해 예수님에 관해 묘사된 모습은 충성된 증인이 되십니다. 당신 스스로 한 말이 아니라 아버지께서 이르신 말씀을 전하시는 모습이 충성된 증인이요 아버지께서 사랑하시는 자들을 구원하시기 위해 자신의 생명을 내어주기까지 충성하신 주님이시기에 충신이십니다. 그 결과 영광을 얻으셨습니다. 그래서 빌립보서 2장 8절부터 12절에서 "자기를 낮추시고 죽기까지 복종하셨으니 곧 십자가에 죽으심이라 이러므로 하나님이 그를 지극히 높여 모든 이름 위에 뛰어난 이름을 주사 하늘에 있는 자들과 땅에 있는 자들과 땅 아래에 있는 자들로 모든 무릎을 예수의 이름에 꿇게 하시고 모든 입으로 예수 그리스도를 주라 시인하여 하나님 아버지께 영광을 돌리게 하셨느니라"라고 하셨습니다.

이어서 충성된 증인으로서 죽은 자들 가운데서 먼저 나신 분이라고 합니다. 이 말씀은 예수님께서 부활의 첫 열매가 되셨다는 의미입니다. 예수님께서 우리의 죄를 짊어지고 죽기만 하셨다면 아무 소용이 없습니다. 예수님께서 우리의 구원자가 될 수 있었던 것은 그가 죽은 자들 가운데서 부활하셨기 때문입니다. 이 사건이 우리에게 얼마나 놀라운 일인지 바울은 로마서 6장 3절과 5절에서 "무릇 그리스도 예수와 합하여 세례를 받은 우리는 그의 죽으심과 합하여 세례를 받은 줄을 알지 못하느냐", "만일 우리가 그의 죽으심과 같은 모양으로 연합한 자가 되었으면 또한 그의 부활과 같은 모양으로 연합한 자도 되리라"라고 하였습니다. 고린도전서 15장 21절부터 23절에서 "사망이 한 사람으로 말미암았으니 죽은 자의 부활도 한 사람으로 말미암는도다. 아담 안에서 모든 사람이 죽은 것 같이 그리스도 안에서 모든 사람이 삶을 얻으리라 그러나 각각 자기 차례대로 되리니 먼저는 첫 열매인 그리스도요 다음에는 그가 강림하실 때에 그리스도에게 속한 자요"라고 하고 있습니다. 그리스도께서 부활하심으로 우리도 부활하게 되었습니다. 그러기에 예수님은 "죽은 자들 가운에서 먼저 나신 자"라고 하였습니다.

그리스도에 대해 이어지는 묘사는 "땅의 임금들의 머리가 되셨다"라고 합니다. 앞에도 언급했지만, 예수님께서 죽기까지 충성하심으로 얻은 것에 대해 빌립보서 2장 9절부터 12절에서 "하나님이 그를 지극히 높여 모든 이름 위에 뛰어난 이름을 주사 하늘에 있는 자들과 땅에 있는 자들과 땅 아래에 있는 자들로 모든 무릎을 예수의 이름에 꿇게 하시고 모든 입으로 예수 그리스도를 주라 시인하여 하나님 아버지께 영광을 돌리게 하셨느니라"라고 하셨습니다.

이렇게 성부 성자 성령을 언급한 요한은 이들로 말미암아 은혜와 평강이 있기를 원한다고 합니다. 진정한 은혜와 평강은 주님에게서 옵니다. 그래서 베드로는 "(벧후 1:2) 하나님과 우리 주 예수를 앎으로 은혜와 평강이 너희에게 더욱 많을지어다"라고 하였습니다. 하나님을 모르는 세상은 이 은혜와 평강을 모릅니다. 그래서 세상은 신앙생활 하는 사람들을 이해하지 못합니다. 핍박자들이 조롱하고 심지어는 죽임에도 불구하고 그리스도인들의 은혜와 평강은 사라지지 않았습니다. 세상은 이것을 알 수 없습니다. 그래서 찬송가 "저 장미꽃 위에 이슬"이라는 찬양의 가사를 보면 "저 장미꽃 위에 이슬 아직 맺혀 있는 그때 귀에 은은히 소리 들리니 주 음성 분명하다 주님 나와 동행을 하면서 나를 친구 삼으셨네 우리 서로 받은 그 기쁨은 알 사람이 없도다"라고 하는 부분이 있습니다. 그렇습니다. 주님께서 주시는 은혜와 평강, 그것은 세상 그 누구도 알 수 없습니다. 세상 그 무엇으로도 주어지지 않습니다. 오직 주님으로 말미암아 주어집니다. 이 기쁨이 우리 속에 풍성하여 흘러넘치는 은혜가 있기를 바랍니다.

4. 볼지어다 구름 타고 오시리라
요한계시록 1장 5-7절

요한계시록을 읽는 이들에게 성 삼위 하나님으로 말미암아 은혜와 평강을 기원했던 요한은 이제 하나님께 영광이 있기를 원합니다. 본문을 보면서 하나님께 영광이 있기를 원하는 이유와 최종적 영광의 모습이 어떠할지를 보도록 하겠습니다.

"(계 1:5) 또 충성된 증인으로 죽은 자들 가운데서 먼저 나시고 땅의 임금들의 머리가 되신 예수 그리스도로 말미암아 은혜와 평강이 너희에게 있기를 원하노라 우리를 사랑하사 그의 피로 우리 죄에서 우리를 해방하시고"

5절 상반 절까지는 앞장에서 보았습니다. 본 장에서는 후반부인 "우리를 사랑하사 그의 피로 우리 죄에서 우리를 해방하시고" 부분부터 보도록 하겠습니다. 본문은 "우리를 사랑하사"로 시작하고 있습니다. 이 말씀은 하나님께서 우리를 향하여 행하시는 모든 것의 근원적 이유이고 과정이고 결론입니다. 예수님이 죽으신 이유이고 하나님 아버지께서 아들을 내어주신 이유입니다. 그래서 요한복음 3장 16절은 "하나님이 세상을 이처럼 사랑하사 독생자를 주셨으니 이는 저를 믿는 자마다 멸망하지 않고 영생을 얻게 하려 하심이니라"라고 하였습니다. 또한, 요한은 요한복음에서도 예수님께서 잡히시기 전날 밤의 기사를 시작하면서 "(요 13:1) 유월절 전에 예수께서 자기가 세상을 떠나 아버지께로 돌아가실 때가 이른 줄 아시고 세상에 있는 자기 사람들을 사랑하시되 끝까지 사랑하시니라"라고 하였습니다. 예수님은 당신이 다음날 죽으실 것임에도 제자들을 위한 염려와 그들이 이 땅에 남아 당할 환난을 생각하시면서 여러 가지 말씀을 해주셨습니다. 그리고 보혜사 성령을 보내 주셔서 동행해 주실 것을 말씀해 주심으로 제자들을 향한 사랑을 표현하셨습니다. 본문에 "사랑하사"라는 헬라어는 "아가폰티"인데 이는 "현재분사"형으로 기록되어 있습니다. 이렇게 기록된 것의 의미는 그 사랑이 과거의 어느 시점의 사건으로 끝난 것이 아니라 지금도 계속되고 있음을 말씀하고 있습니다. 요한의 관점에서 예수님께서 잡히시기 전날 밤의 사랑이나 십자가에서의 사랑, 그리고 지금 박해 가운데서의 사랑은 변함이 없으며, 앞으로 자신이 밧모섬에서 죽는다고 할지라도 그 사랑은 변함이 없다는 사실을 분명히 하고 있습니다.

여러분도 그렇게 믿고 계십니까? 그 사랑이 과거뿐 아니라 현재와 미래에도 변함이 없을 것이라는 사실을 분명하게 믿고 계십니까? 특별한 문제가 없을 때 우리는 이런 질문에 습관적으로 "아멘"이라고 합니다. 하지만 환난이 깊어질 때 몇몇 사람들은 하나님의 사랑을 의심합니다. 우리가 현실의 문제들을 완벽하게 이해할 순 없으나 분명한 것은 그 어느 상황 속에서도 하나님의 사랑은 변함이 없다는 사실입니다. 이 모든 과정이 어느 날 반드시 아름다운 결과로 다가올 줄을 또한 믿고 있습니다. 그래서 로마서 8장 28절의 "하나님을 사랑하는 자 곧 그의 뜻대로 부르심을 입은 자들에게는 모든 것이 합력하여 선을 이루느니라"라는 말씀에 "아멘" 할 수 있습니다. 하나님은 우리를 변함없이 사랑하고 계십니다. 예수님의 이 사랑은 근본적인 문제를 해결해 주셨다고 하고 있습니다. 그것은 본문의 말씀대로 "그의 피로 우리 죄에서 우리를 해방하시고"라는 말씀입니다. 예수님의 사랑은 피를 흘림으로 드러났고 그의 사랑을 입은 자들을 죄에서 해방해 주시는 결과를 낳았습니다. 사랑에는 대가가 지불됩니다. 세 치 혀의 고백은 그 고백을 받는 사람에게 감동을 주지 못합니다. 비록 말하지 않아도 주는 이나 받는 이가 사랑 때문에 무엇인가 대가를 주고받거나, 그것을 느낄 때 그 사랑이 상대에게 의미 있게 다가갈 수 있습니다. 하나님은 아들을, 예수님은 당신의 피를 사랑의 대가로 지불하셨습니다. 그렇습니다. 우리를 향한 예수님의 사랑은 피로서 확증하셨습니다(롬 5:8). 그리고 그 피는 우리를 죄에서 해방해 주셨습니다. 이 사실은 우리의 귀에 딱지가 생길 때까지 들어도 더 들어야 합니다. 우리의 심령에 분명한 확신이 생길 때까지 끊임없이 들어야 합니다.

아담이 범죄 한 이후 죄와 형벌의 노예인 인간을 해방하기 위한 해결책을 내신 하나님은 그때마다 피를 제공하셨습니다. 아담에게는 수치를 가리기 위해 양의 피를, 이삭을 위해서는 숫염소의 피를, 애굽에서는 장자를 위해 어린양의 피를, 제사 제도에서는 속죄를 위해 짐승의 피를 흘려 심판으로부터 해방시켜 주셨습니다. 이 모든 것은 예수님을 대속물로 주시려는 것의 그림자요 모형이었습니다. 인간의 근본적인 죄와 형벌로부터의 해방은 그리스도께서 피를 흘리시는 방법을 통해서입니다. 그것도 "단번에"입니다. 우리가 죄를 지을 때마다 그리스도께서 죽는 것이 아닙니다. 우리가 죄를 지을 때마다 지옥에 떨어졌다가 다시 건져지는 것이 아닙니다. 그것은 예수님께서 단번에 흘리신 피로 해결하셨습니다. 그래서 본문도 과거완료로 기록되었으며, 히브리서 10장 1절에서도 "예수 그리스도의 몸을 단번에 드리심으로 말미암아 우리가 거룩함을 얻었노라"라고 하였습니다.

이렇게 우리를 죄에서 해방해 주신 하나님께는 우리를 향한 목적이 있습니다.

"(계 1:6) 그의 아버지 하나님을 위하여 우리를 나라와 제사장으로 삼으신 그에게 영광과 능력이 세세토록 있기를 원하노라 아멘"

우리를 해방시켜 주신 하나님의 첫 번째 목적은 그의 나라가 되게 하심입니다. 이 구절을 현대어 성경은 "그분은 우리를 하나님 나라의 백성으로 삼으셨을 뿐 아니라"라고 번역했고, 공동번역은 "우리로 하여금 한 왕국을 이루게 하시고"라고 번역했습니다. 그러니까 죄에서 해방해 주신 하나님의 목적은 우리를 "한 왕국", "하나님의 나라의 백성"이 되게 하려 하심입니다. "나라"가 의미하는 바가 있습니다. 마가복음 1장 14절에서 예수님의 첫 번째 선포가 기록되어 있습니다. 예수님은 "때가 찼고 하나님의 나라가 가까이 왔으니 회개하고 복음을 믿으라"라고 하셨습니다. 여기서 "하나님의 나라"는 "바실레이아 투 데우"라는 헬라어입니다. 하나님의 통치가 있는 나라를 의미합니다. 그러므로 요한이 "나라와 제사장으로 삼으신"이라고 할 때 "나라"는 그분의 통치가 있는 왕국, 그리고 그의 통치 아래 있는 한 왕국의 백성이 되게 하려 하심이라는 뜻입니다. 그렇습니다. 우리는 하나님의 나라 백성으로 하나님의 통치 아래 있는 존재들입니다. 통치란 말에 거부감이 있을 수도 있으나 통치자가 어떠냐에 따라 그 통치는 복이 되느냐 화가 되느냐가 결정됩니다. 하나님 나라의 통치자는 당연히 하나님이십니다. 그분의 완전하심, 자비하심, 충분하심의 통치가 있습니다. 광야 40년간 하나님의 보호와 도우심이 있었듯이, 당신의 백성을 완벽하게 보호하시고 채우시며 모든 싸움에서 이기게 하시는 은혜 아래 있게 하십니다.

그래서 로마서 8장 32절에서 바울은 "자기 아들을 아끼지 아니하시고 우리 모든 사람을 위하여 내어주신 이가 어찌 그 아들과 함께 모든 것을 우리에게 은사로 주지 아니하시겠느냐"고 하였습니다. 또한, 예수님도 산상수훈에서 "(마 7:11) 너희가 악한 자라도 좋은 것으로 자식에게 줄 줄 알거든 하물며 하늘에 계신 너희 아버지께서 구하는 자에게 좋은 것으로 주시지 않겠느냐"라고 하셨습니다. 그러니까 예수님께서 우리를 당신의 피로 죄에서 해방시켜 주신 첫 번째 목적은 우리를 당신의 나라의 백성으로 삼아 우리로 영원한 복을 누리게 하려 하심입니다.

이어지는 두 번째 목적은 "제사장으로 삼으신 것"이라고 본문은 말씀합니다. 제사장으로 삼으심에 대한 말씀은 출애굽 한 이스라엘 백성들에게 율법을 주신 시내산에서 처음으로 하셨습니다. 기록되기를 "(출 19:5,6)세계가 다 내게 속하였나니 너희가 내 말을 잘 듣고 내 언약을 지키면 너희는 모든 민족 중에서 내 소유가 되겠고 너희가 내게 대하여 제사장 나라가 되며 거룩한 백성이 되리라 너는 이 말을 이스라엘 자손에게 전할지니라"라고 하셨습니다. 여기에는 조건이 있었습니다. 그것은 "내 언약을 지키면"입니다. 언약을 지키지 못하면 제사장이 될 수 없다는 말씀입니다. 그러나 이스라엘 백성들은 그럴 능력이 없습니다. 그렇다면 이 말씀은 공허한 소리였을까요? 아니면 아예 언약하지 말고 그의 백성과 제사장이 되는 일은 처음부터 하지 않는 것이 지혜로운 것이 아니었을까요? 하나님께서 대책을 세우지 않고 이러한 말씀을 하셨다면 하나님은 너무 잔인한 분이십니다.

왜냐하면, 그 백성들이 지키지 못할 것은 자명한 것이었고 이를 잘 알고 계신 분이었기 때문입니다. 이에 하나님은 언약을 체결한 이스라엘 백성들이 그의 나라와 제사장으로서 계속 존재할 방법을 주셨는데 그것은 성막과 제사제도입니다. 그 안에서 흘린 피로 백성들의 죄를 속하고 하나님과의 언약 관계를 계속해서 유지할 수 있도록 하셨습니다. 그렇습니다. 예수 그리스도께서 피 흘려주심으로 우리를 죄에서 해방해 주시고 우리로 하여금 그의 나라와 제사장이 되게 해 주셨습니다.

그렇다면 제사장으로 삼으신다는 것은 어떤 의미일까요? 우리가 제사장이 된다는 것은 무엇일까요? 우리가 알고 있듯이 선지자는 하나님의 말씀을 백성들에게 전하는 역할을 감당했고, 제사장은 백성들을 하나님께로 이끄는 사명을 감당하는 존재입니다. 대제사장의 의복을 보면 가슴과 어깨에 이스라엘을 상징하는 열두 개의 보석들을 붙였는데 이는 제사장은 백성을 어깨에 메고, 가슴에 품고 하나님께 나아가 죄를 속하고 하나님의 은혜를 입게 하는 존재임을 상징합니다. 그러니까 우리가 제사장이 되었다는 것은 우리가 하나님께 직접 나아갈 수 있는 존재가 되었고, 우리만 나가는 존재가 아니라 이 땅의 영혼들을 가슴에 품고 어깨에 메고 하나님께 나아가는 존재가 되었음을 의미합니다. 예수님께서 대제사장으로 그 일을 감당하셨고 예수님은 그 사명을 우리에게 주어 영혼들을 품고 기도하고 영혼들을 주님께로 이끄는 일을 감당하게 하셨습니다. 그래서 바울은 "(골 1:24) 그리스도의 남은 고난을 내 육체에 채우노라"라고 하였습니다.

하나님은 아들을 십자가에 내주시고 그 피로 우리를 죄로부터 해방해 주셔서 그의 나라와 제사장으로 삼으셨습니다. 그리고 이렇게 하심의 목적이 "하나님을 위하여"라고 하고 있음을 아셔야 합니다. 주의할 것은 아버지 하나님을 위하여 우리를 나라와 제사장 삼았다는 것에 대해 오해를 하면 안 됩니다. 혹시 이 말씀을 짐으로 여기는 분은 없습니까? "하나님을 위하여"라고 하니 이제 무거운 종교적 짐을 져야 하는 것 아닌가 하는 생각을 하고 계신 분은 없습니까? "아버지 하나님을 위하여"라는 말의 의미를 생각해 보시면 위와 같은 오해를 하지 않을 수 있습니다. "하나님을 위하여"라는 말에 담긴 의미는 최초의 인간인 아담의 죄로 인하여 "깨어진 관계를 회복하기 위하여" 입니다. 하나님은 범죄 한 인간을 에덴 밖으로 쫓아내셨으나 다시 회복할 방법을 고안해 내셨습니다. 아들의 생명으로 죄의 대가를 지불하여 관계를 회복하길 원하셨고 그 일을 이루셨습니다. 그리하여 관계가 회복되어 하나님은 우리에게, 우리는 하나님께 언제든지 나아갈 수 있는 관계가 되었습니다. 그분의 통치를 통해 우리는 완전한 평안과 기쁨을 누리고 하나님은 우리와 사랑의 관계를 회복하고 동거하고 동행하는 기쁨을 회복하셨습니다. 그것이 "하나님을 위하여"라는 의미입니다. 그러기에 이어지는 말씀이 "영광과 능력이 세세토록 있기를 원하노라 아멘"이라고 합니다. 하나님의 일방적인 은혜로 이 일이 이루어졌기에 "영광이 주께", 우리는 전적인 무능의 상태에 있었으나 주님께서 그 크신 능력으로 구원하시고 끝까지 이루시기에 "능력이 주께" 영원토록 있음을 선포합니다.

이러한 주님에 대해 요한은 주님이 영광 가운데 강림하실 것을 말씀하고 있습니다.

"(계 1:7) 볼지어다 그가 구름을 타고 오시리라 각 사람의 눈이 그를 보겠고 그를 찌른 자들도 볼 것이요 땅에 있는 모든 족속이 그로 말미암아 애곡하리니 그러하리라 아멘"

7절은 "볼지어다"라는 말로 시작합니다. 이 말은 헬라어 "이두"인데 영어 성경은 "look, behold" 등으로 번역했습니다. 이 말은 말 그대로 보라는 뜻입니다. 요한이 이 말을 사용하고 있는 것은 주의를 상기시키기 위함입니다. 관심을 한 곳에 집중시키려는 의도가 있습니다. 요한은 계시록을 쓰면서 죄로부터 해방되어 하나님을 위해 나라와 제사장이 된 성도들이지만 여전히 환난 받고 박해받는 성도들에게 가장 강력한 소망을 주기 위해 주의를 환기하고 있습니다. 성도들에게 보라고 하여 관심을 끌고 한 말은 "그가 구름 타고 오시리라"라는 말씀입니다. 그가 구름 타고 오신다는 말은 당연히 예수님의 재림을 의미하는 말입니다. 이 말씀이야말로 성도들에게 가장 큰 소망이고 기쁨이며 고난과 고통이 더는 없는 상태로 들어가는 것을 의미합니다. 그러니 "그가 구름 타고 오시리라"라는 말에 주의를 기울이도록 요구하고 있는 것입니다. 세상이 힘들고 고난이 겹치면 믿는 사람들은 주님이 오시기를 기다리거나 개인적으로 천국을 사모합니다. 그러나 그렇지 않을 때도 기다릴 줄 아는 성도들이 되기를 바랍니다. 그러기 위해서 우리에게는 예수 그리스도의 대속에 대한 완전한 믿음과 천국에 대한 확신과 소망이 있어야 합니다.

그런데 주님의 강림에 대해 묘사하기를 "구름 타고" 오신다고 하는 것을 볼 수 있습니다. 구름 타고 오신다는 말의 의미는 손오공처럼 구름을 탈 것 삼아 타고 오신다는 뜻이 아닙니다. 이 말씀의 헬라어 원문은 "메타 톤 네펠론"입니다. 이를 직역하면 "구름과 함께"라는 뜻입니다. 이러한 표현은 다니엘서 7장 13절도 등장합니다. 기록되기를 "내가 또 밤 환상 중에 보니 인자같은 이가 하늘 구름을 타고 와서"라고 하고 있습니다. 이곳에서도 구름 타고는 "구름과 함께"라는 뜻의 히브리어로 기록되어 있습니다. 그러니까 구름 타고 온다는 말은 구름과 함께 오신다는 뜻입니다. 그렇다면 왜 구름과 함께 오실까요? 그것은 구름이 가지고 있는 상징성 때문입니다. 신구약을 막론하고 구름은 하나님의 영광스러운 임재를 상징합니다. 시내산에서 모세와 만날 때(출 19:9), 예수님께서 변화산에서 하나님의 음성을 들을 때(마 17:5), 본서의 최종적인 심판의 때에(14:14) 구름이 등장합니다. 그뿐만 아니라 구름과 같은 상징으로 쓰인 것은 연기인데 이것이 등장할 때도 하나님의 영광과 관련이 있습니다. 그러므로 예수님의 강림이 구름과 함께 임한다고 한 것은 예수님께서 영광 가운데 임하시게 됨을 의미입니다.

이 영광 가운데 강림하시는 주님으로 인해 두 부류의 극명하고 대조적인 일이 벌어집니다. 먼저는 예수님의 피로 죄에서 해방되어 나라와 제사장이 된 자들에게 벌어진 일입니다. 이들은 영광과 능력이 주님께 세세토록 있을 것을 찬양하며 영광 돌리게 됩니다. 반대로 예수님의 구속의 은혜를 얻지 못한 자들에게는 두려운 심판이 있을 것을 말씀하고 있습니다. 본문에도 "각 사람의 눈이 그를 보겠고 그를 찌른 자도 볼 것이요, 땅에 있는 모든 족속이 그로 말미암아 애곡하리니 그러하리라. 아멘"이라고 하는 것을 볼 수 있습니다. 주님의 강림을 모든 이들이 보게 될 것이라고 하며 예수님을 찌른 자도 볼 것이라고 하는데 여기서 예수님을 찌른 자들은 지금부터 2000년 전에 예수님을 십자가에 못 박은 자들만을 의미하지 않습니다. "찌른 자들"이 란 역사적으로 그리스도를 십자가에 못 박은 자들뿐 아니라 그리스도를 인정하지 아니하고 도리어 그리스도인을 박해하는 모든 사람을 가리킵니다. 그리스도는 이러한 자들에게도 자신의 재림을 분명하게 드러내십니다.

그러기에 "땅에 있는 모든 족속이 그로 말미암아 애곡하리니 그러하리라"라고 합니다. "땅에 있는"이라는 말로 한정하고 있는데 우리가 보고 있는 요한계시록을 계속해서 보면 사람을 두 부류로 분류합니다. 하나는 성도인데 그들을 "하늘에 거하는 자"라고 하며, 또 하나는 믿지 않는 자로서 "땅에 속한 자"라고 합니다. 오늘 본문에 "땅에 있는 모든 족속"이라고 하는 말씀은 예수님의 재림으로 심판받을 믿지 않는 자들입니다. 땅에 거하는 자들은 애곡하게 됩니다. 왜 애곡할까요? 당연히 믿지 않았기 때문입니다. 주님의 재림으로 말미암아 더는 회개할 여지가 사라졌기 때문입니다. 그리스도의 재림 때까지 회개치 아니한 땅에 속한 모든 족속은 더는 회개할 기회가 없고 결과적으로 구원을 얻을 여지가 사라진 것 때문에 애곡하게 됩니다. 그러므로 모든 성도는 기회를 잃지 말고 복음 전하는 일에 힘을 다하여야 합니다. 그래야 개인적이건 우주적이건 끝 날에 애통하지 않을 수 있습니다.

요한은 앞 절에서 구원 사역을 성취하신 만왕의 왕이신 예수 그리스도께 영광과 능력을 돌린 후에 "아멘"으로 화답한 것처럼, 본 절에서 그리스도의 재림 때에 벌어질 통곡과 애곡을 예언한 후 다시 한번 "그러하리라 아멘"으로 화답합니다. 이렇게 6절과 7절에서 "아멘"으로 끝맺는 이유는 무엇일까요? 그것은 두 문장의 대상과 그들이 얻은 결과가 대조되고 그것은 반드시 성취되리라는 것을 강조하기 위함입니다. 그리스도의 피로 죄에서 해방된 자들은 하나님께 영광을 돌리나, 그렇지 않고 그리스도를 찌른 자들은 심판으로 애곡할 것을 말하며 그것은 반드시 이루어질 것이라고 강조합니다.

여기서 "그러하리라"로 번역된 헬라어 "나이"는 "그렇다", "예"라는 의미입니다. 그러니까 "나이"는 "아멘"과 동의어입니다. 요한은 같은 의미를 지닌 "나이"와 "아멘"을 나란히 나열함으로 그리스도의 재림 때에 그리스도를 못 박고 성도를 박해했던 모든 사람이 그리스도의 재림을 볼 것이며 땅에 있는 모든 족속이 애곡하리라는 말씀이 반드시 성취될 것임을 강조하고 있습니다. 마치 예수님께서 말씀하실 때 "아멘 아멘"이라고 하여 그 말을 강조하고 반드시 성취될 것을 말씀하신 것과 같은 용법입니다.

이 땅의 모든 사람이 죄 가운데 있으나 하나님께서 특별한 은혜를 주셔서 그리스도의 피로 구원을 얻은 것에 대한 감사가 넘치길 바랍니다. 예수 그리스도를 믿는 것으로 인해 이유 없는 고난을 겪거나 손해를 당해도 슬퍼하기보다는 주님의 강림을 기다리며 하나님을 찬송할 수 있기를 바랍니다. 이사야 선지자는 "(사 43:21) 이 백성은 내가 나를 위하여 지었나니 나의 찬송을 부르게 하려 함이라"라고 하였습니다. 이미 찬송하게 하셨고 영원한 나라에서 우리를 구원하신 하나님의 은혜를 찬송할 날을 소망하며 주님의 강림을 기다리는 성도들이 됩시다.

5. 네가 보는 것을 써서 보내라
요한계시록 1장 8-11절

하나님으로부터 임하는 은혜와 평강을 축원한 요한은 예수 그리스도의 강림으로 주어질 결과에 관해 이야기했었습니다. 이렇게 글을 시작한 요한은 하나님의 자기 계시와 이 말씀을 기록하여 전하고 있는 요한 자신을 소개하고 있습니다.

먼저 하나님의 자기 계시에 대해 봅시다.

"(계 1:8) 주 하나님이 이르시되 나는 알파와 오메가라 이제도 있고 전에도 있었고 장차 올 자요 전능한 자라 하시더라"

자기 계시란? 말 그대로 자기를 열어 보여준다는 뜻입니다. 하나님의 자기 계시가 처음 있었던 때는 모세를 부르셔서 애굽에 있는 히브리 민족을 구원하라고 하실 때입니다. 하나님은 모세를 만나 "(출 3:10) 내가 너를 바로에게 보내어 너에게 내 백성 이스라엘 자손을 애굽에서 인도하여 내게 하리라"라고 하셨습니다. 이에 모세는 이집트에 가서 히브리 민족들을 만났을 때 그들이 너를 보내신 이의 이름이 무엇이냐고 묻는다며 누가 보냈다고 하느냐는 질문을 하나님께 합니다. 이때 하나님은 "(출 3:14) 나는 스스로 있는 자이니라"라고 말하라 하셨는데 이것이 처음 자신을 계시하신 내용입니다. "나는 스스로 있는 자이니라"라는 말을 히브리어로 하면 "하야 아샤르 하야"이고, 영어는 "I am who I am"입니다. 이 말씀은 누군가 자신을 만들거나 누군가에 의해 존재하는 자가 아니라는 뜻입니다. 하나님은 세상에 아무것도 없을 때부터 존재하신 분이십니다.

그래서 요한은 요한복음을 시작할 때도 "(요 1:1-3) 태초에 말씀이 계시니라 이 말씀이 하나님과 함께 계셨으니 이 말씀은 곧 하나님이시니라……. 만물이 그로 말미암아 지은 바 되었고 지은 것이 하나도 그가 없이는 된 것이 없느니라."라고 하였습니다. 또한, 요한일서를 기록하면서 "태초부터 있는 생명의 말씀"이라는 말로 시작하였습니다. 요한이 이렇게 시작하고 있는 것은 하나님께서 모든 것의 시작임을 의미합니다. 그리고 요한계시록에서 하나님은 다시 오시고 최종적으로 심판하실 이라고 말씀하며 하나님이 "시작이고 처음"임을 말하고 있습니다. 그러니까 출애굽기에서 자신을 "스스로 있는 자"라고 하신 하나님은 본문에서는 "알파와 오메가"라고 말씀하고 계십니다. 본서에서 이 하나님은 기록의 주체가 되시고 계시의 내용이 되는 분이십니다. 이 하나님은 우리가 4절에도 보았었고 오늘 본문에도 보고 있는 대로 "이제도 계시고 전에도 계셨고 장차 오실 자"이십니다. 우리 하나님은 성령의 교통하심 안에서 역사 속 언제나 함께하고 계십니다.

이러한 하나님은 이사야를 통해 이스라엘을 바벨론에서 건지시고 보호하실 것을 말씀하셨고 그렇게 행하셨습니다. 기록하기를 "(사 41:10) 이 일을 누가 행하였느냐 누가 이루었느냐 누가 처음부터 만대를 불러내었느냐 나 여호와라 처음에도 나요 나중 있을 자에게도 내가 곧 그니라"라고 하였습니다. 하나님께서 소망 없던 이스라엘 백성들, 나라도 없고, 돌아갈 곳도 없고, 지도자도 없으며, 아무 힘도 없던 이스라엘 백성들을 건지신 하나님이었습니다. 역사를 주관하고 천지를 진동시키셔서 당신의 백성들을 고토로 돌려보내 무너졌던 모든 것들을 다시 세울 수 있도록 도운 분이십니다. 이사야는 무엇이라고 합니까? "(사 41:10) 이 일을 누가 행하였느냐 누가 이루었느냐 누가 처음부터 만대를 불러내었느냐 나 여호와라 처음에도 나요 나중 있을 자에게도 내가 곧 그니라"라고 하였습니다. 그분이 처음이요 나중이라고 분명하게 말씀하고 계십니다. 그러한 분이 당신의 백성의 주권자이며 세상의 주권자라고 말씀하십니다.

이러한 말씀을 우리가 읽은 본문에서도 하셨습니다. 8절을 다시 보면, "(계 1:8) 주 하나님이 이르시되 나는 알파와 오메가라 이제도 있고 전에도 있었고 장차 올 자요 전능한 자라 하시더라"라고 합니다. "주 하나님이……. 전능한 자라"라고 하신 것을 보셨습니까? 처음이요 마지막이신 분이 언제나 우리와 함께하시는데 그분이 전능하십니다. 전능하시다는 말은 헬라어로 "판토크라토르"입니다. 이 단어는 "모든 것"을 의미하는 헬라어 "파스", 라틴어로는 "판"이란 단어와 "힘, 권능, 세력"의 의미가 있는 "크라토스"의 합성어입니다. 그러니까 전능하시다는 단어의 의미는 "모든 힘과 권능과 세력을 소유하신 이"라는 의미입니다. 이런 하나님께서 만물을 지배하시고 통치하십니다. 그리고 이 하나님은 과거에도, 현재도, 미래에도 우리와 함께하십니다. 전능하신 하나님은 사라의 나이 90에 약속한 이삭을 주셨습니다. 전능하신 하나님은 아무것도 없이 외삼촌 집에서 종살이하던 야곱을 거부가 되게 하셨습니다. 전능하신 하나님은 하늘 문을 닫아 비 오지 않게 하셨고 다시 비가 오게도 하셨습니다. 전능하신 하나님은 죽은 자를 살리시고 병든 자를 고치신 분이시며, 사르밧 과부의 집에 가루 통을 채우셨고, 선지 생도의 집에 기름을 넘치게 하셨습니다. 이 전능하신 하나님은 죄로 죽었던 우리를 살리셨습니다. 전능하신 하나님은 우리에게 성령을 부어주셨습니다. 아들을 내어주시고 성령을 부어주신 전능하신 하나님이 우리에게 무엇인들 아끼고 돕지 않으시겠습니까? 문자 안에 하나님을 가두어 두지 마시고 여러분의 삶 속에서 전능하신 하나님을 만나시기 바랍니다. 그분은 이제도 계시고 전에도 계셨으며 장차 오실 분이십니다. 그분은 알파와 오메가, 시작과 끝이십니다. 그분이 시작하셨으면 그분이 진행하시며 완벽하게 완성하실 것을 믿고 기도하며 기대하시기 바랍니다. 그분은 전능하신 여호와 하나님이십니다.

이렇게 하나님의 자기 계시를 기록한 후에 이 말씀을 전하는 요한 자신이 어떤 자인지 소개하고 있습니다.

"(계 1:9) 나 요한은 너희 형제요 예수의 환난과 나라와 참음에 동참하는 자라 하나님의 말씀과 예수를 증언하였음으로 말미암아 밧모라 하는 섬에 있었더니"

요한은 이 글을 받는 자들에게 자신과 그들을 형제라고 정의합니다. 왜 형제라고 할까요? 이 표현은 요한만 사용한 것이 아닙니다. 바울도 그의 서신에서 성도들을 형제라고 말하며 베드로도, 야고보도, 히브리서 저자도 모두 사용하는 단어입니다. 초대교회 성도들에게 있어서 이 호칭은 놀라운 것이었습니다. 형식적이거나 마땅한 호칭이 없어 어쩔 수 없이 사용하는 정도의 것이 아닙니다. 히브리서 기자는 "(히 2:11) 거룩하게 하시는 이와 거룩하게 함을 입은 자들이 다 한 근원에서 난지라 그러므로 형제라 부르시기를 부끄러워하지 아니하시고"라고 하는 것을 볼 수 있습니다. 히브리서 기자가 우리를 형제라고 한 이유는 "한 근원에서 난 자"이기 때문입니다. 한 근원은 하나님입니다. 예수님과 우리가 한 근원에서 난 한 형제입니다. 그러기에 성경은 예수님을 맏아들이라고 하고 있습니다. 이 얼마나 놀라운 사건입니까? 예수님과 우리가 형제요, 우리와 우리가 형제입니다.

저는 3대 독자로 홀아버지 밑에서 자랐습니다. 가까운 친척도 없었기에 아주 외로웠습니다. 그런 제게 형제가 있었으면 좋겠다고 생각하게 한 사람이 있는데 김정민이라는 한 살 어린 친구입니다. 저희 옆집에 살던 친구인데 아주 친했습니다. 딱지치기, 구슬치기 등을 할 때는 둘이 깐부가 되어 동네 아이들과 놀았습니다. 그러다가 종종 다투었는데 그럴 때마다 저보다 두 살 위인 정민이의 형이 저를 때렸습니다. 그때마다 형이 없는 것이 얼마나 한이 맺히는지……. 또 있습니다. 어릴 적부터 걱정하던 일이 있습니다. 어른이 되었을 때 아버지 환갑잔치는 혼자 해드려야 하나? 아버지가 돌아가시면 장례는 나 혼자 어떻게 하지? 등입니다. 그럴 때마다 형제가 있었으면 좋겠다고 생각했습니다. 형제가 있다는 것, 육적인 형제가 있다는 것은 때로 힘이 되고 위로가 됩니다. 그런데 전능하신 하나님의 아들들이 되었고, 예수님과 형제가 되었으며, 그의 피로 형제가 된 이들이 이 땅을 함께 살아간다는 것은 놀라운 일이 아닐 수 없습니다.

이렇게 형제가 된 요한은 자신에 관해 묘사하고 있습니다. 그것은 "예수의 환난과 나라와 참음에 동참한 자"입니다. 이 말은 요한이 예수님 때문에 당하는 어려움을 묘사하는 것만을 말하지 않습니다. 이 구절을 다른 번역들은 "여러분의 형제이며 예수 안에서 환난과 나라와 인내를 함께 나누는 사람인 나 요한은"(우리말 성경) 라는 식으로 번역했습니다. 본문에서 "동참하는 자"라는 말의 헬라어는 형용사 "성코이노노스"입니다. 이 단어는 "함께"라는 뜻의 전치사 "쉰"과 "공유자, 함께하는 사람, 분배자" 등의 뜻을 가진 "코이노노스"라는 단어의 합성어입니다. 그러므로 요한은 자신이 환난과 나라와 참음을 공유한 자임을 말합니다. 그러니까 요한이 수신자들을 향하여 "형제"라고 한 것의 중요한 두 번째 이유는 수신자들과 같은 환난, 같은 나라, 같은 인내를 하고 있음을 말합니다. 같은 고난을 겪고 있는 자로서 형제라고 하고 있습니다. 예수님 때문에 박해를 당하고 육체적 고통과 심지어는 생명의 위협까지 당하는 자로서 형제라고 하고 있습니다. 이는 요한만이 그렇게 생각하는 것이 아닙니다. 하나님의 아들이셨던 예수님도 우리와 같은 고난을 당하셨습니다. 우리가 당할 모든 고난과 수치를 대신 당하신 예수님이 우리의 형제가 되셨습니다. 그러기에 히브리서 저자는 "(히 2:18) 그가 시험을 받아 고난을 당하셨은즉, 시험받는 자들을 능히 도우실 수 있느니라"라고 하였고, 히브리서 4장 15절에서는 "우리에게 있는 대제사장은 우리의 연약함을 동정하지 못하실 이가 아니요 모든 일에 우리와 똑같이 시험을 받으신 이로되 죄는 없으시니라"라고 하였습니다.

여기서 "환난"은 그리스도의 명령에 대해 온전히 충성할 때 나타나는 고난을 가리킵니다. 예수님은 잡히시기 전날에 제자들에게 환난을 예고하시며 두려워하지 말 것을 말씀하셨습니다. 말씀하기를 "(요 16:33) 이것을 너희에게 이르는 것은 너희로 내 안에서 평안을 누리게 하려 함이라 세상에서는 너희가 환난을 당하나 담대하라 내가 세상을 이기었노라"라고 하셨습니다. 바울도 1차 전도 여행 중에 박해를 당하고 돌에 맞았던 곳에서 돌아오며 그의 전도를 받고 성도가 된 자들이 자신과 같은 박해를 당할 것을 염려하여 말하기를 "(행 14:22) 이 믿음에 머물러 있으라 권하고 또 우리가 하나님의 나라에 들어가려면 많은 환난을 겪어야 할 것이라"라고 하였습니다.

이어서 말하는 "나라"는 앞에서도 말씀드렸듯이 우리가 하나님의 통치와 그의 백성이 되었음을 말씀하고 있습니다. 그리고 "참음"이라고 하고 있는데 이는 헬라어로 "휘포모네"라는 단어입니다. 이 단어는 "…. 아래에"라는 "휘포"와 "머물다"라는 뜻의 "메노"의 합성어입니다. 그래서 이 단어는 본문의 번역처럼 "참음"이라고 할 뿐 아니라 "인내, 견딤, 기대나 기다림" 등으로 번역할 수 있습니다. 요한은 자신이나 당시의 성도들이 고난 속에서도 믿음을 굳게 지키고 서 있으며 앞으로도 그러해야 함을 말씀합니다. 이 "참음"은 충성된 자들에게 요구되는 적극적인 인내입니다. 이것은 요한도 다른 그리스도인들과 같이 영원한 영광 가운데 들어갈 것을 기다리는 가운데 환난 속에서 인내하고 있음을 말씀합니다. 요한은 성도의 삶을 사는 자들에게 따르는 것에 대해 "환난, 나라, 참음"이라고 했는데 이렇게 말하는 요한은 자신이 앞장서서 그렇게 살았다는 사실입니다. 자신은 강단에서 말만 하고 강단 아래 있는 성도들에게만 요구하는 바리새인 같은 자가 아니었습니다.

우리도 우리가 믿는 것에 합당한 열매를 맺어야 합니다. 마태복음 3장 8절에서 세례 요한은 자신에게 다가온 바리새인과 사두개인들에게 "회개에 합당한 열매를 맺으라"라고 하였습니다. 여기서 합당하다는 말은 "같은 분량"이라는 뜻입니다. 회개한 것과 같은 분량, 믿음의 말을 하는 것과 같은 분량, 강단에서 말하는 것과 같은 분량의 삶의 열매를 맺으라고 하고 있습니다. 그렇습니다. 우리는 모두 말로만 "환난과 나라와 참음"에 동참하는 자가 아니라 삶으로 동참하는 자이어야 합니다. 그래야 형제입니다. 그래야 형제답습니다. 그렇다면 왜 성도에게는, 그리스도와 한 형제 된 자들에게는 "환난과 나라와 참음"이 요구되는 것일까요? 그 답은 우리가 읽은 말씀에 있습니다. 9절 후반에 말씀하신 "하나님의 말씀과 예수를 증언하였으므로 말미암아"라고 하는 내용입니다. 하나님의 말씀이 없었다면 환난과 나라와 참음에 동참하지 않았습니다. 아니 그것을 가지고만 있었으면 안 당할 수도 있었습니다. 하지만 하나님의 말씀을 우리 속에 간직하는 순간 그에 대해 증언하지 않고는 견딜 수 없게 되기 때문입니다. 예레미야는 하나님의 말씀을 전하는 것 때문에 매를 맞고 괴롭힘을 당했습니다. 그래서 하나님의 말씀을 전하지 않기로 했습니다. 그러나 그는 도저히 그렇게 할 수 없었습니다. 그는 말하기를 "(렘 20:9) 내가 다시는 여호와를 선포하지 아니하며 그의 이름으로 말하지 아니하리라 하면 나의 마음이 불붙는 것 같아서 골수에 사무치니 답답하여 견딜 수 없나이다"라고 하였습니다. 지금도 많은 사역자와 성도들이 이 마음으로 살아갑니다. 가깝게는 자신의 가족에게, 멀리는 해외에 나가 이 복음을 전하고 있습니다. 그러다가 쫓겨나기도 하고 심지어는 목숨을 잃기도 합니다. 왜 그럴까요? 본문 말씀처럼 하나님의 말씀과 예수를 증언하였기 때문입니다.

요한계시록에서는 성도가 살아야 할 이유, 성도가 고난받는 이유, 사탄이 극악을 떠는 이유가 모두 "하나님의 말씀과 예수에 대한 증거" 때문이라고 말합니다. 때로 사역자들도 이 고난이 두려워 잠시 뒤로 물러나고 싶을 때가 있습니다. 환난이라는 태풍이 지나간 후에 다시 하면 되지 않느냐는 소리가 내면에서부터 들려 올 때가 있습니다. 적당히 타협하고 후일을 도모하는 것이 지혜롭지 않을까 하는 생각이 들 때도 있습니다. 성경을 보면 네로의 박해로 인해 두려워 도망가거나 숨는 사역자들이 있었습니다. 디모데후서에 그들의 이름이 나오는데 "(딤후 2:17) 부겔로와 허모게네"라는 자들입니다. 바울은 디모데도 그럴까 염려되어 디모데후서를 썼는데 그 편지에서 디모데에게 "(딤후 2:1-8) 내 아들아 그러므로 너는 그리스도 예수 안에 있는 은혜 가운데서 강하고 또 네가 많은 증인 앞에서 내게 들은 바를 충성된 사람들에게 부탁하라 그들이 또 다른 사람들을 가르칠 수 있으리라 너는 그리스도 예수의 좋은 병사로 나와 함께 고난을 받으라 병사로 복무하는 자는 자기 생활에 얽매이는 자가 하나도 없나니 이는 병사로 모집한 자를 기쁘게 하려 함이라 경기하는 자가 법대로 경기하지 아니하면 승리자의 관을 얻지 못할 것이며 수고하는 농부가 곡식을 먼저 받는 것이 마땅하니라 내가 말하는 것을 생각해 보라 주께서 범사에 네게 총명을 주시리라 내가 전한 복음대로 다윗의 씨로 죽은 자 가운데서 다시 살아나신 예수 그리스도를 기억하라"라고 하였고, "(딤후 1:8) 복음과 함께 고난을 당하는 것"이라고 하였으며, "(딤후 3:12) 예수 안에서 경건하게 살고자 하는 자는 박해를 받느니라"라고 하였습니다.

당신은 그리스도의 형제입니까? 형제이기 때문에 당하는 고난이 있습니까? 하나님의 말씀과 예수에 대한 증거 때문에 환난과 나라와 참음에 동참하고 계십니까? 그렇다면 잘하고 계십니다. 하나님의 말씀과 상관없이 살면서 세상 것으로 잘되는 것을 부러워하지 마십시오. 이 땅에서 믿지 않는 자들이 고난 중에 있는 우리에게 하나님이 계시면 왜 그렇게 어렵냐고 하는 비아냥거림에 아파하지 마십시오. 사도들이 복음 전하다가 매를 맞고 협박을 당할 때 가졌던 자세를 기억합시다. 사도행전 5장 41절을 보면 "사도들은 그 이름을 위하여 능욕 받는 일에 합당한 자로 여기심을 기뻐하면서 공회 앞을 떠나니라"라고 하였습니다. 이런 성도들이 됩시다. 그러면 히브리서 11장 38절의 말씀처럼 "이런 사람을 세상이 감당하지 못하는 자"들이 됩니다.

이러한 요한에게 하나님의 말씀이 임했습니다.

"(계 1:10) 주의 날에 내가 성령에 감동되어 내 뒤에서 나는 나팔 소리 같은 큰 음성을 들으니 (계 1:11) 이르되 네가 보는 것을 두루마리에 써서 에베소, 서머나, 버가모, 두아디라, 사데, 빌라델비아, 라오디게아 등 일곱 교회에 보내라 하시기로"

요한은 하나님의 말씀이 임한 날을 기록하고 있습니다. 그날은 "주의 날"입니다. "주의 날"에 해당하는 헬라어 "엔 테 퀴리아케 헤메라"는 문자적으로 "주께 속한 날"을 의미합니다. 이는 "안식 후 첫날"(막 16:2; 눅 24:1; 요 20:19; 행 20:7) 혹은 "매 주일 첫날"(고전 16:2)과 같은 의미입니다. 이날은 예수님께서 부활하신 날을 말합니다. 초대 교인들은 매일 모여 떡을 떼고 잔을 나누었지만, 이날을 더 특별히 여겨 모여 예배했습니다. 요한은 밧모섬에서 주의 날에 성령에 감동되어 하나님의 말씀을 들었습니다. 성령에 감동되었다는 말이 가지는 특별한 무게가 있습니다. 그것은 앞으로 전하는 말이 자기 생각이나 바람을 말하는 것이 아니라 하나님의 엄중한 말씀이라는 것을 분명히 합니다.

그리고 그 소리는 뒤에서 들렸습니다. 왜 주님은 요한의 뒤에서 말씀하셨을까요? 요한은 왜 주님의 말씀이 뒤에서 들렸을까요? 이 장면은 요한복음 20장의 어떤 장면을 떠올리게 합니다. 예수님께서 십자가에서 죽으신 후 아리마데 요셉의 묘에 장사지낸 바 되었습니다. 안식 후 첫날 새벽에 마리아를 비롯한 여인들은 향료를 가지고 무덤에 갔고 열려있는 무덤에 들어갔을 때 "(요 20:13) 여자여 어찌하여 우느냐"는 소리를 듣고 뒤로 돌아보았습니다. 이때 예수께서 서 계신 것을 보았으나 알지 못하였다가 후에 알았습니다. 오늘 요한이 그날의 경험을 다시 하고 있습니다. 요한은 당시 교회가 박해를 받아 진멸 당하고 있는 것에 마음을 두고 있어 앞에서 일하시는 주님을 보지 못했던 것 같습니다. 자신이 주님의 생각보다 앞서가서 절망하고 슬퍼했던 것이 아닐까 합니다. 그런 그에게 주님은 뒤에서 말씀하셨고 그는 돌아보고서야 주님임을 알았습니다. 그렇습니다. 지금도 우리는 어려움을 겪으면 주님보다 앞서갑니다. 두려움에 사로잡혀 절망하고 주님의 계획이 있음에도 조급함과 두려움에 근거한 결정을 하고 낙담하고 슬퍼합니다. 그런 우리에게 주님은 뒤에서 말씀하십니다. 너무 앞서 생각하지 말라고, 자기 생각 속에 만들어진 절망적인 결과물을 보며 주저앉아있지 말고 함께 계시는 주님을 인식하고 그분의 말씀에 귀를 기울이라고 합니다. 애굽에서 나온 히브리 백성들이 하나님을 뒤로하고 앞에 보이는 장대한 족속들과 높은 성을 보며 주님께서 예비하신 앞날을 악평하던 자들처럼 되지 않기를 바랍니다.

이 주님의 소리가 나팔 소리 같다고 합니다. 나팔소리 같다고 한 것의 보조 설명이 곧바로 나오는데 그것은 "큰소리"입니다. 주님께서 하시는 일에 대해 깨닫지 못하고 염려와 두려움에 사로잡혀 있을 때 우리를 깨우는 소리입니다. 이 큰소리로 요한을 깨우고 있습니다. 그리고 그 소리는 요한을 통해 전해질 것이고 교회가 깨어나게 될 것입니다. 그래서 11절에 "네가 보는 것을 두루마리에 써서 일곱 교회에 보내라"라고 하고 있습니다. 내가 너를 깨운 것처럼 너도 이 글을 써서 전하여 그들로 읽게 하고 깨어나게 하라고 합니다. 여기에서 "써서"라는 말에 주목해야 합니다. "써서"라고 번역된 헬라어는 "그랖손"이란 단어입니다. 이 단어는 부정과거 명령형으로 기록되었습니다. 이것은 즉각적인 이행을 촉구하는 표현입니다. 이 표현은 본서에서 12회나 반복 사용되고 있습니다. 이는 하나님의 말씀을 즉각적으로 전해야 함을 의미합니다. 뒤로 미루지 말아야 합니다. 기회를 봐서 다음에 하지라고 생각하면 안 된다는 의미입니다.

회개하고 하나님의 일에 정진해야 하는 것은 내일로 미룰 수 없습니다. 그것은 중요하고 매우 급한 일이기 때문입니다. 많은 사람은 자신의 삶이 영원할 것처럼 착각하며 살아갑니다. 그래서 종종 예수님을 영접하는 일이나 회개하는 일을 다음으로 미루어도 된다거나 복음 전함을 다음으로 미루기도 합니다. 그런 사람들에게 바울은 하나님의 은혜를 헛되이 받지 말라고 경고하면서 "(고후 6:1,2) 지금이 바로 은혜받을 때요 구원의 날"이라고 말하였습니다. 그렇습니다. 지금도 우리 안에서 성령께서 큰소리로 말씀하십니다. 그 소리를 듣는 이들은 주님께서 우리에게 주신 복음을 전해야 합니다. 처음이요 마지막이신 주님을 만난 이들은 복음 때문에 환난과 나라와 참음이 있습니다. 그럼에도 우리에게 주신 하나님의 말씀을 이 땅의 사람들에게 전하는 일을 미루지 말고 즉각적으로 행하는 자들이 되기를 바랍니다.

6. 대제사장이시며 심판자이신 주님
요한계시록 1장 12-20절

요한은 하나님의 말씀과 예수님에 대해서 증거 하였기에 밧모섬에서 환난과 나라와 참음에 동참하고 있었습니다. 그러던 중 주의 날에 자신의 뒤에서 나는 소리를 들었습니다. 그 소리는 소아시아에 있는 일곱 교회에 편지를 써서 보내라는 말씀이었습니다. 그 일곱 교회는 2장부터 보겠지만 "에베소, 서머나, 버가모, 두아디라, 사데, 빌라델비아, 라오디게아"입니다. 이렇게 편지하라고 하신 주님의 모습을 요한은 뒤를 돌아보아 보게 되었고 그가 본 주님의 모습에 대해 묘사하고 있는 것이 본문의 말씀입니다.

"(계 1:12) 몸을 돌이켜 나에게 말한 음성을 알아보려고 돌이킬 때에 일곱 금 촛대를 보았는데"

요한은 뒤에서 나는 소리에 대해 알아보려고 뒤를 돌아보았습니다. 요한계시록의 기록 방식 중의 하나는 "듣고", "보고"입니다. 요한은 하나님의 말씀을 듣게 되는데 그것에 대해 궁금해할 독자들을 위해 보는 것을 묘사해 주고 있습니다. 그렇게 함으로 듣는 것과 보는 것이 같은 것임을 말해 줍니다.

12절에서 자신에게 말한 음성을 알아보려고 돌아보았을 때 금 촛대를 보았습니다. 이것은 10절에서 뒤에서 나는 소리를 들었는데 요한은 자신에게 말씀하는 이에 대해 구체적인 묘사를 "보는 것"으로 하고 있습니다. 이러한 방식은 요한계시록에서 아주 중요한 역할을 하고 있습니다. 특별히 7장에 등장하는 144,000명에 대한 해석에서 결정적인 역할을 합니다. 후에 다시 보겠지만 7장 4절을 보면 "인 친 자의 수를 들으니……. 십사만 사천이니"라고 합니다. 그 후에 9절을 보면 "이 일 후에 내가 보니"라고 말하며 그 십사만 사천 명은 "셀 수 없는 큰 무리"로 대치됩니다. 그러므로 144,000과 큰 무리는 다른 존 재가 아니라 같은 자들입니다. 이를 보완해 주는 말씀은 14장에 다시 등장하는 144,000명으로 새노래를 배울 자들은 그들밖에 없다고 말 씀하고 있는데 144,000과 셀 수 없는 큰 무리가 다른 존재라면 셀 수 없는 큰 무리는 새노래를 배우지 못한다는 슬픈 결론에 이르게 됩니다. 앞으로 요한계시록을 보실 때 듣는 것과 보는 것에 유의하여 보시 길 바랍니다. 그것은 같은 대상을 묘사하고 있습니다.

이렇게 듣고 본 것의 처음 묘사는 "일곱 금 촛대"입니다. 금 촛대 가 상징하는 바를 먼저 생각해 보겠습니다. 금 촛대는 시내산에서 성 막이 주어질 때 함께 주어진 성전 기물입니다. 이 촛대는 항상 켜져 있었습니다. 이렇게 촛대에 불이 켜져 있다는 것은 하나님께 예배가 계속되고 있음을 의미했습니다. 이스라엘 역사 속에 성전에서 촛대의 불이 꺼진 적이 두 번 있습니다. 한번은 바벨론의 침공으로 성전이 파 괴되고 모든 것이 바벨론으로 옮겨갔을 때이고, 두 번째는 헬라 시대 에피파네스에 의해 성전 예배가 금지되었을 때입니다. 이렇게 두 번 중단 되었다가 재개될 때 그것의 상징이나 실제는 촛대와 관련되어 말씀 되거나 실현되었습니다. 스가랴서를 보면 스룹바벨에 의해 2차 성전이 재건될 때 스룹바벨과 여호수아를 통해 성전이 완공되어 예 배가 재개될 것을 촛대 비유로 하셨습니다(슥 4:2). 또한, 헬라의 지배 아래 있던 성전을 탈환하고 예배가 재개되었을 때 시작된 수전절의 중요 행사는 촛대에 불을 밝히는 것이었습니다. 그러므로 본문의 촛대는 교회가 하나님을 예배하고 있는 상황을 표현한 말입니다. 일곱 금 촛대는 일차적으로 일곱 교회와 관련이 있습니다. 예배하고 있는 일곱 교회입니다. 그러나 일곱은 여기서 그치지 않고 일곱을 대표로 하는 전 우주적 교회입니다. 일곱이 상징하는 바가 완전수라는 것을 생각한다면 당시에 예배하는 모든 교회와 주께서 강림하시기 전에 이 땅에 존재하는 모든 교회를 의미합니다.

이렇게 일곱 금 촛대를 본 요한은 그 촛대와 연관된 다음 환상을 보게 됩니다.

"(계 1:13) 촛대 사이에 인자같은 이가 발에 끌리는 옷을 입고 가슴에 금띠를 띠고"

금 촛대를 본 요한은 촛대 사이에 계신 분을 보았습니다. 그분은 "인자 같은 이"라고 묘사되고 있습니다. 인자라는 말은 구약에서부터 메시아를 상징하는 단어입니다. 구약의 다니엘서에서도 인자같은 이 (단 7:13; 10:16)라는 말을 사용하고 있습니다. 또한, 예수님 자신도 자신을 가리켜 인자라고 하셨습니다. 그런데 본문의 "인자같은 이"라는 말에는 정관사가 없습니다. 그 의미는 예수님의 존재 자체를 말하고 싶은 것보다는 그의 인격과 성품에 대해 말하려는 의도가 있음을 알 수 있습니다.

요한은 그분이 촛대 사이에 있다고 하는데 그 의미는 예수님께서

78

교회 안에 거하심을 의미합니다. 그렇다면 왜 예수님이 교회 안에 계신 것으로 묘사하고 있을까요? 당시 교회가 처해 있던 상황과 연관이 있습니다. 당시 교회는 도미티아누스 황제를 숭배하는 것에 극렬하게 저항했습니다. 황제뿐 아니라 로마 정부에 의해 공인된 모든 신도 거부했습니다. 이는 로마에 대한 충성심이 없을 뿐 아니라 심지어 로마에 대항한다고 여겨져 벌을 받았습니다. 그러기에 성도들은 "무신론자"라는 죄명으로 처형을 당했습니다. 이렇게 죽거나 심한 고난을 겪는 중에 성도들은 주님은 교회에 거하시느냐? 우리와 함께하시느냐? 함께 하신다면 이렇게 처참하게 죽임을 당할 수 있느냐? 라는 생각을 했습니다. 또한, 밧모섬에서 고난을 겪는 요한의 기도가 어떠했을지 짐작할 수 있는데 그것은 교회를 지켜 달라는 것입니다. 그러기에 주님은 당신을 계시하시면서 일곱 금 촛대 사이에 계시는 분으로 묘사하고 있습니다. 그렇습니다. 주님은 교회 안에 계십니다. 그뿐만 아니라 성도들의 삶의 현장에 늘 함께하십니다. 바리새인들이 주님께 와서 하나님의 나라가 어느 때에 임하느냐는 질문에 "(눅 17:21) 하나님의 나라는 너희 안에 있느니라"라고 하셨고, 세례 요한이나 예수님께서 처음으로 하신 선포는 "회개하라 천국이 가까이 왔느니라"였습니다. 주님은 지금도 우리 안에 계십니다. 현재 우리는 하나님의 통치 아래 있습니다. 오늘 본문의 표현대로 하면 "일곱 금 촛대 사이에 계신 것"입니다.

이렇게 금 촛대 사이에 계신 인자같은 이에 대한 묘사가 계속됩니다. 조금 전에 인자같은 이 앞에 정관사가 없다고 하면서 그 이유는 단순히 그분의 존재 자체를 말하려는 것이 아니라 그분의 인격과 성품에 대해 말하고자 한다고 했습니다. 이후에 묘사되는 모습은 예수님의 상반되는 두 면에 대해 기록하고 있습니다. 먼저 13절 후반과 14절 초반에 묘사되고 있는 "발에 끌리는 옷을 입고 가슴에 금띠를 띠고 그의 머리와 털의 희기가 흰 양털 같고"에 대한 말씀을 생각해 봅시다. 먼저 "발에 끌리는 옷과 가슴에 금띠"입니다. 이러한 모습은 구약의 대제사장입니다. 대제사장은 발에 끌리는 옷을 입고 활동했습니다. 왜냐하면, 성전에서 활동한 대제사장은 자신의 발을 드러내지 않았습니다. 오염된 발은 부정했기 때문입니다. 또한, 금띠를 띠었다고 했는데 이는 대제사장과 왕이 매던 띠였습니다. 이어지는 "머리와 털의 희기가 흰 양털 같고"라고 하고 있는데 이는 죄가 없는 대제사장의 영광스러운 모습을 묘사하고 있습니다. 이러한 모습은 다니엘서 7장 9절에도 기록되어 있습니다. 기록되기를 "내가 보니 왕좌가 놓이고 옛적부터 항상 계신 이가 좌정하셨는데 그의 옷은 희기가 눈 같고 그의 머리털은 깨끗한 양의 털 같고 그의 보좌는 불꽃이요 그의 바퀴는 타오르는 불이며"라고 하였습니다. 그러므로 첫 번째 예수님에 대한 묘사는 대제사장이신 예수님의 모습입니다.

이어지는 묘사가 있습니다.
"(계 1:15) 그의 발은 풀무 불에 단련한 빛난 주석 같고 그의 음성은 많은 물소리와 같으며"

14절 후반에는 "그의 눈은 불꽃 같고"라고 묘사합니다. 이 묘사부터 15절까지의 모습은 심판자의 모습입니다. 대적을 보시는 눈을 불꽃 같다고 묘사하고 있으며, 풀무 불에 단련한 주석 같은 발은 대적을 짓밟아 멸하시는 존재임을 말씀합니다. 본문에서 주석이라고 번역한 헬라어는 "칼콜리바논"으로 "금강석, 청동"을 뜻하는 단어입니다. 그 래서 다른 번역본들은 "구리, 청동, 놋쇠" 등으로 번역했습니다. 에스 겔서의 그룹 환상에서도 발은 광낸 구리 같은 송아지 발바닥으로 묘 사했습니다(겔 1:7). 또한, 구리가 의미하는 바는 심판입니다. 성막을 구성하는 광물이 "금, 은, 동"이었습니다. 동은 성막 뜰에 있는 기구 들의 재료였습니다. 물두멍과 재단, 그리고 그 부속물 등이 모두 동이 었습니다. 이렇게 성막 뜰에 있던 기구들이 모두 동이었던 이유는 그 뜰에서 죄에 대한 심판이 행해졌기 때문입니다. 죄인이 가지고 온 제 물을 죽이고, 태우며, 제사장의 부정해진 손을 씻는 모든 행위가 죄에 대한 심판이었습니다. 그러기에 성막 뜰의 기구는 모두 동이었습니 다. 그러므로 그의 발이 풀무 불에 단련한 빛난 주석 같다고 한 것은 심판자이신 주님에 대한 묘사입니다. 그리고 풀무불에 단련했다는 표 현이 더해져 심판의 엄중함을 묘사하고 있습니다. 또한, 많은 물소리 같은 음성이란 성도들에게는 영광스러운 하나님의 음성으로, 대적에 게는 두려운 심판의 소리로 들린 것을 묘사합니다. 그러므로 불꽃 같 은 눈, 풀무불에 단련한 빛난 주석 같은 발, 많은 물소리 같은 음성 등 은 대적들을 심판하시는 심판자의 모습입니다.

요한에게 계시 된 예수님의 모습은 대제사장과 심판자라는 극단적 양면을 묘사하고 있습니다. 그 이유는 성도들에게는 대제사장으로, 대적들에게는 심판자로 등장하시는 분이시기 때문입니다. 16절이 이 모든 모습을 정리해 주고 있습니다.

"(계 1:16) 그의 오른손에 일곱 별이 있고 그의 입에서 좌우에 날

선 검이 나오고 그 얼굴은 해가 힘있게 비치는 것 같더라"

16절은 예수님의 양면의 모습이 어떤 결과를 가져오는지 정리해 줍니다. 먼저 대제사장으로 성도를 대하시는 주님의 모습입니다. 그 것은 그의 오른손에 일곱별을 붙들고 있다는 표현입니다. 오른손이 상징하는 바는 권능입니다. 성도들이 잘 아는 성구 중에 이사야 41장 10절 말씀을 보면 "두려워하지 말라 내가 너와 함께 함이라 놀라지 말라 나는 네 하나님이 됨이라 내가 너를 굳세게 하리라 참으로 너를 도와 주리라 참으로 나의 의로운 오른손으로 너를 붙들리라"라고 하는데 이 말씀에서도 "오른손으로 너를 붙들리라"라고 하고 있음을 볼 수 있습니다. 또한, 야곱의 열두 아들 중에 막내의 이름이 "베냐민"입니다. 베냐민의 이름은 원래 "베노니"였습니다. 그의 엄마 라헬이 그를 낳다가 죽게 되는데 그 슬픔을 표현하여 "슬픔의 아들" 즉, "베노니"라고 지었습니다. 이를 들은 야곱은 "오른손의 아들", "권능의 아들"이란 뜻의 "베냐민"이란 이름으로 바꾸어 불렀습니다. 이와 마찬가지로 본문에서 "오른손에 일곱별"이라고 한 것은 일곱별을 권능으로 붙들어 주고 있음을 나타냅니다. 그렇다면 일곱별은 무엇을 의미할까요? 일곱별이 무엇을 의미하는지 20절에서 해석해 주고 있습니다.

"(계 1:20) 네가 본 것은 내 오른손의 일곱별의 비밀과 또 일곱 금 촛대라 일곱별은 일곱 교회의 사자요 일곱 촛대는 일곱 교회니라"

일곱별은 일곱 교회의 사자라고 합니다. 일곱 교회의 사자란? 교회

지도자를 의미합니다. 나아가 교회 전체, 성도들을 붙들어 주고 있음을 말합니다. 마치 대제사장이 에봇에 열두 보석을 달고 어깨에는 한쪽에 여섯 개씩 열두 지파의 이름을 얹고 사역한 것과 같습니다. 이는 이스라엘을 가슴에 품고 어깨에 메는 것으로 상징되는 완전한 책임, 확실히 붙들어 줌을 의미합니다. 오늘 본문처럼 하면 오른손으로 붙들어 주고 있는 것입니다. 지금도 주님은 교회와 성도들을 붙들어 주고 계십니다. 비록 교회의 부끄러운 모습이 있고 손가락질을 당하는 일이 있으나 교회는 주님의 돌보심 가운데 있습니다. 주님은 당신의 백성들을 절대로 포기하거나 버리지 않습니다. 호세아 선지자는 이스라엘의 죄로 인해 심판을 말씀하시면서도 "(호 11:8) 에브라임이여 내가 어찌 너를 놓겠느냐 이스라엘이여 내가 어찌 너를 버리겠느냐 내가 어찌 너를 아드마 같이 놓겠느냐 어찌 너를 스보임 같이 두겠느냐 내 마음이 내 속에서 돌이키어 나의 긍휼이 온전히 불붙듯 하도다"라고 하여 책망 중에도 버릴 수 없음을 말씀합니다. 히브리서 13장 5절에 보면 "돈을 사랑하지 말고 있는 바를 족한 줄로 알라 그가 친히 말씀하시기를 내가 결코 너희를 버리지 아니하고 너희를 떠나지 아니하리라 하셨느니라"라고 분명히 말씀하고 있음을 기억하시기 바랍니다.

이어지는 말씀은 "입에서는 좌우에 날선 검이 나오고"입니다. 그분의 입에서 검이 나온다고 표현합니다. 검이란 대적을 치는 도구입니다. 그리고 그 검은 입에서 나온다고 하는데 이는 말씀의 검입니다. 에베소서 6장에 전신 갑주에 관한 내용이 있습니다. 그 기록에 보면 유일한 공격무기가 있는데 그것은 "(엡 6:17) 성령의 검 곧 하나님의 말씀"입니다. 본서 19장 15절에서도 "그의 입에서 예리한 검이 나오니 그것으로 만국을 치겠고"라고 하였고, 히브리서 기자는 "(히 4:12) 하나님의 말씀은 살아 있고 활력이 있어 좌우에 날선 어떤 검보다도 예리하여 혼과 영과 및 관절과 골수를 찔러 쪼개기까지 하며 또 마음의 생각과 뜻을 판단하나니"라고 하여 하나님의 말씀이 검으로서 거룩하지 못한 모든 것을 제거하는 도구임을 말씀합니다. 본문에서는 그 검이 예수님의 입에서 나옵니다. 그리고 그 말씀으로 대적들을 심판하십니다. 이 심판도 이미 진행 중입니다. 주님은 말씀하시기를 "(요 12:48) 나를 저버리고 내 말을 받지 아니하는 자를 심판할이가 있으니 곧 내가 한 그 말이 마지막 날에 그를 심판하리라"라고 하였습니다.

이렇게 성도를 붙들어 주심과 대적을 심판하시는 주님은 영광스러운 존재입니다. 성도는 그들이 구원받은 것으로 인해 영광을 돌려 드리고, 대적을 심판하시므로 영광을 취하십니다. 이를 표현한 것이 16절 후반의 "그 얼굴은 해가 힘있게 비치는 것 같더라"라는 묘사입니다. 그래서 요한계시록 19장에는 할렐루야 찬양이 있습니다. 19장은 대적은 심판하고 성도는 구원받은 이후에 하나님께 영광을 돌리는 모습을 묘사하고 있습니다. 이러한 모습을 오늘 본문이 서두에서 말씀하고 있습니다.

이렇게 놀라운 모습은 본 요한의 반응은 두려워 떨고 있습니다.

"(계 1:17) 내가 볼 때에 그의 발 앞에 엎드러져 죽은 자 같이 되매 그가 오른손을 내게 얹고 이르시되 두려워하지 말라 나는 처음이요 마지막이니"

요한은 주님을 뵙자마자 엎드리며 죽은 자 같이 되었다고 합니다. 이러한 모습은 구약의 사람들이 하나님을 뵈었을 때 하는 행위였습니다. 시내산에서 하나님의 음성을 들은 자들도 죽을까 두려워했고, 삼손의 아버지 마노아도 하나님의 사자를 만난 후에 죽을까 두려워했습니다. 요한도 마찬가지입니다. 거룩한 하나님의 존전에서 자신의 부정을 보았습니다. 그래서 죽을까 두려워하고 있습니다. 이렇게 두려워하는 요한에게 주님은 말씀하기를 "두려워 말라"라고 해주십니다. 이는 하나님은 요한을 그의 죄 유무에 근거하여 대하고 있지 않기 때문입니다. 요한의 행위가 아니라 당신의 자비하심으로 대하고 있습니다. 그렇습니다. 이 땅의 모든 사람의 상태가 죄 가운데 있습니다. 이 사실은 성도들도 마찬가지입니다. 그래서 심판과 구원의 근거를 성도의 행위에 두면 인간은 소망이 없습니다. 심판과 구원의 근거를 인간의 행위에 두면 모든 인간은 심판자 앞에서 두려워할 수밖에 없습니다.

일부 사역자들은 성도들을 바르지 않은 말로 두렵게 합니다. 그들은 성도도 사후에 백 보좌 심판을 받는데 그때 행위들이 다 드러나고 그 행위에 근거해 심판받는다고 말합니다. 흰 세마포는 성도들의 옳은 행실임으로 옳은 행실이 없는 성도들은 흰 세마포를 입지 못하고 결과적으로 심판을 당한다고 합니다. 하지만 모두 바르지 않습니다. 이들이 그렇게 말하는 이유는 요한계시록 전체를 모르고 있고, 나아가 복음에 대해 전혀 모르기 때문입니다. 이단들이야 그렇다 쳐도 정통교회에 속한 사람들이 그렇게 말하는 것은 무지한 까닭입니다. 복음을 모르는 무지입니다. 성도들도 하나님 앞에 자신을 비추어 보았을 때 두려울 수밖에 없으나 본문의 말씀처럼 주님은 우리에게 "두려워 말라"고 하십니다. 그 이유야 두말할 필요 없이 예수님의 대속의 은혜 때문입니다.

그래서 본 절에서 이어지는 말씀이 "나는 처음이요 마지막"이라고 하고, 18절은 "곧 살아 있는 자라 내가 전에 죽었었노라 볼지어다 이제 세세토록 살아 있어 사망과 음부의 열쇠를 가졌노니"라고 합니다. 처음이요 마지막이란 말씀은 처음 인간이 범죄 했을 때 여인의 후손을 약속했고 양의 피를 흘려 수치를 덮어주셨던 하나님은 유월절 어린양의 피로 죽음에서 벗어나게 하셨으며, 제사 제도와 성막을 통해 그리스도 안에서 그리스도의 피로 성도를 대속하셨음을 그림자로 말씀해 주셨습니다. 결국, 예수님께서 십자가에 달려 죽으심으로 우리의 모든 죄를 대속하시고 구원해 주신 분, 그분이 처음부터 약속하셨고 마지막까지 그 약속을 지키시는 분임을 말씀해 주시고 계십니다. 같은 요한이 기록한 요한복음 16장 33절에서도 주님께서 당신의 백성들에게 성령을 약속하시면서 "이것을 너희에게 이르는 것은 너희로 내 안에서 평안을 누리게 하려 함이라 세상에서는 너희가 환난을 당하나 담대하라 내가 세상을 이기었노라"라고 하였습니다.

우리 주님이 우리 가운데 계셔서 우리를 도우시며 사탄의 세력을 멸하십니다. 앞에서 읽은 말씀처럼 우리 주님은 지금 살아계십니다. 살아계셔서 우리와 함께 계시며 우리를 권능의 손으로 붙들어 주고 계십니다. 우리에게는 우리의 연약함을 도우시는 대제사장으로 함께 계심을 믿으며 매일의 삶에서 승리하는 자가 됩시다.

7. 주를 위해 수고하는 교회
요한계시록 2장 1-2절

주님은 밧모섬에서 고난을 겪던 요한에게 나타나셔서 당신을 계시하셨습니다. 그리고 말씀하시는 것을 써서 일곱 교회에 보내라고 하셨습니다. 이제부터 요한을 통해 일곱 교회에 보낸 글들을 보겠습니다. 주님은 일곱 교회를 향하여 때로는 칭찬을, 때로는 책망을 하셨습니다. 그리고 이기라고 하시며 이기는 자가 받을 영광을 약속하셨습니다.

우리가 볼 일곱 교회의 특징들은 분명합니다. 그 교회 중에 서머나교회와 빌라델비아 교회는 칭찬만 받고, 라오디게아 교회는 책망만 받습니다. 그리고 에베소 교회를 비롯한 다른 교회들은 칭찬과 책망을 고르게 받고 있습니다. 이어지는 말씀을 전하면서 각 교회의 위치와 특징들을 설명해 드리겠습니다.

이 일곱 교회는 소아시아의 서쪽 끝에 위치하여 에게해를 가운데두고 그리스와 마주 보고 있는 곳입니다. 우리와 형제국이라고 하는지금의 터키 서남부입니다. 그중에 에베소 교회는 일곱 교회 중에서가장 서남쪽에 있습니다. 그리고 요한이 계시록을 쓰고 있는 밧모섬과는 가장 가까운 곳에 있는 교회이기도 합니다. 가깝다고는 하나 바닷길로 100여 Km의 거리에 있습니다. 에베소 교회는 우리가 잘 아는에베소서의 배경이 되는 곳입니다. 에베소는 과거에 아마존 여전사부족이 자리를 잡고 있었습니다. 이 여전사 부족은 양봉과 사냥으로살았는데 이 부족장의 이름을 "아파샤스"라 칭하였습니다. 아파샤스는 "여왕벌"이라는 뜻입니다. 이들은 고대 철기 문명을 만들었던 히타이트에 의해 점령당했고 지중해로 나가는 중요한 항구로 개발되었습니다. 그 기록은 히타이트 부족의 비문에 나와 있는데 항구 이름을 부족장의 이름을 따서 "아퍄샤스", "에베소"라 칭하며 무역의 거점으로 키워 갔습니다.

초대교회 당시 이 에베소는 로마제국의 보석들 가운데 하나였습니다. 당시 소아시아의 수도는 버가모였으나 실제적인 수도는 에베소였기에 이 성의 사람들은 자신들의 도시를 아시아의 수도라고 불렀습니다. 또한, 이곳은 중요한 상업 중심지였습니다. 중동의 유프라테스 강 상류부터 이어진 길은 갈라디아지역의 이고니온을 지나 온천지역인 히에라볼리와 라오디게아를 통과해서 바다에 이르는 장소로 동방에서 출발한 상인들의 종착지였습니다. 아시아에서 가장 인구가 많은 도시였기에 상업이 매우 발달했습니다. 또한, 세계 7대 불가사의 중하나인 여신 아데미를 섬기는 신전이 있었던 곳으로 우상숭배가 꽃을 피웠던 곳입니다. 또한, 정치적으로는 로마로부터 자치권을 받아 독자적 행정관과 민회, 그리고 순회 재판소가 있을 정도로 중요한 도시였습니다.

이러한 에베소에 기독교 신앙이 전파된 것은 바울이 2차 전도 여행을 마치고 예루살렘으로 돌아갈 때 고린도에서부터 데리고 온 브리스길라와 아굴라 부부를 에베소에 머물게 했기 때문입니다. 그들은 에베소에서 복음을 전했고 교회를 세웠습니다. 그 후에 바울이 3차 전도 여행 중 약 3년간 가르쳤던 곳이었습니다. 그곳의 부흥은 놀라웠었는데 사람들이 마술책을 모두 태우고 우상을 등졌습니다. 그래서 당시 에베소의 주신인 아데미 여신상을 만들어 장사하던 자들이 자신들의 생업이 방해를 받았다는 이유로 바울을 고발할 정도였습니다. 시간이 지나 바울이 로마 감옥에서 나온 후에 디모데에게 말씀을 바르게 가르치라는 명령과 함께 목회하게 했던 곳이고, 본문의 저자인 요한이 밧모섬에 잡혀 오기 전과 후에 목회하던 곳이었습니다.

이러한 에베소 교회를 주님은 일곱교회 중 첫 번째로 다루면서 그때 이후 지금까지 이 땅에 존재하는 모든 교회에 말씀하십니다. 에베소 교회에 주시는 말씀을 통해 지금 우리들의 신앙과 교회들을 조명해 보길 바랍니다. 이 에베소 교회를 통해 우리에게 주시는 몇 가지 말씀을 보기 원합니다.

"(계 2:1) 에베소 교회의 사자에게 편지하라 오른손에 있는 일곱 별을 붙잡고 일곱 금 촛대 사이를 거니시는 이가 이르시되"

주님은 에베소 교회의 사자에게 편지하라고 합니다. 일곱 교회에 편지하면서 본문처럼 "00 교회의 사자에게 편지하라"라고 합니다. 그런데 교회의 사자란? 누구일까요? 헬라어로는 "앙겔로스"입니다. 이 단어의 뜻은 "천사", 전달자, 메신저로서의 "사자"를 의미합니다. 그래서 한글 성경들은 공동번역을 제외한 대부분 성경은 "사자"로 번역했고, 공동번역과 영어 성경 NIV와 KJV은 "천사"로 번역했습니다. 이렇게 두 가지의 번역으로 나뉘지만, 본문의 흐름을 보면 한글 성경이 바르게 번역했다고 보입니다. 그러므로 본문의 "사자"는 일차적으로는 교회의 사역자, 나아가 교회를 가리켜 말씀하고 있음을 알 수 있습니다. 그러므로 "에베소 교회의 사자에게 편지하라"라고 하신 말씀은 에베소 교회에 편지하라고 이해하면 됩니다.

그러면서 에베소 교회에 편지하라고 하신 주님의 모습에 대해 묘사하고 있는데 "오른손에 있는 일곱별을 붙잡고 일곱 금 촛대 사이를 거니시는 이"라고 합니다. 앞으로 보게 될 일곱 교회 모두는 편지하라고 하신 주님의 모습에 대해 모두 다르게 묘사되고 있는 것을 볼 수 있습니다. 이는 새롭게 묘사하신 것이 아니라 1장에 묘사된 주님의 모습의 일부씩을 인용하여 말씀하고 있습니다. 이렇게 일부분을 가지고 묘사하고 있는 이유는 주님이 편지를 받는 교회와 나름의 연관성을 가지고 있기 때문입니다. 다음에 볼 서머나 교회는 "(계 2:8) 처음이요 마지막이요 죽었다가 살아나신 이가 이르시되"라는 말로 시작하며 편지하고 계신 주님을 묘사합니다. 이렇게 주님을 묘사한 이유는 서머나 교회에 한 "(계 2:10) 생명의 관을 주겠다"라는 약속과 연관하여 말씀하고 있기 때문입니다. 이렇게 모든 교회에 대해 주님은 1장에서 묘사된 부분의 일부분을 끌어와 편지하신 분을 묘사함과 동시에 그와 관련된 신앙을 요구하고 상을 주시겠다고 합니다. 우리가 보고 있는 에베소 교회에는 촛대 사이에 거하신 주님께서 회개하지 않으면 촛대를 옮길 수 있다는 말씀을 하셔서 편지하신 이와 교회와의 연관성을 유지하고 있습니다. 교회에 거하시며 성도들을 붙들고 계신 주님은 에베소 교회에 본문의 말씀을 주시고 말씀대로 하지 않으면 촛대를 옮길 수 있다는 엄중한 경고를 하시며 교회가 말씀 앞에 바로 서서 마땅히 해야 할 일을 하도록 권면하고 계십니다.

교회	1장 예수님	2장 예수님
에베소	촛대 사이에 인자 같은 이 / 그의 오른손에 일곱별이 있는 자	오른손에 있는 일곱별을 붙잡고 일곱 금 촛대 사이를 거니시는 이
서머나	처음이요 마지막인 이 / 살아 있는 자라 내가 전에 죽었던 이	처음이며 마지막이요 죽었다가 살아나신 이
버가모	그의 입에서 좌우에 날선 검이 나오는 이	좌우에 날선 검을 가지신 이
두아디라	그의 눈은 불꽃같고 / 그의 발은 풀무불에 단련한 빛 난 주석 같은 이	그 눈이 불꽃같고 그 발이 빛난 주석과 같은 하나님의 아들
사데	그의 오른손에 일곱별이 있는 이	하나님의 일곱 영과 일곱별을 가지신 이
빌라델비아	세세토록 살아 있어 사망과 음부의 열쇠를 가진 이	거룩하고 진실하사 다윗의 열쇠를 가지신 이
라오디게아	충성된 증인으로 죽은 자들 가운데에서 먼저 나시고	아멘이시오 충성되고 참된 증인이시오 하나님의 창조의 근본이신 이

이렇게 편지하고 있는 자신이 어떤 존재인지 말씀하신 주님은 교회를 칭찬하는 것으로 글을 시작하고 있습니다.

"(계 2:2) 내가 네 행위와 수고와 네 인내를 알고 또 악한 자들을 용납하지 아니한 것과 자칭 사도라 하되 아닌 자들을 시험하여 그의 거짓된 것을 네가 드러낸 것과"

주님은 에베소 교회를 향해 말씀하시기를 "네 행위와 수고와 인내를 안다"라고 합니다. 이 말씀을 개역 개정으로 보면 행위와 수고와 인내가 동격으로 되어있으나 행위라는 단어가 뒤에 따라오는 두 단어를 모두 포함하고 있는 것을 원문을 통해 알 수 있습니다. 헬라어 원문을 보면 행위를 나타내는 단어 "에르가"는 적극적인 행위를 의미하는 말로 본문에서는 에베소 교회의 행위 전체를 포함하는 의미로 사용되었음을 알 수 있습니다. 그러니까 행위를 아노라고 하신 말씀에는 앞으로 보게 될 칭찬의 내용과 책망의 내용 모두를 포함하고 있다고 볼 수 있습니다.

먼저 칭찬에 대해 보겠습니다. 주님은 에베소 교회의 수고를 안다고 합니다. 이 수고에 해당하는 단어는 헬라어로 "코폰"입니다. 이는 어떤 일을 하는 데 있어서 "고통스러운 노동을 동반한 최선을 다하는 삶"을 가리키는 말입니다. 그러니까 이 "행위"와 "수고"를 안다는 말은 에베소 교회의 행위를 주님께서 아시는데, 그 행위의 첫 번째 내용이 "수고"입니다. 에베소 교회는 하나님의 나라를 세우기 위해 많은 수고를 했습니다. 비록 본문에 구체적으로 그들의 수고를 기록하지 않지만, 그들은 교회가 교회 되기 위해, 그리고 하나님의 나라 성장을 위해 많은 수고를 했습니다. 바울 때에도 성도들은 두란노 서원에 모여 성경을 배우는 열심을 냈었습니다. 두란노 서원에 모여 성경을 배운 이들은 당시 사람들이 낮잠을 자던 시간에 잠을 포기하고 모였습니다. 편하게 장소 빌려 화려한 장소에서 했던 것도 아니었고, 여유로운 삶이 있었기에 시간을 냈던 것도 아닙니다. 그들은 평생 낮잠을 자던 습관을 이기고 모여 말씀을 배웠습니다. 이런 수고가 에베소를 소아시아의 중심 교회로 만들었습니다.

지금은 어떻습니까? 한국교회는 어떻습니까? 제가 알고 있기는 한국교회 역사 속에서 지금처럼 말씀을 읽지 않고 공부하지 않는 세대는 없었습니다. 우리 한국교회는 자랑스러운 역사가 있습니다. 선교사가 오기 전에 성경을 스스로 공부하여 교회를 세운 나라였습니다. 사경회라는 것을 하면 며칠씩 했고 한번 말씀을 시작하면 세 시간 정도는 기본이었습니다. 어느 교회에서 사경회가 있다고 하면 지게로 솥단지와 쌀을 지고 그 교회로 찾아가 숙식하며 며칠이고 말씀을 배웠습니다. 10여 년 전까지만 해도 온갖 성경공부와 말씀 집회에 성도들이 열심을 냈습니다. 하지만 지금의 모습을 보면 한숨이 나옵니다. 특별히 젊은 세대들의 영적 상태는 두렵기까지 합니다. 말씀을 읽는 청년도, 성경을 공부하겠다는 청년도 별로 없습니다. 이러한 현실은 미래가 어떻게 될지 예측할 수 있습니다. 바라기는 아직 기회가 있을 때 말씀에 열심을 냅시다. 말씀을 읽고 배우는 수고를 하지 않으면 한국교회의 미래는 없습니다.

에베소 교회는 바르지 않은 사상과 대적하는 수고를 했던 교회였습니다. 디모데가 에베소에 있을 때 바울은 디모데에게 "(딤전 4:7) 망령되고 허탄한 신화를 버리라"라고 하며 권면했었습니다. 디모데는 에베소 교회의 문제를 해결하면서 위병까지 나는 수고를 했었습니다. 교회를 바르게 하기 위한 수고가 있던 교회, 그 교회가 에베소 교회였습니다.

현대의 교회는 이 싸움을 더욱 많이 해야 합니다. 온갖 이단들뿐 아니라 교회 내에 침투한 세속적 가치관과 복음을 가장한 바르지 않은 가르침과 싸워야 합니다. 그냥 생각 없이 교회 생활하면 자신이 바르게 가는지 그렇지 않은지 모릅니다. 향방 없는 싸움을 하는 자가 됩니다. 이렇게 말하면 대부분 사람은 잘 안다고 합니다. 그러면서 바르지 않은 교회의 전통과 바르지 않은 생각에 순응하며 살아갑니다. 좋은 것이 좋은 것이라고 하면서 말입니다. 그래서 우리 한국교회가 이렇게 되었습니다. 종교개혁 이후에 생긴 대부분 교회를 개혁교회라고 합니다. 그 이유는 교회는 끊임없이 개혁하는 존재이기 때문입니다. 성경을 통해 우리의 바르지 않음이 드러날 때 우리는 과감하게 결단하고 그것을 끊어내야 합니다. 만약 제가 바르지 않게 가는 것이 보이거든 누구든지 권면해 주셔야 합니다. 그렇지 않고 인간적인 정이나 의리에 묶이고 좋은 것이 좋은 것이라는 식으로 하면 결국에는 모두가 함께 망하게 됩니다. 바르지 않은 사상과 전통에 대적하는 수고를 아끼지 말아야 합니다.

이처럼 지금도 우리들의 수고가 교회에 있어야 합니다. 여러분은 교회의 주인입니까? 손님입니까? 주인과 손님의 차이는 분명합니다. 주인은 자신의 소유와 흥망을 함께 합니다. 하지만 손님은 그렇지 않습니다. 그곳이 흥하면 찾고 망하면 가볍게 떠나면 됩니다. 주인은 자신의 소유가 누군가에게 지적을 당하거나 공격을 당하면 분노하고 목숨을 걸고 지켜내는 싸움을 합니다. 하지만 손님은 그곳을 떠나 다시는 찾지 않아도 되는 존재입니다. 주인은 문제가 있으면 해결하려 하고, 손님은 문제를 지적하며 누군가에게 해결을 요구합니다. 해결되지 않으면 떠나면 되는 존재입니다. 더 비유해야 합니까? 지금 한국교회의 위기 앞에 우리 자신이 주인으로 있는지 손님으로 있는지 생각해 보아야 합니다. 목사는 주인이고 성도는 손님입니까? 아닙니다. 우리는 모두 한국교회의 주인이며 섬기는 자입니다. 누군가는 교회에서 한국교회와 공동체를 위해 우는데, 누군가는 지켜보며 그가 잘 해결하기를 바랍니다. 그러지 맙시다. 우리는 교회를 위한 수고를 아끼지 말아야 합니다. 성 삼위 하나님께서 우리를 위한 수고를 조금도 아끼지 않으셨습니다. 성부 하나님은 아들을 내어주시는 수고를, 아들

94

은 하늘 보좌 버리고 인간으로 오셔서 십자가에 달리는 수고를 하셨습니다. 성령 하나님은 우리 안에 계시면서 우리를 위해 탄식으로 기도하며 떠나지 않고 우리의 구원을 완성하는 수고를 하고 계십니다. 그러기에 우리도 교회를 위해 수고해야 합니다. 그래서 바울은 "(골 1:24) 나는 이제 너희를 위하여 받는 괴로움을 기뻐하고 그리스도의 남은 고난을 그의 몸 된 교회를 위하여 내 육체에 채우노라"라고 하였습니다.

에베소 교회가 이렇게 수고하였기에 우상이 가득하고 죄악이 가득한 도시였지만 성장할 수 있었습니다. 에베소 교회가 이렇게 성장했을 뿐 아니라 주변으로 교회를 확장하며 많은 수고를 할 때 따라왔던 것은 손해와 어려움이었습니다. 상업 활동에 제약을 받았고 심지어는 목숨까지도 잃었습니다. 그런데도 그들은 교회와 하나님의 나라를 위해 수고를 아끼지 않았습니다.

많은 성도가 이미 주님을 위해 수고하고 계심을 잘 압니다. 마음으로 수고하고, 재물을 드려 교회를 유지하고, 자신에게 주어진 나름의 사역들을 순종하여 행하고 있음을 알고 있습니다. 때로는 육체적 수고를 아끼지 않고 있으며, 힘에 진하게 교회와 성도들의 삶을 돌아보는 수고를 아끼지 않고 있음을 압니다. 어떤 사람은 보이는 곳에서, 또 어떤 사람은 보이지 않는 곳에서 주님께서 원하시는 일에 최선의 수고를 하고 있음을 압니다. 바라기는 이 수고를 버리지 말아 주시기 바랍니다.

바울은 복음으로 인해 고난 겪고 있던 데살로니가 교회를 향하여 "(살전 1:3) 너희의 믿음의 역사와 사랑의 수고와 우리 주 예수 그리스도에 대한 소망의 인내를 우리 하나님 아버지 앞에서 끊임없이 기역함이니"라고 하였습니다. 세상이 더 악해지고, 교회가 세상으로부터 영향력을 잃어가는 이때, 우리의 삶이 팍팍하고 삶이 힘들어지는 상황 가운데 있다 할지라도 우리에게 생명을 주고 또 다른 생명을 잉태하고 양육해야 하는 교회를 위해 수고를 아끼지 않는 성도가 되시기를 바랍니다. 이렇게 수고하는 데 있어서 목적이 분명해야 합니다. 집을 지을 때 측량을 잘못하여 남의 땅에 짓는다면 헛수고 한 것입니다. 마찬가지로 자신은 신앙적 열심을 내서 수고했다고 했는데 주님과 관계없는 수고라면 정말 허무한 것이 되고 맙니다.

그렇다면 우리의 수고는 목적이 무엇일까요? 바울은 갈라디아서 4장 19절에서 "나의 자녀들아 너희 속에 그리스도의 형상을 이루기까지 다시 너희를 위하여 해산하는 수고를 하노니"라고 하여 자신의 수고가 성도들에게 그리스도의 형상을 이루게 하기 위함이라고 분명히 말하고 있습니다. 이러한 목적을 가지고 사역을 감당한 바울은 고린도 교회에 편지하면서 어떤 수고를 했는지 구체적으로 말하는 것을 볼 수 있습니다. 고린도후서 11장 23절부터 28절에서 다음과 같이 고백합니다. "그들이 그리스도의 일꾼이냐 정신 없는 말을 하거니와 나는 더욱 그러하도다 내가 수고를 넘치도록 하고 옥에 갇히기도 더 많이 하고 매도 수없이 맞고 여러 번 죽을 뻔하였으니 유대인들에게 사십에서 하나 감한 매를 다섯 번 맞았으며 세 번 태장으로 맞고 한 번 돌로 맞고 세 번 파선하고 일 주야를 깊은 바다에서 지냈으며 여러 번 여행하면서 강의 위험과 강도의 위험과 동족의 위험과 이방인의 위험과 시내의 위험과 광야의 위험과 바다의 위험과 거짓 형제 중의 위험을 당하고 또 수고하며 애쓰고 여러 번 자지 못하고 주리며 목마르고 여러 번 굶고 춥고 헐벗었노라 이 외의 일은 고사하고 아직도 날마다 내 속에 눌리는 일이 있으니 곧 모든 교회를 위하여 염려하는 것이라"라고 말입니다.

이렇게 목적을 분명히 하고 수고하여도 지치고 힘들 때가 있습니다. 그렇기에 우리가 주를 위해 수고하는 일을 끝까지 감당하기 위해서는 소망을 세상에 두지 말아야 합니다. 우리의 소망을 하늘에 두고 살아야 합니다. 바울의 말처럼 시민권이 하늘에 있음을 인식하고 베드로처럼 오늘을 나그네로 사는 자세를 가져야 합니다. 이러한 마음을 바울은 "(딤전 4:10) 우리가 수고하고 힘쓰는 것은 우리 소망을 살아 계신 하나님께 둠이니 곧 모든 사람 특히 믿는 자들의 구주시라"라고 합니다. 주님께서 우리의 수고를 이미 알고 계십니다. 본서 14장 13절에서 이렇게 수고한 사람들에게 "지금 이후로 주 안에서 죽는 자들은 복이 있도다 하시매 성령이 이르시되 그러하다 그들이 수고를 그치고 쉬리니 이는 그들의 행한 일이 따름이라 하시더라"라고 약속하셨습니다. 주를 위한 수고를 주님께서 기억하고 계십니다. 또한, 우리가 주 앞에 서는 날 모든 수고를 그치게 하시고 영원한 쉼을 주십니다. 그러므로 그날을 소망하며 매일매일을 주 앞에서 살고, 주를 위한 수고를 아끼지 않는 자가 됩시다.

8. 주를 위해 인내하는 교회
요한계시록 2장 2-3절

에베소 교회를 향한 주님의 말씀을 보고 있습니다. 이렇게 말씀하시는 중에 주님은 에베소 교회를 아신다고 하셨습니다. 첫 번째로 에베소 교회의 수고를 아신다고 하셨습니다. 그리고 이어서 인내를 아신다고 하십니다. 주님께서 에베소 교회의 인내를 아신다고 하셨는데 그것에 대해 구체적으로 보도록 하겠습니다.

"(계 2:2) 내가 네 행위와 수고와 네 인내를 알고 또 악한 자들을 용납하지 아니한 것과 자칭 사도라 하되 아닌 자들을 시험하여 그의 거짓된 것을 네가 드러낸 것과"

주님은 에베소 교회의 행위와 수고와 인내를 아신다고 하십니다. 앞에서도 말씀드렸듯이 행위 안에 수고와 인내 그리고 뒤에 이어지는 것들이 모두 포함됩니다. 그렇다면 인내란 무엇일까요? 인내에 해당하는 헬라어는 "휘포모넨"입니다. 이 단어는 "변치 않는 기다림, 불변, 견딤, 확실함"이란 뜻이 있습니다. 그러니까 본문에서 인내라는 말은 에베소 교회가 하나님을 믿는 믿음이 변치 않았고 환난과 어려움 속에서도 믿음을 유지하고 지속시켰으며, 그 어떤 고통 속에서도 믿음의 확신을 더욱 견고하게 했다는 것입니다. 에베소 교회는 주변의 심한 박해를 받고 있었습니다. 아데미 여신을 숭배하는 자들로부터, 그리고 황제 숭배자들로부터 그들은 갖은 핍박을 당하며 매일 순간순간마다 고통을 감내하면서 신앙을 지켜야 하는 처지에 있었습니다. 당시 시장에서는 짐승의 표를 받지 않은 자들에게는 물건을 팔지 않았고 이 표가 없는 자들은 물건을 팔 수도 없었습니다. 후에 보겠지만 짐승의 수인 666을 받지 않으면 상거래를 할 수 없었습니다. 당시 이 표는 실제로 그들을 괴롭혔던 문제였습니다. 황제를 숭배하면 그 증거로 표를 주었고 그 표가 있어야만 물건을 사고팔 수 있었으니 말입니다. 그러니 당시 성도들은 경제적인 어려움을 견디어 내야 했습니다. 그들은 사회적으로 살아 있으나 산자가 아니었습니다. 실제로 사회에서 매장된 자들이었습니다. 그뿐만 아니라 신체적으로 온갖 고난을 겪어야만 했던 자들이었습니다. 그러기에 그들이 믿음을 지키는 데 있어 가장 기본이 되는 것은 인내였습니다.

주님은 천국 비유 중 네 가지 밭에 대해 말씀하셨던 적이 있습니다. 그중에 좋은 밭에 뿌려진 씨앗이 열매 맺는 원리에 대해 말씀하시면서 "(눅 8:15) 좋은 땅에 있다는 것은 착하고 좋은 마음으로 말씀을 듣고 지키어 인내로 결실하는 자니라"라고 하셨습니다. 여기서 "인내"라는 단어는 본문에 사용된 단어와 같습니다. 그러니까 좋은 땅에 뿌려진 하나님의 말씀은 자라서 열매 맺게 되는데 그 과정 중에 요구되는 것이 인내임을 강조합니다. 반대로 가시밭은 재물과 세상에 대한 염려가 주는 유혹을 견디는 인내가 없어서 열매를 맺지 못했습니다. 그렇습니다. 하나님의 영광을 바라는 자들에게 인내가 있어야 합니다. 바울은 로마에 편지하면서 "(롬 5:3-4) 다만 이뿐 아니라 우리가 환난 중에도 즐거워하나니 이는 환난은 인내를, 인내는 연단을, 연단은 소망을 이루는 줄 앎이로다"라고 하였습니다.

이 인내에 대해 본문에서도 더 구체적으로 강조하여 말씀해 주고 있는데 3절입니다.

"(계 2:3) 또 네가 참고 내 이름을 위하여 견디고 게으르지 아니한 것을 아노라"

여기서는 인내를 "참고, 견디고, 게으르지 않았다"는 말로 표현합니다. 이 세 단어가 가지고 있는 의미들을 생각해 보길 원합니다. 저는 이 세 가지를 "인내의 3단계"라고 정의합니다. 그럼 인내의 첫 번째 단계를 봅시다. 그것은 참는 것입니다. 다른 번역본 성경들은 "참고"라고 번역했습니다. 그러나 사실 2절에서 보았던 "인내"라는 단어와 같은 원어를 사용하고 있습니다. 2절의 "인내"와 본 절의 "참고"는 같은 단어인데 달리 번역한 것입니다. 주님은 에베소 교회에 대해 말씀하시면서 그들이 고난을 겪고 있지만 믿음을 지키기 위해 견디고 있는 것에 대해 깊은 관심과 안타까움을 가지고 계십니다. 그래서 2절에서 했던 말씀을 3절에서 다시 강조하여 말씀하고 있습니다. 이러한 참음은 우리 모두에게 요구됩니다. 마치 주님께서 우리들의 구원을 위해 온갖 고난과 멸시를 참으신 것처럼 말입니다.

주님이 참으신 이유는 자신이 구원할 영혼들을 사랑하셨기 때문이며, 그 방법은 철저히 자기를 부인하고 참는 것이었습니다. 주님께서 온갖 매를 맞고 살이 찢기면서도 저와 여러분의 구원을 생각하시면서 참으셨습니다. 사탄의 유혹과 시험, 그리고 예수님을 십자가에 못 박으면서 승리를 외치는 사탄의 소리를 참고 끝까지 희생제물의 역할을 감당하셨습니다. 이러한 주님의 참음은 우리를 향한 사랑 때문이었습니다. 이 참는다는 것은 주님께서 십자가에서 한편 강도와 십자가 아래의 사람들이 "하나님의 아들이어든 내려와 보라"는 말에 그들의 말처럼 할 수 있지만 그렇게 하지 않으시고 우리를 대신하여 십자가에 매달려 죽으신 참음입니다. 이 주님의 참으심을 이사야 53장 7절은 "그가 곤욕을 당하여 괴로울 때에도 그 입을 열지 아니하였음이여 마치 도수장으로 끌려가는 어린 양과 털 깎는 자 앞에 잠잠한 양같이 그 입을 열지 아니하였도다."라고 표현합니다.

우리도 주님의 나라와 그의 영광을 위하여 참아야 하는 일이 많습니다. 아주 작은 일에서부터 큰일에 이르기까지 억울하지만 참아야 할 때가 있습니다. 때로는 손해를 보기도 합니다. 때로는 속이 터질 것 같은 답답함을 느끼기도 합니다. 때로는 사람들이 우리를 바보로 여길 때도 있습니다. 바울은 주의 일, 복음의 일을 위해 참아야 함을 다음과 같이 말하고 있습니다. "(고후 1:6) 우리가 환난 당하는 것도 너희가 위로와 구원을 받게 하려는 것이요 우리가 위로를 받는 것도 너희가 위로를 받게 하려는 것이니 이 위로가 너희 속에 역사하여 우리가 받는 것 같은 고난을 너희도 견디게 하느니라" 그렇습니다. 우리도 주님을 생각하며 하나님의 영광을 위해 참아야 합니다. 바울이 고린도 교인들의 구원을 위해 환난을 참은 것 같이 우리도 주의 복음을 위해 참는 자가 되어야 합니다.

문제는 이렇게 참는 것이 성도에게 있어서 중요한 덕목인 줄 알지만 쉽지 않다는 것입니다. 주를 위하여 고난을 겪으면서 참는 것은 고사하고 사소한 문제 앞에서도 참지 못하는 것이 우리입니다. 가정에서, 사회에서, 심지어 가장 강력한 양의 가면을 쓰고 인간관계를 하는 교회에서도 참지 못합니다. 그러기에 사소한 문제뿐 아니라 큰 어려움까지도 참을 수 있는 사람이 되기 위해 우리에게 훈련이 필요하니다. 이것은 경건훈련입니다. 이 연습에 대해 바울은 디모데에게 "(딤전 4:7) 망령되고 허탄한 신화를 버리고 경건에 이르도록 네 자신을 연단하라 (딤전 4:8) 육체의 연단은 약간의 유익이 있으나 경건은 범사에 유익하니 금생과 내생에 약속이 있느니라"라고 하였습니다. 이렇다면 경건을 위한 참음의 훈련은 어떻게 해야 할까요? 그것의 시작은 말의 참음부터입니다. 야고보는 "(약 1:26) 누구든지 스스로 경건하다 생각하며 자기 혀를 재갈 물리지 아니하고 자기 마음을 속이면 이 사람의 경건은 헛것이라"라고 하여 말의 참음이 경건의 기초임을 말해 줍니다. 말을 절제하면 관계를 망치지 않습니다. 가족 간에, 이웃 간에, 성도 간에 상처를 주는 것은 대단한 문제에 있지 않습니다. 사소한 말 한마디. 생각 없이 툭 던진 말 한마디에 상처를 받고, 관계에 금이 가고, 공동체가 무너지는 일이 벌어집니다. 그래서 말의 절제 즉, 말의 참음이 경건의 시작입니다. 반대로, 말의 무너짐에서부터 경건한 삶이 무너지기 시작합니다. 생각이 행동을 지배하지만 반대로 행동이 생각을 지배하기도 합니다. 생각이 말을 주장하지만, 말이 생각을 주장해서 믿음을 지키고 더 강화하게 됩니다. 그러므로 우리는 고난을 참는 것을 넘어 자신의 욕구와 생각을 참는 자가 되어야 합니다. 가정에서 그리고 직장과 이웃 사이에서, 심지어는 교회에서도 주님 때문에 참는 성도가 되기를 바랍니다.

인내의 첫 번째가 참는 것이라면, 두 번째 단계는 "견디는 것"입니다. "견디고"라고 번역한 헬라어는 "에베스타사스"입니다. 이 단어의 뜻은 "문자적으로뿐 아니라 상징적으로도 무엇인가를 들어 올리거나 지탱해 준다. 운반하다."라는 의미입니다. 인내의 두 번째 단계가 견디는 것인데 이는 단순히 버티는 것이 아닙니다. 그것은 무엇인가를 짊어지는 것이며, 그것을 목적하는 곳까지 운반하는 것입니다. 그래서 본문을 보면 "내 이름을 위하여"라고 말을 하는 것을 볼 수 있습니다. 예수님께서 이것에 대해 먼저 본을 보이셨습니다. 요한복음 19장 17절에서 "예수께서 자기의 십자가를 지시고 해골(히브리 말로 골고다)이라 하는 곳에 나가시니"라고 하신 것처럼 주님께서 우리를 위해 십자가를 지신 것을 말씀하시는데 이것이 우리가 지금 말하고 있는 "견딤"입니다.

마태복음 8장 17절에서는 우리의 질병을 짊어지셨다고 하는데 이때도 같은 단어를 사용하여 기록하고 있습니다. 주님께서 우리의 죄와 고통을 짊어지셨습니다. 그리고 그 문제를 해결하시기 위해 죽기까지 운반하셨습니다. 그런 차원에서 에베소 교회가 주님의 이름을 위하여 견디고 있다는 것은 주님의 영광을 위해, 주님께서 원하시는 것을 위해 그 짐을 짊어지고 복음을 세상에 운반한 것을 말합니다. 이 견딤은 주님의 영광을 위해 주님을 높이고 자신은 주님 아래에서 주님을 받드는 것입니다. 주님의 영광이 땅에 떨어지지 않도록 힘을 다하여 받침이 되어 지탱하는 것입니다. 주님께서 이미 자신의 자리였던 하늘 보좌 버리시고 이 땅에 가장 낮은 자로 오셔서 우리의 발을 씻기시며 가장 수치스러운 처형을 우리를 대신하여 당하신 것처럼 우리도 주님의 영광을 위해 주님을 높이며 주님의 나라가 이 땅에 임할 때까지 주님의 뜻을 어깨에 메고 그 사명 감당하는 삶이 되어야 합니다. 주님께서 우리의 생명을 죽음에서 생명으로 운반하시기 위해 십자가를 지셨듯이 우리도 주님의 나라가 이 땅에서 꽃피울 수 있도록 주님께서 주신 십자가를 등에 지고, 하나님의 뜻이 하늘에서 이루어진 것처럼 이 땅에서도 이루어지도록 주님의 뜻을 운반하는 삶이 되기를 바랍니다. 구레네 시몬이 얼떨결에 주님의 십자가를 대신 지고 갔으나 후에 믿음의 명문 가정이 되었듯이 우리도 그분께서 맡겨주신 십자가를 지고 우리에게 원하시는 삶의 자리까지 운반하는 일을 감당함으로 믿음의 명문 가정이 되는 복이 있기를 원합니다.

인내의 세 번째 단계는 "낙심하지 않는 것"입니다. 본문을 보면 "게으르지 아니한 것"이라고 표현하고 있습니다. 이에 해당하는 헬라어는 "코피아노"입니다. 이 단어는 "게으르다, 피로를 느끼다, 지치도록 힘들게 일하다, 낙심하다."라는 뜻이 있습니다. 이 중에서 다른 번역본들은 "낙심하다."라는 말로 번역했습니다. 그러니까 본문을 다시 번역한다면 "네가 참고 내 이름을 위하여 견디고 낙심하지 않은 것을 아노라."라고 할 수 있습니다. 인내에서 마지막 단계는 낙심하지 않는 것입니다. 왜냐하면, 낙심은 인내를 중도에서 포기하게 하기 때문입니다. 그런데 왜 낙심하게 될까요? 여러 가지 이유가 있을 수 있으나 가장 중요한 이유는 주님을 온전히 바라보지 못한 것에서 비롯되는 결과입니다. 소망 되신 주님을 바라보지 못하고 문제를 보거나, 현실의 고통과 위협을 보고 낙심한다면 그는 결코 끝까지 인내하지 못합니다. 마치 베드로가 예수님께서 물 위로 걸어오라는 말씀을 듣고 주님을 보고 걸을 때는 빠지지 않았으나 파도를 보는 순간 빠졌던 것과 같이 주님을 보던 눈이 세상의 풍파와 문제를 보는 순간 물에 빠진 것과 같은 일을 겪습니다. 그러기에 낙심하지 않기 위해서는 히브리서 저자의 말처럼 "(히 12:2) 믿음의 주요 온전케 하신 예수님을 바라보고" 걸어야 합니다. 가나안 땅에 들어가기를 소망하고 광야를 인

104

내하며 건너온 이스라엘 백성들이 가나안 땅에 들어가지 못하고 40년간을 광야에서 고통받다 죽게 된 이유가 무엇입니까? 그것은 바로 낙심이었습니다. 이 사건을 민수기 32장 7절은 말하기를 "너희가 어찌하여 이스라엘 자손에게 낙심하게 하여서 여호와께서 그들에게 주신 땅으로 건너갈 수 없게 하려 하느냐"라고 하고 있습니다.

세상이 우리를 공격해 오고 두려움이 우리를 침몰시키려 해도 낙심하지 마십시오. 주님은 공격해 오는 세상의 모든 것들에 대항하고 있는 우리를 향해 말씀하십니다. "두려워 말고 낙심하지 말라"고 말입니다. 유다왕 히스기야의 아버지 아하스 때에 아람과 르신과 북이스라엘의 왕 베가가 예루살렘을 치려 할 때 주님은 이사야를 통해 말씀하십니다. "(사 7:4) 그에게 이르기를 너는 삼가며 조용하라 르신과 아람과 르말리야의 아들이 심히 노할지라도 이들은 연기 나는 두 부지깽이 그루터기에 불과하니 두려워하지 말며 낙심하지 말라"라고 말입니다. 두려워 말고 낙심치 마십시오. 우리를 공격해 오는 모든 것은 연기 나는 부지깽이와 모든 것이 잘려나간 생명력 없는 그루터기에 불과한 것이기 때문입니다. 바울의 신앙고백을 배웁시다. 바울은 고린도후서 4장 7절로 9절에서 말하기를 "우리가 이 보배를 질그릇에 가졌으니 이는 심히 큰 능력은 하나님께 있고 우리에게 있지 아니함을 알게 하려 함이라 우리가 사방으로 우겨쌈을 당하여도 싸이지 아니하며 답답한 일을 당하여도 낙심하지 아니하며 박해를 받아도 버린 바 되지 아니하며 거꾸러뜨림을 당하여도 망하지 아니하고"라고 합니다. 바울이 싸이지 않으며, 낙심치 않을 수 있고 또한, 버린 바 되지 않고, 망하지 않는다고 확신하는 근거는 무엇이라고 합니까? 그것은 자신 속에 있는 보배 즉, 주님을 소유하고 있기에 낙심하지 않고 소망 가운데 인내할 수 있었다고 합니다. 바울은 나아가 우리에게 갈라디아서 6장 9절을 통해 한 가지 더 권면합니다. "우리가 선을 행하되 낙심하지 말지니 포기하지 아니하면 때가 이르매 거두리라"라고 말입니다. 낙심하지 마십시오. 특별히 우리에게 있는 어려움이 주님의 영광을 위하여 살다가 당하는 것이라면, 더더욱 낙심하지 마십시오. 또한, 우리의 삶에 우리의 실수와 범죄로 인해 당하는 어려움이 있다 하더라도 낙심하지 마십시오. 왜냐하면, 주님은 당신의 자녀가 범죄 했다고 버리시는 분이 아니시며 회개하는 자를 진토에서 일으켜 세워 주시는 분이시기 때문입니다.

너무 고통스러워 낙심되려 할 때 주님을 생각합시다. 주님의 고통 당하심을 생각합시다. 수치스러울 때 주님께서 나를 위해 당하셨던 수치를 기억합시다. 그러기에 히브리서 12장 3절은 말합니다. "너희가 피곤하여 낙심하지 않기 위하여 죄인들이 이같이 자기에게 거역한 일을 참으신 이를 생각하라"라고 말입니다. 우리는 주의 이름을 위한 인내가 있습니까? 주님의 나라를 위해 고난을 참아내는 믿음이 있습니까? 주님의 영광과 나라의 확장을 위해 애쓰고 수고하는 인내가 있습니까? 신앙생활 중에 낙심케 하는 많은 문제 앞에서도 주님을 바라보고 낙심하지 않는 믿음을 소유하고 계십니까? 바라기는 주님의 이름을 위해 우리에게 닥쳐오는 모든 고난에 대해 인내하는 자가 되기를 바랍니다.

9. 영적 분별력을 소유한 교회
요한계시록 2장 2-6절

에베소 교회를 통해 교회에 주신 세 번째 말씀을 보겠습니다. 세 번째로는 영적인 분별력을 소유한 교회가 되기를 원하십니다.

"(계 2:2) 내가 네 행위와 수고와 네 인내를 알고 또 악한 자들을 용납하지 아니한 것과 자칭 사도라 하되 아닌 자들을 시험하여 그의 거짓된 것을 네가 드러낸 것과"

요한은 에베소 교회를 칭찬하면서 참과 거짓을 분별하고 그것들이 교회 내에 들어오지 못하게 했다고 합니다. 2절을 보면 하나님은 에베소 교회의 행위와 인내를 알 뿐만 아니라 에베소 교회가 잘못된 신학과 가치관에 대하여 어떻게 행하였는지도 알고 있다고 말하며 칭찬하고 있습니다. 그들은 외부적인 핍박과 환난을 이겨내야 했을 뿐 아니라 내부에서 발생하고 있는 잘못된 사상과도 싸워야만 했습니다. 그 싸움을 에베소 교회가 어떻게 했는지 말하고 있는데 그것은 본문에 나와 있는 대로 "악한 자들을 용납지 아니한 것과 자칭 사도라 하되 아닌 자들을 시험하여 그의 거짓된 것을 드러낸 것"이라고 말하고 있습니다.

또한, 6절에 한 가지를 더 말하는데 그것은 네가 니골라 당의 행위를 미워한다고 말함으로 에베소 교회가 말씀에 근거하여 분명한 분별력을 소유하고 있었다고 말하고 있습니다. 당시 초대교회가 급조되면서 비성경적인 신앙과 이교도적이고 철학적인 가치관이 교회 내에 들어오게 되었습니다. 언뜻 보기에 이 문제는 외부적 핍박보다 교회에 그리 큰 영향을 미칠 것처럼 보이지 않았습니다. 생명을 요구하는 것도 아니었으며, 당장 해야 하는 시급한 것으로 여겨지지 않을 수도 있는 문제였습니다. 그러나 에베소 교회는 이것의 심각함을 아는 교회였습니다. 서서히 들어온 이단 사상과 잘못된 교리는 교회를 서서히 죽이는 결과를 가져온다는 차원에서 이것을 버려둔다는 것은 있을 수 없는 일임을 에베소 교회는 알고 있었습니다.

이 심각한 문제는 먼저 악한 자들을 용납하는 문제였습니다. 여기서 "악한 자들"이란 단어는 헬라어로 "카쿠스"입니다. 이 단어는 관사 없는 복수 명사로 쓰였는데 문자적으로 "악한 것들"을 뜻하는 말입니다. 그러니까 이 말은 온갖 악한 일을 행하는 자들을 일컫는 말입니다. 그래서 몇몇 번역본은 "형제인 척하며 죄짓는 자들"(현대어 성경), "스스로 믿음의 형제인 척하는 자들"(쉬운 성경)이라고 번역했습니다. 에베소 교회에 들어왔던 악한 자들, 그들이 6절에 언급된 니골라당이나 거짓 교사들뿐 아니라 악을 행하는 모든 자에 대해 책망하며 그 행위들을 용납하지 않았다고 하고 있습니다. 교회는 죄를 용납해서는 안 됩니다. 죄를 용납하는 것이 아니라 죄인을 용납하는 곳이 교회입니다.

그러니까 교회는 악한 자들이 변화되어 새사람이 되는 곳입니다. 살인자가 변화되어 사람을 살리는 전도자가 되는 곳입니다. 거짓말쟁이가 주님을 만나 진리를 전하는 자가 되는 곳입니다. 간음한 자가 변화되어 창녀촌에 들어가 복음을 전하는 자가 되는 곳입니다. 주정꾼이 변화되어 새 술인 성령에 취한 자가 되는 곳입니다. 우상 숭배자가 변화되어 무당을 찾아가 복음을 전하는 자로 변화되는 곳입니다. 이처럼 교회는 죄인들이 모여 변화를 경험하는 곳입니다. 그러나 그들이 변화되기까지 교회에는 여러 가지 문제가 있을 수밖에 없습니다. 교회 내에서 사기 사건도 벌어집니다. 또한, 간음과 도둑질도 있습니다. 때로는 싸우고 중상모략도 있습니다. 그러기에 교회는 죄인들의 집합소라고 말합니다. 그러나 교회가 죄인들의 죄까지도 용납하는 곳은 아닙니다. 죄인을 구원하시기 위해 주님께서 오셨지 죄까지 용납하기 위해 오신 것은 아닙니다. 그러므로 교회는 죄인은 사랑으로 용납하지만, 죄는 엄하게 꾸짖고 몰아내야 합니다. 마태복음 18장 15절로 17절은 말하기를 "네 형제가 죄를 범하거든 가서 너와 그 사람과만 상대하여 권고하라 만일 들으면 네가 네 형제를 얻은 것이요 만일 듣지 않거든 한두 사람을 데리고 가서 두세 증인의 입으로 말마다 확증하게 하라 만일 그들의 말도 듣지 않거든 교회에 말하고 교회의 말도 듣지 않거든 이방인과 세리와 같이 여기라"라고 합니다. 이 말씀이 나오기 전에 무슨 말씀이 있었는지 아십니까? 그것은 소자를 실족시키면 안 된다는 말씀과 주님은 한 마리의 양도 잃어버리지 않을 것을 말씀하고 계십니다. 그러니까 "죄를 범한 형제를 내어 쫓으라"라는 말이 핵심이 아니라 그 형제의 악을 끝까지 제거할 뿐 아니라 그 울타리 안에 함께 하는 영혼들도 병들지 않게 하라는 말씀입니다.

이런 차원에서 고린도전서 5장 6절은 "적은 누룩이 온 덩어리에 퍼지는 것을 알지 못하느냐"라며 죄에 대해 엄히 대해야 함을 말씀하셨습니다. 다시 말하면, 죄를 책망하는 것은 죄를 지은 영혼뿐만 아니라 그와 함께 하는 성도들을 위해서도 반드시 해야 하는 일입니다. 에베소 교회는 악한 자들을 용납지 않았습니다. 그들의 죄를 용납하거나 내버려 두지 않았습니다. 그렇습니다. 그 사람은 불쌍하지만, 그 사람의 죄까지도 묵인하는 것은 그 사람뿐 아니라 그 사람과 함께 하는 모든 성도에게 악한 영향을 미치게 되기 때문에 용납하면 안 됩니다. 나아가 자신 속에 있는 악한 것들도 용납해서는 안 됩니다. 그래서 바울은 데살로니가전서 5장 21절로 22절에서 말하기를 "범사에 헤아려 좋은 것을 취하고 악은 모든 모양이라도 버리라"라고 합니다. 다른 사람의 악을 몰아내고 용납하기 전에 먼저 우리 속에서 우리를 넘어뜨리고 범죄 하게 하는 악을 제하여 버리는 자들이 되길 바랍니다. 특별히 이 문제에 있어서 타인에게는 관용을 베풀고 자신에게는 엄격한 기준을 적용함으로 악을 버리고 선을 행하는 자가 되어야 합니다. 우리 속에 있는 악을 제하여 버릴 뿐 아니라 우리와 함께하고 있는 형제들의 죄들도 묵인하거나 넘어가지 않고 그를 사랑함으로 책망하고 그를 위해 기도하는 자가 됩시다.

두 번째로 자칭 사도라고 하는 자들을 시험하여 그 거짓된 것을 드러내는 문제입니다. 첫 번째 것이 일반적인 악을 말하는 것이라면 이번의 것은 영적인 악을 말합니다. 영적인 분별력을 가져야 한다는 뜻입니다. 도덕적으로 옳고 그름에 대한 판단 기준은 주님을 영접하였든 그렇지 않든 모두가 소유하고 있습니다. 그러나 영적인 분별력은 훈련되지 않으면 얻을 수 없습니다. 그런데 사도 요한은 에베소 교회를 칭찬하면서 이 에베소 교회가 영적인 분별력을 가지고 있는 교회라고 말씀하고 있습니다. 그것은 "자칭 사도라 하되 아닌 자들"을 가려냈다고 말하는 본문을 통해 알 수 있습니다. 여기서 자칭 사도라고 하는 자들을 6절에서는 니골라당이라고 구체적으로 제시합니다. 이

니골라당은 이원론을 주장하는 초대교회 이단입니다. 이들은 율법의 불필요성을 주장하며 그리스도인은 은혜로 보호받기 때문에 무슨 짓을 해도 죄가 되지 않는다는 억지 주장을 하며 공공연히 간음하고 악한 일을 하며 자신들의 행위를 정당화했습니다. 이 니골라당은 그 말의 뜻이 구약의 발람과 같습니다. 그러기에 대부분 학자가 구약의 발람의 교훈을 따르던 자들로 그 이름의 뜻대로 "백성을 삼키는 자"들이라고 말합니다. 그러므로 니골라당은 교회를 어지럽히고 성도들을 현혹하는 이단이었습니다. 현재에도 이런 이단들이 있습니다. 하나님의 은혜를 강조하며 율법은 주님의 오심으로 폐지되었기에 어떤 일을 행해도 성도들에게는 더는 죄가 되지 않는다고 말하는 자들이 있습니다. 이러한 잘못된 신앙에 현혹되지 마시기 바랍니다.

요한계시록이 쓰이기 전에 바울은 이미 에베소 교회 장로들에게 장차 이단들이 교회에 침입해 들어 올 것이라고 경고했었습니다. 사도행전 20장 29절로 30절에 그 내용을 적고 있는데 다음과 같습니다. "내가 떠난 후에 사나운 이리가 여러분에게 들어와서 그 양 떼를 아끼지 아니하며 또한 여러분 중에서도 제자들을 끌어 자기를 따르게 하려고 어그러진 말을 하는 사람들이 일어날 줄을 내가 아노라" 사도 바울이 말했던 대로 교회 내에 이단들이 들어왔습니다. 마치 적이 아닌 동지처럼 성도들을 죽이는 거짓 선지자들이 활동했습니다. 이처럼 한국교회 내에도 이단적인 사상과 교사들이 들어와 있다는 것이 문제입니다. 그들은 하나님의 이름을 말하고 성경을 인용하기에 일반 성도들이 구별하기가 너무 어렵습니다. 분명히 드러난 이단들뿐만 아니라 교회 내에 양의 탈을 쓴 이리들의 사상이 이미 많이 들어와 있습니다. 하나님의 복이라는 말로 기복주의를 부추기고, 성공을 통해 세상에서 하나님의 영광을 드러낸다는 구실로 온갖 더러운 가르침들이 난무하며, 육적 욕구를 채우기 위해 온갖 수단과 방법을 가리지 않게 합니다.

미래를 알고 싶어 하는 사람들의 마음을 이용하여 무당 같은 짓을 하는 자들도 있습니다. 가정 제단을 쌓는다고 하며 집마다 돌아다니면서 예언이랍시고 헛소리를 겁 없이 뱉어내며, 자신의 욕심을 채우고 교회를 혼란하게 하는 자들이 생겨났습니다. 이 모든 것이 현재의 니골라당입니다. 이럴 때 우리는 니골라당을 분별하고 그들의 거짓됨을 드러내는 교회와 성도가 되어야 할 줄로 압니다. 이 에베소 교회는 그 일을 "시험"하여 이들의 거짓됨을 구별했다고 말합니다. 그렇다면 우리도 우리 속에 있거나 우리 주변의 이단들 사상을 시험하여 그 거짓된 것들을 드러내야 합니다. 여기서 시험했다는 말은 헬라어로 "에페이라조"라는 단어입니다. 그 뜻은 "시험하다. 자세히 조사하다"입니다. 그러니까 에베소 교회가 거짓 사도들을 시험했다는 것은 그들의 가르침과 사상을 자세히 조사하여 그들의 가르침이 참인지 거짓인지를 가려냈다는 이야기입니다. 우리는 어떻습니까? 잘못된 사상을 분별할 만한 능력을 소유하고 계십니까? 아니면 누구든지 예수님의 이름으로 하나님 이야기하고 "아멘"을 요구하면 무조건 "아멘"하는 자입니까? 영적인 눈이 열려 진리와 비진리를 분별하는 은사가 있기를 바랍니다.

성경 요한일서 4장 1절은 말하기를 "사랑하는 자들아 영을 다 믿지 말고 오직 영들이 하나님께 속하였나 분별하라."라고 합니다. 그러면서 바울은 그렇게 해야 할 이유를 말하기를 세상에 거짓 선지자가 많기 때문이라고 말합니다. 여기서 영적인 분별이라는 말은 어떤

112

신비한 능력을 말하는 것이 아닙니다. 이것은 극히 이성적이고 성경이라는 객관적인 사실에 근거한 분별력입니다. 에베소 교회는 성경에 근거하여 거짓 사도들을 시험해 보았습니다. 또한, 성경에 비추어 그들의 가르침과 사상을 자세히 조사하여 바른 신앙을 유지하였습니다.

사람들은 물량과 명성에 속고 있습니다. 큰 교회가 하는 일은 무엇이든지 옳다고 생각합니다. 교계의 큰 행사에 후원금을 많이 내서 이름이 올라가 있으면 그 교회가 이단임에도 불구하고 이단이 아니라고 생각합니다. 유명한 목사님의 설교는 하나님의 말씀이고, 작은 교회 목사의 설교는 그보다 못하다고 생각합니다. 많은 사람이 동의하면 옳은 것이고, 아무리 옳다 하더라도 소수의 생각은 오류가 있으리라 생각합니다. 또한, 똑똑한 사람이 교회의 기준이 되어서도 안 됩니다. 제가 아는 어느 교회는 교회 후임자를 세우고 교회가 분열의 위기를 겪고 있습니다. 천여 명이 넘는 교회에서 1년도 안 되어 90%가 넘는 성도들이 원로목사님을 모함하고 욕하는 쪽에 섰습니다. 그 이유는 그 일에 주동이 된 사람이 의사이기 때문입니다. 사람들에게 왜 원로목사님을 욕하느냐고 물었을 때 어이없게도 그 의사가 그렇게 하므로, 그 똑똑한 사람이 그렇다면 그런 것 아니겠냐는 것입니다. 그렇습니다. 유명하고 똑똑한 사람이 말하거나 대형교회의 목사님이나 다수의 사람이 주장하면 진리가 되는 것입니까? 우리 성도들의 판단 기준은 달라야 합니다. 유명세나 크기가 아니라 얼마나 성경적이냐 그렇지 않으냐가 기준이 되어야 합니다. 그러기 위해서는 먼저 그 기준인 성경을 소유하고 있어야 합니다. 모든 것을 재는 잣대인 성경을 갖고 있지 않다면 무엇으로 옳고 그름을 판단할 수 있겠습니까?

신앙의 옳고 그름을 나누는 기준은 성경뿐 입니다. 성경이 아니고는 교회 내에서 사람을 판단하거나 정죄하는 말과 행동을 하지 마시기 바랍니다. 성경이 아니고는 어떤 판단도 유보하시기 바랍니다. 제가 드리는 말씀이라 할지라도 성경적이지 않다면 순종하시면 안 됩니다. 아무 때나 생각 없이 "아멘" 하거나 제가 멋쩍어할까 봐 "아멘" 해줘서도 안 됩니다. 반드시 제게 바르지 않다고 말씀하셔야 망하는 자가 되지 않습니다. 지금 한국교회는 분별의 은사가 필요한 때입니다. 온갖 이단들이 난무하고 교회에 비 복음적 사상들이 들어와 혼란하게 하는 이때, 성경 말씀에 근거한 분별력을 소유하는 자가 되어야합니다. 성도는 착하고 순결하되 바보가 되어서는 안 됩니다. 그리스도인들은 사랑으로 죄인들을 용납해야 합니다. 그러나 그들의 죄까지도 용납해서는 안 된다는 것을 아시기 바랍니다. 또한, 거짓 가르침을 분별할 수 있는 성경적 지식과 주님의 은혜를 소유해야 이 악한 세대와 싸워 이길 수 있다는 것도 아셔야 합니다.

기억합시다. 참사랑은 오류나 악을 받아들이는 자가 아니라, 그것을 엄히 꾸짖고 몰아내는 것임을 말입니다. 이렇게 함으로 자신과 이웃과 상대방을 그 모든 패망으로부터 건질 수 있다는 것을 기억합시다. 그래서 야고보서 맨 마지막에 5장 19절과 20절은 "내 형제들아 너희 중에 미혹되어 진리를 떠난 자를 누가 돌아서게 하면 너희가 알 것은 죄인을 미혹된 길에서 돌아서게 하는 자가 그의 영혼을 사망에서 구원할 것이며 허다한 죄를 덮을 것임이라."라고 하였습니다. 에베소 교회를 통해서 말씀하시는 세 가지를 보았습니다. 그것은 먼저 복음을 위해 수고하는 교회, 두 번째로, 주님의 이름을 위해 인내하는 교회, 그리고 영적 분별력을 소유한 교회였습니다. 이 모든 것을 소유하여, 하나님께 충성하고, 이웃에게 겸손하며, 자신에게 진실한 성도들이 되어 하나님께 칭찬받고 최후에 승리하는 교회와 성도가 됩시다.

10. 사랑이 가득한 교회
요한계시록 2장 4-7절

에베소 교회를 통해 우리에게 하시는 말씀을 보고 있습니다. 첫 번째가 복음을 위해 수고하는 교회가 되어야 함을 보았습니다. 에베소 교회는 복음과 주를 위해 피 흘리기까지 수고한 교회였습니다. 그러기에 그들은 우상이 가득한 그곳에서 그리스도의 푸른 계절을 만들어 낼 수 있었습니다. 두 번째로 주님의 이름을 위해 인내하는 교회가 되어야 한다고 했습니다. 에베소 교회는 사회적 매장과 육체적 고난 속에서도 주님의 이름을 위해 인내하는 교회였습니다. 당시 황제숭배와 아데미여신 숭배가 꽃을 피웠던 곳에서 신앙을 지키고 전파한다는 것은 온갖 고난에 대해 인내하지 않으면 할 수 없는 일이었습니다. 그러면서 인내의 삼 단계를 말씀드렸었습니다. 그것은 참고 견디고 낙심하지 않는 것이라고 말입니다. 세 번째는 영적 분별력을 소유한 교회였다고 말씀드렸었습니다. 에베소 교회는 외부적인 핍박과 어려움을 이겨냈을 뿐 아니라 교회 내에서 암세포처럼 서서히 자라 결국에는 교회를 무너뜨리는 잘못된 신앙과 가치관을 분별하고 몰아냈던 교회였습니다. 그러한 일을 가능하게 했던 것은 그들이 말씀을 통해 그들의 가르침과 사상을 시험, 즉 자세히 조사하였기 때문이라고 했습니다. 그러기 위해 말씀을 소유한 자가 되어야 한다는 것도 말입니다.

이제 마지막 한 가지를 말씀드리려고 합니다. 그것은 사랑이 가득한 교회가 되기를 원하신다는 것입니다.

"(계 2:4) 그러나 너를 책망할 것이 있나니 너의 처음 사랑을 버렸느니라"

에베소 교회를 칭찬하던 주님은 에베소 교회의 한 부분을 책망하십니다. 그것은 그들이 처음 사랑을 버린 문제입니다. 에베소 교회가 처음 사랑을 버렸다는 것은 하나님에 대한 사랑을 버렸을 뿐 아니라 그와 함께 형제에 대한 사랑도 버렸음을 말합니다. 그들은 세상의 공격으로부터 자신의 믿음을 지키는 일에 온 힘을 쏟았습니다. 그들은 교회 안에 이단 사상을 몰아내는 데 최선의 노력을 다했습니다. 그들은 자신들의 믿음과 교회를 지키는 일만으로도 힘겨웠습니다. 교회를 공격하는 이단들을 분별하는 데 힘을 다하던 그들은 사람들을 볼 때 혹시 니골라당이 아닐까 하는 의심의 눈으로 보았고 조금만 이상하거나 잘못하는 사람이 있으면 교회가 병이 들 것을 염려하여 그들을 교회에서 쫓아냈습니다. 교회의 순수성을 지키려는 열심은 마치 현대교회가 새신자가 와서 열심을 내면 신천지 아닌가 하는 의심을 품는 것처럼 의심의 눈으로 사람들을 보게 했습니다. 그러던 그들은 언제부터인가 믿는 형제들의 행위 하나하나까지 자신만의 기준으로 지적하는 폐단을 낳았습니다. 이러다 보니 그들은 자연스럽게 용납이라는 단어를 잃어버렸고 사랑의 마음을 잃어버렸습니다. 이러한 그들에게 주님은 첫사랑을 잃어버렸다고 책망하고 있습니다. 여기서 "처음"이라는 단어는 헬라어로 "프로토스"란 말로 크게 두 가지 의미가 있습니다. 그것은 시간상으로 처음이라는 뜻과 우선순위로서의 처음이라는 뜻입니다.

그러므로 너희가 처음 사랑을 버렸다는 말은 두 가지로 말할 수 있습니다.

그중 하나는 주님을 처음 만났을 때 느꼈던 첫사랑의 기쁨을 잊어버린 것입니다. 출애굽 후 이스라엘이 광야에서 지내는 동안 유월절의 기쁨을 잊어버렸습니다. 그들은 홍해의 승리와 그 환호를 잊어버렸습니다. 그들은 잊어버린 정도가 아니라 하나님을 버리고 금송아지를 택하여 자신들의 하나님이라고 할 정도였습니다. 결국은 그들 모두가 광야에서 죽고야 말았습니다. 이스라엘 백성들을 가나안 땅에 들어가게 하신 하나님의 놀라운 은혜에 대한 감사를 한 세기도 지나지 않아 잊어버려 사사기를 맞는 신세가 되고 말았습니다. 주님의 예루살렘 입성을 축하하며 환호하던 자들은 며칠이 못 되어 주님을 십자가에 달라고 소리치는 자들이 되었습니다.

문제는 이러한 일이 이스라엘과 에베소 교회에만 국한된 것이 아니라는데 있습니다. 이 문제에 있어서 현재를 사는 우리도 결코 자유로울 수 없습니다. 주님을 인격적으로 처음 만나 구원을 받았을 때, 자신 같은 죄인이 구원받았다는 것에 감격하고 주님과 동행함이 가장 행복하다고 고백합니다. 시간이 지나 자신도 모르는 사이 주님에 대한 사랑의 감정은 타성에 젖었고, 주님께서 주시는 은혜는 당연한 것이 되어 그 첫사랑의 기쁨은 모두 사라진 신앙생활을 하는 사람들이 많습니다. 주님은 우리와의 관계를 설명할 때 신랑과 신부로 비유하셨습니다. 구약의 호세아서는 하나님께서 이스라엘을 향한 변함없는 사랑과 그 사랑에 온전히 감사와 사랑으로 반응하지 못하는 이스라엘에 대해 기록한 성경입니다. 선지자 호세아와 창녀 고멜과의 이야기를 통해 변함없는 하나님의 사랑을 모르고 끊임없이 다른 남자를 따르는 창녀 고멜같은 성도를 묘사합니다. 주님은 우리와의 관계 속에서 시간이 갈수록 첫사랑의 감격과 기쁨을 키워 가시는데 우리는 그 사랑의 기쁨을 속히 잊어버려 다른 것에 마음을 빼앗기고 그것에게 사랑을 갈구하는 자가 되고 말았습니다.

　어느새 에베소 교회처럼 우리에게 있었던 뜨거웠던 사랑은 식지 않았습니까? 주님만 보겠다던 그 사랑의 눈길은 그럴듯하게 유혹하는 세상의 썩어질 것들을 향하고 있지는 않습니까? 한때는 주님이 아니면 살 수 없을 것 같았지만 이제는 주님이 아니라도 살 수 있을 것처럼 느끼지는 않습니까? 한때는 주님을 매우 사랑했지만, 지금은 그 사랑이 식어버리지는 않았습니까? 요즘 코로나 사태로 위기를 맞고 있는 성도들이 있습니다. 그 위기는 경제적인 것도 아니며, 건강의 문제도 아닙니다. 그것은 교회 안에서 있을 때나 성도의 교제 안에 있을 때는 예배하고 찬양하며 봉사하는 분위기로 인해 자신이 하나님을 사랑하는 줄 알던 사람들이 교회로부터 떨어져 있는 시간이 길어지면서 하나님을 사랑함이 식고 있는 것입니다. 이 사랑이 식음을 느끼는 성도들은 나름의 방법들을 찾아 그 사랑을 유지하거나 새롭게 합니다. 하지만 그것을 느끼지 못하는 성도들이 문제입니다. 교회 안에 있을 때는 자신이 하나님과 어떤 관계에 있었는지 잘 인식하지 못합니다. 그래서 그들은 찬양하고 예배하고 봉사하는 것으로, 또 성도의 교제 안에 있는 것으로 자신의 신앙이 온전한 줄로 착각했던 사람들입니다. 그들은 공동체 예배를 드리지 못하는 시간이 길어지면서 주님을 사랑했던 마음이 식어 예배는 뒤로하고 세상으로 나가 세상과 짝하는 이들이 되었습니다. 이런 이들이 코로나 사태로 위기를 맞은 성도들입니다. 그중의 하나가 자신이라고 생각된다면, 이제라도 그 사랑을 다시 회복하는 방법을 찾아 실행해야 합니다. 안 그러면 찬송가 가사처럼 "멀리멀리 갔다가……." 돌아오게 됩니다. 주님을 향한 사랑의 열정과 기쁨이 회복되는 복이 있기를 바랍니다.

첫사랑을 잃어버렸다는 것의 또 다른 하나는 우리의 인생에서 우선순위를 잃어버렸다는 것을 말합니다. 헬라어 "프로토스"의 중요한 두 번째의 의미가 우선순위로서의 처음이라고 말씀드렸습니다. 주님을 처음 만나 사랑이 충만할 때는 모든 것의 우선순위가 주님이었습니다. 사도 바울이 고백했듯이 먹든지 마시든지 무엇을 하든지 주님의 영광이었습니다. 어떤 것을 결정할 때 그것을 결정짓는 최우선의 요소는 하나님이었습니다. 주님께서 기뻐하실지 그렇지 않으실지 고민하며 결정했습니다. 손해가 되어도 주님이 원하시는 것이면 언제든지 그 일을 우선했습니다. 어떤 시간보다 주님과 만나는 기도의 시간이 먼저였습니다. 세상의 어떤 것보다 주님의 말씀을 읽고 그 뜻을 이해하는 것이 가장 행복했습니다. 세상의 일이나 레저가 아무리 중요하고 즐겁다 해도 하나님께 드리는 예배와는 바꿀 수 없었습니다. 가장 중요한 것은 "하나님 제일 우선 중심주의"였습니다.

그러나 당시 에베소 교회는 이러한 모습을 잃어버렸습니다. 우리는 지금 어떠합니까? 하나님의 영광이 자신의 영광보다 우선되는 삶이 되기를 바랍니다. 기도하는 시간이 그 어떤 시간보다 중요하다는 것을 인식하고 어떤 일을 하기 전에 기도가 우선하는 삶이 되기를 바랍니다. 세상의 말을 듣고 글을 읽기 전에 살았고 운동력 있는 하나님의 말씀에 귀 기울고 눈을 두는 성도가 되기를 바랍니다. 예배드리는 것을 그 어떤 것과도 바꾸지 않는 성도가 되기를 바랍니다. 자신을 위해 물질을 쓰기 전에 하나님께 드리는 것을 먼저 구별할 줄 아는 성도가 되기를 바랍니다. 축복하기는 하나님 제일 우선 중심주의로 사는 성도가 되기를 바랍니다.

지금까지의 말씀이 하나님과의 사랑 관계를 말했다면, 또 하나는 인간관계에서의 사랑을 말하는데 그들은 그 사랑도 잃어버렸다고 말씀합니다. 당시 에베소 교회는 주님께서 칭찬하셨듯이 하나님의 나라를 위해 수고했고, 주님의 이름을 위해……. 다시 말해 하나님의 영광을 위해 참고 견디고 낙심하지 않는 인내로 승리했던 교회였습니다. 또한, 아주 중요한 것은 성경적인 분별력을 소유하여 잘못된 사상과 행위를 구별해 낼 줄 아는 성숙한 교회였습니다. 그러나 그들은 그것에 집중하면서 사랑을 잃어버렸습니다. 그들은 냉철한 이성과 분별력으로 머리는 커졌지만, 처음에 가졌던 뜨거운 심장은 쪼그라들고 말았습니다. 자신들은 점점 성화 되어 의로워졌을지 모르지만, 상대적으로 다른 사람에 대한 정죄와 판단은 빨라져 사랑이 빠져버린 열정이 되고 말았습니다.

그들은 마치 주님 당시의 바리새인과 같았습니다. 그들은 하나님을 위해 수고하고 경건을 위해 금식을 비롯해 삶의 절제와 인내를 생활화했고 엄격한 율법을 따라 옳고 그름을 분별하는 이성을 소유했습니다. 그러나 하나님과 이웃에 대한 사랑이 없어 주님께 책망을 받았던 자들이었습니다. 지금 우리도 그럴 수 있습니다. 신앙생활이 오래되면 타성에 젖고 심지어 함께 신앙생활하고 있는 성도들을 정죄하기에 빠른 자가 됩니다. 이렇게 된 이유는 무엇일까요? 그것은 오랜 신앙생활로 외적인 성도의 모습을 갖춘 것으로 자신이 하나님 앞에서 좋은 신앙인이라고 착각하기 때문입니다. 분별력을 소유하되 사랑을 잃어서는 안 됩니다. 형제를 사랑하는 마음이 없는 분별력과 책망은 형제의 허물을 도려내는 수술 칼이 아니라 형제를 죽이는 무기가 됩니다. 이웃을 향한 사랑과 용서를 회복하시기 바랍니다. 주님께서 우리를 사랑하시고 용서하신 것에 감사하며 그 은혜로 이웃을 대하는 자가 됩시다.

사도 요한은 계속해서 말합니다.

"(계 2:5) 그러므로 어디서 떨어졌는지를 생각하고 회개하여 처음 행위를 가지라 만일 그리하지 아니하고 회개하지 아니하면 내가 네게 가서 네 촛대를 그 자리에서 옮기리라"

주님은 사도 요한을 통해 그 잃어버린 사랑을 찾아 다시 행하라고 말합니다. 그러기 위해서는 먼저 무엇이 문제이며 어디서부터 잘못 되었는지 생각해야 합니다. 그렇습니다. 왜 이렇게 되었는지를 생각해 보아야 합니다. 어쩌다가 사랑을 잃어버렸는지, 그 원인이 무엇인지를 깊이 생각해 보아야 합니다. 여기서 말하는 "어디서"라는 말은 헬라어로 "포텐"이라는 단어로 그 뜻은 단순히 장소의 어디가 아니라 그 원인과 근원적인 면에서 어디를 말합니다. 그러니까 우리의 사랑을 잃어버리게 된 원인을 찾아내야 합니다. 어디서부터 문제가 되었는지, 무슨 이유에서 그렇게 되었는지 찾는 것이 "어디서"입니다. 하나님과 사람에 대한 사랑은 어떤 상태입니까? 점점 뜨거워지십니까? 아니면 자신이 느낄 정도로 식으셨습니까? 만약에 식으셨다면 그 원인이 무엇인지 생각해 보아야 합니다. 그것이 삶이 바빠서인지, 인생의 쾌락에 너무 빠져서인지, 또는 이기적인 욕망에 붙들려서 인지를 말입니다. 이러한 생각은 한두 번으로 끝내서는 안 됩니다.

본문에서 "생각하라"라는 말은 헬라어 "므네모뉴에"라는 단어로 그 의미는 "계속해서 회상하고 생각하라"라는 것입니다. 그러므로 우리는 끊임없이 자기를 돌아보고 잘못된 것을 발견할 때마다 그 원인이 무엇인지를 생각해야 합니다. 그렇게 될 때 주님께서 원하시는 삶을 사는 자가 될 수 있습니다. 저는 몇 년 전부터 제 언어 습관을 고치기 위해 무진 애를 쓰고 있습니다. 세상에서나 교회에서는 목사라는 타이틀로 인해 그렇게 애쓰지 않아도 나름 예의 바르게 말하는 것 같고 상대방의 마음을 다치지 않게 말하는 것 같습니다. 하지만 집에서는 그렇지 못했습니다. 제 말은 비수가 되어 가족들을 찔렀고, 무거운 돌이 되어 숨을 못 쉬게 짓눌렀습니다. 몇 년 전부터 못 된 언어 습관을 고치기 위해 몸부림치고 있습니다. 반세기를 사는 동안 몸에 밴 말투는 쉽게 변하지 않았습니다. 긴장을 조금 풀거나 조심하지 않으면 제 통제를 벗어난 말들이 튀어나왔습니다. 그럴 때마다 괴롭지만 다시 생각했습니다. 이런 상황에서 어떻게 말해야 예쁜 말이 되는지 고민했습니다. 그러면서 마음에 새겼습니다. 비록 변화가 느리지만 언젠가 모든 이들, 특별히 가족이 인정하는 경건한 자가 될 것을 소망하며 그렇게 합니다.

이렇게 생각하면서 동시에 행해야 하는 것이 있습니다. 그것은 회개입니다. 회개란 돌이키는 것입니다. 자신이 잘못되었다는 것을 깨닫고 그 원인도 알았다면 돌이켜 바른길로 가는 것입니다. 주님은 우리에게 회개의 감정에만 머물라고 하신 적이 없으십니다. 그 회개는 행동을 동반해야 온전해질 수 있기 때문입니다. 여기서 회개란 말이 가지고 있는 의미는 "서서히"가 아니라 "단번에 결정적"으로 돌이켜야 한다는 뜻입니다. 자신에게 그리고 하나님과 사람에 대한 사랑이 없다는 것을 깨달았다면, 그리고 지금 나에게 사랑이 없으므로 누군가가 힘들어한다는 것을 깨달았다면, 지금 곧 돌이켜 회개에 합당한 사랑을 실천하는 자가 되어야 합니다. 사람들은 누구나 잘못되었다는 것을 깨닫고 나면 후회하거나 참회의 눈물을 흘립니다. 그러나 그다음 단계인 삶의 변화로 옮기는 데까지 나아가는 사람은 많지 않습니다. 회개의 참 능력이 있어 하나님께는 영광을, 이웃에게는 덕을, 자신에게는 복이 되는 사람이 되기를 바랍니다.

마지막으로 "처음 행위를 가지라."라고 합니다. 이 부분을 공동번역 성경은 "처음에 하던 일을 다시 하여라"라고 번역했습니다. 이 말은 권고가 아니라 명령입니다. 선택이 아니라 반드시 해야 하는 일입니다. 이 "가지라"라는 말은 "지금 즉시 행하라."라는 말입니다. 머뭇거릴 여유가 없습니다. 하나님과 사람을 향한 사랑의 실천을 뒤로 미루지 마시기 바랍니다. 그동안은 외적인 행동만으로 사랑의 흉내를 냈다면 이제는 그 안에 참 능력의 사랑을 담아 하나님과 사람에게 사랑을 실천하는 자가 됩시다. 이렇게 될 때 교회와 성도의 삶의 현장에 놀라운 변화의 역사, 회복의 기쁨이 있게 됩니다.

이렇게 말씀하신 주님은 우리에게 엄숙한 지시와 소망의 약속을 덧붙이십니다. 그것은 촛대를 옮긴다는 경고의 말씀과 신앙의 승리자에게는 하나님의 낙원에 있는 생명과를 먹게 하겠다는 말씀입니다. "사랑은 움직이는 거야"라는 말이 생각납니다. 하나님의 촛대도 옮겨지는 것입니다. 이스라엘에서 유럽으로, 유럽에서 북미로, 북미에서 한국으로 말입니다. 이 촛대가 이렇게 움직이는 이유가 무엇입니까? 그것은 주님께서 원하시는 모습을 잃어버렸기 때문입니다. 한국교회에 임하신 하나님의 영광 촛대가 영원히 머물 수 있도록 주님의 뜻대로 행하는 자가 됩시다. 그래서 하나님의 낙원에 있는 생명나무의 열매를 먹고 즐거워하는 자가 됩시다.

11. 부활의 소망을 가진 교회
요한계시록 2장 8-11절

에베소 교회를 보면서 주를 위해 수고하고 인내하며 분별력을 소유한 교회가 되며 사랑이 가득한 교회가 되어야 함을 보았습니다. 이런 주님은 서머나 교회를 통해서 부활의 소망을 가진 교회가 되어야한다고 가르치고 계십니다. 서머나는 에베소에서 위쪽으로 조금 올라가면 있는 곳입니다. 서머나는 "몰약"이라는 뜻을 가진 도시로 계시록의 일곱 교회 중에서 가장 수려하고 아름다운 곳입니다. 일리아드와 오디세이의 저자 "호머"의 고향으로서 고대로부터 사람들이 모여도시를 이룬 곳이었습니다. 그들은 스스로 말하기를 "아시아의 자존심"이라고 말할 정도로 자부심이 대단한 곳이었습니다. 서머나는 객관적으로 "에게해의 진주, 아시아의 사랑, 아시아의 꽃" 등으로 불렸습니다. 그곳은 도로와 항만이 발전해 있어서 소아시아에서 가장 번성한 도시 중 하나였다고 전해집니다. 현재도 터키의 3대 도시 중의하나로 "이즈미르"라고 불리는 곳입니다. 서머나 지역은 신전 건축, 약학, 과학 등이 성하여 상업 도시로서 융성하였습니다.

또한, 서머나는 로마에 장기간 충성하고 많은 것으로 로마에 공헌하였기에 황제숭배를 위한 신전을 건축하도록 허락받은 도시였습니다. 당시 서머나는 여러 가지 종교가 존재하였으나 황제에 대한 예배를 가장 자랑스럽게 여겼고 그것에 대한 강한 자부심으로 가득 찼던도시였습니다. 또한, 서머나에는 언제 어떻게 기독교가 전파되었는지는 알려진 바 없으나 그곳에 유대인들이 많이 거주하고 있었으며 그들이 후에 기독교를 박해하는 일에 가장 앞장섰다는 것은 본문을 비롯하여 교회사를 통해 알 수 있습니다.

본문인 요한계시록을 통해 보는 서머나 교회는 도시의 발전상과는 달리 풍성하지도 못한 데다가 고난 중에 있었습니다. 더구나 일정 기간의 극렬한 박해가 있었으며, 그리스도인 중 어떤 자들에게는 투옥의 운명이 기다리고 있었습니다. 유대인들은 교회가 자신을 참 유대인, 참 회당이라 부르는 것을 부정하고 싫어했습니다. 그리하여 교회를 공격하였고 심한 박해를 가했습니다. 그러나 본문은 그리스도인이 이 극렬한 시련 속에서 신앙을 입증한다면 최후 심판 때에 구원을 받아 "생명의 면류관"을 받게 될 것이라고 기록하고 있습니다.

서머나 교회는 요한계시록의 일곱 교회 중에 빌라델피아 교회와 함께 책망을 받지 않고 칭찬만 받았던 교회였습니다. 서머나 교회가 행한 것을 보면 그들에게 칭찬만 있는 것이 당연한 결과라는 것을 알 수 있습니다. 먼저 볼 것은 서머나교회에 말씀하시는 하나님 자신에 대한 자기 계시입니다. 그것은 8절의 말씀처럼 "처음이며 마지막이요 죽었다가 살아나신 이"라고 하신 표현입니다. 주님은 왜 이렇게 자신을 계시하신 것일까요? 그것은 서머나 교회가 당하고 있는 고난 속에서 역사하시는 하나님의 변함없는 사랑을 알려주고 싶어서입니다. 나아가 그들이 박해 속에서 죽어 갈 때 그들에게 진정한 소망은 부활의 주님이라는 사실을 알려주고자 해서입니다. 또한, 그 부활에 주를 믿는 성도들도 참여하게 된다는 것을 알리고 싶으셨기 때문입니다. 그러니까 "처음이며 마지막이요 죽었다가 살아나신 이"라는 말은 부활의 소망을 주시고자 하는 주님의 마음을 알리는 언어입니다. 이러한 주님은 서머나 교회가 당하는 몇 가지 환난을 열거하시면서 칭찬하십니다. 오늘날 우리가 당하는 어려움과 많은 유사성이 있는데 그것들을 하나씩 보도록 하겠습니다.

　첫째로, 그들이 환난을 겪고 있었으며 그 환난을 잘 이겨냈습니다.
　서머나 교회는 부유한 도시가 주는 환락과 즐거움에 빠지지 않았
습니다. 서머나 교회는 도시의 사람들이 모두 당연시하는 황제숭배도
하지 않았습니다. 이 일은 그 당시 사람들이 볼 때 성도들은 나라에
대해서 불충하며 반역하는 자들이었습니다. 또한, 당시 사람들이 로
마 황제를 주라 부를 때 그들은 황제가 아닌 예수 그리스도에게만 주
라는 호칭을 사용함으로 로마 시민으로서 불충을 저지른 사람들이 되
었습니다. 이 모든 것은 서머나 사람들로부터 박해를 받기에 합당한
이유가 되었습니다. 그러기에 이들도 에베소 교회처럼 온갖 핍박과
환난을 겪을 수밖에 없었습니다. 당시 로마의 지배 아래 있던 모든 교
회는 결코 이 환난을 피해 갈 수 없었습니다.
　우리도 그들과는 다르지만 여러 가지 환난을 겪는 자들입니다. 세
상과 다르다는 이유 하나만으로 핍박을 받으며 고난을 겪을 때가 있
습니다. 세상과 다른 질서 안에서 살고, 세상의 가치관을 따르지 않을
때 세상은 우리를 향하여 돌을 던지고 핍박을 합니다. 에베소 교회와
서머나 교회가 로마의 지배 아래 있었기에 그 문화와 권력 안에서 믿
음을 지키기 위해 환난을 겪었던 것처럼, 지금 우리도 세상 속에 살기
에 세상으로부터 믿음의 시련을 겪는 것은 극히 당연한 결과입니다.
주님도 제자들에게 요한복음 15장 20절에서 말씀하시기를 "내가 너
희에게 종이 주인보다 더 크지 못하다 한 말을 기억하라 사람들이 나
를 박해하였은즉 너희도 박해할 것이요 내 말을 지켰은즉 너희 말도
지킬 것이라."라고 했습니다. 무슨 말씀일까요? 주인인 내가 세상에
128

서 핍박을 받았다면 종인 너희도 세상으로부터 핍박을 받는 것이 당연하다는 말입니다.

주님은 환난 속에 있는 서머나 교회와 우리에게 한 가지 더 말씀하십니다. 그것은 10절의 말씀처럼 계속해서 고난을 받을 것이므로 두려워하지 말라고 합니다.

"(계 2:10) 너는 장차 받을 고난을 두려워하지 말라 볼지어다 마귀가 장차 너희 가운데에서 몇 사람을 옥에 던져 시험을 받게 하리니 너희가 십 일 동안 환난을 받으리라 네가 죽도록 충성하라 그리하면 내가 생명의 관을 네게 주리라."

옥에 갇히기도 하고 일정 기간 환난을 받기도 할 것이라고 합니다. 초대교회 성도들은 단지 믿음 때문에 옥에 갇히기도 했습니다. 사도 바울과 실라도 그러했으며 이 글을 쓰고 있는 요한도 밧모섬에서 노역하는 신세였습니다. 그들은 주님 때문에 자신들의 신체적인 자유를 빼앗겼습니다. 주님 때문에 자신이 원하지 않는 곳으로 끌려다니기도 했습니다. 그러기에 부활하신 주님은 요한복음 21장 18절에서 베드로의 삶을 예언하시기를 " 내가 진실로 진실로 네게 이르노니 네가 젊어서는 스스로 띠 띠고 원하는 곳으로 다녔거니와 늙어서는 네 팔을 벌리리니 남이 네게 띠 띠우고 원하지 아니하는 곳으로 데려가리라."라고 하셨습니다. 주님께서 죄 없이 고난을 겪으셨던 것처럼 그 뒤를 따랐던 초대교회 성도들도 고난을 겪었습니다. 마찬가지로 주님을 따르는 모든 교회와 그리스도인들도 예외가 될 수 없음을 말하고 있습니다. 이렇게 말씀하신 주님은 우리에게 위로를 주십니다. 그 고난은 우리를 죽이거나 망하게 하려는 것이 아니라 유익하게 하기 위함이라고 말입니다. 그 고난을 통해 마귀는 우리를 넘어뜨리려는 목적으로 시험을 할 뿐이며 그 시험의 결과는 우리를 성장시키고 믿음을 테스트하여 하나님의 복을 받게 하기 위함이라고 합니다. 지금 환난 가운데 있습니까? 그 환난은 우리를 유익하게 하려는 것이지 파멸시키려는 것이 아니라는 것을 아셔야 합니다.

또한, 이 환난의 기간을 말씀하십니다. "십 일 동안"입니다. 이 기간은 다니엘과 그의 친구들이 믿음의 시험을 당한 기간을 생각나게 합니다. 그들은 바벨론으로 끌려가 왕궁학교에서 훈련받는 동안 음식으로 자신들을 더럽히지 않겠다고 결심하고 관리들에게 말하여 십 일간의 시험 기간을 허락받았고 그 기간이 지난 후에 그들의 요구대로 음식으로 자신을 더럽히지 않고 성결을 유지할 수 있었습니다. 본문의 십 일은 이 사건을 기억하게 합니다. 그러므로 본문에 십 일 동안은 세상이라는 바벨론에서 시험의 때를 지나는 성도들에게 스스로 믿음의 결단을 하고 살아가라고 하는 의미가 있습니다. 그러므로 이 십 일이라는 말은 숫자적 십 일이 아니라 상징적인 의미의 십 일입니다. 그리고 이 숫자가 가지고 있는 의미는 고난이나 환난이 영원한 것이 아니라 일시적이라는 것이며 이기는 자는 영광 가운데 거하게 될 것을 말씀하고 있습니다.

지금 사탄의 시험을 당하고 있습니까? 신체적인 자유를 억압당하고 원치 않는 여러 가지 일들을 당함으로 힘이 드십니까? 우리와 함께하심으로 영원토록 변함없으신 주님께서 우리를 변함없는 사랑으로 보호해 주심을 믿으십시오. 죽음에서 부활하여 승리하신 주님께서 그 모든 고난으로부터 우리를 건져주실 것을 믿으십시오. 결과적으로 반드시 우리의 삶 속에서 부활의 주님을 경험케 하실 것을 믿으시기 바랍니다. 그러므로 그 고난이라는 시험을 믿음으로 통과하는 자가 되기를 바랍니다.

둘째로, 그들은 궁핍을 당하고 있었으며 그 궁핍을 잘 이겨내는 교회였습니다.

9절에서 주님은 그들의 환난뿐 아니라 궁핍을 아신다고 합니다. 궁핍은 당시에 예수님을 따르는 성도들이 치러야 할 대가였습니다. 본문에 "궁핍"이라고 쓴 헬라어는 "프토케이안"입니다. 이 단어의 원래 의미는 "외적 핍박으로 생긴 물질적인 빈곤"을 의미합니다. 이것은 그리스도인들이 황제숭배를 거절하고 세상의 가치관을 거절함으로 당한 경제적 제재로 인한 궁핍이었습니다. 또한, 적대적 감정을 가진 유대인이나 다른 사람들로부터 당한 경제적 어려움이 있었음을 말합니다.

서머나 교회는 도시의 부유와는 거리가 멀었습니다. 상업과 과학과 약학 그리고 황제 숭배자로서의 풍요는 그들과 상관없는 말이었습니다. 이들도 에베소 교회의 성도들과 마찬가지로 예수 그리스도를 구주로 섬긴다는 이유 하나만으로 사회적으로 매장되었고 그로 말미암아 경제적인 활동을 할 수 없었습니다. 정직하게 살겠다는 신념 때문에 불의의 방법을 버렸고 따라서 손쉽게 성취할 수 있는 일들을 포기할 수밖에 없었을 것입니다. 당시의 성도들이 예수 믿는다는 것은 이전에 가지고 있던 모든 부유와 특권을 포기하는 것이었습니다. 그 결과 그들은 궁핍할 수밖에 없었습니다. 이러한 성도들에게 히브리서 기자는 10장 34절에서 말하기를 "너희가 갇힌 자를 동정하고 너희 산업을 빼앗기는 것도 기쁘게 당한 것은 더 낫고 영구한 산업이 있는 줄 앎이니라."라고 하였습니다. 이 땅에서 주님 때문에 산업이 빼앗기고 궁핍해진다고 할지라도 그보다 더 낫고 좋은 영구한 산업이 있는 줄 믿으시고 믿음으로 기뻐할 줄 아는 자가 되기를 바랍니다. 기뻐해야 할 이유는 이러한 궁핍 가운데 있는 것을 주님께서 아시기 때문입니다. 이 아신다는 말은 주님께서 이성적으로 아신다는 것이 아니라 이미 경험하심으로 아신다는 것입니다. 우리가 궁핍함으로 겪는 모든 어려움을 주님은 이미 겪으셨습니다. 그러기에 우리를 위로하실 수 있고 우리의 필요를 채울 수 있는 분이십니다. 히브리서 기자는 주님을 향하여 우리의 모든 것을 체휼하신 분이라고 기록하고 있습니다. 인간이 당할 수 있는 모든 고통과 수치, 가난과 환난을 겪으셨기에 우리가 당하는 모든 것을 이해하고 해결하실 수 있는 분이십니다. 그런 주님께서 우리의 모든 것을 아십니다.

또 한 가지 위로는, 가난하지만 실상은 부유한 자라는 사실입니다. 왜 그럴까요? 어떻게 그럴 수 있단 말입니까? 그것은 주님께서 주시는 은혜가 세상이 주는 것보다 더 크고 귀하기 때문입니다. 구원받은 것이 세상의 부귀영화보다 낫기 때문입니다. 주님께서 주시는 기쁨은 말초신경을 자극하는 쾌락과는 비교할 수 없이 좋기 때문입니다. 주님께서 주시는 평강은 세상의 상황과 조건이 채워졌을 때 주는 평안보다 월등하기 때문입니다. 주님께서 주시는 천국의 부유함은 이 땅의 것들을 모두 합해도 비교할 수 없습니다. 주님께서 주시는 영광은 세상에서 주는 영광과는 비교할 수도 없습니다. 그래서 시편 84편 10절에서 다윗은 말하기를 "주의 궁정에서의 한 날이 다른 곳에서의 첫

날보다 나은즉 악인의 장막에 사는 것보다 내 하나님의 성전 문지기로 있는 것이 좋사오니”라고 했습니다.

그러기에 성도는 실상 부유한 자임을 기억하시기 바랍니다. 물질이 없어도 권력과 명예가 우리에게 없어도 우리는 주님으로 인해 부유한 자라는 사실을 믿고 이를 실감하는 자가 되기를 바랍니다. 이러한 위로가 있었기에 서머나 교회가 궁핍의 어려움을 이길 수 있었듯이 우리도 주님의 위로가 있음을 기억하고 오늘의 환난을 이기는 자들이 됩시다.

셋째로, 그들은 사탄의 훼방을 받았으나 그 훼방도 이겨낸 교회였습니다.

그들은 이방인과 이교도들로부터 핍박을 받았지만, 그들을 더욱 아프게 한 것은 유대인들의 방해였습니다. 본문에 “(계 2:9) 자칭 유대인이라 하는 자들의 비방도 알거니와 실상은 유대인이 아니요 사탄의 회당이라.”라고 기록되어 있습니다. 그들을 박해하고 괴롭히는데 가장 앞장섰던 사람들은 유대인들이었습니다. 초대교회 교부인 폴리갑이 순교할 때 가장 적극적으로 나섰던 자들이 유대인들이었습니다. 그들은 교회가 태동하던 시기에도 많은 방해를 했습니다. 바울의 선교여행 내내 바울을 괴롭히고 방해했던 세력들도 유대인들이었습니다. 주님은 이러한 유대인들에 대해 새로운 시각을 주시는데 그들은 유대인이 아니라 실상은 사탄의 회당이라는 시각입니다. 그러니까 유대인과 그들의 회당은 성도를 괴롭히고 힘들게 하는 일에 사탄의 도구로 쓰임 받았던 것입니다.

우리가 주님을 위해 살려고 할 때 사탄은 우리를 방해합니다. 우리가 열심을 내려 할 때, 우리가 주를 위해 충성을 다할 때 사탄은 우리를 훼방합니다. 그 훼방의 모습은 여러 가지입니다. 사탄은 성도들 간에 이간질해서 교회를 무너뜨리기도 하고 자신에게 힘이 되어 주어야 할 가까운 사람들로부터 핍박을 받게 합니다. 때로는 주변 환경이 우리의 헌신을 방해하고 때로는 우리들의 가족들이 주의 일을 방해합니다. 주님은 이 모든 훼방의 주체는 바로 사탄이라고 하십니다. 그러므로 사탄의 방해가 우리에게 언제나 있음을 인식합시다. 그리고 그 사탄의 공격을 넉넉히 이기는 자가 되기를 바랍니다.

이 모든 것을 감당할 수 있기 위해 주님은 우리에게 죽도록 충성하라고 하십니다. 이 말은 당시 로마에 충성하던 성읍에 있는 그리스도인들에게 하는 말이라는 것을 기억하십시오. 이들이 로마와 이방 종교의 관습에 충성하지 않으면 삶이 보장되지 않는 상황에서 하는 말씀임을 기억하시기 바랍니다. 초대교회 때 황제숭배가 성행하기 시작했고 황제숭배를 한 자들에게는 숭배확인증이 부여되었습니다. 만약 이 증서가 없으면 매매도 할 수 없었기 때문에 황제숭배의 행위를 통해 황제에게 충성을 맹세해야만 했습니다. 이러한 상황 속에서 주님께 죽도록 충성하라고 초대교회 성도들에게 말하고 있습니다. 이 말은 세상이 주는 호화로움에 미혹되고 로마가 주는 육신의 평안에 연연하지 말라는 말씀입니다. 육신의 생명을 위해서 세상과 로마에 충성하지 말고 주님께만 충성을 다하라는 말입니다. 이 죽도록 충성하라는 말은 우리에게 무리한 요구를 하는 듯합니다. 지금 당하는 환난과 궁핍의 문제들을 감당하기도 힘든데 죽도록 충성하라고 하는 것은 우리를 두 번 죽이는 말씀처럼 들립니다. 짐이 무거워 힘들어하는 사람에게 또 다른 짐을 지우는 듯합니다. 그러나 그것은 우리의 생각과 다릅니다. 주의 일에 온 관심을 쏟고 충성을 다할 때 그 모든 환난과 궁핍이 해결되는 것을 봅니다. 설사 그렇게 되지 않는다고 하더라고 주님은 우리에게 또 다른 이유로 인해 충성을 다하라고 말씀하십니다. 그것은 바로 생명의 면류관 즉, 부활이 있기 때문입니다. 설령 우리가 당하는 고난과 궁핍으로 인해 죽는다고 하더라도 이기는 성도들에게 생명의 면류관이 주어지기 때문에 충성을 다하라고 하십니다.

주님은 요한을 통해 서머나 교회에 이 글을 쓰시면서 자신을 계시하기를 "처음이요 나중이요 죽었다가 다시 살아나신 이"라고 하셨습니다. 이 말은 주님께서 고난을 겪으셨으며 부활하신 분이라는 것을 말씀하고 계신 것이라고 서론에서 말씀드렸었습니다. 그러니까 우리에게 고난과 궁핍을 견디고 충성을 다하라고 하시는 이유는 주님께서 이미 고난을 겪으셨으며, 궁핍을 겪으셨고, 그런데도 충성을 다하셨고 후에 생명의 면류관을 쓰신 주님께서 당신의 뒤를 따라 고난과 궁핍에도 불구하고 충성을 다하는 성도들에게 당신께서 받으셨던 것처럼 생명의 면류관을 주실 것이기 때문입니다. 또한, 처음이요 나중이신 주님은 우리의 삶과 생명을 처음부터 끝까지 지켜주시겠다고 하십니다.

본문이 주어지는 서머나 교회는 요한의 가르침을 직접 받은 초대교회 교부 폴리갑이 있었습니다. 그는 원래 안디옥 출신이었습니다. 구전에 의하면, 서머나의 어느 과부가 안디옥에서 폴리갑을 노예로 샀는데, 그가 너무 똑똑해서 그녀가 죽게 될 즈음에 폴리갑을 자유인으로 만들어 주었다고 합니다. 이 폴리갑은 젊었을 때 사도 요한의 가르침을 직접 받았습니다. 성격은 직설적이고, 정열적이었습니다. 그는 20대의 청년 나이에 서머나 교회의 감독이 되었고, 86세에 (아우텔리우스 황제 때) 순교했습니다. 폴리갑은 사도 요한의 가르침을 후대에 가르치고, 가르친 대로 삶을 살았던 인물입니다. 그가 잡혀 순교할 때 나뭇단을 쌓아놓고 그 위에 폴리갑을 묶은 후에 형집행자는 말하기를 지금 한 번만이라도 주님을 부인하면 살려 주겠다고 했으나 폴리갑은 그 죽음의 위협 속에서 말하기를 "86년간 나는 그분을 섬겨 왔고, 그분은 나를 한 번도 모른다고 한 적이 없는데, 어떻게 주님을 모른다고 하란 말인가?"라는 유명한 말을 남기고 순교하였습니다. 화형 직전 폴리갑은 마지막 기도를 이렇게 했습니다. "사랑하는 복된 아들 예수 그리스도를 통해 우리에게 당신에 관한 지식을 주신 아버지여! 당신 앞에 사는 모든 천사와 천군들과 피조물, 그리고 모든 의인의 하나님이시여! 당신께서 오늘 이 시간 나로 하여금 순교자의 반열, 그리스도의 잔에 참여하게 하시어 내 몸과 영혼이 성령의 썩지 않은 축복 속에서 영생의 부활을 얻기에 합당하게 여겨주심을 감사하나이다. 오늘 나는 신실하고 참되신 하나님이신 당신께서 예비하시고, 계시하시고, 이루신 풍성하고 열납 될 만한 제물로 당신 앞에 드려지기를 소원하나이다. 나는 이 모든 일을 인하여 당신의 사랑하는 독생자, 영원한 대제사장을 통해서 당신을 찬양하고, 감사드리며 영광을 돌리나이다. 성부와 성자와 성령께 이제부터 영원토록 영광이 있을지어다. 아멘"

우리는 이 땅에서 고난과 궁핍으로 육신이 죽을 수 있습니다. 그러나 영원한 나라에서 생명의 부활로 보상받을 것입니다. 이를 믿고 오늘이라는 날에 당하는 고난과 궁핍에도 불구하고 주를 위해 충성을 다하는 자들이 되기를 바랍니다.

12. 말씀이 살아 있는 교회
요한계시록 2장 12-17절

요한계시록의 일곱 교회 중 세 번째 교회인 버가모 교회가 위치한 도시 버가모는 일곱 교회 중 가장 북쪽에 있었습니다. 이러한 버가모에는 황제숭배를 위한 신전들뿐만 아니라 술의 신 "디오니소스"와 뱀의 형상의 가진 치유의 신 "아스콜레피우스"를 섬겼습니다. 그뿐만 아니라 제우스도 숭배하여 제우스 신전이 크고 웅장하게 건축되어 있었습니다. 또한, 그곳에는 그리스의 아테네나, 이집트의 알렉산드리아에 있는 도서관에 비길만한 도서관이 있어서 학문과 문화가 발달하고 잘 보존되어 온 도시였습니다. 이러한 배경을 가진 도시 버가모에 교회가 세워졌습니다. 그들은 이방 종교와 싸울 뿐 아니라 여러 가지 사상과 학문에 대항하여 싸워야 했고 이단 사상과 싸워야 했습니다.

버가모 교회를 향하여 말씀하시는 주님도 당신 자신을 소개합니다. 그것은 "좌우에 날 선 검을 가진 이"입니다. 이 표현은 다른 말로 "말씀 자체이신 이"라고 할 수 있습니다. 그러니까 지금 주님은 세상의 가치관과 학문 그리고 이단 사상에 대항하여 싸워야 할 교회가 진정으로 의지할 분이 어떤 분이며 어떤 무기를 가지고 싸워야 할지를 알려주십니다. 결론적으로 말씀드리면 버가모 교회와 우리에게 말씀하시려는 것은 좌우에 날 선 말씀의 검을 가지고, 말씀 자체이신 주님을 의지하고 나아가야 한다는 것입니다.

"(계 2:13) 네가 어디에 사는지를 내가 아노니 거기는 사탄의 권좌

가 있는 데라 네가 내 이름을 굳게 잡아서 내 충성된 증인 안디바가 너희 가운데 곧 사탄이 사는 곳에서 죽임을 당할 때에도 나를 믿는 믿음을 저버리지 아니하였도다."

먼저는 교회가 위치한 곳에 대해 말씀합니다. 그것은 바로 "사탄의 권좌가 있는 데"입니다. 주님은 우리가 사는 곳을 아신다고 하십니다. 그곳은 바로 사탄이 주관하고 있는 곳이라고 말입니다. 그러니까 버가모, 즉 우리가 사는 세상은 사탄이 주관하고 있는 곳입니다. 실제로 버가모는 "성채"라는 뜻이 있는 도시인데 이 성채 위에 수많은 신전이 세워져 있었습니다. 제우스 신전, 아테나의 신전, 여러 황제의 신전 등이 있어서 기독교의 시각에서 보면 그곳은 정말로 사탄의 권좌가 있는 곳이었습니다. 그뿐만 아니라 버가모에는 당시 아주 많은 장서를 보유한 도서관이 있었습니다. 이집트의 알렉산드리아에도 도서관이 있었는데 버가모를 시기하여 책의 재료가 되는 파피루스를 제공해 주지 않았습니다. 그래서 그곳에서 양피지를 개발하게 되었습니다. 또한, 의학도 발달했는데 아스콜피온이라는 고대 병원이 있었습니다. 이 아스콜피온은 그리스 신화 속 의료의 신인 아스콜레피우스에서 유래되었습니다. 이 병원의 특징은 인간의 병은 대부분이 정신적인 영역에서 시작되었기에 정신적인 문제가 해결되면 자연적으로 병은 치료된다고 믿었습니다. 그래서 이곳에서는 약을 사용하지 않고 맨발로 자갈길 걷기, 진흙으로 목욕하기, 일광욕하기, 즐거운 음악 듣기 등 자연요법으로 치료한 것으로 유명하였습니다. 이 병원에 들어서면 80m 길이의 터널을 지나게 됩니다. 이 긴 터널의 바닥에는 뜨거운 물이 흐르는 온돌이 깔려있고 환자들이 통로를 따라 걸을 때 지봉의 작은 창에서는 의사들이 지붕에서 터널을 지나는 환자들에게 신의 음성처럼 "당신은 나을 수 있다"라는 말을 하면서 환자들에게 치료에 대한 희망을 품게 하였습니다. 이 터널을 지나면 온갖 시설들과 산비탈을 이용하여 만든 음악당이 있었습니다. 이곳에서는 어떻게 병이 나았는가를 간증하는 연극들이 주로 공연되었습니다.

이처럼 버가모의 세상 학문과 지식이라는 높은 성은 복음의 확장을 막는 견고한 진이었습니다. 어떤 사상과 철학도 그것을 넘기에는 무리인 것처럼 보였습니다. 그것이 설사 능력 있는 복음이라고 하더라도 넘지 못할 것 같은 높은 성이었습니다. 사탄은 그 견고한 지식의 성을 쌓고 말씀의 능력을 비웃었습니다. 그러니까 당시 버가모의 기독교인들은 사탄의 본진과 싸워야 하는 상황에 놓여 있었습니다. 우리도 마찬가지입니다. 우리의 삶의 성채 위에 사탄들은 온갖 신전들을 세워놓고 숭배를 강요하고 있습니다. 물질을 섬기는 신전을 세워놓고 섬기기를 강요합니다. 성공과 명예라는 신전도 있습니다. 쾌락제일주의 신전도 있고 그리스도가 빠진 사랑이라는 신전도 세워져 있어서 그것들을 섬기라고 도전하며 실제로 그것들을 섬기지 않으면 이 세상에서 살 수 없을 것처럼 느끼게 합니다. 또한, 세상의 가치관과 철학은 우리가 믿는 신앙을 어리석다고 말하며 편협하다고 비웃고 세상이 쌓아놓은 높은 성곽 위에서 비난이라는 돌을 던지며 박해라는 화살을 쏘아 댑니다. 이러한 공격에 교회가 넘어져서는 안 됩니다. 몇 년 전에 유명한 한국교회 지도자가 동국대학원의 학생들에게 강연하면서 "기독교에만 구원이 있다고 말하는 것은 유아적인 사고"라는 했습니다. 그가 후에 어떻게 변명을 했든 그는 스님들과 불교도들의 영적인 공격 앞에서 무릎을 꿇은 것입니다. 우리가 살아가고 있는 시대는 만만치 않습니다. 교회와 성도들을 향해 그리 큰 공격은 없어 보입니다. 그러나 지금 우리 주변에서 가해오는 사탄의 공격은 로마의 핍박보다도 위험합니다. 또한, 일본강점기의 박해보다도 위험하며, 공산권의 종교 말살 정책보다도 더 위험하다는 것을 인식하시기 바랍니다. 그러기에 주님은 말씀하셨습니다. 이 세상은 마귀가 주관하고 이 세상의 권세도 마귀가 잡고 있다고 말입니다. 바라기는 이 세상의 가치관과 싸워 이기는 자가 됩시다.

계속해서 주님은 버가모에서 순교가 있었다고 합니다. 안디바가 바로 그 사람입니다. 이 안디바에 관해서는 정확한 기록은 없습니다. 버가모의 어떤 조각에 그의 이름이 기록되어 있고, 오늘 본문에 그가 순교자라는 정도만 알려진 인물입니다. 그러나 교회사에 전해 내려오는 이야기로는 그가 버가모 교회의 강직한 감독이었는데 그의 명성과 신앙이 높음으로 로마 황제 숭배자들에게 잡혀 놋으로 만든 황소 속에서 태워 죽임을 당했다고 전해지고 있습니다. 그런데 본문을 보면 안디바를 수식하는 말이 있습니다. 그것은 "충성된 증인"이라는 말입니다. 이 말은 요한계시록 1장 5절과 3장 14절에서 주님께서 당신에게 사용하신 말입니다. 이 호칭을 안디바에에 사용했다는 것은 그가 그만큼 복음을 위해 충성을 다하였다는 것을 알려주시는 말씀입니다. 당시 황제숭배 예배는 간단한 의식 하나만을 하면 되었습니다. 그것은 황제숭배 제단 앞에서 향 몇 조각을 집어 불 속에 던져 넣으면서 "시저는 주님이시다."라고만 외치면 되었습니다. 그러나 안디바는 예수 그리스도 외에 누구에게도 주님이라는 호칭을 사용할 수 없었기에 순교를 당할 수밖에 없었습니다.

우리도 매일 순교자로 사는 성도가 되어야 할 줄로 압니다. 그것은 세상의 가치관과 물질, 그리고 쾌락과 명예, 나아가 성공이 우리의 주님이 아니라 오직 예수 그리스도만이 우리의 주님이라고 고백함으로 세상의 어떤 것들에 대하여도 죽는 자들이 되어야 할 줄로 압니다. 그래서 바울은 말하기를 "나는 날마다 죽노라"라고 했으며, 세상에 대하여는 죽고 그리스도 예수에 대하여는 산자라고 하였습니다. 물질이 주는 유혹에 대하여 죽읍시다. 세상이 주는 쾌락의 유혹에 무감각해지기를 바랍니다. 명예와 성공이라는 신기루에 속지 맙시다. 이 모든 것에 대하여 날마다 죽는 삶이 있기를 바랍니다. 순교는 아무나 하는 것이 아닙니다. 순교는 매일의 삶 속에서 세상에 대하여 자신을 매일 죽이고 주님에 대하여 산자만이 할 수 있는 것임을 믿고 매일 죽는 자가 되기를 바랍니다.

이러한 순교의 상황 가운데 버가모 교회를 향한 주님의 칭찬이 있습니다. 그것은 그들이 이러한 두려운 상황 가운데서도 "주님을 믿는 믿음을 저버리지 않았다"는 것입니다. 베드로를 비롯하여 제자들은 주님께서 십자가를 지실 때 모두 도망가고 없었습니다. 스데반이 예루살렘에서 순교하자 예루살렘교회는 흩어져 버렸습니다. 그러나 버가모 교회의 성도들은 눈앞에서 형제가 죽음에도 불구하고 도망가거나 신앙을 포기하지 않았습니다. 도리어 그들은 주님을 믿는 믿음을 더욱 굳게 잡았습니다. 환난과 핍박은 그들에게 신앙을 더욱 굳게 하는 과정일 뿐이었습니다. 서머나 교회가 환난과 궁핍을 부활의 소망을 갖고 충성함으로 이겼던 것처럼, 이들도 박해와 죽음이라는 상황 가운데서 주의 이름을 굳게 잡음으로 믿음을 저버리지 않았습니다.

찬송가 "십자가 튼튼히 붙잡고 날마다 이기며 나가세 머리에 면류관 쓰고서 주 앞에 찬양할 때까지"라는 찬양을 기억합시다. 우리 중에 믿음을 지키려다 고통받는 사람들이 있다면, 주님의 이름과 십자가를 튼튼히 붙잡고 승리의 그 날을 향해 나아가는 성도들이 되기를 바랍니다. 지금 우리가 믿음을 지키고 세상에서 하나님의 방법대로 살겠다고 생각하기에 세상 사람들보다 상대적으로 어려운 현실을 살게 됩니다. 그렇다고 하더라도 주님의 이름과 십자가를 튼튼히 붙잡고 승리의 그 날을 향해 나아가는 성도들이 되기를 바랍니다. 그리고 우리가 당하는 고난의 기간이 길어 속히 회복되지 않는다고 하더라도 주님의 이름과 십자가를 튼튼히 붙잡고 승리의 날을 향해 나아가는 성도들이 되기를 바랍니다. 초대교회 성도들과 버가모 교회 성도들이 그랬듯이 주님의 이름과 십자가를 튼튼히 붙잡고 승리의 그 날을 향해 나아가는 성도들이 되기를 바랍니다. 주님 앞에 나아가 승리의 면류관 쓰고 승리하게 하신 주님을 영원히 찬양할 때까지 믿음을 저버리지 않는 성도가 되기를 바랍니다.

이렇게 버가모 교회를 칭찬하신 주님은 이제 그들의 잘못을 책망하십니다.

"(계 2:14) 그러나 네게 두어 가지 책망할 것이 있나니 거기 네게 발람의 교훈을 지키는 자들이 있도다 발람이 발락을 가르쳐 이스라엘 자손 앞에 걸림돌을 놓아 우상의 제물을 먹게 하였고 또 행음하게 하였느니라. (계 2:15) 이와 같이 네게도 니골라 당의 교훈을 지키는 자들이 있도다."

버가모 교회는 복음의 순수성을 잃어버리고 말았습니다. 그들은

142

주님의 이름 붙잡고 살아 믿음을 저버리진 않았지만, 장기적으로 교회를 무너뜨릴 수 있는 문제에 대해 안이하게 대처하고 있었습니다. 그것은 니골라당과 발람의 교훈이 상징하고 있는 이단 사상과 잘못된 가르침입니다. 그들의 높은 지식충족의 욕구는 넘지 말아야 할 선을 넘고 있었습니다. 이단 사상을 배격하고 단호하게 끊었어야 함에도 그들은 지식의 차원에서 연구하고 논하다가 절대로 타협하지 말아야 할 복음의 순수성까지 손상을 입히는 어리석음을 낳고 말았습니다.

그러기에 이들도 에베소 교회처럼 버가모 교회도 교회 내에 서서히 들어온 이단 사상과 세상적 가치관 때문에 주님께 책망을 받았습니다. 말씀이 오염되어서는 안 됩니다. 조금의 오류도 우리 가운데 용납해서는 안 됩니다. 넘지 말아야 할 지적 탐구욕은 절제해야 합니다. 또한, 영혼을 사랑하기에 그들의 잘못된 신앙까지 용납한다면 후에 그 잘못된 신앙은 자신이 "참"인 양 바른 가르침들을 몰아내고 결국에는 교회를 무너뜨리는 결과를 초래하고 맙니다. 그러므로 우리 속에 니골라당과 발람의 교훈이 있는지 보아야 합니다. 성경적이 아닌 것은 무엇이든지 용납해서는 안 됩니다. 어떤 잘못된 가르침과 사상이 지금 당장 우리에게 유익을 준다 해서 순간의 이익과 즐거움 때문에 그것들을 용납해서는 안 된다는 사실을 기억하시기 바랍니다.

이러한 버가모 교회를 향해 주님은 말씀하시기를 "회개치 아니하면 주님의 입의 검으로 회개치 않은 자들과 싸우겠다."라고 하십니다. 주님은 서론에서 자신을 "좌우에 날 선 검을 가진 이"라고 표현하셨습니다. 이는 잘못된 가르침과 사상으로부터 회개치 않은 자들과 말씀으로 싸우시겠다는 말씀입니다. 주님께서 구약의 발람을 칼로 심판하셨다면 이제 잘못된 가르침과 사상에 빠진 자들에게는 하나님의

제 2:12-17   143

좌우에 날 선 말씀의 검으로 심판하시겠다고 하십니다. 그래서 요한계시록 마지막 장인 22장 18절과 19절에서 결론적으로 말하기를 "내가 이 두루마리의 예언의 말씀을 듣는 모든 사람에게 증언하노니 만일 누구든지 이것들 외에 더하면 하나님이 이 두루마리에 기록된 재앙들을 그에게 더하실 것이요 만일 누구든지 이 두루마리의 예언의 말씀에서 제하여 버리면 하나님이 이 두루마리에 기록된 생명 나무와 및 거룩한 성에 참여함을 제하여 버리시리라"라고 하셨습니다.

이는 구약의 칼보다 더 무서운 심판입니다. 왜냐하면, 구약의 칼이 인간의 육체만을 죽일 수 있었다면 지금 주님의 말씀 심판은 그 영혼을 지옥으로 보내는 심판이기 때문입니다. 잘못된 가르침 속에는 온전한 구원이 있을 수 없습니다. 바른 성경적 가르침 속에만 온전한 구원이 있습니다. 만약 잘못된 교리에도 구원이 있다면, 또 성경을 이야기하고 하나님을 논한다고 해서 구원이 있다고 말한다면 본문의 말씀을 하신 주님과 우리의 말씀 연구는 헛일을 하는 것입니다. 자신에게 잘못된 가르침이 있다면 고집부리지 말고 속히 돌이켜 하나님께서 원하시는 바른길로 행하는 자들이 되어야 합니다. 많은 이단이 처음 잘못 갔을 때 신학계로부터 지적을 받습니다. 그러나 돌이킬 용기가 없어 그 잘못된 길로 계속 가고 있는 어리석음을 봅니다. 이런 자들을 향해 주님은 회개하지 않으면 주님께서 말씀으로 직접 싸우시겠다고 하십니다.

예전에 1992년 10월 28일에 주님께서 재림하신다는 헛된 교리로 성도들을 현혹했던 이장림 씨는 이 일이 불발로 끝나고 난 후 고백하기를 그때 잘 못 된 것을 알았지만 돌이킬 용기가 없었다고 했습니다. 회개해야 할 때 회개할 용기가 없어 하나님께 책망을 받는 자들의 모습입니다. 저와 여러분은 잘못된 것을 발견했을 때 말씀 앞에서 회개하는 용기가 있어 자신도 살고 다른 성도들에게도 해를 입히지 않는 자가 되시기를 바랍니다.

주님은 결론적으로 이기는 자들에게는 감추었던 만나와 흰 돌을 주시겠다고 하십니다. 이 버가모 교회에 주시는 말씀은 처음부터 끝까지 말씀에 대한 것입니다. 주님은 말씀에 근거해 잘못된 교리와 가르침을 몰아내고 복음을 온전히 지킨 교회와 성도들에게 먼저 감추인 만나를 주시겠다고 하셨습니다. 또한, 만나와 함께 흰 돌을 주시겠다고 약속하십니다. 여기서 만나는 하나님의 말씀을 말합니다. 특별히 감추어져 있다는 것은 복음의 비밀을 깨닫게 된다는 것을 의미합니다. 또한, 흰 돌은 재판정에서 쓰였던 검은 돌과 흰 돌을 말하는데 여기서 흰 돌은 재판에서 무죄 판결을 받은 자가 얻는 돌이었습니다. 성경은 말하기를 이 흰 돌 위에 새 이름을 새겨 주신다고 약속합니다. 이 새 이름은 양자로서의 이름 즉, 성도라는 이름입니다.

말씀으로 이기시기 바랍니다. 말씀이 아니고는 신앙생활을 바르게 할 수 없을 뿐 아니라 성도의 목적지인 본향에도 갈 수 없습니다. 경주하는 자가 트랙을 벗어나거나 코스를 벗어나면 그가 아무리 열심히 뛰었다 해도 인정될 수 없듯이 말씀에 따라 영적인 싸움을 바르게 싸우지 않으면 헛수고가 되고 맙니다. 말씀에 근거한 신앙생활을 통해 감추어진 만나를 얻어 영혼이 풍성해지며 흰 돌을 받고 그 위에 성도, 하나님의 아들이라는 새 이름이 기록되어 그것을 날마다 확인하고 실감하며 사는 놀라운 복이 있기를 바랍니다.

그런데 중요한 이야기가 또 하나 있습니다. 그것은 받는 자밖에는 알 사람이 없다는 사실입니다. 이 말씀을 이해하십니까? 이 말씀을 이해하신다면 이미 감추어진 만나와 흰 돌을 받은 자입니다. 그러나 이것을 아직 실감하지 못하고 있다면 말씀의 강에 자신을 던져야 합니다. 만나의 창고에 뛰어들어 배불리 먹어보면 그 맛을 압니다. 말씀의 강에 뛰어들어 헤엄쳐보면 그 기쁨과 즐거움이 얼마나 놀라운지 알 수 있습니다. 감추어진 만나와 하나님의 아들이라는 칭호의 맛을 느껴보면 세상이 주는 어떤 것으로도 대치할 수 없다는 것을 알 수 있습니다. 이 맛은 말로 설명이 불가능합니다. 왜냐하면, 경험해보지 않은 사람은 그 기쁨과 평안과 행복을 알 수 없기 때문입니다.

제가 좋아하는 찬송가가 있습니다. "저 장미꽃 위에 이슬 아직 맺혀있는 그때 귀에 은은히 소리 들리니 주 음성 분명하다. 그 청아한 주의 음성 울던 새도 잠잠케 한다. 내게 들리던 주의 음성이 늘 귀에 쟁쟁하다. 밤 깊도록 동산 안에 주와 함께 있으려 하나 괴론 세상에 할 일 많아서 날 가라 명하신다. 주가 나와 동행을 하면서 나를 친구 삼으셨네 우리 서로 받은 그 기쁨은 알 사람이 없도다." 그렇습니다. 알 사람이 없습니다. 주님의 말씀 강에 빠져 보지 않은 사람은 알 수 없습니다. 그 말씀이 송이꿀보다 달고 우리의 삶을 바꾸고도 남음이 있다는 사실을 경험하지 못한 사람은 알 수 없습니다. 우리 속에서 주의 말씀이 능력으로 역사하길 소원합니다. 좌우에 날 선 검을 가지신 이, 즉 주님께서 우리에게 주신 말씀에 깊이 빠져 말씀이 우리 속에서 풍성하게 역사하고 살아 움직이는 자가 되기를 바랍니다.

13. 죄와 타협하지 않는 교회
요한계시록 2장 18-29절

지금까지 아시아 일곱 교회 중 세 교회를 보았습니다. 첫째는 에베소 교회로 수고와 인내하는 교회였지만 첫사랑을 잃어버렸기에 그 사랑을 회복하라는 말씀을 보았고, 두 번째로 서머나교회를 보았습니다. 서머나교회를 통해 우리에게 주셨던 하나님의 말씀은 환난과 궁핍의 고난 속에 있지만, 부활의 주님을 바라보고 충성을 다하는 교회가 되어야 한다는 것이었습니다. 또한, 세 번째 교회는 버가모교회로 말씀이 살아있는 교회가 되어 세상의 가치관과 이단 사상을 몰아내는 교회가 되어 주님으로부터 감추인 만나와 흰 돌을 받는 교회가 되어야 한다는 것을 보았습니다.

네 번째 교회로 두아디라 교회를 통해 "죄와 타협하지 않는 교회"에 대해서 보려고 합니다. 먼저 두아디라가 어떤 곳인지 아는 것이 말씀을 제대로 이해하는 데 도움이 될 줄로 압니다. 두아디라는 주전 300여 년 전에 알렉산더의 뒤를 이어 시리아 땅을 지배하고 있던 셀류코스 I 세(Seleucus I, BC 312-280)에 의해서 군사적 목적으로 건설된 도시였습니다. 그 도시에는 알렉산더의 나라였던 마게도냐의 병사들과 유대인들을 이주시켜 살게 했습니다. 그러나 시간이 지난 후에 이 도시의 군사적인 목적이 약해지면서 각종 상공업이 발달한 도시가 되었습니다. 자연스럽게 그곳에는 다른 곳과는 달리 각종 조합이 자리를 잡게 되었습니다. 두아디라에서 출토된 비문에 의하면, 이곳에는 여러 가지 동업 조합이 있었음을 알 수 있는데, 동 세공, 가죽가공, 염색, 양모 방적, 아마포 등의 업자들이 조합을 조직하고 있었습니다. 이 땅은 소아시아에 있어서 어느 성읍보다도 일찍 동업 조합이 조직되어 발전되었습니다.

이 도시 출신의 사업가 한 사람을 알고 있습니다. 그것은 사도행전 16장에 이 성읍 출신의 한 여인이 등장하는데 그는 바로 "루디아"입니다. 그는 두아디라의 특산품인 자주색 염료를 사용해 만든 천을 만들어 파는 사람이었습니다. 성경에서는 "자주 장사"라고 표현하고 있습니다. 그는 그 특별한 기술을 가지고 그리스의 대도시 중 한 곳인 빌립보에 와서 사업을 하고 있었습니다. 여기서 잠깐 자주색 옷이 무엇이며 어떤 사람들이 입었는지를 알고 가는 것도 성경을 폭넓게 이해하는 데 도움이 될 듯합니다. 자주색의 원료는 두로 앞바다에서 자라는 뿔고둥에서 채취했습니다. 1만 마리의 뿔고둥이 있어야 50㎠의 천을 자주색으로 염색할 수 있었습니다. 이를 위해 두로에는 뿔고둥을 잡는 전문 어부들이 있을 정도였습니다. 로마 군사들도 자주색 천을 몸에 두루고 다녔는데, 이 천은 "꼭두서니"라는 식물에서 채취한 염료를 사용하여 염색하였습니다. 이것은 가격이 쌌는데 그 이유는 뿔고둥으로 염색한 천과는 달리 쉽게 색이 바랬기 때문입니다. 두아디라에서 염색했던 이 자주색 옷감은 꼭두서니로 염색한 옷과는 달리 절대로 색이 바래지 않았고 빛이 화려했습니다. 당연히 이 옷의 값은 평민으로서는 감당할 수 없었는데 그 가치를 오늘날의 화폐 단위로 환산하면 약 1억 원 정도 되었기 때문입니다. 그러기에 로마 원로원 의원들이나 3%의 상류층만이 입었습니다. 당연히 3%는 왕족이나 귀족이었습니다.

또한, 두아디라에는 이방 신앙이 자리 잡고 있었습니다. 그들은 태양신 튜님노스와 아폴로를 절충하여 로마 제정기에는 "아폴로 튜림

148

노스"(Apollo-Tyrimnos)와 황제숭배를 절충한 예배가 행해졌습니다. 그리고 두아디라에는 남신과 여신을 우상으로 섬기는 악한 풍속이 있었는데, 특별히 그 신당중 하나에는 신탁을 받은 소위 여 선지자가 있었습니다. 이러한 배경을 가진 도시에 세워진 두아디라 교회에 요한은 편지를 쓰고 있습니다. 이 두아디라 교회에 보내는 편지에 대하여 해머라는 사람은 다음과 같이 기록했습니다. "일곱 편지 중에서 가장 길고 가장 어려운 편지가 가장 잘 알려지지 않고 가장 중요하지 않고 가장 유명하지 않은 도시에 전해졌다"라고 말입니다.

잘 알려지지도 유명하지도 중요하지도 않은 도시의 교회에 보낸 편지를 보면서 우리에게 주시는 중요한 말씀을 보겠습니다. 먼저 말씀하시는 주님에 대한 묘사부터 보고 가야 합니다. 그래야 주님께서 말씀하시려는 의도를 바르게 알 수 있습니다.

"(계 2:18) 두아디라 교회의 사자에게 편지하라 그 눈이 불꽃 같고 그 발이 빛난 주석과 같은 하나님의 아들이 이르시되"

"그 눈이 불꽃같고 그 발이 빛난 주석같은 하나님의 아들"이라고 묘사하십니다. 그 눈이 불꽃 같다는 말은 만인과 만물을 꿰뚫어 보시는 주님의 통찰력을 뜻합니다. 이는 앞으로 말씀하실 두아디라 교회의 옳은 행실뿐 아니라 온갖 은밀한 죄까지도 보고 계시는 주님을 말씀하고 있습니다. 왜 주님은 당신을 계시하시면서 모든 것을 꿰뚫어 보는 "불꽃 같은 눈을 가지신 이"라고 묘사하고 계실까요? 그것은 우리가 앞으로 보게 될 두아디라의 행위 때문입니다. 잘못된 행위건 바른 삶의 모습이건 주님께서 모두 보고 계신다는 것을 말씀하고 싶으십니다. 이러한 주님은 이 불꽃 같은 눈으로 교회를 보고 우리의 모든 행실과 생각을 감찰하고 계십니다.

또한, 주님은 당신의 발을 가리켜 빛난 주석과 같다고 하십니다. 이는 완벽한 지혜로 판단하시기 때문에 완벽한 힘을 가지고 한결같게 행동하신다는 뜻입니다. 원수와 죄를 짓밟으시는 그리스도의 힘과 심판을 상징합니다. 또한, 그것의 강도가 강력함을 의미합니다. 어떤 것도 그 발 앞에서는 힘을 쓸 수 없습니다. 누구든지 그 발에 밟히면 뼈가 으스러지고 모든 것이 부서지지 않겠습니까? 그러므로 빛난 주석 같은 발은 주님은 강력한 심판의 능력을 나타냅니다.

23절의 "내가 너희 각 사람의 행위대로 갚아 주리라"와 27절의 "질그릇을 깨뜨리는 것과 같이하리라"라는 표현과 같은 의미입니다. 주님은 심판의 주로 나타나십니다. 그러니까 주님은 불꽃 같은 눈으로 두아디라 교회의 모든 것을 날카롭게 꿰뚫어 보시고, 그에 따라 두아디라 교회를 심판하겠다는 의미입니다. 주님은 죄를 철저하게 심판하시는 분이십니다. 그래서 사탄을 발로 밟으시고 우리를 그로부터 건져주셨습니다. 주님은 우리의 모든 죄를 사하시고 하나님의 아들로 입양해 주셨습니다. 그러기에 우리를 망나니로 내어버려 두시지는 않습니다. 하나님은 사랑과 자비가 무한하지만 때로는 책임 있는 아버지로서 우리에게 채찍을 드시는 분이심을 아시기 바랍니다.

그리고 요한계시록에서는 찾기 힘든 표현이 하나 더 추가되는데 그것은 바로 "하나님의 아들"이라는 표현입니다. 이 칭호는 앞으로 말씀하실 이세벨의 죄와 관련되어서 하시는 말씀으로 참 신이 누구인지를 알려주시려는 목적으로 하신 표현입니다. 이 칭호는 아폴로 튜님노스와 황제숭배에 대한 지방 특유의 이교적 숭배와는 완전히 대조를 이루는 표현입니다. 두아디라 지방의 수호신 아폴로 튜님노스와 당시 로마의 모든 속국에서 자행되었던 황제숭배의 대상인 황제, 이 둘 다 제우스의 아들로 불렸습니다. 이런 상황 속에서 하나님은 당신의 이름을 계시하실 때 "하나님의 아들"이란 표현을 넣어서 하고 계십니다. 당시 사람들의 머릿속에 아폴로 튜님노스와 황제가 신의 아들이라고 여기고 있을 때 하나님은 예수 그리스도만이 하나님의 아들이라고 선포하고 계십니다. 그러니까 이 하나님의 아들이라는 호칭은 하나님의 아들은 황제나 두아디라의 수호신이 아니라 부활하신 그리스도만이 하나님의 참 아들이시다는 것을 말씀하려는 의도입니다.

이 시대 많은 것들을 신처럼 섬기며(물신-맘몬, 명예 등) 사는 세상 속에서 오직 주님만이 하나님의 아들 즉, 우리가 바라고 따라야 할 유일한 대상입니다. 기억합시다. 우리가 섬기는 주님, 예수 그리스도께서는 그 눈이 불꽃같고, 그 발이 빛난 주석 같으신, 하나님의 아들이시다는 사실을 말입니다.

이러한 주님은 먼저 두아디라 교회를 칭찬하십니다. 그 이유는 그들이 행위가 있는 교회이기 때문입니다.

"(계 2:19) 내가 네 사업과 사랑과 믿음과 섬김과 인내를 아노니 네 나중 행위가 처음 것보다 많도다"

주님은 말씀하시기를 "내가 네 사업과 사랑과 믿음과 섬김과 인내를 아노니"라고 하십니다. 이 말씀은 에베소 교회에 주셨던 말씀과 비슷합니다. 에베소 교회에도 주님은 그들의 행위와 수고와 인내를 아신다고 하셨었습니다. 이 칭찬의 말씀을 보면 에베소 교회에는 하시지 않은 두 가지가 더 있는데 믿음과 사랑입니다. 그중에서도 사랑입니다. 에베소 교회는 주를 위해 여러 가지 행위, 즉 섬김과 수고와 인내를 했으나 사랑이 빠져있었습니다. 그러나 두아디라 교회는 그 모든 행위와 함께 사랑이 있는 교회였습니다. 본문에는 구체적으로 어떻게 사랑했는지는 기록이 없습니다. 하지만 분명한 것은 주님은 그들을 기억하실 때 사랑이 많은 성도로 기억하고 있습니다. 그렇습니다. 두아디라 교회는 사랑의 행위로 하나님과 사람을 기쁘시게 하는 교회였습니다. 우리도 선한 행위와 사랑과 믿음과 섬김과 인내가 있는 성도와 교회가 되기를 바랍니다.

이러한 두아디라 교회의 행위는 처음보다 나중 행위가 더 많다고 하십니다. 이들의 신앙은 열매 맺는 신앙이었습니다. 곧, 이들의 나중 행위는 처음 것보다 나았습니다. 그들은 에베소 교회와는 반대로 나중 행위가 처음 것보다 많았습니다. 섬김의 행위는 더욱 많아졌습니다. 또한, 믿음이 점차 성장했고 사랑은 풍성함으로 넘쳤습니다. 또한, 인내는 더욱 깊어졌습니다. 이러한 모습을 기뻐하시며 예수님은 그들을 칭찬하셨습니다. 나중 행위가 최상의 것이 되도록 하는 것이야말로 모든 그리스도인의 소망이자 열렬한 바램이어야 한다는 것을 기억하시기 바랍니다. 종종 저는 저 자신과 성도들을 보면서 안타까움을 느낍니다. 그것은 은혜를 받으면 그 순간은 모든 것을 주님께 바쳐 충성할 것처럼 열심을 내다가 얼마 지나지 않아 그 결심과 행위는 어디로 갔는지 찾을 수 없을 정도의 사람이 된 것을 볼 때입니다. 이것을 가리켜 "용두사미 신앙"이라고 할 수 있을 것입니다. 에베소 교회의 책망을 기억하십니까? "너희가 처음 사랑을 버렸다"라는 말을 말입니다. 에베소 교회처럼 책망을 받는 성도가 아니라 두아디라 교회처럼 처음 행위보다 시간이 지날수록 그 행위가 풍성해지는 자가 됩시다.

주님은 이렇게 두아디라 교회를 칭찬하신 후에 교회를 책망하십니다. 그것은 바로 20절의 말씀처럼 이세벨을 용납한 행위입니다.

"(계 2:20) 그러나 네게 책망할 일이 있노라 자칭 선지자라 하는 여자 이세벨을 네가 용납함이니 그가 내 종들을 가르쳐 꾀어 행음하게 하고 우상의 제물을 먹게 하는도다"

지금 주님은 두아디라 교회의 죄를 책망하시면서 구약의 이스라엘을 범죄 하게 했던 아합왕의 부인인 이세벨이라는 여인의 이름을 빌려 두아디라 교회의 영적 타락과 도덕적 해이를 지적하고 있습니다. 여기서 잠깐 구약의 이세벨에 대해 생각해 봅시다. 그녀는 이스라엘의 북쪽, 지금 레바논 남서부 지중해 쪽에 있는 두로와 시돈의 공주였습니다. 그 나라는 신정 일치 제도를 두고 있었기 때문에 왕은 제사장도 겸하였습니다. 그들이 섬겼던 신앙이 바알과 아세라였습니다. 바알은 천둥을 동반한 비를 내려주는 천기를 주관하는 신이었습니다. 그리고 그의 부인이 아세라입니다. 이 신을 섬겼던 나라의 공주와 이스라엘의 왕 아합이 결혼함으로 이스라엘 땅에 공식적으로 바알과 아세라 신앙이 들어왔습니다. 그 결과 이스라엘은 하나님을 멀리하고 바알과 아세라를 섬기게 되었습니다.

본문에서 말하는 이세벨은 바로 이 여인을 빗대어 말하고 있습니다. 이 이세벨이 실제 인물의 이름인지 아니면 구약의 이세벨의 이름을 빌려 상징적으로 사용하였는지는 정확하지 않습니다. 그러나 분명한 것은 당시 교회는 교회를 오염시키는 죄에 노출되어 있었고 그것과 타협하고 있었다는 사실입니다. 이 두아디라 교회 내에 자칭 선지자라고 하는 여자 이세벨이 있어 성도들을 미혹했습니다. 그것은 하나님의 종들을 행음하게 하고 우상에게 제물을 바치게 했던 일이었습니다. 그들은 하나님의 오래 참으심을 악용하고 성경의 가르침을 아전인수식으로 해석함으로 죄와 타협하고 그것을 합리화했습니다. 신학자 블레익록은 신약의 이세벨을 "말재주가 있으며 하나님의 뜻을 해석한다고 자처하고 이교도와의 타협의 대가로 번영을 약속한 영리한 여인"이라고 표현하고 있습니다. 두아디라의 이세벨은 구약의 이세벨처럼 우상숭배에 대하여 너그러울 뿐 아니라 참여하게 함으로써 하나님의 사람들이 하나님께 대한 충성심을 버리도록 영향을 끼친 교회 내의 어떤 유력한 여인이었습니다.

이것은 무역 조합원과 관련된 종교적인 행사에 참여와 음행에까지 확대되었습니다. 그들의 종교행사는 문란한 성행위가 병행되었었기에 그들의 종교행사에 참여한다는 것은 음란한 일에 참여했다는 말이 됩니다. 그는 이러한 제사의식에 대하여 고민하는 성도들에게 괜찮다고 가르쳤습니다. 적당히 타협하게 했습니다. 아마도 이랬을 것입니다. "괜찮아 사업하려면 어떻게 그냥 형식적으로 참여하고 마음을 드리지 않으면 되지…. 다들 그렇게 하잖아. 괜찮아……. 하나님도 이해해 주실 거야…. 돈을 벌어야 헌금도 하고 그 헌금으로 구제와 선교도 하지 어떡하겠어…." 그의 이러한 잘못된 가르침은 상당수의 신자가 이교도와 치명적인 타협을 하게 하였습니다. 버가모에서는 율법 폐기론이 교회에 침투하여 몇몇 신자들에게 영향을 끼쳤는데 두아디라에서는 거룩한 예언의 은총을 받았다고 주장하는 유력한 여인에 의하여 이것이 적극적으로 추진되었습니다. 이렇게 된 사회적 상황이 있습니다. 두아디라에서 무엇인가 장사하기를 원하면 반드시 해당 조합에 가입해야 했고 그 조합에서 하는 종교적 행사에 참여해야 했습니다. 그러므로 두아디라 교회의 성도들은 상업과 각종 조합이 발달한 곳에 살면서 그들 조합이 섬기는 이방 신앙을 따르지 않는다는 것은 결코 쉬운 일이 아니었습니다. 만약 그들의 신앙에 동참하지 않으면 사회생활이 불가능했습니다. 이런 상황이라 그들이 신앙을 지키는 것은 너무나 힘든 일이었습니다. 그러던 중에 거짓 선지자 이세벨은 죄와 타협하게 하는 가르침을 전해주었습니다. 그의 가르침은 "죄가 많은 곳에 은혜가 많다"라는 말씀을 이용하여 죄를 실제로 체험하여 은혜를 더욱 값지게 느낄 수 있다고 하였습니다.

우리는 어떻습니까? 하나님의 오래 참으심을 역이용하여 죄를 끊는 일에 게으르진 않습니까? 사회생활하고 사업하며 업자들을 만나 영업을 하기 위해서는 그럴 수밖에 없다는 말로 자신들의 죄를 합리화하지는 않습니까? 우리들의 연약한 의지를 핑계로 죄와 휴전 상태로 있지는 않습니까? 죄와 타협하지 마시기 바랍니다. 그것이 주는 유익이 달콤하고 풍성하다 할지라도 죄와 타협하는 성도가 되지 않기를 바랍니다. 당시 성도들이 이교도와 타협의 대가로 번영을 약속받았다면, 지금 우리는 세상과의 타협을 통해, 그리고 죄와의 타협을 통해 번영과 육신의 평안을 약속받고 있지는 않은지 돌아보아야 합니다.

지금 주님은 회개하지 않는 이세벨과 그의 가르침에 현혹되어 놀아나고 있는 우리에게 경고하십니다.

"(계 2:22) 볼지어다 내가 그를 침상에 던질 터이요 또 그와 더불어 간음하는 자들도 만일 그의 행위를 회개하지 아니하면 큰 환난 가운데에 던지고 (계 2:23) 또 내가 사망으로 그의 자녀를 죽이리니 모든 교회가 나는 사람의 뜻과 마음을 살피는 자인 줄 알지라 내가 너희 각 사람의 행위대로 갚아 주리라"

주님은 회개치 아니한 이세벨을 그의 침상에 던져 버리겠다고 합니다. 이는 이세벨이 죄와 타협하고 음행으로 뒹굴었던 침상에 그를 눕히겠다는 말씀입니다. 이 침상에 던지겠다는 말은 그냥 밀어 던진다는 의미가 아니라 질병으로 침상에 누워 고통받게 하겠다는 말씀입니다. 죄와 타협함으로 그것으로 즐거움과 부유를 누리고 계십니까? 주님은 회개치 않는 자에게 영적인 질병이든 육적인 질병이든 허락하심으로 죄악의 낙을 누렸던 침상이 고통의 침상이 되게 하십니다. 다시 말씀드리면 죄와 타협해서 얻은 유익이 고통으로 돌아온다는 의미입니다. 회개하지 않으면 주님은 우리를 죄를 통해 누렸던 쾌락의 침상이 아닌 고통의 침상에 던지십니다.

주님께서 지금 여러분의 심령에서 지적하시는 죄가 있습니까? 있다면 예민하게 반응하시기 바랍니다. 죄와 타협하거나 합리화하지 마시고 지금 곧 결단하십시오. 성령의 지적에 대해 겸손하게 시인합시다. 사도 요한은 "(요일 1:9) 만일 우리가 우리 죄를 자백하면 그는 미쁘시고 의로우사 우리 죄를 사하시며 우리를 모든 불의에서 깨끗하

156

게 하실 것이요"라고 했습니다. 나아가 거룩한 행위를 결단함으로 하나님을 기쁘시게 하는 성도가 되어야 합니다. 주님은 우리에게 말씀하시기를 "내가 거룩하니 너희도 거룩하라."라고 하셨습니다. 이 거룩에 대한 명령은 단회적인 말씀이 아닙니다. 그것은 끊임없이 우리의 삶을 통해 이루어야 할 목표입니다. 지금 두아디라 교회는 믿음이 없거나 사랑이 없거나 신앙의 행위가 없어서 책망받은 것이 아닙니다. 그것은 그 모든 것이 있었지만 거룩이 빠져있었기에 책망받았습니다. 죄와 타협해서는 안 됩니다. 주님께서 주신 거룩함을 지키고 더욱 거룩해지기 위해 애써야 합니다. 주님은 데살로니가전서 4장 3절을 통해 말씀하기를 "하나님의 뜻은 이것이니 너희의 거룩함이라 곧 음란을 버리고"라고 하셨습니다. 거룩은 하나님의 뜻일 뿐 아니라 성도의 삶의 목적이라는 것을 아시기 바랍니다.

이 거룩은 성부 하나님께서 우리를 택하신 목적입니다.
이 거룩은 성자 예수님께서 우리를 위해 죽으신 목적입니다.
이 거룩은 성령 하나님께서 우리 안에 거하시는 목적입니다.

죄와 싸워 이깁시다. 죄와 타협함으로 잠깐의 유익을 얻기보다는 죄와 싸워 이김으로 영원한 유익을 얻는 지혜로운 성도가 되기를 바랍니다.

이렇게 경고하신 주님은 우리에게 당신을 또 한 번 소개하십니다. 그것은 "나는 사람의 뜻과 마음을 살피는 자인 줄 알지라. 내가 너희 각 사람의 행위대로 갚아 주리라."라고 하신 말씀입니다. 이 말은 서두에 했던 자기 계시의 다른 표현입니다. "그 눈이 불꽃같고 그 발이 빛난 주석과 같은…."란 표현입니다. 주님은 불꽃 같은 눈으로 사람의 뜻과 마음을 살피고 계심을 아시기 바랍니다. 주변의 사람들을 속이고 자신을 속일 수 있지만, 주님은 결코 속일 수 없으며 숨어 죄를 질 수 없다는 사실을 인식하시기 바랍니다.

우리 교회 이름이 하림교회입니다. 바로 하나님의 임재를 실감하는 교회라는 뜻입니다. 이 이름을 짓게 된 이유가 두 가지입니다. 하나는 하나님께서 함께 계신다는 것을 실감하고 산다면 고난 속에서도 절망하지 않을 수 있을 것이라는 이유에서였고, 또 한 가지 이유는 주님께서 함께 계신 것을 실감하면 은밀한 곳에서도 죄를 범하지 않을 수 있을 것이라는 믿음 때문이었습니다. 히브리서 기자가 "(히 12:4) 너희가 죄와 싸우되 아직 피 흘리기까지는 대항하지 아니하고"라고 하신 말씀을 기억하며 죄와 싸우는 성도가 됩시다.

또한, 주님은 빛난 주석 같은 그 발로 각 사람의 행위대로 갚아 줄 것이라고 말씀하십니다. 사랑의 주님에 대한 인식뿐 아니라 심판의 주님에 대한 인식도 있어 죄에 대해 예민하게 반응하고 하나님을 사랑함으로 두려워하는 마음인 하나님에 대한 경외감이 넘치기를 바랍니다. 또한, 거룩한 삶에 대한 열망이 삶으로 실천되는 성도가 되기를 바랍니다. 두아디라 교회처럼 사업 즉, 행위와 사랑과 믿음과 인내가 넘치고 이 모든 것들이 처음보다 나중이 더 많아지는 교회가 될 뿐 아니라 하나님과 사람 앞에서 음행을 비롯한 모든 죄를 끊어 버리므로 거룩한 성도가 되고 그로 말미암아 하나님을 기쁘게 해드리는 성도가 되기를 바랍니다.

14. 성령이 살아 역사하는 교회
요한계시록 3장 1-6절

　요한계시록의 일곱 교회 중에 다섯 번째 교회인 사데 교회를 보겠습니다. 사데는 고대 리디아의 수도였고 "사르디스"라고 불리는 도시입니다. 이 리디아는 요한계시록의 일곱 교회 중 두아디라, 사데, 빌라델피아 등이 속해 있었던 나라였습니다. 지금의 터키 서부의 일부분이 바로 그곳입니다. 리디아의 수도였던 사데는 트몰루스 산 북편 돌출부에 자리 잡고 있었습니다. 계곡 위로 460m나 솟아 있는 거의 수직에 가까운 암벽으로 둘러싸여 있는 성이었습니다. 그러므로 완만한 경사지인 남쪽을 제외하고는 근본적으로 접근할 수 없었습니다. 그러기에 천연적인 요새가 되었던 곳이 바로 사데입니다. 이 천연 요새였던 리디아의 사데도 유대가 바벨론에서 포로로 있다가 귀환하던 시기인 주전 546년에 고레스에게 멸망했고, 후에 알렉산더에게 주전 334년에 점령당한 역사가 있는 곳이었습니다. 그리고 주전 190년에는 전에 본 버가모에 귀속되었다가 주전 133년 로마의 지배 아래에 있게 된 지역이었습니다. 이 도시는 상업적으로 번창한 도시였습니다. 특히 염직 공업과 양털 염색, 금모래가 유명해서 사치와 부의 도시로 전락하였고 무역의 요충지가 되었습니다. 물질적 부유로 말미암아 내적인 피폐로 안일과 부도덕의 모습이 교회에까지 침투하였습니다.

　사데와 관련해서 두 가지 재밌고 중요한 이야기가 있습니다. 그것은 우리가 잘 아는 이야기와 화폐의 시작에 대한 것입니다. 먼저 잘 아는 이야기로는 미다스의 손 이야기입니다. 미다스는 과거 사데를 수도로 하는 리디아 제국에 속한 프리기아 지역의 왕이었습니다. 그의 궁전에는 잘 가꾸어 놓은 장미 동산이 있었습니다. 그 정원에서 잠들었던 술의 신 디오니수스(Dionysus)를 보살펴준 것에 대한 감사로 디오니수스의 제자는 미다스 왕의 소원 한 가지를 들어주겠다고 했고, 미다스는 만지는 것마다 금이 되게 해 달라고 했습니다. 이에 소원은 이루어졌고 만지는 것마다 금이 되었습니다. 그러나 기쁨도 잠시 그의 욕심은 무서운 재앙을 몰고 왔습니다. 식사 시간이 되어 숟가락을 들자 숟가락은 곧 황금으로 변했고, 숟가락으로 수프를 뜨자 그것도 황금으로 변했습니다. 마실 물도, 나무도 풀도 심지어 사랑스러운 딸까지도 그가 손을 대는 것은 무엇이든 황금이 되어 굳어 버렸습니다. 미다스는 이것을 취소해 달라고 디오니수스에게 찾아갔고 그는 리디아의 수도 사데에 흐르는 파크트로스강에서 손은 씻으라고 했습니다. 이에 미다스는 몸 전체를 물에 담가 원래대로 돌아올 수 있었고 그의 몸에서 떨어진 황금을 파크트로스강에 사금이 많게 된 이유가 되었습니다. 다음으로 인류 최초의 화폐가 이곳에서 시작되었습니다. 리디아의 5대째의 왕인, 크로이소스는 일렉트론을 금과 은으로 분리해, 금화와 은화를 많이 발행했습니다. 지금도 「크로이소스」는 「대부호」의 대명사가 되어있습니다. 리디아인은 금과 은으로 화폐를 주조해 사용한 최초의 민족이었고, 또 소매 제도를 시작했던 것도 그들이었습니다. 처음은 일렉트론 화(돈과 은의 자연 합금)로 시작되었으며, 그다음 단계에 금화와 은화, 그리고 그 후로 동화가 출현했습니다. 일렉트론 화의 경우 리디아의 파크트로스강에서, 채굴한 은과 금을 자연 합금시켜서 만든 그것을 돈이라고 했습니다. 리디아에서 만들어진 금과 은의 합금 동전은, 호박색을 띠었기 때문에 일렉트론 화로 불렸습니다. 호박을 마찰하면 정전기가 발생하는 것으로부터, 전기를 electric이라고 부르게 되었습니다. 한층 더 전기의 근원인 전자가 발견되어 electronics라고 부르게 되었는데. 이러한 배경을 가진 도시에 사데 교회가 있었습니다. 이 사데 교회는 요한의 전도 때문에 회심한 첫 도시였다고 말하는 사람도 있고, 기독교를 저버린 첫 도시라는 사람도 있습니다.

어찌 되었건 사데 교회는 일곱 교회 중 가장 엄중한 경고를 받았습니다. 다른 교회들이 겪었던 발람이나 니골라당과 같은 이단의 고통도 없으며 외부의 압박도 없는 이 교회는 세상에 너무나 완전하게 타협해 버렸기 때문에 겉으로는 생명이 있는 것 같았으나 실상은 영적으로 죽은 존재였습니다. 모팻은 사데 교회에 대하여 "사데라는 도시가 옛날의 역사적 명성을 완전히 잃은 것과 똑같이 옛날의 활력을 잃었다"라고 기록하고 있습니다. 정말로 사데 교회는 그 교회가 속해 있던 도시인 사데가 그 옛날 리디아의 수도라는 명성만을 가지고 있었지 아무것도 없었던 것처럼 그 교회도 살아 있는 교회처럼 외형만을 갖추었지 진정한 생명력을 잃어버린 교회였습니다. 마태복음 21장 19절의 무화과나무처럼 그 교회는 잎은 무성했으나 열매는 전혀 없었습니다. 어떤 사람은 말하기를 그 교회는 발전하는 교회라는 명성이 있었고, 모였던 회중의 규모도 꽤 컸고 수많은 사역도 했을 것이고, 돈이나 재능이나 인적 자원이 부족함이 없는 교회였을 것이라고 말했습니다. 분명한 것은 오늘 말씀처럼 사데 교회는 겉보기에는 살았다는 말을 듣기에 충분했지만, 실상은 죽은 교회였습니다. 이러한 사데 교회를 보면서 우리 교회를 보고 우리 자신을 보는 시간이 되기를 바랍니다. 우리를 향해 말씀하시는 하나님의 엄중한 경고를 듣기 바랍니다.

먼저 교회에 말씀하시는 분을 봅시다. 본문에 말씀하시기를 "하나님의 일곱 영과 일곱별을 가진 이"라고 합니다. 먼저 "하나님의 일곱 영"에 대해서 알아야 합니다. 이 "하나님의 일곱 영"은 갖가지 권능을 소유한 성령에 대한 표현입니다. 신학자 트렌치는 성령을 "일곱 영"이라고 표현한 이유를 "성령은 인격적 단일체로서보다는 다차원적 에너지로 묘사되고 있다."라고 말하였습니다. 그러니까 "하나님의 일곱 영"이란 침체한 교회를 회복시키고 새 바람을 일으킬 수 있는 성령의 갖가지 권능을 묘사한 표현입니다. 이 편지가 간 곳이 침체한 지역이자 교회였기 때문에, 그들에게 그리스도께서 일곱 영, 즉 측량할 수 없고 완벽한 성령, 교회들 가운데 주님의 역사가 부흥되도록 전념할 수 있는 그 성령을 가지고 계시다는 점을 매우 강하게 말씀하고 있습니다.

다음으로 "일곱별"에 대해서 봅시다. 본서 2장 1절에서 에베소 교회에 보내는 편지를 쓰신 분을 가리켜 "오른손에 일곱별을 붙잡은 이"라고 합니다. 또한, 1장 20절을 보면 주님께서 직접 말씀하기를 일곱별은 일곱 교회의 사자라고 말씀하셨습니다. 그러니까 사데 교회에 말씀하시는 주님은 성령으로 교회의 사역자뿐 아니라 교회를 새롭게 하실 수 있는 분을 의미합니다. 주님은 성령을 통해 침체하고 죽어 있는 교회와 성도들에게 생명력 있는 새바람을 일으켜 새 역사를 행할 수 있는 분이라는 것을 강조하고 있습니다. 이러한 분께서 우리에게 사데 교회를 통해 말씀하고 계십니다. 침체하여 있고 생명력을 잃어버린 곳에 성령의 새바람이 일어나 놀라운 변화가 일어나기를 바랍니다.

주님은 다른 교회에 말씀하신 것처럼 사데 교회의 행위도 아신다고 하십니다. 사데 교회를 아시는 주님은 사데 교회를 책망하십니다. 그것은 "살았다 하는 이름은 가졌으나 죽은 자"라는 책망입니다. 사데 교회는 외적으로는 살아있었습니다. 주변에서 보기에 회중도 많고 친교도 아름다워 보였을 것입니다. 그들의 예배는 뜨거운 찬양과 그럴듯한 말씀이 풍성하게 선포되었을 것입니다. 교회는 사람들로 북적였고 재정은 풍성했을 것이고 아름다운 교제도 있었을 것입니다. 그러나 주님은 그들은 죽었다고 말씀하십니다. 왜 그럴까요? 사람들은 그들이 살아있는 교회라고 생각했고 그들 자신도 그렇게 생각했을 것입니다. 그런데 왜 주님은 그들을 향하여 죽었다고 할까요? 그것은 죄 때문이었습니다. 그들이 믿음으로 입었던 의의 흰옷을 죄로 더럽혔기 때문입니다. 위선과 통탄할 만한 신앙적 부패가 사데 교회가 비난받고 있는 죄였습니다. 이 교회는 큰 명성을 얻었습니다. 잘 되는 교회라는 소문이 나 있었던 것입니다. 이들 가운데 분열이 있다는 기록도 없습니다. 인간이 관찰하는 바로는 모든 것이 잘 되는 것으로 보였습니다. 그러나 이 교회는 실제로는 그 명성과 같지 않았습니다. 경건의 모양은 있으나 그 능력은 없는 교회였습니다. 아직 이들 안에 남아 있는 미미한 생명마저 희미해져, 금방이라도 죽을 것만 같은 교회였습니다.

그러기에 주님은 2절에서 말씀하십니다.

"(계 3:2) 너는 일깨어 그 남은 바 죽게 된 것을 굳건하게 하라 내 하나님 앞에 네 행위의 온전한 것을 찾지 못하였노니"

주님은 사데 교회를 향해 "하나님 앞에 네 행위의 온전한 것을 찾지 못했다"라고 합니다. 그들의 행위를 모두 아는데 온전한 것이 하나도 없었습니다. 그들의 풍성한 행위들이 하나님 앞에서 하나도 온전한 것이 없을 정도로 그들은 죄로 더러워져 있었습니다. 우리 교회와 우리의 삶은 어떻습니까? 외부에서 보는 것처럼 살아있는 교회이며 성도입니까? 반대로 죄로 죽은 교회와 성도는 아닙니까? 우리는 이 시간 죄를 끔찍이도 싫어하시는 성령님께서 같이 하고 싶지 않은 교회와 성도는 아닌지 심각하게 생각해 보아야 합니다. 우리의 아름다운 찬양과 어울리지 않는 더러운 삶이 우리의 찬양을 하나님께 상달 되지 못하게 하고 있지는 않습니까? 우리의 예배가 시간을 구별하고 의복을 아름답게 꾸미고 풍성하게 드리는 헌금이 일주일간의 거룩한 삶과 함께 드려지고 있습니까? 하나님께만 영광을 돌리겠다는 표면적 고백 속에 자기 영광과 기쁨만을 구하는 패역함이 숨어있지는 않습니까? 형제와 이웃을 진정으로 사랑하지 않으면서 위선적인 웃음으로 자신의 사랑 없음을 감추고 있지는 않습니까? 하나님께 감사한다는 고백의 가면을 뒤집어쓰고 원망과 불평으로 가득하지는 않습니까? 사데 교회에 말씀하시는 주님을 만납시다. 그러므로 성령께서 마음껏 역사하는 신앙인이 됩시다.

미국의 농구 스타 마이클 조던이 속해 있던 시카고 불스의 감독은 작전을 지시할 때 다른 선수들에게는 일일이 지시하고 요구하지만 마이클 조던에게는 "네가 하고 싶은 대로 하여라"라는 주문을 한다고 합니다. 왜냐하면, 그는 이미 충분히 훈련되어 있어서 어떤 상황에서든지 최상의 경기력을 발휘하기 때문입니다. 하나님의 일곱 영이신 성령님께서 우리 속에 충만하심으로 우리의 삶이 어떠한 상황과 죄가 가득한 세상에서 산다고 하더라도 성령께서 원하시는 최상의 경기력, 즉 최상의 삶을 사는 자가 되기를 바랍니다.

주님은 이렇듯 죽어있는 사데 교회가 다시 살 수 있는 길을 제시합니다. 거룩하시고 능력이 많으신 성령님께서 우리 속에서 다시 역사하실 수 있는 길입니다. 그것은 바로 2절과 3절입니다.

"(계 3:2) 너는 일깨어 그 남은 바 죽게 된 것을 굳건하게 하라 내 하나님 앞에 네 행위의 온전한 것을 찾지 못하였노니 (계 3:3) 그러므로 네가 어떻게 받았으며 어떻게 들었는지 생각하고 지켜 회개하라 만일 일깨지 아니하면 내가 도둑 같이 이르리니 어느 때에 네게 이를는지 네가 알지 못하리라"

여기서 주님은 사데 교회의 회복을 위해 다섯 가지를 명령합니다.

첫째가 2절의 말씀처럼 "깨어나라"입니다.

이 단어는 "그레고론"이란 말로 "주의하다", "경계하다"라는 뜻이 있습니다. 그러므로 이 "깨어나라"라는 말은 그 행실이 죽어있는 자리에서 깨어나야 할 뿐만 아니라 성도를 더럽히는 죄의 공격으로부터 자신을 지키는 경계의 일을 계속해야 한다는 말씀입니다. 이 "깨어나라" 또는 "경계하라"라는 말은 사데 교회에는 특별한 중요성을 내포하는 말입니다.

왜냐하면, 사데의 역사에서 두 번씩이나 수비대들의 경계 소홀로 인하여 적에게 함락되었기 때문입니다. BC 549년에 고레스는 그 산성의 거의 수직적인 벽의 갈라진 틈 사이로 올라가는 방법을 사용함으로써 보루를 정복하였습니다. 이 사건에 관해 일화가 있습니다. 고레스왕은 사데성을 포위했습니다. 그러나 크로이소스와 사데 사람들은 개의치 않았습니다. 난공불락의 요새인 트몰루스 산에 숨어있기만 하면 문제없다고 믿었기 때문입니다. 그런 그들에게 고레스왕은 "너희들은 살았다고 하지만 사실은 죽은 목숨이다."라고 했고, 자신의 군사들에게는 "사데 성으로 들어갈 방법을 찾아내는 사람에게 특별상을 주겠다"라고 했습니다. 포위한 지 14일이 지난 어느 날 히에로에데스(Hyeroeddes)라고 불리는 한 군인이 사데 성의 발포 대를 지켜보고 있었습니다. 그때 사데 군인 한 명이 실수로 철모를 성벽 너머로 떨어뜨리고는 그것을 찾으려고 절벽 아래로 내려오는 것을 보았습니다. 히에로에데스는 그곳에는 몸집이 작은 사람이면 기어 올라갈 수 있는 틈바구니가 바위 사이에 있으리라는 것을 알아차렸습니다. 그날 밤 일단의 페르시아 군인들이 그 바위의 갈라진 틈바구니를 통해 사데 성으로 침입할 수 있었습니다. 그들이 발포 대 위에 도달했을 때 그곳에는 보초병 하나 없었습니다. 사데 사람들은 깨어서 경계할 필요가 없을 정도로 안전하다고 생각하였던 것입니다. 결국, 다 잠자고 있다가 사데는 함락되었습니다. 그 후 3세기에 똑같은 방법으로 다시 정복되었습니다. 깨어납시다. 지금 죽음과 같은 잠의 자리에서 깨어나 거룩한 삶을 사는 자들이 됩시다. 죄의 교묘한 공격에 깨어 있고 쉼 없이 죄를 경계하는 자가 됩시다.

두 번째로 "굳게 하라"고 하십니다.

주님은 "그 남은바 죽게 된 것을 굳게 하라"고 하십니다. 이는 죄로 인해 생명력을 잃어버린 성도들 속에서 아직 희미하게나마 남아 있는 생명을 붙들고 그것을 더욱 견고하게 하라는 뜻입니다. "그 남은바 죽게 된 것"이란 말은 비록 온전한 것이 하나도 없는 사데 교회였지만 그래도 그들 속에 남아 있는 믿음의 씨앗이 있기 때문이었습니다. 아직 완전히 죽은 신앙이 아니기에 그들 속에 남아 있는 생명의 불씨, 말씀의 흔적, 첫사랑의 기억을 되살려 다시 살게 하라고 명령하십니다. 초대교회에서 굳게 하라는 말은 자주 "양육하라"라는 뜻으로 쓰였습니다. 지금 우리 속에 있는 성도들을 온전히 양육할 뿐 아니라 우리 각자 안에 존재하는 생명을 더욱 강하게 하는 데 힘을 다해야 합니다. 교회 내에 강한 자가 마땅히 연약한 자들의 약점을 담당해야 합니다. 그들의 연약함을 강하게 하는 데 힘써야 합니다. 갈라디아서 6장은 성도들이 져야 할 짐에 대해 기록하고 있습니다. 2절에서는 "너희가 짐을 서로 지라"고 하였고, 5절에서는 "각각 자기의 짐을 질 것임이라."라고 하였습니다. 여기서 2절의 짐은 "프로티온"이란 헬라어로 화물을 의미하고, 5절의 짐은 "바로스"라는 헬라어로 개인의 짐 꾸러미나 봇짐을 의미합니다. 성도는 교회 구성원들의 짐을 서로 져주며 자신의 짐은 교회가 짐 지게 하지 않고 자신이 지라고 말합니다. 그래야 건강한 교회를 만들 수 있기 때문입니다. 깨어 있고 책임감 있는 역동적 성도는 죽어가는 교회에 새 힘을 공급하는 존재가 됩니다. 모두 역동적 성도가 되어 더는 교회가 힘을 잃거나, 소멸하지 않도록 각자의 자리에서 믿음의 불씨를 살려내야 합니다.

세 번째로 "생각하라"입니다.

"어떻게 받았으며 어떻게 들었는지"를 생각하라고 합니다. 죄로 오염되고 거룩의 열정이 식었을 때 우리가 생각해야 할 것은 어떤 가르침과 은혜를 받았으며, 어떤 말씀을 들었는지를 생각하면 됩니다. 그러면 잘못된 행실을 버리고 옳은 길을 갈 수 있게 됩니다. 본문은 분명히 말합니다. 신앙의 각종 시험이나 위기, 신앙의 침체기가 왔을 때 그것을 극복하는 유일한 힘은 말씀이라고 말입니다. 말씀을 생각하고 그 말씀이 어떤 뜻이 있었는지를 묵상해야 합니다. 그러면 그 말씀 속에서 역사하시는 말씀이신 예수님을 만나게 됩니다. 그러므로 평소에 말씀을 가까이하고 말씀을 대하는 것에 부지런해야 합니다. 평소에는 그런 사람과 그렇지 않은 사람의 신앙적 삶의 모습에 큰 차이가 없는 듯하지만, 삶에 위기가 닥쳤을 때 분명히 드러나게 됩니다. 말씀을 항상 가까이했던 사람은 삶의 위기 속에서 힘들어 할 수는 있지만 요동하지 않습니다. 그는 말씀을 통해 위로를 받고 말씀을 통해 소망을 가지며 말씀을 통해 극복할 힘을 공급받기 때문입니다. 히브리서 4장 13절은 이 사실을 분명히 알려 줍니다. "하나님의 말씀은 살았고 운동력이 있어 좌우에 날 선 어떤 검보다도 예리하여 혼과 영과 및 관절과 골수를 찔러 쪼개기까지 하며 또 마음의 생각과 뜻을 감찰하나니."라고 말입니다. 그래서 본문에서 주님은 죽어가는 사데 교회 성도들에게 말씀을 생각하라고 하십니다. 삶을 죄로부터 구별하여 거룩한 삶이 되게 하기 위해서는 배우고 들은 말씀을 기억해 내야 합니다. 그래서 시편 기자는 119편에서 말씀하시기를 "청년의 행실을 주의 말씀으로 깨끗게 할 수 있다"라고 하였던 것입니다. 죽은 행실을 깨끗게 하길 원하신다면 말씀을 반복하여 생각하길 바랍니다.

네 번째로 "지키라"입니다.

이 "지키다"라는 말은 헬라어 "테레오"로 그 뜻은 "손실이나 해로부터 어떤 것을 지키는 것이며, 어떤 것을 보호하기 위해 지키는 것"
입니다. 또한 "무엇인가를 보호하기 위해 억류하다"라는 뜻이 있습니다. 그러니까 이 지키라는 명령은 우리 속에 아직 남아 있는 생명력을 대적들로부터 지키라는 뜻입니다. 우리 안에 남아 있는 거룩함을 더럽게 하는 오염원으로부터 우리를 지키라는 말씀입니다. 우리의 삶에 거룩한 부흥이 있기를 원한다면 먼저 우리 속에 있는 것들을 바르게 지키는 열심이 있기를 바랍니다.

다섯 번째로 "회개하라"입니다.

더는 무슨 말이 필요하겠습니까? 사데 교회가 세상과 타협하고 죄에 물들어 하나님 보시기에 죽은 자와 같았다면 이제 회개하라는 명령은 어떻게 배웠는지 어떤 가르침을 받았는지를 생각하고 그 말씀대로 살아 회개를 이루는 것입니다. 잘못된 삶이 드러나고 말씀에 비춰 보고 하나님 보시기에 죽은 행실들을 회개함으로 주님께서 선물로 주신 흰옷을 흰옷 되게 하는 성도들이 되기를 바랍니다. 죄와 연약에서 이전의 생명이 있던 상태로 회복하는 것이 우리의 임무라는 것을 기억합시다.

주님은 이렇게 회복의 방법을 말씀하신 후에 엄중한 경고를 우리에게 하십니다. 그것은 바로 일깨지 않으면, 다시 말해 정신 차리지 않으면 "내가 도둑같이 이르리니 어느 시에 네게 임할는지 네가 알지 못하리라"라고 하십니다. 주님은 우리가 예기치 못한 시간에 도둑같이 임하여 우리를 심판하실 것이라고 말씀하십니다. 주님은 재림을 말씀하실 때 도둑같이 임하신다고 했습니다. 그뿐만 아니라 우리의 삶 속에서도 하나님의 징계 채찍은 도둑같이 임한다는 것을 기억하여야 합니다. 주님께서 사람들을 떠나실 때는 은혜로운 모습으로 떠나셨지만, 그가 다시 오실 때는 심판자로 오십니다. 특별히 영적인 죽음에 처한 사람들에 대한 그리스도의 심판은 매우 놀랍게 임하게 됩니다. 왜냐하면, 이 사람들은 자신들의 죽음의 상태로 말미암아 스스로 안전하다고 느끼고 있어 심판을 준비하지 못했기 때문입니다.

주님은 우리 죄인들에게 얼마간의 위로와 격려를 베푸십니다.

"(계 3:4) 그러나 사데에 그 옷을 더럽히지 아니한 자 몇 명이 네게 있어 흰옷을 입고 나와 함께 다니리니 그들은 합당한 자인 연고라"

영광스럽게도 주님은 비록 몇 명에 지나지 않지만, 사데에 남아 있는 신실한 자를 언급하고 계십니다. 하나님께서는 수가 아무리 작아도 자기와 동거하는 자를 주목하십니다. 그분은 이들에게 매우 은혜로운 약속을 하십니다. 그것은 이들이 그리스도와 함께 다니리라는 것입니다. 이렇게 같이 다닐 때 그리스도와 이들 사이에 얼마나 즐거운 대화가 오가며 행복한 시간을 보낼까요? 그리스도와 함께 다니는 자는 그리스도와 영원히 영광과 명예의 흰옷을 입고 그리스도와 함께 다니게 됩니다. 세상의 죄가 유혹해도 우리에게 주어진 흰옷을 더럽히지 않는 삶이 있어 주님과 함께 다니는 성도가 됩시다.

마지막으로 주님은 우리에게 죄와 싸워 이길 것을 권면하면서 이기는 자들에게 세 가지를 약속해 주십니다.

170

"(계 3:5) 이기는 자는 이와 같이 흰 옷을 입을 것이요 내가 그 이름을 생명책에서 결코 지우지 아니하고 그 이름을 내 아버지 앞과 그의 천사들 앞에서 시인하리라"

그것은 첫째로, 흰옷을 입을 것이요, 둘째로, 그 이름이 생명책에서 흐려지지 않게 할 것이며, 다시 말해 그 이름이 생명책에서 지워지지 않을 것이며, 셋째로, 그리스도께서 그의 이름을 하나님과 천사들 앞에서 시인하실 것이다. 라는 약속입니다.

사데 교회를 책망하시는 분을 기억합니까? 교회에 진정으로 있어야 할 내적이고 영적인 생명력을 잃어버린 교회를 향해 책망하시던 주님을 기억하십니까? 그분은 하나님의 일곱 영과 일곱별을 가지신 분이었습니다. 무슨 말입니까? 주님은 우리 안에서 희미해져 가고 이미 죽은 것 같은 영적인 생명을 다시 회복시키시는 분이라는 것입니다. 삶과 교회에 부흥을 원한다면, 삶 속에서 성령님이 맘껏 활동하시고 덩실덩실 춤출 것을 소망한다면 죄를 끊어야 합니다. 그리고 주님의 말씀을 기억하고 돌이켜 회개해야 합니다. 그렇게 될 때 성령이 살아 역사하는 교회와 성도가 됩니다.

15. 말씀을 지키며 주님을 배반하지 않는 교회
요한계시록 3장 7-8절

지금까지 계시록의 일곱 교회 중 다섯 개 교회를 보았습니다. 여섯 번째 교회인 빌라델비아 교회를 보겠습니다. 빌라델비아 교회가 있던 지역인 빌라델비아는 "형제사랑"이란 이름의 뜻을 가진 도시였습니다. 이름처럼 빌라델비아는 형제의 사랑을 기념해서 지은 도시입니다. 빌라델비아는 두 낱말이 합쳐서 이루어졌습니다. 필로스(사랑)와 아델포스(형제)를 합쳐서 빌라델비아(형제사랑)인데 이 말은 "형제의 사랑", "형제의 우애"란 뜻입니다.

빌라델비아라는 도시명이 정해지게 된 이유는 고대의 병원이었던 아스클레피온과 비단, 양가죽 종이를 발견한 버가모(페르가몬) 왕국의 왕들에 관한 아름다운 이야기 때문입니다. 주전 150년경 버가모 왕국에 한 왕이 나이가 들어 그 아들에게 왕의 자리를 물려주려고 하였습니다. 그런데 그에게는 고민이 있었습니다. 이 두 형제가 너무 다르다는 것이었습니다. 왕위를 물려 주어야 할 큰아들 유메네스 2세는 용맹하고 전쟁을 좋아하는 외향적인 성격이지만 가만히 앉아서 국사를 돌보는 일은 싫어했습니다. 반면에 동생 아탈로스 2세는 성격이 내성적이고 학문을 좋아하여 국사는 잘 돌볼 것 같은데 군사적인 면에서는 아니었습니다. 같은 배에서 나왔지만 너무나 달랐습니다. 고민하던 왕은 자리를 큰아들에게 물려주고 죽었습니다. 그러자 아니나 다를까 이 왕은 처음에는 자리를 조금 지키다가 부하들을 데리고 전쟁터로 나가고 동생에게 국가의 경영을 맡겼습니다. 궁에는 가끔 들어오는 형을 대신하여 동생이 다스렸는데 그는 나라를 잘 경영해서

172

부강한 나라를 만들었고, 형은 밖에서 주변 나라들을 정벌하면서 나라를 2배나 넓혀 갔습니다. 이러할 때 로마는 음모를 꾸몄는데 그것은 형과 아우의 사이를 벌어지게 하는 것이었습니다. 로마는 동생을 충동질하여 왕위에 오르도록 했습니다. 그러나 그는 한마디로 거절하고 형에게 충성을 다했습니다. 세월이 지나 형이 죽고 나서 그 뒤를 이어서 왕이 되었습니다. 그 후 얼마 지나지 않아 형의 아들이 장성했고 그 왕위를 다시 형의 아들에게 주었습니다. 그리고 이 동생이 죽은 후에 두 형제의 우애를 기념하는 도시를 버가모의 국민이 건설하게 되었고 그 정신을 이어받아 빌라델비아 사람들은 서로 간에 사랑과 우애가 깊었습니다. 그래서 어떤 사람은 이 빌라델비아 교회가 책망이 없고 칭찬만 있는 이유가 그들이 형제를 사랑하는 훌륭한 정신 때문이었다고 말하기도 합니다.

사데 교회를 소개할 때, 사데 뿐 아니라 빌라델비아도 루디아 지방에 속해 있었다는 말씀을 드렸었습니다. 이 빌라델비아는 교통의 요지였습니다. 무시아, 루디아, 브리기아 등으로 뻗친 무역로의 교차점이라는 전략적인 위치로 인하여 빌라델비아는 "동방의 관문"이라는 칭호를 얻었고 아울러 상업의 요지가 되었습니다. 그리고 이 지역은 화산지역이었습니다. 이 거대한 화산 평원은 화산재가 주는 복으로 비옥했기에 농사하기에 적합했습니다. 그중에서도 포도를 재배하기에 매우 적합하였습니다. 그래서 이 지역에서는 술의 신 디오니수스(Dionysus)의 예배가 성대히 거행되었습니다. 또한, 이 지역에서는 신전이 많고 종교행사가 많았기 때문에 "소아덴"이라고 불렸을 정도였습니다. 한 가지 약점이 있다면 지진이었습니다. 아시아의 열두 도시를 하룻밤 사이에 초토화한 AD 17년의 무서운 지진은 특히 빌라델비아에 심했는데 그 이유는 그곳이 단층 경계선에 가까웠기 때문입니다. 그 후에도 여진이 오래 계속되었으므로 시민의 대부분은 성벽 밖에 움막을 세우거나 천막을 치고 살았습니다. 그러나 티베리우스 황제에 의해 부흥되고 네오 가이사랴(Neo-Caesarea)라는 이름이 주어져 로마 속주 아시아의 중요한 성읍이 되었습니다. 그리고 이 지역에는 유대인들이 포로로 끌려와 주로 거주했는데 그 유대인 식민은 기독교에 대해 격렬한 적의를 나타냈습니다. 이런 이유로 이 성읍의 신자 11명은 스무르나(Smyrna)에서 순교했습니다. 이러한 곳에 세워진 빌라델비아 교회의 기원에 대해서는 아무런 기록도 남아 있지 않습니다.

먼저 빌라델비아 교회에 말씀하시는 분에 대한 묘사부터 보겠습니다.

"(계 3:7) 빌라델비아 교회의 사자에게 편지하라 거룩하고 진실하사 다윗의 열쇠를 가지신 이 곧 열면 닫을 사람이 없고 닫으면 열 사람이 없는 그가 이르시되"

이 빌라델비아 교회에 말씀하신 주님은 당신을 세 가지로 표현하십니다. 첫째는 거룩하다, 둘째는 진실하다, 셋째는 다윗의 열쇠를 가졌다. 입니다.

첫 번째로 "거룩하다", 헬라어로 "하기오스"는 주님은 구원자로서 그리고 하나님으로서 필수적으로 소유하셨던 성품 중의 하나였습니

174

다. 주님은 태어난 때도 거룩하셨고, 죽었을 때도 거룩하셨습니다. 또한, 현재 우리에게 대제사장으로 계신 지금도 거룩하십니다. 주님은 어제나 오늘이나 영원토록 거룩한 분이십니다. 이러한 주님의 거룩하심을 이 글의 독자인 빌라델비아 교회와 우리에게 말씀해 주십니다. 왜 주님은 새삼스럽게 거룩하다고 하실까요? 그것은 구원의 문으로서 갖추어야 할 요소 중 가장 주요한 요소가 바로 죄가 없는 거룩함이기 때문입니다.

두 번째로 주님은 "진실하다"라고 하십니다. 이는 당신의 백성을 구원하는 데 있어서 거룩함과 함께 있어야 할 필수 요소입니다. 이 "진실하다"라는 헬라어는 "알레디노스"로 그 사전적 의미는 "그 이름과 외모뿐만 아니라 이름에 상응하는 진정한 자질도 갖춘, 모든 면에서 이름이 의미하는 개념과 일치하는 사실, 진정, 정확"입니다. 그러니까 주님께서 자신을 가리켜 진실하다고 하신 것은 주님의 이름인 "예수" 그리고 그의 직분인 "메시아"가 뜻하는 구원이라는 의미에 상응하는 행위와 능력을 갖춘 분이심을 우리에게 말씀하고 계신 것입니다. 구약은 신약의 그림자이고 구약의 인물들은 많은 부분 예수님을 예표했습니다. 모세를 통해 이스라엘을 가나안으로 인도하였지만 완전하지 못했습니다. 그러나 주님은 우리를 완전하게 그리고 끝까지 천국으로 인도하십니다. 모세를 통해 내린 만나는 완전한 것이 아니기에 거듭해서 먹어야 했지만, 참된 만나이신 주님은 한 번의 임재로 영원토록 구원을 이루시는 완벽한 떡이십니다.

세 번째로 주님을 표현한 말이 바로 "다윗의 열쇠를 가졌다"입니다. 이 말은 뒤에 이어 나오는 말과 함께 생각해 보아야 합니다. "다윗의 열쇠를 가지신 이 곧, 열면 닫을 사람이 없고 닫으면 열 사람이 없는 그이" 이 말은 하나님의 왕국을 완전히 통치한다는 것을 상징적으로 표현하는 말입니다. 이 말을 본문에 근거해 생각해 본다면 12절의 표현대로 하늘에서 새 예루살렘이 내려왔을 때 그 안으로 들여보낼 수도 있고 제외할 수도 있는 권세를 의미합니다. 이 말씀의 배경이 이사야 22장에 나옵니다. 이사야는 예루살렘의 심판을 예언하면서 당시 히스기야 왕의 국고를 맡아 관리하던 셉나가 수치를 끼쳤다는 이유에서 그를 자리에서 끌어내고 그를 대신하여 힐기야의 아들 엘리야김을 대신하게 합니다. 그리고 그에게 "(사 22:21-22) 그가 예루살렘 주민과 유다의 집의 아버지가 될 것이며 내가 또 다윗의 집의 열쇠를 그의 어깨에 두리니 그가 열면 닫을 자가 없겠고 닫으면 열 자가 없으리라"라고 말하였습니다. 이렇게 이사야의 말을 천국 문을 주관하는 다윗과 같은 메시아로서 그리스도를 제시하는데 사용하였습니다. 이것은 당시 회당에서 출교시켰던 유대인의 권세와 대조적으로 다윗의 열쇠를 가진 그리스도가 유대인들에게 출교당했던 당신의 백성들을 천국으로 들여보내는 권세가 있음을 말씀하고 있습니다. 그러므로 주님이 당신을 표현한 세 가지를 모두 종합해서 생각해 보면, 주님은 우리를 구원하시기에 부족함이 없는 분, 생명을 주관하는 최고의 주권자라고 할 수 있습니다.

이 최고의 주권자 되신 주님은 빌라델비아 교회에 편지를 쓰면서 처음 하신 말은 그들 앞에 열린 문을 두었다는 내용입니다. 이 말은 당시 고난 중에 있는 빌라델비아 교회의 성도들 앞에 주님께서는 천국의 열린 문, 즉 구원의 열린 문을 두었다는 것을 말씀합니다. 초대 교회 성도들은 기독교와 유대교 사이에서 정체성의 혼란을 겪었습니다. 그들은 유대인들로서 안식일에는 유대교의 회당에서 전통적으로 하나님을 예배하였습니다. 또한, 주일에는 주님의 부활을 기념하여 기독교인만 다른 장소에서 모여 예배드렸습니다. 그러던 중 주 후 70년 성전파괴 이후에 이스라엘에서 뿐만 아니라 흩어져있던 유대교 회당으로부터 모든 그리스도인은 출교당하게 되었습니다. 빌라델비아 교회도 예외는 아니었습니다. 이 일을 하나님의 섭리 눈으로 보고 후에 객관적으로 보면 교회를 세우시는 하나님의 뜻이 그 안에 있다는 것을 알 수 있지만, 당시의 그리스도인들은 당황스러운 사건이 아닐 수 없었습니다. 이 일은 단지 회당에서 쫓겨난 것으로 끝나지 않고 천국에서도 쫓겨난 것과 같은 의미가 있었기 때문입니다. 이렇듯 빌라델비아 교회의 성도들은 유대교도들로부터 회당과 공동체에서 쫓겨났을 뿐 아니라 천국에도 못 들어갈 것처럼 생각되어 괴로워했습니다. 그러나 주님은 그들에게 말씀하십니다. "내가 너희 앞에 천국 문을 열어두었다. 회당의 문은 너희에게 굳게 닫혀 있지만, 천국 문은 열려있다"라는 말씀을 하고 계십니다. 또한, 그 열린 문은 누구도 닫을 수 없다고 말씀하십니다. 그 지역 회당에서 출교를 당했을 빌라델비아의 그리스도인들에게 주님은 영원한 천국으로 들어가는 문을 열어놓았고 아무도 그것을 닫을 수 없다는 사실을 상기시켜 주십니다. 회당의 문이야 닫혔든 말든 메시아의 왕국으로 들어가는 문은 열려있습니다.

우리도 세상과 그리스도 사이에서 정체성의 혼란을 겪을 때가 있지 않습니까? 세상에 속했기에 세상의 요구도 들어야 할 것 같고 또 다른 면으로는 주님께 속해 있기에 주님의 방법대로 살아야 할 것 같고, 그 어느 한쪽만 선택하면 손해를 볼 것 같은 두려움에 이쪽도 저쪽도 만족시킬 수 없는 삶을 살진 않습니까? 바라기는 세상을 만족시키는 자연인이 아니라 주님의 피 값으로 산 존재가 되었기에 주님만을 만족시키는 성도가 됩시다. 그리하여 하나님께는 영광을 돌리며 자신에게는 복이 되는 삶을 살아가길 바랍니다. 빌라델비아 교인들이 그러했던 것처럼 신앙생활 하면서 세상으로부터, 가족으로부터 또는 직장의 동료들로부터 예수 믿는다는 이유 하나만으로 배척당하거나 버림받으셨습니까? 세상의 방법과 다른 그리스도의 법을 따라 산다는 이유만으로 쫓겨나지는 않았습니까? 너무 슬퍼하거나 절망하지 마십시오. 세상이 줄 수 없는 기쁨과 행복이 넘치는 천국의 문은 성도에게 항상 열려있기 때문입니다. 주님은 산상수훈을 통해 말씀하시기를 "(마 5:10) 의를 위하여 핍박을 받는 자는 복이 있나니 천국이 저희 것임이라"라고 하셨습니다. 이 천국을 향하여 세상에서 닫힌 문 때문에 연연하고 아쉬워하기보다는 그것들과는 비교도 할 수 없는 천국 문이 열려있고 그 어떤 것도 그 문을 닫거나 우리를 들어가지 못하게 할 수 없다는 것을 기억하고 천국을 소망함으로 이 땅의 모든 핍박과 환난을 이기는 자가 되기를 바랍니다.

이렇게 말씀하신 주님은 다른 교회와 마찬가지로 빌라델비아 교회의 행위도 아신다고 하십니다. 이것은 놀라운 칭찬입니다. 말씀하시기를 "(계 3:8) 네가 작은 능력을 가지고도 내 말을 지키며 내 이름을 배반하지 아니하였도다."라고 하십니다. 두 가지를 칭찬하십니다.

하나는 작은 능력으로 주님의 말씀을 지켰다는 것입니다. 10절도 같은 말씀을 하십니다. 말씀하기를 "네가 나의 인내의 말씀을 지켰은 즉 내가 또한 너를 지키어 시험의 때를 면하게 하리니"라고 말입니다. 여기서 주목할 것이 있습니다. 그것은 그들이 작은 능력밖에는 소유하지 못했다는 것입니다. 본문에서 "작은 능력"에 해당하는 헬라어 "미크란 에케이스 뒤나민"은 "능력이 거의 없다"라는 의미입니다. 무엇이 작았는지 구체적으로 언급되지 않았지만, 충분히 생각해 볼 수 있습니다. 그들은 빌라델비아의 인구에 비해 아주 적은 회중이었기에 세상에 그리 큰 영향을 주지 못했을 것입니다. 또한, 그들은 사회적인 명성이나 권력도 없었을 것입니다. 그리고 그들은 경제적으로도 부유하지 못했을 것입니다. 이 모든 것이 그들이 작은 능력을 갖췄다는 말씀의 내용임을 우리가 알 수 있습니다. 그런데도 그들은 주의 말씀을 지켰다고 말씀하고 있습니다. 본문에서 지켰다는 단어는 헬라어로 "텔레오"입니다. 이 말은 사데 교회에도 쓰였을 뿐 아니라 오늘 본문에만 세 번 쓰였습니다. 그 뜻은 "요새나 방어선을 지킨다. 주의하다. 보호하다"라는 뜻이 있습니다. 그러니까 빌라델비아 교회는 작은 능력밖에는 없었지만, 주의 말씀을 죄의 유혹과 공격으로부터 그 순수성을 지켰습니다. 그들은 죄를 합리화시키고 싶은 마음으로부터 말씀을 지켰습니다. 잘못된 신앙적 사고로부터 말씀을 지켰습니다. 유대교도들이 예수님은 메시아가 아니라 일개 선동가로서 죽었다는 거짓말로부터 주의 말씀이 오염되지 않도록 지켰습니다.

주의 말씀이 우리의 심령과 삶 속에서 온전히 지켜지기를 바랍니다. 세상이 주는 유익과 즐거움으로 인해 주의 말씀을 합리화하고 싶을 때, 그 유혹으로부터 주의 말씀을 지키는 자가 되기를 바랍니다.

성경에 있는 기적들은 설화이고 있을 수 없는 일이라는 세상의 거짓말로부터 말씀이 진리이며 사실이라는 것을 지키는 자가 됩시다. 예수가 어디 있느냐? 하나님 살아 있으면 네 삶이 왜 그 모양이냐고 비아냥거리는 말들로부터 하나님의 살아계심과 말씀을 온전히 지키는 자가 됩시다.

두 번째 칭찬은 그들이 작은 능력이었지만, 주의 이름을 배반하지 않았다는 것입니다. 이 칭찬은 앞의 칭찬과 밀접한 관련이 있습니다. 주의 말씀을 지켰다는 것이 주의 말씀에 대한 자세였다면 그 말씀을 배반하지 않았다는 말은 주님에 대한 자세를 말합니다. 이 배반하지 않았다는 말은 헬라어로 "알네오마이"라는 말로 그 뜻은 "부인하다, 버리다, 포기하다"라는 뜻이 있습니다. 이 말은 빌라델비아 교인들이 작은 능력밖에 없었지만, 핍박과 어려움 속에서도 주님을 부인하거나 포기하지 않았다는 의미입니다. 이 똑같은 단어가 마태복음 10장 33절에서 쓰였습니다. "누구든지 사람 앞에서 나를 부인하면 나도 하늘에 계신 내 아버지 앞에서 저를 부인하리라."라는 말씀입니다. 주님께서 살아계실 때 제자들에게 사람 앞에서 당신을 부인하지 말라고 하신 말씀을 빌라델비아 교인들은 삶 속에서 실천하였습니다. 그들은 순간순간 주님을 모른다고 하고 싶었을 것입니다. 잠시 부인하면 이익이 생길 수 있었을지 모릅니다. 잠시 주님과 관계없는 사람이라고 하면 생명을 보존할 수 있었습니다. 그러나 그들은 이 모든 유혹을 뿌리치고 주님을 배반하지 않았던 자들이었습니다.

우리는 어떻습니까? 주님은 부인하고 살지는 않습니까? 세상이 주는 유익 때문에 주님을 모른다고 부인하지는 않습니까? 말로는 하지 않더라도 하나님을 안 믿는 사람처럼 행동하지는 않습니까? 죄가 주는 쾌락에 미혹되어 우리 속에서 말씀하시는 성령님의 음성을 못 들은 체 하진 않습니까?

어떤 핍박에도 주님을 부인하지 않는 성도가 되기를 바랍니다.
어떤 유혹에도 주님을 포기하지 않는 성도가 되기를 바랍니다.
어떤 상황에도 주님은 배반하지 않는 성도가 되기를 바랍니다.

주님이 필라델비아 교회에 열린 문을 두신 은혜를 보았습니다. 우리에게도 마찬가지입니다. 우리에게는 그 누구도, 또한 그 어떤 상황도 닫을 수 없는 구원의 문이 열려있음을 믿고 기뻐합시다. 빌라델비아 교회처럼 주님의 말씀을 온갖 죄의 유혹과 세상의 공격으로부터 지키며, 어떤 상황에서도 주님을 배반하지 않는 자가 됩시다.

16. 원수 앞에서 상을 받는 교회
요한계시록 3 장 9-13절

빌라델비아의 특징 몇 가지를 다시 한번 살펴보겠습니다. 그 도시의 이름의 뜻은 "형제사랑"입니다. 또한, 그곳은 교통의 요지로 무시아, 루디아, 브리기아 등의 지방으로 흩어지는 교차점에 있어서 "동방의 관문"이란 별명을 가진 도시였습니다. 이를 "열린 문"과 관련하여 생각해 본다면 이 빌라델비아는 복음을 사방으로 전하는 관문이며 열방을 천국으로 인도하는 관문의 역할을 하였다는 것을 암시하고 있음을 볼 수 있습니다. 그리고 이 지역은 화산지역이었습니다. 잦은 화산 활동으로 고통을 겪기는 했지만 반대로 그 비옥한 화산재로 된 토양은 특별히 포도 농사가 잘되는 지역이었다는 것과 그로 인해 술의 신 "디오니수스"가 경배 되었을 뿐 아니라 각종 우상숭배의 신전이 가득하였기에 그곳을 "작은 아덴"이라고 할 정도였습니다. 아주 중요한 것은 빌라델비아 지역의 유대인들이 그리스도인들을 회당에서 쫓아내었다는 것이었습니다. 본문은 그와 많은 연관을 맺고 주어진 말씀입니다.

앞장에서 빌라델비아 교회를 향한 주님의 위로와 칭찬을 통해 은혜를 받았다면, 본장에서는 빌라델비아 교회에 주시는 상급과 그 교회에 주시는 약속을 보도록 하겠습니다. 먼저 주님께서 빌라델비아 교회에 주시는 상급 두 가지를 보도록 합시다.

그 첫번째는 성도를 핍박했던 자들을 성도의 발 앞에 무릎 꿇게 하시는 상입니다.

"(계 3:9) 보라 사탄의 회당 곧 자칭 유대인이라 하나 그렇지 아니하고 거짓말하는 자들 중에서 몇을 네게 주어 그들로 와서 네 발 앞에 절하게 하고 내가 너를 사랑하는 줄을 알게 하리라."

주님은 빌라델비아 교회를 핍박한 사람들이 어떤 사람들인지를 말하고 있습니다. 그들은 믿는 자들을 회당에서 몰아내고 온갖 거짓 교리로 그들을 두렵게 했는데 그들은 자칭 유대인이라 할 뿐만 아니라 그들은 사탄의 회당에 속한 자들이었습니다. 그뿐만 아니라 그들은 거짓말하는 자들일 뿐이라고 말씀하고 있습니다. 여기서 사탄의 회당이라고 말하는 헬라어는 "시나고게"입니다. 이는 유대인의 회당을 말하는 것입니다. 영어 성경들도 NLT를 제외하고는 모두 회당으로 번역하고 있습니다. 그러니까 지금 유대인들의 회당이 누구의 손에서 놀아나고 있다는 것입니까? 그것은 바로 사탄에게 쓰임 받아 믿는 자들을 핍박하고 온갖 거짓 교리로 성도들을 괴롭혔다는 것을 말하고 있습니다.

이런 가운데 주님은 놀라운 위로의 말씀을 주십니다. 그것은 사탄의 모임에 속해 있으면서 이렇게 거짓말하는 자 중에서 몇을 성도들의 발 앞에 무릎을 꿇게 하여 하나님께서 성도들을 얼마나 사랑하시는지 알게 하시겠다고 하십니다. 여기서 발 앞에 절하게 한다는 표현은 헬라어로 "프로스퀴네오"라는 단어입니다. 원래 이 단어는 무엇 "앞에"라는 "프로스"와 "개"를 뜻하는 "퀴온"의 합성어로 "주인의 손을 핥은 개처럼"에서 유래한 단어로서 그 뜻은 "아첨하다, 경의의 표시로 부복하다, 공경하다"라는 뜻이 있습니다. 주님은 회당에서 쫓겨나고 사회경제적으로 매장되어 있는 성도들에게 위로를 주시기를 시간이 흐른 뒤에 상황이 역전되어 성도들을 핍박했던 그들이 성도들의 발 앞에 무릎을 꿇게 되는 수치를 겪게 하시겠다고 하십니다. 그것의 시기와 방법을 정확하게 말씀하지 않지만, 분명한 것은 성도들의 명예와 영광이 회복될 것에 대한 약속임은 분명합니다. 다윗은 시편 23편 5절에서 말하기를 "주께서 내 원수의 목전에서 내게 상을 베푸시고"라는 말로 성도에게 주실 하나님의 은혜를 표현하고 있습니다. 여기서 상은 밥상을 의미합니다. 양들의 원수인 늑대나 사자들이 보는 앞에서 목자들은 양들이 뜯을 풀밭을 정리하고 양들에게 그 풀을 뜯게 합니다. 이것이 바로 원수의 목전에서 상을 베푸신다는 말의 의미입니다. 지금 빌라델비아 교회의 교인들에게 주님은 다윗이 고백했던 은혜를 베푸실 것을 약속하고 있습니다. 자신들을 핍박하고 거짓말로 신앙을 흔들었던 그들이 이제 자신들의 발 앞에 무릎을 꿇게 될 것을 약속하고 있습니다.

그 일을 통해 주님께서 성도들에게 주시고자 하는 은혜가 있습니다. 그것은 통쾌한 기분을 허락하려고 하는 것도 아니고, 쌓였던 분노가 하루아침에 봄눈 녹듯 해결되게 하려는 것도 아닙니다. 그것은 본문에 기록된 대로 "하나님께서 성도를 사랑하는 것을 핍박했던 그들과 환난 중에 있었던 성도들이 알게 하려는 것"입니다. 여기서 사랑이라는 단어는 "아가파오"입니다. 이것은 우리가 잘 아는 하나님의 사랑, 즉 조건 없는 사랑을 의미하는 것으로 성도들의 상태나 조건과 관계없이 사랑하시는 하나님의 은혜를 알게 하겠다는 것입니다. 하나님은 우리를 조건 없이 무조건 사랑하시는 아가페의 사랑을 하십니

184

다. 비록 지금 환난 가운데 있다 하더라도, 비록 고난이 계속되어 고통의 날이 하루하루 이어진다고 하더라도 하나님의 사랑은 변함없이 계속되고 있습니다. 언젠가는 반드시 우리와 우리 주변 사람들이 하나님께서 성도를 조건 없이 사랑하시는 것을 모든 사람이 알게 될 날이 임하게 됩니다. 그 사랑을 알게 하는 방법이 어떤 방법으로, 어떻게 실현될지 모르지만 분명한 것은 하나님께서 당신의 백성을 사랑하는 것을 하나님의 때가 되면 알 수 있습니다.

지금 힘드십니까? 주변 사람들이 이유 없이 핍박하여 견디기 힘드십니까? 원수의 목전에서 베푸시는 상은 고사하고 생계의 곤란을 겪을 정도로 힘들어 주변의 믿지 않는 자들이 비웃으며 하나님은 너를 사랑하지 않는다고 말하고 있지는 않습니까? 아니 현실적인 어려움이 너무나 커 본인도 생각하기를 하나님께서 자신을 사랑하지 않는다고 하며 괴로워하고 있지는 않습니까? 절망하지 말고 기다리고 기대하며 기도하십시오. 주님께서 원수의 목전에서 상을 베풀어 주실 것을 말입니다. 그것도 초라한 밥상이 아니라 풍성한 잔칫상을 베풀어 주심으로 하나님께서 우리를 조건 없는 풍성한 사랑으로 사랑하고 있는 것을 모두가 알게 될 그 날을 말입니다.

두 번째로 주시는 상급은 환난 때에 시험을 면하게 해주겠다는 것입니다.

"(계 3:10) 네가 나의 인내의 말씀을 지켰은즉 내가 또한 너를 지켜 시험의 때를 면하게 하리니 이는 장차 온 세상에 임하여 땅에 거하는 자들을 시험할 때라"

이 본문을 현대인의 성경은 "네가 인내하라는 내 명령을 지켰으니 나도 너를 지켜 지상에 사는 사람들을 시험하기 위해 온 세상에 닥칠 고난을 당하지 않게 해주겠다."라고 번역하고 있습니다. 이 말씀은 지금 환난의 때를 보내고 있는 빌라델비아 교인들에게 그 고난을 이길 힘을 제공하고 있습니다. 본문을 보면 그들이 환난의 때에 주님의 인내 말씀을 지켰다고 합니다. 이는 빌라델비아를 칭찬하실 때 이미 하신 적이 있습니다. 바로 작은 능력으로 내 말을 지켰다는 칭찬입니다.

여기서 시험이란 단어가 두 번 기록됩니다. 시험이라는 똑같은 말로 번역했으나 원어의 다양한 의미를 생각하면 우리말로 번역할 때 한계가 있습니다. 원어는 "페이라조"입니다. 이 뜻은 "test, temptation, training" 등의 의미가 있습니다. 이 중에 "test"가 본문의 의미입니다. 그러니까 빌라델비아 교회의 성도들은 이미 하나님의 말씀을 지키며 인내의 시간을 보냄으로 믿음이 강화되었고 이미 그들의 믿음이 하나님 앞에 증명되었기 때문에 사탄의 유혹뿐만 아니라 하나님의 말씀으로 그들을 테스트하여 심판할 때 그들을 통과시키겠다고 하십니다. 베드로후서 2장 9절에서도 말씀하시기를 "경건한 자는 시험에서 건지시고, 즉 유혹에서 건지시고 불의한 자는 형벌 아래 두어 심판 날까지 지키시며"라고 합니다. 이 말씀도 열린 문과 관계가 있습니다. 고난 중에서도 믿음을 지킨 그들에게 심판의 때에 열린 문으로 들어가는 데 아무 지장이 없다는 약속입니다.

지금 여러 가지 시험과 어려움으로 고난 속에 계십니까? 빌라델비아 교인들이 그랬던 것처럼 이때가 말씀을 인내로 지켜 믿음이 강화되고 깊어지는 시간임을 믿으시기 바랍니다. 또한, 하나님의 심판 때에 그 믿음 때문에 열린 문을 통과할 수 있는 자격이 생긴다는 것을 믿으시고 소망 가운데 승리하는 성도가 되기를 바랍니다.

이렇게 상급을 약속하신 주님은 11절에서 달리는 말에 채찍을 가하듯 한 가지 명령을 추가하십니다. 그것은 "네가 가진 것을 굳게 잡아 아무나 네 면류관을 빼앗지 못하게 하라."는 명령입니다. 여기서 "네가 가진 것"은 8절에서 본 것입니다. 그것은 말씀을 지키고 주님의 이름을 배반하지 않는 신앙을 말합니다. 그러니까 빌라델비아 교회가 앞으로 해야 할 일은, 이미 자신들 속에 있는 것, 바로 말씀에 입각한 신앙과 어떤 환난과 고난 속에서도 주님을 배반하지 않는 신앙을 포기하지 말고 더욱 굳게 잡는 것이 앞으로 계속해서 해야 할 일입니다.

지금 무엇을 가지고 계십니까? 우리 속에 신앙의 장점으로 주신 것들을 앞으로도 굳게 잡으시기 바랍니다. 말씀에 은사가 있는 분은 말씀을 더욱 굳게 잡으십시오. 기도에 은사가 있는 분들은 기도에 더욱 열심을 내어 하나님의 나라를 기도로 이루십시오, 또한, 봉사와 섬김의 은사가 있다면 그것을 더욱 굳게 붙들고, 전도에 은사가 있다면 그것을 더욱 굳게 붙드십시오. 이 모든 것이 각각 다른 것이 아닙니다. 이 모든 것은 주님의 말씀을 붙들고 주님을 배반하지 않고 영원히 주님만을 섬기는 자의 삶의 모습입니다.

이렇게 명령하신 주님은 "속히 임하겠다"라고 말씀하십니다. 다른 말로 빌라델비아 교인들에게 빨리 오겠다는 말입니다. 이러한 주님의 "임하심"은 에베소, 버가모, 및 사데의 그 모든 교회에 위협이 되었던 말씀입니다. 에베소에서는 그들이 회개하지 않으면 금촛대가 제거될 것이며, 버가모에서는 그리스도가 그 입의 검으로 그들과 싸우실 것이고, 사데에서는 그가 밤의 도적처럼 오실 것이라고 했기 때문입니다. 그러나 빌라델비아에 "임하심"은 그들이 시험의 때를 마치며, 그들이 하나님 나라의 영원한 시민이 된다는 위로의 임하심입니다.

주님께서 우리의 회복 때를 늦추지 않으실 줄 믿으시기 바랍니다. 그것이 이 땅에서의 회복이든 영원한 나라에서의 회복이든 분명한 것은 우리가 느끼는 시간보다 훨씬 더 빨리 임한다는 것이며, 주님께서도 그 일에 긴박성을 가지고 속히 임하시겠다고 말씀하고 계십니다. 그때까지, 주님께서 영광 가운데서 회복으로 임하실 때까지 인내하여 최후의 승리를 얻는 자가 되기를 바랍니다.

이제 주님은 이기는 자에게 주실 최종적인 약속을 주십니다. 그것은 12절 말씀입니다.

"(계 3:12) 이기는 자는 내 하나님 성전에 기둥이 되게 하리니 그가 결코 다시 나가지 아니하리라 내가 하나님의 이름과 하나님의 성 곧 하늘에서 내 하나님께로부터 내려오는 새 예루살렘의 이름과 나의 새 이름을 그이 위에 기록하리라."

이긴 자들을 성전의 기둥이 되게 하며 그곳에 하나님의 이름과 새 예루살렘의 이름과 예수 그리스도의 이름을 기록하겠다고 하십니다. 무슨 말일까요? 당시 빌라델비아는 잦은 지진으로 건물들이 폐허가 되었으나 파괴된 건물 가운데 유일하게 남아 있는 것은 신전의 돌기둥뿐이었습니다. 지진과 폐허 가운데 유일하게 남아 있는 신전 기둥을 본 빌라델비아 교인들에게 하나님이 거주하시는 성전의 기둥이 되게 하신다는 약속은 승리자들이 하나님 나라에서 중요하고 요동치 않는 위치를 차지하게 될 것을 의미하였습니다. 성전의 기둥이 된다는 것은 "안정과 영원"을 의미했습니다. 이 중에 영원의 개념은 "그가 결코 다시 나가지 아니하리라"라는 문장에서 더욱 강조되고 있습니다. 새 예루살렘에서 영원히 거하게 된다는 약속은 시골로 피하여 임시 거처를 세우게 한 무서운 지진들을 경험한 그 도시 사람들에게 특별한 의미로 다가왔습니다. 이 땅의 집과 성은 환난과 풍파에 무너지고 때로는 삶의 자리에서 쫓겨나기도 하지만, 천국에서 안전하게 그리고 영원히 거할 것을 기억함으로 최후승리를 얻는 자들이 됩니다.

또한, 그 기둥에 새 이름을 부여하겠다는 약속이 있는데, 이렇게 새 이름을 부여받는 것은 당시 빌라델비아 교인들에게 있어서 친숙한 것이었습니다. 빌라델비아는 지진으로 인해 폐허가 되었을 때 티베리우스의 도움으로 재건된 후 "네오가이사랴"라는 이름을 부여받았고 후에 베스파시아누스 황제의 성을 따라 "플라비아"로 개명되었습니다. 이러한 경험을 한 빌라델비아 교인들에게 그리스도께서 새 이름을 부여하신다고 한 약속은 중요한 의미가 있었습니다.

그 새롭게 새겨질 이름들을 하나씩 봅시다.

첫 번째로, 하나님의 이름입니다. 이것은 이스라엘 백성이 하나님께 속하였음을 의미합니다. 이와 마찬가지로 승리한 빌라델비아 교인들에게 하나님의 이름이 주어짐은 그들이 하나님께 속하였음을 의미합니다. 마찬가지로 우리도 이미 하나님께 속한 하나님의 백성입니다.

두 번째로, 하나님의 성 곧 하늘에서 하나님께로부터 내려오는 새 예루살렘의 이름입니다. 하나님의 성인 새 예루살렘의 이름이 주어진다는 것은 승리한 자들이 하나님의 새 예루살렘의 시민권을 소유함을 의미합니다. 이것은 그리스도인들이 소유한 것으로(빌 3:20) 그때 하나님과 영원히 함께 거주할 것임을 말합니다. 우리는 이미 천국에 거하는 영원한 시민권을 소유한 존재로 이미 천국을 살아가고, 후에 육신의 장막을 벗을 때 완전한 천국에서 영원히 살 천국의 시민권자임을 기억하며 이 땅의 썩어질 것에 연연하지 않는 삶을 사는 자들이 됩시다.

세 번째로, 나의 새 이름입니다. 이것은 그리스도의 새 이름, 곧 다른 모든 권세를 지배하고 다스리는 절대적인 권력과 인격 그리고 성품을 나타내는 주님의 이름이 이긴 자들에게 주어짐을 의미합니다. 마태복음 28장 18절부터 20절은 말합니다. "예수께서 나아와 일러 가라사대 하늘과 땅의 모든 권세를 내게 주셨으니 그러므로 너희는 가서 모든 족속으로 제자를 삼아 아버지와 아들과 성령의 이름으로 세례를 주고 내가 너희에게 분부한 모든 것을 가르쳐 지키게 하라 볼지어다 내가 세상 끝날까지 너희와 항상 함께 있으리라 하시니라." 이미 복음을 위해 애쓰고 수고한 자들에게 하늘과 땅의 권세를 가지신 주님께서 함께 계심으로 그들 속에 주의 능력의 이름이 이미 새겨져 있습니다. 이 세 가지 은혜는 지금 우리에게도 주어졌을 뿐 아니라, 종말의 때에 성도들에게 완전하게 주어져 영원토록 지워지지 않고 하나님의 성전에 영원히 거할 존재가 되는 것입니다.

제목이 "원수 앞에서 상을 받는 교회"였습니다. 빌라델비아 교회 성도들이 환난과 고난 속에서도 말씀을 지키고 주님의 이름을 배반치 않았기에 주님은 그들에게 원수 앞에서 상을 베푸시고 시험의 때를 면할 뿐 아니라 영원한 하나님의 나라에서 기둥이 될 것을 말씀하셨습니다. 이 약속과 은혜는 단지 빌라델비아 교회에만 주어진 것이 아닙니다. 오늘을 사는 우리도 작은 능력밖에 없지만, 말씀을 지키고 주님을 배반치 않음으로 그들과 똑같은 은혜, 아니 더 큰 은혜가 있을 줄 믿으시기 바랍니다. 이러한 은혜가 모든 성도와 교회 위에 가득하기를 바랍니다.

17. 주의 일에 열정적인 교회가 되자
요한계시록 3장 14-22절

요한계시록 일곱 교회의 마지막 교회를 보겠습니다. 그동안 에베소 교회를 보면서 첫사랑의 회복을 보았고, 서머나 교회를 보면서 부활의 소망을 가진 교회를 보았습니다. 또한, 버가모 교회를 보면서 말씀이 살아 있는 교회가 되기를 소원했었습니다. 그리고 두아디라 교회를 보면서 죄와 타협하지 않는 교회가 되어야 할 것도 알았습니다. 이어지는 사데 교회를 보면서 성령이 살아 역사하는 교회가 되어야 할 필요성을 보았습니다. 그리고 빌라델비아 교회를 보면서 작은 능력으로도 말씀을 지키고 주의 이름을 배반치 않음으로 원수 앞에서 상을 받는 교회가 되기를 소원했습니다. 마지막으로 라오디게아 교회를 통해 "주의 일에 열정적인 교회가 되자"라는 주제로 보도록 하겠습니다.

라오디게아는 일곱 교회 중에 가장 아래쪽에 있는 도시입니다. 이 라오디게아는 수백 미터나 되는 높은 곳에 거의 정방형의 고원에 있었습니다. 이 도시는 BC 3세기 중엽에 안티오쿠스 2세에 의하여 브루기아의 관문으로 설립되었으며 시리아인들과 바빌로니아에서 데려온 유대인들 7,500명을 정착시켰습니다. 그리고 안티오쿠스는 이 도시를 그의 아내 이름인 라오디게를 따라서 명명함으로 라오디게아가 되었습니다. 로마 시대에 라오디게아는 브루기아에서 가장 부유한 도시가 되었습니다. 리쿠스 계곡의 비옥한 땅은 양을 치기에 좋은 목초지였습니다. 잘 보살펴 기르면 부드럽고 윤기 나는 검은 양털이 생산되었는데 수요가 많아서 그 지역을 유명하게 만들었습니다. 특히 라오디게아에서 짠 여러 가지 의류 중 트리미타(trimita)라는 옷이 있었는데 이 옷은 너무나 많이 알려져서 AD 451년에 있었던 칼케돈 회의에서 라오디게아는 트리미타리아(Trimitaria)로 불렸을 정도입니다. 그리고 이러한 농업과 상업의 번영은 라오디게아에 은행업을 가져왔습니다. 그 도시의 부를 가장 잘 나타내는 사실은 AD 60년의 무서운 지진이 있고 난 뒤에도 그 도시는 로마로부터 경제적 도움을 받지 않고 재건되었다는 사실입니다. 그래서 타키투스는 기록하기를 "라오디게아는 폐허에서 우리의 도움을 전혀 받지 않고 자력으로 일어났다"라고 했습니다. 그리고 라오디게아는 의학전문학교로 아주 유명하였습니다. 가장 유명한 것 중 두 가지는 귀의 치료를 위한 나드 향에서 뽑은 연고와 "브루기아 가루"에 기름을 섞어서 만든 안약이었습니다. 이렇게 부족할 것이 없던 라오디게아의 큰 취약점은 적당하고 편리한 수원이 없다는 것입니다. 남쪽으로 약 10km 근처에 있는 샘에서 지름이 약 1m 되는 바위 파이프를 통하여 물을 공급했습니다. 그와 같은 수로는 쉽게 끊길 수 있었으며 특히 리쿠스 강이 가무는 건기에는 종종 그 도시를 무기력하게 하였습니다. 이곳은 아주 많은 유대인이 그 지역으로 이주하여 유대인들이 많았을 뿐 아니라 여러 민족이 함께하던 매우 혼합적인 지역이었습니다. 그 지역은 상업과 은행업이 발전해 있었으므로 금이 풍부하였을 뿐 아니라 금 밀매도 성행하던 곳이기도 했습니다.

이러한 곳에 교회가 세워졌습니다. 바울이 제3차 전도 여행 중 에베소에 3년 동안 체류했는데 아마도 그 언제쯤 에바브라에 의해 골로새 교회와 함께 시작되었을 것으로 추측됩니다(골 1:7 우리와 함께 종 된 사랑하는 에바브라에게 너희가 배웠나니 그는 너희를 위한 그리스도의 신실한 일꾼이요). 골로새서 4장 후반을 보면 바울은 라오디게아 교회에 편지를 보내어 이를 골로새 교회에서도 읽게 하고, 또 골로새 교회로 보낸 편지도 받아 보라고 권고하고 있습니다. 그렇게 할 수 있는 이유는 두 지역이 아주 가까이 접하고 있었기 때문입니다.

먼저 교회에 말씀하시는 분에 대해 보도록 합시다.

"(계 3:14) 라오디게아 교회의 사자에게 편지하라 아멘이시요 충성되고 참된 증인이시요 하나님의 창조의 근본이신 이가 이르시되"

주님은 자신을 가리켜 "아멘이시요 충성되고 참된 증인이시요 하나님의 창조의 근본이신 이"라고 말씀합니다. 주님은 먼저 자신을 "아멘"이라고 밝히고 있습니다. 이는 우리가 매일 하는 말입니다. 이는 그 뜻이 크게 두 가지입니다. 어떤 이야기의 서두에 쓰일 때는 "정말로, 진실로"라고 쓰이고, 어떤 이야기의 말미에 쓰일 때는 "그렇게 되기를, 이루어지기를"이라는 뜻입니다. 그러니까 우리가 기도할 때 끝에 "아멘"이라고 하는 것은 "그렇게 되기를 원합니다. 이루어지기를 원합니다"라는 고백이 됩니다. 주님은 이 말을 복음서에서도 많이 사용하셨습니다. 어떤 중요한 말씀을 하실 때 말의 서두에서 "아멘 아멘 레고"라고 많이 하셨습니다. 예를 들면 요한복음 3장 3절의 "진실로 진실로 네게 이르노니 사람이 거듭나지 아니하면 하나님 나라를 볼 수 없느니라"라고 했던 구절입니다. 이렇게 쓰였던 용어인 "아멘"이란 단어를 주님은 자신을 가리키는 말로 사용하고 있습니다. 이렇게 주님을 향하여 "아멘"이란 칭호를 붙인 것은 처음이 아닙니다. 이

사야 65장 16절에서도 이미 하나님을 "아멘의 하나님" 즉 "진리의 하나님"이라고 했던 적이 있습니다. 구약과 유대교에서 "아멘"은 원칙적으로 확실하고 구속력이 있는 것에 대한 시인이었습니다. 이것을 개인의 칭호로 사용한 것은 당신이 실재와 완전하게 일치하고 있다는 것을 의미합니다. 이 말은 뒤따르는 "충성되고 참된 증인이시오"라는 동격의 구절에서 그 의미가 더 잘 설명되고 있습니다. 포드는 이것이 "아멘"의 의미를 히브리어를 모르는 청중에게 분명하게 하려고 추가되었다고 말했습니다. 그러니까 주님께서 자신을 가리켜 "아멘이시오 충성되고 참된 증인이시오"라고 한 것은 라오디게아 교회의 불성실과 불분명한 신앙의 태도와는 정반대로 실재와 완전하게 일치하고 있다는 것을 실증하는 분을 가리키는 것입니다.

이어서 나오는 칭호가 있습니다. 그것은 "하나님의 창조의 근본이신 이"라는 표현입니다. 이렇게 천지를 창조하신 원인이 되신 주님은 우주 만물을 보존하시는 일에도 근본 원인이 되십니다. 이 말을 앞의 두 칭호와 연결한다면 주님은 창조와 보존, 그리고 심판 때까지 진실하신 분이라는 사실입니다. 이러한 표현은 라오디게아를 책망하실 것을 미리 전제하고 있습니다. 주님께는 "아멘이시오 충성되고 참된 증이시오. 창조의 근본이신 분"으로서 우리의 거짓됨과 위선, 그리고 불성실에 대해 책망하실 뿐 아니라 심판하시는 분이십니다.

계속해서 주님은 다른 교회들과 마찬가지로 라오디게아 교회의 행위를 아신다고 하면서 라오디게아 교회를 책망하고 있습니다.

"(계 15-16) 내가 네 행위를 아노니 네가 차지도 아니하고 더웁지

도 아니하도다 네가 차든지 더웁든지 하기를 원하노라 네가 이같이 미지근하여 더웁지도 아니하고 차지도 아니하니 내 입에서 너를 토하여 내치리라 ."

그들의 행위는 덥지도 않고 차지도 않으며 오히려 미지근하였습니다. 그러므로 주님은 그들을 그의 입에서 토하여 내시겠다는 말로 책망을 하고 있습니다. 이처럼 생생한 묘사는 지역적인 배경에 의하여 오랫동안 해석되었습니다. 리쿠스 건너편으로 10km 떨어진 곳에 온천으로 유명한 히에라볼리 시가 있는데 그 온천은 그 시에서 시작되어 넓은 초원을 지나 라오디게아의 정반대 편에 있는 넓은 경사지에 퍼졌습니다. 그 절벽은 높이가 약 90m나 되고 폭은 1.5km나 되었습니다. 표면이 탄산칼슘으로 희게 뒤덮인 그곳은 "목화의 성"이라는 뜻의 파묵칼레가 장관을 이루고 있는 곳입니다. 이 광물질이 섞인 뜨거운 물이 초원을 지나면서 그 끝의 폭포에 이를 때에는 점차 미지근해졌습니다. 이 폭포는 라오디게아 맞은편 절벽으로 흘러내렸습니다. 그러니까 라오디게아까지 온 온천수는 미지근해져서 그것을 마신 자마다 토해 내버릴 수밖에 없는 물이 되었습니다. 또한, 라오디게아는 리쿠스 강으로부터 시원한 물을 바위 터널을 통해 공급받았습니다. 그러나 그 또한, 라오디게아까지 10여 km의 거리를 오는 동안 뜨거운 햇볕에 더워져 그것을 마시는 자를 시원케 할 수 없었습니다. 이렇게 물 사정이 열악했던 라오디게아 교회에게 "네가 차지도 아니하고 더웁지도 아니하도다 네가 차든지 더웁든지 하기를 원하노라 네가 이같이 미지근하여 더웁지도 아니하고 차지도 아니하니 내 입에서 너를 토하여 내치리라"라고 한 표현은 라오디게아 교회 교인들에게 자신

196

들의 미지근한 신앙을 돌아보게 하기에 충분하였습니다.

"모펫"은 말하기를 이러한 생명력 없고 세상에 거룩한 영향을 미치지 못하는 미온적인 교회를 향하여 말하기를 "미온적인 종교 때문에 일어나는 도덕적인 욕지기"라고 했고, "백워드"는 이러한 라오디게아 교회를 향하여 말하기를 "활발한 영적 활동을 위한 부름에 미온적이었다"라고 하였습니다. 여기서 "미지근하다"라고 쓰인 헬라어 "클리아로스"인데 "사랑에 대한 무감각함과 열정 사이에서 비참하게 동요하는 영혼의 상태"를 뜻하는 말입니다. 그러니까 라오디게아 교회는 하나님과 영혼에 대한 사랑이 아예 없던 것도 아니고 하나님에 대한 열정이 풍만하지도 않은, 이렇지도 저렇지도 않은 영혼의 동요 상태에 있었습니다. 다시 말하면 세상의 불신자 같지도 않고 그렇다고 신앙인 같지도 않은 어정쩡한 생명력 없는 상태였습니다.

그들이 이렇게 미온적인 신앙인들이 될 수밖에 없는 이유가 있었습니다. 그들에게는 이단적인 사상이나 가르침도 침투하지 않았습니다. 분열의 영도 없었고 내부나 외부로부터 핍박도 없었습니다. 또한, 그들은 그 지역의 풍부함으로 인해 경제적인 어려움도 없었습니다. 이러한 풍요로움과 안정은 그들이 열정적인 신앙을 모두 잃어버리고 미지근한 신앙인이 되게 하였습니다. 성도의 삶에 환난과 어려움이 있는 것은 영적으로 복이 있다는 것을 깨닫고 오히려 감사한 성도들이 되기를 바랍니다. 인간들은 세상적이고 육신적이라 세상적이고 육신적인 것이 채워지면 더 이상의 어떤 것도 원하지 않습니다. 영적인 갈급함을 느끼지 못합니다.

또한, 인간은 육적인 부유함과 영적인 부유함을 혼동하는 경향이 있습니다. 주님은 이러한 인간성을 누가복음 12장에서 비유를 들어 말씀하신 적이 있습니다. 한 부자에게 창고에 모두 쌓을 수 없을 정도로 풍성한 결실이 있었습니다. 그는 그 곡식들을 쌓을 곳이 부족하여 창고를 만들어 가득하게 채워 놓은 후에 말하기를 "내 영혼아 여러 해 쓸 물건을 많이 쌓아 두었으니 평안히 쉬고 먹고 마시고 즐거워하자 하리라."라고 하였습니다. 혹시 여러분도 이렇게 착각하고 있지는 않습니까? 창고에 쌓을 것이 많고, 그리고 여러 해 쓸 물질이 내게 가득하여 영적인 것에 열심을 내지 않고 더 많은 물질을 모으는 데만 열심을 내고 있지는 않습니까? 하나님께서 내 삶에 물질의 복을 더해 주신다면, 지금 하는 일이 성공적으로 이루어진다면 헌신하겠다고 말하고 있지는 않습니까? 절대 그렇지 않습니다. 도리어 세상적인 부유함이 우리에게 있을 때 영적이 삶은 궁핍해지고, 뱃살이 두꺼워지는 것과 반비례하여 영적인 허기는 더해 간다는 진리를 아셔야 합니다. 저는 성도들이 부유해지기를 기도하고 있습니다. 사업도 잘되고 건강하고 자녀들도 훌륭해지기를 날마다 기도하고 있습니다. 그러면서 반드시 기도하는 것이 있습니다. 이러한 것들이 성도들에 주어졌을 때 감당할 수 있는 복이 있게 해 달라고 말입니다. 저 자신을 위해 기도할 때는 그러한 부유함이 주어지기를 기도하면서 한 가지 기도를 더 덧붙이기를 그 부유함과 건강, 성공이 영적으로 나태하게 하고 하나님을 멀리하게 하며 미지근한 신앙이 되게 한다면 깨닫게 해주시고 그래도 깨닫지 못한다면 그것을 거두어 가서라도 영적인 사람이 되게 해 달라고 말입니다.

어떤 사람들이 말하기를 "초신자 때는 다 뜨거워 아직 뭘 좀 몰라서 그래 조금 지나면 이성을 되찾고 신사적인 그리스도인이 되지"라고 하는 소리를 들었습니다. 그렇습니까? 초신자는 뜨겁고 오래

된 신앙인은 신사다워집니까? 그 신사다워진다는 것이 미지근해진다는 말의 다른 표현 아닙니까? 그것이 옳은 말입니까? 신앙의 기간이 길어지면 길어질수록 마치 영적인 세계를 모두 통달한 양 미지근해 진 신앙인으로 살아가지는 않습니까? 하나님의 말씀을 읽고 들으며 그 속에서 새롭게 말씀하시는 하나님의 음성에 귀 기울이기보다는 이전에 들었던 것으로, 이미 자기가 가지고 있는 굳어진 신앙으로 판단하고 있지는 않습니까? 라오디게아 교회의 모습은 단지 그들만의 것이 아닙니다. 그것은 오늘을 사는 우리들의 모습입니다. 특별히 신앙인이라는 이름을 소유하고 있지만, 전혀 세상에 영향을 끼치지 못하고 주님과 세상의 기대에 전혀 미치지 못하는"도덕적 욕지기"가 되어있진 않은 지 자기 자신을 돌아보아야 할 것입니다. 세상은 열정이 사라진 교회를 향하여 손가락질하고 욕하고 있습니다. 이렇게 된 것은 누구의 탓도 아니라 미지근한 신앙 상태에 있으면서 충분한 양 착각하고 살아가는 우리 때문입니다. 라오디게아 지역으로 흘러들어왔던 두 종류의 물이 그 지역 사람들을 온전히 만족시켜 주지 못했던 것처럼 "라오디게아 교회는 미지근해진 냉수처럼 영적으로 피로한 사람들에게 원기를 회복시켜 주지도 못하고, 뜨거운 열기와 약 성분을 모두 잃어버린 온천수처럼 영적으로 병든 사람들을 치료해 주지도 못하였습니다. 그것은 아무짝에도 쓸모 없고 주님께는 맛없는 것이었습니다."

오늘날 우리 가운데 너무나 만연된 명목상의 점잖은 신앙, 다분히 감상적이고 피상적인 신앙이 기독교를 무기력하게 하였습니다. 신앙의 열정을, 주님의 일에 대한 열정을 소유한 자들이 됩시다. 바울은 로마서를 통해 로마 교인들에게 말하기를 "(롬 12:11) 부지런하여 게으르지 말고 열심을 품고 주를 섬기라."라고 하였습니다. 이 구절을 표준새번역은 "열심을 내서 부지런히 일하며, 성령으로 뜨거워진 마음을 가지고 주님을 섬기십시오."라고 하였습니다. 들으셨습니까? 주를 섬기되 "성령으로 뜨거워진 마음으로" 하라는 주님의 말씀을 말입니다. 어정쩡하게 신앙인의 흉내만을 내는 성도가 아니라 성령의 뜨거움으로 영적인 불기둥을 소유한 자가 되어, 가는 곳마다 하나님의 빛을 드러내고 영적인 유익을 끼치는 자가 되어야 합니다.

주일이 되면 교회에 성경책 끼고 나오고, 맡은 봉사하는 것으로 만족하고 계신다면 라오디게아 교회에 하시는 책망을 패해 갈 수 없습니다. 신앙의 열정을 소유하셔야 합니다. 매 순간 주님을 첫째로 모시며, 주님의 영광을 위하여 매 순간을 살아가야 합니다. 세상의 더러운 죄와 육적인 즐거움과 타협함으로 주님을 모욕하고 하나님 보시기에, 그리고 세상이 보기에 역겹게 행하는 사람이 되어서는 안 되는 것입니다. 이런 자들은 하나님도 토해 내치고 세상에서도 토해 내치는 자가 될 것입니다. 지금 자신을 봅시다. 나는 하나님의 일에 열정적인 사람인가? 아니면 하나님께서 토해 내치고 싶은 미지근한 자는 아닌가? 주의 뜻을 이해하고 기도로 우리의 영혼에 불을 지펴 뜨겁게 주를 섬기는 자가 됩시다. 첫사랑의 열정으로 주님을 기쁘시게 하는 성도가 됩시다. 주님은 지금 전폭적으로 주님께 헌신할 열정 있고 용감한 성도들을 찾고 계십니다. 오른손을 높이 들어 주님의 부름에 응답하는 자가 됩시다.

18. 자신의 영적 상태를 아는 교회가 되자
요한계시록 3장 14-22절

라오디게아가 어떤 곳인지에 대해 앞에서 말씀드렸었습니다. 다시 한번 요약해서 짚고 넘어가야 할 것 같습니다. 로마 시대에 라오디게아는 브루기아에서 가장 부유한 도시가 되었습니다. 리쿠스 계곡의 비옥한 땅은 양을 치기에 좋은 목초지였습니다. 잘 보살펴 기르면 부드럽고 윤기 나는 검은 양털이 생산되었는데 그중에 유명한 옷이 "트리미타"였습니다. 그리고 이러한 농업과 상업의 번영은 라오디게아에 은행업을 가져왔습니다. 그 도시의 부를 가장 잘 나타내는 사실은 AD 60년의 무서운 지진이 있고 난 뒤에도 그 도시는 로마로부터 경제적 도움을 받지 않고 재건되었다는 것입니다. 그리고 라오디게아는 의학전문학교로 아주 유명하였습니다. 가장 유명한 것 중 두 가지는 귀의 치료를 위한 나드 향에서 뽑은 연고와 "브루기아 가루"에 기름을 섞어서 만든 안약이었습니다. 이렇게 부족할 것이 없던 라오디게아의 큰 취약점은 적당하고 편리한 수원이 없다는 것이었습니다. 이곳은 7천5백 명의 유대인들이 그 지역으로 이주하였기에 유대인들이 많았을 뿐 아니라 여러 민족이 함께하던 다민족 도시였습니다. 그 지역은 상업과 은행업이 발전해 있었으므로 금이 풍부하였을 뿐 아니라 금 밀매도 성행하던 곳이기도 했습니다.

주님은 라오디게아 교회를 향해 당신 자신을 소개하면서 "아멘이시오 충성되고 참된 증인이시오 하나님의 창조의 근본이신 이"라고 하셨습니다. 기억하십니까? 주님께서 자신을 이렇게 소개하신 이유를 말입니다. 그것은 바로 "실재와 완전하게 일치하고 있다는 것을 실증하는 분을 가리키는 것"이라는 것이었습니다. 이는 "라오디게아 교회의 불성실과 불분명한 신앙의 태도와는 정반대로 그리스도의 신실함을 나타내는 말인 것"입니다.

　이어서 주님은 예외 없이 라오디게아 교회의 행위도 아신다고 하셨습니다. 그것은 "그들이 차지도 더웁지도 않고 미지근하여 그 입에서 토하여 내치고 싶은 자들이었다."라는 것입니다. 기억하시죠? 이 말을 그들이 얼마나 실감 나게 느끼고 있는 말인지 말입니다. 그 도시가 사용하고 있던 두 가지 물의 상태와 그들의 신앙이 똑같았기에 그들은 더 이상의 말이 필요치 않았습니다. 한쪽은 온천수였지만 도시로 흘러들어오면서 미지근하여졌고 또 한쪽의 물은 리쿠스 강으로부터 차가운 물이 오가다 수로를 지나면서 미지근해졌기에 그 지역 사람들을 만족시켜 주지 못했습니다. 이처럼 "라오디게아 교회는 미지근해진 냉수처럼 영적으로 피로한 사람들에게 원기를 회복시켜 주지도 못하고, 뜨거운 열기와 약 성분을 모두 잃어버린 온천수처럼 영적으로 병든 사람들을 치료하여 주지도 못하였습니다. 그것은 전적으로 쓸모없고 주님께는 맛없는 것이었습니다." 그 도시에 살던 라오디게아 교회의 사람들은 이 책망이 얼마나 두려운 책망인지 알았습니다. 이러한 말씀을 보면서 우리는 우리의 신앙이 열정적이어야 하며 주님은 그런 사람을 찾고 계시다는 것을 알았습니다.

　주님은 라오디게아 교회가 왜 미지근한 신앙이 되었는지 그 원인에 대해 진단하고 다시 열정을 회복할 방법에 대해 말씀해 주십니다.

　"(계 3:17) 네가 말하기를 나는 부자라 부요하여 부족한 것이 없다

202

하나 네 곤고한 것과 가련한 것과 가난한 것과 눈 먼 것과 벌거벗은 것을 알지 못하도다."

그들은 영적으로는 매우 빈곤하고 곤고하였습니다. 이러한 모습은 서머나 교회와 대조를 이룹니다. 서머나 교회는 외적으로 가난하였으나 영적으로 부유하였던 반면에 라오디게아 교회는 외적으로는 부유했으나 영적으로는 가난했습니다. 이렇게 된 원인을 본문에서 무엇이라고 말합니까? 그것은 그들이 그들 자신에 대해 바르게 알지 못했기 때문이라고 말합니다. 그들은 자신들에 대한 바른 인식이 없었습니다. 그들은 자신에 대해 심각한 착각을 하고 있었습니다. 라오디게아 교회는 자신들이 부자이고, 그러기에 부족한 것이 하나도 없다고 생각했습니다. 이러한 그들에게 주님은 심각한 진단을 하고 있습니다. 마치 자신의 건강을 자신하던 사람에게 모든 장기가 병에 걸렸고 빨리 손을 쓰지 않으면 심각한 일이 벌어진다는 소리를 들은 것과 마찬가지입니다. 그들은 심각했습니다. 그 심각함이 더 심각해진 이유는 자신들의 상태를 제대로 인식하지 못하고 있었기 때문입니다. 그들은 물질적으로 풍요하고 안정된 상태에 있었으므로 그들은 자신이 비참하고 가련하고 눈멀고 벌거벗은 것을 몰랐습니다. 그리고 그들의 세속적인 부유함은 그들의 영적인 상태도 부유하다고 느끼게 했습니다. 물질의 부유가 주는 편안함은 영적인 감각을 무디게 만들었습니다. 그들은 영적인 갈급함이 없었습니다. 산상수훈의 팔 복에서 주님께서 말씀하셨던 "심령의 가난함"이 없었습니다. 마치 여러 해 쓸 만큼 넉넉하게 저축해 놓고서는 자신의 영혼에게 먹고 마시고 즐기자고 했던 어리석은 농부처럼 라오디게아 교인들은 그들이 이루어 놓은 육적 성취가 주는 안도감에 빠져있었습니다.

그들이 부자이고 부족한 것이 없다고 느끼는 것이 단지 물질에서 끝나지 않고 영적인 것에도 그러하다고 느끼는 것이 문제였습니다. 그러니까 본문에서 라오디게아 교회가 주장한 "재산"은 물질적인 것이 아니라 영적인 것이었습니다. 그들은 자신들의 커다란 교회가 자신들의 영적인 상태를 대변한다고 느꼈습니다. 그들은 자신들의 교회에 넉넉한 재정이 자신들의 영적인 부유함을 나타낸다고 착각했습니다. 그들은 자신들과 함께하고 있는 많은 수의 사람들이 자신들의 영적인 부유함의 열매라고 생각했습니다.

현대의 많은 그리스도인도 라오디게아 교회의 성도들처럼 되어 버렸습니다. 자기가 어느 교회에 속해 있다는 것만 가지고 자신들의 영적인 상태가 그 교회의 크기와 같다고 착각합니다. 자기가 소유하고 있는 육적인 재물의 양이 많으면 자신의 영적인 상태가 부유하다고 착각합니다. 우리는 어떻습니까? 자신에 대해 얼마나 알고 있습니까? 특별히 자신의 신앙의 상태가 어떠한지 바로 알아야 합니다. 주님은 이러한 사람들에게 말씀하시기를 "너희는 곤고하고 가련하고 가난하며 눈멀고 벌거벗었다"라고 하십니다. 이 말씀을 들으면서 라오디게아 교회만 생각하지 마십시오. 이웃교회의 어느 성도를 생각하지 마십시오. 우리 자신을 철저하게 들여다보아야 합니다. 내가 바로 "곤고하고 가련하고 가난하며 눈멀고 벌거벗은 자"가 아닌가를 말입니다. 자신을 보는 눈이 있기를 바랍니다.

이렇게 미지근하게 된 원인을 말씀하신 주님은 다시 열정적인 신앙이 될 수 있는 방법을 그들에게 제시합니다. 그것은 17절에서 "네가 말하기를 나는 부자라 부요하여 부족한 것이 없다 하나 네 곤고한 것과 가련한 것과 가난한 것과 눈먼 것과 벌거벗은 것을 알지 못하도 다."라는 말씀처럼 진단한 것과 관련이 있습니다.

"(계 3:18) 내가 너를 권하노니 내게서 불로 연단한 금을 사서 부 요하게 하고 흰 옷을 사서 입어 벌거벗은 수치를 보이지 않게 하고 안 약을 사서 눈에 발라 보게 하라."

세 가지 처방을 내립니다. 첫째로, 주님으로부터 불로 연단한 금을 사서 부요하게 되고, 둘째로, 흰 옷을 사서 입어 벌거벗은 수치를 보 이지 않게 하며, 셋째로, 안약을 사서 눈에 발라 보게 하라고 합니다. 이것은 당시 라오디게아가 자랑했던 것들과 관계가 있는 처방이었기 에 쉽게 이해가 됩니다. 라오디게아가 자랑으로 삼은 것이 세 가지가 있었는데 그것은 바로 재정적인 풍요와 거대한 방직 공업, 그리고 세 계로 수출되는 유명한 안약 등입니다.

먼저 불로 연단한 금을 주님으로부터 구입하여 부요하게 하라고 하십니다. 그들이 사실상 가난하기 때문에 그들은 그리스도로부터 "불로 연단한 금"을 사야만 합니다. 그렇게 해야 비로소 진정으로 부 유해지기 때문입니다. 그리고 이 금은 용광로의 불길을 거쳤기에 모 든 불순물이 빠져 전적으로 가치 있는 것으로 판명된 영적 재산입니 다. 주님은 그들에게 그곳에서 성행했던 금 매매를 통해 세상의 금을 사려고 하지 말고 진정으로 중요한 금이 무엇인지 알고 그것을 주님 께 사라고 권면하고 있습니다. 다시 말하면 세상의 물질에만 연연하지 말고 주님께서 주시는 참된 재물에 관심을 두고 그것을 얻기 위해 시간을 투자하고, 열정을 투자하고, 세상의 금을 투자하라고 하십니다. 주님은 그들에게 세상에서 손쉬운 방법으로 삶을 살지 말고, 믿음을 사용하여 주님께 얻는 삶을 통해 진정으로 귀한 믿음이라는 금을 사라고 합니다. 누군가는 말하기를 "자만심을 버리고, 가난한 마음과 빈 마음을 가지고 그리스도께 오라. 주님의 숨겨진 보물로 채워지게 되리라"라고 하였습니다. 이러한 금이 우리에게 있기를 바랍니다. 은행에 가득히 금을 쌓아놓은 것에만 만족한 어리석은 자가 되지 말고 자신의 심령에 주님으로부터 얻은 영적인 금이 가득한 자가 되길 바랍니다.

두 번째로, 흰 옷을 사서 입어 벌거벗은 수치를 보이지 않게 하라고 하십니다. 주님은 그들이 그렇게도 귀하게 여기는 검은 양모로 만든 옷이었던 "트리미타"와 대조되는 말로 흰옷을 사서 입으라고 하십니다. 이렇게 말씀하심은 검은색과 흰색을 대조하려는 것이 아닙니다. 이는 세상적인 것으로 자신의 더러움을 가리려는 위선과 진정으로 깨끗해야 할 것이 무엇인가를 말씀하려는 의도가 있습니다. 현대인들도 그렇지 않습니까? 자신의 사회적인 명성이나 화려한 외모로 자신의 추함을 감추려는 자들이 얼마나 많습니까? 우리 중에는 없습니까? 자신 속에 온갖 더러운 죄악들을 점잖은 말과 화려한 옷으로 감추려고 하지는 않습니까? 진정으로 중요한 것이 외모가 아니라 내면의 영적인 정결함이라는 사실을 잊어버리고 있지는 않습니까? 이제 위선으로 가득한 세상의 옷을 벗기 바랍니다. 주님께서 주신 흰 옷을 입으려면 더러운 누더기를 벗어야만 합니다. 우리의 눈에 보기에 세상의 명예와 화려한 옷이 아름답게 보일 뿐 그것은 영적으로 누더기일 뿐입니다. 우리의 겉은 비싸고 화려한 옷으로 감출 수 있겠지만 우리의 내면을 보시는 주님 앞에 우리의 벌거벗음은 감출 수 없습니다. 우리의 세상적인 명예나 위치가 목을 곧게 할 수 있을지 모르지만, 주님 앞에서는 감히 머리를 들 수 없는 부끄러운 존재입니다. 그러므로 예수 그리스도의 보혈로 깨끗함을 얻어 주님께서 입도록 하락하신 의의 세마포로 단장하여 우리의 수치를 가리는 자들이 되기를 바랍니다.

세 번째로, 안약을 사서 눈에 발라 보게 하라고 하십니다. 당시 그들의 자랑이었던 의학 학교와 그곳에서 만들어져 사람들에게 널리 팔리게 된 안약과 대조하여 말씀하고 계십니다. 그들은 그들의 눈병을 치료하기 위해 비싼 돈을 치르고 안약을 사서 발랐습니다. 이러한 그들에게 영적으로 병들어 영적인 것들을 볼 수 없게 된 영적인 눈의 치료를 위해 영적인 안약을 사서 바르라고 하십니다. 그들은 자신들의 영적인 실태를 보지 못했습니다. 자신들의 배고픔과 벌거벗었음을 보지 못했습니다. 그들은 영적인 소경이었습니다. 누군가 말하기를 "자신의 세상적인 지혜와 이성을 포기하고 주님의 말씀과 성령에 몸을 맡기라. 그러면 눈이 열릴 것이다"라고 말입니다. 예수님 당시에 많은 서기관과 바리새인들은 말씀을 읽고 연구했지만, 진정으로 주님께서 원하시는 말씀의 의도를 보는 눈이 없어 율법주의가 되었습니다. 그뿐만 아니라 아주 심각한 것은 그들은 구약을 통달했지만, 그 구약이 말하고 있는 그리스도께서 오셨음에도 보지 못하고 그를 십자가에 못 박아 죽게 했던 영적 소경이었습니다. 그러기에 주님은 요한복음 9장 39절에서 말씀하시기를 "내가 심판하러 이 세상에 왔으니 보지 못하는 자들은 보게 하고 보는 자들은 소경되게 하려 함이라."라고 하셨습니다. 주님은 우리에게 말씀하십니다. 너희의 눈먼 것을 인정하라 그렇지 않으면 치료될 소망이 없다고 말입니다. 우리의 닫힌 눈을 열어달라고 기도하십시오. 우리의 영적인 눈이 열려 하나님을 볼 뿐만 아니라 우리의 처절한 상황도 볼 줄 알게 해달라고 기도하시기 바랍니다. 그렇게 될 때 하나님 앞에 겸손해지며, 오랫동안의 교회 생활로 굳어진 신앙도 새롭게 될 수 있습니다. 이 영적인 눈이 열리기 위해 말씀을 읽으십시오. 거기에 성령의 도움을 구하는 기도를 하십시오. 그렇게 될 때 책망받았던 라오디게아 교회와 같은 실수를 저지르지 않을 수 있습니다. 우리에게 주님께서 안약을 발라 주심으로 하나님의 거룩함과 우리의 더러움을 볼 줄 아는 복이 있기를 바랍니다.

라오디게아 교회를 책망하셨던 주님께서 그 교회를 진단하시고 교회가 회복될 수 있는 처방을 내리신 것을 보았습니다. 우리 자신의 영적 상태를 분명히 압시다. 우리의 영혼이 얼마나 가난하고 죄로 인해 벌거벗은 상태이며 눈멀어 있는지를 바로 볼 수 있기를 바랍니다. 또한, 그것을 바로 알기 위하여 불로 연단한 금을 사서 소유하고, 주의 보혈로 깨끗하게 된 옷을 사서 입어 벌거벗은 수치를 가리고, 주님으로부터 안약을 사서 발라 우리 자신의 영적인 상태를 봄으로 하나님께서 기뻐하시는 신앙인이 되고, 주의 일에 열정적인 그리스도인으로 거듭나는 자가 되기를 바랍니다.

19. 주와 함께 먹고 마시는 교회가 되자
요한계시록 3장 14-22절

하나님께서 라오디게아 교회에 하시는 말씀을 계속해서 보고 있습니다. 첫 번째는 "주의 일에 열정적인 교회가 되자"라는 제목으로, 두 번째는 "자신의 영적 상태를 아는 교회가 되자"라는 제목으로 보았습니다. 이제 그 마지막 말씀으로 "주님과 함께 먹고 마시는 교회가 되자"라는 제목으로 보겠습니다.

앞에서 했던 말씀을 요약하고 본문 말씀을 보도록 하겠습니다. 주님은 라오디게아 교회를 향해 당신 자신을 소개하면서 "아멘이시오 충성되고 참된 증인이시오 하나님의 창조의 근본이신 이"라고 하셨습니다. 기억하십니까? 주님께서 자신을 이렇게 소개하신 이유를 말입니다. 그것은 바로 "실재와 완전하게 일치하고 있다는 것을 실증하는 분을 가리키는 것"이라는 것이었습니다. 이는 "라오디게아 교회의 불성실과 불분명한 신앙의 태도와는 정반대로 그리스도의 신실을 나타내는 말인 것"입니다. 이어서 주님은 예외 없이 라오디게아 교회의 행위도 아신다고 하셨습니다. 그것은 "그들이 차지도 더웁지도 않고 미지근하여 그 입에서 토하여 내치고 싶은 자들이었다."라는 것입니다. "라오디게아 교회는 미지근해진 냉수처럼 영적으로 피로한 사람들에게 원기를 회복시켜 주지도 못하고, 뜨거운 열기와 약 성분을 모두 잃어버린 온천수처럼 영적으로 병든 사람들을 치료하여 주지도 못하였습니다. 그것은 전적으로 쓸모없고 주님께는 맛없는 것이었습니다." 그 도시에 살던 라오디게아 교회의 사람들은 이 책망이 얼마나 두려운 책망인지 알았습니다. 주님은 라오디게아 교회는 자신들의 영적인 상태를 바로 알지 못했기에 미지근한 신앙이 되었다고 하셨습니다. 그들은 스스로 말하기를 "나는 부자라 부요하여 부족한 것이 없다"라고 했지만, 그들은 실상 곤고하고 가련하고 가난했으며 눈멀고 벌거벗었던 존재였습니다. 그들은 자신의 영적 상태를 볼 줄 아는 눈이 없어서 미지근해진 것이었습니다. 이렇게 미지근하게 된 원인을 말씀하신 주님은 다시 열정적인 신앙이 될 방법을 18절 말씀을 통해 제시했습니다. 첫째로, 주님으로부터 불로 연단한 금을 사서 부유하게 되고, 둘째로, 흰옷을 사서 입어 벌거벗은 수치를 보이지 않게 하며, 셋째로, 안약을 사서 눈에 발라 보게 하라는 처방입니다.

이제 이 말씀들의 결론을 보겠습니다.

"(계 3:19) 무릇 내가 사랑하는 자를 책망하여 징계하노니 그러므로 네가 열심을 내라 회개하라."

이 본문을 의역해보면 "이제 나의 관례를 따라 내가 사랑하는 모든 자를 나는 바르게 하고 또한 징계하노라"입니다. 이 말씀이 무엇을 의미하는지 이해하는 데는 많은 설명이 필요치 않습니다. 여기서 나오는 사랑이란 단어는 생각해 보아야 합니다. 사랑이란 단어는 "무조건적인 사랑인 아가페, 친구 간의 우정의 사랑을 말하는 필레오, 이성 간의 사랑을 말하는 에로스", 이 세 가지가 있습니다. 그렇다면 여기서 어떤 단어가 쓰였을까요? 여기서 쓰인 사랑이란 단어는 무조건적인 사랑을 가리키는 "아가페"가 아닙니다. 여기서 쓰인 단어는 친구 간의 우정을 말하는 "필레오"입니다. 왜 주님은 이 단어를 사용하셨을까요? 아가페를 사용하여 자녀를 사랑으로 징계하는 주님의 사랑을 묘사하지 않고 "필레오"를 사용하신 것일까요? 이 궁금증을 해결하기 위해 온갖 책들을 다 뒤졌지만 어떤 책도 이 단어를 언급하지 않고 있었습니다. 그러나 그것은 그리 어려운 문제가 아닙니다. 이 말씀은 문맥을 통해 보면 주님과 우리와의 인격적인 관계를 말하고 싶은 의도가 있음을 알 수 있습니다. 이것은 다음에 나오는 구절을 보면 확실해집니다.

"(계 3:20) 볼지어다 내가 문밖에 서서 두드리노니 누구든지 내 음성을 듣고 문을 열면 내가 그에게로 들어가 그로 더불어 먹고 그는 나로 더불어 먹으리라."

주님은 라오디게아 교회의 잘못을 책망하시면서 그들의 선택을 존중하는 것을 볼 수 있습니다. 주님은 그들이 하나님의 말씀대로 행할 수 있도록 강압적으로 역사하실 수 있는 분이십니다. 그들의 삶을 강제적으로 정복하시는 방법으로 그들을 순종하게 하실 수 있었습니다. 그러나 주님은 그들과 자신을 수평적으로 놓고 그들의 인격을 최대한 존중하는 방법으로 일을 이루고 계십니다. 주님은 정중하게 문을 열어달라고 하고 그들은 그 요구에 선택적으로 반응할 수 있는 자로 인정하십니다. 주님은 그들이 문을 열어 자신의 삶에 주님을 모시면 그들은 주님과 더불어 먹고 주님도 그들과 더불어 먹는다고 하십니다. 본문에서 주님은 우리의 관계를 부자 관계나 주종관계처럼 수직적 관계로 형성하고 있지 않고 자신을 낮추어 우리와 수평적 관계임을 말

씀하십니다. 요한복음 15장 15절에서 주님은 말씀하시길 "이제부터
는 너희를 종이라 하지 아니하리니 종은 주인의 하는 것을 알지 못함
이라 너희를 친구라 하였노니 내가 내 아버지께 들은 것을 다 너희에
게 알게 하였음이니라."라고 하셨습니다.

이 말씀처럼 본문은 우리를 친구로 여기시며 인격적으로 사랑하시
기에 우리를 책망하신다고 합니다. 친구가 잘못되는 것을 보고 그냥
넘어가는 자는 진정한 친구라고 할 수 없습니다. 주님은 우리를 사랑
하시기에 친구로서 책망하시고 우리의 인격을 존중하시므로 바른 삶
으로 초청하십니다. 그러기에 찰스는 말하기를 "사랑이란 결코 잔인
하지는 않으나 엄할 수는 있다"라고 했습니다. 또한, 잠언서 3장 11
절로 12절은 말하기를 "내 아들아 여호와의 징계를 경히 여기지 말라
그 꾸지람을 싫어하지 말라 대저 여호와께서 그 사랑하시는 자를 징
계하시기를 마치 아비가 그 기뻐하시는 아들을 징계함같이 하시느니
라."라고 하십니다. 윌리엄 바클레이는 말하기를 "가장 훌륭한 운동
선수와 가장 우수한 학자가 가장 고달프고 가장 어려운 훈련을 받는
다는 것은 인생의 사실이다."라고 했습니다.

주님께서 우리에게 책망과 징계를 하신다면 그것은 복입니다. 왜
냐하면, 그것은 하나님의 자녀라는 증거일 뿐 아니라 주님의 친구라
는 사실을 인정받는 것이기 때문입니다. 여기서 "책망"의 헬라어 "엘
렝코"는 원래 "낮춤"을 의미하는 말로 "말로써 교훈하고 다스리는
것"을 나타내며, "징계"는 책망이 구체적인 형태로 나타나는 행위를
의미합니다. 그러니까 주님께서 그 사랑하시는 자가 범죄하고 잘못
된 길로 갈 때 그냥 내버려 두시지 않고 그리스도의 영이신 성령께서
책망하시고 깨닫게 하여주실 뿐 아니라 사람 막대기와 인생 채찍으

212

로 우리를 징계하십니다. 적의 아첨 섞인 미소보다 친구의 찡그림과 충고가 더 낫다는 것을 인정하십니까? 그렇다면 사탄의 음흉한 미소와 침묵보다 주님의 징계와 채찍이 더 낫다는 것을 기억하시며 주님의 엄한 사랑에 불평하고 원망하는 자가 아니라 도리어 감사가 넘치고 찬양하는 자가 됩시다.

이렇게 위로의 말씀을 주신 주님께서 인격적인 요청을 하십니다. 그것은 20절의 말씀으로 "내가 문을 두드리노니 내 음성을 듣고 문을 열라."라고 하십니다. 이 말씀은 19절 후반 절의 "열심을 내라. 회개하라."라는 말과 관계가 있습니다. 다시 말해 회개하고 열심을 내는 첫 번째 행위가 주님의 요청에 응하는 것이기 때문입니다.

이 본문 말씀이 일반적으로 쓰일 때는 불신자들에게 주님을 영접하라는 의미로 많이 사용되고 있습니다. 문자적으로만 보면 믿지 않는 자들에게 하신 말씀처럼 보입니다. 왜냐하면, 이미 믿는 자들에게 주님을 모셔드리라고 요청할 이유가 없기 때문입니다. 그러나 이 말씀을 문맥 속에서 보면 그렇지 않습니다. 이 말씀은 교회에게 주신 말씀이기에 이미 믿는 자들에게 주신 말씀이라는 것을 알 수 있습니다. 이 말씀을 불신자들에게 예수를 영접하라는 초청의 말로 사용해도 크게 무리는 없지만, 본문에서 말하려는 의도는 믿는 자들에게 주님과의 인격적 관계를 요구하는 데 쓰였다는 것을 알아야 합니다. 이미 주님을 영접하여 믿는 자들에게 다시 영접하라고 한 말이 아닙니다. 이 말씀은 주님을 모시고 살면서 주님과 온전한 인격적 관계를 갖지 않은 자들에게 주셨습니다. 이 말씀은 주님을 모시고 살면서 주님의 살아계심을 인식하지 못하고 세상의 죄악과 쾌락에 몸을 맡기고 사는 사람들에게 주셨습니다. 이 말씀은 주님을 모시고 살면서 주님께서 주시는 풍성한 은혜를 경험하지 못하고 사는 자들에게 주셨습니다. 이 말씀은 주님을 모시고 살면서 자신의 거룩한 삶이 없어 주님께 아무것도 못 드려 주님을 굶주리게 한 자들에게 주셨습니다. 이 말씀은 자신이 세상의 온갖 더러운 것들을 취하면서 주님과 온전한 관계를 맺고 살아가고 있다고 자신을 기만하는 자들에게 주셨습니다. 그러므로 이 말씀은 주님께서 우리를 인격적이고 풍성한 교제로 초청하고 있는 말씀입니다. 우리는 어떻습니까? 우리는 주님을 모시고 살면서 주님과 얼마나 인격적인 교제를 나누고 사십니까? 주님을 우리의 심령 저 구석에 있는 방에 모셔놓고 한 번도 들여다보지 않는 자는 아니십니까? 우리가 필요할 때만 부르짖는 기도를 통해 주님과 더불어 먹으려 하고, 매일 만나 매 순간 교제하고 모든 상황 속에서 풍성한 은혜를 주시고자 하는 주님을 망각하고 살고 있지는 않았습니까? 주님 앞에서의 삶이 없어 주님께 아무것도 드리지 못하는 자가 되어 주님을 굶주리게 하는 심령은 아니십니까? 주님을 구원의 주로 모셨다면 이제는 그 주님과 온전하고 풍성한 인격적 교제가 있기를 바랍니다.

이렇게 될 때 주님은 풍성함이 주님과 우리 모두에게 있다고 말씀하십니다. 문을 열면 주님께서 우리와 더불어 먹고 우리도 주님과 더불어 먹게 된다는 약속입니다. 이 말씀은 요한복음 15장 5절의 말씀을 "나는 포도나무요 너희는 가지니 저가 내 안에, 내가 저 안에 있으면 이 사람은 과실을 많이 맺나니 나를 떠나서는 너희가 아무것도 할 수 없음이라."라고 하신 것을 기억나게 합니다. 이 말씀은 주님께서 잡히시기 전날 밤에 제자들과 함께 겟세마네 동산으로 가시는 노중에서 유언처럼 하신 말씀입니다. 어떤 어려움과 세상의 유혹이 있어도 주님께 붙어있어야 한다고 하시면서 하신 말씀입니다. 이렇듯 주님을 모시고 그분께 붙어있는 자에게는 새로운 삶이 주어집니다. 더는 가난하고 헐벗은 거지의 삶을 살지 않아도 됩니다. 이제 더는 곤고하거나 가난하거나 눈멀거나 벌거벗은 존재가 아닙니다. 주님과 인격적인 관계를 맺는 순간부터 우리는 진정으로 부유한 자가 됩니다. 이제 더는 거지가 아니라 하나님의 왕국의 모든 것을 누리는 왕자가 되는 것입니다.

주님과 함께 먹고 마신다는 것을 생각해 보신 적이 있으십니까? 주님께서 제공하시는 것을 우리도 함께 누립니다. 반면에 우리가 드리는 것도 함께 드십니다. 우리는 주님으로부터 가장 귀하고 좋은 것들만 받으면서 우리는 더럽고 추한 행실만 드리지는 않습니까? 주님으로부터 귀한 것을 받았다면 우리도 귀한 삶을 주님께 주님의 양식으로 드리기를 바랍니다.

우리가 주님의 식탁에 참여한다는 것은 잘 알고 있지만, 우리의 누추한 식탁에도 주님께서 함께하고 계신다는 것은 잘 생각하지 못합니다. 온종일 무엇을 먹고 마시며 삽니까? 이렇게 말씀드리니까 밥 먹고 물 먹고……. 등을 생각하고 계시지 않습니까? 제가 무엇을 먹고 마시냐고 한 것은 우리의 삶을 묻는 것입니다. 여러분의 양식이 혹시 명예는 아닙니까? 또는 온종일 돈에 굶주린 사람처럼 온통 돈만 생각하고 살지는 않습니까? 성공에 목말라하며 인생의 수고만을 먹고 살지는 않았습니까? 여러분 중에 혹시 쾌락에 배고파하며 죄를 찾아 먹고 그것을 좇아다니는 삶을 살지는 않습니까? 그 더러운 식탁에 주님을 모셔놓고 함께 먹자고 하지는 않았느냐는 것입니다. 이제는 회개하고, 주님의 식탁에서 거룩하고 귀한 것을 먹듯이 우리도 주님께 귀하고 거룩한 것들을 대접하는 자들이 되기를 바랍니다.

주님은 변함없이 이기는 자들에게 약속을 주십니다. 그것은 주님께서 보좌에 앉은 것같이 이기는 자들에게도 그렇게 해주시겠다는 약속입니다. 이 말씀은 이미 주님께서 살아계실 때 그의 제자들에게 말씀하시기를 "(마 19:28-29) 인자가 영광으로 보좌에 앉을 때에 너희도 보좌에 앉아 이스라엘 열두 지파를 심판하게 될 것"이라고 하셨습니다. 또한, 바울도 디모데후서 2장 12절에서 "참으면 또한 함께 왕 노릇 할 것이요."라고 이미 말한 바가 있는데 이 말씀의 실현이 바로 이기는 자들에게 주어진다는 약속입니다. 자신의 영적 상태를 알고 주님께 불로 연단한 금과 흰옷과 안약을 사서 소유하고 입고 바름으로 신앙이 회복되어 주의 일에 열정적인 성도가 됩시다. 또한, 우리 삶의 저 구석에 계셨던 주님을 우리의 삶의 중앙에 모심으로 주님과 함께 먹고 마시는 성도가 되어 영육 간에 풍성한 삶을 누리고 후에 천국에서 주님과 함께 보좌에 앉는 복이 있기를 바랍니다.

일곱 교회를 돌아보겠습니다. 주님은 우리에게 첫사랑을 잃을 수 있는 위험성을 에베소 교회를 통해 주시면서 첫사랑을 회복하라고 하셨습니다. 또한, 서머나 교회를 통해 고난의 두려움을 이기기 위해 부활의 소망을 간직하고 살아야 할 것도 알았습니다. 또한, 버가모 교회를 보면서 교리적 타협의 위험을 극복하기 위해 말씀이 충만한 삶을 살아야 할 것도 보았습니다. 그리고 두아디라 교회를 통해 도덕적 타협이 얼마나 두려운 심판을 부르는지를 보면서 죄와 타협하지 않는 성도가 되기를 다짐했습니다. 계속되는 사데교회를 보면서 영적인 생명력을 잃어 죽은 자에게 필요한 것이 성령인 줄 알아 성령의 충만을 구했습니다. 또한, 빌라델비아 교회가 주의 말씀을 지키며 주의 이름을 배반치 않았기에 하나님의 성전의 기둥이 되게 하겠다는 약속을 보았습니다. 그리고 라오디게아 교회를 보면서 주의 일에 열정적인 교회가 되며 주님과 온전한 영적인 교제의 복을 받는 성도가 되기를 소원했습니다. 이 일곱 교회에게 주신 말씀을 통해 우리를 비춰보며 주님께서 기뻐하시는 자가 됩시다.

20. 면류관을 벗어 주님께
요한계시록 4장 1 - 11절

주께서 요한에게 편지하라고 하신 내용 안으로 본격적으로 들어가기 전에 요한계시록에 대한 오해를 좀 풀어야 합니다. 그것은 요한계시록은 특별한 해석이 필요하다는 오해입니다. 그렇지 않습니다. 요한계시록 또한 창세기부터 유다서까지의 해석과 같은 맥락에서 해석하면 됩니다. 또한, 요한계시록은 아무나 해석하면 안 된다는 오해입니다. 이 말은 맞는 말이기도 합니다. 요한계시록을 오해하고 자신의 사상과 괴변을 지지하기 위해, 아전인수격으로 해석하면 안 됩니다. 그러나 분명한 것은 요한계시록은 주님을 믿는 성도 누구나 읽고 해석할 수 있는 성경입니다. 다시 말해 요한계시록은 복음 중의 복음입니다. 요한계시록은 죄악 된 세상을 살아가는 모든 성도가 읽고 위로받으며 도전받고 소망을 얻을 수 있는 가장 강력한 성경입니다.

무엇보다도 요한계시록의 전체 흐름을 이해하는 것이 중요합니다. 전체 흐름을 이해하지 못하면 지엽적인 면을 보면서 요한계시록을 오해하는 우를 범하게 됩니다. 어떤 글이나 사건을 바르게 이해하기 위해서는 전체 내용을 이해해야 하듯이 요한계시록은 크게는 성경 전체 속에서 해석해야 하고 작게는 요한계시록 전체 내용과 흐름을 이해하고 난 후 각론으로 들어가는 것이 요한계시록을 바르게 이해하고 은혜받는 방법입니다. 요한계시록의 주제는 "이겨라"입니다. 요한계시록은 이긴다는 말이 무려 17회나 등장합니다. 특별히 일곱교회를 비롯한 21장 7절은 이기는 자에게 주어질 약속들을 기록하고 있습니다. 왜 요한계시록은 그렇게도 이김을 말할까요? 그것은 당시 성도들이 살아가고 있는 환경이 믿음의 싸움을 치열하게 싸워야 했고 이기지 않으면 안 되었기 때문입니다. 나아가 이렇게 이기기를 원하는 교회에 이기는 자가 얻게 될 영광을 먼저 보여주십니다. 당시 온갖 박해로 처참하게 죽어가고, 순간순간마다 주님을 부인하라고 속삭이는 사탄의 참소를 견디며 이 땅에서 어렵고 힘든 삶을 살아가는 성도들의 눈을 천상으로 돌려놓습니다. 마치 바울과 베드로가 말했던 것처럼 우리는 이 땅에서 나그네로 살며 잠시 고난을 겪지만, 우리의 시민권이 하늘에 있음을 말하는 듯합니다. 그런 차원에서 지금 주님은 요한에게 일곱 교회에 대해 말씀하시고 하늘로 올라오라고 말씀하십니다. 비록 하늘의 영광을 본 사람은 요한이지만 이 글을 읽고 듣는 초대교회 성도들이 얼마나 흥분되고 감격했을지 충분히 알 수 있습니다.

본문이 종종 오해되는 부분이 있습니다. 그것은 휴거론자들이 이 본문을 인용한다는 사실입니다. 사실 성경 어디에도 휴거라는 말은 없습니다. 휴거를 사전에서 찾아보면 "예수가 재림할 때 구원받는 사람을 공중으로 들어 올리는 것"이라고 되어있습니다. 그런 차원에서 데살로니가전서 4장 17절에서 "그 후에 우리 살아남은 자들도 그들과 함께 구름 속으로 끌어 올려 공중에서 주를 영접하게 하시리니 그리하여 우리가 항상 주와 함께 있으리라"라고 하고 있으므로 이를 근거로 휴거라는 말을 할 수 있을 것입니다. 그러나 본문 말씀은 휴거에 인용될 말이 아닙니다. 이것은 사도 바울의 경우와 같은데, 고린도후서 12장 2절에서 "내가 그리스도 안에 있는 한 사람을 아노니 그는 십사 년 전에 셋째 하늘에 이끌려 간 자라 (그가 몸 안에 있었는지 몸 밖에 있었는지 나는 모르거니와 하나님은 아시느니라)"라고 했습니다. 사도 바울이 고린도후서를 쓰기 14년 전에 삼층 천인 하늘에 이끌려갔다고 했는데 유대인의 하늘 공간의 개념(새들이 나는 하늘을 일 층 천, 궁창을 이 층 천, 그리고 하나님이 계신 하늘을 삼층 천이라고 분리)으로 설명하였습니다. 이처럼 바울이 셋째 하늘에 이끌려갔다는 것과 같은 맥락에서 요한이 하나님께 이끌려갔다는 말입니다.

이렇게 하나님께서 부르셔서 요한에게 보여주신 하늘의 영광은 어떤 것일까요? 그것은 본문의 묘사대로입니다. 중앙에 보좌가 있고 그 보좌에 벽옥과 홍보석으로 상징되는 하나님께서 존재해 계십니다. 그 주위로 무지개가 있는데 그 색깔이 녹보석 같다고 했고 그 주변으로 24 보좌가 있는데 그 보좌에는 흰옷을 입고 머리에 면류관을 쓴 24 장로가 있습니다. 그 보좌에서는 번개와 음성과 뇌성이 나오고 보좌 앞에는 일곱 등불, 곧 하나님의 일곱 영이 있습니다. 그 보좌 앞에는 수정 같은 유리 바다가 있고 보좌 주위에 얼굴이 넷이며 각각 여섯 날개가 있는 그룹이 있습니다. 그룹과 장로들은 보좌에 앉으신 이를 찬양하고 있습니다.

요한은 이러한 장면을 보고 있습니다. 주님은 이 장면을 통해 요한과 이 글을 읽는 독자들에게 무엇을 알려 주고자 하셨을까요? 주님께서 이 영광의 보좌를 통해 보여주신 것은 무엇이었을까요? 다음 몇 가지로 나누어 살펴보겠습니다.

먼저는 주님은 만유 안에 계셔서 만유를 다스리시는 존재임을 보여주고자 하셨습니다.

"(계 4:2) 내가 곧 성령에 감동되었더니 보라 하늘에 보좌를 베풀었고 그 보좌 위에 앉으신 이가 있는데"

"(계 4:6) 보좌 앞에 수정과 같은 유리 바다가 있고 보좌 가운데와 보좌 주위에 네 생물이 있는데 앞뒤에 눈들이 가득하더라 (계 4:7) 그 첫째 생물은 사자 같고 그 둘째 생물은 송아지 같고 그 셋째 생물은 얼굴이 사람 같고 그 넷째 생물은 날아가는 독수리 같은데"

요한이 본 하늘의 영광은 그 중심에 보좌가 있었습니다. 그 보좌 주위에 24 장로가 있고 그 보좌 가운데와 주위에 네 생물이 있었습니다. 여기서 24 장로는 구원받은 사람들의 대표이고 네 생물은 하나님의 일을 감당하는 하나님의 영을 의미합니다. 특별히 네 생물은 "소, 사자, 독수리, 사람"의 형상을 하고 있습니다. 이 형상들은 천사의 속성을 묘사하고 있는데, 천사는 용맹이 사자 같고, 성실함과 순종은 소 같으며, 속도는 독수리 같고, 지혜는 사람 같음을 의미합니다. 이 형상은 에스겔서에도 등장합니다. 하나님께서 에스겔에게 소명을 주실 때 그룹의 형상을 보게 하셨는데 그때 그룹의 네 얼굴이 본문의 네 생물과 같았습니다. 에스겔서에서도 네 생물의 중심에 보좌가 있고 그 위에 하나님께서 앉아계셨습니다.

이 형상이 말하고자 하는 것은 하나님께서 세상을 주관하며 세상의 모든 소식을 듣고 하나님의 뜻이 세상에서 실현되고 있음을 의미합니다. 이 의미를 그대로 보여주는 성경이 스가랴서 1장입니다. 바벨론에서 돌아온 이스라엘 백성들은 성전을 재건하기 시작했으나 사마리아 사람들의 방해로 15년간 중단할 수밖에 없었습니다. 이때 학개 선지자와 스가랴 선지자가 하나님의 말씀을 전하며 성전재건을 촉구했는데, 그때 스가랴는 여덟 가지 환상을 통해 성전재건에 대해 말씀했습니다. 먼저 스가랴는 백성들이 가지고 있던 불만과 두려움에 대해 첫 번째 환상을 통해 대변해 주는데 말 탄 자들이 나타나고 그중에 붉은 말 탄 자가 하나님께 묻기를 "(슥 1:12) 여호와의 천사가 대답하여 이르되 만군의 여호와여 여호와께서 언제까지 예루살렘과 유다 성읍들을 불쌍히 여기지 아니하시려 하나이까 이를 노하신 지 칠십 년이 되었나이다"라고 합니다. 이에 주님은 "(슥 1:16) 그러므로 여호와가 이처럼 말하노라 내가 불쌍히 여기므로 예루살렘에 돌아왔은즉 내 집이 그 가운데에 건축되리니 예루살렘 위에 먹줄이 쳐지리라 만군의 여호와의 말이니라"라고 하셨습니다. 이러한 환상을 보는 중에 스가랴는 그 말 탄 자들이 누구냐고 묻습니다. 이에 대답하기를 "(슥 1:10) 화석류나무 사이에 선 자가 대답하여 이르되 이는 여호와께서 땅에 두루 다니라고 보내신 자들이니라"라고 하였습니다. 이처럼 하나님의 천사들은 세상을 두루 다니며 감찰하는 존재들입니다. 그렇습니다. 하나님은 창조부터 종말의 심판까지 모든 것을 주관하시는 분이십니다.

이 형상이 요한과 당시 그리스도인, 그리고 우리에게 아주 중요한 의미가 있습니다. 그중에서도 특별히 환난 받고 있던 당시 그리스도인들에게 하나님의 다스리심을 알고 실감하는 것은 너무나 중요한 신앙적 요소였습니다. 당시 육신의 눈으로 보기에 세상은 로마 황제가 주관하고 있었습니다. 그의 말 한마디면 생사가 갈렸습니다. 당시 황제는 우리가 이미 보았듯이 신의 위치에까지 올라있었습니다. 그의 명령으로 동료 그리스도인들이 이미 죽었거나 죽음을 기다리고 있었습니다. 표면적으로는 분명 세상은 황제가 다스렸습니다. 그뿐 아니라 물질과 힘이 세상을 다스리고 있다는 사실을 절대로 부인할 수 없었습니다. 그런 상황 속에서 요한이 본 환상은 세상을 다스리고 계신 분이 하나님이라는 사실을 분명히 인식시켜 주고 있습니다. 자신들만이 아니라 자신들을 박해하고 있는 로마와 황제까지도, 세상의 힘과 물질도 주님의 다스리심 가운데 있다는 사실을 환상을 통해 보여주고 있습니다. 이 땅의 주관자는 하나님이십니다.

본문을 보면 하나님에 대해 묘사하는 부분이 있습니다.

"(계 4:3) 앉으신 이의 모양이 벽옥과 홍보석 같고 또 무지개가 있어 보좌에 둘렸는데 그 모양이 녹보석 같더라"

본문은 보좌에 앉으신 하나님과 주위에 대해 묘사하기를 보좌에 앉으신 하나님은 벽옥과 홍보석같고 그 주위에 녹보석같은 무지개가 있으며 그 보좌에서 번개와 음성과 뇌성이 난다고 합니다. 이 묘사 중에 먼저 벽옥과 홍보석은 출애굽기에서 대제사장의 흉패에 붙이는 열두 보석 중 하나입니다. 이 열두 보석 중 홍보석은 첫 번째 보석이고 벽옥은 마지막 보석입니다. 이로 보건대, 이 둘은 분명 열두 보석을 대표한다고 볼 수 있습니다. 제사장이 열두 지파를 가슴에 품고 하나님께 나갔듯이 하나님은 열두 지파 즉, 성도를 당신의 가슴에 품고 계신 분이십니다. 어떤 이는 이를 달리 해석하고 있는데 벽옥은 하나님의 순결함을, 홍보석은 심판의 하나님을 상징한다고 보고 있습니다. 이는 죄 없으신 하나님께서 우리를 구원하실 뿐 아니라 우리의 대적들을 심판하시는 분임을 말씀합니다. 또한, 녹보석같은 무지개가 주변을 감싸고 있는데 이 녹보석을 다른 번역본은 에메랄드, 비취옥 등으로 번역했습니다. 이는 하나님의 언약이 변함이 없음을 상징하며 그분의 영광스러움을 표현하고 있다고 보여집니다. 그렇습니다. 우리 하나님은 만물을 주관하시며 영광스러운 분이십니다. 그러므로 우리를 구원해 주실 뿐 아니라 죄지은 모든 사람을 심판하시는 분이십니다.

이 말씀을 처음 받았던 초대교회 성도들은 분명 위로와 기대가 생겼을 것입니다. 멀리 계시거나 침묵하고 계신 것 같았던 하나님이 자신들 가운데 계시며 자신들을 구원하고 나아가 박해하는 모든 세력을 심판하실 것이며 그 결과 영광 받으실 분이라는 확신이 생겼을 것입니다. 하나님의 주권을 믿으십시오. 그분이 우리의 삶에 깊이 개입하고 계시며 조금도 부족함 없이 우리의 삶을 주관하고 계십니다.

두 번째로 하나님께서 당신의 백성을 지키고 계심을 알게 하셨습니다.

"(계 4:5) 보좌로부터 번개와 음성과 우렛소리가 나고 보좌 앞에 켠 등불 일곱이 있으니 이는 하나님의 일곱 영이라 (계 4:6) 보좌 앞에 수정과 같은 유리 바다가 있고 보좌 가운데와 보좌 주위에 네 생물이 있는데 앞뒤에 눈들이 가득하더라"

그룹들을 표현하면서 앞뒤에 눈이 가득하다고 표현하고, 주님의 보좌 앞에는 일곱 등불 켠 것이 있다고 말하며, 이를 다시 본문 자체에서 해석해 주기를 "하나님의 일곱 영"이라고 합니다. 이는 논란의 여지가 없습니다. 그룹은 하나님의 심부름꾼이며 성도들을 위해 부리는 영인 천사이며, 일곱 영은 바로 성령을 의미합니다. 성령은 우리의

224

모든 것을 감찰하고 계십니다. 그래서 고린도전서 2장 10절은 말하기를 "오직 하나님이 성령으로 이것을 우리에게 보이셨으니 성령은 모든 것 곧 하나님의 깊은 것까지도 통달하시느니라"라고 하였습니다. 하나님의 일곱 영인 성령께서 항상 깨어 우리를 지켜보고 계십니다. 본문에서 분명히 말하기를 "등불 켠 것"이라고 하고 있음을 주목해야 합니다. 하나님은 졸지도 주무시도 않으신다고 시편 기자는 표현했습니다. 주님은 우리를 지키시기를 한시도 소홀히 하시지 않습니다.

우리가 어떤 어려움에 부닥쳐 있을 때도, 우리가 큰 곤경에 처하여 어찌할 바를 모를 때도 주님은 우리를 지켜보고 계신다는 사실을 기억합시다. 아기가 노는 중에도 주변을 둘러보며 자신의 부모가 있음을 확인하고 놀듯이 우리도 믿음의 눈으로 우리를 지켜보고 계시는 주님을 볼 수 있기를 바랍니다. 그러면 참 평안을 얻을 수 있습니다. 전능하신 주님께서 지켜보시는데 무엇이 문제겠습니까? 그분께서 우리의 형편을 보고 계시는데 무엇이 두렵겠습니까? 졸지도 주무시도 않는 주님의 돌보심을 믿읍시다. 그분은 우리의 모든 것을 알고 계시며 우리에게 가장 좋은 것으로 만족시켜 주십니다.

세 번째로, 하나님 백성의 승리를 보여주고 있습니다.

"(계 4:4) 또 보좌에 둘려 이십사 보좌들이 있고 그 보좌들 위에 이십사 장로들이 흰옷을 입고 머리에 금관을 쓰고 앉았더라"
"(계 4:10) 이십사 장로들이 보좌에 앉으신 이 앞에 엎드려 세세토록 살아 계시는 이에게 경배하고 자기의 관을 보좌 앞에 드리며 이르되 (계 4:11) 우리 주 하나님이여 영광과 존귀와 권능을 받으시는 것이 합당하오니 주께서 만물을 지으신지라 만물이 주의 뜻대로 있었고 또 지으심을 받았나이다 하더라"

　요한을 비롯한 성도들은 자신들이 회당에서 쫓겨나는 것이 천국에서 쫓겨나는 것은 아닌지 걱정했습니다. 그뿐만 아니라 자신들이 하나님을 믿으면서 죽어 가는데 혹시나 하나님이 계시지 않으면 어쩌나 하는 생각이 들었을지도 모릅니다. 이 땅에서도 고난 가운데 죽는데 내세가 없다면 그보다 더 허무한 것은 없습니다. 그런 그들에게 본문의 24 장로들과 그 머리에 씌워진 면류관은 분명 도전이 되고 이 땅에서 박해자들에 의해 죽는 것이 결코 실패가 아니라 결국에는 면류관을 쓰는 승리자가 된다는 사실을 알게 되었을 것입니다. 그렇습니다. 24 장로들은 승리자였습니다. 그들은 보좌 앞에 있는 수정 같은 바다를 통과했습니다. 그것은 행위가 아니었습니다. 그것은 옛날 성전에 성소 앞에 있었던 물두멍을 놋 바다라고 했던 것을 기억하게 합니다. 제사장들은 그 물에 손과 발을 씻어 정결케 했습니다. 이십사 장로뿐 아니라 그 뒤를 따를 요한과 초대교회 성도들, 그리고 우리는 모두 은혜의 샘물 즉, 그리스도의 보혈로 씻음을 얻고 주님 앞에 서게 됩니다. 우리는 이미 승리자이고 앞으로도 승리자입니다. 또한, 이 땅에서 환난과 고난이 있지만 믿음을 잃지 말고 주님께서 부르시는 그 날을 소망하며 힘을 냅시다.

　히브리서 기자는 "(히 11:35) 여자들은 자기의 죽은 자들을 부활로 받아들이기도 하며 또 어떤 이들은 더 좋은 부활을 얻고자 하여 심한 고문을 받되 구차히 풀려나기를 원하지 아니하였으며 (히 11:36) 또 어떤 이들은 조롱과 채찍질뿐 아니라 결박과 옥에 갇히는 시련도 받았으며 (히 11:37) 돌로 치는 것과 톱으로 켜는 것과 시험과 칼로 죽임을 당하고 양과 염소의 가죽을 입고 유리하여 궁핍과 환난과 학대를 받았으니 (히 11:38) (이런 사람은 세상이 감당하지 못하느니라) 그들이 광야와 산과 동굴과 토굴에 유리하였느니라 (히 11:39) 이 사람들은 다 믿음으로 말미암아 증거를 받았으나 약속된 것을 받지 못하였으니 (히 11:40) 이는 하나님이 우리를 위하여 더 좋은 것을 예비하셨은즉 우리가 아니면 그들로 온전함을 이루지 못하게 하려 하심이라"라고 하였습니다.

사형 선고를 받고 지하 감옥에 갇혀 죽음을 기다리던 바울은 고백하기를 "(딤후 4:7) 나는 선한 싸움을 싸우고 나의 달려갈 길을 마치고 믿음을 지켰으니 (딤후 4:8) 이제 후로는 나를 위하여 의의 면류관이 예비되었으므로 주 곧 의로우신 재판장이 그날에 내게 주실 것이며 내게만 아니라 주의 나타나심을 사모하는 모든 자에게도니라"라고 하였습니다. 저는 사도 바울의 이 고백을 읽을 때마다 가슴이 뜨거워집니다. 바울처럼 선한 싸움을 마치고 달려갈 길 마치고 믿음을 지켰다는 고백을 당당하게 하고 싶습니다. 또한, 주님 앞에 서는 날 주께서 허락하신 면류관을 벗어 주님께 드리며 주님의 은혜를 찬송하게 되기를 소원합니다.

또한, 10절 후반부를 주목해야 합니다. 그것은 장로들이 면류관을 벗어 보좌 앞에 드리고 있다는 사실입니다. 무슨 의미일까요? 그것은 11절에 답이 있습니다.

"(계 4:11) 우리 주 하나님이여 영광과 존귀와 권능을 받으시는 것이 합당하오니 주께서 만물을 지으신지라 만물이 주의 뜻대로 있었고 또 지으심을 받았나이다 하더라"

우리가 지금까지 생각한 것입니다. 이유는 24 장로가 잘해서 구원을 받고 면류관을 쓰고 승리의 노래를 부른 것이 아니라 주님께서 그 모든 것을 행하셨기에 주님께서 영광을 받으셔야 한다는 사실입니다. 너무 아름답습니다. 주님은 우리에게 수고했다고 면류관 주시고 우리는 우리의 공로가 아니라 주님의 은혜로 구원받았음을 고백하여 주님께 영광을 돌리는……. 이 아름다운 모습을 매일 상상합니다. 그분 앞에 서는 날 이 일이 제게, 그리고 우리 모두에게 이루어질 줄 믿습니다.

마지막으로 생각해 볼 것이 있습니다. 그것은 이 환상은 환난 받는 모든 이들에게 하늘 소망을 주십니다. 요한계시록을 볼 때마다 저는 2000년 전으로 돌아갑니다. 그 시대 그 박해 속에서 요한계시록을 대합니다. 그러면 이 말 한마디 한마디가 얼마나 힘이 되고 도전이 되는지 모릅니다. 그런 의미에서 오늘 본문은 요한과 당시 독자들뿐만 아니라 우리 모두에게 이 땅에 살지만, 하늘에 소망을 두고 살도록 소망을 주십니다. 하나님의 놀라운 섭리를 말씀하시기 전에 서두에서 천상의 영광스러운 보좌를 보여주신 이유는 앞으로의 영적 싸움을 싸우면서 하늘에 소망을 두고 싸우라는 뜻입니다. 하늘에 소망을 분명히 둔 사람은 이 땅의 것 때문에 믿음을 버리거나 이 땅의 어려움 때문에 주님을 부인하지 않습니다. 이전보다 더욱 하늘에 소망을 두고 천국 시민의 삶을 사는 자들이 됩시다.

21. 모든 주권이 주님께
요한계시록 5장 1-7절

일곱교회에 대해 말씀하신 주님은 요한을 하늘로 올리셔서 영광의 보좌를 보고 그의 시선을 하늘로 향하게 했습니다. 이제는 보좌에 앉으신 하나님의 오른손에 있는 두루마리를 보게 하셨고 그 두루마리를 시작으로 5장의 이야기를 이끌어 가고 있습니다.

이 5장의 이야기를 간단하게 설명해 드리겠습니다. 보좌에서 앉으신 이의 영광스러운 모습과 그 주위에서 찬양하던 그룹들과 24 장로들의 모습을 보았던 요한은 이제 그 보좌에 앉으신 이의 오른손에 들린 두루마리를 보게 되었습니다. 그런데 그 두루마리를 묘사하기를 안팎으로 글이 가득했으며, 읽을 수 없도록 일곱 개의 인으로 봉한 상태에 있다고 하고 있습니다. 그러는 중에 한 힘 있는 천사가 큰 음성으로 외치기를 누가 두루마리를 펴며 그 인을 떼기에 합당하냐고 소리를 쳤습니다. 천사가 이렇게 말한 이유를 3절에서 알려주는데 천지에 그 누구도 이 두루마리의 인을 떼기에 합당한 자격을 갖춘 자가 없었기 때문입니다. 이를 본 요한은 크게 울었습니다. 그 이유는 그 두루마리의 인을 떼어야 그 두루마리에 있는 내용을 알 수 있기 때문입니다. 이에 한 장로가 나아와 요한에게 "울지 말라"고 말하면서 그 두루마리의 인을 떼기에 합당한 이가 있다는 말을 합니다. 이에 요한이 보좌와 장로들과 네 생물 사이에 서서 계신 예수님을 보았고, 그 예수님께서 두루마리를 취하시는 모습과 이를 본 생물들과 24 장로들이 예수님을 찬양하는 장면도 보게 됩니다.

본문으로 본격적으로 들어가기 전에 주님께서 요한에게 이 글을 쓰게 하시면서 보여준 여러 가지 환상 중에 "인, 나팔, 대접"이 무엇을 상징하는지 알고 시작하는 것이 앞으로 계시록의 이야기들을 온전히 이해하는 데 도움이 됩니다. "인, 나팔, 대접"의 상징은 고대 근동의 전쟁 이미지를 빌려 말씀하고 있습니다. 이 "인, 나팔, 대접"을 이해하는 데 도움이 되는 이야기를 해드리겠습니다. 고대에 전쟁 상황을 생각해 봅시다. 왕이 어느 나라와 전쟁을 일으킬 때 전쟁의 이유와 과정, 그리고 승리에 대한 계획을 갖고 시작하게 됩니다. 이렇게 세운 전쟁 계획을 전쟁을 수행할 총사령관에게 알리고 총사령관은 왕의 계획대로 전쟁을 진행하게 됩니다. 이러한 전쟁 상황에서 총사령관에게 주는 전쟁에 대한 전체 계획과 결과를 알려주게 되는 것이 인에 해당합니다. 그리고 그 인은 아무나 뗄 수 있는 것이 아니라 전쟁의 총사령관이 뗄 자격이 있습니다. 이렇게 전달된 계획은 총사령관이 나팔을 불어 아군에게는 준비하게 하고 적군에게는 경고하게 됩니다. 그리고 최종 나팔이 불리면 총공격이 일어나게 되는데 이것을 대접으로 비유하고 있습니다. 이 모든 상황이 "인, 나팔, 대접"의 이미지입니다.

이제 본문으로 본격적으로 들어가 봅시다.

"(계 5:1) 내가 보매 보좌에 앉으신 이의 오른손에 두루마리가 있으니 안팎으로 썼고 일곱 인으로 봉하였더라"

4장에서 보았던 보좌에 앉으신 이의 다른 모습이 등장합니다. 그것은 보좌에 앉으신 이인 하나님의 오른손에 두루마리가 있는 모습입니다. 여기서 두루마리가 의미하는 바가 무엇인지 봅시다. 서두에서 "인, 나팔, 대접"의 상징성에 대해 언급해 드렸습니다. 인이 박인 두루마리는 왕이신 하나님께서 세상을 운영하시는 계획이 기록되어 있습니다. 그리고 그 계획이 하나님의 오른손에 있다는 것의 의미는 세상에서 벌어지는 모든 일은 하나님의 장중에 있다는 표현입니다. 성경에서 오른손이 의미하는 바는 "능력, 주권" 등입니다. 우리가 잘 아는 야곱의 열두 아들 중에 막내인 베냐민이 태어날 때의 이야기를 보면 이스라엘 사람들이 오른손이 의미하는 바를 얼마나 중요하게 여기는지 알 수 있습니다. 창세기 35장에 보면 야곱이 세겜에서 급하게 도망 나와 벧엘을 지나고 베들레헴에 왔을 때 벌어진 사건이 기록되어 있습니다. 야곱 일행이 급하게 도망치는 바람에 만삭이었던 라헬은 브엘세바에 도착하기도 전인 베들레헴에서 난산합니다. 그때 낳은 아이가 베냐민인데 그의 이름은 원래 슬픔의 아들이란 뜻의 "베노니"였습니다. 이렇게 이름을 지은 이유는 라헬이 아들을 낳고 난 후 죽음을 맞이했기 때문입니다. 라헬은 자기 죽음 앞에서 아들의 이름을 지었는데 그 이름이 "베노니"입니다. 이 말을 들은 야곱은 곧바로 이름을 바꾸어 부르는데 그 이름이 오른손의 아들, 권능의 아들이란 뜻으로 "베냐민"이라고 짓습니다. 이사야를 통해서 하나님은 "(사 41:10) 두려워하지 말라 내가 너와 함께 함이라 놀라지 말라 나는 네 하나님이 됨이라 내가 너를 굳세게 하리라 참으로 너를 도와 주리라 참으로 나의 의로운 오른손으로 너를 붙들리라"라고 하셨습니다. 그러니까 보좌에 앉으신 하나님의 오른손에 두루마기 놓여 있다는 말은 하나님의 권능의 손안에서 이 세상의 일들이 벌어지고 있다는 뜻입니다. 다시 말해 하나님의 주권 안에서 세상은 움직이고 나아가 구원과 심판이 있음을 말씀합니다.

두루마리에 글이 쓰여있는데 안팎으로 가득하다고 합니다. 두루마리에 안팎으로 글이 있다는 것의 의미는 하나님께서 세상을 운영하시는 일에 많은 설명이 필요함을 의미합니다. 단순하게 한 두 마디로 될 일이 아닙니다. 그 내용은 6장부터 있을 일들입니다. 전체적인 계획을 말씀하시고 그것은 좀 더 구체적으로, 그리고 좀 더 강화해서 말씀하고 계십니다. 이렇게 두루마리라는 상징을 사용해 하나님의 뜻을 말씀하신 경우가 본문 외에 또 있습니다. 그것은 에스겔을 부르실 때(겔 2:8-10), 스가랴를 통한 유다 백성들의 죄와 용서에 대해 기록할 때(슥 5:1-4), 그리고 본서 10장에서 요한에게 다시 복음을 전해야 할 것에 대해 말씀하실 때 두루마리라는 이미지를 사용했습니다. 에스겔을 선지자로 부르시면서 두루마리를 먹이셨는데 그 두루마리의 내용이 애곡과 애가와 재앙의 말이라고 하였습니다. 그렇게 말씀하신 이유는 에스겔이 전해야 할 말씀이 무엇인지 알려주시고자 함입니다. 그러므로 이 두루마리의 내용을 우리는 충분히 알 수 있습니다. 그것은 앞으로 나올 일곱인, 일곱 나팔, 일곱 대접의 내용입니다. 불신자를 향해서는 심판을, 성도를 향해서는 회복의 약속이 들어있습니다.

계속해서 하나님의 오른손에 있는 두루마리를 설명하는데 그 두루마리는 일곱 인으로 봉하였다고 합니다. 인으로 봉하였다는 말씀은 인을 떼기 전에는 알 수 없다는 뜻입니다. 그리고 일곱 인은 다음 장에서 그것을 뗄 때마다 내용이 공개되겠으나 먼저 일곱이 의미하는 바는 완전한 봉인을 의미하며 그것을 떼면 드러나는 하나님의 계획의 완전함을 의미합니다. 그렇습니다. 하나님의 뜻은 하나님을 알지 못하는 인간에게 완전히 봉인되어 있으나 그것을 떼신 예수님의 은혜,

232

즉 하나님의 자기 계시로 하나님을 믿는 자들에게는 충분하게 드러내셨습니다. 또한, 하나님의 계획은 완전하십니다. 그래서 바울을 말하기를 "(딤후 2:13) 우리는 미쁨이 없을지라도 주는 항상 미쁘시니 자기를 부인하실 수 없으시리라"라고 하고 "(빌 1:6) 너희 안에서 착한 일을 시작하신 이가 그리스도 예수의 날까지 이루실 줄을 우리는 확신하노라"라고 하셨습니다. 이렇듯 5장을 시작하면서 보좌에 앉으신 하나님에 대해 묘사한 것을 정리하면, 하나님은 세상을 운영하실 완전하고 충분한 계획을 갖고 계시며 완전한 권능으로 주권을 행하시는 분임을 의미합니다.

하나님의 모습이 이렇게 묘사되고 있는 가운데 2절에서 큰소리의 외침이 들려옵니다.

"(계 5:2) 또 보매 힘 있는 천사가 큰 음성으로 외치기를 누가 그 두루마리를 펴며 그 인을 떼기에 합당하냐 하나"

힘 있는 천사가 외치기를 "누가 그 두루마리를 펴며 그 인을 떼기에 합당하냐"라고 하였습니다. 이렇게 외침은 인을 아무나 뗄 수 있는 것이 아니기 때문입니다. 본문에서 말하듯이 인을 떼기에 합당한 자가 따로 있습니다. 그 자격은 서두에서도 언급했듯이 왕의 계획을 두루마리에 써서 전장에 나가 있는 총사령관에게 보내면 그 인을 떼고 읽을 자격은 총사령관만이 갖게 됩니다. 그런 차원에서 뗄 자로 언급될 자는 하나님의 뜻을 준행하고 나아가 대적을 심판하는 자로 등장합니다.

이렇게 외친 천사의 소리를 듣고 인을 뗄 자격이 있는 자를 찾게 되었으나 찾을 수 없었습니다.

"(계 5:3) 하늘 위에나 땅 위에나 땅 아래에 능히 그 두루마리를 펴거나 보거나 할 자가 없더라 (계 5:4) 그 두루마리를 펴거나 보거나 하기에 합당한 자가 보이지 아니하기로 내가 크게 울었더니"

요한은 주위를 둘러보며 인을 뗄 자격이 있는 자를 찾았습니다. 하지만 찾을 수 없었습니다. 요한이 둘러본 자들이 누구인지 알 수 있습니다. 그것은 일차적으로 보좌 주변에 있는 그룹과 24 장로들입니다. 나아가 본문에서 말하고 있듯이 "하늘 위에나 땅 위에나"라고 말하고 있는 것처럼 세상의 모든 사람입니다. 이 말은 보좌 주변에 있는 누구도 인을 뗄 자격이 없음을 말하고 있고, 이 세상의 누구도 인을 떼거나 보거나 할 자격이 없음을 말합니다. 세상에서 지위가 높거나, 강력한 권세를 가진 자도 세상을 주관하거나 심판할 자격이 없습니다. 하늘의 천사들도 그럴 수 없습니다. 당연히 세상에서 신이라고 일컬어지는 존재도 할 수 없습니다. 세상을 마음대로 움직일 것 같은 미국이나 중국도, 가깝게는 직장의 상사나 통치자도 그럴 수 없습니다.

이렇게 말씀드리니 인을 떼는 것과 그것들이 무슨 관계가 있나 싶습니까? 인을 뗀다는 것은 세상을 주관한다는 뜻을 가집니다. 우리의 일상을 주관하고 결정지을 자를 의미합니다. 그런 의미에서 직장의 상사나, 주권자나 강력한 힘을 가진 나라나 권세도 우리의 삶을 좌지우지할 수 없다는 말입니다. 오직 우리의 삶을 주관하시는 분은 오직 하나님 한 분뿐이십니다. 그래서 우리가 두려워할 자는 오직 하나님뿐입니다. 예수님도 말씀하시기를 "(마 10:28) 몸은 죽여도 영혼은 능히 죽이지 못하는 자들을 두려워하지 말고 오직 몸과 영혼을 능히 지옥에 멸하실 수 있는 이를 두려워하라"라고 하셨습니다.

이렇게 뗄 자를 찾았으나 없으므로 인해 요한은 크게 울었습니다. 왜 우는 것일까요? 요한이 우는 이유가 있습니다. 그것은 당시 그리스도인들이 박해로 인해 교회는 잔멸 될 것 같았고 성도들은 감당하기 어려운 고난을 겪었습니다. 그 고난으로 인한 결과나 끝을 알 수 없었던 상황 속에서 성도들은 하나님께 기도했습니다. 그러던 중 하나님께서 세상을 운영하실 전체적인 계획이 기록된 두루마리를 본 요한은 그것을 알고 싶었습니다. 그러나 그것을 뗄 자격이 있는 자가 없기로 자신들의 간절한 기도에 대한 응답도 알 수 없었습니다. 그러기에 울었습니다. 마치 오늘을 사는 성도들도 자신의 삶 속에서 벌어지는 많은 일에 대해 기도하지만, 그 일의 이유도 모르고 그 끝도 결과도 모를 때 답답하여 울 수밖에 없는 것과 같습니다. 우리는 때로 억울한 일을 당하곤 합니다. 특별히 주의 일을 하다가 오해를 사고 그일로 인해 하나님의 실존까지 의심하는 경우들을 봅니다. 세상에서 벌어지는 많은 재앙을 보면서 어떤 이는 말하기를 하나님이 살아 계신다면 왜 선량한 사람들이 끔찍하게 죽어가는 것을 보고만 있느냐고 묻습니다. 코로나 사태 속에서도 예배하고 기도하는 사람들과 교회를 왜 보호해 주지 않느냐고 묻습니다. 이렇게 묻는 이유는 하나님의 때와 우리의 때, 하나님의 뜻과 우리의 뜻을 혼동하기 때문입니다.

우리는 이러한 예를 성경에서 무수하게 찾아볼 수 있습니다. 가장 잘 아는 아브라함을 봅시다. 아브라함은 하나님의 약속을 받고 갈대아 우르를 떠나 가나안 땅에 왔지만, 그에게 주어진 것은 고난과 어려움이었습니다. 기근을 당하고 아내를 빼앗기고 조카 롯으로 인해 메소포타미아 연합군과의 전투도 치러야 했습니다. 하나님의 뜻을 오해하여 여종의 몸을 통해 이스마엘을 낳았고 이로 인해 집안에 갈등을 생겼습니다. 이러한 모습을 조금 전의 사람들의 시각으로 보면 "하나님은 계신가?"일 것입니다. 아브라함이 하나님의 명을 받은 지 25년째 될 때 아들을 주셨고 그 후 약 15년 정도가 흐른 후에야 하나님께 인정을 받는 것을 보면 우리의 뜻과 시기와 하나님의 뜻과 시기는 분명히 차이가 있습니다. 하지만 분명한 것은 하나님의 손 안에 모든 계획이 있다는 사실입니다.

그래서 이사야는 "(사 55:8) 이는 내 생각이 너희의 생각과 다르며 내 길은 너희의 길과 다름이니라 여호와의 말씀이니라"라고 하였고, 사도행전에서 승천하시기 전에 이스라엘의 회복 때를 묻는 제자들에게 주님께서 말씀하시기를 "(행 1:7) 이르시되 때와 시기는 아버지께서 자기의 권한에 두셨으니 너희가 알 바 아니요"라고 하셨습니다. 지금 하나님을 간절히 찾고 그분의 응답을 기다리지만, 아무것도 없습니까? 하나님께서 우리의 기도에 침묵하고 계신 것 같습니까? 낙심하지 마십시오. 분명히 말씀하시기를 "(갈 6:9) 선을 행하되 낙심하지 말지니 때가 되면 이루리라."라고 하셨고 반드시 이루십니다. 그러므로 하나님의 손안에 모든 것이 있음을 믿읍시다. 본문에 기록되기를 안팎으로 썼다고 했는데, 이는 더 가감할 것이 없는 충실한 내용으로 완전한 하나님의 뜻과 계획이 담겨 있음을 말씀해 주십니다. 하나님의 충분하고 완전한 뜻과 계획을 믿읍시다.

이렇게 답답하여 우는 요한에게 장로 중 한 사람이 인을 뗄 자가 있다고 말합니다.

"(계 5:5) 장로 중의 한 사람이 내게 말하되 울지 말라 유대 지파의 사자 다윗의 뿌리가 이겼으니 그 두루마리와 그 일곱 인을 떼시리라 하더라 (계 5:6) 내가 또 보니 보좌와 네 생물과 장로들 사이에 한 어린 양이 서 있는데 일찍이 죽임을 당한 것 같더라 그에게 일곱 뿔과 일곱 눈이 있으니 이 눈들은 온 땅에 보내심을 받은 하나님의 일곱 영이더라 (계 5:7) 그 어린 양이 나아와서 보좌에 앉으신 이의 오른손에서 두루마리를 취하시니라"

뗄 자격이 있는 자에 대해 말하면서 몇 가지 상징적인 언어로 말하고 있습니다. 먼저는 "유대 지파의 사자"라는 표현입니다. 이 표현은 야곱이 열두 아들을 축복할 때 유다에게 한 기도문 중에 있는 메시아 예언의 일부입니다. 창세기 49장 9절과 10절에서 "유다는 사자 새끼로다 내 아들아 너는 움킨 것을 찢고 올라갔도다. 그가 엎드리고 웅크림이 수사자 같고 암사자 같으니 누가 그를 범할 수 있으랴 규가 유다를 떠나지 아니하며 통치자의 지팡이가 그 발 사이에서 떠나지 아니하기를 실로가 오시기까지 이르리니 그에게 모든 백성이 복종하리로다"라고 하였습니다. 메시아는 사자로 표현되며 아무도 당할 자가 없을 것이라고 합니다. 그리고 유다의 참된 왕이 오시기까지(쉬운 성경) 이르겠다고 하여 참된 왕이신 메시아가 올 때까지 유다가 다스릴 것이라고 합니다. 이 말을 달리 표현하면 메시아는 유다 지파에서 올 것이며 그는 참된 왕으로 오실 것이라는 말입니다. 그러니까 인을 뗄 자에 대한 첫 번째 묘사는 유다 지파에서 오실 참된 왕입니다.

다음으로 "다윗의 뿌리"라고 묘사하고 있습니다. 다윗의 뿌리라는 말은 다윗의 후손으로 오실 것이라는 말입니다. 이는 나단 신탁의 성취입니다. 나단은 다윗 때에 선지자로 활동한 사람으로 다윗을 다윗되게 한 사람입니다. 그는 원래 기브온 족속으로 성전에서 물 긷고 나무하던 여부스 족속의 후손입니다. 그런 그가 하나님의 특별한 은혜를 입어 다윗 곁에서 바른길을 지도했습니다. 그가 예언하기를 "(삼하 7:12) 네 수한이 차서 네 조상들과 함께 누울 때에 내가 네 몸에서 날 네 씨를 네 뒤에 세워 그의 나라를 견고하게 하리라 (삼하 7:13) 그는 내 이름을 위하여 집을 건축할 것이요 나는 그의 나라 왕위를 영원히 견고하게 하리라"라고 하였습니다. 또한, 이사야 11장 1-10절과 예레미야 23장 5-6절, 그리고 로마서 1장 1-4절에서도 다윗의 뿌리에서 메시아가 등장하여 영원히 다스리겠다고 예언했습니다. 그러니까 본문에서 인을 뗄 자의 자격으로 두 번째 묘사한 것은 다윗의 뿌리에서 날 자입니다. 그래서 마태복음 1장 1절은 "아브라함과 다윗의 자손 예수 그리스도의 세계"라는 말로 시작하였고, 세 세대로 나누어 각각 14대씩이라고 하여 다윗의 숫자(14)를 세 번 반복하며 나단 신탁의 성취로 다윗의 후손으로 오신 예수 그리스도를 드러냈습니다. 요한계시록 22장 16절에서도 "나는 다윗의 뿌리요 자손이니"라고 하신 대로 예수님께서는 다윗의 근원이기도 하시고 자손이기도 하십니다. 그러므로 예수 그리스도는 온전한 왕이십니다. 그리고 다윗의 뿌리는 누가복음 20장 44절에서 "그런즉 다윗이 그리스도를 주라 칭하였으니 어찌 그의 자손이 되겠느뇨"라고 하신 대로 다윗이 있게 된 근원입니다.

이어서 묘사된 메시아의 모습은 "이겼다"라는 표현입니다. 예수 그리스도는 "이긴 자"입니다. 요한계시록을 쓴 요한은 요한복음도 비슷한 시기에 기록했습니다. 요한복음에서 예수님께서 하신 말씀을 기록했는데, 예수님께서 겟세마네로 가시다가 제자들을 격려하며 "(요 16:33) 이것을 너희에게 이르는 것은 너희로 내 안에서 평안을 누리게 하려 함이라 세상에서는 너희가 환난을 당하나 담대하라 내가 세상을 이기었노라"라고 하였습니다. 또한, 요한복음 19장 30절에서 십자가에서 마지막으로 하신 말씀이 "다 이루었다"입니다. 예수님께서 장차 이기실 자가 아니라 이미 이기신 분입니다.

이어지는 인을 뗄 자에 대한 묘사는 가장 중요한 묘사라고 할 수 있습니다.

"(계 5:6) 내가 또 보니 보좌와 네 생물과 장로들 사이에 한 어린양이 서 있는데 일찍이 죽임을 당한 것 같더라 그에게 일곱 뿔과 일곱 눈이 있으니 이 눈들은 온 땅에 보내심을 받은 하나님의 일곱 영이더라"

"한 어린양"으로 묘사하고 있습니다. 어린양이라고 한 것은 히브리인들이 유월절 어린양의 죽음으로 애굽에서 구원을 받은 것을 기억하게 하는 표현입니다. 예수님이 그 어린양입니다. 사복음서 중에 예수님을 어린양으로 묘사한 성경은 요한복음이 유일합니다(요 1:29). 그런 요한이 요한계시록을 쓰고 있다는 사실을 생각하면 요한은 예수님께서 우리를 구원하시기 위해 유월절 어린양으로 오셔서 죽으셨음을 강조하여 말씀하고 있다는 사실입니다. 그래서 이어지는 말씀이

"일찍 죽임을 당한 것 같더라"라고 합니다. 일찍 죽임을 당한 것 같더라고 한 것은 죽었다가 살아난 사실을 달리 표현한 말씀입니다. 이 표현을 앞의 "이긴 자"와 함께 생각하면 누구나 알 수 있듯이 예수님께서 죽으시고 부활하셔서 보좌에 계심으로 이미 사망 권세 이기신 자이심을 말씀합니다. 앞으로 요한계시록에서 예수님에 대한 묘사는 어린양으로 주로 묘사됩니다. 사자가 아닌 어린양입니다. 세상에서 왕의 권세로 우리를 구원하신 것이 아니라 유월절 어린양의 죽음으로 우리를 건지신 분, 그래서 당신이 이기시고 우리에게 이김을 주시는 분이기에 어린양으로 묘사되었습니다.

그러기에 이어지는 묘사가 "일곱 뿔과 일곱 눈이 있으니……. 일곱 영"이라고 합니다. 일곱 뿔, 일곱 눈, 일곱 영이 그에게 있다고 합니다. 일곱 뿔, 일곱 눈, 일곱 영으로 묘사되고 있는 존재는 성령으로 성령이 함께하시는 예수님의 모습을 묘사하였습니다. 우리가 잘 알듯이 예수님은 공생애를 시작하실 때 세례를 통해 성령이 임하였고, 최후의 기도에 성령께서 도우셨으며, 승천하시면서 당신의 영인 성령을 우리에게 보내심으로 우리와 영원토록 함께 하게 하셨습니다.

지금까지가 인을 뗄 자에 대한 묘사였습니다. 이를 종합하면 유다의 후손으로 오셔서 왕으로 통치하시는 분입니다. 그런데 그 통치는 사자의 능력이 아니라 어린양의 죽음을 통해서 우리를 사망에서 생명으로 옮기신 분으로 이긴 자입니다. 이분이 두루마리를 취하셨다고 합니다. 이분, 즉 예수 그리스도께서 두루마리를 취하셨습니다. 이 말의 의미는 예수님께서 하나님으로 세상을 심판하는 총사령관의 일을 맡았음을 의미합니다. 어린양이신 그리스도께서 하나님의 구속 계획을 성취할 권위와 권한을 부여받으셨음을 의미합니다(사 9:6,7; 슥 9:10). 본문을 통해 하나님께서 세상을 주관하며 그것은 아들 예수님께 맡겼음을 알 수 있습니다. 하나님의 백성들을 구원하고 대적들을 심판하실 주님에 대해 보았습니다. 그러므로 모든 것을 주님께 맡기며 우리 주변에서 벌어지는 모든 일이 하나님의 주권 아래 있다는 사실을 믿읍시다. 그러기에 주님의 전능하심을 믿고 우리의 모든 것을 주님께 맡기는 지혜로운 자들이 됩시다.

22. 어린양께 영광을
요한계시록 5장 8-14절

5장 초반에서 보좌에 앉으신 하나님의 오른손에 일곱 인이 박힌 두루마리가 있는 것을 본 요한에게 힘센 천사의 소리가 들렸습니다. 말하기를 "누가 그 두루마리를 펴며 그 인을 떼기에 합당하냐"라고 하였습니다. 이에 요한이 주변을 둘러보았으나 합당한 자가 없어 울었습니다. 이때 장로 중의 한 사람이 말하기를 "울지 말라 유대 지파의 사자 다윗의 뿌리가 이겼으니……. 한 어린양"이라고 하였고 그 어린양이 하나님으로부터 두루마리를 받는 모습을 보았습니다.

이렇게 두루마리를 취하신 어린양 예수님의 모습을 보며 이십사 장로와 네 생물, 그리고 천사와 피조물들이 하나님을 찬양합니다.

"(계 5:8) 그 두루마리를 취하시매 네 생물과 이십사 장로들이 그 어린 양 앞에 엎드려 각각 거문고와 향이 가득한 금 대접을 가졌으니 이 향은 성도의 기도들이라"

어린양이신 예수님께서 두루마리를 취하셨을 때 이십사 장로와 네 생물의 행동이 묘사되고 있습니다. 그것은 어린양 앞에 엎드리는 모습입니다. 엎드렸다는 표현은 기도하는 것을 묘사한 말입니다. 이러한 표현은 민수기에 여러 번 등장합니다. 모세와 아론이 백성들의 문제를 하나님께 아뢸 때 "엎드렸다"라고 합니다. 장로들과 생물들의 엎드림은 성도들의 기도를 올려드리는 동시에 어린양의 영광과 권능을 높여 드리는 행위입니다. 그래서 14절에서 "네 생물이 이르되 아멘 하고 장로들은 엎드려 경배하더라"라고 합니다.

본문에서도 이십사 장로와 네 생물이 엎드리며 한 행동을 묘사하는데 "각각 거문고와 향이 가득한 금 대접을 가졌으니 이 향은 성도의 기도들이라"라고 합니다. 여기서 "거문고"는 하나님을 찬양함을 의미하고 "향"은 기도가 하나님께 상달 되어 하나님을 기쁘게 하는 것임을 의미합니다. 다윗도 자신의 기도가 주님께 상달 되기를 원하는 것에 대해 노래하는데 "(시 141:2) 나의 기도가 주의 앞에 분향함과 같이 되며 나의 손 드는 것이 저녁 제사 같이 되게 하소서"라고 했습니다. 그리고 그 기도의 가치가 얼마나 귀한지 "금대접"에 담겨 있다고 합니다. 이렇게 성도들의 기도를 담은 그릇을 금대접이라고 하는 것은 어린양의 신부 즉, 성도들의 기도가 담겨 있기 때문이며, 그 기도는 성령의 도우심으로 하는 신령한 기도이기 때문입니다.

그렇다면 왜 어린양이 두루마리를 취하셨는데 이십사 장로와 네 생물이 찬양하며 금대접에 성도들의 기도를 담아 드리는 것일까요? 그것은 6장을 보면서 더 자세하게 말씀드리겠지만 땅에서 고난받는 성도들의 기도에 대한 응답이 두루마리를 취하시는 것으로 묘사되기 때문입니다. 예수님께서 두루마리를 취하심은 성도들이 하나님께 기도했던 내용 즉, 고난받는 이유가 무엇이며, 고난은 언제까지 계속될 것이며, 박해하는 자들을 향한 하나님의 심판은 어떻게 될 것이며, 박해받는 교회가 결국은 어떻게 될 것인지에 대해 성도들이 간절히 기도했는데 그에 대한 응답이 예수님께서 두루마리를 취하시는 것에서 시작되기 때문입니다. 예수님께서 두루마리를 취하심으로 그것이 어떻게 실행될 것인지를 알려주십니다. 대적에게는 심판이, 고난받는 성도들에게는 위로와, 박해받는 교회는 사라지는 것이 아니라 영광스러운 승리가 있음을 알려 주시는 것이 두루마리의 내용입니다. 그리기에 어린양이신 예수님께서 두루마리를 취하시자 찬양을 드리고 있습니다. 또한, 그것은 성도들의 기도에 대한 응답임을 알려주십니다.

　주님은 성도의 기도를 통해 일하시는 분이십니다. 오순절에 놀라운 성령의 강림이 있기 전에 제자들이 했던 것이 무엇입니까? 그것은 기도였습니다. 빌립보 감옥의 문이 열린 것도 바울과 실라의 기도와 찬송이었습니다. 사도행전 1장 14절에 "여자들과 예수의 어머니 마리아와 예수의 아우들과 더불어 마음을 같이하여 오로지 기도에 힘쓰더라"라고 했고, 누가복음 24장 52절로 53절에서는 "그들이 [그에게 경배하고] 큰 기쁨으로 예루살렘에 돌아가 늘 성전에서 하나님을 찬송하니라"라고 했습니다. 에스겔은 회복을 예언하면서 "(겔 36:37) 주 여호와께서 이같이 말씀하셨느니라 그래도 이스라엘 족속이 이같이 자기들에게 이루어 주기를 내게 구하여야 할지라"라고 하였습니다. 그러므로 성도는 기도를 게을리할 수 없습니다. 우리가 할 일은 구원의 복음 앞에 서서 그 은혜를 기억하며 날마다 찬송하고 마음을 합하여 기도에 힘쓰는 것입니다.

　종합적으로 말씀드리면 어린양께서 두루마리를 취하심과 동시에 성도의 기도들이 소개됨은 비록 구원사역이 하나님의 주권에 있을지라도 그 방편으로서 성도들의 기도를 사용하신다는 사실을 보여줍니다. 즉, 역사의 주권자이며 심판의 주는 하나님이시지만 성도의 기도를 통해 그 일을 진행하십니다. 그러므로 기도 생활에 충실해야 합니다. 그래서 칼빈도 기독교 강요 3권 기도 편의 서문에서 "기도는 신앙의 가장 중요한 훈련이며 우리는 날마다 이것을 통하여 은총을 받는

다."라고 하였습니다. 기도합시다. 기도를 통해 우리의 간구와 원통함을 하나님께 아뢸 수 있습니다. 이러한 성도의 기도는 절대로 땅에 떨어지지 않습니다. 그 기도는 향이 되어 하나님께 날마다 드려지며 그 결과 가장 좋은 것으로 응답해 주십니다.

이어지는 말씀에 장로들과 생물들이 하는 찬양의 내용이 기록되어 있습니다.

"(계 5:9) 그들이 새 노래를 불러 이르되 두루마리를 가지시고 그 인봉을 떼기에 합당하시도다. 일찍이 죽임을 당하사 각 족속과 방언과 백성과 나라 가운데에서 사람들을 피로 사서 하나님께 드리시고 (계 5:10) 그들로 우리 하나님 앞에서 나라와 제사장들을 삼으셨으니 그들이 땅에서 왕 노릇 하리로다 하더라"

어린양 되신 예수님께서 두루마리를 가지시고 인봉을 떼기에 합당하시다고 선언합니다. "합당하다"라는 말은 헬라어로 "악시오스"입니다. 이 단어는 "같은 무게를 지니고 균형을 유지하다.", "대등하다"라는 뜻이 있습니다. 그러므로 합당하다는 말은 예수님께서 두루마리를 가지거나 뗄 수 있는 자격이 있는데 그것에 필요한 행위를 하여 만족시켰음을 의미합니다. 예수님께서 십자가상에서 죽으심의 사역이 인봉을 떼기에 충분한 조건을 갖추었음을 의미합니다. 즉, 이천 년 전에 죽으신 그리스도의 죽음이 전 인류를 구원하기 위해 영원하고 충분한 조건을 갖추었음을 말씀합니다. 그래서 이어지는 내용이 "일찍이 죽임을 당하사 각 족속과 방언과 백성과 나라 가운데에서 사람들을 피로 사서 하나님께 드리시고"라고 합니다. 주님께서 찬양받으실 이유, 그것은 각 족속과 방언과 백성과 나라 가운데서 사람들을 피로 사서 하나님께 드렸기 때문입니다. 여기서 "각 족속과 방언과 백성과 나라"는 요한계시록에서 세상의 모든 사람을 의미하는 표현으로 사용됩니다. 인종과 나라를 초월하여 구별이나 차별이 없이, 전 세계 열방에서, 계속되는 세대 속에서 구원받은 사람들을 의미합니다.

그들이 구원받은 근거는 본문에서 말하고 있듯이 예수님의 피로 그들을 사서 하나님께 드린 것입니다. 우리 구원의 근거는 예수님의 피입니다. 그것도 매번 우리가 죄를 지을 때마다 흘리시는 것이 아니라 과거에 한번, 단회적인 피 흘림의 사건으로 완성되었습니다. 그래서 히브리서 기자는 "(히 7:27) 그는 저 대제사장들이 먼저 자기 죄를 위하고 다음에 백성의 죄를 위하여 날마다 제사 드리는 것과 같이 할 필요가 없으니 이는 그가 단번에 자기를 드려 이루셨음이라"라고 하였습니다.

또한, 피로 샀다고 하고 있는데 이 말을 달리 표현하면 "대가를 지불했다"라고 할 수 있습니다. 바울은 "(롬 6:23) 죄의 삯은 사망이요 하나님의 은사는 그리스도 예수 우리 주 안에 있는 영생이니라"라고 하여 죄의 대가는 사망임을 말씀합니다. 그 대가를 예수님께서 지불하셨는데 그것을 구약에서는 "속전"이라고 합니다. 이 속전은 창세기에서부터 어린양의 피로 지불되었습니다. 아담의 수치를 가릴 때도, 애굽에서 히브리민족을 건지실 때도, 성막에서 죄를 속하는 제사에서도 어린양의 피로 죄를 속했습니다. 그리고 실체이신 예수님께서 유월절 어린양으로 죽어 우리의 죄에 대한 대가를 지불하셨습니다. 이를 바울은 "(엡 1:7) 우리는 그리스도 안에서 그의 은혜의 풍성함을

246

따라 그의 피로 말미암아 속량 곧 죄 사함을 받았느니라"라고 하였습니다. 이렇게 산 우리를 하나님께 드렸다고 하고 있는데, 하나님께 드리셨다는 말은 하나님과의 관계를 회복시켜 주신 것을 말합니다. 노예로 드린 것이 아닙니다. 원래 창조 시에 누렸던 에덴에서의 교제를 회복시켜 주셨습니다. 우리의 죄로 인해 하나님과 원수 되었던 우리를 하나님과 화목 시켜 주셨습니다. 그것이 드렸다는 의미입니다.

이렇게 드려져 하나님과 창조 시의 교제를 회복하신 하나님은 드려진 성도들에게 새로운 사명과 정체성을 주셨습니다. 10절 말씀을 보면 "그들로 우리 하나님 앞에서 나라와 제사장들을 삼으셨으니 그들이 땅에서 왕 노릇 하리로다 하더라"라고 합니다. 하나님께 드려진 성도가 이 땅에 사는 동안 감당해야 할 사명은 나라와 제사장으로서 왕노릇하는 삶입니다. 이것은 본문에서 처음 언급된 것이 아닙니다. 이스라엘 백성들을 애굽에서 건지시고 시내산에 도착했을 때 하나님이 모세를 시내산에 오르게 하셨습니다. 그리고 이스라엘과 언약을 맺으셨는데 이때 처음 하셨던 말씀입니다. 기록되기를 "(출 19:5-6) 너희는 모든 민족 중에서 내 소유가 되겠고 너희가 내게 대하여 제사장 나라가 되며 거룩한 백성이 되리라 너는 이 말을 이스라엘 자손에게 전할지니라"라고 하였습니다.

하나님은 애굽에서 나온 이스라엘 백성들에게 제사장 나라가 되며 거룩한 백성이 되게 하리라고 말씀하셨습니다. 그런데 이렇게 되기 위해서는 조건이 있었습니다. 그 조건은 "(출 19:5) 세계가 다 내게 속하였나니 너희가 내 말을 잘 듣고 내 언약을 지키면"입니다. 하나님의 소유, 제사장 나라, 거룩한 백성이 되기 위해서는 하나님께서 명하신 말씀을 다 지켜 행해야 합니다. 그렇게 될 때야 가능합니다. 그

런데 모든 인간은 자신의 행위로는 의롭다 할 육체가 없다(롬 3:20)
는 것이 문제입니다. 이 문제가 해결되어야 하나님의 소유, 제사장 나
라, 거룩한 백성이 될 수 있습니다. 이것을 본문에서는 예수님께서 해
결하셨다고 합니다. 9절에서 "피로 사서"라고 한 것입니다. 예수님의
피로 그 대가를 지불하셨고 완성하셨기에 우리는 영원히 그의 소유,
제사장 나라, 그의 백성이 되었습니다.

　　그렇다면 나라와 제사장이 의미하는 바는 무엇일까요? 먼저 나라
를 삼았다는 것은 성도 한 사람 한 사람을 모아 하나님의 나라를 만들
었다는 말씀입니다. 그러니까 예수님을 믿는 자들이 모여 나라가 되
었습니다. 그 나라는 전 우주적 교회입니다. 하나님의 법을 따라 사는
자들이 모여 그의 나라가 되었습니다. 이렇게 나라가 된 이유, 그것은
제사장이 되게 하심입니다. 제사장이 된다는 것은 무슨 뜻일까요? 구
약의 제사장의 역할이 무엇인지 알면 제사장이 되게 하시겠다고 하신
말씀이 무슨 뜻인지 압니다. 제사장은 성전에서 봉사하는 자입니다.
그들은 이스라엘 백성들을 하나님께 올려 드리는 역할을 하였습니다.
그들은 백성들의 죄를 대속하는 일을 위해 살았습니다. 대제사장은
일 년에 하루 백성들의 모든 죄를 가지고 지성소에 들어가 죄를 속하
는 일을 했습니다. 그런 차원에서 제사장은 하나님과 그의 백성들 사
이를 연결하는 자입니다. 선지자는 위로부터 주어진 하나님의 말씀을
사람들에게 전하는 일을 감당했다면, 제사장은 백성들을 이끌고 하나
님께 나아가는 자입니다. 그러니까 제사장으로 삼겠다는 것은 먼저
우리 자신이 하나님께 나아가는 자가 되고 나아가 주변의 사람들을
끌어안고 하나님께 나아가는 자가 되게 하시겠다는 말씀입니다. 신약
을 사는 우리에게 대표적으로 제사장 사역은 중보기도입니다. 이 땅

의 영혼과 아픔을 끌어안고 하나님께 나가 구해야 합니다. 세상을 끌어안고 하나님께 나아가 은혜를 구해야 합니다. 이것이 신약을 사는 우리가 감당할 제사장의 삶입니다.

나아가 이렇게 된 자들의 역할을 영광스럽게 묘사하는데 그것은 우리가 읽은 대로 "왕 노릇"입니다. 왕 노릇이란 놀이가 아니라 왕으로 사는 삶을 의미합니다. 그런데 이 부분에서 오해가 있습니다. 믿는 자들의 왕 노릇을 이 땅이 아니라 천국에서 하는 것이라는 오해입니다. 죽어 하나님의 나라에서 왕 노릇 한다고 생각합니다. 오해입니다. 천국에서 왕 노릇 할 이유도 없고 그럴 상황도 아닙니다. 본문에서 왕 노릇을 하는 시기가 있습니다. 그것은 "땅에서"입니다. 땅에서 왕 노릇을 합니다. 천국에서는 왕이신 하나님을 영원토록 찬송하고 천국의 기쁨은 누리는 것이 성도에게 주어진 상입니다. 왕 노릇은 이 땅에서 합니다. 이렇게 땅에서 왕 노릇 하는 것에 대해 예수님도 말씀하셨습니다. 주님은 "(마 19:28) 예수께서 이르시되 내가 진실로 너희에게 이르노니 세상이 새롭게 되어 인자가 자기 영광의 보좌에 앉을 때에 나를 따르는 너희도 열두 보좌에 앉아 이스라엘 열두 지파를 심판하리라"라고 하셨습니다.

주님께서 하늘 보좌에 앉으실 때 즉, 승천하셔서 하늘에 계시고 성령님을 보내 주셨을 때, 그때부터 왕 노릇은 시작되었습니다. 여기서 의문이 있을 것입니다. 너희도 열두 보좌에 앉아 열두 지파를 심판하겠다는 표현이 제자들이 하늘에 앉았을 때 행하는 것이 아니냐는 것입니다. 하지만 하늘에 앉았다는 것의 의미를 바울이 해결해 주는데 에베소서 2장 5절과 6절에서 "허물로 죽은 우리를 그리스도와 함께 살리셨고 (너희는 은혜로 구원을 받은 것이라) 또 함께 일으키사 그리스도 예수 안에서 함께 하늘에 앉히시니"라고 하셨습니다. 또한, 로마서 5장 17절에서 "한 사람의 범죄로 말미암아 사망이 그 한 사람을 통하여 왕 노릇 하였은즉 더욱 은혜와 의의 선물을 넘치게 받는 자들은 한 분 예수 그리스도를 통하여 생명 안에서 왕 노릇 하리로다"라고 하였습니다. 그러므로 보좌에 앉았다는 말은 죽어서 천국에서 벌어질 상황이 아닙니다. 성도의 정체성을 하늘에 앉은 자라고 말하고 있는 것이며, 왕 노릇을 한다는 것은 이 땅에서 성도의 삶을 통해 실현되고 있음을 의미합니다. 그래서 베드로는 "(벧전 2:9) 그러나 너희는 택하신 족속이요 왕 같은 제사장들이요 거룩한 나라요 그의 소유가 된 백성이니 이는 너희를 어두운 데서 불러 내어 그의 기이한 빛에 들어가게 하신 이의 아름다운 덕을 선포하게 하려 하심이라"라고 했습니다. 그렇다면 왕 노릇은 어떻게 하는 것일까요? 베드로는 왕 노릇을 하는 것에 대해 "이는 너희를 어두운 데서 불러 내어 그의 기이한 빛에 들어가게 하신 이의 아름다운 덕을 선포하게 하려 하심이라"라고 하였습니다. 그렇습니다. 왕 노릇이란? 성도가 말씀대로 살아가고 말씀을 선포함으로 그 말씀을 듣는 자들에게는 구원을 얻게 하고, 말씀을 받지 않는 자들에게는 믿지 아니함으로 이미 심판을 받은 것이라고 하신 말씀의 실천이요 실현입니다.

이렇게 장로들과 네 생물의 찬양이 끝나고 이어지는 찬송이 있습니다. 그것은 수많은 천사의 찬송입니다.

"(계 5:11) 내가 또 보고 들으매 보좌와 생물들과 장로들을 둘러선 많은 천사의 음성이 있으니 그 수가 만만이요 천천이라 (계 5:12) 큰

250

음성으로 이르되 죽임을 당하신 어린 양은 능력과 부와 지혜와 힘과 존귀와 영광과 찬송을 받으시기에 합당하도다 하더라"

여기서 네 생물과 다른 부류의 영적 존재가 등장합니다. 이는 명확하게 구분하기 힘든 부분입니다. 이십사 장로가 구약의 이십사 반열의 이미지를 빌려와 구원받은 자들을 대표하고 7장에 등장하는 허다한 무리가 구원받은 자들의 많음을 묘사하고 있는 것처럼, 네 생물은 천사들을 대표하는 자들이고 본 절에 등장하는 천천, 만만의 천사들을 천사들의 많음을 상징한다고 볼 수 있습니다. 이렇게 천사들을 묘사한 부분은 다니엘이 먼저입니다. 다니엘서 7장 10절에서 "불이 강처럼 흘러 그의 앞에서 나오며 그를 섬기는 자는 천천이요 그 앞에서 모셔 선 자는 만만이며 심판을 베푸는데 책들이 펴 놓였더라"라고 합니다. 본 절에서는 천사들의 찬송이 울려 퍼지고 있고 "만만이요 천천이라"고 묘사하는 것은 셀 수 없을 정도의 많은 무리를 의미합니다. 이는 이 무리 가운데 계신 자의 무한한 영광과 권능을 암시하며 동시에 그리스도께서 모든 천사에게도 찬양받으시기에 합당한 분이심을 의미합니다. 천사들의 찬송 내용은 잠시 뒤에 보겠습니다.

이어지는 찬양이 있습니다. 그것은 모든 피조물의 찬양입니다.

"(계 5:13) 내가 또 들으니 하늘 위에와 땅 위에와 땅 아래와 바다 위에와 또 그 가운데 모든 피조물이 이르되 보좌에 앉으신 이와 어린 양에게 찬송과 존귀와 영광과 권능을 세세토록 돌릴지어다 하니"

모든 피조물이 하나님을 찬양합니다. 바울은 로마서에서 "(롬 8:19) 피조물이 고대하는 바는 하나님의 아들들이 나타나는 것이니" 라고 하였습니다. 이 말은 모든 피조물이 그리스도의 통치를 기다리고 있음을 뜻합니다. 그리고 그 통치가 이루어졌을 때, 바로 예수 그리스도의 대속으로 저주받았던 인간과 피조물들이 회복되는 때를 기다렸고 그것이 이루어졌기에 찬송하고 있습니다. 이렇게 천사들도, 피조물도 하나님을 찬양하는데 그 내용이 "능력과 부와 지혜와 힘과 존귀와 영광을 어린양께" 입니다. 어린양의 대속의 은혜로 구원받았기에 그 영광을 다시 어린양께 드립니다. 4장에서 보았듯이 장로들이 면류관 벗어 하나님께 드리는 것과 같은 의미입니다.

그러기에 14절에서 이십사 장로들과 네 생물이 기쁨의 화답을 하는 것을 볼 수 있습니다.

"(계 5:14) 네 생물이 이르되 아멘 하고 장로들은 엎드려 경배하더라"

"아멘"으로 화답하며 엎드려 경배하고 있습니다. "아멘"이란 "그러합니다"라는 의미입니다. 5장 전체에서 "어린양"이 다섯 번 언급됩니다. 요한계시록 전체에서는 30회 사용되었습니다. 요한이 강조하는 것은 어린양의 죽음입니다. 그 죽음으로 우리를 사망에서 건지시고 하나님의 백성이 되게 하신 것을 본문을 시작으로 요한계시록 전체에서 찬양하고 있습니다. 어린양께서 찬송을 받으시는 것이 마땅합니다. 그러기에 제목처럼 "어린양께 영광을" 돌리는 자세로 세상에서

252

왕 노릇을 하는 우리가 되어야 합니다.

23. 인을 떼실 때에 I
요한계시록 6장 1-4절

어린양이신 예수님께서 그 인을 떼시고 그 인을 떼었을 때 나타나는 현상들에 대해 말씀하십니다. 6장에는 일곱인 중에 여섯 개가 나옵니다. 각각의 인의 구체적인 내용을 보기 전에 먼저 이 인이 나타내는 의미를 알아야 합니다. 앞으로 볼 내용들은 세 가지 상징적인 언어들로 기록합니다. 그것은 인, 나팔, 대접입니다. 일반적으로 "인재앙, 나팔재앙, 대접재앙"이라고 부릅니다. 그렇게 불러도 큰 무리는 없으나 저는 개인적으로 이것들을 재앙이라고 부르는 것은 무리가 있다고 생각합니다. 그래서 저는 인은 하나님의 계획이란 뜻에서 "인계획", 나팔은 경고의 의미가 있기에 "나팔경고", 대접은 최종적인 심판을 의미하기에 "대접심판"이라고 불러야 기록 의도를 해치지 않는다고 생각합니다. 인, 나팔, 대접은 현재 일어나고 있는 교회에 대한 박해의 원인과 결과를 알려주시며, 그러한 세상을 향한 하나님의 경고가 계속되고, 그 경고가 끝나고 나면 심판이 있을 것을 점점 구체적으로 말씀합니다.

이제 본문을 통해 인을 하나씩 보면서 주님께서 우리에게 주시고자 하는 말씀을 봅시다. 먼저 첫 번째 인입니다.

"(계 6:1) 내가 보매 어린 양이 일곱 인 중의 하나를 떼시는데 그 때에 내가 들으니 네 생물 중의 하나가 우렛소리 같이 말하되 오라 하기로 (계 6:2) 이에 내가 보니 흰 말이 있는데 그 탄 자가 활을 가졌고

254

면류관을 받고 나아가서 이기고 또 이기려고 하더라."

5장에서 하나님의 오른손에서 일곱 인이 박인 두루마리를 취하신 어린양 예수님은 이제 인을 하나씩 떼기 시작하십니다. 인을 예수님 께서 떼시는 이유는 5장에서 언급했듯이 예수님께서 인을 뗄 자격이 있기 때문입니다. 그 자격은 각 족속과 방언과 백성과 나라 가운데서 피로 사서 하나님께 드림으로 하나님의 백성이 되게 하셨기 때문입니 다. 그 자격을 가지신 예수님께서 인을 떼십니다. 그렇다면 인을 뗀다 는 의미는 무엇일까요? 그것은 표면적으로는 두루마리 안의 내용을 개봉하여 그 안의 내용을 알려주시는 의미가 있습니다. 이것을 계시 한다고 말합니다. 열어서 보여준다는 의미입니다. 세상을 향한 하나 님의 계획을 열어 보여주시는 행위입니다. 나아가 더 중요한 의미는 그 내용을 이루실 것을 의미합니다. 전쟁에서 인을 뗄 자격은 총사령 관만이 가지며, 그가 그것을 실행하듯이 예수님께서 하나님의 계획을 이루실 것을 의미합니다.

이렇게 뗄 자격이 있는 예수님께서 첫 번째 인을 떼셨습니다. 이때 놀라운 일을 보았는데 그것은 네 생물 중 하나가 우렛소리같이 "오 라"라고 외치는 소리입니다. 앞으로 네 번째 인까지 네 생물이 한 번 씩 "오라"라는 소리를 발하여 네 종류의 말을 불러내게 됩니다. 이러 한 방식으로 일하심은 하나님은 계획하시고, 아들은 실행하시며, 천 사는 아들의 명을 수행하고 있음을 말합니다.

첫 번째 생물이 말할 때만 특별한 표현을 사용하고 있는데 그것은 "우렛소리같이"라는 말입니다. 요한계시록 안에 이러한 표현이 여러 번 나옵니다. 우렛소리(4:5; 16:18), 나팔 소리(1:10; 4:1), 많은 물

소리(1:5; 14:2; 19:6) 등의 표현입니다. 이러한 표현이 나올 때는 하나님의 일하심이나 성도와 관련이 있습니다. 이렇게 첫 번째 생물의 오라 하는 소리에만 "우렛소리"라는 표현이 사용된 이유는 무엇일까요? 그것은 이 표현이 나올 때 하나님과 성도와 관련될 때 사용된다고 했는데 그 해답이 2절에 있습니다.

2절을 보면 생물의 오라는 소리에 흰 말이 등장합니다. 그리고 그 말을 탄 자의 모습을 구체적으로 묘사해 주고 있습니다. 그는 활을 가졌고, 면류관을 받았으며, 나아가 이기고 또 이기려 한다고 합니다.

먼저 말의 등장입니다. 네 번째 인까지 네 마리의 말이 등장합니다. "흰말, 붉은 말, 검은 말, 청황색 말"입니다. 이렇게 말을 등장시키는 것은 처음이 아닙니다. 스가랴서 1장 8절을 보면 "붉은 말, 자줏빛 말, 흰말"이 등장합니다. 이렇게 말을 등장시키면서 스가랴서는 이 말들을 탄 자들의 역할을 말해 줍니다. 말씀하시기를 "(슥 1:10) 땅에 두루 다니라고 보낸 자들"이라고 하였습니다. 그러니까 말의 등장은 세상에서 벌어지는 일들을 나타내 묘사하고 있습니다. 그래서 본문에서도 말들이 등장할 때마다 세상에서 벌어지는 일들이 하나씩 묘사되고 있습니다. 그러나 주의할 것은 스가랴서에 등장하는 말들과 본문에 등장하는 말들을 색깔별로 대입하려는 시도는 하지 않아야 합니다.

본문으로 돌아가서 2절에서 먼저 흰 말을 탄 자가 등장합니다. 흰 말을 탄 자에 대한 해석이 분분합니다.

먼저는 흰말을 탔다는 이유로 예수님이라는 해석입니다. 그렇지

256

않습니다. 예수님에 대한 명확한 묘사는 19장 11절 이하에 등장합니다. 그 장면에서 그리스도도 백마를 탔지만 이와는 확연히 차이가 납니다. 19장에서는 그리스도가 백마를 타고 나오는데 그는 많은 면류관을 썼고 입에서는 예리한 검(1:16 좌우에 날선 검)이 나오고 말씀을 상징하는 피 뿌린 옷을 입었으며 그 뒤를 희고 깨끗한 세마포를 입은 자들이 백마를 타고 따르는 모습으로 묘사됩니다. 이보다 더 확실한 차이는 예수님의 이름을 "충신과 진실"이라고 하며 그가 공의로 심판하며 싸운다고 합니다. 그러나 본문에 등장하는 흰말을 탄 자는 단지 하나의 면류관을 받고 이기고 또 이기려 한다고 할 뿐 그의 이름이 없습니다.

또한, 2절 후반에 나오는 표현을 통해 예수님이 아님을 알 수 있는데 그것은 "이기고 또 이기려 한다."라는 말입니다. 흰말을 탄 자가 예수님이라면 예수님이 아직 승리를 완성하지 못한 존재로 묘사되고 있는 것이 문제입니다. 예수님은 이기고 또 이기려 하는 자가 아니라 "이긴 자"입니다. 본서를 쓴 요한은 요한복음을 기록하면서 "(요 16:33) 이것을 너희에게 이르는 것은 너희로 내 안에서 평안을 누리게 하려 함이라 세상에서는 너희가 환난을 당하나 담대하라 내가 세상을 이기었노라"라고 하셨습니다. 그러니까 흰말을 탄 자는 예수님이 아닙니다.

두 번째 해석은 가장한 천사라는 해석입니다. 많은 사람이 이렇게 해석합니다. 그 이유는 그가 흰말을 탔기 때문이며, 활을 가지고 공격을 하고 있기 때문이라는 것입니다. 또한, 11장 8절에서 복음 전하는 성도를 사탄이 이기기 때문이라고 합니다. 하지만 이 해석도 타당하지 않습니다.

그렇다면 본서에서 흰말을 탄 자가 예수님도 아니고 가장한 천사도 아니라면 누구일까요? 그것은 성도입니다. 왜냐하면, 그는 먼저 흰말을 탔기 때문입니다. 본서에서 흰말을 탄 자는 둘이 있습니다. 19장에 보면 "(계 19:11) 또 내가 하늘이 열린 것을 보니 보라 백마와 그것을 탄 자가 있으니 그 이름은 충신과 진실이라 그가 공의로 심판하며 싸우더라 (계 19:12) 그 눈은 불꽃같고 그 머리에는 많은 관들이 있고 또 이름 쓴 것 하나가 있으니 자기밖에 아는 자가 없고 (계 19:13) 또 그가 피 뿌린 옷을 입었는데 그 이름은 하나님의 말씀이라 칭하더라 (계 19:14) 하늘에 있는 군대들이 희고 깨끗한 세마포 옷을 입고 백마를 타고 그를 따르더라"라고 하는 말씀을 볼 수 있습니다. 여기서 알 수 있듯이 첫 번째 흰말을 탄 자는 심판자 예수님이십니다. 그리고 두 번째는 그 뒤를 따르는 하늘에 있는 군대인 성도입니다. 그러니까 흰 말을 탔다는 것은 성도입니다.

그리고 이어지는 묘사는 활을 가졌다는 표현입니다. 이 활은 사탄이 사용하는 무기가 아닙니다. 이 활에 대해 성경이 어떻게 묘사하고 있는지 보면 이 묘사 또한 성도에게 해당하는 말임을 알 수 있습니다. 스가랴서 9장부터 14장을 "메시아 장"이라고 합니다. 이렇게 부르는 이유는 메시아에 대한 예언과 묘사가 많기 때문입니다. 스가랴는 회복될 이스라엘을 통해 대적들을 심판하실 것을 묘사하는데 "(슥 9:13) 내가 유다를 당긴 활로 삼고 에브라임을 끼운 화살로 삼았으니 시온아 내가 네 자식들을 일으켜 헬라 자식들을 치게 하며 너를 용사의 칼과 같게 하리라"라고 하였습니다. 주님은 이스라엘, 신약으로 하면 성도를 활과 화살로 삼아 대적을 치시겠다는 의미입니다. 또한, 이보다 앞서 다윗을 통해서도 예언했습니다. 사울이 블레셋과의 전투에서 활을 맞고 상처를 입은 후에 자결했습니다. 이 소식을 들은 다윗은 사울을 위해 애가를 지어 부르게 되는데 그 노래에서 "(삼하 1:17) 다윗이 이 슬픈 노래로 사울과 그의 아들 요나단을 조상하고 (삼하 1:18) 명령하여 그것을 유다 족속에게 가르치라 하였으니 곧 활 노래라 야살의 책에 기록되었으되"라고 하고 있습니다. 당시 이스라엘은 국력이 약해 활도 없었고 사용할 줄도 몰랐습니다. 그저 물맷돌을 던져 적에게 해를 가할 뿐이었습니다. 다윗은 다시는 적의 화살에 죽임을 당하지 않고 대적을 이기기 위해 활 활용법을 가르쳐 사울의 원수를 갚게 하였습니다. 그래서 이 노래를 "활 노래"라고 합니다.

그리고 우리가 지금 인용한 사무엘하 1장 18절에서 "야살의 책"이란 말이 있는데 이는 이스라엘 사람들이 성경과 같은 권위를 부여한 책입니다. 이 책에도 놀라운 이야기가 기록되어 있습니다. 우리가 가지고 있는 성경, 창세기 49장을 보면 야곱이 열두 아들을 축복하는 내용이 실려 있습니다. 그 축복기도 중에 유다에게 한 기도 내용이 있는데 야살의 책에도 같은 내용이 실려 있습니다. 그런데 야살의 책에는 창세기 49장에는 없는 말이 있습니다. 야살의 책 56장 8절부터 9절 말씀에 "다만 네 아들들에게 활과 모든 종류의 전쟁 무기들을 가르쳐 그들이 자기 대적들을 다스릴 그들의 형제의 전쟁에서 싸우게 하라"라고 기록되어 있습니다. 이 외에도 시편 18편 34절, 시편 78편 9절, 사무엘하 22장 35절 등에서도 활을 성도들이 사용하거나 사용해야 할 무기로 기록하고 있습니다. 그렇습니다. 성도들은 지금 활을 가지고 싸우는 자입니다. 복음의 활을 가지고 대적들을 향해 날리는 자들입니다. 그래서 이기기를 힘쓰는 자들입니다(고전 9:25).

이어지는 말씀에 흰말을 탄 자는 면류관을 받았다고 합니다. 이 또한, 성도를 일컫는 표현입니다. 본서에는 "관"과 관련된 많은 표현이 있습니다. 그런데 관과 관련된 표현들이 성도와 관련된 표현과 사탄과 관련된 묘사가 다릅니다. 먼저 성도와 관련된 관입니다. 면류관(3:11; 6:2; 14:14), 생명의 관(2:10), 관(12:1; 19:12), 금관(4:10) 등입니다. 반대로 사탄과 관련되어 관이 쓰일 때는 금 같은 관(9:7) 그리고 왕관(12:3)이라고 하였습니다. 그러니까 사탄은 금관이 아닌 금 같은 관을 썼고 그것은 세상의 임금이 쓰는 왕관, 공중 권세 잡은 자의 관입니다. 반대로 성도는 승리자가 쓰는 면류관, 생명의 관, 영광스러운 금관입니다. 그러므로 본 절의 면류관을 받은 자는 성도입니다.

성도의 면류관은 주의 은혜로 주어진 생명의 면류관뿐 아니라, 전도를 통해 구원받은 영혼들이 성도의 면류관입니다. 그래서 바울은 "(살전 2:19, 빌 4:1)우리의 소망이나 기쁨이나 자랑의 면류관이 무엇이냐 그가 강림하실 때 우리 주 예수 앞에 너희가 아니냐"라고 했습니다. 그렇습니다. 우리는 이미 이 면류관을 받은 존재들입니다. 죽어 천국에 가서 받거나, 최후 심판 때에 받는 것이 아니라 이미 받았습니다. 생명의 면류관도, 썩지 않는 관도, 의의 관도 이미 받은 존재들입니다. 그리고 그것은 주님 앞에 섰을 때 벗어 드리게 됩니다. 이렇게 면류관을 쓸 수 있게 된 것은, 우리의 능력이나 열심이 아니고 주님의 은혜이기 때문입니다. 그러기에 받은 면류관을 벗어 하나님께 드림으로 영광을 주님께 돌리게 됩니다.

계속해서 기록하고 있는 대로 "이기고 또 이기려 하는 자"라는 표현인데 이 표현도 성도를 가리킵니다. 성도는 이미 이긴 자이나 아직 완전하지 않았습니다. 2장과 3장에서 일곱 교회를 향해서 이기라고 권면하셨던 예수님의 말씀을 기억하실 것입니다. 특별히 그중에서 빌라델비아교회를 향해 "(3:10)네가 나의 인내의 말씀을 지켰은즉"이라고 했는데 이 말은 이겼다는 말입니다. 그리고 또 이기라고 권면합니다(3:12). 그리고 본서 17장 14절에서 분명하게 말씀하고 있습니다. 기록되기를 "그들이 어린 양과 더불어 싸우려니와 어린 양은 만주의 주시요 만왕의 왕이시므로 그들을 이기실 터이요 또 그와 함께 있는 자들 곧 부르심을 받고 택하심을 받은 진실한 자들도 이기리로다."라고 하였습니다. 이 구절을 쉬운 성경은 "그들은 어린양을 대적해 전쟁을 일으킬 것이다. 그러나 결국 만왕의 왕이시요, 만주의 주님이신 어린양이 승리를 거두고 부름받아 선택된 충성된 주님의 병사들도 승리할 것이다."라고 하였습니다.

성도는 이기고 또 이기려는 자입니다. 이 싸움을 과거 믿음의 사람들도, 현재 우리도, 그리고 앞으로 계속될 성도들도 이 싸움을 싸우는 자가 됩니다. 1절을 말씀드리던 중에 "우렛소리", "많은 물소리" 등은 하나님의 일과 성도들과 관련할 때만 등장한다고 했습니다. 그러니까 1절과 2절에서 등장하는 흰 말을 탄 자는 성도임을 알 수 있습니다.

계속해서 두 번째 인을 떼실 때 벌어진 상황을 봅시다.

"(계 6:3) 둘째 인을 떼실 때에 내가 들으니 둘째 생물이 말하되 오라 하니 (계 6:4) 이에 다른 붉은 말이 나오더라 그 탄 자가 허락을 받아 땅에서 화평을 제하여 버리며 서로 죽이게 하고 또 큰 칼을 받았더라"

어린양이신 주님께서 두 번째 인을 떼시니 둘째 생물이 "오라"라고 합니다. 첫 번째 오라고 할 때와는 달리 우렛소리가 없습니다. 이미 이러한 소리는 하나님과 성도와 관련되어 등장한다고 말씀드렸습니다. 이에 근거하여 두 번째 오는 말의 정체는 성도가 아님을 알 수 있습니다. 두 번째 말은 붉은 말이고 그것을 탄 자가 등장합니다. 붉은 말을 탄 자에 대해 묘사하기를 "허락을 받아 땅에서 화평을 제하여 버리며 서로 죽이게 하고 또 큰 칼을 받았더라"라고 합니다.

이 묘사를 하나씩 살펴봅시다. 일부 사람들이 이 붉은 말은 전쟁을 의미한다고 하기도 합니다. 그러나 이것은 전쟁을 묘사한 것이 아닙니다. 이것은 앞에 등장했던 흰말을 탄 자들의 복음증거로 인해 그리스도인들이 받는 박해와 고난을 의미합니다. 성도들이 받을 정치적, 사회적, 종교적 핍박을 의미합니다.

그 근거는 본문에 나오는 "죽이게 하고"라는 단어입니다. 이 단어는 헬라어로 "슙하조"입니다. 이 단어는 전쟁이나 살인으로 사람을 죽일 때 쓰는 단어가 아닙니다. 이 단어는 제물을 죽일 때 사용하였습니다. 또한, 그리스도의 죽음이나 성도의 죽음에 사용된 단어입니다. 그 예로 요한일서 3장 12절에서 "가인이 아우를 죽이고", 본서 5장 6절에서 "어린양이 일찍 죽임을 당한 것 같더라"라는 말에서 사용되었습니다. 이 "슢하조"라는 단어는 사전에서 "동물을 죽이거나 제물로 드리기 위해 도살하는 것, 사람을 죽이는 것이나(왕상 18:40; 시 37:14), 인신 제물에 대해 사용되었다(삼상 15:33; 겔 16:17; 겔 23:39)."라고 되어있습니다. 이 단어는 요한일서 3장 12절에서 아벨의 죽음을 언급할 때 외에는 요한계시록에서만 사용되었습니다. 이 단어는 예수님의 죽음에 대해(계 5:6; 5:9; 5:12; 13:8) 그리고 성도의 죽음에 대해(계 6:9; 18:24) 사용되었습니다.

다음에 이어 나오는 큰 칼이란 단어가 앞에서 한 말을 더 보완해 줍니다. 본문에서 사용된 칼이란 단어는 전쟁용 칼을 의미하지 않습니다. 전쟁용 칼은 "롬파이아"라고 합니다. 또한, 로마 병사들이 썼던 양날 가진 칼은 "글라디우스"라는 짧은 칼이었습니다. 그러나 본문의 칼은 "마카이라"라는 헬라어로 제물을 잡을 때 사용하는 칼입니다. 그러므로 이 두 단어가 가지고 있는 공통의 뜻을 통해 분명히 알수 있는 것은 붉은 말을 탄 자가 화평을 제하며 서로 죽이게 하고 큰 칼을 받았다는 것은 성도들이 불신자들에게 핍박을 받고 죽게 된다는 것을 의미합니다. 그런데 이 죽음이 의미하는 것은 단순한 죽음이 아닙니다. 그것은 제물로서의 죽음입니다. 성도는 하나님의 나라를 위해, 주의 복음을 위해 죽었습니다. 이를 다른 말로 하면 "순교"입니다. 예수님께서 우리를 위해 유월절 어린양으로 죽으셨듯이 우리도 주의 복음을 위해 죽는 것을 의미합니다.

성도의 삶에는 여러 가지 어려움과 고통이 있습니다. 자신의 욕심에 이끌리는 시험에 빠져 당하는 고난도 있고 하나님께서 우리의 신앙을 단련하시는 고난도 있습니다. 성도들에게 있어 고난은 당연합니다. 우리 속에 거하시는 성령께서 죄에 대하여, 의에 대하여, 심판에 대하여 세상을 책망하시기에 세속적 가치들과 충돌하게 됩니다. 이로 인하여 성도에게는 거룩한 고통이 따를 수밖에 없습니다. 그리고 이 거룩한 고난은 하나님의 영광을 드러나게 합니다. 이는 마치 부싯돌이 부시와 충돌하여 불꽃이 튀게 되어 부싯깃에 불을 붙이게 되는 것과 같이, 성도는 복음의 삶으로 세상과 부딪히는 삶을 통해 "세상의 빛"으로 드러나게 됩니다. 이러한 것을 로마서 8장 17절은 말씀하시기를 "자녀이면 또한 후사, 곧 하나님의 후사요, 그리스도와 함께 한 후사니, 우리가 그와 함께 영광을 받기 위하여 고난도 함께 받아야 될 것이니라."라고 하셨으며, 빌립보서 1장 29절은 "그리스도를 위하여 너희에게 은혜를 주신 것은 다만 그를 믿을 뿐 아니라, 또한 그를 위하여 고난도 받게 하심이라."라고 말씀하셨습니다. 마태복음 24장 9절에서도 "그때 사람들이 너희를 환난에 넘겨주겠으며 너희를 죽이리니 너희가 내 이름을 위하여 모든 민족에게 미움을 받으리라."라고 하셨습니다. 이 말씀처럼 본문의 붉은 말 탄 자에 의해 성도들은 핍박을 당하고 심지어 죽임을 당하게 합니다.

본 절은 이렇게 복음을 전하다가 순교의 제물로 죽임을 당하는 상황 속에서도 위로를 줍니다. 그것은 사탄이 하나님의 허락하심 가운데 있다는 사실입니다. 사탄은 절대적 주권이 없습니다. 하나님의 허락을 받아 일하는 제한적 박해밖에는 할 수 없는 존재입니다. 욥기를 보아도 욥을 시험할 때 하나님의 허락하심 가운데 일합니다(욥 1:12). 심지어 악인인 아합을 죽일 때도 하나님의 허락 하에 있었습니다(왕상 22:19-23). 우리는 이 땅에서 이기고 또 이기려 복음의 활을 가지고 사탄의 세력과 싸우는 존재들입니다. 그렇기에 세상은 우리를 미워하고 심지어는 죽이기까지 합니다. 그러나 너무 염려하지 맙시다. 그들도 하나님의 허락하심 안에서만 일할 수 있기 때문입니다. 바울은 우리가 당하는 시험에 대해 "(고전 10:13) 감당하지 못할 시험 당함을 허락하지 않으셨다"라고 하였습니다. 그리스도인으로서 세상을 사는 것이 쉽지 않다는 사실을 인식하시기 바랍니다. 그러므로 성도는 매일의 삶 속에서 죽어야 하는 존재들입니다. 세상의 가치에 죽고, 재물에 죽고, 때로는 부당한 대우를 받아도 그리스도를 생각하며, 참으며 뺨을 때리는 자들을 축복해야 하는 존재들입니다. 이것이 순교입니다. 세상은 그리스도인들을 미워하게 되어있습니다. 그것은 당연하기에 이상하게 여기지 맙시다. 도리어 사도들이 사도행전에서 복음을 전하다 맞고 핍박을 받으면서도 "(행 5:41) 그 이름을 위하여 능욕 받는 일에 합당한 자로 여기심을 기뻐하였다."라고 하신 말씀을 기억합시다. 마태복음 24장 13절은 "끝까지 견디는 자는 구원을 얻으리라."라고 약속합니다. 우리도 그리스도인으로서 고난 겪음이 당연하다는 사실을 인정하고 끝까지 견뎌 승리하는 자가 됩시다.

24. 인을 떼실 때에 1I
요한계시록 6장 5-8절

요한계시록에서 가장 중요한 부분을 보고 있습니다. 그것은 인에 관해 설명하고 있는 부분입니다. 인을 말할 때 재앙이란 표현보다는 하나님의 계획을 보여주고 있다는 뜻으로 "인 계획"이라고 했었습니다. 이 "인 계획"이 요한계시록의 핵심입니다. 왜냐하면, 인 앞뒤에 기록된 요한계시록의 모든 내용은 6장에서 언급한 일들에 대해 구체적이고도 명확하게 설명하고 있기 때문입니다. 대부분의 성도는 요한계시록에서 신비적인 어떤 이야기를 기대합니다. 불확실한 미래에 대해 확실하게 알기를 원하거나 종말의 때, 또는 내세와 천국의 모습에 대해 구체적으로 알길 원합니다. 하지만 요한계시록은 그런 이야기에 대해 별 관심이 없습니다. 주님께서 요한계시록을 통해서 하고 싶은 말씀은 신비한 것이나 미래에 벌어질 일에 대한 것이 아니라 복음과 복음의 삶에 관한 내용입니다.

두 번째 인까지 정리하고 본문을 보겠습니다. 어린양이신 예수님께서 첫 번째 인을 떼셨을 때 네 생물 중 하나가 우렛소리 같은 소리로 말하되 "오라"고 했습니다. 이에 흰말을 탄 자가 나왔는데 그는 활을 가졌고 면류관을 받아 나아가서 이기고 또 이기려 하였습니다. 이 첫 번째 흰말을 탄 자는 성도와 그들의 모임인 교회입니다. 성도는 주의 은혜로 이미 구원의 면류관을 받은 자로서 복음을 들고 세상에 나가 이기고 또 이기려 싸우는 존재입니다. 이에 사탄은 성도를 대항하여 박해하는 존재로 등장합니다. 어린양이신 예수님께서 두 번째 인을 떼시니 붉은 말 탄 자가 등장했습니다. 그는 허락을 받아 땅에서 화평을 제하며 서로 죽이게 하고 큰 칼을 받았다고 하였습니다. 이 두 번째 존재는 복음을 전하는 성도를 향해 일어난 사탄의 세력입니다. 사탄은 제한된 권세로 복음을 전하는 성도들을 죽이는 존재입니다. 이때 성도는 순교의 제물로 하나님께 드려지게 됩니다.

세 번째 인을 보겠습니다.

"(계 6:5) 셋째 인을 떼실 때에 내가 들으니 셋째 생물이 말하되 오라 하기로 내가 보니 검은 말이 나오는데 그 탄 자가 손에 저울을 가졌더라"

어린양 예수님께서 세 번째 인을 떼시니 이번에도 셋째 생물이 "오라"라고 외쳤습니다. 이에 검은 말이 등장하였습니다. 이 검은 말 탄 자의 손에는 저울이 들려 있었습니다. 세 번째 등장한 검은 말을 탄 자의 정체는 무엇일까요? 검은색은 일반적으로 슬픔과 기근을 의미합니다. 검은 말 탄 자의 일반적인 해석은 이 땅에 경제적인 기근이 있을 것을 말하며 그것이 자연적인 재앙이건, 정치나 분배가 잘못되어서건 이것은 경제적인 기근을 의미하는데 그 결과 많은 이들이 고통을 겪을 것을 의미한다고 합니다. 하지만 이 검은 말 탄 자는 일반적인 기근을 말하는 것이 아닙니다.

그렇다면 이 검은 말 탄 자는 무엇을 의미할까요? 그것은 앞에서 보았던 두 가지 인과 관계가 있습니다. 첫 번째 인을 떼었을 때 성도의 복음증거의 모습을 보았습니다. 이 성도는 복음 들고 나가 사탄의 세력을 무너뜨리는 일을 하기에 사탄은 보고만 있을 수 없었습니다.

그래서 두 번째 인을 떼었을 때 붉은 말 탄 자가 등장하여 성도들을 죽였습니다. 그 결과 성도들은 복음을 증거 하다가 순교의 제물로 드려지게 되었음을 보았습니다. 이렇게 성도들이 복음증거로 인해 죽임을 당하나 모든 성도가 죽임을 당하는 것은 아닙니다. 복음증거로 인해 죽임을 당하지 않고 살아남은 자들에게는 고난이 따르게 됩니다. 이 고난을 말하는 것이 세 번째 인을 떼었을 때 나타난 검은 말 탄 자입니다. 성도들은 이 땅에 사는 동안 복음으로 인해 세상으로부터 미움을 받습니다. 요한이 밧모섬에 갇힌 이유가 "(계 1:2) 하나님의 말씀과 예수 그리스도에 대한 증거" 때문이라고 하였습니다. 그래서 다음에 보게 될 다섯 번째 인을 떼었을 때 성도들은 "(계 계 6:9) 하나님의 말씀과 그들이 가진 증거로 말미암아 죽임을 당한 영혼들"이 제단 아래에서 하나님께 부르짖고 있습니다.

이 검은 말 탄 자의 손에 저울이 들려 있었습니다. 이 저울의 이미지를 생각해 봅시다. 본문에서 언급하고 있는 저울은 "양팔 저울"입니다. 긴 막대 양쪽에 접시가 달려있어 한쪽에는 추를, 한쪽에는 물건을 놓아 무게를 다는 것입니다. 이러한 저울을 가진 자가 등장한 이유는 다음 절에서 말씀해 주고 있습니다.

"(계 6:6) 내가 네 생물 사이로부터 나는 듯한 음성을 들으니 이르되 한 데나리온에 밀 한 되요 한 데나리온에 보리 석 되로다. 또 감람유와 포도주는 해치지 말라 하더라"

요한은 네 생물 사이로부터 나는 듯한 음성을 들었습니다. 그 음성은 "한 데나리온에 밀 한 되요 한 데나리온에 보리 석 되로다. 또 감람유와 포도주는 해치지 말라"라는 소리였습니다.

셋째 생물이 말한 것을 하나씩 구체적으로 생각해 봅시다. 먼저 "한 데나리온에 밀 한 되요 한 데나리온에 보리 석 되로다"라는 말입니다. 여기에서 "데나리온"은 당시 남자 노동자가 하루 일하여 벌 수 있는 금액입니다. 이렇게 하루 번 돈으로 살 수 있는 물건과 그 양을 본문이 말해 주고 있습니다. 본문을 보면 남자 노동자 한 사람이 하루 벌어 살 수 있는 것은 "밀 한 되", "보리 석 되"입니다. 이러한 상황은 일반적인 사람들이 당하는 기근을 말하는 것이 아닙니다. 이러한 상황은 성도가 당하는 박해 상황을 말씀해 주고 있습니다. 하루 일해서 살 수 있는 양이 밀 한 되, 보리 석 되라고 합니다. 밀 한 되는 건강한 남자의 하루 식량밖에 안 되는 양을 의미하는데 당시 곡물 가격의 15~16배 정도 되는 가격입니다. 그러니까 믿지 않는 자들의 삶에 비해 성도의 삶은 열악하기 그지없었습니다.

요한이 이 글을 쓸 때 로마는 황제숭배를 적극적으로 시행했습니다. 황제 신전이나 일반 신전에 황제상을 세워놓고 그 앞에서 향을 피워올리며 "황제는 나의 주인이시다."라고 외치면 되었습니다. 이렇게 황제숭배를 한 자들에게 증명서를 제공되었습니다. 그리고 그 증명서는 그들이 상거래 할 때 필요했는데 물건을 파는 자도, 사는 자도 이 증명서가 있어야 했습니다. 황제숭배를 하지 않는 성도들은 증명서가 있을 수 없었습니다. 이러한 상황에서 성도들이 상거래를 할 수 없는 것은 당연한 결과였습니다. 또한, 상거래를 할 수 없게 되었을 뿐 아니라 박해자들을 피해 숨어 지내야 했습니다. 그러기에 경제적 상황이 열악해지는 것은 피할 수 없었습니다. 그런 그들의 상황을 묘사하고 있는 것이 저울과 기근입니다. 성도라는 이유 하나만으로 경제활동에 제약이 따르고 생존 자체가 위협을 당했습니다. 우리는 이미 두아디라 교회를 보면서 그들이 조합에 들지 않으면 경제활동을 할 수 없었음을 보았습니다.

이렇게 믿는 자들에게 따르는 경제적 어려움은 요한이 살던 때만 있는 것이 아닙니다. 애굽에서 나온 이스라엘 백성들도 경제적 기근을 겪었습니다. 출애굽 한 히브리 백성들의 불평을 보면 애굽에 있을 때 노역은 했지만, 경제적으로는 광야보다 나았음을 느낄 수 있습니다. 불의한 이익을 미워하는 자에게 주어지는 현실적인 결과는 손해입니다. 히브리서 저자도 당시 믿는 유대인들이 유대 사회에서 당하는 어려움으로 인해 믿음을 포기하려는 자들에게 믿음을 버리지 말고 유지할 것을 권면하였습니다. 당시 성도들은 믿는다는 이유 하나만으로 직장에서 쫓겨나고 거래를 할 수 없어 경제적으로 어려워졌습니다. 그런 그들이 경제적으로 회복할 방법은 믿음을 버리고 유대교로 돌아가는 것이었습니다. 히브리서 저자는 그들에게 유대교로 돌아가지 말라고 권면합니다. 그러면서 히브리서 저자는 에서가 팥죽 한 그릇에 장자권을 동생 야곱에게 판 사실 언급하며 "(12:16) 음행하는 자와 죽 한 그릇 음식을 위하여 장자의 명분을 판 에서와 같이 망령된 자가 없도록 살피라 (12:17) 너희가 아는 바와 같이 그가 그 후에 축복을 이어받으려고 눈물을 흘리며 구하되 버린 바가 되어 회개할 기회를 얻지 못하였느니라"라고 하였습니다.

헨드릭슨은 "성도들은 그들이 가진 바 신념에 충실하기를 고집하기 때문에 직장이나 사업, 또한 전문분야에서 쫓겨나는 사례가 얼마나 흔했던가? 예를 들어, 어떤 사람이 있어 주일에 일하기를 거절하

270

였기 때문에 직장에서 쫓겨났다. 그래서 더 낮은 임금을 주는 다른 직장을 구하지 않으면 안 되었다. 그는 부양해야 할 가정이 있다. 그 가정에 사치나 향락이 있을 것으로 생각할 수 없다."라고 했습니다. 이들이 본문에서 말하는 기근을 당한 자입니다. 이러한 기근은 모든 시대의 성도에게 찾아오는 당연한 손님입니다. 우리가 사는 이 세상도 다르지 않습니다. 불의한 이익을 미워하고 주님께서 기뻐하는 삶을 살기 원하는 자들에게 경제적인 불이익이 있기도 합니다. 물질이라는 황제 앞에 무릎을 꿇는 우리의 모습을 봅니다. 또한, 사람들의 평가라는 황제에게 잘 보이려 하고, 심지어 하나님을 일부러 잊고 살려는 우리들의 모습이 있습니다. 우리는 종종 물질과 하나님 사이에서 머뭇거릴 때가 있습니다. 그래서 주님은 맘몬과 하나님을 겸하여 섬길 수 없다고 하셨습니다. 이렇듯 복음을 받아들여 예수님을 믿는 우리에게 바울이 말한 대로 "복음과 함께 고난을 받는 것"입니다. 무릇 경건하게 살고자 하는 자는 핍박을 받습니다. 복음 때문에 손해를 겪는 일에 익숙해지는 우리가 되기를 바랍니다.

이렇게 말하고 있는 생물은 "또 감람유와 포도주는 해치지 말라 하더라"라고 합니다. 그러면 포도주와 감람유는 무엇을 의미할까요? 어떤 사람들은 "감람유와 포도주는 해함이 없는데 이는 기본적인 식량은 비싸서 먹을 수가 없는데 풍요와 쾌락을 의미하는 기름이나 포도주는 풍부하다는 의미이다. 이것은 불공평한 사회가 될 것을 예고하는 것이다."라고 해석합니다. 하지만 이 두 가지는 그런 의미가 아닙니다. 이 두 가지가 성전에서 어떻게 쓰였는지 알면 본문의 말씀을 쉽게 이해할 수 있습니다. 왜 성전과 연관하여 생각하는 것이 옳으냐면 성도가 순교의 제물로 죽는 상황을 두 번째 인에서 말하였고, 다음에 볼 네 번째, 다섯 번째 인이 그것을 증명하고 있기 때문입니다. 이렇게 전제하면 감람유와 포도주는 어떤 의미가 있을까요? 이 두 가지는 성전에서 제물을 드릴 때 함께 드렸던 제물입니다. 이것들을 제단에 부어드렸는데 감람유는 감사의 의미인 소제로, 포도주는 헌신의 의미인 전제로 드려졌습니다. 그러니까 감람유와 포도주를 해하지 못하게 한 것은 성도들의 헌신과 수고가 하나님께 드려지는 제물이 되는 것을 막을 수 없도록 하겠다는 말씀입니다. 누가는 "(눅 7:46)너는 내 머리에 감람유도 붓지 아니하였으되 그는 향유를 내 발에 부었느니라"라는 주님의 말씀을 통해 감람유가 최소한의 감사를 하는 것에 대해 언급했고, 바울은 빌립보 교인들에게 편지를 쓰면서 "(2:17) 만일 너희 믿음의 제물과 섬김 위에 내가 나를 전제로 드릴지라도 나는 기뻐하고 너희 무리와 함께 기뻐하리니"라고 하여 자신의 빌립보 교인들을 얼마나 사랑하고 있는지를 말했습니다.

사탄이 우리를 박해해도, 우리에게 경제적 기근으로 겁박하여도 주님과 복음을 향한 헌신과 수고를 막을 수 없습니다. 경제적 어려움이 우리에게 있을 수 있습니다. 그것은 분명 우리의 삶을 불편하게 만듭니다. 인간적으로 분명히 풍요롭지 못합니다. 하지만 그 기근이 우리를 죽일 수는 없습니다. 주님은 이스라엘 백성들을 오랜 시간 훈련시키셨습니다. 이스라엘이 광야에서 음식이 떨어졌을 때, 하나님은 그들에게 아침에는 만나로, 저녁에는 메추라기로 먹이셨습니다. 그러면서 많이 거둔 자도 남지 않고 적게 거둔 자도 부족하지 않았다고 말씀하셨습니다. 주님은 말씀하시기를 "(눅 12:22) 너희는 무엇을 먹을까 무엇을 입을까 무엇을 마실까 염려하지 말라……. (눅 12:30) 너희 천부께서 이 모든 것이 너희에게 있어야 할 것을 아신다."라고 하셨습니다. 요한계시록 7장 7절에서도 말씀하시기를 "저희가 주리지도 아니하며 목마르지도 아니하고 해나 아무 뜨거운 기운에 상하지 아니할 것이라"라고 하셨습니다. 세상의 가치관과 타협하지 맙시다. 그 타협으로 얻은 물질적 여유는 우리의 육신을 잠시 부유케 할 수 있지만 결단코 우리의 영혼을 부유하게 할 수 없다는 사실은 분명히 기억합시다. 또한, 그리스도를 섬기고 그리스도의 뜻대로 살려다가 경제적인 어려움을 겪게 되더라도 절망하지 말고 믿음의 뿌리를 그리스도께 깊이 두어 시절을 쫓아 과실을 많이 맺는 자가 됩시다.

이어서 어린양은 네 번째 인을 떼셨습니다.

"(계 6:7) 넷째 인을 떼실 때에 내가 넷째 생물의 음성을 들으니 말하되 오라 하기로 (계 6:8) 내가 보매 청황색 말이 나오는데 그 탄 자의 이름은 사망이니 음부가 그 뒤를 따르더라 그들이 땅 사 분의 일의 권세를 얻어 검과 흉년과 사망과 땅의 짐승들로써 죽이더라"

네 번째 인을 떼시고 네 번째 생물이 "오라"고 외치니 청황색 말이 등장합니다. 여기서 청황색이란 푸르스름한 색깔과 누런 색깔이 섞인 색입니다. 이는 창백한 모습을 묘사합니다. 그러므로 이것은 질병과 죽음을 의미합니다. 그러기에 그의 이름을 "사망"이라고 본문은 말하고 있습니다. 그리고 그 뒤를 음부가 따른다고 합니다. 이렇게 묘사한 이유는 청황색 말을 탄 자는 본문이 스스로 밝히기를 "사망"이라고 하여 죽음을 의미하기 때문입니다. 사망이 영과 육의 분리를 말하는 것이라면, 음부란 하나님의 심판을 받은 존재들이 영원히 갇히는 장소를 의미합니다. 청황색 말을 탄 자는 누군가를 죽이고 괴롭히지만, 그는 반드시 음부에 갇힐 존재입니다.

사망이라는 이름을 가진 자의 행위가 이어서 기록되는데 "그들이 땅 사 분의 일의 권세를 얻어 검과 흉년과 사망과 땅의 짐승들로써 죽이더라"라고 합니다. 이렇게 죽이는 모습을 우리는 이미 보았습니다. 본문이 말하고 있는 대로 "검과 흉년과 사망과 땅의 짐승들로서"입니다. 여기서 검이란 두 번째 인에서 사탄이 가지고 있었던 큰 칼의 다른 표현입니다. 그리고 흉년은 세 번째 인에서 죽음을 피한 성도들이 믿음을 지키며 살 때 당하는 경제적 어려움입니다. 그것에 대해 본문은 "흉년"이라고 합니다. 또한, 짐승들로서 죽인다고 하는데 이 짐승들은 나중에 볼 13장에 등장하는 바다에서 올라온 짐승, 땅에서 올라온 짐승입니다. 바다에서 올라온 짐승은 세상의 정권을 의미하고, 땅에서 올라온 짐승은 거짓 선지자를 의미합니다. 그러니까 네 번째 등장하는 청황색 말을 탄 자는 성도를 괴롭히는 사탄의 세력을 종합적으로 말하고 있음을 알 수 있습니다.

이렇게 성도를 죽이는 사탄의 권세에 대해 본문이 말하는데 그것은 "땅 사 분의 일의 권세"입니다. 사탄이 받은 사 분의 일의 권세는 무엇을 의미할까요? 뒤에 나올 나팔경고에서 경고의 대상들이 삼 분의 일의 해를 당하는 것과 비교하여 작은 권세라는 뜻일까요? 그럴 수도 있습니다만 본문이 말하는 사 분의 일의 권세는 성전 제사에서 쓰인 말입니다. 세 번째 인을 떼었을 때, 포도주와 감람유는 해치 말라고 한 말씀을 보면서 포도주와 감람유는 제사 제도에서 소제와 전제에 해당하는 예물이라고 말씀드렸습니다. 이처럼 사 분의 일도 전제를 드릴 때 사용된 말입니다. "(출 29:40) 한 어린 양에 고운 밀가

274

루 십 분의 일 에바와 찧은 기름 사 분의 일 힌을 더하고 또 전제로 포도주 사 분의 일 힌을 더할지며"라고 한 구절을 비롯하여 제사 제도에서 전제를 아홉 번이나 언급하고 있습니다. 그러니까 사탄의 권세를 받은 것이 사 분의 일이라고 한 것은 사탄의 박해로 성도가 고난을 겪으나 그 고난은 구약의 전제와 같은 제물이 됨을 의미합니다.

이렇게 성도가 고난을 겪으나 고난이 무조건 나쁘지만은 않습니다. 이 고난은 성도를 훈련하고 하나님의 사람으로 만드는 유익이 있습니다. 마치 욥이 고난 이전에는 하나님을 표면적으로 알았던 것이 고난을 통해 하나님을 인격적으로 만난 것과 같습니다. 그러기에 고난은 성도를 성도 되게 하고, 나아가 교회를 교회 되게 합니다. 세상에 동화되어 가던 교회는 순결을 회복하고, 유람선 같았던 교회는 구원의 방주가 되게 합니다. 오합지졸이었던 교회가 그리스도의 강한 군대가 되게 하는 유익이 있습니다. 이러한 고난은 교회를 새롭게 하고 성도뿐 아니라 세상도 하나님에 대해 생각하게 합니다. 그러므로 고난은 회개를 유발하고 그 결과 하나님의 나라 확장을 위한 도구가 되기도 합니다.

마태복음 24장에서도 처처에 기근과 전쟁이 있겠다고 말하지만 분명한 것은 끝은 아니라고 말합니다. 그러므로 그것은 사람들이 회개하고 하나님께로 돌이키게 하는 하나님의 섭리라고 할 수 있습니다. 여기서 본 세 번째와 네 번째 인의 내용은 두 번째 인과 함께 복음을 들고 나가는 성도가 당하는 고난에 대해 말씀합니다. 바라기는 바울의 말처럼 "복음과 함께 고난도 함께 받는 자"가 되는 것은 당연한 줄알아 기꺼이 복음을 위한 고난에 동참하는 자들이 됩시다. 요즘 교회가 비난의 중심에 있습니다. 세상이 주님을 미워하기에 교회를 미워하는 것은 당연하나 성도가 죄를 짓고 그것의 결과로 고난과 비난을 받는 일은 없어야 합니다. 자신을 하나님의 말씀 앞에 세우고 닫혔던 귀를 열어 하나님의 음성을 듣고, 연약하여 어그러진 무릎을 일으켜 주의 군사로 복음 들고 나가는 자가 됩시다.

25. 인을 떼실 때에 III
요한계시록 6장 9-17절

네 번째 인을 떼는 장면까지 보았습니다. 네 번째까지의 인을 보면서 성도의 복음증거와 사탄의 방해, 그리고 결과적으로 성도들이 고난을 겪고 순교하는 것을 보았습니다. 이번에 볼 다섯 번째와 여섯 번째 인은 고난 겪는 성도들의 승리와 대적의 심판에 대해 말씀하고 있습니다.

다섯 번째 인을 봅시다.

"(계 6:9) 다섯째 인을 떼실 때에 내가 보니 하나님의 말씀과 그들이 가진 증거로 말미암아 죽임을 당한 영혼들이 제단 아래에 있어 (계 6:10) 큰 소리로 불러 이르되 거룩하고 참되신 대주재여 땅에 거하는 자들을 심판하여 우리 피를 갚아 주지 아니하시기를 어느 때까지 하시려 하나이까 하니 (계 6:11) 각각 그들에게 흰 두루마기를 주시며 이르시되 아직 잠시 동안 쉬되 그들의 동무 종들과 형제들도 자기처럼 죽임을 당하여 그 수가 차기까지 하라 하시더라"

다섯째 인을 떼실 때는 앞의 네 번째까지의 인을 뗄 때와는 느낌이 다릅니다. 그것은 네 번째 인까지는 어린양이 인을 떼셨을 때 네 생물 중 하나가 오라고 외쳤고 이 외침에 흰말, 붉은 말, 검은 말, 청황색 말 등이 등장하였습니다. 그러나 다섯 번째 인을 떼셨을 때는 생물이 더는 등장하지 않습니다. 네 번째 인까지만 생물이 등장한 것은 이 생물들의 역할 때문입니다. 스가랴서 1장 10절에서 그들의 역할에 대하여 말하기를 "화석류나무 사이에 선 자가 대답하여 이르되 이는 여호와께서 땅에 두루 다니라고 보내신 자들이니라"라고 하였고 그들도 스스로 말하기를 "(슥 1:11) 그들이 화석류나무 사이에 선 여호와의 천사에게 말하되 우리가 땅에 두루 다녀 보니 온 땅이 평안하고 조용하더이다 하더라"라고 하였습니다. 그러니까 네 번째 인까지 인을 뗄 때마다 생물이 등장하여 오라 한 것은 그들은 세상에서 벌어지고 있는 일들에 대해 말하고 있기 때문입니다. 세상에는 복음 전하는 자와 그를 박해하는 세력 간의 영적 전투가 있기에 생물이 등장했습니다.

그러나 다섯 번째 인부터 일곱 번째 인을 떼실 때 벌어지는 일은 그 상황에 대한 성도들의 기도와 하나님의 일하심을 말씀하고 있기에 생물이 등장하지 않습니다. 그래서 다섯 번째 인을 떼셨을 때, 네 번째까지 떼었던 인의 결과로 죽은 영혼들의 기도와 하나님의 대답이 기록되어 있습니다. 기도하는 영혼들은 사탄의 공격으로 죽임을 당한 자들입니다. 다섯 번째 인을 떼었을 때 죽임을 당한 영혼들이 제단 아래에 있고 자신들의 피를 신원하여 달라고 하나님께 기도하는 장면이 있습니다. 이에 하나님은 그들에게 흰 두루마기를 주며 말씀하시되 "아직 잠시 동안 쉬되 그들의 동무 종들과 형제들도 자기처럼 죽임을 당하여 그 수가 차기까지 하라 하시더라"라고 합니다.

여기서 "아직"이라고 한 말을 잠시 생각해 보아야 합니다. 개역 개정역에서 아직은 이미 죽임을 당한 자들에게 더 쉬라고 하는 의미로 번역되었다면, 현대어 성경은 "아직도 땅 위에 사는 너희 믿음의 형제들 가운데 순교를 당하여 너희들의 대열에 들어올 사람들이 있으니 그때까지 좀 더 쉬며 기다리라."라고 하여 땅에서 순교할 자들이

278

더 있다는 의미로 "아직"을 사용했습니다. 사실 이 두 번역은 차이가 크지 않습니다. 단지 무엇을 강조하느냐의 차이가 있을 뿐입니다. 현대어 성경의 번역인 "아직도 땅 위에 사는……. 순교를 당하여"는 복음 때문에 순교할 자들이 더 있음을 강조하고 있음을 강조합니다. 그렇습니다. 복음이 땅끝까지 전하여질 때까지 성도들의 헌신과 수고가 따라야 합니다.

여기서 죽임을 당한 영혼들이 있는 곳이 제단 아래라고 하는 말을 잠시 생각해 봅시다. 그것은 두 번째 인과 네 번째 인에서 설명드렸던 성도의 죽음과 관련이 있습니다. 성도의 죽음은 순교라고 했는데 본문에서도 다시 언급하기를 제단 아래라는 말을 사용함으로 그들은 제물로 죽었음을 의미합니다. 그렇다면 그들은 어떤 이유로 제물이 되었을까요? 본문에 분명히 기록되기를 "하나님의 말씀과 저희의 가진 증거를 인하여"라고 합니다. 이를 한마디로 하면 "복음"입니다. 그들은 예수 그리스도께서 자신의 죄를 위해 죽으심으로 모든 죄가 사해졌음을 믿는 자들로서 이 진리를 주변의 사람들에게 전하는 사람을 의미합니다. 그러므로 본문의 제단 밑에 있는 자들은 복음 때문에 죽은 자들입니다.

분명한 것은 하나님의 말씀을 받고 그 말씀을 전하는 자들은 어느 때나 핍박을 받게 되어있다는 사실입니다. 예수님이 그렇게 죽으셨을 뿐 아니라 그 뒤를 따랐던 모든 사도와 성도들이 복음 때문에 핍박을 받고 죽임을 당했습니다. 스데반은 돌에 맞아 죽었습니다. 야고보 사도는 헤롯에 의해 죽임을 당했습니다. 베드로는 십자가에 거꾸로 달려 죽었으며, 바울은 단두대에서 목이 잘려 죽었습니다. 예수님의 동생 야고보는 율법을 파괴한다는 죄목을 뒤집어쓰고 예수님을 죽인 대제사장 안나스의 아들 아나누스 대제사장에 의해 돌에 맞아 죽었습니다. 우리나라도 손양원 목사, 주기철 목사 등 순교자가 많았습니다. 그들 모두는 지금 제단 아래에 있는 자들입니다. 그뿐만 아니라 순교를 당하지 않았어도 복음을 소유하고 전하는 삶을 살다가 자연사한 모든 이들은 제단 아래에 있는 자들입니다.

반대로 복음을 전하지 않으면 핍박도 없습니다. 왜냐하면, 사탄이 건들 이유가 없기 때문입니다. 어차피 불신자와 구별도 되지 않고 세상에 영향도 끼치지 못하는 자에게 순교의 영광을 줄 이유가 없기 때문입니다. 그래서 디모데후서 3장 12절은 "무릇 그리스도 예수 안에서 경건하게 살고자 하는 자는 핍박을 받으리라"라고 합니다. 디모데후서는 사도 바울이 감옥에서 사형 선고를 받은 상태에서 젊은 목회자 디모데에게 쓰는 유언 같은 서신인데, 그는 디모데후서를 통해 순교와 핍박으로 두려워하고 있을 디모데에게 복음을 전하는 자로서 핍박과 죽음을 각오하라는 의미로 이 말씀을 하고 있습니다. 그러므로 경건하게 살고자 하고 복음을 전하는 모든 그리스도인은 구별된 삶으로 인해 세상으로부터 핍박을 받을 수밖에 없습니다. 왜냐하면, 하나님의 말씀과 예수에 대한 증거가 어둠을 사랑하는 땅에 속한 사람들에게 영향을 주기 때문입니다. 주님의 백성으로 살면서 당하는 핍박이 있다면 이상하게 생각하거나 하나님을 원망하지 말고 도리어 주의 백성이 된 증거가 자신에게 있음을 알고 기뻐하는 자가 됩시다.

본문에서 제단 아래 있는 영혼들은 하나님께 기도합니다. 그들은 "거룩하고 참된 대주재여 땅에 거하는 자들을 심판하여 우리 피를 갚아 주지 아니시기를 어느 때까지 하시려 하나이까"라고 기도합니다. 여기서 "대주재여"라는 말은 헬라어 "호 데스포테스"라는 단어입니다. 이 단어는 원래 종이 주인을 지칭할 때 사용하는 용어로 절대적 권력과 소유권을 가진 자에 대한 호칭입니다(딤전 6:2; 딛 2:9). 이러한 호칭은 신약 성경에서 하나님과(눅 2:29; 행 4:24) 그리스도에게 같이 적용되었습니다(벧후 2:1; 유 1:4). 그러니까 제단 아래에서 성도들이 부르짖는 대상인 하나님은 절대주권을 가진 존재임을 고백합니다. 우리가 믿는 하나님은 절대 주권자입니다. 비록 우리의 삶에서 우리가 원치 않는 일을 당하고, 간절히 기도해도 원하는 응답이 주어지지 않는 상황이 자주 있지만, 그렇다고 하나님의 절대주권이 부인될 수는 없습니다. 하나님의 절대적 주권은 바울의 고백처럼 "(롬 8:28) 합력하여 선을 이루는 것"으로 드러나게 됩니다.

이렇게 하나님의 절대주권을 인정한 순교자들은 하나님께 묻습니다. "땅에 거하는 자들을 심판하여 우리 피를 갚아 주지 아니시기를 어느 때까지 하려느냐"라고 말입니다. 여기에서 "심판하여"라는 말에 대해 모든 번역본이 심판하여 달라는 의미로 번역했습니다. 분명 심판하여 달라고 기도하는 것이 맞습니다. 하지만 이 심판은 단순히 "보복"을 의미하지 않습니다. 단지 원수를 갚아 달라는 의미가 아닙니다. 여기서 심판은 성도를 핍박한 세상이나 사람이 망하기를 바라는 것이 아니라 세상이 하나님의 주권을 인정하고 회개하게 해 달라는 기도입니다. 스데반이 순교할 때 "이 죄를 저들에게 돌리지 마옵소서"라고 했던 것처럼 그들이 하나님을 인정하게 해 달라는 기도입니다. 그들은 순교하기 전에도 자신을 핍박하는 자들에게 복음을 전했고 그들의 영혼을 위해 기도했던 것을 생각하면 순교 후에도 그 사랑은 변함이 없음을 알 수 있습니다. 성도를 핍박했던 사울을 다메섹 도상에서 만나심으로 핍박하던 자를 하나님을 찬양하며 전도하는 자로 만드신 것처럼, 세상을 그렇게 해 달라는 기도입니다. 하박국에서 하나님이 말씀하신 것처럼 물이 바다 덮음같이 여호와를 인정하는 것이 온 세상에 가득하게 해 달라는 기도입니다. 우리도 마찬가지입니다. 자신을 괴롭히고 핍박하는 자들이 망하기를 원하는 자가 아니라 그들의 영혼을 불쌍히 여기며 그들이 주님의 백성이 되기를 위해 기도하는 자들이 되어야 합니다. 그것이 진정으로 사탄을 이기는 방법입니다.

이렇게 순교한 자들에게 주님은 흰 두루마기를 주셨습니다. 이것은 이들을 의롭고 거룩한 자들이라고 인정한다는 의미입니다. 그러면서 잠시 쉬라고 하십니다. 앞에서도 말씀드렸듯이 잠시란 그들과 같이 신앙을 지키다 죽는 이들의 수가 차기까지입니다. 이는 두 가지 차원으로 해석할 수 있습니다. 하나는 많은 성도가 핍박을 계속해서 받을 것이라는 차원과 복음이 땅끝까지 전파되어 선택된 자들이 주님을 영접할 때까지라는 차원입니다. 주님은 당신의 때까지 기다리십니다. 그러므로 우리는 매일의 삶 속에서 순교의 정신과 자세로 살아야 합니다. 그렇게 사는 것이 복입니다.

여섯 번째 인입니다.

"(계 6:12) 내가 보니 여섯째 인을 떼실 때에 큰 지진이 나며 해가 검은 털로 짠 상복 같이 검어지고 달은 온통 피 같이 되며 (계 6:13) 하늘의 별들이 무화과나무가 대풍에 흔들려 설익은 열매가 떨어지는 것 같이 땅에 떨어지며 (계 6:14) 하늘은 두루마리가 말리는 것 같이 떠나가고 각 산과 섬이 제 자리에서 옮겨지매 (계 6:15) 땅의 임금들과 왕족들과 장군들과 부자들과 강한 자들과 모든 종과 자유인이 굴과 산들의 바위 틈에 숨어 (계 6:16) 산들과 바위에게 말하되 우리 위에 떨어져 보좌에 앉으신 이의 얼굴에서와 그 어린 양의 진노에서 우리를 가리라 (계 6:17) 그들의 진노의 큰 날이 이르렀으니 누가 능히 서리요 하더라"

여섯 번째 인은 하나님의 공의 심판이 반드시 시행될 것임을 우리에게 알려주십니다. 중요한 것은 이 심판은 하나님의 백성이 아닌 자들만 해당합니다. 본문은 이 심판을 표현하기를 "큰 지진이 나며 해가 검은 털로 짠 상복같이 검어지고 달은 온통 피같이 되며 하늘의 별들이 무화과나무가 대풍에 흔들려 설익은 열매가 떨어지는 것 같이 땅에 떨어지며 하늘은 두루마리가 말리는 것 같이 떠나가고 각 산과 섬이 제 자리에서 옮겨지매"라고 합니다. 이를 굳이 지진이니 별들이 떨어지니…… 등으로 구체화할 것이 없습니다. 이는 완전한 하나님의 심판을 의미합니다. 인간의 힘으로는 제어 불가능한 상태의 심판입니다. 하나님께서 구별하신 자들 외에는 피할 자가 없음을 의미합니다. 인간이 살아가는 데 필요한 모든 환경을 파괴한다는 표현으로 하나님의 강력한 심판이 성도를 핍박하고 그리스도를 배격하는 자들에게 임할 것을 말씀합니다.

그래서 이어져 나오는 말씀이 "땅의 임금들과 왕족들과 장군들과 부자들과 강한 자들과 모든 종과 자유인이 굴과 산들의 바위틈에 숨어 산들과 바위에게 말하되 우리 위에 떨어져 보좌에 앉으신 이의 얼굴에서와 그 어린 양의 진노에서 우리를 가리라 그들의 진노의 큰 날이 이르렀으니 누가 능히 서리요 하더라"라고 합니다. 요한계시록에서 "땅에 사는 자"라는 표현은 불신자를 의미합니다. 하나님 없이 높아진 모든 것들, 그 힘으로 성도를 핍박했던 모든 자는 심판을 받을 것을 의미합니다. 앞으로 본서 안에서 하나님을 대적하고 성도를 박해하는 자들은 "임금들과 왕족들과 장군들과 부자들과 강한 자들과 모든 종과 자유인"이라는 말로 묘사됩니다. 이러한 모든 자는 16절에서 말하고 있듯이 "보좌에 앉으신 이의 얼굴에서와 그 어린 양의 진노에서 우리를 가리라 그들의 진노의 큰 날이 이르렀으니 누가 능히 서리요 하더라"라고 합니다.

4장과 5장에서 성도가 보좌 주위에 그룹들과 장로들의 영광스러운 모습을 보고, 그들의 기도를 들으시고 세상의 모든 것을 주관하시는 어린양의 모습에 대해서 보았다면, 본문은 보좌와 어린양의 진노 앞에서 떨고 있는 땅에 거하는 자들의 두려움을 보고 있습니다. 지금까지 본 "인"을 통해 말씀하고자 하는 것이 무엇인지 아셨습니까? 주님의 백성으로서 하나님의 말씀과 그의 증거를 소유한 사람들은 핍박을 받는다는 사실입니다. 그러나 주님은 우리에게 흰 두루마기를 주셔서 우리를 의롭고 거룩한 자로 인정하신다는 사실을 기억하시기 바랍니다. 또한, 하나님은 모든 영혼을 사랑하고 계신다는 사실도 기억해야 합니다. 하나님의 최종적 심판은 그들에게 지옥의 형벌을 주는 것이지만 또 다른 심판은 사람들 속에 거하는 사탄을 내어 쫓는 심판입니다. 그들 속에 거하는 사탄을 내어 쫓고 주님의 백성으로 살게 하는 구원의 심판입니다. 구약 요나서를 통해 모든 사람을 사랑하시는 하나님의 마음을 우리가 품고 주님의 말씀을 전하여 많은 사람을 옳은 대로 인도하는 자들이 됩시다.

26. 인침을 받은자, 144,000
요한계시록 7장 1-12절

6장을 보면서 요한계시록에서 인이 가장 중요할 뿐 아니라 요한계시록의 중심이라고 말씀드렸습니다. 이렇게 여섯 가지 인에 대해 말씀하시고 이어지는 말씀이 본문입니다. 7장에는 사람들이 요한계시록에서 가장 많이 아는 이야기인 구원받은 자의 수, 144,000이 등장합니다. 이단들은 이 숫자를 문자적으로 해석하며 특별한 자격인 양말하고, 개혁교회 안에서도 해석이 분분한 부분이라 말도 많고 탈도많습니다. 하지만 이 부분도 그리 복잡하지 않습니다. 억지로 풀지 않을 뿐만 아니라 성경 전체 속에서 해석하면 그리 어렵거나 난해하지않습니다. 이단들이 이 부분을 가지고 자신들 안에 들어온 사람의 숫자라고 해석하면서 겁을 주지만, 그렇지 않습니다. 이 부분은 하나님의 은혜가 얼마나 공평하며 보편적인지에 대하여 말씀하십니다.

"(계 7:1) 이 일 후에 내가 네 천사가 땅 네 모퉁이에 선 것을 보니 땅의 사방의 바람을 붙잡아 바람으로 하여금 땅에나 바다에나 각종 나무에 불지 못하게 하더라."

7장은 "이 일 후에"라는 말씀으로 시작합니다. 이러한 표현은 4장 1절에서도 사용되었습니다. 당연히 "이 일 후에"라는 말은 앞에서 했던 말과 관련이 있습니다. 2장과 3장에서 일곱교회를 향하여 "이기라"라고 하였고, 4장을 시작하면서도 "이 일 후에"라는 말로 시작하여 이긴 자들이 받을 영광에 대해 기록하였습니다. 마찬가지로 오늘 본문이 "이 일 후에"로 시작하는 것은 6장과 관련이 있습니다. 6장에서 마지막 인이 떨어졌을 때 벌어진 상황과 관련이 있는 말씀이 7장입니다. 6장 12절부터 여섯 번째 인을 떼었을 때, 땅에 거하는 자들에게 심판이 있을 것을 말씀했습니다. 그러면서 "진노의 큰 날이 이르렀으니 누가 능히 서리요"라는 말로 마쳤습니다. 그리고 나서 "이 일 후에"라는 말이 나옵니다. 그러니까 땅에 거하는 자들은 큰 진노의 날에 설 자가 없으나 누군가는 설 것이라는 말입니다.

하나님의 얼굴과 어린양의 진노로 진노의 큰 날에 설 자가 누구냐고 물은 후에 네 천사가 등장합니다. 이 네 천사의 역할이 있는데 그것을 1절에서 기록하고 있습니다. 요한은 네 천사가 네 모퉁이에 선 것을 보고 있습니다. 그들은 땅 사방의 바람을 붙잡아 바람으로 하여금 땅에나 바다에나 각종 나무에 불지 못하게 하는 일을 행하고 있는 존재들입니다. 네 천사가 붙들고 있던 바람은 무엇을 의미하는 것일까요? 먼저 네 모퉁이에 서 있다는 뜻은 본문 안에서도 언급하고 있듯이 땅의 사방이라고 하여 온 세상을 의미합니다. 또한, 바람은 재앙을 의미했습니다. 스가랴서를 보면 "(슥 7:14) 내가 그들을 바람으로 불어 알지 못하던 여러 나라에 흩었느니라 그 후에 이 땅이 황폐하여 오고 가는 사람이 없었나니 이는 그들이 아름다운 땅을 황폐하게 하였음이니라 하시니라"라고 하여 바람으로 나라들을 심판할 것을 말씀하였고 다니엘은 유다에게 재앙을 주는 나라들과 왕에 대하여 예언하기를 "(단 7:2) 다니엘이 진술하여 이르되 내가 밤에 환상을 보았는데 하늘의 네 바람이 큰 바다로 몰려 불더니"라고 하였습니다. 이 외에도 예레미야도 재앙을 바람으로 묘사하였습니다. 그러니까 네 천사가 땅 사방의 바람을 붙잡아 불지 못하게 했다는 것은 6장의 여섯

286

번째 인의 내용이 땅에 사는 자들에게 재앙이 있을 것을 말씀한 이후에 주어진 것이라는 것을 생각하면 이 땅에 대한 심판이 진행되려는 것을 의미합니다. 그리고 천사들이 네 바람을 막아섰다는 것은 그 심판의 재앙을 멈추게 한 것을 의미합니다.

네 천사가 사방의 바람을 붙잡아 심판이 진행되지 못하게 하고 있을 때 또 다른 천사가 등장합니다. 2절과 3절입니다.

"(계 7:2) 또 보매 다른 천사가 살아 계신 하나님의 인을 가지고 해 돋는 데로부터 올라와서 땅과 바다를 해롭게 할 권세를 받은 네 천사를 향하여 큰 소리로 외쳐 (계 7:3) 이르되 우리가 우리 하나님의 종들의 이마에 인치기까지 땅이나 바다나 나무들을 해하지 말라 하더라"

네 천사가 바람을 붙잡아 불지 못하게 하고 있을 때 한 천사가 등장합니다. 그러면서 그 천사가 온 방향에 대해 말씀합니다. 그 천사는 "해 돋는 데로부터" 올라왔다고 합니다. 현대어 성경은 "동쪽에서"라고 번역했습니다. 이 천사가 동쪽에서 등장하는 이유가 있습니다. 그 것은 창세기부터 계속해서 말하는 동쪽과 관련이 있습니다. 성경에서 동쪽은 두 가지 의미가 있습니다. 먼저 동쪽은 죄인이 나간 방향입니다. 아담과 하와가 범죄 한 후에 그들을 쫓아내고 천사들을 통해 지키도록 한 방향이고, 가인이 아벨을 죽인 후에 쫓겨난 방향도 동쪽입니다. 그래서 성막과 성전은 동쪽을 향해 열려있습니다. 이는 쫓겨난 죄인이 돌아오도록 열어놓은 방향입니다. 그리고 오늘 본문과 관련된 동쪽의 의미인데 그것은 동쪽은 재앙이 오는 방향을 의미합니다. 바로의 꿈에 등장한 마른 일곱 이삭이 동풍과 함께 등장하여 풍요로움을 삼켜버립니다(창 41:6). 열 재앙의 메뚜기도 동풍을 타고 애굽을 심판하고(출 10:13), 호세아를 통해 "(호 13:15) 그가 비록 형제 중에서 결실하나 동풍이 오리니 곧 광야에서 일어나는 여호와의 바람이라 그의 근원이 마르며 그의 샘이 마르고 그 쌓아 둔바 모든 보배의 그릇이 약탈되리로다"라고 하여 동풍은 재앙의 바람임을 의미합니다. 그러므로 본문에 동쪽, 해 돋는 곳에서 천사가 올라왔다는 것은 그가 심판을 진행하거나 멈추게 하는 자의 의미와 함께 돌아올 죄인들이 더 있어 그들이 구원함을 얻을 때까지 멈추게 하는 자임을 말해줍니다.

그런데 그 천사가 해 돋는 데서부터 올라오는데 소유한 것이 있습니다. 그것은 "인"입니다. 그런데 그 인을 수식하는 말이 있습니다. 그것은 "살아계신 하나님의 인"입니다. 이 말은 이방 신들이 죽은 신인 것과 반하여 하나님의 살아계심을 강조한 표현입니다. 하나님은 살아계십니다. 그분께서 주신 약속은 그분의 살아계심과 함께 항상 유효할 뿐 아니라 능력이 있습니다. 그래서 "살아계신 하나님의 인"입니다.

여기서 잠시 "인"에 대해 생각해 보아야 합니다. 이는 헬라어로 "스프라기다"입니다. 이는 자신의 문서나 노예, 혹은 소유물에 등에 대한 소유권이나 보증을 나타내는 표시입니다. 이는 13장에 나올 "짐승의 표"와 대조를 이루어 인을 맞은 백성은 하나님과 어린양의 소유가 된다는 의미이며, 하나님과 어린양의 보호를 받아 안전을 보장받는 자임을 나타냅니다. 그러므로 "살아계신 하나님의 인"이란 표현은 그분의 소유가 된 모든 성도는 그분의 살아계신 보호를 받는다는 사실입니다. 하나님의 인을 받은 하나님의 백성은 악한 세력이 만질 수도 없으며 빼앗을 수도 없습니다. 그래서 요한복음 10장 28절은 말씀하시기를 "내가 그들에게 영생을 주노니 영원히 멸망하지 아니할 것이요 또 그들을 내 손에서 빼앗을 자가 없느니라."라고 하셨습니다. 또한, 로마서 8장 35절은 말씀하시기를 "누가 우리를 그리스도의 사랑에서 끊으리요 환난이나 곤고나 박해나 기근이나 적신이나 위험이나 칼이랴"라고 하였습니다.

그렇다면 "인"은 어떻게 주어지고, 무엇입니까? 인은 물리적으로 찍히는 것이 아닙니다. 바울은 "(고후 1:22) 그가 또한 우리에게 인치시고 보증으로 우리 마음에 성령을 주셨느니라"라고 하였고, 에베소 교회에 편지를 쓰면서도 "(엡 1:13) 그 안에서 너희도 진리의 말씀 곧 너희의 구원의 복음을 듣고 그 안에서 또한 믿어 약속의 성령으로 인치심을 받았으니"라고 하였습니다. 그러므로 인은 성령이 주어짐을 말합니다. 그래서 본문에서 이 인을 "살아계신 하나님의 인"이라고 했습니다. 성령이 주어진 것을 "보증"이라고 하여 하나님의 구원 계획이 취소되지 않고 영원토록 유효함을 말씀해 줍니다. 이미 "인"에 대한 모형은 출애굽기에 기록되어 있었습니다. 애굽에서 열 재앙을 통해 히브리인들을 구원해 내실 때 하나님의 마지막 열 번째 재앙인 장자의 죽음을 앞두고 어린양을 잡아먹고 그 피를 문설주에 바르라고 하였습니다. 그렇게 하면 죽음의 천사가 그 피를 볼 때 그 집을 넘어간다고 하였습니다. 그 피가 바로 본문에 "인"과 같은 역할을 하였습니다. 그러므로 그리스도의 보혈 은혜로 성도가 된 우리는 그분의 살아계신 보호와 돌봄 안에 있을 뿐 아니라 구원이 취소되지 않는 은혜를 입은 존재입니다.

이 인을 가진 천사가 네 명의 천사들에게 소리를 지르는 내용이 있습니다. 이미 보았듯이 "(계 7:3) 이르되 우리가 우리 하나님 종들의 이마에 인치기까지 땅이나 바다나 나무나 해하지 말라 하더라."라는 소리입니다. 본문을 여러 번 읽다 보면 살아계신 하나님의 인을 가진 천사가 무척 급해 보입니다. 나오면서 소리를 지르니 말입니다. 마치 모리아 산에서 아브라함이 아들 이삭을 묶어 번제단에 올려놓고 칼을 들어 치려 할 때 하나님께서 급하게 소리 질러 멈추라고 할 때처럼 말입니다. 어찌 되었건 살아계신 하나님의 인을 가진 천사가 외치기를 "우리가 우리 하나님 종들의 이마에 인치기까지 땅이나 바다나 나무나 해하지 말라."라고 합니다.

이는 에스겔서 9장의 말씀과 맥락을 같이하고 있습니다. 하나님은 에스겔에게 예루살렘 성전에서 벌어지는 온갖 가증한 일을 보게 하신 후에 예루살렘을 담당하는 천사들을 불러내어 살육하는 기계를 들고 나오라고 하십니다. 그 명령에 따라 나온 천사 중에 가는 베옷을 입고 허리에 서기관의 먹 그릇을 찬 천사가 있었습니다. 하나님은 그에게 명하시기를 "(겔 9:4) 여호와께서 이르시되 너는 예루살렘 성읍 중에 순행하여 그 가운데에서 행하는 모든 가증한 일로 말미암아 탄식하며 우는 자의 이마에 표를 그리라"라고 하셨습니다. 그리고 이렇게 인을 다 친 후에 말씀하시기를 "(겔 9:5) 너희는 그를 따라 성읍 중에 다니며 불쌍히 여기지 말며 긍휼을 베풀지 말고 쳐서 (겔 9:6) 늙은 자와 젊은 자와 처녀와 어린이와 여자를 다 죽이되 이마에 표 있는 자에게는 가까이하지 말라 내 성소에서 시작할지니라."라고 하셨습니다. 그리고 난 후에 이 심판이 시작되는 것을 볼 수 있습니다. 하나님은 이 땅을 심판하시기 전에 주의 백성, 모든 성도를 먼저 구원하십니다. 이 것이 인입니다.

그러므로 7년 대환난이 있을 것이라는 가르침과 이때 성도가 고난을 겪는다는 말은 주의 재림을 사모하지 못하도록 하는 사탄의 장난입니다. 혼인하기 위해 신랑이 오는 것을 신부가 무서워한단 말입니까? 신부는 신랑을 설렘으로 기대하고 기다립니다. 인생에서 가장 행복한 날이기 때문에 정혼 한 날부터 혼인날까지 손꼽아 기다리는 것이 정상입니다. 일부 사람들은 신부가 신랑을 두려워하는 이유가 순결을 지키지 못하여 더러워졌기 때문이라고 합니다. 이렇게 말하는 사람들은 그리스도의 공로를 부인하는 자들입니다. 신부는 자신의 공로와 행위로 정결을 입은 자가 아니라 그리스도의 공로로 영원히 정결케 된 자들입니다. 영원토록 입니다. 취소되지 않는 정결입니다. 그러기에 신랑이 오는 것을 두려워하지 않습니다. 우리도 마찬가지입니다. 성도는 주님의 재림을 기다립니다. 두려움으로가 아니라 설렘으로 말입니다. 그날은 불신자들에게는 재앙의 날이지만 성도에게는 잔칫날이기 때문입니다. 속지 마십시오. 주님의 재림을 두렵게 가르치는 사탄의 속임에 속지 말고 주님의 재림을 날마다 기다리는 자가 됩시다.

이렇게 인을 치라는 말씀을 듣고 난 후 요한은 인 맞은 자의 수를 듣게 됩니다.

"(계 7:4) 내가 인침을 받은 자의 수를 들으니 이스라엘 자손의 각 지파 중에서 인침을 받은 자들이 십사만 사천이니"

이후에 8절까지 이 십사만 사천이 어떻게 구성되었는지를 구체적으로 설명합니다. 그것은 지파별로 일만이천 명씩 열두 지파의 합계라고 분명히 기록합니다. 여기서 몇 가지 특이한 것이 있습니다.

그것은 먼저 이스라엘 열두 지파 중 단 지파가 빠졌다는 사실입니다. 여기에는 하나님의 의도가 있습니다. 그것은 단 지파는 이스라엘에서 우상숭배를 가장 적극적으로 했던 지파이고, 자신들에게 기업으로 주어졌던 땅을 버리고 헬몬산 아래에 평안히 살고 있던 사람들을 내어 쫓고 땅을 차지한 것에 대한(삿 18:27-31) 영적 징계임을 알 수 있습니다.

두 번째 특이 사항은 유다가 야곱의 넷째 아들임에도 가장 먼저 기록된 것입니다. 그 이유는 유다가 그리스도의 계보를 이었기 때문입니다. 세 번째 특이 사항은 레위가 들어갔다는 것입니다. 레위는 열두 지파 안에 속하지 않았습니다. 그럼에도 인 맞은 자의 수에 들어간 것은 일차적으로 단을 대신하여 들어간 것이며 또한, 레위가 혈통적 제사장이라고 하여 특별한 대우를 받은 것이 아니라 다른 지파와 같이 같은 구원을 받은 것임을 의미합니다. 이는 유대인이나 이방인이나 모든 사람의 구원이 차별이 없음을 의미합니다.

마지막으로 특이한 것은 에브라임 대신에 요셉이 들어갔다는 사실입니다. 에브라임이 요셉의 대를 이은 장자로서 들어갔다고 하면 특이할 것이 없으나 요셉이 죽은 이후에는 그 후손들을 분명하게 에브라임과 므낫세로 구별하여 불렀습니다. 솔로몬 이후에 나라가 남북으로 갈라졌을 때 북이스라엘이 하나님을 버리고 우상을 섬기기 시작하였고 에브라임을 중심으로 세워져 북이스라엘을 에브라임이라고 불렀습니다. 그래서 "(렘 3:8) 내게 배역한 이스라엘이 간음을 행하였으므로 내가 그를 내쫓고 그에게 이혼서까지 주었다"라고 했습니다. 이런 이유에서 에브라임을 빼고 요셉이라고 하였습니다. 이것은 단 지파가 사라진 것과 같은 의미로 하나님을 버리고 우상을 섬긴 에브라임을 대신하여 요셉을 넣은 것입니다.

이렇게 인 맞은 자의 수가 각 지파별 12,000명씩 총 144,000명이라는 소리를 들었습니다. 요한은 이렇게 인 맞은 자의 소리를 듣고 그 무리를 보았습니다.

"(계 7:9) 이 일 후에 내가 보니 각 나라와 족속과 백성과 방언에서 아무도 능히 셀 수 없는 큰 무리가 나와 흰옷을 입고 손에 종려 가지를 들고 보좌 앞과 어린 양 앞에 서서"

요한은 먼저, 인 맞은 자에 대해 듣고 후에 그들을 보니 능히 셀 수 없는 큰 무리가 흰옷을 입고 손에 종려 가지를 들고 보좌 앞과 어린 양 앞에서 서서 찬양하고 있었습니다. 여기서 해석이 분분합니다. 어떤 이들은 144,000은 유대인이고 뒤에 나오는 허다한 무리는 이방인 그리스도인이라고 합니다. 이 해석은 그럴듯하지만, 두 가지를 간과했습니다. 먼저는 4절에서 "들으니"라는 말과 9절에 "보니"라는 말을 생각하지 못한 데서 온 오류입니다. 요한계시록은 계속해서 보고 듣고, 또는 듣고 보고를 반복합니다. 그러니까 144,000은 들은 것이고 허다한 무리는 들은 것을 본 것입니다. 또 두 번째 간과한 것은 14장에 다시 등장하는 144,000에 대한 말입니다. 거기서 다시 반복되는 144,000만 있고 허다한 무리는 없습니다. 그저 말하기를 "이들 외에는 새 노래를 배울 자가 없다"라고 합니다. 즉 구원받은 자의 노래를 부를 자는 144,000뿐입니다. 그렇다면 허다한 무리는 구원받지 못했다는 해석이 나옵니다.

그러므로 144,000은 신구약의 모든 성도, 유대인과 이방인을 구별하지 않으시는 열방을 향한 하나님의 사랑을 말씀합니다. 혈통이나 육정에 근거하지 않고 오직 어린양의 보혈에 인을 맞은 자들을 구원하시는 하나님의 구원역사를 기록한 것입니다. 여기서 144,000은 완전수의 총체입니다. $12 \times 12 \times 1,000$입니다. 또한, 이는 문자적으로 144,000만을 말하면 안 됩니다. 이는 상징적인 것으로 열방의 모든 민족 가운데서 어린양의 보혈로 구원받은 모든 사람을 의미합니다. 그래서 본문 9절에서도 말하기를 "각 나라와 족속과 백성과 방언에서"라고 말하고 있습니다. 그러므로 우리는 이미 이 숫자 안에 들어가 있습니다. 이단들의 말도 안 되는 소리에 현혹되지 맙시다.

이 인 맞은 자들이 하는 노래가 있습니다.

"(계 7:10) 큰 소리로 외쳐 이르되 구원하심이 보좌에 앉으신 우리 하나님과 어린 양에게 있도다 하니"

이들은 손에 종려나무 가지를 들고 노래합니다. 종려나무 가지는 승리를 상징하는 나무입니다. 그러므로 그들은 승리의 노래를 부르는

294

데 그 승리의 근거가 하나님과 어린 양에게 있다고 합니다. 그들은 자신들의 행위가 아름답고 위대해서 구원을 받았다고 말하지 않습니다. 그들은 오직 구원하심은 보좌에 앉으신 하나님과 어린양께 있다고 노래합니다. 또한, 11절과 12절에서 천사도 노래하기를 "가로되 아멘 찬송과 영광과 지혜와 감사와 존귀와 능력과 힘이 우리 하나님께 세세토록 있을지로다 아멘 하더라."라고 합니다. 그러므로 이 또한 우리가 분명히 믿고 흔들리지 말아야 할 진리입니다. 어떤 이들은 말하기를 말세가 되면 휴거가 있는데 이때 의롭게 행하는 자는 먼저 들림을 받고 좀 부족한 자는 이 땅에 남아 7년 대환난을 겪은 후에 구원받게 된다고 가르칩니다. 이것도 거짓입니다. 왜냐하면, 구원은 우리의 행위에 근거하지 않기 때문입니다. 행위의 등급이 있고 그 등급에 따라 7년 대환난이 없이 구원을 받거나 7년 대환난을 통과한 후에 구원을 받는 것이 아닙니다. 사실 7년 대환난이라는 말은 성경 어디에도 없습니다. 대환난이 따로 있는 것이 아니라 예수님께서 처음 오셨을 때부터 재림하실 때까지의 모든 날 동안 믿음을 지키고 사는 모든 성도의 전투적인 삶을 의미할 뿐입니다.

그뿐만 아니라 등급별 구원 사상은 아예 없습니다. 오직 어린양의 보혈을 통해 예수님을 믿게 된 모든 자는 구원 얻는다는 이 보편적 진리가 성경 전체에 흐르고 있을 뿐입니다. 그래서 구원받는 자들이 "구원하심이 보좌에 앉으신 하나님과 어린양께 있다"라고 노래합니다. 그러므로 이는 우리 자신의 공로에 의한 구원이 아니라 하나님의 주권적 의지와 어린양의 구속행위에 근거합니다.

27. 그들 위에 장막을 치시리라
요한계시록 7장 13-17절

앞에서 요한계시록 7장 초반을 보면서 "인 맞은 자, 144,000"이란 제목으로 말씀을 나누었습니다. 심판의 바람을 붙잡고 있는 네 천사에게 하나님의 종들의 이마에 인을 치기까지 멈추게 하였고 그 수를 들으니 144,000이었습니다. 그 후에 능히 셀 수 없는 큰 무리의 찬양이 들렸는데 그 큰 무리는 144,000의 다른 표현이었습니다. 이제 그 뒤에 이어서 나오는 144,000이 어떤 사람들이며, 그들에게 어떤 은혜가 주어지는지 보겠습니다.

"(계 7:13) 장로 중 하나가 응답하여 나에게 이르되 이 흰옷 입은 자들이 누구며 또 어디서 왔느냐"

요한은 천사가 네 모퉁이에 서서 바람을 붙잡고 있는 것과 다른 천사의 외침을 통해 144,000에 대해 들었고, 그 후에 셀 수 없는 허다한 무리와 모든 천사와 장로들이 찬송하는 것을 보았습니다. 이 놀라운 광경에 감격하고 있던 요한에게 장로 중 하나가 "이 흰옷 입은 자들이 누구며 또 어디서 왔느냐"라고 물었습니다. 사실 요한은 그 질문을 할 겨를도, 생각할 여유도 없었습니다. 지상에서 환난 받는 성도들이 속히 환난에서 벗어나 영광스러운 자리에 있기를 원했던 요한은 셀 수 없이 많은 이들이 구원받아 하나님을 찬송하는 장면에 감동하고 있었을 뿐이었습니다. 그런 요한에게 장로 중 한 사람이 묻고 있습니다. 이렇게 질문을 하는 것은 구원받는 자들이 어떻게 구원을 받았는지 강조하여 말하고 싶은 의도가 있기 때문입니다.

"(계 7:14) 내가 말하기를 내 주여 당신이 아시나이다 하니 그가 나에게 이르되 이는 큰 환난에서 나오는 자들인데 어린 양의 피에 그 옷을 씻어 희게 하였느니라"

요한은 장로의 질문에 자신이 모르고 있음을 말하고 장로에게 다시 물었습니다. 사실 장로는 이미 알고 있었습니다. 그럼에도 요한에게 물은 것은 요한에게 그들이 어떻게 구원을 받았는지 알려 주기를 원했기 때문입니다. 장로는 요한을 비롯한 독자들에게 구원받은 자들에 대해 흰옷은 어떻게 입었고, 어디서 왔으며 누구인지에 대하여 대답해 줍니다. 그것은 먼저 그들이 어디에서 왔는지에 대한 것입니다. 장로는 말하기를 "큰 환난에서 나오는 자들"입니다. 이는 일차적으로 요한이 살고 있던 당시 초대교회 성도들이 당하는 고난을 말할 뿐 아니라, 6장에서 인을 뗄 때마다 등장한 환난을 통과한 자들입니다. 복음을 전하다가 죽기도 하고 경제적 기근을 비롯한 고난을 겪은 자들입니다. 일부 기독교인들이 말하는 대환난 즉, "7년 대환난"에서 나온 자들이 아닙니다. 앞에서도 잠시 언급했지만 "7년 대환난"이란 기간은 없습니다. 그러니까 본문에서 말하는 큰 환난은 성도들이 공중 권세 잡은 사탄이 주장하는 세상의 영향력 속에서 믿음을 지키다가 겪는 어려움입니다.

흰옷 입은 자들이 환난에서 나온 자라면 다음은 그들이 입고 있는 옷이 어떻게 희어졌는지를 설명해 주고 있습니다. 본문에서 "어린양의 피에 그 옷을 씻어 희게 하였느니라"라고 합니다. 어린양의 피에 그 옷을 씻었다는 말은 무슨 뜻일까요? 이미 우리가 알듯이 유월절 어린양의 피로 대속을 받은 것을 의미합니다. 구약의 제사 제도에서 죄를 지었거나 부정해 졌을 때 양을 비롯한 제물의 피를 뿌림으로 죄를 가렸습니다. 하나님은 더는 죄인의 죄를 보는 것이 아니라 희생제물의 피를 보고 그에게 죄 없다 하셨습니다. 하지만 예수님께서 십자가에 달리셔서 흘린 피는 죄를 가리는 것이 아니라 씻어서 없앤 피가 됩니다. 구약에서는 죄인에게 매번 피를 뿌려 죄를 가려야 했으나, 예수님께서 십자가 위에서 흘린 피는 단번에 우리의 죄를 씻어 죄를 없애 주셨습니다. 이것이 어린양의 피입니다.

이렇게 어린양의 피로 씻었다고 한 것은 성도들의 구원이 자신의 힘과 능력으로 된 것이 아님을 말합니다. 흰옷을 달리 해석하는 분들도 있습니다. 그것은 본서 19장 8절에서 "그에게 빛나고 깨끗한 세마포 옷을 입도록 허락하셨으니 이 세마포 옷은 성도들의 옳은 행실이로다 하더라"라고 한 말씀 때문에 성도들이 입은 옷을 성도의 행위라고 해석합니다. 그러나 19장에서 말하는 옳은 행실은 행위 구원에 근거가 되지 못합니다. 바울은 로마서에서 "(3:23) 모든 사람이 죄를 범하였으매 하나님의 영광에 이르지 못하더니"라고 하였습니다. 그렇습니다. 인간은 행위로 하나님 앞에 설 자가 아무도 없습니다. 요한계시록 19장은 후에 다시 언급하겠지만 요한이 말하고 있는 옳은 행실은 요한계시록 안에서 해석해야 하는데, 그것은 믿음을 지킨 것입니다. 그 믿음은 어린양의 보혈로 거저 주어진 은혜입니다.

베드로는 "(벧전 3:18) 그리스도께서도 단번에 죄를 위하여 죽으사 의인으로서 불의한 자를 대신하셨으니 이는 우리를 하나님 앞으로 인도하려 하심이라 육체로는 죽임을 당하시고 영으로는 살리심을 받으셨으니"라고 합니다. 또한, 히브리서 기자도 말하기를 "(히 10:19) 그러므로 형제들아 우리가 예수의 피를 힘입어 성소에 들어갈 담력을 얻었나니 (히 10:20) 그 길은 우리를 위하여 휘장 가운데로 열어 놓으신 새로운 살 길이요 휘장은 곧 그의 육체니라"라고 하였습니다. 그럼에도 "어린양의 피에 그 옷을 씻어 희게 하였다"라는 것이 성도의 성화를 배제하고 있는 것은 아닙니다. 이것은 의롭다고 여김을 받은 칭의로 보아야만 합니다. 성도를 하나님 앞에 설 수 있게 하는 것은 칭의에 있지 성화에 있는 것이 아닙니다. 사실 성화는 칭의에 포함되어 있습니다. 성도를 의롭다 칭해 주심은 예수님의 피로 이미 성화되었기 때문입니다. 어떤 이는 구원의 시작은 은혜로 되지만, 완성은 인간의 행위로 하는 것이라고 가르칩니다. 그런 말을 하는 사람들은 자신이 어떤 존재인지 전혀 모르는 사람입니다. 바울은 "(롬 3:10) 기록된 바 의인은 없나니 하나도 없으며 (롬 3:11) 깨닫는 자도 없고 하나님을 찾는 자도 없고 (롬3:12) 다 치우쳐 함께 무익하게 되고 선을 행하는 자는 없나니 하나도 없도다"라고 하였습니다. 본문에 어린양의 피로 씻어 희게 된 옷이 의미하는 바는 행위가 아닌 은혜임을 말씀해 줍니다.

성도인 우리가 비록 이 땅에 사는 동안 믿음 때문에 핍박을 받고 고난 중에 있을지라도 낙심하지 마시기 바랍니다. 어차피 이 땅의 삶이 하늘의 경점같고, 아침 안개와 같으며, 들의 풀과 같고 그 영광이 그 꽃과 같다고 한 것처럼 짧은 세상 살지 않습니까? 베드로가 말하듯이 우리는 나그네로서 고난을 겪지만, 그것은 잠깐이라고 했습니다. 그리고 이 고난을 통과하면 우리가 설 곳이 하늘 보좌 앞이라는 사실입니다. 아니 이미 우리는 그 보좌 앞에 있습니다. 에베소서 2장

4절로 6절에서 말씀하시기를 "긍휼에 풍성하신 하나님이 우리를 사랑하신 그 큰 사랑을 인하여 허물로 죽은 우리를 그리스도와 함께 살리셨고 (너희가 은혜로 구원을 얻은 것이라) 또 함께 일으키사 그리스도 예수 안에서 함께 하늘에 앉히시니."라고 하셨습니다. 이 땅에 살면서 믿음을 지키고 산다는 것이 어렵더라도 이미 우리가 하늘의 시민권을 소유한 존재라는 사실을 분명히 인식하고 주께서 부르실 그 날까지 믿음의 싸움을 싸워 이기는 성도가 됩시다.

이렇게 이 땅에 살면서 믿음의 싸움을 싸우는 자들에게 주님의 약속이 있습니다. 하나씩 봅시다.

"(계 7:15) 그러므로 그들이 하나님의 보좌 앞에 있고 또 그의 성전에서 밤낮 하나님을 섬기매 보좌에 앉으신 이가 그들 위에 장막을 치시리니"

14절에서 구원받은 자들이 나온 곳과 자격에 대해 말했다면, 15절은 구원받은 자들이 누리는 복에 대해 말씀하고 있습니다. 먼저, 그들의 위치가 어디인지 말씀해 줍니다. 그것은 "보좌 앞"입니다. 본서에 이 말은 세 번 기록됩니다. 9절, 11절, 그리고 본 절입니다. 구원받은 자들의 위치, 그것은 "보좌 앞"입니다. 이 말은 두 가지 의미가 있습니다. 먼저는 1장 4절에서 일곱 영이 있던 자리입니다. 일곱 영, 곧 성령이 보좌 앞에 있다는 말을 설명할 때, 그 자리는 심판의 자리라고 말씀드렸습니다. 성령과 성도가 왜 심판의 자리에 있는 것일까요? 그것은 누구나 서야 하기 때문입니다. 그러나 성도는 그리스도의 영인 성령께서 구원의 보증되시기에 심판을 면하고 구원의 은혜를 입게 되었습니다. 그래서 보좌 앞에 선다는 것은 그 구원의 은혜에 찬송으로 영광을 돌리기에 그 앞에 있습니다. 그러기에 이어지는 말씀이 "밤낮 하나님을 섬기매"라고 합니다.

이어서 구원받은 자들에게 보좌에 앉으신 이가 장막을 쳐주시겠다고 합니다. 이는 홍수 후에 노아의 세 아들에 관해 예언하면서 "(창 9:27) 셈의 장막에 거하게 하시고"라고 하신 것의 성취입니다. 또한, 이 말씀은 출애굽 한 이스라엘 백성들에게 임한 하나님의 은혜를 구원받은 자들에게 다시 적용하여 말씀하고 있는 내용입니다. 애굽에서 나온 이스라엘 백성들에게 구름 기둥과 불기둥의 은혜가 있었습니다. 또한, 시내산에 도착하여 율법과 성막에 대해 계시하시고 성막을 건축하게 하신 후에 이스라엘과 동행하셨습니다. 마찬가지로 보좌에 앉으신 이인 하나님께서 성도들에게도 장막을 쳐 주십니다. 장막을 친다는 것은 상징적인 말입니다.

이 말을 요한은 구체적 실체로서의 장막을 쳐 주심을 말씀했는데 요한이 비슷한 시기에 쓴 요한복음 1장 14절에서 어떻게 구체적이고도 실제적으로 장막을 쳐주셨는지를 말했습니다. 요한복음 1장 14절은 "말씀이 육신이 되어 우리 가운데 거하시매 우리가 그의 영광을 보니 아버지의 독생자의 영광이요 은혜와 진리가 충만하더라"라고 하였습니다. 본 구절에서 "말씀이 육신이 되어 우리 가운데 거하시매"라고 하였는데 여기서 "거하시매"라는 말은 헬라어 "스케노오"인데 이 단어가 "장막을 치다"는 뜻입니다. 본서에서 "장막을 치시리라"라고 할 때도 같은 단어를 사용했습니다. 그러니까 요한복음 1장 14절을 다시 번역하면 "말씀이 육신이 되어 우리 가운데 장막을 치시매 우리가 그의 영광을 보니 아버지의 독생자의 영광이요 은혜와 진리가 충만하더라"라고 할 수 있습니다. 광야에서 성막을 통해 이스라엘 위에 장막을 쳐주신 것이 모형이라면 보좌에 앉으신 하나님께서 예수 그리스도를 인간의 몸으로 나게 해 주셔서 이 땅에 장막을 치신 것이 실체입니다.

예수님이 우리의 장막이 됩니다. 주님의 날개 그늘 아래 성도를 품어 주십니다. 예수님의 장막에 거하는 자마다 마치 여리고 성의 라합의 집에 피했던 자들이 구원을 얻었듯이 구원을 얻습니다. 또한, 그 안에서 쉼과 보호를 얻습니다. 그래서 이어지는 말씀이 16절입니다.

"(계 7:16) 그들이 다시는 주리지도 아니하며 목마르지도 아니하고 해나 아무 뜨거운 기운에 상하지도 아니하리니"

보좌에 앉으신 이 즉, 하나님께서 구원받은 백성들 위에 장막을 치신다고 하시고 그 결과에 대해 말씀하셨습니다. 그것은 다시 주리지도 아니하고 목마르지도 아니하며 해나 아무 뜨거운 기운에 상하지 아니하리라고 말입니다. 이는 광야에서 이스라엘 백성들을 불기둥과 구름 기둥으로 돌보시며 만나로 먹이시고 반석에서 물을 내어 마시게 하셨던 하나님의 돌보심을 기억하게 합니다.

하나님은 이미 우리의 장막이 되어 주셨습니다. 이를 이사야 43장 1절과 2절에서 말씀하시기를 "(사 43:1) 야곱아 너를 창조하신 여호와께서 지금 말씀하시느니라 이스라엘아 너를 지으신 이가 말씀하시느니라 너는 두려워하지 말라 내가 너를 구속하였고 내가 너를 지명하여 불렀나니 너는 내 것이라 (43:2) 네가 물 가운데로 지날 때에 내가 너와 함께 할 것이라 강을 건널 때에 물이 너를 침몰하지 못할 것이며 네가 불 가운데로 지날 때에 타지도 아니할 것이요 불꽃이 너를 사르지도 못하리니"라고 하셨습니다. 이 말씀은 본서 결론 부분에서 다시 언급합니다. 21장 3절과 4절에서 "내가 들으니 보좌에서 큰 음성이 나서 이르되 보라 하나님의 장막이 사람들과 함께 있으매 하나님이 그들과 함께 계시리니 그들은 하나님의 백성이 되고 하나님은 친히 그들과 함께 계셔서 모든 눈물을 그 눈에서 닦아 주시니 다시는 사망이 없고 애통하는 것이나 곡하는 것이나 아픈 것이 다시 있지 아니하리니 처음 것들이 다 지나갔음이러라"라고 말입니다. 호세아 선지자는 "(호 12:9) 네가 애굽 땅에 있을 때부터 나는 네 하나님 여호와니라 내가 너로 다시 장막에 거주하게 하기를 명절날에 하던 것 같게 하리라"라고 하였습니다. 호세아는 구원받은 당신의 백성들이 장막에 거하게 되는데 "그 날이 명절날에 하던 것 같게 하리라"라고 하여 고통이나 슬픔이 성도를 주장하지 못하고 오직 명절날의 풍요로움과 즐거움만이 있을 것을 예언했습니다.

다윗은 하나님의 집에 거해야 할 이유를 시편 23편에서 노래하기를

(시 23:1) 여호와는 나의 목자시니
내게 부족함이 없으리로다
(시 23:2) 그가 나를 푸른 풀밭에 누이시며
쉴 만한 물 가로 인도하시는도다
(시 23:3) 내 영혼을 소생시키시고

자기 이름을 위하여 의의 길로 인도하시는도다

(시 23:4) 내가 사망의 음침한 골짜기로 다닐지라도

해를 두려워하지 않을 것은 주께서 나와 함께 하심이라

주의 지팡이와 막대기가 나를 안위하시나이다

(시 23:5) 주께서 내 원수의 목전에서 내게 상을 차려 주시고

기름을 내 머리에 부으셨으니 내 잔이 넘치나이다

(시 23:6) 내 평생에 선하심과 인자하심이 반드시

나를 따르리니 내가 여호와의 집에 영원히 살리로다

라고 하였습니다. 이 다윗의 시는 본문 안에서 성취되고 있습니다.

"(계 7:17) 이는 보좌 가운데에 계신 어린 양이 그들의 목자가 되사 생명수 샘으로 인도하시고 하나님께서 그들의 눈에서 모든 눈물을 씻어 주실 것임이라"

어린양이 목자가 되어 주심을 말씀하고 있습니다. 다윗의 시편 23편에서 노래했듯이 예수님께서 성도들의 목자가 되어 주신다고 하셨습니다. 이렇게 양과 목자의 관계로 설정한 후에 성도를 "생명수 샘"으로 인도하신다고 하셨습니다. 여기서 생명수 샘은 무엇일까요? 이 생명수 샘은 창세기 2장까지 거슬러 올라가야 합니다. 창세기 2장 10절에서 "강이 에덴에서 흘러나와 동산을 적시고 거기서부터 갈라져 네 근원이 되었으니"라고 하였습니다. 하나님께서 에덴을 창조하시고 그곳에 네 개의 강이 흐르게 하심으로 에덴을 풍요롭게 하셨습니다. 이 강이 에덴의 생명수였습니다. 범죄 한 인간은 에덴에서 쫓겨나

304

생명수에서 멀어졌고 영원한 갈증을 느끼는 존재가 되고 말았습니다. 그래서 이 갈증을 해결하는 존재로서 예수님이 구약의 모형으로 등장하셨습니다. 출애굽 한 이스라엘 백성들이 르비딤 골짜기에 도착했을 때 그들은 마실 물이 없어 고통스러워하였습니다. 이때 주님은 반석 위에 서시고 모세에게 그 반석을 치라고 하심으로 물을 내어 백성에게 마시게 하셨습니다. 이 사건은 예수님께서 침을 당하심으로 우리의 영적 갈증을 해결해 주실 것에 대한 모형이었습니다.

또한, 선지서들은 하나같이 성전과 예루살렘에서 흐르는 샘에 대해 말을 했습니다. 예레미야도 에스겔도 아모스도 요엘도 생명수 샘이 흘러 생명을 살리는 것에 대해 말하였고, 예수님께서도 당신이 생명의 근원임을 말씀하셨습니다. 사마리아 여인에게는 자신이 주는 물을 마시면 영원히 목마르지 않겠다고 하셨고, 초막절 끝날에는 성전에 서셔서 "(요 7:37) 누구든지 목마르거든 내게로 와서 마셔라 그리하면 그 배에서 생수의 강이 흘러 넘치리라"라고 하셨습니다. 또한, 본서 21장 6절에서 "또 내게 말씀하시되 이루었도다 나는 알파와 오메가요 처음과 마지막이라 내가 생명수 샘물을 목마른 자에게 값없이 주리니"라고 하였고, 22장 1절에서도 "또 그가 수정 같이 맑은 생명수의 강을 내게 보이니 하나님과 및 어린 양의 보좌로부터 나와서"라고 하였으며, 22장 17절에서도 "성령과 신부가 말씀하시기를 오라 하시는도다 듣는 자도 오라 할 것이요 목마른 자도 올 것이요 또 원하는 자는 값없이 생명수를 받으라 하시더라"라고 하였습니다.

이렇게 생명수 샘으로 인도하셔서 그들의 눈에서 모든 눈물을 씻어 주실 것이라고 합니다. 6장에서 묘사된 성도들의 고난 그리고 그 고난을 견디어 내며 흘린 성도들의 눈물을 씻어 주시겠다고 합니다.

그렇습니다. 이 일은 죽어 천국에서 일어날 위로만을 말씀하고 있는 것이 아닙니다. 이 위로는 오늘 우리의 삶 속에서도 계속되고 있습니다. 거라사 광인이 주님을 만남으로 동네로 뛰어 들어가 주님을 전하고, 사마리아 여인이 주님과 만나 동네 사람들이 예수님께 나아와 복음을 듣게 했으며, 나인성 과부는 죽은 아들이 살아남으로 위로를 받았습니다. 주님과 만나면 "마라"는 "나오미"가 됩니다. 주님과 만나면 마라 즉, 쓰고 고통스러운 삶이 나오미 즉, 기쁨, 즐거움이 됩니다. 세상에서 흘린 눈물을 주님께서 씻어 주십니다. 절망적인 삶 속에 있는 이들을 만나주셔서 눈물을 닦아 주시고 새로운 기쁨과 소망으로 살게 하시는 분이 주님이십니다. 죽어서 영원히 누리는 위로와 기쁨뿐만 아니라 오늘, 우리에게 일어나는 실제적 위로입니다.

본문을 통해 주시는 하나님의 말씀은 성도에게는 다시는 고통이 없을 것이며 나아가 영원한 보호와 생명이 있을 것을 말씀하여 줍니다. 우리는 이미 구원을 얻었습니다. 그러나 아직 완성된 것이 아닌 것처럼 주님을 믿는 우리의 삶 속에서 벌어지는 위로와 기쁨도 "이미"와 "아직" 사이에 있습니다. 그럼에도 성도에게는 세상이 줄 수 없는 기쁨과 위로가 있습니다. 이러한 성도의 모습을 바울은 로마서에서 "(롬 5:3)환난 중에서도 즐거워"하는 자라고 하였습니다.

우리가 기억해야 할 것은 먼저는 최후에 형벌 받는 심판은 성도에겐 해당하는 말이 아니라는 사실입니다. 반면에 성도는 이 땅을 사는 동안 믿음을 지키기 위해 환난을 겪는 존재입니다. 그러기에 성도는 구원을 받되 고난을 겸하여 받고, 무릇 경건하게 살고자 하는 자들은 핍박을 당하게 됩니다. 이것이 성도의 환난입니다. 그러나 주님의 돌보심과 위로가 있음을 믿고 감사하며 사는 자들이 됩시다. 이 땅의 모든 사명의 짐을 내려놓고 하나님 앞에 서는 날 완전한 위로와 기쁨이 우리 모두에게 있습니다. 이를 생각하며 오늘의 삶을 참된 성도로 살아갑시다. 우리의 이마에 이미 하나님의 인이 있고, 우리는 이미 예수님이라는 장막 아래 있는 자임을 알고 천국의 기쁨과 감격 가운데 사는 자가 됩시다.

28. 일곱째 인을 떼실 때에
요한계시록 8장 1-5절

6장에서 여섯 개의 인이 떼어졌고, 7장에서는 구원받은 144,000에 대한 말씀을 보았습니다. 이제 일곱 인 중의 마지막 인을 떼었을 때 벌어지는 일들을 보도록 하겠습니다. 또한, 일곱 번째 인을 떼었을 때 나팔이 불리기 시작하는데 그것에 대해서도 보도록 하겠습니다.

"(계 8:1) 일곱째 인을 떼실 때에 하늘이 반 시간쯤 고요하더니 (계 8:2) 내가 보매 하나님 앞에 일곱 천사가 서 있어 일곱 나팔을 받았더라"

6장을 시작할 때 "인, 나팔, 대접"에 대한 정의를 해 드렸습니다. 인은 "인 계획", 나팔은 "나팔경고", 대접은 "대접심판"이라고 정의하고 "인, 나팔, 대접"에 대한 말씀을 시작했습니다. 인은 계획이라고 했는데 그 계획의 마지막이 일곱 인을 떼실 때 벌어지는 일들을 알려줍니다. 마지막이라고 해서 오해하지 말아야 합니다. 마지막이니 최종적인 심판을 의미한다고 생각하면 안 됩니다. 마지막 인을 떼는 일은 종말이나 최종적 심판을 의미하는 것이 아닙니다. 도리어 여섯 번째 인이 최종적인 심판에 대한 하나님의 계획을 보여주는 내용이었습니다. 그렇다면 마지막 일곱 번째 인이 의미하는 바는 무엇일까요? 그것은 앞에서도 말했듯이 "경고"입니다. 왜 그런지 봅시다. 6장에서 여섯 번째 인까지의 이야기를 보았습니다. 그 이야기를 대략 정리하면 성도들의 복음증거로 사탄이 등장하여 성도를 핍박하며 죽이고 제단 아래에서 순교한 성도들의 부르짖음이 있고 불신자들에 대한 심판을 보았습니다. 그리고 7장에서 구원받은 144,000명의 영광스러운 모습을 보았습니다. 그러니까 심판을 당할 자와 구원받은 자의 모습을 6장과 7장에서 보았습니다. 이렇게 보여주고 나서 하나님은 곧바로 심판을 진행하시려는 것이 아닙니다. 시간을 두고 믿지 않은 자들에게 회개의 기회를 주고, 믿는 자들에게는 그 기간 믿음을 지키라고 말씀합니다. 그러니까 일곱 번째 인은 최종적인 심판이나 재앙이 아니라 성도는 깨어 있게 하고 믿지 않는 자들에게는 회개하고 돌이킬 기회를 주고자 함입니다. 그것을 나팔의 이미지를 사용하여 말씀하고 있습니다.

본문은 일곱째 인을 뗄 때 "반 시간쯤 고요하더니"라고 합니다. 여기서 반 시간쯤 고요하다는 말은 여러 가지 해석이 있습니다. 하지만 문맥상으로 보거나 에스겔서에서 심판이 있기 전에 인을 치는 시간이 필요했던 것처럼 본문도 여섯 번째 인을 뗄 때 심판의 말씀을 전하셨고 그 심판이 시작되기 전에 구원받은 자들에게 인을 치라고 하셨습니다. 그리고 이어지는 말씀이 오늘 본문 1절이라는 사실은 심판이 본격적으로 시작되기 전에 성도의 이마에 인을 치는 시기라고 할 수 있습니다. 이 시기는 비교적 짧은 시기를 상징하는데, 이는 성도들이 복음을 전하다가 겪는 환난의 시간은 짧고, 반대로 대적을 향한 심판은 임박해 있다는 긴박성을 보여줍니다. 또한, 이 시기는 하나님의 심판 전에 고요입니다. 마치 폭풍전야처럼 심판이 있기 전에 세상은 먹고 마시고 장가간다고 했던 말씀과 같습니다. 주의 백성들의 구원이 급하게 이루어질 뿐 아니라 세상은 심판을 부르는 죄악에 더욱 깊이 빠집니다. 이 고요의 시기는 하나님께서 주무시거나 무관심하시지 않습니다. 다만 참으실 뿐입니다. 하나님은 영혼 구원이라는 당신의 목적을 위해서 죄악 된 상황을 오래 참으시는 기간이고 동시에 세상에 있는 하나님의 백성들을 건져내시는 기간이 됩니다.

그래서 "반 시간쯤"이라는 말로 본문을 시작하고 있습니다. 요한 계시록에 등장하는 시간 개념 중에 가장 짧은 개념입니다. 3년 반, 일천이백육십, 삼일 반, 천년 등과 비교할 때 정말 짧은 개념입니다. 그렇다면 왜 이렇게 묘사한 것일까요? 이 기간은 조금 전에도 말씀드렸듯이 성도에게는 깨어 있게 하고 대적에는 회개를 요청하는 기간이기 때문입니다. 이러한 기간을 다른 성경은 어떻게 묘사하고 있을까요? 비슷한 상황에 기록된 베드로의 묘사를 보면 분명해집니다. 베드로는 성도들이 받는 환난에 대해 "잠깐 근심"이라고 합니다. 베드로전서 1장 6절에서 "그러므로 너희가 이제 여러 가지 시험으로 말미암아 잠깐 근심하게 되지 않을 수 없으나 오히려 크게 기뻐하는도다"라고 하였습니다. 이렇게 성도가 받는 환난을 잠깐이라고 한 베드로는 베드로후서를 쓰면서 믿지 않는 자들이 돌아오기를 기다리시는 하나님의 시간 개념에 대해 말씀하시기를 "(벤후 3:8) 사랑하는 자들아 주께는 하루가 천년 같고 천년이 하루 같다는 이 한 가지를 잊지 말라 (벤후 3:9) 주의 약속은 어떤 이들이 더디다고 생각하는 것 같이 더딘 것이 아니라 오직 주께서는 너희를 대하여 오래 참으사 아무도 멸망하지 아니하고 다 회개하기에 이르기를 원하시느니라"라고 하였습니다.

그러므로 이 "반 시간"은 이 땅의 시간 개념이 아닙니다. 그래서 본문에 "하늘이"라고 합니다. "하늘이 반 시간쯤" 고요했다고 합니다. 우리가 느끼기에 제단 아래서 부르짖던 성도들처럼 이 시간이 길게 느껴지지만, 하나님께는 아주 짧은 시간입니다. 그래서 "하늘이 반 시간쯤"이라고 하였습니다. 그러니까 우리가 볼 8장과 9장의 일곱 나팔은 재앙이 아닙니다. 심판도 아닙니다. 그래서 "나팔재앙, 나팔 심판" 등의 표현은 옳지 않습니다. 저는 개인적으로 "나팔경고"라고 하는데, 다른 표현을 하나 더 한다면 "나팔사랑"이라고 해도 될 것입니다. 그렇게 말할 수 있는 이유는 불신자들에게 복음을 전하여 회개하고 돌아오기를 기다리는 하나님의 마음이 담겨 있기 때문입니다. 마치 탕자가 돌아오기를 기다리는 아버지처럼, 마지막 한 사람이 돌아올 때까지 기다리시는 하나님의 사랑이 나팔로 드러났기 때문입니다.

이렇게 고요한 시간 중에 일곱 나팔을 가진 일곱 천사가 서 있는 것을 보았습니다. 1절과 2절을 바른 성경은 "(계 8:1) 그분께서 일곱째 봉인을 떼실 때에 하늘이 반 시간쯤 고요하였다. (계 8:2) 그때 내가 하나님 앞에 서 있는 일곱 천사를 보았는데, 그들에게 일곱 나팔이 주어졌다."라고 번역하여 이 반 시간쯤 고요한 시간과 일곱 천사가 일곱 나팔을 들고 서 있는 것이 동시적인 상황임을 말해 주고 있습니다. 이렇게 서 있는 일곱 천사는 차례대로 나팔을 불어 하나님께서 하시고자 하시는 일들을 진행하게 됩니다.

또 천사가 하나님 앞에 서 있다는 것은 천사들이 하나님 앞에서 하나님의 명을 받들 채비를 갖추고 있다는 말입니다. 그리고 일곱 천사란 하나님의 명을 완벽하게 수행하는 존재임을 상징합니다. 지금도 천사들은 하나님 앞에 서 있습니다. 주님께서 무슨 명령을 내리시든지 그 모든 것을 완벽하게 행할 준비를 하고 대기하고 있습니다. 그래서 히브리서 1장 14절은 말씀하시기를 "모든 천사들은 부리는 영으로서 구원 얻을 후사들을 위하여 섬기라고 보내심이 아니뇨."라고 하셨습니다. 하나님은 천사들을 부려 당신의 일을 하고 계십니다. 때로는 주님께서 너무 잠잠히 계신 것 같을 때가 있습니다. 마치 우리의 삶에 무관심하신 것 같고 세상은 하나님과 상관없이 돌아가는 것 같을 때가 있습니다. 하지만 그렇지 않습니다. 주님은 세상을 보존하시고 심판하시는 일을 계속하고 계십니다.

그런데 왜 일곱 천사의 일곱 나팔일까요? 이 상징성은 아주 유명한 구약의 이야기를 모티브로 하고 있습니다. 그러니까 구약의 이야기가 모형이고 본문의 이야기가 그것의 실체가 됩니다. 그 구약의 이야기는 여리고 성 함락 사건입니다. 여리고 성은 약속의 땅, 가나안에 들어가기 위해서는 반드시 정복해야 하는 가나안의 첫 성이었고 가장 강력한 성입니다. 요단강을 건너 가나안 땅에 들어간 히브리 백성들이 이 성을 함락하는 것은 불가능에 가까운 일이었습니다. 그런 상황에서 하나님의 군대 장관은 여호수아에게 몇 가지 지시를 내립니다. 일곱 제사장이 일곱 나팔을 잡고 법궤 앞에서 행진하며, 칠 일간 나팔을 불고 일곱째 날은 일곱 바퀴를 돈 후에 일곱 나팔을 불라고 하였습니다. 이렇게 나팔을 불고 여리고 성을 도는 동안 백성들은 아무 말도 하지 말아야 했습니다. 이렇게 함은 여리고 성안에 있는 자들이나 돌고 있는 자들이나 나팔 소리만 들어야 함을 의미합니다. 나팔 소리는 성안의 사람들은 심판의 소리였고, 비록 뙤약볕 아래서 성을 돌고 있는 이스라엘 백성들에게는 고생의 시간이지만 승리의 날을 기대하고 기다리게 하는 소리였습니다. 동시에 성안에서는 하나님의 백성이 된 라합의 전도가 있었습니다. 그는 붉은 줄을 달아 놓은 자신의 집에 사람들을 모아야 했습니다. 가족과 친지, 그리고 친구와 이웃들을 자신의 집으로 들여야 했습니다. 그래야만 성이 무너질 때 구원을 받을 수 있었기 때문입니다. 이 이야기를 정리하면, 일곱 나팔이 불리는 동안 주의 백성들은 깨어 인내하며 승리의 날을 소망하고, 성안의 사람들은 항복해야 했습니다. 그리고 성도가 복음을 증거 하듯이 성안에서는 구원의 문을 열고 사람들을 모으고 있는 이가 기생 라합입니다.

그러므로 우리 성도들은 하나님의 경고 나팔을 듣고 믿음을 더욱 경건하게 해야 합니다. 동시에 우리는 라합이 되어 세상에 나가 복음을 전해야 합니다. 구원의 소리, 심판의 소리를 내야 합니다. 하나님은 에스겔에게 말씀하시기를 "너는 파수꾼으로 나팔을 불라"고 하십니다. 그 나팔을 불어 하나님의 사람은 깨어 있게 하고, 회개할 자는 회개하게 하며, 심판받을 자에게는 심판의 정당성을 부여하게 됩니다. 그러므로 우리는 귀와 입이 열려야 합니다. 먼저는 하나님의 나팔소리를 듣는 귀가 있어야 합니다. 이 귀가 있어야 죄악에서 돌이키고 경건하게 살고자 할 것이기 때문입니다. 또한, 입이 열려야 함은 우리가 세상에 나가 복음의 나팔을 부는 자가 될 수 있기 때문입니다.

이렇게 반 시간쯤 고요한 시간이 흐를 때 일곱 나팔을 들고 하나님 앞에 선 일곱 천사를 본 요한은 또 다른 장면을 보았습니다.

"(계 8:3) 또 다른 천사가 와서 제단 곁에 서서 금 향로를 가지고 많은 향을 받았으니 이는 모든 성도의 기도와 합하여 보좌 앞 금 제단에 드리고자 함이라 (계 8:4) 향연이 성도의 기도와 함께 천사의 손으로부터 하나님 앞으로 올라가는지라"

본격적으로 나팔이 울려 퍼지기 전에 등장하는 모습이 있습니다.

그것은 성도들의 기도와 그것이 하나님께 상달 되는 모습입니다. 묘사하기를 다른 천사가 나와 제단 곁에 서 있다고 합니다. 제단은 당연히 성전 마당에 있는 제물을 드리는 번제단입니다. 우리가 이미 6장 3절과 4절에서 죽음이란 단어와 칼이란 단어를 통해, 그리고 9절의 "하나님의 말씀과 그들이 가진 증거로 말미암아 죽임을 당한 영혼들이 제단 아래에 있어"라는 말씀을 보면서 제단은 성도들이 순교한 것을 의미한다고 말씀드렸습니다. 그러므로 한 천사가 제단 곁에 서 있다는 말은 성도들이 순교한 곳에 있다는 말입니다. 이 말을 좀 더 폭넓게 생각해 보면 우리가 주님을 위해 수고하고 희생하는 모든 자리에 천사가 함께하고 있다는 말입니다. 우리 곁에 서 있는 천사가 실감나십니까? 이 일을 실감함으로 위로가 넘치기를 원합니다.

그 천사가 제단 곁에 서서 하는 일이 있습니다. 그것은 본문의 말씀대로 금 향로를 가지고 많은 향을 받았는데 이는 성도의 기도와 함께 하나님의 보좌 앞 금단에 드리고자 함입니다. 여기서 향은 당연히 성도의 순교입니다. 넓게는 주님을 향한 성도의 모든 수고와 희생입니다. 이 성도의 헌신과 순교가 얼마나 귀한지 그것을 금 향로에 담는다고 합니다. 그리고 그것은 하나님 보좌 앞 금단에 드려지게 됩니다. 여기서 금 향로는 성전의 지성소 앞에 있는 향단입니다. 그 향단의 향을 피울 때 번제단의 숯을 가져다가 피웠는데 그러한 것을 묘사하여 말씀하고 있습니다. 흥분되지 않습니까? 우리의 수고와 헌신, 나아가 모든 형태의 순교를 하나님께서 기뻐하심으로 금 향로에 담아 금단에 드리고 그것은 하나님께서 기뻐 받으시는 향이 되고 있다는 사실이 말입니다. 이렇게 묘사함은 구약의 제사 제도에서 제단에서 태워드리는 제물에 대해 "향기로운 냄새"라고 한 표현을 빌려와서 묘사한

314

것입니다. 바울은 빌립보 교인들의 헌신을 가리켜 "(빌 4:18) 내게는 모든 것이 있고 또 풍부한지라 에바브로디도 편에 너희가 준 것을 받으므로 내가 풍족하니 이는 받을만하신 향기로운 제물이요 하나님을 기쁘시게 한 것이라"라고 하였습니다. 그리고 그 순교와 희생이 하나님께 향이 되어 드려질 때 성도의 기도도 함께 드려지게 됩니다.

6장 9절에서는 이 향을 성도의 기도라고 해석해 주고 있습니다. 그러므로 이 두 부분을 모두 함께 생각해 보면 성도의 기도는 성도의 순교와 함께 드려질 때 진정한 향이 될 수 있다는 사실입니다. 주님을 위해 어떤 수고도 희생도 하지 않으면서 하는 기도는 향이 될 수 없습니다. 우리의 기도는 예수님의 보혈의 공로와 하나님 아버지의 사랑과 자비하심에 근거하여 응답이 되지만, 그 자체로는 하나님을 기쁘시게 하는 향이 될 수는 없습니다. 세상에서 온갖 죄만 짓고 살다가 무엇인가 필요할 때만 하나님을 찾고, 성도의 거룩한 삶도 없고 수고와 헌신은 전혀 하지 않으면서 복만 구하는 것 등은 향이 될 수 없습니다. 도리어 그것은 이사야 선지자가 말했듯이 주님께 무거운 짐이고 견디기 힘든 것이 될 뿐입니다. 우리의 기도와 함께 수고와 희생, 순교의 향이 함께 드려지기를 바랍니다.

이러한 성도의 기도를 통해 하나님은 세상에 어떠한 일을 시작하십니다.

"(계 8:5) 천사가 향로를 가지고 제단의 불을 담아다가 땅에 쏟으매 우레와 음성과 번개와 지진이 나더라"

천사는 번제단에서 향을 금 대접에 받아 지성소 앞, 본문에서는 보좌 앞 금 제단 즉, 향단에 드렸고 그 향은 하나님께 올라갔습니다. 그런 후에 "향로를 가지고 제단의 불을 담아다가 땅에 쏟으매 우레와 음성과 번개와 지진이 나더라"라고 합니다. 성도의 기도를 담아 올라갔던 금 향로에 이제는 하늘 보좌 앞에 있던 제단의 불을 담아 땅에 쏟아부었습니다. 그랬더니 뇌성과 음성과 번개와 지진이 일어났습니다. 기도와 향을 담았던 금 향로에 불을 담았고 또 그 불을 기도가 드려진 제단에서 담았다는 것은 하나님이 성도들의 기도를 들으셨으며 그 응답으로 어떠한 일을 행하신다는 것을 의미합니다. 제가 천사가 향로를 가지고 제단의 불을 담아다가 땅에 쏟았을 때 우레와 음성과 번개와 지진이 나는 현상을 왜 "어떠한 일"이라고 했을까요? 그것은 이 일에 복합적인 의미가 있기 때문입니다. "뇌성과 음성과 번개와 지진"은 일곱 나팔의 또 다른 표현입니다. 이 "뇌성과 음성과 번개와 지진"은 성경 여러 곳에서 하나님의 일하심에 대한 묘사로 쓰였습니다. "(출 19:16) 셋째 날 아침에 우레와 번개와 빽빽한 구름이 산 위에 있고 나팔 소리가 매우 크게 들리니 진중에 있는 모든 백성이 다 떨더라, (사 29:6) 만군의 여호와께서 우레와 지진과 큰 소리와 회오리바람과 폭풍과 맹렬한 불꽃으로 그들을 징벌하실 것인즉, (삼하 22:14) 여호와께서 하늘에서 우렛소리를 내시며 지존하신 자가 음성을 내심이여, (시 97:4) 그의 번개가 세계를 비추니 땅이 보고 떨었도다, (눅 21:11) 곳곳에 큰 지진과 기근과 전염병이 있겠고 또 무서운 일과 하늘로부터 큰 징조들이 있으리라" 등의 말씀들입니다. 성경은 "뇌성과 음성과 번개와 지진" 등을 통해 사람들에게 하나님께서 일하심을 드러냈습니다. 그러니까 이 일들은 서두에서 말씀드렸듯이 하나님의 백성이나 세상 사람들에게 똑같이 말씀하시는 것을 의미합니다. 심판의 의미가 아니라 두려우신 하나님을 보게 하여 성도들은 깨어 있게 하고 불신자들은 하나님께로 돌이키게 하려는 의도입니다.

그래서 "제단의 불을 담아다가"라고 하였습니다. 제단의 불을 담은 것과 성도를 깨우고 불신자들을 회개시키는 것과 무슨 상관이 있느냐고 물으실 것입니다. 이 둘 사이에는 아주 중요한 연관이 있습니다. 그것은 제단 아래에서 울부짖는 성도들의 기도가 복수해 달라는 탄원이 아니라고 말씀드렸습니다. 복수나 보복을 원하는 것이 아니라 세상이 하나님의 주권을 인정하게 해 달라는 기도입니다. 그와 같습니다. "뇌성과 음성과 번개와 지진"은 세상이 주님의 주권을 인정하고 회개하여 주께 돌아오기를 바라는 성도들의 기도에 대한 하나님 응답입니다. 그래서 다음에 등장하는 일곱 나팔은 3분의 1씩밖에는 해를 당하지 않습니다. 경고이기 때문입니다. 그 일을 당하게 되면 회개할까 싶어 행하시는 하나님의 간절한 마음입니다.

이 장에선 일곱 나팔의 서론에 해당하는 말씀을 보았습니다. 이 말씀을 정리하면 이 나팔은 심판이나 재앙이 아닙니다. 이것은 성도를 깨우고 불신자들을 부르시는 하나님의 사랑입니다. 이 하나님의 사랑의 행위에 동참하여 세상을 깨우는 성도가 되기를 바랍니다.

29. 천사가 나팔을 부니
요한계시록 8장 6-13절

8장을 시작하면서 일곱 번째 인을 떼었습니다. 인을 떼었을 때 반시간쯤 고요하더니 요한은 하나님 앞에 일곱 천사가 일곱 나팔을 받고 서 있는 것을 보았습니다. 그리고 또 다른 천사가 보였는데 그는 제단 곁에 서서 금 향로를 가지고 많은 향을 받았습니다. 그 향은 성도의 기도와 합하여 보좌 앞 금 제단에 드려졌습니다. 그리고 이어지는 장면은 천사가 향로를 가지고 제단의 불을 담아다가 땅에 쏟으매 우레와 음성과 번개와 지진이 났습니다. 이렇게 "뇌성과 음성과 번개와 지진"이 난 것은 세상이 주님의 주권을 인정하고 회개하여 주께 돌아오기를 바라는 성도들의 기도에 대한 하나님 응답이라고 말씀드렸습니다.

그 뒤에 이어지는 말씀을 보도록 하겠습니다. 성도들의 기도에 "뇌성과 음성과 번개와 지진"으로 응답하신 것에 대해 구체적으로 기록하신 말씀입니다.

"(계 8:6) 일곱 나팔을 가진 일곱 천사가 나팔 불기를 준비하더라 (계 8:7) 첫째 천사가 나팔을 부니 피 섞인 우박과 불이 나와서 땅에 쏟아지매 땅의 삼 분의 일이 타 버리고 수목의 삼 분의 일도 타 버리고 각종 푸른 풀도 타 버렸더라"

인을 통한 하나님의 계획에 대해 모두 알려주신 주님은 이제 "인

계획" 이후에 "나팔경고"에 대해 구체적으로 말씀하십니다. 나팔을 불 준비를 하던 일곱 천사 중 첫 번째 천사가 나팔을 불었습니다. 이에 "피 섞인 우박과 불이 나와서 땅에 쏟아지매 땅의 삼 분의 일이 타 버리고 수목의 삼 분의 일도 타 버리고 각종 푸른 풀도 타 버렸다"라고 합니다. 우리는 기존의 심판이나 재앙이라는 말로 나팔을 보지 않기로 했습니다. 나팔은 경고의 의미가 있다고 거듭하여 말씀드렸습니다. 이렇게 계속해서 경고라는 말을 반복하여 말씀드리는 이유는 기존의 심판이나 재앙이라는 가르침이 우리 속에 깊이 뿌리박혀 있기 때문입니다. 나팔을 부는 것은 경고입니다. 그럼에도 불구하고 오늘 본문의 말씀은 경고라기보다는 심판 같은 느낌이 강합니다. 말 그대로 "피 섞인 우박과 불이 나와서 땅에 쏟아지매 땅의 삼 분의 일이 타 버리고 수목의 삼 분의 일도 타 버리고 각종 푸른 풀도 타 버렸기" 때문입니다. 그러나 이렇게 묘사한 것이 독자들에게 구약의 어떤 사건을 기억하게 하는 것이라면 심판이 아니라 경고임을 알 수 있습니다.

우리가 볼 네 개의 나팔은 모두 구약의 한 사건을 약간의 변화를 주어 말씀하고 있습니다. 애굽에 있던 이스라엘 백성을 구원해 내기 위해 사용하셨던 열 개의 재앙을 인용하고 있습니다. 하나님은 모세를 보내 당신의 백성들을 구원해 내려 했습니다. 하지만 바로가 내어 주지 않았습니다. 그래서 하나님은 그들에게 열 가지 재앙을 통해 하나님이 하나님 됨을 알려 주셨습니다. 그 열 재앙은 "피, 개구리, 이, 파리, 악질, 독종, 우박, 메뚜기, 흑암, 장자의 죽음"이었습니다. 이 사건들은 요한계시록에서 나팔과 대접의 모티브가 되어 다시 사용되고 있습니다. 그 열 가지 중에 마지막 장자의 죽음 사건을 제외한 아홉 가지는 세 영역에 해를 가하는데 첫 번째로 "피, 개구리, 이"의 재앙은 대상이 물이고, 두 번째는 "파리, 악질, 독종"이 말해 주듯 그 영역이 땅이었으며, 세 번째는 "우박, 메뚜기, 흑암"이 말해 주듯 그 영역이 하늘입니다. 본문의 나팔도 순서는 다르지만 "땅, 물, 하늘"이라는 영역이 해를 당하는 것을 볼 수 있습니다.

경고있음	인	1.피	4.파리	7.우박	10.장자
경고있음	나팔	2.개구리	5.악질	8.메뚜기	10.장자
경고없음	대접	3.이	6.독종	9.흑암	10.장자
		물	땅	하늘	
나팔과 대접 –					
1.땅 2.바다 3.물 4.하늘 5.황충,보좌 6.유프라테스					

애굽에서 벌어진 열 가지 중에 아홉 가지는 이스라엘 사람들에게 하나님의 구원하심을 기대하게 했고, 애굽 사람들에게는 심판의 하나님에 대해 알게 했습니다. 열 재앙은 모두에게 하나님이 하나님 되심을 알게 하려는 목적이 있었습니다. 그래서 하나님은 애굽에 재앙을 내리시면서 "(출 7:5) 내가 내 손을 애굽 위에 펴서 이스라엘 자손을 그 땅에서 인도하여 낼 때에야 애굽 사람이 나를 여호와인 줄 알리라"라고 하셨는데 이러한 표현을 여러 번 하셨습니다.

이제 그 이야기를 구체적으로 봅시다. 7절을 보면 첫 번째 나팔이 불렸을 때. "피 섞인 우박과 불이 나와서 땅에 쏟아지매 땅의 삼 분의 일이 타 버리고 수목의 삼 분의 일도 타 버리고 각종 푸른 풀도 타 버렸더라"라고 합니다. 이 첫 번째 나팔은 땅에 해당하는 경고입니다. 출애굽기 9장 22절에서 25절을 보면 이와 유사한 기록이 있는데 "(출 9:22) 여호와께서 모세에게 이르시되 너는 하늘을 향하여 손을 들어 애굽 전국에 우박이 애굽 땅의 사람과 짐승과 밭의 모든 채소에 내리게 하라 (출 9:23) 모세가 하늘을 향하여 지팡이를 들매 여호와께서 우렛소리와 우박을 보내시고 불을 내려 땅에 달리게 하시니라 여호와께서 우박을 애굽 땅에 내리시매 (출 9:24) 우박이 내림과 불덩이가 우박에 섞여 내림이 심히 맹렬하니 나라가 생긴 그때로부터 애굽 온 땅에는 그와 같은 일이 없었더라 (출 9:25) 우박이 애굽 온 땅에서 사람과 짐승을 막론하고 밭에 있는 모든 것을 쳤으며 우박이 또 밭의 모든 채소를 치고 들의 모든 나무를 꺾었으되"라고 하였습니다.

그럼 두 번째와 세 번째 나팔을 보겠습니다.

"(계 8:8) 둘째 천사가 나팔을 부니 불붙는 큰 산과 같은 것이 바다에 던져지매 바다의 삼 분의 일이 피가 되고(계 8:9) 바다 가운데 생명 가진 피조물들의 삼 분의 일이 죽고 배들의 삼 분의 일이 깨지더라 (계 8:10) 셋째 천사가 나팔을 부니 횃불 같이 타는 큰 별이 하늘에서 떨어져 강들의 삼 분의 일과 여러 물샘에 떨어지니 (계 8:11) 이 별 이름은 쓴 쑥이라 물의 삼 분의 일이 쓴 쑥이 되매 그 물이 쓴 물이 되므로 많은 사람이 죽더라"

이 부분도 마찬가지로 애굽에서의 사건을 배경으로 하고 있습니다. 출애굽기 7장 17절과 21절에서 "(출 7:17) 여호와가 이같이 이르노니 네가 이로 말미암아 나를 여호와인 줄 알리라 볼지어다 내가 내 손의 지팡이로 나일강을 치면 그것이 피로 변하고 (출 7:18) 나일강의 고기가 죽고 그 물에서는 악취가 나리니 애굽 사람들이 그 강물 마시기를 싫어하리라 하라 (출 7:19) 여호와께서 또 모세에게 이르시되 아론에게 명령하기를 네 지팡이를 잡고 네 팔을 애굽의 물들과 강들과 운하와 못과 모든 호수 위에 내밀라 하라 그것들이 피가 되리니 애굽 온 땅과 나무 그릇과 돌 그릇 안에 모두 피가 있으리라 (출 7:20) 모세와 아론이 여호와께서 명령하신 대로 행하여 바로와 그의 신하의 목전에서 지팡이를 들어 나일강을 치니 그 물이 다 피로 변하고 (출 7:21) 나일강의 고기가 죽고 그 물에서는 악취가 나니 애굽 사람들이 나일강 물을 마시지 못하며 애굽 온 땅에는 피가 있으나"라고 하였습니다.

본문에는 이 말씀에 추가하여 별이 떨어지는데 그것의 이름이 쓴 쑥이라고 하여 그것이 물에 떨어지매 물이 쓰게 되어 많은 사람이 죽게 되었습니다. 이렇게 쓴 쑥이 되었다는 말은 예레미야가 "(렘 9:15) 그러므로 만군의 여호와 이스라엘의 하나님께서 이와 같이 말씀하시니라 보라 내가 그들 곧 이 백성에게 쑥을 먹이며 독한 물을 마시게 하고"라고 하였고, "(렘 23:15) 그러므로 만군의 여호와께서 선지자에 대하여 이와 같이 말씀하시니라 보라 내가 그들에게 쑥을 먹이며 독한 물을 마시게 하리니 이는 사악이 예루살렘 선지자들로부터 나와서 온 땅에 퍼짐이라 하시니라"라고 하였습니다. 그러니까 하나님의 경고가 물에 쏟아지면서 그 물에 거하는 피조물과 그 물을 먹는 자들의 삼 분의 일이 죽는 일을 당함을 말하고 있습니다. 첫 번째가 땅에 쏟아진 경고라면, 두 번째와 세 번째는 물에 쏟아진 하나님의 경고입니다.

이제 네 번째 나팔을 봅시다.

"(계 8:12) 넷째 천사가 나팔을 부니 해 삼 분의 일과 달 삼 분의 일과 별들의 삼 분의 일이 타격을 받아 그 삼 분의 일이 어두워지니 낮 삼 분의 일은 비추임이 없고 밤도 그러하더라"

이 묘사도 출애굽기에서 아홉 번째 재앙과 유사하게 그려지고 있습니다. 출애굽기 10장 21절로 23절까지 보면 "(출 10:21) 여호와께서 모세에게 이르시되 하늘을 향하여 네 손을 내밀어 애굽 땅 위에 흑암이 있게 하라 곧 더듬을 만한 흑암이리라 (출 10:22) 모세가 하늘을 향하여 손을 내밀매 캄캄한 흑암이 삼 일 동안 애굽 온 땅에 있어서 (출 10:23) 그 동안은 사람들이 서로 볼 수 없으며 자기 처소에서 일어나는 자가 없으되 온 이스라엘 자손들이 거주하는 곳에는 빛이 있었더라"라고 하였습니다.

이처럼 네 개의 나팔이 불리는 동안 출애굽기의 열 재앙의 모습들이 함께 떠올랐습니다. 이는 요한계시록이 의도하는 바가 무엇인지 분명하게 말해 줍니다. 앞에서 일곱 나팔은 여호수아 6장의 여리고성 전투에서 일곱 제사장이 일곱 나팔을 잡고, 일곱 날을 돌며 나팔을 불고, 일곱째 날에는 일곱 바퀴를 돌고 소리를 지르라고 했던 것이 모형이라고 전해 드렸습니다. 마찬가지로 그 나팔이 불릴 때의 구체적인 모형은 애굽의 열 재앙입니다. 이를 통해 그 결과까지 예측하게 해 줍니다. 그것은 소위 열 재앙이라고 불리는 출애굽기의 사건 중에 아홉 번째까지가 애굽 사람뿐 아니라 이스라엘 사람들에게도 열 번째가 의미하는 최종적인 심판이 있을 것에 대한 경고였습니다. 그러니까 8장의 네 개의 나팔은 이 세상 모든 사람에게 한 경고입니다. 하지만 뒤에 이어지는 세 개의 나팔은 믿지 않는 자들에게만 주어지는 경고입니다.

"(계 8:13) 내가 또 보고 들으니 공중에 날아가는 독수리가 큰 소리로 이르되 땅에 사는 자들에게 화, 화, 화가 있으리니 이는 세 천사들이 불어야 할 나팔 소리가 남아 있음이로다 하더라"

날아가는 독수리가 큰 소리로 이르기를 "땅에 거하는 자들에게 화, 화, 화가 있으리로다"라고 합니다. 여기서 화, 화, 화가 의미하는 것이 무엇인지 알아야 합니다. 그것은 다음에 계속될 세 나팔에 대한 것으로 이 세 나팔은 지금까지 말했던 것들보다 더 가혹하고 파괴적인 것이 될 것을 말해 줍니다. 독수리가 화를 세 번 알린 것은 다가오는 환난, 즉 세 개의 나팔을 통해 더 강력한 경고가 임하게 될 것을 알려 줍니다. 그리고 이 세 개의 나팔은 "땅에 거하는 자들"에게 주어집니다. 전에도 말씀드렸듯이 요한계시록에서는 사람들을 두 부류로 구분합니다. 하나는 "하늘에 거하는 자들", 그리고 또 하나는 본문처럼 "땅에 거하는 자들(3:10, 6:10, 11:10, 13:8, 17:2)"입니다. 이처럼 땅에 거하는 자들에게 나머지 세 개의 경고가 주어지는 것은 그들을 멸하시려는 것이 아닙니다. 그들을 돌아오게 하려는 것이 목적입니다. 8장에 5절의 말씀을 통해 "뇌성과 음성과 번개와 지진"이 난 것은 세상이 주님의 주권을 인정하고 회개하여 주께 돌아오기를 바라는 성도들의 기도에 대한 하나님 응답이라고 말씀드렸습니다. 그러니까 8장과 9장의 내용은 심판이나 재앙이 아니라 하나님 사랑의 경고, 사랑의 나팔 소리입니다.

다시 말씀드리지만, 이후에 불릴 나팔의 주요대상은 성도가 아니라 불신자입니다. 이는 마치 이스라엘 백성들이 출애굽 할 때 애굽에서 벌어졌던 열 재앙과 같습니다. 열 재앙 중 세 번째까지는 애굽 전역에 구별 없이 임했습니다. 물이 피로 변하고 개구리가 하수에서 올라와 집에 들어오고 이들이 세상에 가득하여 애굽 사람과 이스라엘 사람을 구별하지 않았습니다. 하지만 네 번째 재앙부터는 애굽 사람과 이스라엘 사람 사이에 분명한 구별이 있었습니다.

피	개구리	이	파리	악질	독종	우박	메뚜기	흑암	장자
술사 가능	못함	구별(지리적, 민족적)							피

마찬가지로 본문이 그것을 말씀합니다. 앞에 네 개의 나팔이 땅과 바다와 물과 하늘에 즉, 천재지변이라서 불신자와 신자를 구별하지 않지만, 뒤에 나오는 세 개의 나팔은 성도와 불신자를 구별하여 내리게 됩니다. 13절은 하나님의 나팔이 반역적이고 악한 사회에 임하지만, 보호하시는 하나님의 인을 맞았던 교회는 이러한 환난에서 벗어나게 될 것을 우리에게 암시해 줍니다. 이 사실은 9장에서 분명하게 말씀하고 있습니다.

그렇다면 왜 삼 분의 일일까요? 출애굽기의 열 재앙의 경고는 애굽 전역에 임하여 그들을 고통스럽게 했었는데 말입니다. 하긴 각 재앙으로 완전히 망하진 않았습니다. 단지 그들이 하나님을 인정하고 이스라엘 백성들을 놓아주기를 원했기에 재앙의 기간이 짧았습니다. 요한계시록의 나팔은 기간의 짧음이 아니라 경고의 범위가 삼 분의 일이라고 하고 있습니다. 삼 분의 일이란 숫자는 에스겔과 스가랴를 통해서 하신 심판의 내용에 언급되었습니다. 에스겔서 5장에 예루살렘 심판 예언이 기록되어 있습니다. 에스겔 5장 2절에서는 "그 성읍을 에워싸는 날이 차거든 너는 터럭 삼 분의 일은 성읍 안에서 불사르고 삼 분의 일은 성읍 사방에서 칼로 치고 또 삼 분의 일은 바람에 흩으라 내가 그 뒤를 따라 칼을 빼리라"라고 하였고, 에스겔 5장 12절에서도 "너희 가운데에서 삼 분의 일은 전염병으로 죽으며 기근으로 멸망할 것이요 삼 분의 일은 너의 사방에서 칼에 엎드러질 것이며 삼 분의 일은 내가 사방에 흩어 버리고 또 그 뒤를 따라가며 칼을 빼리라"라고 하였습니다. 이처럼 에스겔은 예루살렘에 임할 하나님의 심판을 삼 분의 일씩 나눔으로 각 단계가 실현될 때마다 회개하고 돌이키길 원했습니다. 하지만 우리가 잘 알고 있듯이 그들은 회개하지 않았고 결과적으로 바벨론에 의해 완전히 파괴되는 고통을 겪어야 했습니다.

또한, 스가랴도 메시아의 통치를 예언하던 중에 "(슥 13:8) 여호와가 말하노라 이 온 땅에서 삼 분의 이는 멸망하고 삼 분의 일은 거기 남으리니 (슥 13:9) 내가 그 삼 분의 일을 불 가운데에 던져 은같이 연단하며 금같이 시험할 것이라 그들이 내 이름을 부르리니 내가 들을 것이며 나는 말하기를 이는 내 백성이라 할 것이요 그들은 말하기를 여호와는 내 하나님이시라 하리라"라고 하였습니다. 이는 선택된 삼 분의 일을 금 같이 시험하여 하나님의 백성으로 만들겠다고 하면서 삼 분의 일을 언급했습니다. 그러므로 삼 분의 일이 해를 받을 것이라고 한 것은 에스겔서가 말하고 있듯이 믿지 않는 사람들은 그 해 받음을 보며 심판에 대해 알고 회개하라고 한 것이며, 믿는 자들에게 주어지는 의미는 스가랴서를 통해 말하고 있는 것처럼, 그 일들을 통해 하나님의 사람으로 만들어지게 됨을 말씀합니다.

이제 네 개의 나팔을 간단하게 정리하겠습니다. 네 개의 경고의 나팔은 땅과 바다와 물과 하늘을 통해 주어졌습니다. 그러나 이러한 일들은 이 땅을 멸하고 심판하려는 것이 아니라 회개를 촉구하는 목적으로 삼 분의 일 만을 해하였습니다. 이 모든 것은 영적으로 해석하던, 문자적으로 해석하던 간에 이는 세상에서 벌어지고 있는 모든 일은 하나님께서 믿는 자들을 깨어 있게 하고, 세상 사람들에게는 심판이 있을 것을 경고하시며 회개를 요청하는 메시지입니다. 그래서 마태복음에서도 "(마 24:6) 난리와 난리 소문을 듣겠으나 너희는 삼가 두려워하지 말라 이런 일이 있어야 하되 아직 끝은 아니니라 (마 24:7) 민족이 민족을, 나라가 나라를 대적하여 일어나겠고 곳곳에 기근과 지진이 있으리니 (마 24:8) 이 모든 것은 재난의 시작이니라." 라고 했습니다. 요즘 벌어지고 있는 일들은 끝이 아닙니다. 그것은 시작일 뿐입니다. 그것은 하나님께서 어리석은 사람들에게 자신을 믿으라고 주시는 표적입니다. 성도에게는 깨어 있게 하고 불신자에게는 하나님을 믿게 하기 위함입니다. 그뿐만 아니라 이 경고 뒤에는 완전한 심판이 있을 것을 말씀합니다. 하나님은 불의한 세상을 반드시 심판하십니다. 동시에 하나님은 당신의 백성을 그 모든 환난에서 지키십니다. 나아가 불의와 탐욕으로 가득한 세상이 하나님의 재앙으로 심판을 당하는 것은 성도들에 대한 사랑과 보상의 시간입니다.

본문은 주님께서 예루살렘 사람들에게 하신 말씀을 기억나게 합니다. "(눅 13:2) 대답하여 이르시되 너희는 이 갈릴리 사람들이 이같이 해 받으므로 다른 모든 갈릴리 사람보다 죄가 더 있는 줄 아느냐 (눅 13:3) 너희에게 이르노니 아니라 너희도 만일 회개하지 아니하면

다 이와 같이 망하리라" 바울도 "(롬 2:4) 혹 네가 하나님의 인자하심이 너를 인도하여 회개하게 하심을 알지 못하여 그의 인자하심과 용납하심과 길이 참으심이 풍성함을 멸시하느냐 (롬 2:5) 다만 네 고집과 회개하지 아니한 마음을 따라 진노의 날 곧 하나님의 의로우신 심판이 나타나는 그 날에 임할 진노를 네게 쌓는도다."라고 하였습니다. 그러므로 깨어 있어야 합니다. 세상에서 벌어지는 일들을 보면서 하나님의 최종적인 심판의 날에 대한 경고를 듣고 바른 신앙인으로 사는 자들이 됩시다. 사도 바울은 빌립보 성도들에게 편지하면서 "(빌 3:12) 내가 이미 얻었다 함도 아니요 온전히 이루었다 함도 아니라 오직 내가 그리스도 예수께 잡힌 바 된 그것을 잡으려고 달려가노라 (빌 3:13) 형제들아 나는 아직 내가 잡은 줄로 여기지 아니하고 오직 한 일 즉 뒤에 있는 것은 잊어버리고 앞에 있는 것을 잡으려고 (빌 3:14) 푯대를 향하여 그리스도 예수 안에서 하나님이 위에서 부르신 부름의 상을 위하여 달려가노라"라고 하였습니다. 나팔 소리가 들리십니까? 그렇다면 깨어 성도의 삶을 살아가는 자들이 됩시다.

30. 아무도 회개하지 아니하더라
요한계시록 9장 1-21절

9장은 다섯 번째와 여섯 번째 나팔을 불었을 때 벌어질 재앙에 대해 기록하고 있습니다. 이 다섯 번째와 여섯 번째 나팔이 8장에 기록되었던 네 번째까지의 나팔과는 양상이 다를 것임을 8장 후반에서 예고하였습니다. 그것은 독수리가 날아가면서 "땅에 거하는 자들에게 화, 화, 화"라고 외치는 소리입니다. 여기서 "땅에 거하는 자들에게 화"라는 말에 주의해야 합니다. 여기서 "땅에 거하는 자들"은 하나님의 백성과 반대되는 개념입니다. 그러므로 본문의 내용은 8장에 기록된 네 개의 나팔보다 더 심각한 내용이 있을 것에 대해 알려줍니다. 또한, 이것은 하나님의 백성이 아닌 땅에 거하는 자들, 즉 불신자들에게 임할 것을 말씀합니다. 본문 4절에서도 "땅의 풀이나 푸른 것이나 각종 수목은 해하지 말고 오직 이마에 하나님의 인을 맞지 아니한 사람들만 해하라"라고 하신 것만을 보아도 9장의 나팔은 불신자들에게 주어지는 것임을 알 수 있습니다.

여기서 "화, 화, 화"라고 한 이유는 앞으로 다가올 세 번의 화를 예고합니다. 우리가 읽은 11절이 그 해석입니다. 첫 번째 화는 다섯 번째 나팔이 불 때 임하고, 두 번째 화는 여섯 번째 나팔이 임하는 것이며, 마지막 화는 일곱 번째 나팔을 불 때 임하게 됩니다. 그리고 이 "화"는 불신자에게 임하는 것뿐 아니라 점점 더 강력하게 임합니다.

먼저 다섯 번째 나팔을 보도록 하겠습니다. 다섯 번째 나팔을 부니 하늘에서 떨어진 별이 있는데 그가 무저갱의 열쇠를 받았다고 합니다. 여기서 하늘에서 떨어진 별은 사탄이 하늘에서 쫓겨난 것을 의미하는데 완료형으로 이미 하늘에서 쫓겨난 존재임을 말하고 있습니다. 일반적으로 천사는 "내려왔다"라고 표현하는데 여기서 "떨어졌다"라고 묘사함으로 하늘에서 떨어진 별은 천사가 아님을 알 수 있습니다. 누가복음 10장 18절에서도 주님은 이미 말씀하시기를 "사탄이 하늘로서 번개같이 떨어지는 것을 내가 보았노라"라고 하셨고, 다음에 볼 12장 7절로 9절에서도 "(계 12:7) 하늘에 전쟁이 있으니 미가엘과 그의 사자들이 용과 더불어 싸울새 용과 그의 사자들도 싸우나 (계 12:8) 이기지 못하여 다시 하늘에서 그들이 있을 곳을 얻지 못한지라 (계 12:9) 큰 용이 내쫓기니 옛 뱀 곧 마귀라고도 하고 사탄이라고도 하며 온 천하를 꾀는 자라 그가 땅으로 내쫓기니 그의 사자들도 그와 함께 내쫓기니라"라고 말씀합니다.

또한, 이 사탄이 무저갱의 열쇠를 받았다고 기록합니다.

"(계 9:1) 다섯째 천사가 나팔을 불매 내가 보니 하늘에서 땅에 떨어진 별 하나가 있는데 그가 무저갱의 열쇠를 받았더라"

그들이 하늘에서 떨어지면서 받은 것이 있는데 무저갱의 열쇠입니다. 여기서 무저갱이라는 말은 헬라어로 "아뷔소스"라고 하는데 그 뜻은 "밑창이 없는 깊은 곳, 땅 깊은 곳"입니다. 이 무저갱은 장소적 개념으로는 영계의 깊은 감옥을 의미하고, 상태적 개념으로는 하나님의 심판을 받아 철저하게 제압된 상태를 의미합니다. 그래서 누가복음 8장 3절에서 귀신은 무저갱으로 다시 들어가라고 말하지 아니하시기를 간구했습니다. 로마서 10장 7절은 귀신을, 누가복음 8장 31절은 죽은 자의 처소로 기록하며, 천 년 동안 사탄을 가두어 두는 곳이라고 요한계시록 20장 13절은 기록하고 있습니다. 그러므로 무저갱은 사탄을 최후의 심판을 받기 전에 가두어 두는 장소를 의미하며 동시에 사탄이 하나님의 허락하에서만 활동할 수 있는 존재임을 말해 줍니다.

여기서 "받았다"라고 함으로 앞에서도 언급했듯이 사탄의 세력도 하나님의 주권 아래 있다는 사실을 말씀해 줍니다. 사탄도 하나님의 허락하신 한도 내에서 일할 뿐입니다. 계시록 1장 19절에서 "이제 내가 세세토록 살아있어 사망과 음부의 열쇠를 가졌노니"라고 하신 것처럼 음부의 열쇠는 예수님의 것입니다. 그렇다면 사탄이 음부의 열쇠를 받았다는 뜻은 무엇일까요? 그것은 사탄이 음부에 거하는 존재, 사탄의 거처가 되었다는 뜻입니다. 하나님은 불신자들을 심판하실 때 그들이 음란하게 섬겼던 사탄을 통해서 하십니다. 결국에 사탄도 그의 졸개들도 무저갱에 던져지고 갇히게 됩니다(계 20:1-3).

이렇게 열쇠를 받은 사탄이 무저갱을 열었을 때 그 구멍에서 풀무 불의 연기 같은 연기가 올라왔고 그 가운데서 황충이 올라왔다고 합니다. 여기서 황충은 메뚜기입니다.

"(계 9:2) 그가 무저갱을 여니 그 구멍에서 큰 화덕의 연기 같은 연기가 올라오매 해와 공기가 그 구멍의 연기로 말미암아 어두워지며 (계 9:3) 또 황충이 연기 가운데로부터 땅 위에 나오매 그들이 땅에 있는 전갈의 권세와 같은 권세를 받았더라"

그리고 무저갱에서 올라온 연기로 인해 해와 공기를 어둡게 한다고 말씀합니다. 이는 사탄이 세상을 악한 사상으로 흐리게 할 것을 의미합니다. 많은 사람이 진리 아닌 것에 눈이 어두워져 진리이신 예수님을 볼 수 없게 됩니다. 말세가 되면 될수록 잘못된 사상과 철학, 어설픈 과학적 지식과 쾌락에 대한 집착 등이 진리를 가려 보지 못하게 하는 일이 더욱 심하게 될 것입니다. 그것은 성도들의 복음전파가 더욱 어려워지고 진리를 수호하기도 더욱 어려워질 것을 암시합니다. 사탄은 사람들에게 악한 생각과 오염된 진리를 집어넣으므로 영혼을 병들게 하고 결국 멸망으로 인도하게 됩니다.

또한, 그 연기 가운데 나온 황충은 전갈과 같은 권세를 받았다고 합니다. 왜 하나님은 인간에게 주어지는 심판과 경고의 메시지로 황충을 예로 들고 있을까요? 그것은 구약의 예언서들이 사용하는 심판과 경고의 메시지의 도구였기 때문입니다(출 10, 욜 1, 암 7). 구약에서 황충은 멸망 직전에 나타나는 심판의 상징으로 이스라엘 백성이 하나님의 뜻을 저버리고 죄악 된 길로 갈 때 하나님의 징계 도구로 사용되었습니다. 그래서 하나님은 요한계시록에서도 성도를 핍박하는 자들을 심판하는 도구로 황충을 동원하였습니다. 그리고 전갈은 성경에서 인간과 대적하는 관계로 상징되어 사용되었습니다. 신명기 8장 15절에서 "너를 인도하여 그 광대하고 위험한 광야 곧 불뱀과 전갈이 있고 물이 없는 간조한 땅을 지나게 하셨으며 또 너를 위하여 단단한 반석에서 물을 내셨으며"라고 했고, 누가복음 10장 19절에서도 예수님께서 원수의 능력을 제어할 권세를 주신 것을 "뱀과 전갈을 밟는" 것으로 묘사했습니다.

그리고 그것이 얼마나 두려운 존재인지 설명하기 위해 7절부터 10 절에서 묘사하고 있습니다.

"(계 9:7) 황충들의 모양은 전쟁을 위하여 준비한 말들 같고 그 머리에 금 같은 관 비슷한 것을 썼으며 그 얼굴은 사람의 얼굴 같고 (계 9:8) 또 여자의 머리털 같은 머리털이 있고 그 이빨은 사자의 이빨 같으며 (계 9:9) 또 철 호심경 같은 호심경이 있고 그 날개들의 소리는 병거와 많은 말들이 전쟁터로 달려 들어가는 소리 같으며 (계 9:10) 또 전갈과 같은 꼬리와 쏘는 살이 있어 그 꼬리에는 다섯 달 동안 사람들을 해하는 권세가 있더라"

묘사하기를 전쟁을 위해 예비 된 말 같다고 합니다. 이렇게 묘사한 이유는 황충의 속도와 공격력이 매우 크고 강하며 빠르기 때문입니다. 다음으로 그 머리는 금 같은 면류관 비슷한 것을 썼다고 합니다. 이는 승리자를 흉내 내고 있음을 말합니다. 사탄의 권세가 강해 모든 것을 이기는 것 같으나 금 면류관이 아니라 금 면류관 같은 것일 뿐입니다. 또한, 그 얼굴은 사람의 얼굴 같고 여자의 머리털 같은 머리털이 있다고 합니다. 이는 지혜가 있어 사람을 유혹하는 존재임을 상징합니다. 그리고 이빨은 사자의 이빨 같다고 합니다. 이는 강한 파괴력을 소유했음을 상징합니다. 계속해서 황충은 철흉갑을 가지고 있다고 하는데 이는 강력한 방어력을 소유했음을 의미하며, 날갯소리는 병거와 많은 말들이 전장으로 달려 들어가는 소리 같다고 하는데 이는 그 수의 많음으로 인해 두려운 존재임을 묘사합니다. 그리고 전갈과 같은 꼬리와 쏘는 살이 있다고 합니다. 이는 불신자들에게 주어진 극렬한 고통을 상징합니다. 이 고통은 성도에겐 없습니다. 그래서 4절에 "오직 이마에 하나님의 인침을 받지 아니한 사람들만 해하라 하시더라"라고 합니다.

이 황충의 재앙은 공격을 받으나 죽지는 못합니다. 다섯 달 동안 공격을 받으나 죽고 싶어도 죽지 못하는 고통이 그들에게 임합니다. 여기서 다섯 달 동안이란 말은 노아 홍수 때에 땅에 물이 차 있던 기간이 "(창 7:24) 물이 백오십 일을 땅에 넘쳤더라"라고 한 것과 같은 기간입니다. 하나님의 백성들은 방주 안에서 보호받았고 그렇지 않은 세상은 물에 완전히 잠긴 기간과 같습니다. 다섯 번째 나팔이 불릴 때 그 고통의 기간을 다섯 달이라고 한 것은 그 기간 하나님의 백성은 보호를 받고 세상에 대하여는 심판이 있을 것을 말하고 있는 상징적인 기간입니다.

그리고 11절을 보면 이들에게 임금이 있는데 그는 무저갱의 사자로 히브리어로 아바돈, 헬라어로는 아볼루온이라고 하고 있습니다. 요한은 이 이름을 말하면서 히브리어와 헬라어를 모두 사용하여 말하고 있습니다. 이는 사탄의 존재가 어떤 존재인지를 분명하게 말하고자 함이었습니다. 그 이름의 뜻은 "멸망시키는 자"입니다. 그러므로 이 글을 읽을 독자들에게 세상의 가치관과 오염된 진리가 얼마나 악한 존재인지를 알게 하고자 합니다. 바로 사탄이 주는 생각과 가치관, 어설픈 지식과 쾌락은 우리를 멸망케 할 뿐입니다.

그러므로 이 다섯 번째 나팔의 황충은 하늘에서 쫓겨나 공중의 권세를 잡은 사탄이 악한 사상과 거짓 가르침, 그리고 타락한 가치관을 세상에 전하여 불신자들의 사상을 혼란케 하고 도덕적으로 타락시키며, 결정적으로는 하나님을 알 수 없게 하고 인간을 심하게 괴롭힐 것

334

을 말씀합니다. 그러나 분명한 것은 10장에 가서 알 수 있겠지만, 이것은 단지 재앙이나 심판이 아니라 불신자들을 회개케 하고 하나님께로 돌아오게 하려는 하나님의 경고의 나팔입니다. 이 황충의 공격이 불신자에게 주어진 심판과 경고일 뿐 아니라 이미 그리스도인 된 우리에게도 깨어 말씀에 굳게 서야 할 것을 말씀합니다. 어떤 사상적 공격이나 오염된 진리의 공격에도 흔들리지 않도록 말씀에 굳게 서서 진리의 허리띠를 띠고 말씀의 검으로 무장하는 성도가 되어야 합니다.

다음으로 여섯 번째 나팔입니다. 첫 번째 화가 지나갔고 둘째 화가 이르겠다고 말한 후에 여섯 번째 나팔이 불리고 있습니다.

"(계 9:13) 여섯째 천사가 나팔을 불매 내가 들으니 하나님 앞 금제단 네 뿔에서 한 음성이 나서 (계 9:14) 나팔 가진 여섯째 천사에게 말하기를 큰 강 유브라데에 결박한 네 천사를 놓아 주라 하매 (계 9:15) 네 천사가 놓였으니 그들은 그 년 월 일 시에 이르러 사람 삼 분의 일을 죽이기로 준비된 자들이더라 (계 9:16) 마병대의 수는 이만 만이니 내가 그들의 수를 들었노라"

여섯 번째 나팔을 불었을 때 하나님 앞 금단의 네 뿔에서 음성이 나고 이르기를 유브라데 강에 매여 있던 네 천사를 풀어주라고 합니다. 이에 천사가 놓이게 됩니다. 이들은 정해진 시간인 "연 월 일 시"에 사람을 삼 분의 일을 죽이기로 예비 된 자들이라고 기록하고 있습니다. 여기서 잠시 "하나님 앞 금단 네 뿔에서 한 음성이 나서"라는 말을 잠시 생각해 보아야 합니다. 여기서 "하나님 앞"이란 여섯째 천사의 나팔이 하나님의 주권적인 섭리와 하나님의 허락하심 하에 이루어지고 있음을 말합니다. 그리고 한 음성이 들려왔던 금단은 요한계시록 8장 3절에 나오는 금 향단으로 성도들의 기도를 담은 금향로의 향을 부은 금향단 즉, 금제단을 말합니다. 네 뿔에서 나오는 음성이란 제단 아래 있는 순교자들(계 6:10)이 하나님께 "우리 피를 갚아주지 아니하시기를 어느 때까지 하시려 하나이까라"고 했던 기도의 응답으로 여섯 번째 나팔을 불게 했습니다.

그런데 그 심판할 천사들이 놓인 장소가 유브라데 강이라고 말합니다. 이도 구약의 역사에서 비롯된 상징적인 언어입니다. 이를 중공군이라는 등, 이란이나 이라크를 중심으로 한 이슬람 군대라는 등의 해석이 있지만, 이는 그리 타당한 해석이 아닙니다. 주님께서 유브라데 강을 말하면서 그곳에서 네 천사가 일어나 전쟁을 하겠다고 한 것은 옛날 이스라엘을 쳐서 멸하거나 포로로 끌고 간 나라들이 모두 유브라데 강을 끼고 있고 그 강을 따라 이스라엘까지 왔다는 것을 상기시킵니다. 앗수르가 그러했고 바벨론이 그랬습니다. 또한, 소아시아도 그 강을 통해 온 나라들에 의해 망했습니다. 갑바도기아를 중심으로 번성하던 히타이트도 앗수르에 의해 망했고, 그 후에 바벨론에 의해 다시 공격을 당했으며, 소아시아에 있는 사데 성을 수도로 했던 리디아도 페르시아의 고레스에게 멸망 당했습니다. 또한, 이사야 8장 7절은 이방 나라들을 침략하는 것을 유브라데 강이 흘러넘치는 것으로 비유하였습니다. 그러므로 유브라데에 갇혀 있던 네 천사가 풀린다는 것은 마치 유브라데 강이 넘치는 것처럼 심판이 임할 것을 암시합니다. 그러므로 유브라데 강에서 군대를 일으킨다는 것이 얼마나 두려

336

운 일인지 이 글을 읽고 있던 당시 독자들은 모두 알았습니다. 그리고 그 심판이 얼마나 두렵게 진행되고 강한지를 알았습니다. 그래서 하나님은 그 천사들에게 사람 죽일 권한을 삼 분의 일로 제한하여 경고만 하도록 했습니다.

다섯 번째 나팔을 불었을 때 사람의 생명은 해하지 않고 고통만을 주었다면, 여섯 번째 나팔은 사람의 삼분의 일을 죽입니다. 그리고 이 일은 천사가 임의로 하지 않습니다. 또한 "년 월 일 시"라는 말이 의미하듯이 이 고통의 시기는 인간이 주장하거나 예측할 수 있는 것이 아님을 의미합니다. 오직 하나님의 때에 예기치 않은 상황과 방식으로 주어질 것을 말합니다. 년, 월, 일, 시가 의미하는 바는 모든 일은 하나님의 때에 하나님의 허락으로 진행됨을 말씀합니다. 그래서 바울은 "(살전 5:2) 주의 날이 밤에 도둑같이 이를 줄을 너희 자신이 자세히 알기 때문이라"라고 하였고, 본서 16장 15절에서는 "보라 내가 도둑 같이 오리니 누구든지 깨어 자기 옷을 지켜 벌거벗고 다니지 아니하며 자기의 부끄러움을 보이지 아니하는 자는 복이 있도다"라고 하였습니다. 이러할 때 성도는 어떻게 살아야 하는지에 대해 히브리서 기자는 "(히 3:13) 오직 오늘이라 일컫는 동안에 매일 피차 권면하여 너희 중에 누구든지 죄의 유혹으로 완고하게 되지 않도록 하라"라고 하였습니다.

계속해서 이들을 묘사하는데 마병대의 수가 이만만 즉, 이억이나 된다고 기록합니다. 여기서 이만만이라는 숫자는 문자적으로 해석하면 안 됩니다. 이는 많은 수의 대적이 사람들을 괴롭히는 것을 의미합니다. 예수님께서 거라사 광인에게서 귀신을 내어 좇을 때 그 귀신이 자신을 "군대"(막 5:9)라고 하며 그 이유를 자신들이 숫자가 많기 때문이라고 했고, 예수님께서 잡히시던 밤에 칼을 들어 말고의 귀를 자른 베드로에게 칼을 칼집에 집어넣으라고 하시며 "(마 26:53) 너는 내가 내 아버지께 구하여 지금 열두 군단 더 되는 천사를 보내시게 할 수 없는 줄로 아느냐"라고 한 것과 같습니다.

이렇게 많은 사탄의 세력을 말한 것은 사람들이 강력한 사탄의 세력 아래서 고통받으며 신음하는 상황에 대해 묘사하고 있습니다. 하나님을 알지 못하는 사람들을 절망으로 이끌고 결국은 스스로 죽음을 택하게 하는 사탄의 세력을 "이만만"이라고 묘사합니다. 그래서 거라사 광인에 대해 묘사하기를 "(막 5:5) 밤낮 무덤 사이에서나 산에서나 늘 소리 지르며 돌로 자기의 몸을 해치고 있었더라"라고 했습니다. 하나님 없는 사람들은 물질만능주의에 사로잡혀 살아가고 쾌락을 최고의 낙으로 삼고 살지만 진정한 평강도 행복도 없습니다. 그들은 술과 마약, 그리고 음행과 음란에 빠져 살고 물질이 주는 잠시의 즐거움에 허랑방탕한 삶을 살아 보지만 만족이 없는 삶을 살게 됩니다. 바울은 이렇게 고통받는 세상의 사람들을 "(딤후 3:1) 너는 이것을 알라 말세에 고통하는 때가 이르러 (딤후 3:2) 사람들이 자기를 사랑하며 돈을 사랑하며 자랑하며 교만하며 비방하며 부모를 거역하며 감사하지 아니하며 거룩하지 아니하며 (딤후 3:3) 무정하며 원통함을 풀지 아니하며 모함하며 절제하지 못하며 사나우며 선한 것을 좋아하지 아니하며 (딤후 3:4) 배신하며 조급하며 자만하며 쾌락을 사랑하기를 하나님 사랑하는 것보다 더하며"라고 합니다. 이것이 "이만만"의 능력입니다.

이렇게 강력한 세력이 사람들을 괴롭히는데 그것을 구체적으로 묘사해 주고 있습니다.

"(계 9:17) 이같은 환상 가운데 그 말들과 그 위에 탄 자들을 보니 불빛과 자줏빛과 유황빛 호심경이 있고 또 말들의 머리는 사자 머리 같고 그 입에서는 불과 연기와 유황이 나오더라 (계 9:18) 이 세 재앙 곧 자기들의 입에서 나오는 불과 연기와 유황으로 말미암아 사람 삼 분의 일이 죽임을 당하니라 (계 9:19) 이 말들의 힘은 입과 꼬리에 있으니 꼬리는 뱀 같고 또 꼬리에 머리가 있어 이것으로 해하더라"

이만만의 군대에 대해 묘사하기를 말들과 그 위에 탄 자들은 강력한 군대라고 합니다. 탄 자는 화려하고 강력한 가슴 방패를 두르고 있어 어떤 공격도 막아내며 그들이 탄 말들은 머리가 사자 같다고 하여 용맹함을 표현하고 그 입에는 불과 연기와 유황이 나와 그것으로 사람 삼 분의 일을 죽인다고 묘사합니다. 그런데 사람을 죽이는 그 말의 힘의 근원은 꼬리라고 말하는데 그 꼬리는 뱀 같다고 하며 그 꼬리에 머리가 있다고 합니다. 이를 그림으로 묘사하면 괴물이 나오겠으나 이것이 의미하는 바는 괴물이 아니라 사탄의 능력과 그 능력이 어떠한 것인지를 말하고 있습니다. 특별히 입에서 불과 연기와 유황이 나온다고 하는데 이는 그것이 사람들을 말로 미혹하여 판단력을 흐리게 하고 심지어는 그 말은 사람을 태우는 능력이 있음을 말해 줍니다. "입에서 나오는 불과 연기"란 "(계 16:13) 개구리 같은 세 더러운 영이 용의 입과 짐승의 입과 거짓 선지자의 입에서 나오니"라는 말과 관련이 있습니다. 이러한 상징성은 이미 다섯 번째 나팔에서 무저갱을 열었을 때 그 구멍에서 큰 화덕의 연기 같은 연기가 올라와 해와 공기가 어두웠다(9:2)고 하였었는데 지금 본문은 그것에 대한 더 구체적인 묘사입니다. 예수님의 입에는 말씀의 검이 있어 심판하는 능력이 있다면, 사탄은 불과 연기와 유황이 의미하듯이 그것을 당하는 자의 시야를 가려 길을 잃게 하고, 유황을 맡은 사람이 정신을 잃듯이 옳고 그름을 판단하지 못하게 하여 결국은 그 영혼을 죽게 하는 존재임을 말합니다.

이 말들의 힘의 근원에 대해 말하면서 "입과 꼬리에 있으니 꼬리는 뱀 같고 또 꼬리에 머리가 있어 이것으로 해하더라"라고 하였습니다. 뱀 같다고 한 것은 에덴에서 하와를 말로 유혹한 뱀을 상기시킵니다. 그리고 그 꼬리란 그것이 예수님께서 십자가에서 죽임을 당하시고 부활하심으로 뱀의 머리를 상하게 하였으나 여전히 꼬리는 움직이고 있는 것을 말하며, 그것에 머리가 있다고 하여 여전히 활동하는 사탄을 의미합니다. 이 사탄은 지금까지 보았듯이 세속적 가치관과 거짓된 말로 영혼들의 눈을 가리고 정신을 혼미하게 하여 결국은 그 영혼들을 불 가운데로 인도하는 존재입니다. 이 사탄의 거짓 가르침과 사상으로부터 영혼들을 구해내는 우리가 되어야 할 것입니다. 그러기 위해서는 우리가 먼저 바른 말씀에 따라 바른 신앙생활을 하는 자가 되어야 합니다.

그런데 본문 15절과 18절에서 이 재앙에 죽는 자가 삼 분의 일이라고 합니다. 이처럼 불신 영혼들에 대한 심판이 제한적인 이유는 무엇일까요? 다섯 번째는 죽이지는 않고 괴롭게만 했다면, 여섯 번째는 사람의 삼 분의 일만을 죽이라고 하는 이유는 무엇일까요? 그것은 앞에서의 결론과 같습니다. 그것은 성도를 핍박하던 자들이 재앙을 통해 하나님께로 돌아오기를 원하기 때문입니다. 이 땅에 벌어지고 있는 많은 사건은 돌아오라는 하나님의 숨겨진 목소리, 하나님의 사랑의 외침입니다.

그런데 문제가 있습니다. 이렇게 고통을 당하고 있다면 회개하고 주님께로 돌아오는 것이 당연한 것 같은데 본문의 불신자들은 전혀 그렇지 않습니다. 본문에서 그들에 대해 20절과 21절에서 기록하고 있습니다. 그것은 한 마디로 "회개하지 않는다" 입니다.

"(계 9:20) 이 재앙에 죽지 않고 남은 사람들은 손으로 행한 일을 회개하지 아니하고 오히려 여러 귀신과 또는 보거나 듣거나 다니거나 하지 못하는 금, 은, 동과 목석의 우상에게 절하고 (계 9:21) 또 그 살인과 복술과 음행과 도둑질을 회개하지 아니하더라"

그들은 많은 환난 속에서 하나님께 돌아오기보다는 그들이 섬기던 우상을 더욱 열심히 섬깁니다. 그뿐만 아니라 살인과 복술과 음행과 도적질을 회개하지 않습니다. 그렇습니다. 많은 사람이 환난을 겪거나 어려움에 봉착하면 우상 앞으로 나아갑니다. 민족이 어려움을 겪을 때도, 세계가 위기에 처해 있어도 그들은 전능하신 하나님을 의지하기보다 우상을 숭배하는 일에 더욱 적극적입니다. 우리의 이웃들을 볼 때 가끔은 저 정도로 어려워지면 하나님을 찾을 텐데 왜 찾지 않나 싶을 때가 많습니다. 엄청난 시련이나 고통을 겪으면 하나님을 찾을 것 같은데 여전히 그 시련과 고통 중에도 하나님이 싫어하시는 죄를 짓는 사람들이 여전히 많은 것을 보게 됩니다. 이스라엘 백성들이 출애굽 할 때 애굽의 바로와 그의 신하들이 하나님의 능력으로 일어난 수많은 일을 당했음에도 그 마음이 완악하여 귀신과 우상 숭배하기를 그치지 않았던 것처럼(출 7:14-22, 8:32, 9:7-12, 34, 10:20, 11:10) 불과 연기와 유황의 재앙을 겪으면서 겨우 살아남았던 자들은 수많은 사람이 죽임을 당하는 현장을 목격하고도 회개하기는커녕 도리어 우상숭배에 몰입하고 있습니다.

그러므로 본문의 내용을 보고 결론을 내린다면 "사람은 환난만으로는 하나님께 나아갈 수 없다"입니다. 고통이 깊어지면 깊어질수록 하나님을 찾는 것이 아니라 그 죄성이 더욱 강해지고 하나님이 아닌 우상을 의지합니다. 그래서 로마서 3장 11절은 "깨닫는 자도 없고 하나님을 찾는 자도 없고 다 치우쳐 한가지로 무익하게 되고 선을 행하는 자는 없나니 하나도 없도다."라고 합니다. 우리가 본대로 성도를 핍박하던 세상은 하나님의 심판과 재앙에도 회개하지 않습니다. 아니 어떻게 회개해야 할지를 모른다고 하는 것이 옳을지도 모릅니다.

세상은 날이 갈수록 더욱 악해질 것입니다. 세상에서 벌어지는 천재지변이나 전쟁의 소문이 불신자들이 교회로 오게 되는 원인이 되지 못합니다. 그래서 10장과 11장의 말씀을 통해 불신자들을 돌아오게 하는 한 방법을 우리에게 알려 주십니다.

31. 다시 예언하여야 하리라
요한계시록 10장 1-11절

8장과 9장을 통해 여섯 개의 나팔을 보았습니다. 첫 번째부터 네 번째까지 나팔이 불리는 동안 땅이, 바다가, 물이 그리고 하늘이 삼분의 일씩 해를 당했습니다. 그런 후에 독수리가 날아가면서 "화, 화, 화"가 있겠다고 말하여 다섯 번째부터 일곱 번째까지의 나팔이 화임을 알려 주었습니다. 그렇게 말한 이유는 네 번째까지와는 달리 다섯 번째부터는 사람에게, 특별히 불신자에게 직접적인 해를 가하기 때문이며, 나팔이 더해질수록 강도가 더 강해졌기 때문입니다. 여섯 번째까지의 나팔이 불리는 동안 하나님은 불신자들에게 회개하고 돌아오기를 원하셨지만 아무도 돌아오지 않았습니다. 이를 9장 20절과 21절에서 "이 재앙에 죽지 않고 남은 사람들은 손으로 행한 일을 회개하지 아니하고 오히려 여러 귀신과 또는 보거나 듣거나 다니거나 하지 못하는 금, 은, 동과 목석의 우상에게 절하고 또 그 살인과 복술과 음행과 도둑질을 회개하지 아니하더라"라고 기록하고 있습니다.

이런 상태로 일곱 번째 나팔을 불 수 없으셨습니다. 일곱 번째 나팔이 불린다는 것은 최종적인 심판이 진행됨을 의미하기 때문입니다. 그래서 하나님은 마지막 "화"인 일곱 번째 나팔을 불기 전에 세상을 향한 특별한 사랑을 베풀기 원하셨습니다. 그 사랑은 복음 증거자들을 보내 그들의 무지를 깨우치고 불신앙을 회개하게 하여 주님께로 돌아오게 하는 일입니다. 그 사랑이 10장과 11장의 말씀입니다.

"(계 10:1) 내가 또 보니 힘 센 다른 천사가 구름을 입고 하늘에서 내려오는데 그 머리 위에 무지개가 있고 그 얼굴은 해 같고 그 발은 불기둥 같으며 (계 10:2) 그 손에는 펴 놓인 작은 두루마리를 들고 그 오른 발은 바다를 밟고 왼 발은 땅을 밟고 (계 10:3) 사자가 부르짖는 것 같이 큰 소리로 외치니 그가 외칠 때에 일곱 우레가 그 소리를 내어 말하더라"

본문은 힘센 다른 천사의 등장으로 시작됩니다. 그 천사에 대해 묘사하기를 힘이 세며 구름을 입었고 하늘에서 내려왔다고 합니다. 또한, 그의 머리에는 무지개가 있고 그 얼굴은 해같고 그 발은 불기둥 같다고 합니다. 그의 두 발은 땅과 바다를 밟고 서 있고 그 천사의 손에는 작은 두루마리가 들려 있었습니다. 이 천사가 누구냐에 대한 논란이 있습니다. 혹자는 그리스도라고 말합니다. 그러나 본문의 천사는 말 그대로 천사입니다. 이 천사가 하나님의 의로운 일을 행하는 자가 분명한 것은 우리가 이미 9장에서 보았던 하늘에서 떨어진 천사와 대조되기 때문입니다. 9장의 천사는 하늘에서 떨어졌고, 본문의 천사는 하늘에서 내려왔다고 하기 때문이며, 그는 하나님의 말씀을 가진 자로 묘사되기 때문입니다. 9장의 천사는 사탄이고, 본문의 천사는 하나님의 일을 수행하는 하나님의 사자입니다. 그는 회개하지 않는 세상을 회개시키기 위해 하나님으로부터 보냄을 받은 자입니다. 그런데도 혹자들이 본문의 천사를 그리스도일 것으로 생각한 것은 천사에 대한 묘사가 워낙 웅장하고 영광스럽기 때문입니다.

그렇다면 왜 이렇게 영광스럽게 묘사했을까요? 그것은 이 천사가 행할 일에 대해 알려주려는 의도가 있기 때문입니다. 그는 힘이 세고,

344

구름을 입고, 머리에 무지개가 있고 발은 불기둥 같다고 합니다. 이러한 천사는 요한을 대표로 하는 성도들에게 사명을 주게 됩니다. 그가 주는 사명이 사탄의 권세를 무너뜨리는 강력한 힘을 가진 존재이며, 구름이 상징하듯 하나님의 영광이 함께 하고, 머리에 무지개가 있다는 것은 다니엘을 통해 예언했던 "(단 12:3) 지혜 있는 자는 궁창의 빛과 같이 빛날 것이요 많은 사람을 옳은 데로 돌아오게 한 자는 별과 같이 영원토록 빛나리라"라는 말씀처럼 영혼들을 주께로 돌아오게하는 자들의 영광스러움에 대해 말하며, 발은 불기둥 같다고 하여 에스겔 1장에서 그룹 환상을 말할 때 "(겔 1:13) 또 생물들의 모양은 타는 숯불과 횃불 모양 같은데 그 불이 그 생물 사이에서 오르락내리락 하며 그 불은 광채가 있고 그 가운데에서는 번개가 나며"라고 한 것처럼 복음 전도자들의 삶에 대해 묘사하고 있습니다. 그렇습니다. 주님께서 천사를 이렇게 영광스럽게 묘사한 것은 힘센 천사가 하나님의 영광과 복음 증거자들이 받을 영광을 반영하기 때문입니다.

또한, 천사의 손에 펴 놓인 작은 두루마리를 들고 있습니다. 이 작은 두루마리는 5장에서 하나님의 손에 있었고 6장에서 그리스도가 인을 떼었던 두루마리와는 다른 두루마리입니다. 5장의 두루마리는 인봉되어 있어서 어린양이신 예수님만 뗄 수 있으나 이 작은 두루마리는 펴 놓여 있다고 하여 누구나 읽고 이해할 수 있는 글임을 암시합니다. 펴 놓여 있다는 말이 의미하듯이 더는 비밀이 아닌 글입니다. 이 펴 놓인 작은 두루마리는 바로 성경입니다. 이 성경에 대해 바울은 골로새 교회에 편지하면서 "(골 1:26) 이 비밀은 만세와 만대로부터 감추어졌던 것인데 이제는 그의 성도들에게 나타났고"라고 하였고, 히브리서 기자도 글을 시작하면서 "(히 1:1-2) 옛적에 선지자들을

통하여 여러 부분과 여러 모양으로 우리 조상들에게 말씀하신 하나님
이 이 모든 날 마지막에는 아들을 통하여 우리에게 말씀하셨으니 이
아들을 만유의 상속자로 세우시고 또 그로 말미암아 모든 세계를 지
으셨느니라"라고 하여 전에는 감추어져 있었으나 성령의 깨닫게 해
주시는 은혜로 밝히 드러난 것임을 말씀하였습니다.

이렇게 우리에게 밝히 드러난 하나님의 말씀인 성경을 가지고 있
는 천사는 오른발은 바다를, 왼발은 땅을 밟고 서 있다고 묘사되고 있
습니다. 이는 천사가 밟고 있는 영역이 온 세상인 것처럼, 복음이 전
파되어야 할 영역이 온 세상인 것을 말합니다. 그러니까 이 천사로부
터 받은 사명인 복음의 증거는 오대양 육대주, 온 세상입니다. 예수님
은 제자들에게 이 복음증거 사명을 말씀하시면서 "땅끝까지"라고 하
였는데 같은 뜻, 다른 묘사입니다.

그리고 이 천사는 사자가 부르짖는 것같이 큰소리로 외치니 그가
외칠 때에 일곱 우레가 그 소리를 내어 말합니다. 이 천사의 외침이
사자의 부르짖는 것 같고 그 소리에 우레가 발하였다고 한 것은 교회
를 향한 하나님의 강력한 요구임을 알려줍니다. 자연재해로도 회개하
지 않을 뿐 아니라 도리어 거짓 선지자들의 유혹에 영혼들이 죽어가
고 있기에 하나님의 사자는 교회를 향해 복음을 증거 할 것을 강력하
게 요구하는 묘사입니다.

이렇게 긴박하고 강력한 외침을 들은 요한의 반응과 천사의 명령
이 있습니다.

"(계 10:4) 일곱 우레가 말을 할 때에 내가 기록하려고 하다가 곧

들으니 하늘에서 소리가 나서 말하기를 일곱 우레가 말한 것을 인봉하고 기록하지 말라 하더라"

요한은 이 신비적인 현상을 기록하려고 했습니다. 그런데 천사는 이 현상에 대해 인봉하고 기록하지 말라고 합니다. 이러한 요한의 모습은 신비적 현상을 경험하는 모든 사람의 반응입니다. 성도들은 종종 신비적 경험을 합니다. 누구는 꿈으로, 누구는 기도 중에 환상을 보거나 몸의 떨림 등으로 신비적 현상을 경험합니다. 이런 사람들이 하는 실수는 자신이 경험한 것을 절대적인 진리로 인식하여 때로는 신비적 경험을 성경의 권위보다 더 위에 두려는 경향을 보입니다. 이런 사람들에게 천사는 인봉하고 기록하지 말라고 합니다. 인봉하라는 것은 개인적으로 경험한 신비적 체험을 절대화하거나 객관화시키지 말라는 뜻입니다. 요즘도 종종 천국 간증을 하는 분들이 있습니다. 절제하셔야 합니다. 제가 지금까지 들은 천국 간증은 성경이 말하고 있는 진리와 비교했을 때 온전하지 않습니다. 그것은 개인적 경험으로 두고 자신의 신앙을 굳게 하는 데 사용하면 좋으나 객관화시켜 성경이 말하지 않는 이야기로 성경을 해치는 일은 하지 않아야 합니다. 사도 바울도 자신이 경험한 삼층 천에 대해 말하지 않겠다고 했습니다(고후 12:1-7). 칼빈도 성경이 말하지 않는 것은 말하지 말라고 하여 하나님께서 감추신 내용을 인간의 지적 호기심을 채우기 위해 과도하게 해석하는 것은 하나님의 권한을 넘어서려 하는 것이라고 하였습니다.

성경이 말하는 것만 말하면 됩니다. 8장에서 언급했던 "년, 월, 일, 시" 등에 대해 하나님은 말씀하지 않으셨음에도 그것을 알려 하고,

말하는 자들은 본문 말씀을 깊이 새겨들어야 합니다. 성경이 말하지 않는 것에 대해서는 호기심을 내려놓아야 합니다. 펴 놓인 책인 성경으로 족한 신앙인이 되어야 마땅합니다. 어리석은 자들처럼 성경을 신비적으로 풀려다가 망하는 자들이 되지 않기를 바랍니다. 이런 차원에서 신명기 말씀을 기억해야 합니다. "(신 29:29) 감추어진 일은 우리 하나님 여호와께 속하였거니와 나타난 일은 영원히 우리와 우리 자손에게 속하였나니 이는 우리에게 이 율법의 모든 말씀을 행하게 하심이니라"

이렇게 인봉하고 기록하지 말라고 한 천사는 요한에게 놀라운 말씀을 합니다.

"(계 10:5) 내가 본 바 바다와 땅을 밟고 서 있는 천사가 하늘을 향하여 오른손을 들고 (계 10:6) 세세토록 살아 계신 이 곧 하늘과 그 가운데에 있는 물건이며 땅과 그 가운데에 있는 물건이며 바다와 그 가운데에 있는 물건을 창조하신 이를 가리켜 맹세하여 이르되 지체하지 아니하리니 (계 10:7) 일곱째 천사가 소리 내는 날 그의 나팔을 불려고 할 때에 하나님이 그의 종 선지자들에게 전하신 복음과 같이 하나님의 그 비밀이 이루어지리라 하더라"

천사는 하늘을 향해 오른손을 들고 하나님께 맹세하고 있습니다. 이런 모습은 고대 이스라엘에서 맹세할 때 하는 행위였습니다. 이러한 행위는 아브라함이 소돔 왕이 주는 전리품을 거절할 때(창 14:22)와 모세의 노래에서 하나님 스스로 하시는 맹세(신 32:40), 그리고 다니엘서에서 세마포를 입은 이가 맹세하는 모습에서(단 12:7) 나타납니다. 이렇게 천사가 천지를 창조하신 하나님을 가리켜 맹세하는 것은 그가 밟고 있던 온 세상에 하나님의 말씀이 전파되고 반드시 성취될 것이기 때문입니다. 그래서 7절에서 "일곱째 천사가 소리 내는 날 그의 나팔을 불려고 할 때에 하나님이 그의 종 선지자들에게 전하신 복음과 같이 하나님의 그 비밀이 이루어지리라 하더라"라고 하였습니다.

그리고 이 일은 "지체하지 아니하리니"라고 말한 6절의 말씀처럼 종말의 임박성을 강조하여서 한 맹세입니다. 그러니까 천사는 두 가지를 맹세하고 있습니다. 6절의 "지체하지 않겠다"라고 한 것과 7절 말씀처럼 "하나님의 그 비밀이 이루어지리라"라고 한 것입니다. 하나님의 말씀은 반드시 성취되며 지체되지 않습니다. 우리가 생각하기에 긴 것 같으나 마지막 한 사람까지 돌아오기를 바라시는 하나님의 오래 참으시는 사랑의 인내일 뿐입니다. 그러므로 우리는 하나님의 복음을 전하는데 지체하지 말아야 합니다.

이러한 사명을 강조하는 말씀이 다음절입니다.

"(계 10:8) 하늘에서 나서 내게 들리던 음성이 또 내게 말하여 이르되 네가 가서 바다와 땅을 밟고 서 있는 천사의 손에 펴 놓인 두루마리를 가지라 하기로 (계 10:9) 내가 천사에게 나아가 작은 두루마리를 달라 한즉 천사가 이르되 갖다 먹어 버리라 네 배에는 쓰나 네 입에는 꿀 같이 달리라 하거늘"

하늘에서 요한에게 말씀하기를 "천사의 손에 펴 놓인 두루마리를 가지라"라고 하였습니다. 이는 하나님의 말씀을 교회에 주신 것을 말씀합니다. 예수님은 승천하기 전에 "(마 28:18-20) 예수께서 나아와 말씀하여 이르시되 하늘과 땅의 모든 권세를 내게 주셨으니 그러므로 너희는 가서 모든 민족을 제자로 삼아 아버지와 아들과 성령의 이름으로 세례를 베풀고 내가 너희에게 분부한 모든 것을 가르쳐 지키게 하라 볼지어다 내가 세상 끝날까지 너희와 항상 함께 있으리라 하시니라"라고 하셨고, 바울도 "(갈 2:7) 도리어 그들은 내가 무할례자에게 복음 전함을 맡은 것이 베드로가 할례자에게 맡음과 같은 것을 보았고"라고 하였습니다. 하나님은 당신의 말씀을 교회에 위탁하셔서 교회가 그 사명을 감당하게 하셨습니다.

이렇게 요한에게 말씀을 주시고 그것을 먹으라고 합니다. 이러한 모습은 구약의 선지자들에게 말씀을 주실 때 행한 것과 같은 방식의 말씀이었습니다. 하나님께서 예레미야를 선지자로 부르셔서 말씀을 전하라고 하실 때도 "(렘 15:16) 만군의 하나님 여호와시여 나는 주의 이름으로 일컬음을 받는 자라 내가 주의 말씀을 얻어 먹었사오니 주의 말씀은 내게 기쁨과 내 마음의 즐거움이오나"라고 하였고, 에스겔을 부르실 때도 "(겔 3:1) 또 그가 내게 이르시되 인자야 너는 발견한 것을 먹으라 너는 이 두루마리를 먹고 가서 이스라엘 족속에게 말하라 하시기로"라고 하셨습니다. 복음을 전해야 할 교회는 전하기 전에 먼저 먹어야 합니다. 말씀을 먹지 않으면 토해낼 수 없습니다.

얼마 전에 친한 목사님과 통화를 했습니다. 그분은 부임하여 간 교회가 건축하는 과정에서 자신에게 있던 10억여 원의 전 재산을 헌금하였습니다. 그렇게 힘을 다하여 목회하는 중에 아픈 일을 겪었습니다. 그 일로 목사님은 자신의 권리를 조금도 주장하지 않고 사임했습니다. 그러신 후 육체노동을 하며 지인의 사무실에서 목회하시는 분인데 그분이 제게 말씀하기를 자신은 목회자가 아닌 것 같답니다. 그래서 제가 왜 그러냐고 물었습니다. 그분은 말씀하기를 자신의 입에서 나오는 말이 자신을 표현하는데 자신의 입에서 나오는 말은 성경 말씀이 아니라 자신이 하는 일과 돈을 벌어 가정을 책임지는 것에 대해 말하고 생각하는 것이 대부분이라 목회자의 자격이 없다고 하셨습니다. 저는 그렇지 않다고 말씀드리며 전화를 끊고 저를 돌아보았습니다. "나는 온종일 어떤 생각과 무슨 말을 하고 사는가"에 대해서 생각했습니다. 사람은 자신이 평소에 생각한 것을 주로 말합니다. 자신이 듣고 읽은 것, 그것을 말하는 것이 당연합니다. 그런 차원에서 말씀을 먹으라고 하신 말씀을 새겨들어야 합니다. 우리는 하루 중 말씀을 얼마나 접하고 있습니까? 말씀에 대해 얼마나 생각을 하고 사십니까?

이렇게 말씀을 받아먹으라는 요구에 요한은 말씀을 받아먹었습니다. 그런데 그 말씀을 먹은 요한의 반응은 두 가지로 묘사됩니다.

"(계 10:10) 내가 천사의 손에서 작은 두루마리를 갖다 먹어 버리니 내 입에는 꿀 같이 다나 먹은 후에 내 배에서는 쓰게 되더라"

하늘에서 난 소리처럼 말씀을 먹으니 입에서는 꿀 같이 달았습니다. 이러한 반응은 말씀을 먹은 예레미야나 에스겔도 같았습니다. 예레미야는 "(렘 15:16) 내가 주의 말씀을 얻어 먹었사오니 주의 말씀은 내게 기쁨과 내 마음의 즐거움이"라고 하였고, 에스겔은 애곡과 애가와 재앙의 말이 가득한 두루마리를 먹었으나 입에는 달다고 하였습니다(겔 3:1-3). 이들 선지자가 하나님의 말씀을 먹었을 때 입에는 달다고 한 것은 어떤 의미일까요? 그것은 하나님의 말씀에 대해 선지자들이 전적으로 동의하고 있음을 의미합니다. 억만 죄악 가운데서 구원하신다는 말씀뿐만 아니라 애가와 애곡과 재앙의 말씀이라도 그것이 하나님의 말씀이기에 단 것입니다. 하지만 그것이 속에 들어간 후에는 쓰게 됩니다. 그 이유는 하나님 계시의 말씀을 받는 것은 큰 기쁨이 되지만, 그 내용이 하나님의 심판과 진노를 담고 있으므로 전파하는 것이 고통스러운 것임을 의미합니다. 예레미야에게도 말씀 증거의 사명을 주시고는 그가 전하는 현실에 대해 "(렘 1:19) 그들이 너를 치나 너를 이기지 못하리니 이는 내가 너와 함께 하여 너를 구원할 것임이니라 여호와의 말이니라"라고 하였고, 에스겔에게도 "(겔 2:6) 인자야 너는 비록 가시와 찔레와 함께 있으며 전갈 가운데에 거주할지라도 그들을 두려워하지 말고 그들의 말을 두려워하지 말지어다 그들은 패역한 족속이라도 그 말을 두려워하지 말며 그 얼굴을 무서워하지 말지어다"라고 하였습니다. 지금도 모든 성도는 하나님의 말씀에 전적으로 동의하나 그것을 전하기 위해서는 박해와 핍박을 감당해야 하기에 쓰게 됩니다. 그럼에도 복음 들고 나가는 아름다운 발걸음들이 되기를 바랍니다.

이렇게 말씀을 먹이시고는 말씀을 먹은 자의 구체적인 사명에 대하여 말씀을 하십니다.

"(계 10:11) 그가 내게 말하기를 네가 많은 백성과 나라와 방언과 임금에게 다시 예언하여야 하리라 하더라"

8장과 9장에서 여섯 개의 나팔을 불어 경고하였음에도 "(계 9:20-21) 이 재앙에 죽지 않고 남은 사람들은 손으로 행한 일을 회개하지 아니하고 오히려 여러 귀신과 또는 보거나 듣거나 다니거나 하지 못하는 금, 은, 동과 목석의 우상에게 절하고 또 그 살인과 복술과 음행과 도둑질을 회개하지 아니하더라"라고 한 것처럼 세상이 하나님이 아닌 우상에게 나가고 회개하지 않는 것에 대한 하나님의 특별은총이 말씀 전파입니다. 그런데 이 말씀 중에 주목해야 할 단어가 있습니다. 그것은 "다시"입니다. 그러니까 전에는 복음을 증거 한 적이 없는데 해야 한다고 말씀하시는 것이 아닙니다. 전에 복음을 전했으나 변하지 않는 세상과 이웃들에게 다시 전하라고 하십니다. 특별히, 복음을 전하다가 고난을 겪고 어려움을 당해 말씀 전하기를 거부하거나 두려워하는 자들에게, 전도해도 불신자들이 교회로 오지 않기에 이제는 전도의 때가 아니라고 말하는 사람들에게 "다시 전하라"라고 말씀합니다. 다시 말씀드리지만, 10장의 말씀은 회개하지 않는 세상을 향한 하나님의 사랑에 대해 말씀하고 있습니다. 또한, 여섯째 나팔재앙까지 시행이 되고 일곱째 나팔, 즉 마지막 화만을 남겨 놓은 상황에서 주어진 말씀이라는 점입니다. 그래서 "다시 예언하여야 하리라"라고 하셨습니다. 세상을 회개시키고 구원할 방법은 오직 복음 전도 외에는 다른 방도가 없음을 말씀합니다.

그래서 바울은 "(고전 1:21) 하나님의 지혜에 있어서는 이 세상이 자기 지혜로 하나님을 알지 못하므로 하나님께서 전도의 미련한 것으로 믿는 자들을 구원하시기를 기뻐하셨도다 (고전 1:22) 유대인은 표적을 구하고 헬라인은 지혜를 찾으나 (고전 1:23) 우리는 십자가에 못 박힌 그리스도를 전하니 유대인에게는 거리끼는 것이요 이방인에게는 미련한 것이로되 (고전 1:24) 오직 부르심을 받은 자들에게는 유대인이나 헬라인이나 그리스도는 하나님의 능력이요 하나님의 지혜나라"라고 하였고, "(롬 10:13) 누구든지 주의 이름을 부르는 자는 구원을 받으리라 (롬 10:14) 그런즉 그들이 믿지 아니하는 이를 어찌 부르리요 듣지도 못한 이를 어찌 믿으리요 전파하는 자가 없이 어찌 들으리요 (롬 10:15) 보내심을 받지 아니하였으면 어찌 전파하리요 기록된 바 아름답도다 좋은 소식을 전하는 자들의 발이여 함과 같으니라"라고 하여 복음을 전하는 이들의 헌신을 통해 세상이 주님께 돌아올 수 있음을 분명히 합니다.

세상이 주님께로 돌아오길 원하십니까? 가족과 친척들, 그리고 친구들이 회개하고 돌아와 천국 백성이 되기를 원합니까? 그러면 먼저 말씀을 먹으십시오. 그리고 그것을 토해내듯 전하십시오. 전했는데 변화가 없었습니까? 그렇다면 다시 전하십시오. 그리하여 우리 주변 영혼들을 사망에서 생명으로, 지옥에서 천국으로, 고통에서 즐거움으로 옮기는 자들이 됩시다.

32. 일천이백육십 일을 예언하리라
요한계시록 11장 1-6절

8장과 9장에서 여섯 개의 나팔에도 사람들이 금, 은, 동과 목석의 우상에게 절하고 그들의 죄를 회개하지 않았습니다. 그러기에 하나님은 특별한 은혜를 베풀기로 작정하셨는데, 그것은 말씀을 통해 하나님을 알게 하려는 것입니다. 그래서 10장에서 바다와 땅을 밟고 있는 천사가 요한에게 펴 놓인 책을 먹게 하고 요한은 그것을 받아먹었습니다. 이 책은 성경 말씀입니다. 이것을 먹은 요한에게 "네가 많은 백성과 나라와 방언과 임금에게 다시 예언하여야 하리라"라고 하였습니다.

이렇게 말한 후에 이어지는 이야기가 본문입니다. 본문은 "다시 예언하여야 하리라."라고 하신 것에 대한 구체적인 말씀과 다시 예언하였을 때 당하는 일이 어떠할지를 말씀해 줍니다. 사실 당시 성도들은 말씀을 전하였을 때 당하는 어려움에 대해 알고 있었고 그 고난을 피하고 싶었기에 전하기를 주저했었습니다. 그런 그들과 우리에게 이 말씀을 주고 계십니다.

"(계 11:1) 또 내게 지팡이 같은 갈대를 주며 말하기를 일어나서 하나님의 성전과 제단과 그 안에서 경배하는 자들을 측량하되 (계 11:2) 성전 바깥 마당은 측량하지 말고 그냥 두라 이것은 이방인에게 주었은즉 그들이 거룩한 성을 마흔두 달 동안 짓밟으리라"

천사는 요한에게 지팡이 같은 갈대를 주며 하나님의 성전과 제단과 그 안에서 경배하는 자들을 측량하라고 하고 성전 마당은 측량하지 말라고 합니다. 성전을 측량하라 하시면서 두 영역을 대조하여 말씀합니다. 성전을 측량하라고 하고 성전 마당은 측량하지 말라고 합니다. 또한, 성전 마당은 이방인에게 주어 밟히게 하였다고 하는데, 그 말은 성전은 보호받고 있음과 대조되고 있습니다. 정리하면, 성전과 마당, 경배하는 자들과 이방인, 보호받음과 밟힘입니다.

이렇게 말씀하신 것에 대해 자세히 살펴보겠습니다. 성전과 제단과 그 안에서 경배하는 자들이 의미하는 바가 무엇인지 살펴봅시다. 예루살렘 성전을 "성전"이라고 말할 때 광의적으로는 성전과 그 뜰 전체를 말합니다. 하지만 본문에서 성전이라고 한 헬라어는 "나오스"인데 이는 성전의 지성소를 의미합니다. 그렇다고 성소를 제외한다는 것이 아닙니다. 이 말은 마당과 대조되어 생각해 보아야 합니다. 성전은 성소와 지성소로 구분된 건물과 그 앞에 번제단이 있는 마당, 그리고 그 밖에 이방인이 기도하는 마당과 행각이 있습니다. 이 중에 본문에서 말하는 성전은 성소와 지성소로 되어있는 성전건물을 의미합니다. 또한, 제단은 성전 앞에 있는 번제단입니다. 평소에는 제사장만이 접근이 가능한 구역입니다. 성도들이 제물을 가지고 가면 그 제물을 번제단에 올리는 것은 제사장만이 할 수 있었기 때문입니다. 그러나 일 년 중 초막절 기간은 모든 백성, 이방인까지도 번제단까지 들어가 하나님을 예배하고 찬양했습니다. 그러기에 이어지는 말씀에서 "그 안에서 예배하는 자들"이란 모든 성도를 일컫는 말입니다.

여기서 오해하지 말아야 할 것이 있습니다. 성전과 제단과 그 안에서 예배하는 자들을 측량하라고 할 때 그것은 물리적 공간을 측량하라는 것이 아닙니다. 성령이 임하시고 난 후에 이 말이 의미하는 바는 성도와 그들이 모여 예배하는 공동체를 의미하는 말이 되었습니다. 고린도전서 6장 19절에서 "너희 몸은 너희가 하나님께로부터 받은바 너희 가운데 계신 성령의 전인 줄을 알지 못하느냐 너희는 너희 자신의 것이 아니라"라고 하여 성도 개인이 성전이라고 말하였고, 고린도전서 3장 16절에서는 "너희는 너희가 하나님의 성전인 것과 하나님의 성령이 너희 안에 계시는 것을 알지 못하느냐"라고 하여 교회 공동체가 성령의 전인 성전이라고 하였습니다. 그러므로 성전은 가시적이고 물리적인 장소가 아니라 성도의 공동체를 의미하는 것이므로 하나님의 성전과 제단과 그 안에서 경배하는 자들을 측량하라는 것은 성도와 그 공동체를 측량하는 말입니다.

그렇다면 성전이라고만 하지 제단과 그 안에서 경배하는 자들이라고 덧붙인 이유는 무엇일까요? 그것은 "(마 23:35) 그러므로 의인 아벨의 피로부터 성전과 제단 사이에서 너희가 죽인 바라갸의 아들 사가랴의 피까지 땅 위에서 흘린 의로운 피가 다 너희에게 돌아가리라"라고 하신 말씀을 기억나게 합니다. 이 말씀은 남유다의 요아스 왕과 관련된 이야기입니다. 요아스는 그의 할머니 아달랴가 모든 자손을 학살할 때 고모인 여호세바에 의해 구출되어 제사장이었던 고모부 여호야다에 보호 아래 성전에서 6년간 숨겨 키워졌습니다. 그리고 일곱 살 때 여호야다에 의해 아달랴가 죽고 왕위에 오릅니다. 그는 일곱 살에 왕이 되었기에 고모부 여호야다가 섭정을 하였습니다. 그가 섭정할 동안 요아스는 하나님 보시기에 바른 왕으로 살았으나 그가 죽자 간신배들의 말을 듣고 바알을 섬기는 자가 됩니다. 이때 여호야다의 아들 "사가랴"가 그 죄를 성전과 제단 사이에서 책망하였는데 요아스는 그를 잔인하게 죽였습니다.

11장 1절 말씀을 통해 성전과 제단과 그 안에서 경배하는 자가 겪는 고난을 기억하게 합니다. 성도는 제단에서 죄가 속함을 받고 성전으로 나아가는 자가 됩니다. 그리고 성전과 제단 사이에서 하나님의 말씀을 세상에 전하다가 죽임을 당하는 자들입니다. 그래서 이미 6장 다섯 번째 인이 떨어졌을 때 보았듯이 그들은 제단 아래서 부르짖고 있습니다. 그러므로 성전을 측량하라고 하신 것은 성도 개인을 비롯한 성도의 공동체인 교회를 측량하라고 하셨습니다. 그것도 고난받는 성도와 교회를 측량하라고 한 것입니다.

이렇게 측량한다는 의미는 무엇일까요? 그것은 이어서 나오는 마당은 측량하지 말라 이방인에게 주었다고 하는 말과 대조되어 생각해 보면 알 수 있습니다. 측량은 하나님의 보호를 의미합니다. 스가랴서는 성전을 재건하라고 촉구하는 말씀을 전하면서 척량줄 환상을 말씀했습니다. 이는 성전이 지어질 경계를 정하는 행위입니다. 이어서 주님은 스가랴에게 당신께서 불성곽이 되어 주시겠다는 말씀을 하셨습니다. 이렇게 말씀하심은 측량하는 영역 안에 있는 모든 것은 당신께서 친히 보호해 주시겠다는 의미입니다.

그런데 하나님께서 보호하신다고 하셨는데 그 안에 있는 성도가 죽고, 고난을 겪는 것이 이상하지 않습니까? 사실 이상할 것이 없는데 이상하게 느끼는 것은 하나님의 보호를 철저히 육신에 근거하여 생각하기 때문입니다. 하나님께서 측량케 하신 성전은 우리의 영혼입니다. 우리의 심령입니다. 마당이 이방인에게 밟히는 중에도 그 영혼을 보호해 주시는 하나님의 은혜를 말씀하고 있습니다. 그래서 바울을 디모데후서 1장 12절에서 "이로 말미암아 내가 또 이 고난을 받되 부끄러워하지 아니함은 내가 믿는 자를 내가 알고 또한 내가 의탁한 것을 그 날까지 그가 능히 지키실 줄을 확신함이라"라고 하였습니다. 베드로도 베드로전서 1장 6절부터 9절에서 "(벧전 1:6) 그러므로 너희가 이제 여러 가지 시험으로 말미암아 잠깐 근심하게 되지 않을 수 없으나 오히려 크게 기뻐하는도다......(벧전 1:8) 예수를 너희가 보지 못하였으나 사랑하는도다 이제도 보지 못하나 믿고 말할 수 없는 영광스러운 즐거움으로 기뻐하니 (벧전 1:9) 믿음의 결국 곧 영혼의 구원을 받음이라"라고 하였습니다. 바울은 로마인들에게 편지를 쓰며 하나님의 보호하심에 대해 "(롬 8:38) 내가 확신하노니 사망이나 생명이나 천사들이나 권세자들이나 현재 일이나 장래 일이나 능력이나 (롬 8:39) 높음이나 깊음이나 다른 어떤 피조물이라도 우리를 우리 주, 그리스도 예수 안에 있는 하나님의 사랑에서 끊을 수 없으리라"라고 하였습니다. 비록 고난을 겪지만, 하나님의 보호하심을 입어 영원한 구원의 은혜를 입게 됨을 말씀합니다. 그것이 측량한다는 것의 의미입니다.

이어서 성전 마당은 측량하지 말라고 하시고 이방인에게 내어주어 마흔두 달 동안 짓밟힐 것을 말씀하고 있습니다. 이 말씀은 요한계시록이 처음이 아닙니다. 이 말씀은 예수님께서 제자들에게 하셨었습니다. "(눅 21:24) 그들이 칼날에 죽임을 당하며 모든 이방에 사로잡혀 가겠고 예루살렘은 이방인의 때가 차기까지 이방인들에게 밟히리라"라고 하셨습니다. 이방인의 때가 찰 때까지란 로마서에서 바울이 이방들에게 유대인들을 변호하면서 "(롬 11:25) 형제들아 너희가 스스로 지혜 있다 하면서 이 신비를 너희가 모르기를 내가 원하지 아니하노니 이 신비는 이방인의 충만한 수가 들어오기까지 이스라엘의 더러는 우둔하게 된 것이라"라고 하였던 말씀입니다. 그때까지 교회가 이방인에게 밟히겠다고 하여 열방을 구원하기 위해 교회가 박해를 당할 것을 말합니다.

그렇다면 성전 마당을 밟는다는 것은 무슨 의미일까요? 그것은 성전이 의미하는 바와 대조됩니다. 성전이 성도의 심령과 성도의 공동체인 무형의 교회를 말한다면, 마당은 성도의 육체와 물리적인 교회를 의미합니다. 성령이 거하는 심령은 보호를 받으나 육체는 고난을 겪고, 교회는 하나님의 보호를 받지만, 동시에 환난을 겪는 상황을 묘사하고 있습니다. 교회사가 그것을 증명합니다. 성도와 교회는 끊임없이 박해를 당했습니다. 하나님을 믿는다는 이유 하나만으로 학살을 당하고 교회가 불 지름을 당하는 일은 역사 속에서 끊이지 않았습니다. 하지만 성도와 무형의 교회는 소멸하지 않았고 계속해서 생명을 낳는 놀라운 일을 이루었습니다.

이렇게 짓밟히는 기간이 있습니다. 그것은 마흔두 달입니다. 마흔두 달을 달리 표현하면 3년 반입니다. 또 다른 표현은 일천이백육십일입니다. 이 모든 숫자적 표현은 같은 기간, 다른 의미를 지닙니다. 그리고 이러한 기간은 열왕기상 17장에서 처음 등장합니다. 아합이 북이스라엘을 다스릴 때 그는 두로의 공주와 결혼하는 것으로 인해 바알을 이스라엘의 주신으로 섬기게 됩니다. 이러한 죄를 심판하시고 회개하고 돌아서게 하려고 하나님은 엘리야를 부르시고 아합에게 말하게 하셨습니다. 하나님은 엘리야를 통해 아합에게 말씀하시기를 "이스라엘의 하나님 여호와께서 살아 계심을 두고 맹세하노니 내 말이 없으면 수년 동안 비도 이슬도 있지 아니하리라 하니라(왕상 17:1)"라고 하셨고 그 결과 3년 반 동안(약 5:17) 비가 오지 않았습니다. 이 사건이 3년 반의 시작입니다.

그리고 다니엘서에 "한 때 두 때 반 때'라는 표현이 나오고, 예수님께서 3년 반의 공생애를 사셨습니다. 이 기간에 세상은 회개하게 하고 성도는 깨어 있게 하는 기간입니다. 이렇게 3년 반에 대한 여러 표현 중에 본문을 마흔두 달이라는 표현방식을 선택하여 기록하였습니다. 이는 가끔 벌어지는 일이라는 의미입니다. 3절에 성도가 말씀을 전하는 기간은 일천이백육십 일이라는 표현으로 매일 복음을 전해야하는 것을 의미합니다. 그러니까 사탄은 교회를 종종 박해합니다. 만약 박해가 매일 계속된다면 교회는 초기에 진멸되었을 것입니다. 1절과 2절을 정리하면 "하나님은 당신의 백성들을 환난 중에도 보호하신다" 입니다.

성도는 어떠한 환난과 어려움 속에서도 보호받게 됩니다. 특별히여기서 보호받는 것은 영혼이라는 사실입니다. 이는 오늘 말씀의 후반을 보면 분명히 드러납니다. 성도의 육체가 핍박으로 죽임을 당해도 그들의 영혼은 온전히 보호받음을 말씀합니다. 그래서 고린도후서 4장 8절과 9절은 말씀하기를 "우리가 사방으로 우겨쌈을 당하여도 싸이지 아니하며 답답한 일을 당하여도 낙심하지 아니하며 핍박을받아도 버린 바 되지 아니하며 거꾸러뜨림을 당하여도 망하지 아니한다."라고 하였습니다. 주님은 이미 우리의 영혼에 척량줄을 그으셨으며 그분이 친히 불성곽이 되어 주셨습니다. 나아가 우리는 다윗과 같이 "(시 144:2) 여호와는 나의 사랑이시요 나의 요새이시요 나의 산성이시요 나를 건지시는 이시요 나의 방패시라"라고 고백하고 살아갑시다.

이어서 주님은 두 증인에 대해 말씀하십니다.

"(계 11:3) 내가 나의 두 증인에게 권세를 주리니 그들이 굵은 베옷을 입고 천이백육십 일을 예언하리라"

앞에 나왔던 마흔두 달이나, 일천이백육십 일이나, 한 때 두 때 반 때는 같은 기간입니다. 이 기간은 사탄이 교회를 핍박하는 기간이며, 교회가 복음을 전하는 기간이고, 하나님께서 교회를 사탄으로부터 지켜주시는 기간입니다. 특별히 본문에 기록된 일천이백육십일의 의미는 교회가 해야 할 복음 전도의 사명은 가끔 해야 하는 사역이 아니라 매일 해야 하는 사역임을 말씀합니다. 한 때 두 때 반 때도 아니고 마흔두 달도 아닌 일천이백육십이라고 한 의미는 같은 기간이지만 매일 해야 할 사명임을 말씀합니다. 이렇게 매일 말씀을 증거 하는 이들을 3절에서는 "두 증인"이라고 하고, 4절에서는 "두 감람나무와 두 촛대"라고 하며, 10절에서는 "두 선지자"라고 합니다. 이렇게 둘을 강조한 이유가 있습니다. 그것은 구약에서 어떤 일에 증거로 받아들여지기 위해서는 증인이 2명 이상이어야 했기 때문입니다. 그러므로 두 명이 의미하는 것은 우리가 증거하는 복음이 참이라는 사실입니다.

그런데 이들이 입고 있는 옷이 굵은 베옷입니다. 이 옷은 세례 요한이 입었고 엘리야가 입었던 옷입니다. 본문은 굵은 베옷이라고 표현하는데 헬라어 "삭코스"입니다. 이는 낙타털이나 염소 털로 만든 것으로 자루나 마대를 만들어서 사용하였던 것으로 선지자들은 이것을 옷으로 만들어서 입었습니다. 이렇게 한 것은 그들이 했던 사역 때문이었습니다. 이 옷은 거칠어서 피부를 찌르고 상하게 했습니다. 그러한 이유로 이 옷을 입고 있는 선지자 자신은 절제하고 깨어 있게 했습니다. 나아가 그가 선포하여 듣게 할 백성들에게는 회개를 요청하기 위함이었습니다. 그러므로 두 증인이 이 옷을 입고 예언해야 한다는 것은 9장 21절에서 "회개하지 아니하더라"라고 했던 세상을 향하여 애통하는 마음으로 회개를 외쳐야 함을 의미합니다.

그러면서 이 두 증인에 대해 묘사하기를 "이 땅에 주 앞에 선 두 감람나무 두 촛대"라고 4절에서 말씀해 줍니다. 이렇게 묘사한 것은 스가랴서 4장 14절의 말씀을 인용한 것입니다. 기록되기를 "이는 기름 발리운 자 둘이니 온 세상의 주 앞에 모셔섰는 자니라"라고 하셨습니다. 이는 스가랴 당시 주 앞에 섰던 자인 총독 스룹바벨과, 대제사장 여호수아를 가리키는 말씀입니다. 스가랴는 성전이 이 둘의 지도력을 통해 완공되고 예배가 재개될 것이라고 하였다면, 본문은 두 감람나무 두 촛대가 상징하는 전도자, 즉 교회를 통해 하나님께서 영광을 받을 것이라는 말씀입니다.

이렇게 증인이 된 자에게 한 예언이 있습니다.

"(계 11:5) 만일 누구든지 그들을 해하고자 하면 그들의 입에서 불이 나와서 그들의 원수를 삼켜 버릴 것이요 누구든지 그들을 해하고자 하면 반드시 그와 같이 죽임을 당하리라 (계 11:6) 그들이 권능을 가지고 하늘을 닫아 그 예언을 하는 날 동안 비가 오지 못하게 하고 또 권능을 가지고 물을 피로 변하게 하고 아무 때든지 원하는 대로 여러 가지 재앙으로 땅을 치리로다"

3절에서 이 증인들에게 "권세"를 주겠다고 했었습니다. 그리고 이 권세가 무엇인지 본문 5절과 6절에서 기록하고 있습니다. 그렇다면 이 말은 문자적인 것일까요? 그렇지 않습니다. 조금 전에 3년 반의 기간이 처음 등장한 것이 엘리야 때라고 했습니다. 그러기에 5절과 6절의 3년 반은 엘리야의 사역과 관련이 있습니다. 하나님은 엘리야의 말을 통해 3년 반 동안 하늘을 닫아 비가 오지 못하게 했고 갈멜산에서 불을 내려 제물을 사르고 그 결과 바알 선지자들 450명을 심판하셨습니다. 이처럼 5절과 6절을 그 사건을 묘사했습니다. 그러니까 본문이 말하고자 하는 것은 회개하지 않는 세상에 복음을 전하여 회개하게 하고 그 말을 듣지 않으면 기근이 있고 결과적으로 불이 나와 그들을 사를 것임을 말씀합니다.

이렇게 엘리야의 이야기를 끌어와서 말씀하고 있는 이유는 엘리야 선지자가 처해 있던 시대상과 두 증인 즉, 교회가 처하게 될 상황이 같음을 나타내기 위해서입니다. 엘리야 선지자가 싸웠던 전쟁을 교회도 싸워야 함을 말씀하고 있습니다. 바알이 하나님이라고 일컬어지던 시대에 오직 여호와가 하나님이라고 외쳤던 엘리야처럼, 돈과 쾌락이 하나님처럼 섬김받는 현시대에 오직 하나님만이 우리의 구원자이며 참 신이라고 외쳐야 하는 것이 교회입니다. 교회가 세상을 향해 복음을 전하면 그것이 곧 불이 됩니다. 여기서 증인의 입에서 불이 나와 그들을 사른다는 표현은 증인들의 입에서 나온 말씀이 결국은 사탄을 심판하게 될 것이기 때문입니다.

여기서 잠깐 마흔두 달과 일천이백육십일을 다시 생각해 보아야 합니다. 거룩한 성에 대한 공격은 달로 표현했고, 증인들이 예언하는 것은 날로 표현했습니다. 이는 상징적인 의미가 있습니다. 그것은 달은 듬성듬성한 성격을, 날은 촘촘한 성격을 나타냅니다. 이는 세상이 교회를 향한 공격은 매일 계속되는 것이 아님을 의미합니다. 반대로 교회는 세상을 향해 날마다 복음으로 공격해야 함을 의미합니다. 그래서 야곱과의 혼인을 위해 브엘세바로 가는 리브가에게 오빠들이 "(창 24:60) 너는 천만인의 어머니가 될지어다 네 씨로 그 원수의 성문을 얻게 할지어다"라고 하였고, 주님을 예언의 성취로 사탄의 짓밟고 이 땅에 교회를 세우셨으며, 그 일을 계속하게 하기 위해 베드로에게 말씀하기를 "(마 16:18) 내가 이 반석 위에 내 교회를 세우리니 음부의 권세가 이기지 못하리라."라고 하셨습니다. 그러기에 교회는 세상에서 복음을 전해야 합니다. 우리가 전하는 이 복음은 세상을 심판하고 하나님의 나라를 든든히 세우게 됩니다.

33. 영광을 하늘의 하나님께 돌리더라
요한계시록 11장 7-19절

재앙의 고통 속에서도 아무도 회개하지 않는 세상을 향하여 하나님은 말씀을 선포하여 회개케 하시려고 천사를 보내 요한에게 말씀을 먹였습니다. 그리고 이어진 이야기에서 요한이 먹은 말씀을 두 증인이 선포하기 시작했습니다. 이렇게 말씀을 선포할 때 그 말씀을 듣지 않는 자들에게는 그들의 입에서 불이 나와 그들의 원수를 삼켜버리고 죽일 것이며, 권능을 가지고 하늘을 닫아 그 예언을 하는 날 동안 비가 오지 못하게 하고 또 권능을 가지고 물을 피로 변하게 하고 아무 때든지 원하는 대로 여러 가지 재앙으로 땅을 치겠다고 했습니다. 이렇게 회개하지 않는 세상에 복음 증거자를 보내 세상으로 회개케 하려는 하나님의 계획이 실현되었습니다.

이렇게 될 때 벌어지는 일을 묘사한 것이 이번 장입니다.

"(계 11:7) 그들이 그 증언을 마칠 때에 무저갱으로부터 올라오는 짐승이 그들과 더불어 전쟁을 일으켜 그들을 이기고 그들을 죽일 터인즉 (계 11:8) 그들의 시체가 큰 성 길에 있으리니 그 성은 영적으로 하면 소돔이라고도 하고 애굽이라고도 하니 곧 그들의 주께서 십자가에 못 박히신 곳이라"

"그들이 그 증언을 마칠 때에"라고 시작합니다. 이 말을 혹자는 종말의 때로 이해하지만 전체 문맥을 생각하면 그렇지 않습니다. 이것은 복음을 전하는 이들이 개인적 증언을 하게 될 때 벌어질 일을 말씀하고 있습니다. 그러니까 복음 증거자가 복음을 전하게 될 때 세상의 반응입니다. 그 반응은 "무저갱으로부터 올라오는 짐승이 그들과 더불어 전쟁을 일으켜"입니다. 무저갱에서 올라온 자는 9장 1절에서 "하늘에서 땅에 떨어진 별 하나가 있는데 그가 무저갱의 열쇠를 받았다"라고 한 천사를 가리킵니다. 그 천사는 하나님의 거룩한 일을 수행하는 자가 아니라 악한 일을 진행하는 사탄임을 전에 말씀드렸습니다. 전도자들이 복음을 전하자 악한 영이 일하기 시작하였습니다. 전쟁이라는 표현을 사용하여 복음 증거자를 향한 사탄의 공격이 얼마나 치열할지 말씀해 줍니다. 사탄은 증거자들이 복음을 전하지 못하도록 성도를 대항하여 싸웁니다. 이것은 이미 2절에서 성전 마당을 마흔두 달 동안 밟는 것으로 표현되었습니다. 이러한 싸움은 주님께서 먼저 하셨습니다. 주님의 영적 싸움에 대해 시편 22편 12절과 13절에서 "많은 황소가 나를 에워싸며 바산의 힘센 소들이 나를 둘러쌌으며 내게 그 입을 벌림이 찢으며 부르짖는 사자 같으니이다"라고 하였습니다.

이렇게 전쟁이 일어날 때 1차 적인 결과를 기록합니다. 그것은 무저갱에서 올라온 짐승이 성도를 죽입니다. 전능하신 하나님께서 함께하시는 성도의 승리가 예상되었으나 사탄이 승리할 것이라고 말씀합니다. 표면적으로는 사탄의 영향력 아래 있는 세상이 이깁니다. 그러면서 성도가 죽은 곳에 대해 기록해 줍니다. 그것은 "큰 성 길에 있으리니 그 성은 영적으로 하면 소돔이라고도 하고 애굽이라고도 하니 곧 그들의 주께서 십자가에 못 박히신 곳이라"라는 곳입니다. 먼저 "큰 성 길"이라고 하는데 큰 성은 18장 2절에서 "큰 성 바벨론"이란 표현이 나옵니다. 그리고 바벨론은 메소포타미아에 있는 바벨론이 아니라 베드로전서 5장 13절에서 "바벨론에 있는 교회"라는 표현이 말하고 있듯이 베드로가 있던 로마를 바벨론이라고 합니다. 그러므로 "큰 성 길"이라고 한 것은 당시에는 로마가 다스리는 세상, 광의적으로는 사탄의 영향 아래 있는 이 세상을 말합니다. 그래서 이어지는 말씀에 "영적으로 하면 소돔이라고도 하고 애굽이라고도 하니"라고 하였습니다. 그러니까 큰 성 길은 이 세상입니다.

이렇게 복음 증거자가 죽는 곳을 세상이라고 말하면서 덧붙여 한 말은 "그들의 주께서 십자가에 못 박히신 곳이라"라고 합니다. 예수님께서 죽으신 곳이라고 부연 설명함으로 성도가 살아가는 곳, 성도가 복음 전하는 곳, 성도가 죽을 곳이 예수님께서 죽으신 세상이라고 말합니다. 그래서 히브리서 기자는 "(히 13:11) 이는 죄를 위한 짐승의 피는 대제사장이 가지고 성소에 들어가고 그 육체는 영문 밖에서 불사름이라 (히 13:12) 그러므로 예수도 자기 피로써 백성을 거룩하게 하려고 성문 밖에서 고난을 받으셨느니라 (히 13:13) 그런즉 우리도 그의 치욕을 짊어지고 영문 밖으로 그에게 나아가자"라고 하였습니다. 종합적으로 말씀드리면 성도는 예수님께서 가셨던 그 길, 예수님께서 죽으셨던 그곳이 삶의 자리입니다.

이러한 성도의 희생적 삶에 대해 주님께서 말씀하시기를 "(요 12:23) 예수께서 대답하여 이르시되 인자가 영광을 얻을 때가 왔도다 (요 12:24) 내가 진실로 진실로 너희에게 이르노니 한 알의 밀이 땅에 떨어져 죽지 아니하면 한 알 그대로 있고 죽으면 많은 열매를 맺느니라"라고 하셨습니다. 이 말씀은 성도들에게 죽으라고 하시기 전

368

에 당신이 먼저 한 알의 밀로 죽어 많은 생명의 열매를 맺을 것을 예고하시며 하신 말씀이었습니다. 우리가 세상에서 복음을 전하다가 많은 환난과 박해를 당하지만 이 일은 절대로 멈출 수 없습니다. 그 이유는 우리의 헌신을 통해 많은 영혼이 생명을 얻기 때문입니다. 반대로 하면 우리가 한 알의 밀로 죽지 않으면 더는 생명의 역사는 없습니다. 그러므로 우리는 주님께서 주신 십자가 지고 주님께서 죽으셨던 곳인 영문 밖으로 나가는 일을 계속해야 합니다.

이렇게 죽은 성도의 상태를 이어서 말해 줍니다.

"(계 11:9) 백성들과 족속과 방언과 나라 중에서 사람들이 그 시체를 사흘 반 동안을 보며 무덤에 장사하지 못하게 하리로다"

증인들이 죽은 현장의 상황을 묘사해 줍니다. 그것은 "백성들과 족속과 방언과 나라 중에서 사람들"이 의미하는 자는 세상에 속한 사람들입니다. 증인의 죽음에 대해 무덤에 장사하지 못하게 합니다. 무덤에 장사하지 못하게 한다는 것은 극심한 치욕을 의미합니다. 고대에는 전쟁 중에도 죽은 자에 대한 예를 다했습니다. 시체를 고의로 훼손시키는 행위는 하지 않았습니다. 시체를 장사하지 못하게 하는 행위는 중죄를 지어 처형을 당한 자들이나 전쟁 중에 상대에게 공포감을 주기 위해 징벌적으로 행하는 일 외에는 하지 않았습니다. 그러므로 증인들이 짐승에게 죽어 길에 방치되었다는 것은 극심한 치욕을 겪는 상태를 묘사합니다.

그러나 이 일은 종말 때에 벌어지는 일이 아닙니다. 7절을 시작하면서 "그들이 이 증언을 마칠 때에"라는 표현이 종말 때를 말하는 것이 아니고 증인이 개별적으로 증언했을 때 사탄이 한 공격을 의미한다고 했습니다. 그러므로 본문에서도 성도가 수치를 당하는 것은 종말에 벌어지는 일이 아니라 복음을 가지고 살아가는 모든 이들이 복음을 증언할 때 세상으로부터 받은 모욕과 수치를 말합니다. 그래서 바울은 디모데에게 "(딤후 1:8) 그러므로 너는 내가 우리 주를 증언함과 또는 주를 위하여 갇힌 자 된 나를 부끄러워하지 말고 오직 하나님의 능력을 따라 복음과 함께 고난을 받으라"라고 했고 "(딤후 3:12) 무릇 그리스도 예수 안에서 경건하게 살고자 하는 자는 박해를 받으리라"라고 하였습니다.

그런데 그 극심한 수치를 당하는 기간을 "사흘 반"이라고 합니다. 여기서 사흘 반은 전에도 말씀드렸듯이 "삼 년 반, 천이백육십일, 마흔두 달" 등과 같은 기간, 다른 의미입니다. 천이백육십일은 "매일"을, 마흔두 달은 "종종"을 의미한 것처럼, 사흘 반은 "잠깐"을 의미합니다. 아주 짧은 기간입니다. 그래서 베드로는 고난받는 그리스도인들에게 그 고난을 이기고 믿음을 지키라고 하면서 몇 가지 단어로 격려하는데 그중에 하나가 "잠깐 고난"입니다. 성도가 당하는 고난은 잠깐입니다. 이 표현은 당시 박해받던 그리스도인들이 형장으로 끌려가는 동료 그리스도인들에게 했던 말이었습니다. 본문도 성도가 당하는 치욕, 그것이 목숨을 잃는 일이건 다른 형태의 고난이건 그것은 잠깐이라고 말하고 있습니다. 우리에게 주어진 고난은 짧고 영광은 무한합니다. 그래서 바울은 "(롬 8:18) 생각하건대 현재의 고난은 장차 우리에게 나타날 영광과 족히 비교할 수 없도다"라고 하였습니다.

이렇게 성도가 세상으로부터 극심한 수치와 박해를 당하는 이유가 있습니다.

"(계 11:10) 이 두 선지자가 땅에 사는 자들을 괴롭게 한 고로 땅에 사는 자들이 그들의 죽음을 즐거워하고 기뻐하여 서로 예물을 보내리라 하더라"

세상이 증인들을 박해하는 이유는 증인들의 행위가 자신들을 괴롭게 했기 때문입니다. 본문에서 "땅에 사는 자들"은 믿지 않은 자들을 의미합니다(3:10, 6:10, 8:13, 13:8). 믿지 않는 자들은 복음을 싫어합니다. 당연한 것은 증인들이 전하는 내용은 자신의 죄를 지적하고 그 결과는 지옥에서 영원한 심판을 받을 것이라고 하기 때문입니다. 본 절에서 두 증인을 두 선지자라고 표현한 이유가 그런 이유 때문입니다. 그래서 땅에 사는 자들은 증인들을 싫어합니다. 또한, 증인들의 죽음을 즐거워하고 기뻐하면서 예물을 보낸다고 합니다. 그것은 어느 시대나 마찬가지였습니다. 기회만 있으면, 아니 기회를 만들어 교회를 박해하고 나아가 기뻐하고 즐거워하는 것이 세상입니다. 그러므로 세상이 교회를 미워하는 것은 이상한 것이 아닙니다. 주님도 분명히 말씀하셨습니다. "(요 15:18) 세상이 너희를 미워하면 너희보다 먼저 나를 미워한 줄을 알라 (요 15:19) 너희가 세상에 속하였으면 세상이 자기의 것을 사랑할 것이나 너희는 세상에 속한 자가 아니요 도리어 내가 너희를 세상에서 택하였기 때문에 세상이 너희를 미워하느니라"라고 하였습니다.

이렇게 사흘 반이라는 짧은 기간 동안 극심한 수치를 당한 증인들

즉, 교회를 향한 하나님의 은혜 베푸심이 기록됩니다.

"(계 11:11) 삼 일 반 후에 하나님께로부터 생기가 그들 속에 들어가매 그들이 발로 일어서니 구경하는 자들이 크게 두려워하더라 (계 11:12) 하늘로부터 큰 음성이 있어 이리로 올라오라 함을 그들이 듣고 구름을 타고 하늘로 올라가니 그들의 원수들도 구경하더라"

사흘 반이 지난 후에 하나님께로부터 생기가 그들 속에 들어가매 발로 일어섰다고 기록하고 있습니다. 이는 죽었던 자들을 살려내신 것을 의미합니다. 마치 무덤에 계신 예수님께서 사흘 만에 부활하셔서 제자들 앞에 서신 것과 같습니다. 예수 그리스도를 죽은 자 가운데서 살리신 하나님의 능력이 증인들을 살립니다. 성도의 죽음을 잔다고 표현하듯이 성도는 사망이 주장하지 못합니다. 성도에게는 반드시 생명의 부활이 있습니다. 바울은 고린도 교인들에게 편지하면서 "(고전 15:17) 그리스도께서 다시 살아나신 일이 없으면 너희의 믿음도 헛되고 너희가 여전히 죄 가운데 있을 것이요 (고전 15:18) 또한 그리스도 안에서 잠자는 자도 망하였으리니 (고전 15:19) 만일 그리스도 안에서 우리가 바라는 것이 다만 이 세상의 삶뿐이면 모든 사람 가운데 우리가 더욱 불쌍한 자이리니"라고 하셨습니다.

이렇게 부활한 성도들은 하늘로부터 올라오라는 말을 듣고 구름을 타고 올라가게 됩니다. 이 묘사도 예수님께서 구름에 가려 승천하신 것을 기억나게 합니다. 예수님께서 부활의 첫 열매 되어 우리도 그 부활에 참여한 것처럼, 예수님께서 영광 가운데 승천하신 것처럼 우리도 영광 가운데 하늘로 올라가는 존재입니다. 사실 이일은 미래적인 사건일 뿐 아니라 이미 성취된 일입니다. 바울은 에베소 교회에 편지하면서 "(엡 2:5) 허물로 죽은 우리를 그리스도와 함께 살리셨고 (너희는 은혜로 구원을 받은 것이라) (엡 2:6) 또 함께 일으키사 그리스도 예수 안에서 함께 하늘에 앉히시니"라고 하였습니다.

이렇게 두 증인이 부활하여 승천했다면 이 땅에서 벌어지는 일이 있습니다.

"(계 11:13) 그 때에 큰 지진이 나서 성 십분의 일이 무너지고 지진에 죽은 사람이 칠천이라 그 남은 자들이 두려워하여 영광을 하늘의 하나님께 돌리더라"

두 증인을 하나님께서 살려 주셔서 구름을 타고 하늘에 올랐다면, 땅에서는 큰 지진이 일어났습니다. 이 지진이 물리적 지진을 의미하기보다 땅에 사는 자들에게 변화가 일어났음을 의미합니다. 이렇게 표현한 것은 5절과 6절에서 증인들의 "입에서 불이 나와서 그들의 원수를 삼켜 버릴 것이요 누구든지 그들을 해하고자 하면 반드시 그와 같이 죽임을 당하리라 그들이 권능을 가지고 하늘을 닫아 그 예언을 하는 날 동안 비가 오지 못하게 하고 또 권능을 가지고 물을 피로 변하게 하고 아무 때든지 원하는 대로 여러 가지 재앙으로 땅을 치리로다"라고 한 것과 같은 맥락입니다.

이 일로 성의 십 분의 일이 무너지고 죽은 자는 칠천이라고 합니다. 이에 대해 리챠드 보쿰의 해설은 유의할 만합니다. "구약시대 선지자들의 증거 결과로는 성 십 분의 일이 남았고(사 6:13), 바알에게 무릎을 꿇지 아니한 자가 칠천 명이 남았다(왕상 19:18)고 말씀하고 있는 반면에, 신약시대 두 증인의 순교 결과로는 정반대로 성 십 분의 일만이 무너지고, 칠천 명이 죽임을 당했다"라고 하였습니다. 이사야가 말하는 십 분의 일과 엘리야 때에 칠천이 남은 자라면 복음이 증거되었을 때 성 십 분의 일이 무너지고, 칠천이 죽었다는 것은 반대로 하면 성의 십 분의 구는 온전하고, 칠천을 제외한 수많은 사람은 살았다고 말할 수 있습니다. 이것은 복음증거의 놀라운 결과를 말해 줍니다. 여섯 개의 나팔이 불린 후에도 세상의 반응에 대해 "(계 9:20) 이 재앙에 죽지 않고 남은 사람들은 손으로 행한 일을 회개하지 아니하고 오히려 여러 귀신과 또는 보거나 듣거나 다니거나 하지 못하는 금, 은, 동과 목석의 우상에게 절하고 (계 9:21) 또 그 살인과 복술과 음행과 도둑질을 회개하지 아니하더라"라고 한 것과 대조되어 두 증인의 복음증거의 능력은 성의 십 분의 구가 온전하고 칠천을 제외한 자들이 죽지 않은 것입니다. 이것은 7장 9절에서 구원받은 자의 모습을 "각 나라와 족속과 백성과 방언에서 아무도 능히 셀 수 없는 큰 무리"라고 한 것의 다른 표현입니다. 이것에 대해 아브라함과 이삭과 야곱에게 약속하셨는데 그것은 "하늘의 별과 같이 바다의 모래같이 셀 수 없는 자녀"를 주시겠다고 한 것의 성취입니다.

이렇게 살아남은 자들을 본문에서는 "남은 자"라고 하는데 그들이 두려워하여 영광을 하늘의 하나님께 돌리더라고 합니다. 영광을 돌린다는 표현은 오직 하나님의 백성들에게 있는 현상입니다(14:7, 15:4). 땅에 거하는 자들은 하나님께 영광을 돌리지 않습니다(16:9). 그러므로 본문에서 남은 자들이 두려워하여 영광을 하늘의 하나님께 돌리더라고 한 것은 땅에 거하는 자들이 두 증인의 말씀을 듣고 회개하고 돌아와 하나님을 섬기게 된 것을 묘사합니다. 환난과 재앙, 고통으로는 회개한 자가 없으나 복음증거를 통해서는 하나님께 영광을 돌리는 자가 많아졌습니다. 세상 사람들이 회개하고 주께 돌아오는 유일한 방법은 성도의 복음증거입니다. 그래서 바울은 "(고전 1:21) 하나님께서 전도의 미련한 것으로 믿는 자들을 구원하시기를 기뻐하셨다."라고 하였습니다.

세상은 고난이나 환난이 있다고 주님께 돌아오지 않습니다. 코로나로 수없이 죽고 사업이 망하고 재정이 바닥나도 주님께 돌아오지 않습니다. 오직 교회의 복음증거로만 주님께 돌아올 수 있습니다. 그러므로 교회 공동체는 이 땅에서 가장 중요합니다. 교회가 존재해야 할 이유, 그것은 복음증거입니다. 복음증거의 이유, 그것은 세상을 구원하기 위함입니다. 그래서 바울은 로마에 편지하면서 유대인들에게 말하기를 "(롬 10:13) 누구든지 주의 이름을 부르는 자는 구원을 받으리라 (롬 10:14) 그런즉 그들이 믿지 아니하는 이를 어찌 부르리요 듣지도 못한 이를 어찌 믿으리요 전파하는 자가 없이 어찌 들으리요 (롬 10:15) 보내심을 받지 아니하였으면 어찌 전파하리요 기록된 바 아름답도다 좋은 소식을 전하는 자들의 발이여 함과 같으니라"라고 하였습니다.

요즘 교회에 대해 회의를 느끼는 사람이 많아졌습니다. 세상은 원래 그렇지만 성도들 사이에서도 그런 현상이 벌어집니다. 그럼에도 교회는 반드시 존재해야 합니다. 종종 불미스러운 일이 있고, 덕이 안 되는 일로 인해 부끄러움을 당하지만 교회는 존재해야 합니다. 그래야만 세상을 회개시켜 주님께로 돌아오게 할 수 있기 때문입니다. 이전에도 일명 가나안 교인들이 있었으나 코로나로 인해 교회를 떠나는 사람이 더 많아졌습니다. 이것은 바람직하지도, 아름답지도 않습니다. 그들은 교회의 부패를 지적하고 떠나 홀로 신앙생활 하겠다고 합니다. 이렇게 되면 장기적으로 교회는 힘을 잃게 되고 자신과 후대도 신앙을 잃습니다. 성도들의 모임인 교회의 중요성을 깨닫고 교회를 세우는 데 힘을 다합시다. 그리고 우리끼리 즐거운 공동체가 아닌 생명을 살리는 일에 온전히 헌신하는 교회가 되도록 합시다.

이렇게 놀라운 영적 열매를 맺은 것과 함께 하늘에서도 놀라운 일이 벌어짐을 말해 줍니다.

"(계 11:15) 일곱째 천사가 나팔을 불매 하늘에 큰 음성들이 나서 이르되 세상 나라가 우리 주와 그의 그리스도의 나라가 되어 그가 세세토록 왕 노릇 하시리로다 하니 (계 11:16) 하나님 앞에서 자기 보좌에 앉아 있던 이십사 장로가 엎드려 얼굴을 땅에 대고 하나님께 경배하여 (계 11:17) 이르되 감사하옵나니 옛적에도 계셨고 지금도 계신 주 하나님 곧 전능하신 이여 친히 큰 권능을 잡으시고 왕 노릇 하시도다 (계 11:18) 이방들이 분노하매 주의 진노가 내려 죽은 자를 심판하시며 종 선지자들과 성도들과 또 작은 자든지 큰 자든지 주의 이름을 경외하는 자들에게 상 주시며 또 땅을 망하게 하는 자들을 멸망시키실 때로소이다 하더라 (계 11:19) 이에 하늘에 있는 하나님의 성전이 열리니 성전 안에 하나님의 언약궤가 보이며 또 번개와 음성들과 우레와 지진과 큰 우박이 있더라"

구원받은 자들에게 4장에서 보았던 장면이 다시 연출되고 있는데 보좌에 둘러선 장로들의 감사찬송입니다. "하나님의 성전이 열리니 성전 안에 하나님의 언약궤가 보이며 또 번개와 음성들과 우레와 지진과 큰 우박이 있더라"라고 합니다. 이는 예수님의 죽으심으로 열린 지성소로 성도가 들어감을 묘사합니다. 본문을 통해 우리에게 하신 중요한 내용을 기억합시다. 오직 복음증거를 통해서만 세상이 회개하고 주님께로 돌아온다는 사실입니다. 이제 우리도 증인으로서 사명을 감당하는 자들이 되어야 합니다. 비록 복음의 증인이 된다는 것이 절대 쉽지 않지만, 우리의 선진들이 기꺼이 자신의 삶과 생명을 드려 증인이 되어 우리에게 생명을 전하여 준 것처럼 우리도 복음의 빚진 자로서 복음의 증인이 되어 회개하지 않는 세상을 회개케 하고 생명이 없는 자들에게 생명을 전하는 자들이 됩시다.

34. 광야에서 양육 받는 교회
요한계시록 12장 1 - 6절

사탄은 마흔두 달 동안 성전 마당을 밟고 두 명의 증인은 천이백육십일 동안 말씀을 전하는 이야기를 11장에서 보았습니다. 두 증인은 무저갱에서 올라온 짐승에 의해 죽임을 당하고 사흘 반 동안 장례를 치르지 못하는 극한 치욕을 당했습니다. 그러나 하나님은 그들을 살려 하늘로 올리시고 그 모습을 본 자들이 하늘의 하나님께 영광을 돌렸습니다. 11장을 통해 8장과 9장에서 자연재해나 재앙으로는 아무도 회개하지 않았으나 오직 증인들의 복음증거를 통해 땅에 거하는 자들이 회개하고 돌아온 것을 보았습니다.

이렇게 놀라운 이야기를 하고 이어지는 말씀이 12장부터인데 이 이야기들은 무저갱에서 올라온 짐승을 구체적으로 묘사해 주고 두 증인, 두 선지자가 드러내는 교회의 영적 싸움에 대해 기록하고 있습니다.

"(계 12:1) 하늘에 큰 이적이 보이니 해를 옷 입은 한 여자가 있는데 그 발 아래에는 달이 있고 그 머리에는 열두 별의 관을 썼더라"

요한은 기록하기를 하늘에서 "큰 이적"이 보인다는 말로 시작합니다. 여기서 "이적"이라는 단어에 대해 생각해 보고 넘어가겠습니다. "이적"이란 헬라어로 "세메이온"입니다. 이 단어는 영어로 "sign"으로 번역되었습니다. 요한은 요한복음을 기록할 때 예수님께서 행하신 기적이나 이적에 대해 "두나미스"라는 단어는 사용하지 않았습니다. 그는 본문에 기적이라고 번역된 "세메이온"이란 단어만을 사용했습니다. 그렇게 한 것은 요한은 예수님께서 행하신 능력 자체가 중요한 것이 아니라 그 행위가 드러내고자 하는 것이 무엇인가를 더 중요하게 여겼기 때문입니다. 그러니까 어떤 기적은 그 기적이 예수님께서 어떤 분인지를 알려주고자 하는 목적이 있고 그것을 알려주는 것이 예수님께서 기적이나 능력을 행하신 이유가 됩니다.

그런 의미에서 요한이 하늘에서 큰 이적을 보았다고 한 것은 이후에 말하고자 하는 것이 무엇인가를 알려주고자 하는 상징적인 말입니다. 그것은 본문에서 말한 대로 "해를 옷 입은 한 여자가 있는데 그 발 아래에는 달이 있고 그 머리에는 열두 별의 관을 썼더라"라는 말입니다. 이 여인이 드러내고자 한 큰 이적은 교회를 상징적으로 묘사하고 있습니다. 여기서 한 여인이 등장하는데 그 여인은 달 위에 서서 해를 옷 입고 열두 별의 관을 쓰고 있습니다. 이러한 묘사는 당시 성도들에게는 해석이 필요하지 않았습니다. 아니 성경을 통전적으로 읽고 그 내용을 충분히 인지하고 있는 사람이라면 곧바로 알 수 있는 "세메이온"입니다.

해, 달, 별의 이미지는 창세기 37장 요셉의 꿈에서 처음 등장했습니다. 요셉이 꾼 두 번째 꿈에 해는 아버지를, 달은 어머니를, 열두 별은 자신을 비롯한 열두 형제를 의미했습니다. 이들은 장차 이스라엘 민족의 조상이 되었습니다. 그러므로 본문의 이미지는 구약 교회를 상징합니다. 구약 교회는 이스라엘 민족을 중심으로 하나님의 계획을 이루었고 메시아를 예언하고 탄생시켰습니다. 이렇게 해와 달과 별을 통해 구약 교회를 묘사한 것은 구약 교회를 비롯한 전 우주적 교회의 영광스러움을 나타내고자 함입니다. 교회는 찬란한 영광을 소유한 존재입니다. 아가서의 묘사를 보면 더 구체적으로 알 수 있습니다. "(아 6:10) 아침 빛 같이 뚜렷하고 달 같이 아름답고 해 같이 맑고 깃발을 세운 군대같이 당당한 여자가 누구인가"라고 하여 솔로몬이 사랑한 술람미의 찬란한 아름다움을 묘사했습니다. 또한, 다니엘서 12장 3절에서도 "많은 사람을 옳은 데로 인도하는 자를 하나님의 별과 같이 빛나겠다"라고 하였습니다. 예수님께서 사랑한 교회는 찬란한 영광을 소유한 존재입니다.

이렇게 영광스러운 모습을 한 여자를 2절에서 구체적으로 묘사하고 있습니다.

"(계 12:2) 이 여자가 아이를 배어 해산하게 되매 아파서 애를 쓰며 부르짖더라"

이 여자가 아이를 배었다고 합니다. 이 말은 구약 교회가 한 아이를 잉태하고 있음을 말합니다. 아담이 범죄 한 후에 하나님은 "(창 3:15) 여인의 후손이 태어나 뱀의 머리를 밟을 것"이라고 예언했습니다. 그렇게 예언한 후에 여인의 후손으로 올 이를 위하여 끊임없는 계시가 있습니다. 아벨에서 셋으로, 셋에서 노아로, 노아에서 셈으로, 셈에서 아브라함으로, 아브라함에서 이삭, 야곱, 유다로, 유다에서 다윗으로, 다윗에서 그리스도로 연결되는 잉태의 과정이 있었습니다. 이렇게 아이를 잉태한 후에 그 아이를 낳기까지 고통과 부르짖음이 있었습니다. 그 이유는 아이가 태어나지 못하도록 하는 사탄의 끊임없는 공격이 있었기 때문입니다. 가인이 아벨을 죽이고 셋의 후손이 가인의 후손에게 미혹을 당해 모두 죄를 짓게 되고, 셈의 후손은 함의 후손인 애굽에 의해 몰살의 위기를 겪고, 가나안에 정착한 이스라엘은 주변 열강으로부터 끊임없는 공격을 당하며, 페르시아에서는 아말렉 후손인 하만에 의해 유대인 전체가 죽임을 당할 위기에 처했었으며, 어렵게 태어난 예수님은 헤롯에 의해 죽임을 당할 뻔하였습니다. 이렇게 여자가 잉태한 아기를 해산하기까지 고통을 겪었으며 온전히 메시아의 역할을 감당하기까지 교회의 부르짖음이 있었습니다. 그 부르짖음 대해 바울은 "(롬 8:19) 피조물이 고대하는 바는 하나님의 아들들이 나타나는 것이니"라고 하였습니다. 이 모든 방해에도 하나님은 그리스도를 이 땅에 태어나게 하셨습니다. 대적들의 방해도 그리스도의 탄생을 막을 수가 없었습니다. 사탄은 일차적으로 실패하였습니다. 그러나 사탄의 공격은 그것으로 끝이 아니었습니다.

1절에서 큰 이적이 "구약 교회"를 묘사하고 있다면, 또 다른 "다른 이적", "세메이온"이 등장합니다.

"(계 12:3) 하늘에 또 다른 이적이 보이니 보라 한 큰 붉은 용이 있어 머리가 일곱이요 뿔이 열이라 그 여러 머리에 일곱 왕관이 있는데"

1절의 이적을 "여자"로 묘사했다면, 3절에서 이적은 "한 큰 붉은 용"이라고 묘사합니다. 그렇다면 이 붉은 용이 말하고자 하는 실체는 무엇일까요? 그것은 9절에 구체적으로 기록되어 있습니다.

"(계 12:9) 큰 용이 내쫓기니 옛 뱀 곧 마귀라고도 하고 사탄이라고도 하며 온 천하를 꾀는 자라 그가 땅으로 내쫓기니 그의 사자들도 그와 함께 내쫓기니"

붉은 용은 "옛 뱀, 마귀, 사탄"이라고 하며 그의 역할은 "온 천하를 꾀는 자"라고 합니다.. 여기서 옛 뱀이란 에덴에서 아담과 하와를 유혹한 뱀이며, 사탄은 히브리어, 마귀는 헬라어 "디아볼로스"의 역어입니다. 같은 존재를 모든 사람이 알게 하려고 달리 묘사하고 있습니다. 본문 이후로 본서에서 용이 여러 번 등장하는데 용은 1차 적으로 애굽의 나일강에서 서식하는 "나일악어"에 대한 묘사입니다. 나아가 이 용은 애굽의 왕인 바로를 상징했고(시 74:13-14, 사 51:9, 겔 29:3, 겔 32:2) 본서에서는 사탄을 상징하는 짐승의 모습을 묘사합니다.

이렇게 등장한 용의 모습을 3절에서 묘사합니다. 그것은 색이 붉고, 머리가 일곱이며, 뿔이 열인데 그 머리마다 관이 하나씩 총 일곱 왕관이 있다고 합니다. 이러한 묘사는 앞으로 나올 사탄의 세력에 대해 계속해서 사용됩니다. 이렇게 표현한 것의 구체적인 의미를 생각해 보면, 먼저 색이 붉다고 한 것은 사탄이 성도들의 피를 흘렸기 때문이며, 뿔이 열이라고 하는데 뿔은 권세를 상징했습니다. 그런 의미에서 뿔이 열이라고 한 것은 권세가 많음을 의미합니다. 그래서 바울은 에베소 교회에 편지하면서 사탄은 "(엡 2:2) 공중권세 잡은 자"라고 하여 세속적 권세를 가지고 성도를 유혹하고 박해하는 존재임을 말하였습니다. 또한, 머리가 일곱이라고 하는데 머리는 지혜를 상징하여 사탄은 간악한 꾀가 많아 성도를 온갖 방법으로 미혹하는 존재임을 의미합니다. 그러니까 사탄은 세상의 권세와 악한 꾀로 성도를 넘어지게 하는 존재임을 묘사한 것입니다.

이렇게 사탄을 묘사하고 나서 사탄이 성도를 향한 구체적인 공격이 어떠한지를 말합니다.

"(계 12:4) 그 꼬리가 하늘의 별 삼분의 일을 끌어다가 땅에 던지더라 용이 해산하려는 여자 앞에서 그가 해산하면 그 아이를 삼키고자 하더니"

먼저는 그 꼬리가 하늘의 별 삼 분의 일을 땅에 던졌다고 합니다. 9장 10절에서 황충에 대해 묘사하면서 "전갈과 같은 꼬리와 쏘는 살이 있어 그 꼬리에는 다섯 달 동안 사람들을 해하는 권세가 있더라"라고 하여 꼬리의 권세에 대해 말했습니다. 이렇게 꼬리의 권세에 대해 묘사한 것은 사탄의 영향력을 말합니다. 본문에서는 그 영향력으로 별 삼 분의 일을 끌어다가 땅에 던졌다고 합니다. 여기서 별은 성도를 의미합니다. 이러한 묘사는 다니엘서 8장 10절에서 바다에서 올라온 네 번째 짐승에게서 작은 뿔이 나오는데 그가 교회를 박해할 것을 묘사하며 "그것이 하늘 군대에 미칠 만큼 커져서 그 군대와 별들 중의 몇을 땅에 떨어뜨리고 그것들을 짓밟고"라고 하였습니다. 이어지는 다니엘서 11장 35절에서도 "또 그들 중 지혜로운 자 몇 사람이 몰락하여 무리 중에서 연단을 받아 정결하게 되며 희게 되어 마지막 때까지 이르게 하리니 이는 아직 정한 기한이 남았음이라"라고 하였습니다.
나팔이 네 번째까지 울리는 동안 땅, 바다, 물, 하늘의 삼 분의 일이

해를 당했다면 사탄의 영향력으로 성도의 삼 분의 일이 공격을 당하고 괴롭힘을 당할 것을 말합니다. 이렇게 삼 분의 일이라고 묘사한 것은 사탄은 성도를 완전히 죽이지 못하는 존재임을 말합니다. 단지 타락시키고 하나님 백성의 능력을 잃게 할 뿐입니다. 이러한 공격은 주님 오실 때까지 계속될 것입니다. 그러기에 성도는 깨어 있어 사탄을 대적해야 합니다.

이렇게 구약 교회를 비롯한 우주적 교회를 공격한 사탄은 근본적으로 예수 그리스도의 오심을 막았습니다. 그래서 본문에서 "용이 해산하려는 여자 앞에서 그가 해산하면 그 아이를 삼키고자 했다"라고 합니다. 이렇게 한 이유는 여자가 사내아이를 낳으면 사탄은 그 아이에 의해 머리가 밟힐 것이기 때문입니다. 그래서 사탄은 헤롯을 통해 베들레헴에 군대를 보내 두 살 아래의 사내아이를 모두 죽이라고 했었습니다. 그러나 헤롯은 그해에 죽고 그 나라는 세 개로 찢어졌으며 그 권세도 오래 가지 못했습니다.

오랜 세월 동안 그리스도의 오심을 방해한 사탄인 용의 방해는 성공하지 못했을 뿐 아니라 영원한 실패를 당하게 됩니다.

"(계 12:5) 여자가 아들을 낳으니 이는 장차 철장으로 만국을 다스릴 남자라 그 아이를 하나님 앞과 그 보좌 앞으로 올려가더라"

이 여자는 한 아들을 낳았습니다. 두말할 것도 없이 그는 예수 그리스도이십니다. 왜냐하면, 그가 "(계 19:15) 장차 철장으로 만국을 다스릴 남자"라고 했고 "(앱 2:6) 하나님 앞과 그 보좌 앞으로 올려졌

384

다"라고 설명되었기 때문입니다. 장차 철장으로 만국을 다스릴 남자는 예수 그리스도뿐이십니다. 또한, 그리스도는 하나님 앞과 그 보좌 앞으로 올라가셨습니다. 이것은 예수 그리스도의 승천을 가리킵니다.

사탄은 이 땅의 많은 사람을 미혹하여 그리스도를 대적하게 했습니다. 예수님을 십자가에 못 박기 위해 바리새인과 사두개인, 제사장과 서기관, 헤롯왕과 로마 총독 빌라도, 로마 병정들과 군중들이 사탄의 노리개가 되었습니다. 그들이 사탄에게 동원되어 그리스도를 대적했고 끝내는 십자가에 못 박았습니다. 사탄은 그 순간 이겼다고 생각했습니다. 그러나 하나님은 그리스도를 다시 살리셨습니다. 그리고 그를 올려 하나님의 오른편에 앉게 하셨습니다. 사탄은 실패한 것입니다. 아담부터 시작된 사탄의 공격은 이긴 듯했으나 결국 실패했습니다.

예수 그리스도를 막지 못한 사탄은 주님께서 세우신 교회에 분노를 쏟아냅니다.

"(계 12:6) 그 여자가 광야로 도망하매 거기서 천이백육십 일 동안 그를 양육하기 위하여 하나님께서 예비하신 곳이 있더라"

그 여자가 광야로 도망했다고 합니다. 여기서 그 여자는 사내아이를 낳은 여자입니다. 구약의 교회는 그리스도를 잉태하고 해산하기까지 수고하여 그 일을 이루었다면 신약의 교회는 사내아이를 맏아들로 한 형제들을 계속해서 잉태하고 해산하며 양육해야 합니다. 세상은 절대로 교회를 좋아하지 않습니다. 바울의 말대로 죄를 짓고 고난을 받는 것은 부끄러운 일입니다. 그러나 세상은 이유가 있을 때만 교회를 미워하는 것이 아닙니다. 근본적으로 좋아하지 않습니다. 그러기에 사탄의 권세 아래 있는 세상은 교회를 핍박하고 어렵게 합니다. 이러한 핍박으로 인해 여인은 광야로 도망합니다. 그곳에서 일천 이백 육십일 동안 있게 됩니다.

　여기서 잠시 생각할 것이 있습니다. 그것은 여인이 도망간 곳이 광야라는 것입니다. 광야는 이스라엘 백성들이 출애굽 하여 40년간 머물면서 애굽의 모든 풍속을 떨쳐버리고 하나님의 백성으로 다시 태어난 곳입니다. 하나님의 백성, 교회가 광야로 도망갔다는 표현은 두 가지 측면에서 생각해 보아야 합니다. 먼저 하나는 말 그대로 도망간 것입니다. 사탄에 쫓겨, 삶에 쫓겨 도망간 곳입니다. 그러나 다른 측면을 돌아보면 광야로 간 것은 하나님의 인도하심입니다. 이러한 인도하심은 예수님의 40일 금식에서도 보여집니다. 마태는 "(마 4:1) 그때에 예수께서 성령에게 이끌리어 마귀에게 시험을 받으러 광야로 가사"라고 하였고, 마가는 "(막 1:12) 성령이 곧 예수를 광야로 몰아내신지라"라고 하였으며, 누가는 "(눅 4:1) 예수께서 성령의 충만함을 입어 요단 강에서 돌아오사 광야에서 사십 일 동안 성령에게 이끌리시며 (눅 4:2) 마귀에게 시험을 받으시더라 이 모든 날에 아무것도 잡수시지 아니하시니 날 수가 다하매 주리신지라"라고 하였습니다. 교회는 예수님께서 하셨던 것처럼, 표면적으로는 사탄에게 쫓겨, 영적으로는 성령에 이끌려 광야에 있습니다. 구약의 교회가 애굽에서 나와 광야에서 40년간 훈련받으며 보호받았듯이 신약의 교회도 광야로 이끌려 나가 양육 받고 보호받습니다. 호세아서에서도 하나님은 음란한 여인 고멜을 광야로 인도하여 그곳에서 그를 권면하여 아골골짜기로 소망의 문이 되게 해주시겠다고 했습니다(호 2:15).

왜 광야로 나가서 양육 받는 것일까요? 평안한 궁에서 받으면 안될까요? 왜 모세는 궁에서 쫓겨나 광야로 나가 40년을 지내게 하셨을까요? 다윗은 사울 아래에서 평안히 있다가 왕이 되면 안 되었을까요? 왜 이스라엘의 왕이 될 때까지 20년간 도망자와 반쪽짜리 왕으로 지내야 했을까요? 왜 엘리야는 광야로 도망갔고, 왜 세례 요한은 광야에서 외쳤으며, 예수님은 왜 광야에서 40일간 금식하신 것일까요? 이렇게 광야로 나간 이유는 이스라엘 사람들에게 광야는 은혜의 장소이기 때문입니다. 광야라는 히브리어는 "미드바르"입니다. 이 말의 어근은 말씀이라는 단어인 "다바르"입니다. 그리고 솔로몬이 만든 성전의 지성소가 "다바르"를 어근으로 한 "드비르"입니다. 이 단어들은 서로 연관이 있는데 그것은 "광야는 하나님의 말씀을 듣고 하나님을 만나는 장소"이기 때문입니다. 그런 차원에서 본문에서 광야가 교회를 양육하기 위해 하나님께서 예비하신 곳이라고 기록한 것은 아주 중요한 의미를 담고 있는 말씀입니다.

그래서 본문에서도 그곳을 하나님께서 예비하신 곳이라고 하며 교회는 그곳에서 양육을 받게 된다고 합니다. 그러므로 교회가 사탄에게 핍박을 받고 결국에 쫓겨나 광야의 거친 땅으로 나아가는 것은 육신적으로는 고난이나 영적으로는 거룩하게 되는 시간입니다. 그 광야에서 세상을 의지하거나 자신의 능력을 의지하여 살던 삶을 버리고, 오직 하나님만 의지하고 사는 삶을 배우며 하나님의 백성으로 거듭나며, 말씀이라는 만나를 통해 세상이 주는 양식이 아닌 하나님께서 주시는 양식으로 사는 것을 배우게 됩니다. 그러므로 교회를 광야로 몰아낸 사탄은 두 번의 실패를 하였습니다. 하나는 그리스도를 십자가

에 못 박은 것이며, 또 하나는 교회 즉, 성도를 핍박하여 광야로 몰아
낸 것입니다. 이렇게 성령의 이끄심과 사탄의 공격으로 광야로 나간
교회는 그곳에서 일천이백육십일을 양육 받습니다. 양육 받는 기간과
11장 3절에서 두 증인이 복음을 전한 기간이 같습니다. 또한, 사탄은
교회를 마흔두 달 동안 짓밟습니다. 이 모든 기간은 3년 반입니다. 결
론적으로 사탄은 종종 교회를 박해하여 교회는 광야에서 고난을 받는
것 같으나 그 시간을 통해 하나님의 백성으로 양육을 받습니다. 동시
에 증인의 삶을 살아야 함을 말씀하고 있습니다.

　지금의 삶을 광야라고 느끼십니까? 절망하거나 원망하지 맙시다.
도리어 성숙한 감사가 있는 자가 되어야 합니다. 본문에서 계속해서
보았듯이 인생의 광야는 주님을 만나며 그분의 음성을 듣는 시간이
되기 때문입니다. 주님을 깊게 만나는 복은 광야에서 누릴 수 있습니
다. 지금도 주님은 우리를 매일매일 구름기둥과 불기둥으로 인도하시
고 돌보십니다. 또한, 만나와 메추라기로 먹이시며 보호하고 계십니
다.

35. 어린양의 피와 말씀으로 이기는 교회
요한계시록 12장 7-17절

12장 1절부터 6절까지의 말씀을 통해 요한이 본 하늘의 이적들에 대해 보았습니다. 먼저 큰 이적은 해를 입고 달을 밟고 열두 별의 관을 쓴 여인으로 등장한 구약 교회였습니다. 구약 교회는 온갖 방해와 공격에도 마침내 사내아이를 낳았고 그 아이는 장차 철장으로 만국을 다스릴 자로서 하늘에 앉힌 바 되었다고 하여 구약 교회는 그리스도를 낳았고 그리스도는 심판자로 묘사되었습니다. 이어서 보인 이적은 붉은 용인데 이는 사탄으로 그리스도를 삼키려 했으나 실패하여 교회를 핍박하는 존재가 된 것을 보았습니다. 그 결과 교회는 광야로 쫓겨나 천이백육십일을 양육 받게 됩니다.

7절부터 이어지는 말씀은 하늘에서 벌어진 전쟁이 이 땅에서 이어지는 모습을 묘사하고 있습니다.

"(계 12:7) 하늘에 전쟁이 있으니 미가엘과 그의 사자들이 용과 더불어 싸울새 용과 그의 사자들도 싸우나 (계 12:8) 이기지 못하여 다시 하늘에서 그들이 있을 곳을 얻지 못한지라"

하늘에서 전쟁이 있어서 미가엘과 그의 사자, 그리고 용과 그의 사자들이 서로 싸웠다고 하고 있습니다. 이렇게 미가엘과 용의 전쟁은 다니엘서에 먼저 등장합니다. 다니엘이 민족의 미래에 대해 기도하였을 때 21일 만에 응답을 받습니다. 이렇게 21일 만에 응답을 받은 이유에 대해 미가엘이 바사군과 싸우느라 시간이 걸렸다고 하였습니다. 이러한 구약의 이야기는 본문에도 그대로 사용되어 미가엘과 용인 사탄과 싸움으로 묘사되고 있습니다. 그리고 이 싸움의 결과에 대해 말하기를 용이 이기지 못하여 하늘에서 그들이 있을 곳을 얻지 못하였다고 하고 있습니다. 용이 미가엘과 싸움에서 이기지 못한 것은 미가엘이 강해서가 아닙니다. 이어서 보겠지만 11절에서 어린양의 피에 대해 기록하고 있는데 바로 그 피로 이긴 것입니다. 미가엘은 어린양의 피로 싸워 이긴 것이고 그 결과 사탄은 그가 있어야 할 자리를 얻지 못한 것입니다. 그렇다면 사탄이 있어야 할 자리는 어디였을까요? 하늘에서 사탄이 있었던 자리는 어디일까요?

"(계 12:9) 큰 용이 내쫓기니 옛 뱀 곧 마귀라고도 하고 사탄이라고도 하며 온 천하를 꾀는 자라 그가 땅으로 내쫓기니 그의 사자들도 그와 함께 내쫓기니라"

사탄에 대해 "큰 용, 옛 뱀, 마귀, 사탄" 등으로 묘사합니다. 말씀드렸듯이 독자들이 이해하기 쉽게 창세기 3장의 옛 뱀부터 이 글을 읽고 있는 현재에 이르기까지 사탄의 행위와 존재에 대해 다양한 묘사로 이해시키고 있습니다. 그런데 이놈이 하는 짓이 있습니다. 그것은 "온 천하를 꾀는 것"입니다. 사탄은 아담과 하와를 꾀어 죄짓게 한 것뿐 아니라 온 천하를 꾀어 죄짓게 합니다. 거기에서 끝나지 않고 그의 이름 "마귀", 헬라어로 "디아블로스"는 "참소자, 중상하는 자"라는 뜻인데 그 이름처럼 하나님 앞에서 자신이 꾀어 죄짓게 한 자들을 참소합니다. 심지어 "중상하다"라는 말처럼 "근거가 없는 말로 헐뜯어 명예나 지위에 해를 입히는 존재"입니다. 바로 예수님을 중상했던 당시 바리새인과 제사장들처럼 말입니다.

이러한 일을 행한 존재가 사탄인데 그의 행위를 잘 묘사한 성경 이야기가 있습니다. 스가랴서 3장에 하나님 앞에서 대제사장 여호수아의 죄를 참소하는 모습입니다. 그 장면에서 사탄을 묘사하기를 "(슥 3:1) 사탄은 그(여호수아)의 우편에 서서 그를 대적(참소)하였다"라고 하였습니다. 이렇게 성도의 죄를 들추어내고 그것으로 고발하여 하나님의 심판을 받게 하려는 사탄의 자리, 죄를 드러내고 죄에 대한 대가를 치러야 한다고 고발하던 자리를 잃어버렸습니다. 그가 참소하는 역할과 자리를 잃은 것은 예수님의 대속의 은혜 때문입니다. 예수님께서 죄를 대속하셨기에 성도에게서 죄를 찾을 수가 없고 고발할 조건을 찾지 못한 사탄은 그 자리에서 쫓겨났습니다.

이를 요한은 요한일서에서 "(요일 2:1) 나의 자녀들아 내가 이것을 너희에게 씀은 너희로 죄를 범하지 않게 하려 함이라 만일 누가 죄를 범하여도 아버지 앞에서 우리에게 대언자가 있으니 곧 의로우신 예수 그리스도시라 (요일 2:2) 그는 우리 죄를 위한 화목 제물이니 우리만 위할 뿐 아니요 온 세상의 죄를 위하심이라"라고 하였습니다. 죄를 찾지 못하여 고발할 근거한 없는 사탄은 더는 법정에서 할 일이 없어 쫓겨났습니다. 그것이 "하늘에서 있을 곳을 얻지 못한 것"입니다. 그래서 9절의 말씀처럼 쫓겨난 것입니다. 스가랴서 3장에서도 하나님은 여호수아를 참소하던 사탄을 향해 "(슥 3:2) 여호와께서 사탄에게 이르시되 사탄아 여호와께서 너를 책망하노라 예루살렘을 택한 여호와께서 너를 책망하노라"라고 하며 그의 죄로 더러워진 옷을 벗기고 아름다운 옷을 입히라(슥 3:3)고 하였습니다. 이렇게 말씀하신 후에 참소자 사탄은 그 자리에서 쫓겨나고 없습니다. 그리고 여호수아 곁에는 여호와의 사자가 서 있습니다(슥 3:5). 이렇게 사탄은 하늘에서 땅으로 쫓겨났습니다. 당연히 그의 사자들도 함께 쫓겨났습니다. 땅으로 쫓겨난 것의 결정적 원인을 12장 5절에서 기록하고 있습니다.

"(계 12:5) 여자가 아들을 낳으니 이는 장차 철장으로 만국을 다스릴 남자라 그 아이를 하나님 앞과 그 보좌 앞으로 올려가더라"

바로 예수 그리스도의 승천이 사탄이 쫓겨난 결정적 원인입니다. 예수님은 자신을 스스로 십자가에 달았으나 현상적으로는 사탄에 의해 십자가에 달려 죽으시고 무덤에 묻힌 것처럼 보였습니다. 이때까지 사탄은 승리했다고 생각했습니다. 하지만 주님은 사흘 만에 부활하셔서 사망을 폐하시고 생명을 얻었습니다. 그리고 5절 말씀처럼 하늘에 올라가셨는데 이 일로 사탄은 하늘에서 쫓겨났습니다. 그리스도가 사탄을 이기고 승리하여 승천하심으로 이루어진 결과입니다. 그리스도께서 죽음에서 부활하여 승천하는 순간 사탄은 하늘에서 쫓겨났습니다. 그래서 주님은 잡히시기 전에 "(요 12:31) 이제 이 세상의 심판이 이르렀으니 이 세상 임금이 쫓겨나리라."라고 하셨습니다.

오해하지 말아야 할 것은 사탄이 하늘에서 쫓겨났다고 했지 영원한 심판을 당했다고 하지 않았습니다. 영원한 심판은 주님의 재림 시에 완성됩니다. 사탄은 그의 사자들과 함께 땅으로 떨어져 하늘의 싸움을 땅에서 이어가고 있습니다. 옛날 에덴동산에서 아담과 하와를 범죄케 했던 그 옛 뱀, 곧 마귀 혹은 사탄이며 온 세상을 속이는 자와 그의 사자들은 모두 땅으로 쫓겨났습니다. 그들은 지금 성도들을 속이며 시험에 들게 하고 위협하며 핍박하는 자들입니다. 그래서 베드로전서 5장 8절은 "너희 대적 마귀가 우는 사자같이 두루 다니며 삼킬 자를 찾나니."라고 하였습니다.

이렇게 사탄이 내어 쫓김을 당했을 때 요한은 하늘에서 나는 소리를 들었습니다.

"(계 12:10) 내가 또 들으니 하늘에 큰 음성이 있어 이르되 이제 우리 하나님의 구원과 능력과 나라와 또 그의 그리스도의 권세가 나타났으니 우리 형제들을 참소하던 자 곧 우리 하나님 앞에서 밤낮 참소하던 자가 쫓겨났고 (계 12:11) 또 우리 형제들이 어린 양의 피와 자기들이 증언하는 말씀으로써 그를 이겼으니 그들은 죽기까지 자기들의 생명을 아끼지 아니하였도다 (계 12:12) 그러므로 하늘과 그 가운데에 거하는 자들은 즐거워하라 그러나 땅과 바다는 화 있을진저 이는 마귀가 자기의 때가 얼마 남지 않은 줄을 알므로 크게 분내어 너희에게 내려갔음이라 하더라"

요한은 하늘에서 나는 큰 음성을 들었습니다. 그 음성의 결론은 12절 초반에서 말하는 것처럼 "하늘과 그 가운데에 거하는 자들은 즐거워하라"입니다. 그렇다면 왜 즐거워해야 할까요? 그것은 두 가지 때문입니다. 먼저는 "우리 형제들을 참소하던 자 곧 우리 하나님 앞에서 밤낮 참소하던 자가 쫓겨났기 때문"이고, 두 번째는 "우리 형제들이 어린 양의 피와 자기들이 증언하는 말씀으로써 그를 이겼기 때문"입니다. 참소자가 사라졌고 그리스도의 피와 성도들의 말씀으로 이긴 성도들, 그 때문에 즐거워해야 합니다.

12장 11절에서 승리에 대해 말할 때 성도들이 승리할 수 있는 이유를 두 가지로 말하고 있습니다. 먼저는 그리스도의 피입니다. 그리스도의 피는 성도를 죽음에서 살리셨으므로 승리의 근본적인 원인이고 힘입니다. 아니 승리의 유일한 이유입니다. 그래서 바울은 "(롬 5:9) 그러면 이제 우리가 그의 피로 말미암아 의롭다 하심을 받았으니 더욱 그로 말미암아 진노하심에서 구원을 받을 것이니"라고 하였습니다. 이렇게 어린양의 피로 이긴 성도들도 싸워 이기라고 하셨는데 그것은 "자기들이 증언하는 말씀으로써 그를 이겼다"라고 합니다. 바울은 3차 전도 여행을 마치고 예루살렘으로 돌아가다가 밀레도에서 에베소 장로들과 만나 "(행 20:32) 지금 내가 여러분을 주와 및 그 은혜의 말씀에 부탁하노니 그 말씀이 여러분을 능히 든든히 세우사 거룩하게 하심을 입은 모든 자 가운데 기업이 있게 하시리라"라고 하여 말씀으로 승리함을 말하였습니다.

성도가 세상과 싸워 이기는 힘은 말씀에 있습니다. 그러니까 말씀이 없는 자는 세상과 싸워 이길 수 없습니다. 말씀이 없는 자는 어린양의 피로 이겨 구원을 받았으나 그리스도의 영광을 위한 싸움에서는 실패하게 됩니다. 성도의 정체성은 이기고 또 이기려는 자입니다. 6장에서 어린양이신 예수님께서 여섯 개의 인을 떼시는 중에 첫 번째 인을 떼었을 때 말씀하셨습니다. 그것은 "(계 6:2) 이에 내가 보니 흰 말이 있는데 그 탄 자가 활을 가졌고 면류관을 받고 나아가서 이기고 또 이기려고 하더라"입니다. 예수님의 승리를 얻어서 이긴 자이나 사탄의 손아귀에서 영혼들을 구하여 사탄의 세력을 멸하고 하나님의 나라를 세우는 싸움에서 이긴자입니다. 그러므로 바울의 말처럼 성도는

"(롬 14:7) 우리 중에 누구든지 자기를 위하여 사는 자가 없고 자기를 위하여 죽는 자도 없도다 (롬 14:8) 우리가 살아도 주를 위하여 살고 죽어도 주를 위하여 죽나니 그러므로 사나 죽으나 우리가 주의 것이로다"라고 고백하고 사는 자입니다. 그래서 11절 후반에서 성도는 "죽기까지 자기들의 생명을 아끼지 아니하였다"라고 하였습니다.

이렇게 사탄이 하늘에서 쫓겨나고 성도의 승리로 인하여 즐거워하라고 한 음성은 즐거워하는 것과 대조되는 말씀을 하고 있습니다.

"(계 12:12) 그러므로 하늘과 그 가운데에 거하는 자들은 즐거워하라 그러나 땅과 바다는 화 있을진저 이는 마귀가 자기의 때가 얼마 남지 않은 줄을 알므로 크게 분내어 너희에게 내려갔음이라 하더라"

이 말씀을 학자 대부분은 하늘과 그 가운데 거하는 자들은 즐거워하는 것과 대조되어 땅에 거하는 존재인 믿지 않는 자들에게 화가 있을 것이라고 해석했습니다. 하지만 저는 그렇게 보지 않습니다. 전후 문맥과 전체 맥락으로 볼 때, 그리고 땅과 바다는 화가 있다고 했지 거기에 거하는 자들에게 화가 있다고 하지 않습니다. 또한, 13절부터 나오는 이야기는 믿지 않는 자들이 당하는 고난이 아니라 믿는 자, 교회가 당하는 고난에 대해 기록하고 있습니다. 그러므로 바다와 땅에 화가 있다는 것은 믿지 않는 자들에게 화가 있다는 것이 아니라 땅과 바다를 통해 말하는 이 땅 전체, 온 세상을 의미합니다. 그러니까 사탄은 하늘에서 쫓겨나 이 땅으로 자신의 활동 영역을 옮긴 후에 그 분노를 땅에 쏟아내는 것을 기록한 것이 본문의 말씀입니다. 특별히 그

분노는 승리로 인해 즐거워하고 있는 교회에 임하고 있습니다. 그래서 본 절에서도 "너희에게" 내려갔다고 하였습니다. 그러므로 이 땅에 사는 성도는 이중적 정체성을 가지고 있습니다. 먼저는 하늘에 속한 존재로 이긴 자의 정체성과 여전히 땅에 살고 있으면서 고난 속에서 싸우는 존재라는 정체성입니다. 이 둘 사이에서 싸우는 존재가 우리임을 인식하고 우는 사자와 같이 삼킬 자를 찾는 사자를 대항하여 싸워 이기는 성도가 되어야 합니다.

이렇게 하늘에서 있을 곳을 얻지 못하고 땅으로 쫓긴 사탄은 12절에서 말했듯이 땅과 바다, 곧 온 세상에 사는 자들을 괴롭히는데 특별히 교회를 박해합니다.

"(계 12:13) 용이 자기가 땅으로 내쫓긴 것을 보고 남자를 낳은 여자를 박해하는지라"

사탄은 여인이 낳은 사내아이인 예수님을 삼키지 못하고 도리어 그의 승리로 쫓겨난 후 교회를 공격하고 있습니다. 이러한 일은 예수님이 승천하시고 성령이 임하시고 난 후 곧바로 실현되었습니다. 교회는 나가 복음을 전하였고 종교적으로, 정치적으로 박해를 당하여 많은 성도가 죽임을 당했습니다. 이 일은 주님 오실 때까지 멈추지 않을 것입니다. 왜냐하면, 사탄은 그리스도의 승리를 전하는 교회를 미워하기 때문입니다.

이렇게 박해받는 교회의 모습을 14절부터 기록합니다.

"(계 12:14) 그 여자가 큰 독수리의 두 날개를 받아 광야 자기 곳으로 날아가 거기서 그 뱀의 낯을 피하여 한 때와 두 때와 반 때를 양육 받으매 (계 12:15) 여자의 뒤에서 뱀이 그 입으로 물을 강 같이 토하여 여자를 물에 떠내려 가게 하려 하되 (계 12:16) 땅이 여자를 도와 그 입을 벌려 용의 입에서 토한 강물을 삼키니 (계 12:17) 용이 여자에게 분노하여 돌아가서 그 여자의 남은 자손 곧 하나님의 계명을 지키며 예수의 증거를 가진 자들과 더불어 싸우려고 바다 모래 위에 서 있더라"

용이 땅으로 내어 쫓기자 자기의 때가 얼마 남지 않은 것을 알고 더욱 심하게 교회를 핍박합니다. 그러나 교회는 독수리의 두 날개를 받았다고 합니다. 독수리의 날개는 출애굽기 19장의 말씀을 인용했습니다. 출애굽기 19장 4절은 "내가 애굽 사람에게 어떻게 행하였음과 내가 어떻게 독수리 날개로 너희를 업어 내게로 인도하였음을 너희가 보았느니라"라고 하였습니다. 독수리 날개에서 날개는 히브리어로 "카나프"입니다. 이는 룻기 3장 9절에서 룻이 보아스에게 "당신의 옷자락을 펴 당신의 여종을 덮으소서 이는 당신이 기업을 무를 자가 됨이니이다"라고 할 때 사용된 옷자락과 같은 단어입니다. 그러므로 독수리의 날개를 주었다는 것은 하나님의 강력한 보호 하심을 입었다는 말씀입니다. 교회가 광야에 거하는 것과 같은 어려움을 당하나 하나님의 강력한 보호 가운데 있음을 말씀합니다. 사탄이 교회를 박해하나 감히 해할 수 없습니다. 11장 말씀처럼 성전 마당만을 밟을 뿐 성전은 해할 수 없는 존재입니다.

그리고 교회는 보호를 받을 뿐만 아니라 "한때와 두 때와 반 때를 양육 받았다"라고 합니다. 성도의 고난의 시간은 성도를 성도답게 하는 기간입니다. 애굽에서 나와 곧바로 가나안으로 들어가는 것이 아니라 광야에서 죄를 끊어내고 성도의 정체성을 확립하는 기간이 필요합니다. 그때 아말렉과 같은 사탄의 공격과 물과 음식이 떨어지는 삶의 고난을 겪지만, 하나님의 강력한 돌보심으로 마침내는 가나안에 들어가듯이 훈련된 성도는 영원한 안식으로 들어가게 됩니다.

이렇게 광야에서 양육 받는 교회를 향해 뱀이 그 입으로 물을 강같이 토하여 여자를 물에 떠내려가게 하려고 합니다. 여기서 사탄은 뱀으로 묘사됩니다. 그 이유는 사탄이 쏟아 낸 물이 무엇인지를 알려 주고자 함입니다. 뱀은 에덴동산에서 하와를 간사한 거짓말로 유혹한 존재입니다. 그는 하와에게 거짓말을 하여 죄를 짓게 하였습니다. 마찬가지로 사탄을 뱀으로 묘사한 것은 그 뱀이 쏟아 낸 물이 거짓말임을 암시합니다. 사탄은 세상적 가치관과 사상을 진리인 양 쏟아냅니다. 육체적 박해보다 성도들을 더 넘어지게 하는 것은 세상 풍조입니다. 뱀이 토해낸 물은 사탄이 만들어 낸 세상의 가치관이나 사상을 나타냅니다. 사탄은 거짓의 물결, 혼란, 종교, 철학적 허구, 정치적 이상향, 그럴듯한 과학적 요설 등등으로 교회를 삼키려고 애를 씁니다. 하나님의 교회는 이런 사탄의 계략 앞에서 흘러 떠내려가지 않도록 주의해야 합니다.

언제부터인가 교회에도 세상의 풍조가 들어왔습니다. 고난은 당해도 진리만을 전하는 것이 아니라 교회 성장의 방법에만 관심을 두어 하나님의 영광을 사라지게 했습니다. 사람의 귀를 간지럽히고 인간의 욕구를 만족시키려는 설교가 대부분입니다. 하나님의 뜻을 전하고 하나님이 원하시는 삶을 살게 하려는 것이 목적이어야 함에도 그러한 것은 뒤로 밀린지 오래되었습니다. 찬양도 하나님을 영화롭게 하는 것이 아닌 인간의 만족을 위한 도구가 되었습니다. 성도들이 주를 위해 자신을 온전히 드리는 것이 신앙의 목적이야 함에도 신앙을 통해 자신이 원하는 것을 얻는 것으로 족한 것이 되었습니다. 이 모든 것이 뱀이 쏟아 낸 물입니다.

하나님은 말씀하십니다. "(렘 6:16) 여호와께서 이와 같이 말씀하시되 너희는 길에 서서 보며 옛적 길 곧 선한 길이 어디인지 알아보고 그리로 가라 너희 심령이 평강을 얻으리라 하나 그들의 대답이 우리는 그리로 가지 않겠노라" "옛적 길"이란 아브라함과 다윗이 행한 길이요, 사도들이 행한 길이며 이 땅에 먼저 있었던 믿음의 선진들이 행한 길입니다. 가던 길을 멈추고 "길에 서서" 이것이 옛적 길인가? 아니면 "(렘 18:15) 곁길 곧 닦지 아니한 길"은 아닌가 점검해야 합니다. 그래야만 뱀이 토하여 낸 비진리의 물결에 떠내려가지 않습니다. 바울은 "(엡 4:12) 이는 성도를 온전하게 하여 봉사의 일을 하게 하며 그리스도의 몸을 세우려 하심이라"라고 말합니다.

교회를 이렇게 공격함에도 하나님께서 완전하시고 신속하게 도우시므로 어찌하지 못하자 사탄은 여자의 남은 자손 즉, 하나님의 계명을 지키며 예수의 증거를 가진 성도들과 전쟁을 하기 위하여 바닷가 모래에 섰다고 기록합니다. 본문의 마지막을 보면 사탄은 진실한 성도들과 싸우려고 준비하고 있음을 알 수 있습니다. 17절에서 "그 여자의 남은 자손"은 이미 죽은 자들과 순교자들을 제외하고 지상에 사는 진실한 성도들을 가리킵니다. 그들은 하나님의 계명들을 지키며 예수의 증거를 가진 자들입니다. 그들은 예수 그리스도를 진실히 믿고 하나님의 계명대로 의롭게 사는 자들입니다. 그렇습니다. 사탄은 성도를 대적하여 싸우려고 하고 있습니다. 그러므로 성도는 말씀대로 항상 깨어 있어 우는 사자와 같아 삼킬 자를 찾는 사탄을 대적해야 합니다. 비록 사탄은 하늘에서 있을 곳을 얻지 못하여 땅으로 쫓겨났으나 끝까지 자기의 싸움을 포기하지 않습니다.

그러므로 우리는 하나님의 전신갑주를 입고 늘 깨어 있어서 고난을 피할 것이 아니라 담대히 맞서 싸워 승리해야 할 것입니다. 야고보서 4장 7절에 "그런즉 너희는 하나님께 복종할지어다 마귀를 대적하라 그리하면 너희를 피하리라"라고 하신 말씀을 기억합시다. 디모데후서 3장 12절에서 "무릇 그리스도 예수 안에서 경건하게 살고자 하는 자는 핍박을 받으리라."라는 말을 기억합시다. 성도는 핍박을 받을 수밖에 없습니다. 그것을 억지로 견디는 것이 아니라 사도행전 5장 41절의 말씀처럼 핍박 속에서도 "주의 이름을 위하여 능욕을 받는 일에 합당한 자로 여기심을 기뻐하는 자"의 자세로 사는 자가 됩시다. 앞서간 성도들은 "(계 12:11) 어린양의 피 때문에 그리고 자기의 증거하는 말 때문에 사탄을 이기고 죽기까지 자기 생명을 아끼지 아니한 자들이며", "(계 12:17) 하나님의 계명을 지키며 예수의 증거를 가진 자들"입니다. 우리도 그런 자임을 기억하고 이기고 또 이기기를 힘쓰는 자들이 됩시다. 어린양의 피와 말씀으로 이기는 자가 됩시다.

36. 성도들의 인내와 믿음
요한계시록 13장 1-10절

13장은 12장의 연속입니다. 12장이 용이 그리스도를 낳은 여인 즉, 교회를 핍박하는 것을 말하고 있다면, 그것을 구체적으로 말하고 있는 것이 13장입니다. 사탄이 교회와 성도를 어떤 방법으로 핍박하고 있으며 그 핍박에 성도는 어떤 자세로 싸워야 하는지를 말합니다. 성도를 핍박하는 것이 12장에서는 붉은 용이라면 13장은 용의 동맹이자 하수인 두 짐승을 내세우고 그들에게 권세를 주어 성도를 공격하게 합니다. 본문에서는 두 짐승이 등장합니다. 하나는 바다에서 나온 짐승이고 또 하나는 땅에서 나온 짐승입니다. 이 두 짐승은 교회를 공격하는 사탄의 두 가지 측면에 대해 묘사합니다. 첫 번째 짐승은 외부적 핍박을 묘사하고, 두 번째 짐승은 내부적인 공격 즉, 거짓 선지자를 통해 진리를 흐리게 하여 성도를 공격하는 것을 묘사합니다.

이 두 짐승의 공격과 그것에 대항하여 싸우는 성도의 자세에 대해 생각해 보겠습니다. 본문에서 이 짐승에 대해 묘사하기를 그는 바다에서 나왔다고 합니다. 그는 뿔이 열이며 머리가 일곱입니다. 그 뿔에는 열 왕관이 있고 그 머리들에는 신성 모독 하는 이름들이 있습니다. 그리고 그 외양은 표범과 비슷하고 그 발은 곰의 발 같고 그 입은 사자의 입 같습니다. 또한, 용이 자기의 능력과 보좌와 큰 권세를 그에게 주었습니다. 이 짐승은 신성 모독 하는 말을 하며 마흔두 달 동안 일할 권세를 받았습니다. 하나님을 훼방하고 성도들과 싸워 이기고 세상을 다스리는 권세를 받았습니다. 그 결과 생명책에 이름이 없는 자들이 이 짐승에게 경배하며 따른다고 기록하고 있습니다.

먼저 첫 번째 짐승입니다.

"(계 13:1) 내가 보니 바다에서 한 짐승이 나오는데 뿔이 열이요 머리가 일곱이라 그 뿔에는 열 왕관이 있고 그 머리들에는 신성 모독하는 이름들이 있더라 (계 13:2) 내가 본 짐승은 표범과 비슷하고 그 발은 곰의 발 같고 그 입은 사자의 입 같은데 용이 자기의 능력과 보좌와 큰 권세를 그에게 주었더라"

이 짐승에 대해 좀 더 자세히 알아보겠습니다. 먼저 이 짐승은 바다에서 나왔다고 기록하고 있습니다. 이렇게 묘사하는 것은 12장 17절이 예고했습니다. 12장 17절에서 "용이 여자에게 분노하여 돌아가서 그 여자의 남은 자손 곧 하나님의 계명을 지키며 예수의 증거를 가진 자들과 더불어 싸우려고 바다 모래 위에 서 있더라"라고 하고 있는데 13장은 그 짐승이 여자의 남은 자손과 싸움에 대해 기록하고 있는 것임을 알 수 있습니다. 또한, 바다는 악한 것이 나오는 장소를 의미합니다. 히브리어로 바다는 "얌"입니다. 이 단어는 원래 바다의 신을 나타내는 용어였지만 시간이 지나면서 바다 그 자체를 의미하는 말로 쓰였습니다. 지중해권 사람들에게 바다는 두려움 자체였습니다. 잔잔하던 바다가 요동을 치면 살아남을 사람이 없었던 바다, 그 깊이를 알 수 없었던 바다는 두려움의 대상이었습니다. 그래서 다니엘서에도 오늘 본문처럼 네 마리의 짐승이 바다에서부터 나옵니다. 새 하늘과 새 땅을 묘사하는 요한계시록 21장 1절에는 "바다는 다시 있지 않더라."라고 합니다.

하나님은 이 바다의 신 "얌"을 이기시는 분으로 성경에 묘사됩니다. 출애굽 시 하나님은 출애굽 1세대에게 마른 홍해를 건너게 하셨고, 40년이 지난 후에 광야 2세대들에게는 마른 요단강을 건너게 하셨습니다. 이는 하나님께서 바다의 신 "얌"을 정복하셨음을 이스라엘 백성들에게 알게 하시려는 의도가 있습니다. 또한, 예수님께서도 갈릴리바다를 잔잔케 하심으로 이를 보고 있는 사람들에게 "(눅 8:25) 이는 누구이기에 바람과 바다도 잔잔케 하느냐"는 말을 하게 하셨습니다. 성경은 끊임없이 악한 것이 나오는 바다, 즉 사탄이 주관하는 세상을 이기신 분이 주님이심을 알려 줍니다.

본문에는 짐승이 성도들과 싸워 이긴다고 합니다. 그러나 그 바다에서 나온 짐승을 이기시는 분이 우리 주님이십니다. 이 짐승은 뿔이 열입니다. 이 말로 인해 교회는 한동안 혼란을 겪었습니다. 다니엘서의 열 발가락과 본문의 열 뿔을 해석하기를 냉전 시대에는 공산국가의 10개 위성국이라고 해석했고, 유럽연합이 생겼을 때 유럽 10개국이라고 했었습니다. 이 모든 것은 바른 해석이 될 수 없습니다.

12장을 볼 때도 잠시 언급했습니다. 열 뿔은 많은 권세를 의미하고 일곱 머리는 사탄의 지혜를 의미한다고 하였습니다. 그런데 이 열 뿔과 일곱 머리를 바다에서 올라온 짐승이 가지고 있습니다. 이것은 용으로부터 받은 왕의 권세와 간교한 지혜를 상징합니다. 세상을 다스리는 권세를 받아 성도를 핍박하는 자입니다. 그리고 그 머리들에는 신성 모독 하는 이름이 있다고 합니다. 여기서 "신성 모독"이란 말은 헬라어는 "블라스페미아스"인데 그 뜻은 "모독하는"이라는 뜻뿐 아니라 "훼방하다"라는 의미도 있습니다. 그러므로 이 신성 모독 하는 이름이 그의 머리에 있다고 하는 것은 하나님을 훼방하고 모독하는 일을 하는 존재임을 의미합니다. 하늘에서 있을 곳을 얻지 못하여 쫓겨난 놈들이 감히 하나님을 모독하는 짓을 합니다. 그래서 개역 성경은 이 부문을 "참람된 이름"이라고 번역했습니다. 사전적으로 "참람되다"는 뜻은 "분수에 맞지 않게 너무 지나치다"라는 뜻입니다.

실제로 당시 로마 황제들은 자신들을 가리켜 "아우구스투스"라고 했습니다. 이는 "존엄한 자"라는 뜻으로 자신을 신으로 공경하도록 했습니다. 로마 1차 박해의 주체였던 네로는 주화에다가 자신을 세상의 구세주로 새겨 넣었고, 2차 박해의 주체였던 도미티아누스 황제는 로마인들에게 자신을 "주"이며 "하나님"으로 부르도록 했습니다. 이 신성 모독 하는 이름은 단순히 로마 황제들만을 상징하는 것이 아닙니다. 그것은 모든 세대를 걸쳐 주의 백성을 핍박하는 세속적 힘을 의미합니다. 왕처럼 군림하며 성도들을 넘어지게 하고 시험에 들게 하는 모든 유무형의 권세를 상징한다고 할 수 있습니다. 많은 사람이 이 권세 앞에 무릎을 꿇습니다. 권력이라는 신, 물질이라는 신, 명예라는 신, 욕심과 쾌락이라는 신 앞에 무릎을 꿇고 그것들을 섬깁니다. 7절의 말씀처럼 이것들이 성도들과 싸워 이긴다는 사실입니다. 이 힘에 무릎 꿇지 않는 자가 됩시다.

2절을 보면 바다에서 나온 짐승을 묘사하면서 세 마리의 짐승을 언급합니다. 모습은 표범 같고 발은 곰의 발 같으며 입은 사자의 입과 같다고 묘사합니다. 이 짐승에 대해 이렇게 묘사한 것은 이 짐승은 표범처럼 빠르며, 곰처럼 힘이 세고, 사자처럼 파괴하는 힘이 있는 존재임을 말합니다. 그렇다면, 이렇게 무서운 존재는 대체 누구일까요? 이 답은 다니엘서 7장을 보면 알 수 있습니다. 다니엘서 7장에 이 짐승들이 등장합니다. 다니엘서에서도 이 짐승들은 바다에서 바람과 함께 올라옵니다. 하나님은 다니엘에게 다가올 세상 역사에 대해 상징적으로 보여주시기를 바벨론은 독수리 날개를 단 사자로, 페르시아는 이 사이에 갈비뼈 세 개를 물고 북쪽과 서쪽, 남쪽을 향해 서 있는 곰으로, 헬라는 표범으로 묘사하였습니다.

마찬가지로 이 본문의 짐승에 대한 묘사는 세상의 전체 역사 속에 나타나는 세상 권세를 의미합니다. 사도 요한 당시는 로마의 권력을 의미합니다. 이들은 열 뿔, 일곱 머리라고 한 말처럼 모든 세대마다 교회에 대하여 힘과 지혜로 박해하는 자로 등장합니다. 다니엘서의 상징을 빌어왔던 것처럼 그 의미도 동일하게 사용합니다. 구약의 이스라엘을 핍박했던 나라들, 애굽, 앗수르, 신바벨론, 페르시아, 헬라, 로마 등 모습은 다르지만, 교회를 핍박한다는 뜻이 있습니다.

이어서 나오는 3절에서는 이 짐승의 머리 하나가 상하여 죽게 된 것 같다가 상처가 나으매 온 땅이 이상하게 여기며 그 짐승을 따랐다고 기록합니다.

"(계 13:3) 그의 머리 하나가 상하여 죽게 된 것 같더니 그 죽게 되었던 상처가 나으매 온 땅이 놀랍게 여겨 짐승을 따르고 (계 13:4) 용이 짐승에게 권세를 주므로 용에게 경배하며 짐승에게 경배하여 이르되 누가 이 짐승과 같으냐 누가 능히 이와 더불어 싸우리요 하더라"

머리 하나가 상하여 죽게 된 것 같다가 상처가 나았다는 것은 핍박이 중지되었다가 다시 시작될 것을 말하는 것입니다. 이는 세상의 어떤 핍박이 끝났다고 끝이 아니라 계속해서 반복될 것임을 말씀하는 내용입니다. 실제로 당시 성도를 극심하게 핍박하던 네로가 자살하여 죽었을 때 그 핍박이 끝났다고 생각했습니다. 하지만 세월이 지나 도미티아누스 황제는 성도들을 다시 극렬하게 핍박했습니다. 그가 96년에 죽자 성도들은 핍박이 끝났다고 생각하였을 것입니다. 그러나 도미티아누스 황제가 죽고 네르바가 2년간 통치할 동안 박해가 없다가 2년 후인 98년에 트라야누스가 황제가 되어 또다시 핍박했습니다. 이렇게 열 번에 걸쳐 박해가 반복되었습니다. 이 결과 많은 사람이 황제를 따랐습니다. 주를 버리고 황제를 숭배하였습니다. 배교가 일어났습니다. 이런 배경을 가지고 쓰인 성경이 베드로 전후서, 히브리서, 야고보서 등입니다. 그렇습니다. 시대와 형태를 달리할 뿐 세상의 핍박은 계속됩니다. 그것이 세상의 권력이든 주변의 사람이든지 말입니다. 그러므로 우리는 에베소서의 말씀처럼 깨어 있어야 합니다. 그렇지 않으면 우는 사자 같은 사탄에게 삼킴을 당할 수 있습니다.

이러한 권세는 용이 주었고 그 권세가 워낙 커서 이 짐승과 싸워 이길 자가 없다고 합니다. 본 장에는 "권세"라는 말이 일곱 번(2, 4, 5, 7, 7, 12, 15) 기록되었습니다. 그리고 그 권세는 용인 사탄으로부터 받았습니다. 본문을 주목해보시면 용이 "권세를 주므로"(2하, 4상), 짐승이 "신성 모독을 말하는 입을 받고, 또 마흔두 달 일할 권세를 받으니라"(5)라고 합니다. 7절에서도 "또 권세를 받아 성도들과 싸워 이기게 되고, 다스리는 권세를 받으니"라고 합니다. 세상 권력은 용인 사탄에 의하여 조종을 받고 있음을 말씀합니다.

그러면서 이 짐승이 활동하는 기간을 언급합니다.

"(계 13:5) 또 짐승이 과장되고 신성 모독을 말하는 입을 받고 또

마흔두 달 동안 일할 권세를 받으니라"

마흔두 달 동안 일한 권세를 받았다고 합니다. 마흔두 달은 11장 2
절에 "성전 바깥 마당은 측량하지 말고 그냥 두라 이것은 이방인에게
주었은즉 그들이 거룩한 성을 마흔두 달 동안 짓밟으리라"라고 한 말
과 같은 기간입니다. 마흔두 달은 마당이 밟히는 기간, 짐승이 교회를
박해하는 기간입니다. 같은 뜻, 다른 표현입니다.

그리고 이 짐승은 세 가지 권세를 받았다고 기록합니다. 짐승이 받
은 첫 번째 권세는 "입을 벌려 하나님을 향하여 비방하는 권세"입니
다.

**"(계 13:6) 짐승이 입을 벌려 하나님을 향하여 비방하되 그의 이름
과 그의 장막 곧 하늘에 사는 자들을 비방하더라."**

앞에서도 언급했듯이 여기서 "비방하다"라는 말은 "에이스 브라스
페미아스"라는 헬라어로 "신성을 모독하기 위하여"라는 의미입니다.
이는 짐승이 하나님을 대적하며 자신을 하나님이라 주장하여 하나님
을 모독하는 것을 의미합니다. 짐승은 세상을 지배하는 권한과 하나
님을 모욕하는 말을 가지고 활동합니다. 실제로 하스몬 왕조 때 셀류
크스 왕조의 안티오쿠스는 성전에 돼지를 드리게 하고 제우스를 섬기
게 하였습니다. 할례나 안식일을 지키지 못하게 했고 율법을 갖고 있
지 못하게 했습니다. 이러한 것을 어기면 십자가에 처형하는 등 온갖
악행을 자행했습니다. 또한, 로마 황제들은 자신들을 신이라 부르게

했습니다.

세상에는 하나님을 대적하여 하나님을 비방하는 말을 하는 자들과 권세가 계속해서 등장합니다. 이 짐승은 하나님을 향하여 비방하는 것으로 그치지 않습니다. 그 비방은 하나님의 영광을 위하여 사는 자들에게 고스란히 임합니다. 그래서 본문에 "그의 이름과 그의 장막 곧 하늘에 사는 자들을 비방하더라."라고 하고 있습니다. 여기서 "장막 곧 하늘에 사는 자들"이란 말을 잠시 생각해 보고 넘어갑시다. 장막에 사는 자와 하늘에 사는 자는 같은 의미로 사용되고 있음을 알 수 있습니다. 그렇다면 장막은 무엇일까요? 7장 15절에서 "그러므로 그들이 하나님의 보좌 앞에 있고 또 그의 성전에서 밤낮 하나님을 섬기매 보좌에 앉으신 이가 그들 위에 장막을 치시리니"라고 하였습니다. 하나님께서 성도에게 장막을 치신 것이고 성도는 하늘에 거하는 자들(엡 2:6, 빌 3:20)입니다. 여기서 "장막을 치다"라는 말은 요한복음 1장 14절에서 "말씀이 육신이 되어 우리 가운데 거하시매 우리가 그의 영광을 보니 아버지의 독생자의 영광이요 은혜와 진리가 충만하더라"라고 할 때 "우리 가운데 거하시매"라고 한 말과 같은 말입니다. 그러니까 하나님은 우리 안에 거하시고 우리는 주님 안에 거하는 존재가 됩니다. 그래서 본서 3장 20절에서 "볼지어다 내가 문 밖에 서서 두드리노니 누구든지 내 음성을 듣고 문을 열면 내가 그에게로 들어가 그와 더불어 먹고 그는 나와 더불어 먹으리라"라고 하였습니다.

짐승이 받은 두 번째 권세는 "성도들과 싸워 이기는 권세"입니다.

"(계 13:7) 또 권세를 받아 성도들과 싸워 이기게 되고 각 족속과

백성과 방언과 나라를 다스리는 권세를 받으니"

다니엘서 7장 21절도 말씀하시기를 "내가 본즉 이 뿔이 성도들로 더불어 싸워 이기었더니"라고 기록하고 있습니다. "성도들과 싸운다."라는 것은 사탄이 성도들을 핍박한다는 의미입니다. 사탄은 수단과 방법을 가리지 않고 성도를 핍박합니다. 여기서 사탄이 성도를 이긴다는 말은 성도들의 믿음을 빼앗아 믿음 없는 자가 되게 한다는 것이 아닙니다. 그것은 육체적인 핍박을 통해 성도들의 육신에 해를 입히고 심지어는 생명을 빼앗는 것을 말합니다. 본서가 계속해서 말하고 있는 것처럼 성도는 정도를 달리하지만 순교하게 됩니다. 이렇게 된다 해도 우리는 염려하지 않아도 됩니다. 사탄은 일시적으로 세상을 지배하고 성도들을 핍박하여 죽일 수 있으나, 궁극적으로는 성도들이 승리하며 짐승은 패하게 될 것이기 때문입니다. 주님은 우리에게 "(눅 12:4) 내가 내 친구 너희에게 말하노니 몸을 죽이고 그 후에는 능히 더 못하는 자들을 두려워하지 말라 (눅 12:5) 마땅히 두려워할 자를 내가 너희에게 보이리니 곧 죽인 후에 또한 지옥에 던져 넣는 권세 있는 그를 두려워하라 내가 참으로 너희에게 이르노니 그를 두려워하라"라고 하여 세상을 두려워하지 말라고 하셨습니다.

짐승이 받은 세 번째 권세는 "각 족속과 백성과 방언과 나라를 다스리는 권세"입니다. 짐승은 지상의 모든 나라를 다스리는 권세를 받았습니다. 이 같은 권세를 지녔기 때문에 4절에서도 "누가 이 짐승과 같으뇨 누가 능히 이로 더불어 싸우리요"라고 했습니다. 이 짐승의 힘은 한마디로 세상의 힘입니다. 그 세상의 힘으로 성도를 핍박합니다. 때로는 세상의 힘, 권력의 힘이 너무나 커서 이길 수 없을 것 같을 때가 있습니다. 실제로 많은 믿음의 선진들이 그 힘에 죽임을 당했고 지금도 선교지나 불신자 가정에 있는 성도들이 고난을 겪고 있습니다.

이러한 핍박을 두려워하여 짐승에게 굴복하는 자들이 속출한다고 본문은 기록합니다.

"(계 13:8) 죽임을 당한 어린 양의 생명책에 창세 이후로 이름이 기록되지 못하고 이 땅에 사는 자들은 다 그 짐승에게 경배하리라."

누가 짐승에게 경배합니까? 그것은 본문의 말씀대로 생명책에 기록되지 못한 자들입니다. 이는 다른 말로 불신자입니다. 하나님이 없는 자입니다. 성령의 인치심이 없는 자. 예수 그리스도를 구주로 영접하지 않은 자입니다. 이러한 자들은 짐승에게 굴복하여 짐승을 경배한다고 기록하고 있습니다. 이 짐승이 신성 모독 하는 말을 하고 성도와 싸워 이기고 세상을 다스리는 힘으로 우리를 핍박한다고 하더라도 믿음을 잃지 않는 성도가 됩시다. 이러한 핍박의 예고 속에서도 말씀은 우리를 위로해 주십니다. 그것은 짐승이 받은 권세가 마흔두 달 동안만 일할 수 있다는 것입니다. 이 기간에 성도들이 많은 핍박을 받으나 주님께서 주신 믿음, 즉 성령은 우리 속에서 떠나지 않기에 그 핍박에 굴복하지 않으며 오직 생명책에 기록되지 않은 자들만 그 짐승의 요구에 굴복하게 됩니다.

이처럼 성도가 당할 환난에 대해 피하려고 하지 말 것을 말씀하고 단락을 마치고 있습니다.

**"(계 13:10) 사로잡힐 자는 사로잡혀 갈 것이요 칼에 죽을 자는 마
땅히 칼에 죽을 것이니 성도들의 인내와 믿음이 여기 있느니라"**

이 구절을 현대어 성경은 "(계 13:10) 투옥을 당할 운명에 있는 성
도는 잡혀 끌려갈 것이며 사형에 처할 운명을 타고난 성도는 사형 집
행을 피할 수 없습니다. 그러나 어떤 일이 있더라도 당황하지 마십시
오. 그것은 여러분의 인내와 믿음을 시험하는 기회가 될 것입니다."
라고 번역했습니다.

이 말씀은 예레미야가 "(렘 15:2) 그들이 만일 네게 말하기를 우리
가 어디로 나아가리요 하거든 너는 그들에게 이르기를 여호와께서 이
와 같이 말씀하시니라 죽을 자는 죽음으로 나아가고 칼을 받을 자는
칼로 나아가고 기근을 당할 자는 기근으로 나아가고 포로 될 자는 포
로 됨으로 나아갈지니라 하셨다 하라", "(렘 43:11) 그가 와서 애굽
땅을 치고 죽일 자는 죽이고 사로잡을 자는 사로잡고 칼로 칠 자는 칼
로 칠 것이라"라고 한 말씀을 반대로 인용하였습니다. 예레미야는 이
스라엘의 죄로 이스라엘이 고난을 겪을 것에 대해 말했다면 요한은
말씀을 전하는 성도의 삶을 살다가 당하는 고난에 대해 이 말씀을 하
고 있습니다.

그러니까 짐승이 마흔두 달 일할 권세를 받아 성전의 마당을 밟을
것인데 이때 두려워하거나 피하려고 하지 말라고 합니다. 이 글을 쓴
요한은 요한복음 21장 18절부터 23절에서 주님은 베드로에게 "(요

21:18) 내가 진실로 진실로 네게 이르노니 네가 젊어서는 스스로 띠 띠고 원하는 곳으로 다녔거니와 늙어서는 네 팔을 벌리리니 남이 네 게 띠 띠우고 원하지 아니하는 곳으로 데려가리라"라고 하였습니다. 이에 베드로는 요한의 죽음은 어떻게 될지를 물었습니다. 이에 예수 님은 "(요 21:23) 이 말씀이 형제들에게 나가서 그 제자는 죽지 아니 하겠다 하였으나 예수의 말씀은 그가 죽지 않겠다 하신 것이 아니라 내가 올 때까지 그를 머물게 하고자 할지라도 네게 무슨 상관이냐 하 신 것이러라"라고 하였습니다.

이 대화와 본문 말씀을 종합하면, 복음을 전하다가 박해를 당하면 기꺼이 당하라는 말씀입니다. 이것을 바울은 죽음 앞에서 디모데에 게 "(딤후 1:12) 이로 말미암아 내가 또 이 고난을 받되 부끄러워하 지 아니함은 내가 믿는 자를 내가 알고 또한 내가 의탁한 것을 그 날 까지 그가 능히 지키실 줄을 확신함이라"라고 하며 "(딤후 2:11) 미 쁘다 이 말이여 우리가 주와 함께 죽었으면 또한 함께 살 것이요 (딤 후 2:12) 참으면 또한 함께 왕 노릇 할 것이요 우리가 주를 부인하면 주도 우리를 부인하실 것이라 (딤후 2:13) 우리는 미쁨이 없을지라도 주는 항상 미쁘시니 자기를 부인하실 수 없으시리라"라고 하였습니 다. 이렇게 성도들 즉, 교회가 고난 겪을 것에 대해 말씀하시면서 "성 도들의 인내와 믿음이 여기 있느니라."라고 하고 있다는 것에 관심을 기울여야 합니다.

하나님께서 이 땅을 공의로 심판할 것을 믿는 믿음으로, 영원한 천 국에서 성도는 생명의 면류관으로, 사탄의 종노릇 하던 자들은 심판 으로 갚으실 하나님의 공의를 믿는 믿음으로 인내해야 합니다. 성도 는 많은 핍박을 받게 됩니다. 그것은 성도가 되는 순간 천국과 함께 주어졌습니다. 피할 수 없습니다. 아니 핍박이 있는 것은 그리스도인이라는 증거이기도 합니다. 초대교회 사도들이 핍박을 받는 것이 그리스도를 위하여 능욕을 받는 일에 합당이 여김을 받는 것(행 5:41)이라고 한 것을 기억해야 합니다. 그러므로 성도인 우리는 인내와 믿음으로 우리에게 다가오는 많은 시련을 이겨야 합니다. 여기서 인내는 "휘포모네"라는 헬라어입니다. 이 말을 사전에서는 "즐거운 혹은 희망찬 인내"라고 말합니다. 이 말의 여러 가지 의미는 "확고함, 불변성, 충실, 인내, 참을성 있는, 변치 않는 기다림" 등입니다. 그러므로 성도의 인내란 소극적으로 참고 버티는 것을 의미하는 것이 아니라 변치 않는 믿음 안에서 즐거운 소망을 갖고 참는 것입니다. 그러기에 결과적으로는 기꺼이 순교도 불사하게 됩니다. 각오가 되셨습니까? 우리에게 다가오는 많은 환난과 핍박을 주를 위하여 기꺼이 감당하기로 결단하셨습니까? 마지막 10절 후반의 "성도들의 인내와 믿음이 여기 있느니라."라는 말씀을 기억합시다.

히브리서 10장 35절부터 39절은 다음과 같이 말합니다.

"(히 10:35) 그러므로 너희 담대함을 버리지 말라 이것이 큰 상을 얻게 하느니라 (히 10:36) 너희에게 인내가 필요함은 너희가 하나님의 뜻을 행한 후에 약속하신 것을 받기 위함이라 (히 10:37) 잠시 잠깐 후면 오실 이가 오시리니 지체하지 아니하시리라 (히 10:38) 나의 의인은 믿음으로 말미암아 살리라 또한 뒤로 물러가면 내 마음이 그를 기뻐하지 아니하리라 하셨느니라 (히 10:39) 우리는 뒤로 물러가 멸망할 자가 아니요 오직 영혼을 구원함에 이르는 믿음을 가진 자니라"

37. 총명한 자는 짐승의 수를 세어보라 666이니라
요한계시록 13장 11-18절

"성도의 인내와 믿음"이라는 제목으로 1절부터 10절까지의 말씀을 보았습니다. 이어서 "총명한 자는 짐승의 수를 세어보라 666이니라"라는 제목으로 보도록 하겠습니다. 앞의 내용을 잠시 요약하고 본문을 보도록 합니다. 12장이 용이라면 13장은 그 동맹이자 하수인 두 짐승을 내세우고 그들에게 권세를 주어서 성도를 공격하게 하였습니다. 하나는 바다에서 나온 짐승이고, 또 하나는 땅에서 나온 짐승입니다. 이 두 짐승은 교회를 공격하는 사탄의 두 가지 측면에 대해 묘사합니다. 첫 번째 짐승은 외부적 핍박을 묘사하고, 두 번째 짐승은 내부적인 공격 즉, 거짓 선지자를 통해 진리를 흐리게 하여 성도를 공격하는 것을 묘사하고 있습니다. 첫 번째 짐승은 바다에서 나왔습니다. 그는 뿔이 열이며 머리가 일곱입니다. 그 뿔에는 열 면류관이 있고 그 머리들에는 신성 모독 하는 이름들이 있습니다. 그리고 그 외양은 표범과 비슷하고 그 발은 곰의 발 같고 그 입은 사자의 입 같습니다. 또한, 용이 자기의 능력과 보좌와 큰 권세를 그에게 주었습니다. 이 짐승은 신성 모독 하는 말을 하며 마흔두 달 동안 일할 권세를 받았습니다. 하나님을 훼방하고 성도들과 싸워 이기고 세상을 다스리는 권세를 받았습니다. 그 결과 생명책에 이름이 없는 자들이 이 짐승에게 경배하며 따른다고 기록하고 있습니다. 이 짐승이 가지고 있는 열 뿔이나 일곱 머리, 열 면류관에서 열이라고 한 것은 어느 특정 단체나 국가를 의미하는 것이 아니라 용으로부터 받은 왕의 권세를 상징합니다. 세상을 다스리는 권세를 받아 성도를 핍박합니다. 그리고 그 머리들에는 신성 모독 하는 이름이 있다고 했는데 이는 하나님을 모독하고 훼방하는 이름입니다. 당시 로마 황제가 그러했습니다. 당시 로마 황제들은 자신들을 가리켜 "아우구스투스"라고 했습니다. 이는 "존엄한 자"라는 뜻으로 자신을 신으로 공경하도록 했습니다. 네로황제는 주화에다가 자신을 세상의 구세주로 새겨 넣었으며, 2차 박해의 주체였던 도미티아누스 황제는 로마인들에게 자신을 "주"이며 "하나님"으로 부르도록 했습니다. 이것은 나아가 모든 세대를 걸쳐 주의 백성을 핍박하는 세속적 힘입니다. 왕처럼 군림하며 성도들을 넘어지게 하고 시험에 들게 하는 모든 유무형의 권세를 상징합니다.

또한, 짐승에 대한 묘사에 쓰인 세 마리 짐승의 묘사는 다니엘서에 근거하여 해석해야 하는데 그 의미는 역사 속에 나타나는 세상 권세를 의미합니다. 그리고 3절에서는 이 짐승의 머리 하나가 상하여 죽게 된 것 같다가 상처가 나으매 온 땅이 이상하게 여기며 그 짐승을 따랐다고 했는데 이는 성도를 향한 세상의 핍박은 끝이 없이 계속해서 반복해서 일어날 일임을 말씀합니다. 이 짐승은 성도와 싸워 이깁니다. 그러나 이 이김은 성도의 믿음을 빼앗아 믿음 없는 자가 되게 한다는 것이 아니라 외적인 핍박을 통해 성도들의 육신에 해를 입히고 심지어 생명을 빼앗는 것을 말합니다. 이러한 짐승의 이김 속에서도 성도는 굴복하지 않습니다. 오직 "죽임을 당한 어린 양의 생명책에 창세 이후로 녹명되지 못하고 이 땅에 사는 자들은 다 짐승에게 경배하리라."라고 한 말씀처럼 성도 아닌 자들만 그 힘에 굴복하게 됩니다.

10절까지 바다에서 나온 짐승에게 육체적인 박해를 받는 성도의 모습을 기록했다면, 11절부터는 땅에서 나온 짐승에게 받는 핍박에 대해 기록합니다. 이 짐승은 새끼 양같이 두 뿔이 있고 용처럼 말을 합니다. 먼저 나온 짐승, 즉 바다에서 나온 짐승의 권세를 모두 행했습니다. 신성 모독 하는 말을 하고 하나님을 훼방하며 성도들을 핍박하고 세상을 다스리는 권세를 행했습니다. 또한, 땅에 사는 사람들에게 먼저 나온 짐승을 경배하도록 했습니다. 그리고 큰 이적을 행합니다. 심지어는 사람들 앞에서 불이 하늘로부터 땅에 내려오게 하는 등의 이적을 행하여 사람들을 미혹하고 먼저 나온 짐승의 우상을 만들게 합니다. 그리고 그 우상이 말을 하게 하여 짐승의 우상에게 절하지 아니하는 사람들을 죽입니다. 또한, 모든 사람의 오른손이나 이마에 표를 받게 하고 표가 없는 자들은 매매 활동을 못 하게 합니다. 그 표는 우리가 잘 알듯이 짐승의 수로서 "666"입니다.

이제 하나씩 살펴보도록 합시다.

"(계 13:11) 내가 보매 또 다른 짐승이 땅에서 올라오니 어린 양같이 두 뿔이 있고 용처럼 말을 하더라."

이 짐승은 새끼 양같이 두 뿔이 있고 용처럼 말을 합니다. 이는 어린양 되신 그리스도를 흉내 내려는 사탄의 음모입니다. 이는 다른 말로 거짓 선지자입니다. 이 해석을 요한계시록 19장 20절에서 해주고 있습니다. 19장 20절은 말씀하시기를 "짐승이 잡히고 그 앞에서 표적을 행하던 거짓 선지자도 함께 잡혔으니 이는 짐승의 표를 받고 그의 우상에게 경배하던 자들을 표적으로 미혹하던 자라."라고 하였습니다.

바다에서 나온 짐승은 세상 권력을 가지고 밖으로부터 교회를 핍박한다면, 땅에서 나온 짐승은 양의 탈을 쓰고 내적인 방법, 즉 거짓 교리와 이단 사설, 그리고 하나님을 인정하기를 거부하고 인간을 우상화하는 인본주의로 교회를 타락시키는 존재입니다. 여러 세대에 걸쳐 나타나는 거짓 종교와 거짓 철학사상입니다. 이 짐승은 겉은 어린 양처럼 보이나 속은 용의 말을 하는 자들입니다. 진실을 가장한 사탄입니다. 이를 고린도후서 11장 14절은 "광명한 천사로 가장한 사탄"이라고 말씀합니다. 마태복음 7장 15절은 말씀하시기를 "겉으로는 양 같으나 속으로는 노략질하는 이리"라고 하였습니다.

구약이나 신약이나 거짓 선지자에 대하여 성경은 많은 말씀을 하고 있습니다. 구약 선지서들을 보면 백성과 지도자가 바르지 못한 것의 원인으로 거짓 선지자들의 거짓 예언 때문이라고 말씀합니다. 신약의 서신서들도 거짓 선지자를 조심하라고 합니다. 그뿐만 아니라 현대의 교회와 성도들도 거짓 선지자, 거짓 목자들을 조심해야 합니다. 많은 사람이 목사나 사역자의 탈을 쓰고 사람들을 미혹합니다. 어떤 이는 거짓 가르침으로, 어떤 이는 위선으로 양들을 미혹합니다. 그들은 본문의 말씀처럼 겉은 양의 탈을 썼지만, 그들이 하는 말은 용같습니다. 비록 그가 그리스도처럼 가장할지라도 그 속은 사탄의 궤계로 가득 차 있으며 용과 연결되어 있습니다. 그러므로 외부적인 핍박에 대해서도 인내할 준비를 해야 하지만, 거짓 선지자들의 잘못된 가르침과 같은 내부적인 도전에도 동요하지 않도록 주의하며 말씀에 근거한 신앙이 되어야 합니다.

계속해서 12절부터 15절까지 보겠습니다.

"(계 13:12) 그가 먼저 나온 짐승의 모든 권세를 그 앞에서 행하고 땅과 땅에 사는 자들을 처음 짐승에게 경배하게 하니 곧 죽게 되었던 상처가 나은 자니라 (계 13:13) 큰 이적을 행하되 심지어 사람들 앞에서 불이 하늘로부터 땅에 내려오게 하고 (계 13:14) 짐승 앞에서 받은 바 이적을 행함으로 땅에 거하는 자들을 미혹하며 땅에 거하는 자들에게 이르기를 칼에 상하였다가 살아난 짐승을 위하여 우상을 만들라 하더라 (계 13:15) 그가 권세를 받아 그 짐승의 우상에게 생기를 주어 그 짐승의 우상으로 말하게 하고 또 짐승의 우상에게 경배하지 아니하는 자는 몇이든지 다 죽이게 하더라."

바다에서 나온 짐승에게 경배하게 하는 것이 땅에서 나온 짐승의 주된 임무입니다. 앞에 등장했던 바다에서 나온 짐승과 지금의 짐승은 서로 조화롭게 일을 합니다. 바다에서 나온 짐승은 권세를 행하고, 땅에서 나온 짐승은 거짓말로 그것을 경배하게 하는 역할을 합니다. 이것은 다니엘서 3장과 6장의 사건을 다시 그려주는 장면입니다. 다니엘서 3장은 바벨론의 느브갓네살이 두라 평지에 금 신상을 세우고 모든 자를 절하게 하고, 절하지 않으면 풀무불에 넣어 죽이겠다고 한 사건입니다. 이 일로 다니엘의 세 친구가 풀무불에 던져졌다가 살아났습니다. 그리고 6장은 페르시아가 바벨론을 점령한 후에 전국에 공포하기를 30일간 왕에게만 절하고 구하는 기간을 갖게 하였습니다. 만약 다른 신에게 절하거나 구하는 자는 사자 굴에 던져넣겠다고 하였으나 다니엘은 조서에 어인이 찍힌 줄 알고도 하루에 세 번 예루살렘을 향해 절했다가 잡혀 사자 굴에 던져졌다가 살아났습니다. 당시에도 왕을 신이라고 속이며 사람들을 협박해 절하게 하였습니다. 이러한 이야기를 본문에서는 땅에서 올라온 짐승 곧, 거짓 선지자가 바다에서 올라온 짐승인 세상 권세(다니엘서에서는 바벨론과 페르시아) 앞에 절하게 하는 것으로 사용되었습니다.

본문 14절에서 "짐승 앞에서 받은바 이적을 행함으로"라고 하는데 이 말을 좀 더 생각해 봅시다. 1절에서 바다에서 올라온 짐승이 세상의 권세를 상징한다고 말씀드렸습니다. 그러므로 땅에서 올라온 짐승이 바다에서 올라온 짐승 앞에서 권세를 받았다는 말은 세상의 힘에 굴복한 거짓 선지자들이 그 받은 권세로 거짓 것을 가르치는 것을 상징합니다. 그들은 세상의 가치관으로 말하고 가르치는 거짓 선지자 사역을 합니다. 세상의 권세, 그것이 유형적이건 무형적이건 그것이 가진 힘 앞에 굴복하고 그것이 주는 힘에 의지하여 복음을 왜곡하고 그것을 세상과 성도에게 전하며 세상으로부터 유익을 얻습니다.

실제로 초대교회 때에는 이방 종교의 제사장과 총독들은 절친한 사이였습니다. 당시 이방 신을 섬기는 신전에서는 제사장들이 가이사가 신이라고 말을 했습니다. 황제를 숭배하기 위하여 황제의 신상을 만들었습니다. 그 예로 버가모 교회에 "사탄의 권좌"가 있는 곳이라고 한 것을 보면 알 수 있습니다(계 2:13). 이들은 황제숭배를 강화하기 위해 복화술을 이용하여 황제의 조각상이 말하는 것처럼 하기도 했습니다. 어느 시대나 거짓 선지자들은 기사와 이적을 행하여 많은 사람을 미혹하고 이 땅의 권세를 잡은 자들은 교회를 억압하고 핍박할 뿐 아니라 이들에게 힘을 실어 주어 더 활발하게 활동하게 합니다. 많은 사람이 이적과 기사에 미혹됩니다. 성경에 근거한 바른 말씀과 신앙생활보다는 성경적이지 않음에도 불구하고 이적과 기사가 드러나면 그것을 따라가는 것을 보게 됩니다. 마치 이성 없는 사람들 같습니다.

이단으로 명확하게 규정된 자들의 가르침을 듣거나 따르지 않을 뿐 아니라 정통교단에 속해 정통교회의 간판을 달고 목회하는 목회자들의 입에서 나오는 말이라도 성경에서 벗어났거나 성경에 근거한 것이 아니라면 그것은 경계해야 합니다. 목회자의 말에 토를 달거나 의문을 가지면 안 된다고 가르치는 모든 것은 사탄의 속임수입니다. 이렇게 말하는 제가 전하는 말씀도 마찬가지입니다. 성경에서 벗어난 것이 있으면 언제든지 지적해주셔야 하고 제가 변하지 않으면 바른 말씀을 전하는 목회자를 찾아야 합니다. 그렇지 않으면 말로 호리는 사탄의 도구가 된 거짓 선지자에 의해 자신의 영혼이 병들고 나아가 자신도 누군가를 병들게 하는 도구로 전락한다는 것을 잊지 마셔야 합니다.

이러한 현상에 대해 주님께서 이미 말씀하셨습니다. 마태복음 24장 24절에서 "거짓 그리스도들과 거짓 선지자들이 일어나 큰 표적과 기사를 보여 할 수만 있으면 택하신 자들도 미혹하리라."라고 하셨습니다. 많은 사역자가 스스로 미혹되어 복음이 아니라 이적을 따르고 그것을 행하여 사람들을 모으려고 합니다. 이러한 자들에 대해 주님은 마태복음 7장 22절로 23절에서 말씀하기를 "그 날에 많은 사람이 나더러 이르되 주여 주여 우리가 주의 이름으로 선지자 노릇 하며 주의 이름으로 귀신을 쫓아 내며 주의 이름으로 많은 권능을 행하지 아니하였나이까 하리니 그 때에 내가 그들에게 밝히 말하되 내가 너희를 도무지 알지 못하니 불법을 행하는 자들아 내게서 떠나가라 하리라."하고 하셨습니다.

박해는 외부로부터 가해져 성도를 연단하지만, 미혹은 내부로 침

420

투하여 교회를 부패하게 합니다. 그래서 바울은 크레타섬에서 목회하는 디도에게 편지하기를 "(딛 1:11) 그들의 입을 막을 것이라 이런 자들이 더러운 이득을 취하려고 마땅하지 아니한 것을 가르쳐 가정들을 온통 무너뜨리는도다"라고 하였습니다. 성도는 외부적 박해로 인한 변절보다는 미혹에 의한 타락이 더 많습니다. 그러므로 말씀에 근거하여 바른 교훈에 서서 거짓 가르침에 흔들리지 마시기 바랍니다. 성경에 대해 바르게 배우지 않으면 교회를 오래 다닌 것으로는 거짓 교훈과 오염된 진리로부터 자신을 지킬 수 없습니다. 그러므로 말세가 가까울수록 말씀에 더욱 가까이해야 합니다. 그래야 거짓 교사들의 거짓 가르침, 세상의 거짓 사상으로부터 믿음을 지킬 수 있습니다.

이 짐승은 모든 사람의 이마나 오른손에 표를 받게 합니다.

"(계 13:16) 그가 모든 자 곧 작은 자나 큰 자나 부자나 가난한 자나 자유인이나 종들에게 그 오른손에나 이마에 표를 받게 하고 (계 13:17) 누구든지 이 표를 가진 자 외에는 매매를 못하게 하니 이 표는 곧 짐승의 이름이나 그 이름의 수라 (계 13:18) 지혜가 여기 있으니 총명한 자는 그 짐승의 수를 세어 보라 그것은 사람의 수니 그의 수는 육백육십육이니라."

이 짐승은 모든 사람의 이마와 오른손에 "짐승의 표"를 받게 합니다. 여기서 표라는 것은 가축에게 찍는 낙인 같은 것입니다. 소유를 의미하는 것으로 짐승에게 속해 있거나 그 짐승을 숭배한다는 것을 나타냅니다. 여기서 이마에 표를 한다는 것은 사상이나 영혼을 사탄의 것으로 채움을 의미합니다. 또한, 오른손에 표를 받는다는 것은 그 표를 받은 자는 짐승이 원하는 일을 행하는 자가 됨을 의미합니다. 이는 마치 제사장들이 위임식을 행할 때 제물의 피를 오른 귓부리와 오른발 엄지가락과 오른손 엄지에 바르는 것과 같은 원리입니다. 그러므로 이 표를 받은 자는 사탄에게 속해 사탄이 원하는 일을 하는 자가 된다는 의미입니다. 나아가 이들은 교회를 핍박하는 무리에 속한다는 의미이기도 합니다. 짐승의 표를 받는다는 것은 성도들이 이마에 인을 받으므로 그가 그리스도의 소유이며 그를 사모하고 그의 교훈에 따라 사는 것과는 정반대가 됨을 의미합니다.

짐승이 모든 사람에게 표를 받게 하는 이유가 있습니다. 그것은 본문의 말씀처럼 "이 표를 가진 자 외에는 매매를 못하게" 하기 때문입니다. 짐승에게 절하지 않는 자들에게 경제적인 제재가 따를 것이라고 말씀합니다. 성도들을 경제적으로 고립시켜 생활에 타격을 줍니다. 그렇게 함으로 짐승은 성도들을 자신이 원하는 자로 삼으려고 합니다. 6장에서 세 번째 인을 떼었을 때 등장한 검은 말이 믿음을 지키다가 겪을 경제적 기근에 대해 말하고 있다고 했습니다. 당시에 이미 이 표는 존재했습니다. 신전에서 황제숭배를 하면 숭배 증명서를 발급해 주었습니다. 이 증명서가 없으면 매매를 할 수 없었습니다. 그러기에 이 표가 없는 자들은 상업조합에서 추방되었고 어떠한 경제적 활동도 할 수 없었습니다. 그 대표적 예가 두아디라 교회였습니다.

성도에게 있어서 이러한 경제적 제재는 어제, 오늘의 문제가 아닙니다. 성도가 성도답게 살려고 하면 많은 부분 세상의 가치와 부딪히게 됩니다. 주일에 예배를 드리는 문제, 직장에서 우상숭배 문제 등 많은 부분 경제적 손해를 감당할 수밖에 없습니다. 성도들은 이런 핍박이 고통스럽지만 낙심하지 말고 인내함으로 이겨야 합니다. 왜냐하면, 그 짐승의 이름이 그 짐승의 수인데 666이기 때문입니다. 6이란 인간의 수입니다. 7에 가깝지만, 하나님의 수인 7에 절대로 도달하지 못하는 불완전의 수, 실패의 수, 불완전한 존재, 실패한 존재이기 때문입니다.

이 짐승의 수가 "6"이 아니라 "666"이라는 말에 중요한 의미가 있습니다. 그것은 6이 하나가 아니라 셋이기 때문인데 이는 불완전이나 완전한 실패를 의미합니다. 하나님의 완전을 의미하는 수는 "777"입니다. 결국, 666은 하나님의 위치에 도전하지만, 결코 성공하지 못하는 사탄의 불완전을 의미합니다. 또한, 666은 인간의 수로 하나님을 거역하는 자들이 하는 일이 우선은 잘되고 자랑스러운 것처럼 보이지만, 결국은 실패할 것이라는 의미입니다. 또한, 이 666에 대한 해석의 오류에 성도들이 미혹되지 말아야 합니다. 이 666이란 숫자는 시대를 지나면서 계속된 오해를 불러일으켰습니다. 한때는 "네로, 마호메트, 마틴 루터, 나폴레옹, 히틀러" 등이라고 해석했습니다. 이는 알파벳마다 숫자가 있는데 이들의 이름에 있는 알파벳의 숫자를 모두 세어보면 그들이 666이라는 해석입니다. 또 컴퓨터가 666이라고 했고 바코드가 666이라고 했습니다. 또 요즘은 "베리 칩"이라고 말하는 이들이 있습니다. 이 모든 해석은 옳지 못합니다. 666은 본문의 해석대로 사탄과 그의 모든 영향력입니다.

참고로 예수님을 숫자로 하면 888이 됩니다. 이 8이란 숫자는 구원을 의미 합니다. 예수님은 일주일이 지나고 8일째 부활하셨습니다. 또한, 노아 홍수에서 살아난 자는 8명이었고, 유월절이나 초막절에 7일 동안 절기가 지나면 8일째 축제했습니다. 그러기에 이 8일은 부활의 날, 축제의 날입니다.

어떻습니까? 성도로서 이 땅을 사는 것이 절대 쉽지 않음을 아셨으리라 생각됩니다. 그러므로 이제 우리는 육체적 핍박과 영적인 핍박으로부터 자신을 지켜 그리스도의 날까지 온전히 보존해야 합니다. 세상에서 환난을 겪지만, 우리를 보호하시고 책임지시는 하나님을 믿으시기 바랍니다. 시편 121편 4절은 말씀하시기를 "이스라엘을 지키시는 이는 졸지도 아니하시고 주무시지도 아니하시리로다."라고 하셨고, 시편 37편 18절에서도 말씀하시기를 "여호와께서 온전한 자의 날을 아시나니 그들의 기업은 영원하리로다."라고 말씀하셨습니다. 그러므로 우리는 하나님을 신뢰하고 인내해야 합니다. 우리는 어떤 시험도 이길 수 있습니다. 분명 고린도전서 10장 13절에서 말씀하시기를 "사람이 감당할 시험 밖에는 너희가 당한 것이 없나니 오직 하나님은 미쁘사 너희가 감당하지 못할 시험 당함을 허락하지 아니하시고 시험 당할 즈음에 또한 피할 길을 내사 너희로 능히 감당하게 하시느니라."라고 하셨습니다.

본문 마지막에 "총명한 자는 짐승의 수를 세어보라 그의 수는 666이니라"라고 하였습니다. 총명한 자는 세어보라고 하신 주님의 말씀을 기억합시다. 이 말씀은 깨어 분별하라는 말씀입니다. 되는대로 믿고, 되는대로 신앙 생활하지 말고, 말씀을 기준으로 모든 것을 분별하고 바른 신앙생활을 해야 합니다. 목사의 설교가 진리인지 아닌지 분별해야 합니다. 기복주의, 세속주의, 성공주의 등의 말씀이 성경을 얼마나 왜곡시키고 있는지 분별하고 바른 신앙생활을 해야 합니다. 그리하고 666표를 분별하여 손해가 되어도 바른 믿음을 소유하고 신앙

424

생활하는 자가 됩시다.

38. 땅에서 속량함을 입은 자
요한계시록 14장 1-5절

13장에서는 바다에서 나온 짐승과 땅에서 나온 짐승으로 인해 고난받는 성도에 대해 기록했습니다. 세상 권세와 힘, 그리고 거짓 가르침으로 성도들을 핍박하며 짐승이 이긴다고 기록합니다. 또한, 성도들은 짐승의 표인 666을 받지 않으므로 매매를 할 수 없게 되는 어려움에 부딪히게 될 것을 말씀했었습니다.

이런 이야기를 13장을 통해 듣고 있던 성도들은 큰 두려움에 사로잡힐 수 있었을 것입니다. 그런 그들에게 14장은 성도를 향한 짐승의 핍박을 기록했던 13장과 대조적으로 소망을 주고 있습니다. 그것은 구원받은 성도 십사만 사천에 관한 이야기입니다. 그들은 새노래를 부르게 될 것이라는 말로 성도들이 얻을 최후의 승리를 말씀해 주고 있습니다. 우리는 이미 7장에서 십사만 사천에 대해 살펴보았습니다. 7장에서는 이들을 묘사하기를 "(계 7:14) 내가 말하기를 내 주여 당신이 아시나이다 하니 그가 나에게 이르되 이는 큰 환난에서 나오는 자들인데 어린 양의 피에 그 옷을 씻어 희게 하였느니라 (계 7:15) 그러므로 그들이 하나님의 보좌 앞에 있고 또 그의 성전에서 밤낮 하나님을 섬기매 보좌에 앉으신 이가 그들 위에 장막을 치시리니 (계 7:16) 그들이 다시는 주리지도 아니하며 목마르지도 아니하고 해나 아무 뜨거운 기운에 상하지도 아니하리니 (계 7:17) 이는 보좌 가운데에 계신 어린 양이 그들의 목자가 되사 생명수 샘으로 인도하시고 하나님께서 그들의 눈에서 모든 눈물을 씻어 주실 것임이라."라고 했습니다.

이 십사만 사천에 대해 본문에서 다시 언급합니다. 요한은 13장에서 짐승의 표를 받은 사람들을 보았습니다. 그러고 난 후 요한은 십사만 사천을 보게 됩니다.

"(계 14:1) 또 내가 보니 보라 어린 양이 시온 산에 섰고 그와 함께 십사만 사천이 서 있는데 그들의 이마에는 어린 양의 이름과 그 아버지의 이름을 쓴 것이 있더라"

1절에서 말하기를 "또 내가 보니"라고 합니다. 요한은 어린양이 시온산에 선 것을 보았습니다. 여기서 시온산과 어린양이란 말을 잠시 생각해 보아야 합니다. 구원받은 자들이 시온산에 섰다는 것은 12장 17절에서 "용이 여자에게 분노하여 돌아가서 그 여자의 남은 자손 곧 하나님의 계명을 지키며 예수의 증거를 가진 자들과 더불어 싸우려고 바다 모래 위에 서 있더라"라는 말씀과 대조됩니다. 사탄은 성도와 싸우려고 바다 모래 위에 서 있다면 성도는 어린양과 함께 시온산에 서 있습니다. 구원받은 성도가 시온산에 섰다는 말은 구약성경을 배경으로 한 비유입니다. "시온산"은 구약에서 계속해서 사용되고 있는데 그 의미는 하나님의 나라입니다. 즉, 하나님의 통치가 있는 곳, 평강과 기쁨이 있는 곳, 승리한 자들이 거하는 곳입니다. 그래서 우리가 이미 보았지만 13장 6절에서 구원받은 자들이 있는 곳에 대해 말하기를 "그의 장막 곧 하늘에 있는 자들"이라고 했습니다.

시편 2편 1절부터 6절은 말씀하시기를 "어찌하여 이방 나라들이 분노하며 민족들이 헛된 일을 꾸미는가 세상의 군왕들이 나서며 관원들이 서로 꾀하여 여호와와 그의 기름 부음 받은 자를 대적하며 우리가 그들의 맨 것을 끊고 그의 결박을 벗어 버리자 하는도다 하늘에 계신 이가 웃으심이여 주께서 그들을 비웃으시리로다 그 때에 분을 발하며 진노하사 그들을 놀라게 하여 이르시기를 내가 나의 왕을 내 거룩한 산 시온에 세웠다 하시리로다."라고 하였습니다. 또한, 이 시온산은 영원히 요동치 않는 하나님의 나라를 의미했습니다. 그래서 히브리서 12장 22절에서도 "그러나 너희가 이른 곳은 시온 산과 살아 계신 하나님의 도성인 하늘의 예루살렘과 천만 천사와"라고 합니다. 그러므로 성도들이 서 있는 곳, 또한 장차 서야 할 곳이 시온산, 즉 천국이라는 말입니다.

또한, 구원받은 자들은 시온산에 서 있는데 어린양과 함께 있습니다. "어린양"이란 예수 그리스도를 상징합니다. 세례 요한이 예수님을 요한복음 1장 29절과 36절에서 말하기를 "세상 죄를 지고 가는 하나님의 어린양을 보라"라고 했습니다. 그리고 사도 베드로가 베드로전서 1장 18절부터 19절에서 "어린양 같은 그리스도의 보배로운 피"라고 했습니다. 바울은 그리스도께서 유월절 양이 되셨다고 하였고. 이사야도 이사야 53장에서 예수님을 도살장으로 끌려가는 양, 털 깎는 자 앞의 잠잠한 어린양, 그 입을 열지 아니한 양으로 예언하였습니다. 왜 이렇게 많은 부분 예수님을 어린양이라고 표현했을까요? 그것은 어린양이 번제용으로 지명된 동물이었기 때문입니다(창 22:7-8, 출 29:38-41, 민 28:1-8, 11). 그것은 구약의 여러 제사에 필수적인 제물이었습니다. 그러므로 예수를 어린양이라고 한 것은 하나님께 드려진 제물임을 뜻합니다. 그것은 곧 우리의 죄를 속하고, 이로 말미암아 하나님과 인간 사이에 화해가 성립되었습니다. 나아가 어린양은 죄의 형벌로부터의 해방을 의미합니다. 출애굽 시 하나님은 어린양을 잡아 문설주와 인방에 바르게 하셨습니다. 이렇게 함으로 그 죽음으로부터 구원받고 그 억압으로부터 해방되었습니다. 이러한 어린양이란 표현을 요한계시록은 계속해서 반복하여 사용합니다. 본문도 그렇습니다. 시온산에 서신 예수님을 상징하는 말로도 사용했고 잠시 뒤에 나오는 어린양과 함께 시온산에 선 구원받은 자들의 이마에 있는 표시를 말할 때도 "어린양의 이름"이라고 말하고 있습니다. 이렇게 언급하는 이유는 단 하나입니다. 그것은 성도들이 선 시온산이 어디이며 그 시온산에 서기 위해 어떻게 해야 하느냐를 말하기 위함입니다. 이를 단도직입적으로 말씀드리면, 시온산이란 그리스도 안이며, 시온산에 서기 위해서는 그리스도의 피, 어린양이신 예수 그리스도의 피를 통해서만이 가능합니다.

이 사실을 본문은 그들의 이마에 인이 쳐졌다고 말하고 있습니다. 이들에게 인이 쳐졌다는 것은 이들의 소속과 소유권이 어린양이신 그리스도께 있다는 의미입니다. 이는 13장 마지막 부분에서 짐승이 "(계 13:16-17) 그 오른 손이나 이마에 표를 받게 하고 누구든지 이 표를 가진 자 외에는 매매를 못하게 하니 이 표는 곧 짐승의 이름이나 그 이름의 수라"라고 한 말씀과 대조됩니다. 짐승의 표를 받은 자는 짐승에게 속하여 짐승이 원하는 삶을 사는 자라면, 이마에 어린양의 이름과 그 아버지의 이름을 쓴 것이 있는 자는 어린양에 속하고 어린양이 원하는 삶을 사는 자가 됩니다. 그래서 4절에 보면 "하나님과 어린양에게 속한 자들"이라고 합니다. 이들은 하나님의 택한 백성이요 어린양 예수 그리스도께서 피 흘려 사신 자들입니다. 성도는 이미 어린양이신 그리스도를 통해 시온산에 서 있는 자입니다. 그러므로 영원한 천국에서 그리스도와 함께 서게 될 날을 소망하며 오늘을 믿음으로 사는 자가 됩시다.

"(계 14:2) 내가 하늘에서 나는 소리를 들으니 많은 물 소리와도 같고 큰 우렛소리와도 같은데 내가 들은 소리는 거문고 타는 자들이 그 거문고를 타는 것 같더라."

요한은 또 하늘에서 나는 큰 소리를 들었습니다. 1절에서 보았던 어린양과 함께 시온산에 서 있는 십사만 사천의 성도들을 보았는데 그들의 소리를 들은 것입니다. 그 소리는 많은 물소리와도 같고 큰 뇌성과도 같다고 합니다. 그리고 다시 말하기를 이 소리는 거문고 타는 자들이 거문고 타는 것 같이 들렸다고 합니다. 이렇게 표현한 것을 호크마 주석은 세분하여 설명했습니다. "많은 물소리"는 크고 우렁찬 소리를, "큰 뇌성"은 위엄과 승리를, "거문고 타는 소리"는 아름다운 선포와 조화를 가리키는 것으로, 하늘의 찬양은 "크고 위엄차고 듣기에 아름다운 소리"라고 해석했습니다. 또한, 이 노래는 분명히 십사만 사천 명이 부르는 찬양의 소리였습니다. 왜냐하면, 3절 후반에서 말하기를 이 노래는 십사만 사천 명밖에는 부를 자가 없다고 했기 때문입니다.

"(계 14:3) 그들이 보좌 앞과 네 생물과 장로들 앞에서 새 노래를 부르니 땅에서 속량함을 받은 십사만 사천 밖에는 능히 이 노래를 배울 자가 없더라"

주의 백성이 아니고는 지상과 천상에서 하나님을 찬양하는 노래

430

를 부를 자가 없습니다. 구원받은 주의 백성의 찬양이 그러합니다. 크고 위엄 있고 아름다운 노래입니다. 여기서 노래란 곡조 있는 것뿐 아니라 하나님의 구원의 은혜를 고백하는 모든 행위를 포함합니다. 찬양이 아름다운 것은 노래를 잘해서가 아닙니다. 찬양이 아름답고 영광스러운 것은 그 속에 담긴 고백 때문입니다. 이 찬양은 "(사 43:21) 이 백성은 내가 나를 위하여 지었나니 나를 찬송하게 하려 함이니라"라는 이사야 선지자 예언의 성취입니다. 그래서 바울은 에베소 교회에 편지하면서 "(엡 1:3) 찬송하리로다"라고 하며 찬양의 이유를 말하는데, 성부 하나님의 예정하심과 성자 예수님의 속량해 주심, 그리고 성령 하나님의 인쳐 주시고 보증해 주셔서 우리가 성도가 되었기 때문이라고 하며, 이렇게 구원하신 이유가 "그의 영광의 찬송이 되게 하려 하심이라(엡 1:6,12,14)"라고 하십니다. 그러므로 이미 천국 백성이 된 우리는 진정한 고백의 찬양이 매일 매 순간 있어야 합니다.

새노래를 부르는 자들에 대한 묘사가 있습니다. 그것은 땅에서 속량함을 얻은 십 사만 사천인입니다. 주의해서 보아야 할 말은 "땅에서 속량함을 얻었다."라는 말입니다. 이 말이 중요한 것은 구원받을 기회는 땅에 사는 동안뿐입니다. 육적인 생명이 있는 동안만 얻을 수 있습니다. 기회는 영원하지 않습니다. 누가복음 16장을 보면 부자와 거지 나사로에 관한 말씀이 있습니다. 둘은 죽어 부자는 지옥에, 거지 나사로는 아브라함의 품에 안겼습니다. 그때 지옥에 있던 부자가 부탁하기를 나사로를 땅에 보내 자신의 형제들이 이 고통받는 곳에 오지 않게 해달라고 하였습니다. 하지만 주님은 말씀하시기를 "(눅 16:31) 이르되 모세와 선지자들에게 듣지 아니하면 비록 죽은 자 가운데서 살아나는 자가 있을지라도 권함을 받지 아니하리라 하였다 하시니라"라고 하였습니다. 기회는 이 땅에 사는 동안입니다. 천주교에서 말하는 연옥은 없습니다. 이 땅에서 후손들이 많은 공을 세워도 지옥에서 연옥으로, 연옥에서 천국으로 갈 수 없습니다. 그러기에 오늘이라는 날에 사랑하는 이들에게 복음을 전해야 합니다.

땅에서 속량함을 입은 자들의 수가 십사만 사천 명이 있는데, 7장 14절에서는 이들을 가리켜 "큰 환난에서 나오는 자들인데 어린양의 피에 그 옷을 씻어 희게 하였느니라."라고만 기록했습니다. 그러나 본문은 그들의 행위나 특징에 대해 기록합니다.

"(계 14:4) 이 사람들은 여자와 더불어 더럽히지 아니하고 순결한 자라 어린 양이 어디로 인도하든지 따라가는 자며 사람 가운데에서 속량함을 받아 처음 익은 열매로 하나님과 어린 양에게 속한 자들이니 (계 14:5) 그 입에 거짓말이 없고 흠이 없는 자들이더라."

이들의 특징을 네 가지로 말할 수 있습니다.

첫 번째는 순결한 자들입니다.

본문에서는 "이 사람들은 여자와 더불어 더럽히지 아니하고 순결한 자라."라고 했습니다. 이를 원문 그대로 번역하면 "이들은 여자들로 더불어 더럽혀지지 아니했으니 이는 그들이 처녀임이라."가 됩니다. 그러므로 구원받은 자들의 첫 번째 행위는 순결입니다. 여기서 여자로 더럽히지 않았다는 말은 여자와 성관계를 맺지 않은 숫총각을 의미하는 것이 아닙니다. 이는 세상에 굴복하지 않는 자들을 의미합니다. 13장과 관계하여 해석한다면 짐승에게 절하지 않고 짐승을 따

432

르지 않은 자들입니다. 구약에서는 우상숭배하고 세상을 사랑하는 것을 가리켜 간음했다고 표현했습니다. 주님은 성도를 가리켜 순결한 처녀, 정결한 신부라고 말씀하셨습니다(왕후 19:21, 사 37:22, 렘 18:13, 암 5:2, 고후 11:2). 그러므로 성도는 신랑 되신 예수님을 배반하지 않고 그분만을 사랑하고 그분을 위해 사는 자들입니다. 믿음의 선진들 중 다니엘이 다리오왕 외에 다른 존재에게 절하면 사자 굴에 던져질 것을 앎에도 믿음을 저버리지 않고 생명을 걸고 하나님을 사랑했던 것처럼, 모두가 바알에게 무릎을 꿇을 때 엘리야가 하나님만을 위해 살았던 것처럼 사는 자가 됩시다. 실제로 초대교회 성도 중 일부는 이 말씀을 문자적으로 해석하여 성적 순결을 유지했던 자들이 있었습니다. 그들은 평생 독신으로 지내며 장가가지 않고 자신의 육신의 정욕까지 제어하며 인간의 본능까지도 참고 하늘나라의 영광을 사모했습니다. 그들이 비록 본문을 오해했지만, 그들이 하나님과 천국을 얼마나 사모하며 살았는지 알 수 있습니다. 현대 그리스도인들이 복음의 자유를 종종 방종의 근거로 삼고 있는 것과 비교하면 그들이 우리에게 주는 메시지는 강력하다고 할 수 있습니다. 참된 성도들은 구원받은 후 또다시 죄악 되고 멸망할 세상을 사랑하지 않습니다. 비록 그들이 과거에 세상 것에 취해 방탕하였을지라도, 이제 그들은 다시 그런 세상의 생활로 돌아가지 않습니다. 종종 시험에 들어 넘어지지만, 그들은 이제 근본적으로 세상을 사랑하지 않습니다. 바울은 고린도 교인들에게 고린도후서 11장 2절과 3절에서 말하기를, "내가 하나님의 열심으로 너희를 위하여 열심을 내노니 내가 너희를 정결한 처녀로 한 남편인 그리스도께 드리려고 중매함이로다 그러나 나는 뱀이 그 간계로 하와를 미혹한 것 같이 너희 마음이 그리스도를 향하는 진실함과 깨끗함에서 떠나 부패할까 두려워하노라"라고 했습니다. 또 그는 고린도 교인들이 다른 예수, 다른 영, 다른 복음을 용납한 것을 지적하며 책망하고 권면하였습니다. 구원받은 우리도 모든 잘못된 사상과 교리, 모든 잘못된 행위와 풍조를 버리고 오직 하나님 한 분만 바라고 섬기며 경배하고 오직 성경에 밝히 계시 된 하나님의 온전한 뜻만 믿고 그를 따르며 섬겨야 합니다. 주님의 사랑 안에서 주님만을 사랑하는 성도가 됩시다. 우상에게 절하지 않는 것은 당연하고 세상과 짝하고 세상이 주는 쾌락과 성공을 사랑하여 영적 순결을 잃는 성도가 되지 않기를, 아니 더 적극적으로 주님을 사랑하는 성도가 됩시다.

구원받은 자들의 두 번째 특징은 순종하는 자들입니다.

본문은 "어린 양이 어디로 인도하든지 따라가는 자며"라고 합니다. 하나님은 사무엘 선지자를 통해 불순종한 사울에게 사무엘상 15장 22절에서 말씀하시기를 "순종이 제사보다 낫고 듣는 것이 수양의 기름보다 나으니"라고 했습니다. 히브리서의 저자는 히브리서 3장 18절에서 이스라엘 백성이 광야에서 죽임을 당한 근거가 그들의 불순종이었음을 지적했습니다. 그러므로 본문의 십사만 사천 명이 어린 양이 어디로 인도하든지 따라가는 자라는 말은 그들이 구원받아 전적으로 순종하는 존재임을 강조하는 말입니다. 이 순종의 삶은 그리스도를 인정하며, 그리스도를 주인으로 받아들이고, 그리스도께 삶 전체를 맡긴 것입니다. 우리는 사람을 따르거나 세상의 가치관을 따라가는 자들이 아닙니다. 우리는 오직 하나님과 주 예수 그리스도만 따르며, 성경에 기록된 그의 말씀과 명령에 순종하고, 비성경적 교훈은 분별하고 배척해야 합니다. 이것이 하나님께 순종하는 바른 태도입니다. 우리의 삶 속에서 그의 명령을 따르고, 그분이 어디로 가시든지 그 뒤를 쫓아가는 것이 순종의 삶입니다. 그러므로 속량함을 입은 우리는 예수 그리스도가 어디로 인도하든지 따라야 합니다. 때로는 장미꽃이 만발한 길로 인도하고, 때로는 눈보라가 몰아치는 곳으로 인도하실지라도, 그 어디든지 따르는 자들이 되어야 합니다. 주님께서 인도하시는 길이 죽음과 고통의 길일지라도 따라가야 합니다. 주님의 절대주권을 인정하고 불평이나 원망하지 않고 묵묵히 따라가야 합니다. 주님은 마가복음 8장 34절에서 말씀하시기를 "자신을 부인하고 자기의 십자가를 지고 따르라."라고 하셨습니다. 나아가 누가복음 9장 62절에서는 "손에 쟁기를 잡고 뒤를 돌아보는 자는 하나님의 나라에 합당치 아니하니라 하시니라."라고 하셨습니다. 주를 따라가는 것은 항상 즐겁고 평안한 길만이 아닙니다. 주를 따라가는 길임에도 수고와 슬픔이 있고 심지어 고난과 핍박도 있습니다. 그러나 우리는 주를 즐거이, 그리고 자원함으로 따라가는 자들이 됩시다.

구원받은 자들의 세 번째 특징은 속량 받은 첫 열매로 하나님과 어린 양에게 속한 자입니다.

본문에는 "사람 가운데에서 속량함을 받아 처음 익은 열매로 하나님과 어린 양에게 속한 자들이니"라고 합니다. 구약에서 "첫 열매"라는 말은 모든 열매 중에서 특별히 구별되어 하나님의 전에 바쳐진 것을 의미하였습니다(출 34:26, 레 23:9-14). 즉 "첫 열매"는 이후에 계속 수확될 모든 열매도 하나님의 것이란 사실을 나타내기 위해 특별히 구별되어 하나님께 바쳐졌습니다. 이것을 성도에게 적용하였습니다. 이렇게 처음 것을 드린 것은 그것을 허락하신 이가 주님이라는 것과 그것의 소유주가 주님이라는 고백으로 감사하는 행위입니다. 오늘 본문처럼 성도를 첫 열매라고 한 표현은 신약에 여러 번 나타납니다. 로마서 16장 5절에서 에베네도가 아시아에서 그리스도께 처음 익은 열매라고 하고 있고, 고린도전서 16장 15절에서는 스데바나의 가정이 아가야의 첫 열매라고 하였으며, 야고보는 야고보서 1장 18절에서 그 편지를 받는 자들을 피조물 중의 첫 열매라고 하였습니다. 그러니까 여기서 처음 익은 열매라는 말은 예수님을 믿는 모든 사람을 일컫는 말입니다. 또한, 하나님의 구원 계획은 모든 피조 세계에 관계됩니다. 특별히 하나님의 구원 역사의 목표는 온 세상의 회복입니다. 그러므로 구원받은 성도들은 세상의 회복의 첫 열매와 같습니다. 우리는 하나님과 예수 그리스도의 소유입니다. 이미 14장 1절에 묘사되어 있었습니다. 구원받은 우리들의 이마에 어린 양의 이름과 하나님 아버지의 이름이 적혀 있다고 기록되어 있습니다. 우리는 하나님의 소유된 자들입니다. 그러므로 첫 열매란 자신을 하나님께 온전히 드림으로 말미암아 세상으로부터 구별되어 하나님께 속한 자입니다(출 23:19; 느 10:35; 잠 3:9; 약 1:18).

마지막으로 속량 받은 자들은 그 입에 거짓말이 없고 흠이 없는 자들입니다.

본문은 "그 입에 거짓말이 없고 흠이 없는 자들이더라."라고 합니다. 본문을 다시 직역하면, "그 입에는 거짓말이 없으니, 이는 그들이 흠이 없음이니라."입니다. 요한계시록 22장 15절에서는 새 예루살렘에 참여하지 못하고 영원한 유황 불 못에 던져져 둘째 사망에 참여하는 자 중에는 "거짓말을 좋아하며 지어내는 자들"이 있다고 기록하고 있습니다. 반면에 본문의 십사만 사천은 "거짓말이 없고 흠이 없는 자들"입니다. 이는 스바냐서 3장 13절을 반영한 것으로 그들이 "흠이 없는 자" 즉, 생활이 정결한 자이며 지상에 있는 동안 죄악으로부터 자신을 지켜 더러움에 물들지 않고 순결을 간직한 자들임을 시사하고 있습니다(히 9:14, 벧전 1:19). 그러므로 거짓말하지 않는 자는 흠이 없는 자이며, 흠이 없는 자는 거짓말을 하지 않는 자라고 말할 수 있습니다. 그렇다면, 거짓말하는 자, 흠이 없는 자는 윤리 도덕적인 말일까요? 윤리 도덕적으로 흠이 없어야 하는 것이 성도가 추구해야 할 삶은 맞으나 그것이 구원의 조건은 아닙니다. 이는 거짓으로 성도들을 미혹하고 있는 거짓 선지자와 대조되는 관점으로 하신 말씀입니다. 그러므로 훼방하는 유대인들을 거짓말하는 자들(3:9)이라고 말씀합니다. 그리고 13장 11절부터 언급된 땅에서 올라온 짐승인 거짓 선지자의 행위를 기록하고 있는데, 이것이 거짓말하는 자입니다. 이 시대도 마찬가지입니다. 복음을 왜곡하고 거짓 가르침으로 성도를 미혹하는 행위가 거짓말하는 자입니다. 극단적인 예로 신천지나 통일교, 안식교, 말일성도 예수 재림교, 여호와 증인, 하나님의 교회 등이 그러합니다. 나아가 개혁교회 안에 있으나 기복주의, 세속주의, 성공주의 등으로 복음을 오염시킨 모든 행위는 이에 해당합니다. 이러한 자들을 가리켜 예수님은 "(요 8:44) 너희는 너희 아비 마귀에게서 났으니, 이는 저가 거짓말쟁이요 거짓의 아비가 되었음이니라"라고 하셨습니다. 그러므로 사역자를 비롯한 모든 성도는 자신이 진리에 서 있는지를 늘 점검해야 합니다. 또한, 야고보의 말을 기억해야 합니다. 야고보는 "(약 3:1) 내 형제들아 너희는 선생 된 우리가 더 큰 심판을 받을 줄 알고 선생이 많이 되지 말라"라고 하였습니다.

또한. 흠이 없다는 것은 그들의 행위에 근거한 말이 아닙니다. 이미 우리가 7장에서 보았듯이 그들은 어린양의 피에 옷을 빤 자입니다. 그들의 행위가 어린양의 보혈 공로로 흠이 없게 된 것을 의미합니다. 그래서 12장 11절에서 "우리 형제들이 어린 양의 피와 자기들이 증언하는 말씀으로써 그를 이겼으니 그들은 죽기까지 자기들의 생명을 아끼지 아니하였도다"라고 하였습니다.

새노래를 배울 자는 십사만 사천밖에는 없습니다. 이들은 땅에서 속량함을 입은 자들인데 이 속량함을 입은 자들에게는 네 가지 특징이 있습니다. 그것은 먼저 순결하고, 다음에 순종하며, 그리고 그리스도께 속한 자이며, 마지막으로 그 입에 거짓이 없고 흠이 없는 자입니다. 이 놀라운 은혜를 이미 우리에게 주셨습니다. 그러므로 우리는 주님께서 주신 은혜가 헛되지 않게 주님께 속한 자로서 순결하고, 나아가 순종하며 흠 없는 삶을 살아 우리를 속량하신 주님께 영광을 돌리며 사는 자가 됩시다.

39. 주 안에서 죽는 자는 복이 있도다
요한계시록 14장 6 - 20절

13장에서 짐승의 표를 받지 않으면 당할 어려움에 대해 말하고, 14장 전반부에서 이마에 어린양의 이름과 하나님의 이름의 표를 받은 자들의 영광을 말한 주님은 요한을 통해 격려와 경고, 그리고 소망에 관해 말씀해 줍니다. 이 내용을 살펴보면서 영적인 싸움을 어떻게 싸워야 하며 어떤 소망을 가져야 하는지 생각해 봅시다.

6절부터 보면 세 명의 천사를 보게 됩니다. 이 세 천사는 각각 다른 역할을 감당합니다. 먼저 첫 번째 천사는 복음을 갖고 있으며 하나님을 경배하라고 외치고 있습니다.

"(계 14:6) 또 보니 다른 천사가 공중에 날아가는데 땅에 거주하는 자들 곧 모든 민족과 종족과 방언과 백성에게 전할 영원한 복음을 가졌더라 (계 14:7) 그가 큰 음성으로 이르되 하나님을 두려워하며 그에게 영광을 돌리라 이는 그의 심판의 시간이 이르렀음이니 하늘과 땅과 바다와 물들의 근원을 만드신 이를 경배하라 하더라."

첫 번째 천사는 영원한 복음을 가지고 날아가면서 큰소리로 하나님을 경배하라고 외칩니다. 첫 번째 천사가 가지고 있는 복음이 적용되어야 할 대상에 대해 본문은 기록하기를 "땅에 거하는 자들 곧 여러 나라와 족속과 방언과 백성에게"라고 합니다. 이 복음은 모든 나라, 민족, 방언, 백성이 들어야 할 내용임을 말씀합니다. 그 내용이 무엇인지도 본문에서 말해 주는데 7절의 내용처럼 "하나님을 두려워하며 그에게 영광을 돌리라……. 이를 경배하라."라는 내용입니다.

왜 이렇게 외치는 것일까요? 이 말씀이 기록될 당시로 돌아가서 생각해 보면 13장에서 짐승에게 경배하던 자들과 14장 전반부에서 말씀했던 것처럼 하나님을 경외하는 자들 모두가 직면해 있던 신앙과 삶의 문제 때문입니다. 짐승에게 경배하는 자들에게는 그 행위에서 돌이킬 것을 말하는 것이며, 하나님을 믿는 사람들에게는 뒤로 돌이켜 짐승에게 절하지 않게 하기 위함입니다. 이는 당시의 사람들이나 현대의 사람들이나 시대를 초월하여 짐승의 협박에 두려워하고 하나님의 요구에 갈등하는 모든 자에게 필요한 말씀입니다. 그래서 이 복음에 대해 본문은 수식하기를 "영원한 복음"이라고 하였습니다.

이 복음을 가진 천사는 날아가면서 말을 합니다. 이는 하나님의 뜻이 신속하게 이루어질 것을 상징합니다. 이렇게 신속하게 이루어진다는 것은 7절의 말씀처럼 "심판하실 시간이 이르렀기 때문"입니다. 우리는 하나님을 두려워할 줄 알아야 합니다. 특별히 하나님께서 심판하실 시간이 이르렀다는 사실을 항상 기억해야 합니다. 복음은 구원의 기쁜 소식만이 아니라, 심판에 대한 경고도 포함하고 있습니다. 그러므로 전도자는 "복음과 심판"을 함께 전해주어야 합니다. 복음서의 비유에서도 충성된 자는 칭찬과 상을, 주인이 늦게 올 것이라고 여긴 종들은 먹고 마시다가 주인이 왔을 때 처벌을 받게 됨을 말씀했던 것(마 24; 눅 12;)을 기억해야 합니다.

아모스 선지자도 "(암 6:3) 너희는 흉한 날이 멀다 하여 포악한 자리로 가까워지게 하고"라고 하며 죄짓는 자의 심리에 대해 심판이 멀다 하고 죄짓는다고 말합니다. 그래서 성도는 "(암 6:6) 요셉의 환난에 대하여는 근심하는 자"로 살아야 합니다. 하나님을 사랑함과 동시에 하나님을 두려워할 줄 알아야 합니다. 이것이 경외입니다. 이 경외란 말은 "사랑함으로 두려워함"을 의미합니다. 이 경외감이 있어야 하나님을 온전히 예배 할 수 있습니다. 경외한다는 말을 좀 더 살펴보면 이 말은 "대단히 무서워한다, 두려워한다(신 1:29), 심히 두려워한다(온 1; 10), 존경한다(레 19:3)." 등의 뜻이 있습니다. 그러나 하나님을 경외한다는 것은 단순한 공포심이 아니라 사랑함에서 나오는 거룩한 두려움이나 하나님께 대해 경배하는 복종을 가리킵니다. 벌벌 떠는 두려움이 아니라 하나님의 뜻에 대한 경건한 복종입니다. 그 결과 하나님을 경배하게 됩니다. 그래서 경외는 진정한 경건의 기본 바탕이 됩니다. 그러므로 하나님을 경외한다면 악에서 떠날 수밖에 없습니다(잠 16:6). 또 그의 계명을 지키게 됩니다(시 111:10). 우리가 하나님을 경외하게 되면 악을 멀리하게 되며, 하나님의 뜻에 순종하게 되므로 진정한 예배자가 될 수 있습니다. 본문대로 하나님을 경배하는 자가 됩니다.

그러나 많은 사람이 하나님을 두려워하지 않습니다. 그래서 온갖 죄악을 담대하게 짓고 삽니다. 우리는 그래서는 안 됩니다. 하나님을 경외함으로 하나님께서 원하시는 삶을 살아야 합니다. 어떤 사람들은 하나님을 사랑한다고 하면서 하나님을 두려워하지는 않습니다. 이는 거짓말입니다. 하나님을 사랑하면 하나님을 두려워할 수밖에 없습니다. 예를 들면 배우자를 사랑하기 때문에 배우자가 싫어하는 일을 절대로 하지 않으며, 배우자의 심기가 상할까 두려워하게 됩니다. 자녀가 부모님을 사랑하기 때문에 부모님이 싫어하는 일을 하지 않으려고 노력합니다. 실수로 부모님이 싫어하는 일을 했을 때는 그 사랑을 잃을까 두려워합니다. 이처럼 하나님을 사랑한다면 동시에 하나님을 두려워해야 합니다.

이렇게 하나님을 두려워하고 영광을 돌리라고 한 천사는 계속해서 하나님을 두려워하고 영광을 돌리는 것의 결과적인 행위를 말합니다. 천사는 "하늘과 땅과 바다와 물들의 근원을 만드신 이를 경배하라"라고 합니다. 하나님을 경외하는 행위, 하나님께 영광을 돌리는 구체적이고 가장 분명한 행위는 "경배"입니다. 경배란 무엇일까요? 헬라어로는 "프로스퀴네오"입니다. 이 단어는 "~을 향하여"라는 "프로스"와 "입 맞춘다"를 의미하는 "퀴네오"의 합성어입니다. 이 말이 "경배하다"라는 의미로 쓰인 것은 고대부터 사람들이 신상에 입을 맞춘 것에서 신을 예배한다는 말로 사용되었습니다. 그러므로 "하나님을 경배하라", "하나님을 향하여 입을 맞추라"라는 말은 하나님을 예배하라는 의미입니다. 그래서 모든 영어 성경들은 "Worship"으로 번역했습니다. 하나님을 두려워하고 하나님께 영광을 돌리는 구체적인 행위는 예배입니다. 하나님을 경외한다면 예배에 최선을 다해야 합니다. 하나님은 엘리 제사장의 죄를 지적하시고 심판을 말씀하시며 "(삼상 2:30) 나를 존중히 여기는 자를 내가 존중히 여기고 나를 멸시하는 자를 내가 경멸하리라"라고 하셨습니다. 하나님을 바르게 예배하지 않거나 형식적으로 예배하는 행위는 하나님을 멸시하는 행위입니다. 그러므로 하나님을 경외한다고 고백하는 사람들은 그 경외감의 외적 표현으로 하나님 앞에서 바르게 예배해야 합니다. 하나님을 경배하는 일에 힘을 다해야 합니다. 하나님의 심판하실 시간이 이르렀다는 말을 기억해야 합니다. 이렇게 복음에 깨어 있기를 바랍니다.

두 번째 천사는 바벨론이 무너졌다고 외치면서 첫 번째 천사의 뒤를 따르고 있습니다.

"(계 14:8) 또 다른 천사 곧 둘째가 그 뒤를 따라 말하되 무너졌도다 무너졌도다 큰 성 바벨론이여 모든 나라에게 그의 음행으로 말미암아 진노의 포도주를 먹이던 자로다 하더라."

요한은 다른 한 천사 곧 두 번째 천사의 외침을 들었습니다. 그 외침은 큰 성 바벨론이 무너졌다는 내용이었습니다. 그런데 이번 천사는 첫 번째 천사의 뒤를 따른다고 말하고 있습니다. 이 말은 7절에서 외친 것처럼 바벨론이 신속한 심판을 받을 것을 말씀합니다. 이 말씀을 듣고 있는 사람들은 큰 위로를 받았을 것입니다. 그리고 바벨론이 무너졌다고 외치는 천사는 "무너졌도다, 무너졌도다"라고 합니다. 이렇게 두 번이나 반복한 것은 그 무너짐의 확실함을 나타내는 말입니다. 이렇게 바벨론이 확실하게 무너진 이유는 바벨론의 죄악이 크기 때문입니다. 바벨론의 죄악이 크다는 것은 자신만 하나님을 대적한 것이 아니라 모든 나라가 자신을 따르도록 했기 때문입니다. 그래서 본문은 말하기를 "모든 나라를 음행하게 했기 때문"이라고 하였습니다. 여기서 음행하는 바벨론은 영적인 부분과 권세적인 부분을 모두 포함합니다. 세상으로 죄짓게 하고 하나님을 대적하게 한 모든 행위가 음행입니다. 바르지 못한 가르침으로 교회를 혼탁하게 만들고 세상의 권세로 교회를 박해하는 모든 세력이 음행하게 한 바벨론입니다.

큰 성 바벨론은 반드시 무너집니다. 이 바벨론은 16장 19절에서는 일곱째 대접에서 큰 지진으로 인해 세 갈래로 무너질 큰 성이라고 말했고, 17장 5절과 18절에서는 땅의 임금들과 음행하는 큰 음녀요 그들을 다스리는 큰 성이라고 말했으며, 19장 3절과 10절에서는 땅의 왕들이 그로 더불어 음행하였고 땅의 상인들도 그 사치의 세력으로 인해 부유함을 얻었던 크고 견고한 성이라고 말했습니다. 현재 우리의 삶을 넘어지게 하는 모든 거짓 가르침과 세상의 것으로 우리를 유혹하는 모든 것은 반드시 무너지게 됨을 믿고 그것들을 따르지 마시길 바랍니다.

세 번째 천사는 앞 천사들의 뒤를 따르면서 짐승의 표를 받으면 심판을 받을 것이라고 외쳤습니다.

"(계 14:9) 또 다른 천사 곧 셋째가 그 뒤를 따라 큰 음성으로 이르되 만일 누구든지 짐승과 그의 우상에게 경배하고 이마에나 손에 표를 받으면 (계 14:10) 그도 하나님의 진노의 포도주를 마시리니 그 진노의 잔에 섞인 것이 없이 부은 포도주라 거룩한 천사들 앞과 어린 양 앞에서 불과 유황으로 고난을 받으리니 (계 14:11) 그 고난의 연기가 세세토록 올라가리로다 짐승과 그의 우상에게 경배하고 그의 이름 표를 받는 자는 누구든지 밤낮 쉼을 얻지 못하리라 하더라."

요한은 세 번째 천사가 앞의 두 천사의 뒤를 따르면서 외치는 소리를 들었습니다. 그 내용은 짐승의 표인 666을 그 이마나 오른손에 받으면 하나님의 진노의 포도주를 마시리라는 말이었습니다. 이 말을 앞의 두 천사의 말에 이어서 생각하면 이렇습니다. "하나님을 경배하라 바벨론은 멸망할 것이다. 그러므로 짐승의 표를 받지 말라" 입니다. 이를 좀 더 뒤에 나오는 말과 연관 짓는다면 이렇게 하기 위해서는 인내해야 하며 심지어는 죽을 수도 있습니다. 하나님을 대적하고 짐승이 상징하는 사탄에게 절하는 자는 하나님의 진노의 심판을 받게 됩니다. 이 심판에 대해 여러 가지로 말씀합니다. 진노의 포도주, 불과 유황으로 고난을 받을 것, 그 고난의 연기가 세세토록 올라갈 것, 그 고난으로 인해 밤낮 쉼을 얻지 못할 것 등으로 표현합니다. 왜 이렇게 반복하여 말할까요? 그것은 경계하기 위함입니다. 짐승에게 경배하지 말라고, 그 결과가 참혹하고 두려운 것이기에 하지 말라고 강조하여 경계하기 위함입니다. 이 땅을 사는 동안 세상의 가치관과 흐름에 따라 살지 않고 말씀대로 사는 것이 비록 어렵고 힘들어도, 손해가 되고 심지어는 말씀대로 살려다가 망하게 되더라도 짐승에게 절하지 않는 성도들이 되어야 합니다.

이렇게 하나님을 경배하고 바벨론이 심판을 받을 것을 알기에 짐승에게 절하지 않고 오직 하나님을 섬기는 것에는 인내가 필요함을 우리에게 말씀해 주십니다.

"(계 14:12) 성도들의 인내가 여기 있나니 그들은 하나님의 계명과 예수에 대한 믿음을 지키는 자니라."

믿음에는 인내가 필요합니다. 당장 눈에 보이지 않는 주님의 약속을 기다리는 성도들에게는 인내가 필요합니다. 그래서 야고보는 말하기를 "(약 1:2) 내 형제들아 너희가 여러 가지 시험을 당하거든 온전히 기쁘게 여기라 (약 1:3) 이는 너희 믿음의 시련이 인내를 만들어 내는 줄 너희가 앎이라 (약 1:4) 인내를 온전히 이루라 이는 너희로 온전하고 구비하여 조금도 부족함이 없게 하려 함이라 (약 1:5) 너희 중에 누구든지 지혜가 부족하거든 모든 사람에게 후히 주시고 꾸짖지 아니하시는 하나님께 구하라 그리하면 주시리라 (약 1:6) 오직 믿음으로 구하고 조금도 의심하지 말라 의심하는 자는 마치 바람에 밀려 요동하는 바다 물결 같으니 (약 1:7) 이런 사람은 무엇이든지 주께 얻기를 생각하지 말라 (약 1:8) 두 마음을 품어 모든 일에 정함이 없는 자로다."라고 하였습니다.

요한은 본문에서 하나님과 예수님께만 충성할 것을 권면하며 이에 필요한 것이 성도들의 인내라고 합니다. 그 충성과 인내는 어떠한 고난과 핍박 속에서도 하나님의 계명을 지키며 예수님에 대한 믿음을 굳게 잡고 나아가게 합니다. 여기서 "예수에 대한 믿음"에 해당하는 헬라어는 "텐 피스틴 예수"인데 이는 "예수님이 공급하시는 믿음"이라고 해석할 수도 있습니다. 이 두 의미를 모두 포함하여 해석하면 "예수님께서 우리에게 주신 믿음으로 예수님을 믿는 자가 되어야 한다"라고 할 수 있습니다. 성도인 우리는 끝까지 하나님의 계명을 지키고 예수님을 믿는 믿음을 지켜야 합니다. 성도는 은혜로 구원받은 자이지만, 계명을 지키는 의로운 행위로 자신의 믿음을 증명해야 합니다. 왜냐하면, 의로운 행위가 구원의 조건은 아니지만, 그것은 구원받은 자의 증거가 되기 때문입니다. 믿음이 있는 자는 죄를 미워하고 죄와 싸우며 죄를 떠나게 됩니다. 그러므로 우리는 인내로써 바른 신앙을 지키고 하나님의 계명을 지켜야 합니다. 우리는 하나님의 계명을 지켜, 거룩함과 의, 사랑과 진실을 끝까지 실천해야 합니다. 인내

446

로써 신앙과 의의 삶을 사는 자가 되기를 바랍니다.

이 세 천사의 소리 후에 하늘에서 들려오는 음성을 듣습니다.

"(계 14:13) 또 내가 들으니 하늘에서 음성이 나서 이르되 기록하라 지금 이후로 주 안에서 죽는 자들은 복이 있도다 하시매 성령이 이르시되 그러하다 그들이 수고를 그치고 쉬리니 이는 그들의 행한 일이 따름이라 하시더라."

요한은 하늘의 한 음성을 들었습니다. 그것은 "기록하라, 지금 이후로 주 안에서 죽는 자들은 복이 있도다."라는 음성입니다. 여기서 "지금 이후로"라는 말은 "이제부터"라는 말로 이는 "복음 신앙을 가진 이후부터"라는 뜻입니다. 왜냐하면, 복음 신앙은 곧, 구원받음으로 복음을 믿고 죽는 자는 확실히 천국에 들어갈 것이니 복되다는 뜻입니다. 이렇게 구원받은 성도들은 그 죽음이 어떠한 모습이든 주 안에서 죽은 것이므로 복이 있습니다. 왜냐하면, 주안에서 죽은 자는 본문의 말씀처럼 모든 수고를 그치고 쉴 것이기 때문입니다. 그래서 히브리서 기자는 히브리서 4장 3절과 10절과 11절에서 이미 믿는 우리들은 저 안식에 들어가는도다 이미 그의 안식에 들어간 자는 하나님이 자기 일을 쉬심과 같이 자기 일을 쉬느니라. 그러므로 우리가 저 안식에 들어가기를 힘쓸지니 이는 누구든지 저 순종치 아니하는 본에 빠지지 않게 하려 함이라고 했습니다.

반대로 주님 밖에서 죽는 자는 복이 없는 자입니다. 그들의 죽음이 아무리 평안하고 호화롭게 장례를 치른다 해도 그것은 결코, 복이 되지 못합니다. 왜냐하면, 그것은 지옥으로 가는 과정이기 때문입니다. 인도사람들은 죽음을 갠지스강이 있는 바라나시에서 죽음을 맞이하고 그곳에서 화장하면 열반에 든다고 믿습니다. 그래서 장례를 치르는 그들 중 누구도 울지 않습니다. 그들은 그 죽음을 다시는 환생이나 윤회를 하지 않고 영원한 안식에 들어가는 과정이라고 믿습니다. 그런데 우리는 어떠합니까? 예수 그리스도를 믿는 우리는 그들보다 더 확신 가운데 있어야 합니다. 그리스도 안에서 죽는 것이 복이 있다는 본문의 말씀이 그냥 위로의 말이 아니라 그것이 강력하게 다가와 주 안에서 죽기를 소원하는 열망이 있어야 합니다.

이렇게 말씀하신 주님은 이제 세 천사가 말했던 심판에 대해 상징적으로 말씀하십니다. 이 심판은 두 가지 차원에서 말씀합니다. 먼저는 곡식을 추수하는 것으로 묘사합니다.

"(계 14:14) 또 내가 보니 흰 구름이 있고 구름 위에 인자와 같은 이가 앉으셨는데 그 머리에는 금 면류관이 있고 그 손에는 예리한 낫을 가졌더라 (계 14:15) 또 다른 천사가 성전으로부터 나와 구름 위에 앉은 이를 향하여 큰 음성으로 외쳐 이르되 당신의 낫을 휘둘러 거두소서 땅의 곡식이 다 익어 거둘 때가 이르렀음이니이다 하니 (계 14:16) 구름 위에 앉으신 이가 낫을 땅에 휘두르매 땅의 곡식이 거두어지니라."

요한은 흰 구름 위에 인자같은 이가 앉아 금 면류관을 쓰고 손에 낫을 들고 그 낫으로 곡식을 거두는 것을 보게 됩니다. 여기서 인자는 구름 타고 재림하실 예수 그리스도이시고 천사가 성전에서 나와 낫을 휘둘러 거두라고 한 것은 이 일이 하나님의 명령으로 진행된다는 것을 의미합니다. 주님께서 낫을 들고 곡식을 베는 것은 성도들의 구원의 때, 곧 그들이 천국에 들어갈 때가 된 것을 의미합니다. 그러니까 주님의 심판의 때는 성도들에게 있어서 구원의 때입니다. 농부가 곡식을 추수하여 창고에 들이듯이, 마지막 때에 하나님께서는 성도들을 천국으로 들이십니다. 마태복음 13장에서 천국에 대해 비유하시는 중 알곡과 가라지 비유를 통해 추수 때에 관해 말씀하셨습니다. 그때 알곡을 추수하여 곳간에 들이신 것에 대해 말씀하기를 "(마 13:43) 그 때에 의인들은 자기 아버지 나라에서 해와 같이 빛나리라 귀 있는 자는 들으라"라고 하였습니다. 또한, 세례 요한은 "(마 3:12) 손에 키를 들고 자기의 타작마당을 정하게 하사 알곡은 모아 곳간에 들이고 쭉정이는 꺼지지 않는 불에 태우시리라."라고 하셨습니다.

이어서 포도송이를 추수하는 것에 대해 묘사하고 있습니다.

"(계 14:17) 또 다른 천사가 하늘에 있는 성전에서 나오는데 역시 예리한 낫을 가졌더라 (계 14:18) 또 불을 다스리는 다른 천사가 제단으로부터 나와 예리한 낫 가진 자를 향하여 큰 음성으로 불러 이르되 네 예리한 낫을 휘둘러 땅의 포도송이를 거두라 그 포도가 익었느니라 하더라 (계 14:19) 천사가 낫을 땅에 휘둘러 땅의 포도를 거두어 하나님의 진노의 큰 포도주 틀에 던지매 (계 14:20) 성 밖에서 그 틀이 밟히니 틀에서 피가 나서 말 굴레에까지 닿았고 천육백 스다디온에 퍼졌더라."

한 천사가 성전으로부터 나왔는데 그가 낫을 가지고 있습니다. 그리고 다른 천사가 나와 낫을 가지고 있는 천사에게 말하되 낫을 휘둘러 포도송이를 거두라고 합니다. 여기서 말하는 천사를 가리켜 불을 다스리는 천사라고 묘사하고 있는데 이는 심판을 유도하는 역할을 맡았다는 것을 의미합니다. 더불어 이 천사가 제단에서 나왔다고 말하고 있습니다. 이것은 우리가 이미 앞에서 보았듯이 제단이 의미하는 바가 성도들의 기도, 성도의 순교였습니다. 그러므로 심판을 명하는 천사가 제단에서 나왔다는 말은 성도의 기도가 하나님께 드려졌고 그것이 실현되고 있다는 것을 의미합니다. 앞에서 곡식이 성도들을 의미했다면, 본 절에서 포도송이는 악인들을 의미합니다. 그러니까 천사가 낫을 가지고 땅의 포도송이를 거두는 것은 하나님께서 천사들을 보내어 땅의 악한 자들을 심판하시는 것을 의미합니다.

이러한 묘사는 이사야 선지자가 에돔 심판 예언을 하면서 하였습니다. 기록되기를 "(사 63:1) 에돔에서 오는 이 누구며 붉은 옷을 입고 보스라에서 오는 이 누구냐 그의 화려한 의복 큰 능력으로 걷는 이가 누구냐 그는 나이니 공의를 말하는 이요 구원하는 능력을 가진 이니라 (사 63:2) 어찌하여 네 의복이 붉으며 네 옷이 포도즙틀을 밟는 자 같으냐 (사 63:3) 만민 가운데 나와 함께 한 자가 없이 내가 홀로 포도즙틀을 밟았는데 내가 노함으로 말미암아 무리를 밟았고 분함으로 말미암아 짓밟았으므로 그들의 선혈이 내 옷에 튀어 내 의복을 다 더럽혔음이니 (사 63:4) 이는 내 원수 갚는 날이 내 마음에 있고 내가 구속할 해가 왔으나 (사 63:5) 내가 본즉 도와 주는 자도 없고 붙들어 주는 자도 없으므로 이상하게 여겨 내 팔이 나를 구원하며 내 분이 나를 붙들었음이라 (사 63:6) 내가 노함으로 말미암아 만민을 밟았으며 내가 분함으로 말미암아 그들을 취하게 하고 그들의 선혈이 땅에 쏟아지게 하였느니라"라고 하였습니다.

심판은 하나님의 계획에 따라 시행되지만, 성도들의 기도에 대한 최종적인 응답입니다. 그러므로 성도인 우리의 기도는 하나님의 보좌를 움직인다는 사실을 잊지 말아야 합니다. 또한, 그들을 포도송이에 비유한 것은 그들이 철저히 심판받게 될 것을 의미합니다. 그 심판이 얼마나 철저하고 고통스러울지에 대한 묘사로 그 피가 말굴레까지 닿았고 그 피가 천육백 스다디온에 퍼졌다고 말합니다. 여기서 말굴레까지란 말 머리에 씌우는 가죽끈을 의미하는 것으로 악인들의 피가 말 머리까지 찰 것을 말합니다. 또한, 천육백 스다디온이란 320Km입니다. 그러므로 이 묘사는 이 심판으로 인해 피가 강을 이루게 될 정도로 철저하고 두려울 것을 말씀하심입니다.

우리는 이미 어린양 되신 예수 그리스도의 은혜로 구원받았습니다. 더불어 세상과 사탄의 공격이 있지만, 그 앞에 무릎을 꿇지 않는 성도가 되어야 합니다. 그러기 위해서는 인내해야 합니다. 비록 그 결과 육신이 망하게 될지라도 주안에서 죽는 자가 복이 있음을 깨닫고 영원한 천국을 소망하며 믿음의 싸움을 싸워 승리하는 자가 됩시다.

40. 구원의 노래
요한계시록 15장 1-8절

그동안 요한계시록을 보면서 일곱이라는 묶음을 계속해서 보아왔습니다. 먼저는 일곱 별, 일곱 금 촛대, 일곱 교회의 사자, 일곱 교회, 일곱 인, 일곱 나팔 등입니다. 그리고 15장부터 시작되는 일곱 대접입니다. 예수님은 일곱 교회와 일곱 교회의 사자를 붙들고 계신 분으로 등장합니다. 그리고 일곱 교회에 말씀하시면서 이기라고 하셨습니다. 그러면서 일곱인, 일곱 나팔, 일곱 대접을 연이어 말씀하십니다. 전에도 말씀드렸지만, 이 세 가지는 시간적인 흐름에 따라 기록한 것이라기보다는 재앙을 더 구체화하고 반복하여 말함으로 반드시 될 일임을 우리에게 알려주는 의미가 있습니다. 인은 하나님의 전체적인 계획을 알려준다면, 나팔은 그것이 경고를 통하여 세상이 회개하기를 기대하고, 대접은 회개하지 않는 세상을 향한 최종적인 심판이 이루어지는 것을 말합니다. 그런 차원에서 15장부터 기록될 일곱 대접은 그 심판이 실현될 때 어떻게 될지를 말씀하고 있습니다.

16장에서 구체적으로 일곱 대접심판이 어떻게 진행될지 보여줄 것입니다. 이러한 두려운 심판의 진행 전에 15장의 노래가 있습니다. 이것은 16장에서 벌어질 심판과 대조하여 구원받은 성도들이 기쁨의 찬송을 부르는 모습을 그리고 있습니다. 세상을 심판하기 전에 성도들이 먼저 구원을 받습니다. 그러기에 15장에서 구원받은 성도의 승리의 노래이자 구원의 노래가 울려 퍼집니다. 이 노래를 살펴보면서 이 노래를 천상에서 부를 날을 소망할 뿐 아니라 이미 구원받은 자, 이미 시민권이 하늘에 있는 자로서 이 땅에서 사는 동안 매일매일 구원의 노래를 부르는 성도가 되기를 바랍니다.

"(계 15:1) 또 하늘에 크고 이상한 다른 이적을 보매 일곱 천사가 일곱 재앙을 가졌으니 곧 마지막 재앙이라 하나님의 진노가 이것으로 마치리로다."

요한은 14장 후반에서 두 가지 추수를 보았습니다. 먼저는 곡물의 추수로 성도를 구원하시는 모습이고 다른 하나는 포도송이를 추수하는 장면으로 구원받지 못한 자들이 받는 형벌의 추수를 보았습니다. 그런 요한이 이번에는 크고 이상한 이적을 보고 있습니다. 그것은 본문에도 말하고 있듯이 일곱 천사가 일곱 재앙을 가진 모습입니다. 이미 일곱 인, 일곱 나팔을 통해서 하나님의 일하심의 방법을 알았습니다. 그러기에 일곱 재앙을 받은 일곱 천사가 이상한 이적일 리는 없습니다. 그러나 본 절에서 하는 말 중에 "마지막 재앙이라……. 이것으로 마치리로다."라는 말은 주목해보아야 합니다. 왜냐하면, 그동안 말했던 일곱 인을 통해 심판이 있을 것을 알려주고, 일곱 나팔을 통해 그 심판에 대해 경고했다면, 이제 마지막으로 나오는 15장과 16장의 대접은 그 심판의 실현이기 때문입니다.

그런 의미에서 16장에 기록되고 있는 일곱 대접심판과 8장과 9장에서 말했던 일곱 나팔경고가 비록 비슷한 내용이지만 그것들이 각각 가지고 있는 의미가 나팔은 경고이고, 16장의 대접은 그것의 실현이라는 차원에서 분명한 차이가 있는데 특별히 그 심각성에는 엄청난 차이가 나게 됩니다. 그래서 본문은 "마지막 재앙이라……. 이것으로 마치리로다."라고 합니다. 이 말이 시간적인 흐름에서 먼저는 인 재앙이, 다음은 나팔 재앙이, 마지막으로 대접 재앙이 임한다는 식의 시간적 의미의 마지막이 아니라 그 심판을 받을 개체의 마지막, 그것이 개인적 종말의 마지막이든, 우주적 종말의 마지막이든 하나님을 대적하여 높아진 존재들에게 임할 심판의 실제라는 차원에서 마지막이라는 말입니다.

이 말씀을 좀 더 설명해 드리면 이렇습니다. 하나님의 경고 나팔에도 회개하지 않는 강퍅한 자들을 종말의 날에 심판하시기도 하지만 그 이전에라도 하나님은 개인적인 심판을 진행하신다는 말입니다. 사실 "인, 나팔, 대접"은 역사 속에서 계속해서 반복되고 있습니다. 인이란 하나님의 말씀이 우리에게 주어진 것을 말하며, 나팔은 그것을 하나님의 선지자들이 세상을 향해 외침을 말하는 것이고, 대접은 그 말씀을 듣고도 회개치 않는 자들에게 임하는 하나님의 엄중한 심판을 말합니다. 그러므로 주의 백성 된 우리는 끊임없이 기록된 말씀을 대하고 그 말씀을 세상에 선포하며, 나아가 그 말씀을 우리 자신에게 적용하여 말씀 앞에 회개하고, 그 말씀대로 사는 성도들이 되어야 합니다.

이러한 모습을 본 요한은 또 다른 것을 봅니다.

"(계 15:2) 또 내가 보니 불이 섞인 유리 바다 같은 것이 있고 짐승과 그의 우상과 그의 이름의 수를 이기고 벗어난 자들이 유리 바다 가에 서서 하나님의 거문고를 가지고"

요한은 먼저 "불이 섞인 유리 바다 같은 것"을 보았습니다. 본 절

454

에서는 "유리 바다 같은 것"과 "유리 바다"를 혼용하여 사용하고 있습니다. 여기서 유리 바다는 이미 계시록 4장 6절에서 한번 등장했습니다. 4장에서는 요한이 들려 올려 져서 하나님의 보좌를 볼 때, 그보좌 앞에 유리 바다가 있는 것으로 묘사했습니다. 본 절도 유리 바다는 구원받은 백성들과 관련되어 기록되고 있습니다. 4장에서의 유리바다와는 다르게 본 절에서는 그 유리 바다를 "불이 섞인 유리 바다"라고 묘사하고 있습니다. 이 말에 대해 몇 가지 해석이 있습니다. 어떤 사람은 유리 바다의 장엄함과 거룩함을 드러내기 위한 표현으로눈부신 순결을 의미한다고 했고, 또 어떤 사람은 하나님의 공의로운심판과 진노를 상징한다고 주장합니다.

유리 바다는 구약 성전의 기명 중 하나를 떠올리게 합니다. 그것은 번제단과 성전 사이에 놓여 있던 물두멍입니다. 솔로몬이 성전을 짓고 난 후 놋으로 물두멍을 만든 후에 그것의 크기가 큰 것으로 인하여 "놋 바다"라고 명했습니다. 성전에 들어가기 위해서는 그 놋 바다의 물로 자신을 씻어야 했습니다. 그런 차원에서 저는 개인적으로 이 "불이 섞인 유리 바다"는 4장의 묘사와 함께 생각하여 볼 때, 그 바다는 이긴 자들이 하나님의 보좌 앞으로 나아가기 위해 건너야 할 곳이라고 생각합니다. 또한, 유리 바닷가에 서서 노래한다는 것을 홍해에 애굽의 군대가 수장 된 후에 홍해 바닷가에 서서 노래하던 이스라엘 백성들과 비교하여 생각해 본다면, 유리 바다는 구원받은 자들이 하나님의 도우심으로 짐승과 그 짐승의 우상 그리고 짐승의 무리가 수장된 후에 부르는 노래이므로 불이 섞인 유리 바다는 죄악을 도말 하시는 하나님의 공의라고 생각할 수도 있습니다.

어찌 되었건 요한은 이 유리 바닷가에 짐승과 그의 우상과 그의 이름의 수를 이기고 벗어난 자들이 서서 하나님의 거문고를 가지고 노래를 부르고 있는 것을 보았습니다. 본 절에서 길게 묘사된 이들은 한마디로 이긴 자들입니다. 이들은 12장과 13장에서 묘사된 짐승에게 굴복하지 않고 짐승의 수, 666표를 받지 않고 믿음을 지킨 자들입니다. 14장에서의 표현을 빌리면 "하나님을 경배하고 짐승의 표를 받지 않기 위해 인내한 자들"입니다. 이것은 분명히 이 땅에서 많은 환난과 고난을 이기고 천국을 향하여 나아가야 할 성도들이 두려움을 가지지 않도록 그들을 위로하고 격려하는 뜻이 있습니다. 그러므로 이 글을 듣고 읽으며 영적 싸움 가운데 있는 성도들은 미래의 승리를 앞당겨 봄으로써 위로를 받고 소망을 품으며 더욱 담대함을 얻게 됩니다.

앞에서도 보았지만, 유리 바닷가에서 구원받은 자들이 노래를 부르는 장면은 구약의 한 장면을 연상시킵니다. 그것은 출애굽을 한 백성들이 홍해를 은혜로 건너고 그 바다에 애굽의 군대가 수장된 후에 홍해 바닷가에 서서 노래를 부르던 이스라엘 백성들의 노래입니다. 미리암이 소고를 치며 노래하고 모세가 하나님을 찬양하며 구원받은 즐거움과 기쁨을 표현했던 것과 같은 것이 우리가 보고 있는 내용입니다. 구원받은 백성들이 모든 죄악을 씻는 유리 바다를 건넌 후에 구원하신 하나님을 찬양합니다. 출애굽으로 비유하면, 홍해가 될 것이고 성전으로 비유하면 물두멍이 됩니다. 그러므로 유리 바닷가에 서 있다는 표현은 구원받은 백성들이 하나님의 보좌 앞에 서 있는 것을 의미합니다. 그러므로 이깁시다. 잠시 세상에 살지만, 그 영적 싸움에서 이김으로 유리 바닷가에서 구원의 노래를 함께 부르는 복이 있기를 바랍니다.

456

이제 그 노래를 잠시 봅시다.

"(계 15:3) 하나님의 종 모세의 노래, 어린 양의 노래를 불러 이르되 주 하나님 곧 전능하신 이시여 하시는 일이 크고 놀라우시도다 만국의 왕이시여 주의 길이 의롭고 참되시도다 (계 15:4) 주여 누가 주의 이름을 두려워하지 아니하며 영화롭게 하지 아니하오리이까 오직 주만 거룩하시니이다 주의 의로우신 일이 나타났으매 만국이 와서 주께 경배하리이다 하더라."

본 절은 이 노래를 모세의 노래, 어린양의 노래라고 말하고 있습니다. 구원받은 자들이 부르는 노래를 모세의 노래, 어린양의 노래라고 묘사한 이유가 있습니다. 그것은 먼저 이스라엘 백성이 홍해를 건넌 후 불렀던 노래를 가리킵니다. 그것은 하나님께서 기이한 능력으로 도우셔서 애굽의 군대를 완전히 파하시고 그들을 구원하신 것을 하나님께 감사하며 찬송한 노래입니다. 또한, 모세의 노래가 예표하고 있는 예수 그리스도를 통해 구원받은 것을 감사하여 부르는 노래가 어린양의 노래입니다. 어린양이신 주님의 죽으심을 통해 모세의 율법을 완성하신 것이므로 모세의 노래입니다. 그러므로 이 둘의 내용은 똑같습니다.

이 노래의 내용은 아주 간단합니다. 먼저는 하나님은 전능하심을 찬양합니다. 그 전능하신 하나님께서 기이한 일을 통해 성도를 구원하심을 찬양합니다. 또한, 하나님은 만국의 왕으로서 진실하게 다스리고 공의로 심판하심을 찬양합니다. 그러기에 모든 사람은 주를 두려워할 수밖에 없으며 하나님을 영화롭게 하게 됩니다. 우리는 이 땅에서나 영원한 나라에서 하나님의 전능하심과 구원하심을 찬양할 수밖에 없습니다. 아니 감사 찬양 외에는 할 것이 없습니다. 입술로, 고백으로, 삶으로 나를 구원하신 하나님을 찬양하는 것이 우리의 영원한 일이 될 수밖에 없습니다.

요한은 또 다른 장면을 보게 됩니다.

"(계 15:5) 또 이 일 후에 내가 보니 하늘에 증거 장막의 성전이 열리며 (계 15:6) 일곱 재앙을 가진 일곱 천사가 성전으로부터 나와 맑고 빛난 세마포 옷을 입고 가슴에 금 띠를 띠고 (계 15:7) 네 생물 중의 하나가 영원토록 살아 계신 하나님의 진노를 가득히 담은 금 대접 일곱을 그 일곱 천사들에게 주니 (계 15:8) 하나님의 영광과 능력으로 말미암아 성전에 연기가 가득 차매 일곱 천사의 일곱 재앙이 마치기까지는 성전에 능히 들어갈 자가 없더라."

요한은 하나님의 증거 장막이 열리고 일곱 재앙을 가진 일곱 천사들이 그 성전으로부터 나오는 것을 보았습니다. 그 천사들은 맑고 빛난 세마포 옷을 입었고 가슴에 금띠를 띠고 있었습니다. 그리고 네 생물 중 하나가 하나님의 진노가 가득 담긴 금 대접을 일곱 천사에게 주자 성전에는 하나님의 영광으로 인한 연기가 가득 차게 되고 일곱 재앙이 마칠 때까지는 아무도 들어갈 수가 없게 되었습니다. 여기서 천사들이 흰 세마포를 입었다는 것은 그들이 수종 드는 심판이 얼마나 성결하고 영광스러운 사역인가를 나타냅니다. 그리고 그들이 가슴에 띤 금띠와 그들이 받은 금 대접은 그들이 수종 드는 심판의 위엄성과 영광을 나타냅니다. 그리고 하늘의 성전은 하나님의 영광과 능력으로 인하여 연기가 가득하였고 일곱 재앙이 마치기까지는 아무도 성전에 들어갈 수가 없다고 한 것은 하나님의 진노의 심판은 아무도 중재할 수 없다는 것을 의미합니다. 하나님의 노하심이 하나님의 긍휼하심을 닫으셨다는 의미입니다.

이렇게 묘사하고 있는 천사에게 일곱 대접을 주시는데 몇 단계를 거쳐서 주어지게 됩니다.

먼저는 증거 장막이 열렸습니다.

이것은 하나님의 계획과 언약이 최종적으로 실현될 것을 상징합니다. 왜냐하면, 증거 장막은 하나님과 선민의 계약을 증거 하는 십계명 두 돌판이 들어있는 궤를 놓아두는 장소인데 이 장소가 열렸다는 것은 하나님의 증거, 즉 율법이 정한바 범죄 한 자에게는 심판이 있을 것이라고 한 것이 실현됨을 의미합니다. 그러므로 증거 장막이 열린다는 것은 하나님의 공의가 죄인들을 심판하심을 의미합니다.

다음으로 일곱 재앙을 가진 일곱 천사가 "성전으로부터" 나왔습니다.

이 천사들은 심판의 사명을 띤 천사들입니다. 이들이 성전으로부터 나왔다는 것은 하나님의 임재를 상징하는 지성소가 있는 성전에서 하나님이 친히 명령하신 사명을 가지고 나타났음을 의미합니다. 특히 이 천사들은 이때 맑고 빛난 세마포를 입었는데, 이는 하나님의 심판이 얼마나 성결하고 영광스러운 사역인가를 나타내는 것과 함께 이 일을 하게 하시는 하나님의 왕적인 권위를 상징합니다.

마지막으로 그 천사들은 진노가 담긴 일곱 대접을 네 생물 중 하나에게 받았습니다.

　　이제 심판의 준비가 완벽하게 되었음을 나타냅니다. 천사들이 일곱 대접을 받는 일이 이루어질 때 성전에서는 연기가 충만하였습니다. 이스라엘이 광야에서 성막을 건축하고 봉헌했을 때와 솔로몬이 성전을 봉헌했을 때 하나님의 임재를 상징하는 연기나 구름이 성막이나 성전에 머물러 있었습니다. 그때는 아무도 그곳에 접근할 수 없었습니다.

　　본문에서 아무도 접근할 수 없게 된 것은 조금 전에도 말씀드렸듯이 하나님의 심판 사역은 그 누구라도 중보하여 멈추게 할 수 없다는 것을 말씀합니다. 이는 마치 예수님께서 비유로 가르쳐 주신 것처럼 부자와 나사로의 비유에서 부자가 한 방울의 물을 구했을 때 아브라함이 "(눅 16:26) 그뿐 아니라 너희와 우리 사이에 큰 구렁텅이가 놓여 있어 여기서 너희에게 건너가고자 하되 갈 수 없고 거기서 우리에게 건너올 수도 없게 하였느니라"라고 한 것과 부자가 지상에 있는 자신의 형제들이 자신이 있는 지옥에 오지 않도록 나사로를 보내 달라고 했을 때도 아브라함은 말하기를 "(눅 16:31) 이르되 모세와 선지자들에게 듣지 아니하면 비록 죽은 자 가운데서 살아나는 자가 있을지라도 권함을 받지 아니하리라 하였다 하시니라."라고 한 것과 같습니다. 하나님의 심판이 시작된 후에는 어느 중보나, 어떤 말로도 그것을 돌이키거나 멈출 수 없습니다. 우리 주변의 가족들이 주님을 알지 못하여 개인적 종말이든 주님이 재림하셔서 맞게 되는 종말이든 그 종말이 영원한 형벌을 받는 시간이 되지 않도록 복음을 전하여 그

460

들이 그 심판을 받지 않도록 하는 자들이 되어야 합니다. 더불어 우리 자신은 항상 깨어 있어 믿음을 지키고 살아야 합니다.

　이깁시다. 아니 이미 이긴 자가 되어있음을 인식하고 구원받은 자들이 마땅히 불러야 할 구원의 노래를 날마다 부릅시다. 비록 우리가 사는 세상이 어렵고 유혹이 많지만, 주님을 의지하여 그 모든 죄에 대항하여 싸워 이깁시다. 성도는 반드시 이깁니다. 주님도 말씀하시기를 "담대하라 내가 세상을 이기었노라."라고 하셨고, 로마서 8장 에서 바울은 고백하기를 "(롬 8:35) 누가 우리를 그리스도의 사랑에서 끊으리요 환난이나 곤고나 박해나 기근이나 적신이나 위험이나 칼이랴 (롬 8:36) 기록된 바 우리가 종일 주를 위하여 죽임을 당하게 되며 도살 당할 양 같이 여김을 받았나이다 함과 같으니라 (롬 8:37) 그러나 이 모든 일에 우리를 사랑하시는 이로 말미암아 우리가 넉넉히 이기느니라."라고 하였습니다. 또한, 요한일서에서도 본서와 같은 저자인 요한은 "(요일 5:4) 무릇 하나님께로부터 난 자마다 세상을 이기느니라 세상을 이기는 승리는 이것이니 우리의 믿음이니라 (요일 5:5) 예수께서 하나님의 아들이심을 믿는 자가 아니면 세상을 이기는 자가 누구냐"라고 했습니다. 주님께서는 우리가 세상을 이길 힘을 이미 공급하셨습니다. 이 힘으로 열심히 싸워 승리하고 승리의 노래, 구원의 노래를 부르는 자들이 됩시다.

41. 일곱 대접을 땅에 쏟으라
요한계시록 16장 1-9절

요한계시록 16장은 사람들이 무서워하는 장입니다. 그것도 그럴 것이 온통 두려운 심판 이야기로 가득하기 때문입니다. 일곱 시리즈 중에 마지막인 일곱 대접이 본 장에서 모두 쏟아지게 됩니다. 그 결과는 참혹하고 두려운 모습입니다. 하지만 본문을 자세히 보면 그렇게 두려워할 이유가 없습니다. 도리어 이 하나님의 진노의 심판은 하나님의 공의를 볼 수 있게 하고 더불어 하나님의 심판을 소망하게 하기 때문입니다. 그러므로 이 16장은 한편의 사람들에게는 두려움이요, 또 다른 한편의 사람들에게는 위로가 되는 말씀입니다.

본문은 몇 가지 주제로 나눌 수 있습니다.
첫 번째는 하나님의 심판은 반드시 있습니다.

"(계 16:1) 또 내가 들으니 성전에서 큰 음성이 나서 일곱 천사에게 말하되 너희는 가서 하나님의 진노의 일곱 대접을 땅에 쏟으라 하더라"

지금까지 하나님은 고난받는 초대교회 성도들에게 "인"으로 하나님의 계획을 알리시고 "나팔"로 경고하셨습니다. 이제 그것이 거짓이 아님을 분명히 드러내시는 순서가 되었습니다. 그것이 "대접"입니다. 15장 1절을 통해 보았지만 "마지막 재앙이라 하나님의 진노가 이것으로 마치리로다"라고 했었습니다. 16장 1절을 보면 성전에서 큰 음성이 나서 일곱 천사에게 하나님의 진노의 일곱 대접을 쏟으라고 합니다. 본문 1절뿐 아니라 대접을 쏟는다는 말을 여덟 번이나 하고 있습니다. 여기서 "쏟다"라는 말은 헬라어로 "엑케오"란 말인데, 그 뜻은 "붓다, 따르다"라는 뜻입니다. 이 단어는 주로 제의적으로 사용되었습니다. 피나 술을 부을 때 사용하였습니다. 그 행위는 더러움을 씻어내거나 하나님의 진노를 쏟으실 때(시 79:6, 사 42:25) 사용되었습니다. 그러므로 대접을 쏟았다는 말은 하나님의 진노를 쏟아 부정한 것을 씻어내는 것을 의미합니다. 죄악을 씻어내 정결케 하는 의미가 있습니다. 세상의 악을 심판하여 거룩하게 함을 의미합니다.

나팔에서는 경고의 의미로 재앙을 내리셨었습니다. 그러나 대접은 인류 최후의 심판으로 전부를 완전히 쏟아 부어버립니다. 이 심판은 대접에 있던 물을 쏟아부어 다시 담을 수 없는 것처럼 돌이킬 수 없습니다. 그래서 15장 마지막 구절에서도 "(계 15:8)이 재앙이 마치기까지는 성전에 능히 들어갈 자가 없더라"라고 하였습니다. 세상의 종말은 반드시 있습니다. 그것은 평안하게 오는 것이 아닙니다. 두려움과 떨림으로 이 땅에 임합니다. 세상이 악해지고 사람들이 자신의 종제기만 한 뇌에서 나온 지식이 하늘 높은 줄 모르고 교만하여져서 이 땅의 모든 것을 아는 것 같은 어리석음에 빠져 "하나님이 없다"하고 죄악에 눈이 가려 하나님의 역사하심을 보지 못하는 것일 뿐 하나님은 지금도 경고의 나팔을 불어 죄인들이 돌아오게 하시고 때가 되었을 때 심판하시는 일을 실행하십니다. 소돔과 고모라가 심판을 받을 때 전혀 예상하지 못했습니다. 소돔과 고모라 사람들은 심판의 말을 전하는 롯의 말을 농담으로 여겼습니다. 노아가 배를 지으며 하나님의 심판을 전했을 때 그들은 아무도 귀 기울여 듣지 않았습니다. 하지만 하나님의 심판은 임했고 그 결과 참혹한 결과를 맞이하고 말았습니다.

"하나님의 심판이 어디 있어?"라고 생각하시는 분이 있습니까? 하나님의 심판은 반드시 있습니다. 예수님도 말씀하시기를 그날이 되면 목자가 양과 염소를 구별하듯이(마 25:32), 어부가 그물에서 좋은 물고기와 나쁜 물고기를 구별하듯이(마 13:48), 추숫꾼이 알곡과 쭉정이를 구별하듯이 하겠다고 하셨습니다. 그리고 알곡은 곡간에 쭉정이는 불 속에 던져 버리겠다(마 13:30)고 하셨습니다. 이를 기억해야 합니다. 하나님은 오래 참으실 뿐 영원히 참지 않으십니다. 죄로 가득한 이 땅은 하나님의 심판을 받게 됩니다. 이를 기억하고 복음을 전하는 삶을 삽시다. 항상 깨어 주의 오실 날을 기억하며 바르게 신앙생활하는 자들이 됩시다.

두 번째는 심판의 대상은 사탄과 그의 추종자들입니다.

"(계 16:2) 첫째 천사가 가서 그 대접을 땅에 쏟으매 짐승의 표를 받은 사람들과 그 우상에게 경배하는 자들에게 악하고 독한 종기가 나더라"
"(계 16:10) 또 다섯째 천사가 그 대접을 짐승의 왕좌에 쏟으니 그 나라가 곧 어두워지며 사람들이 아파서 자기 혀를 깨물고"

하나님은 일곱 천사에게 하나님의 진노의 대접을 쏟게 하셨습니다. 계속해서 보겠지만 전체 나팔을 정리해보면 다음과 같습니다. 그 대접들은 먼저는 땅에 쏟아서 짐승의 표를 받은 사람과 우상에게 경배하는 자들에게 악하고 독한 종기가 있게 했습니다. 두 번째 대접은 바다에 쏟아지는데 바다가 피같이 되어 모든 생물이 죽었습니다. 세 번째 대접은 물 근원에 쏟으므로 피가 되게 했습니다. 네 번째 대접은 해에 쏟아지는데 해가 권세를 받아 사람들을 태워버렸습니다. 또 다섯째 대접은 짐승의 보좌에 쏟아지는데 그 나라가 어두워지고 사람들이 아파서 자기 혀를 깨물고 아파하고 종기가 나서 하나님을 비방합니다. 여섯째 대접은 유브라데 강에 부어지는데 아마겟돈 전쟁이 벌어집니다. 일곱째 대접은 공기 중에 쏟아 부어지는데 만국이 성이 무너지고 큰 성 바벨론도 심판을 받게 됩니다.

이렇게 대접이 쏟아지는데 그 주요대상이 누구인지 분명히 밝히고 있습니다. 그것은 사탄과 그를 따르는 자들입니다. 이 일곱 대접심판을 2절과 10절, 그리고 19절 등을 통해 분명하게 말씀해 주고 있습니다. "짐승의 표를 받은 사람들과 그 우상에게 경배하는 자들", "짐승의 보좌", "큰 성 바벨론" 등입니다. 또한, 14장과 15장의 말씀을 통해서도 이것이 분명히 드러났었습니다. 14장에서는 하나님께서 말세에 추수하시는데, 먼저는 성도를 상징하는 알곡을 거두어 곡간에 들이고, 다음으로 짐승에게 경배한 자들을 심판하는 의미로 포도송이를 거두겠다고 하셨습니다. 그리고 15장에서도 구원받은 자들이 보좌 앞에서 모세의 노래, 어린양의 노래를 하는 것을 말씀해 주심으로 구속함을 입은 사람들은 먼저 구원함을 얻고, 다음에 하나님의 진노의 심판이 사탄과 그를 추종하는 자들에게 임할 것을 말씀하셨습니다. 성도들은 하나님의 심판의 때를 두려워할 이유가 하나도 없습니다. 그 이유는 지금까지 말씀드린 대로 심판의 고통이 임하기 전에 구원을 받기 때문입니다.

잠시 생각해 보아야 할 것은 나팔과 대접은 분명한 차이를 가지고 있다는 사실입니다. 나팔은 이 땅에 그리스도인들이 존재할 때 신자와 불신자를 막론하고 경고의 의미로 일부가 즉, 3분의 1만이 해를 당함으로 성도는 깨어 있게 하고 불신자는 회개하게 하려는 목적이 있는 것이라면, 대접은 성도는 구원함을 받고 그렇지 않은 자들은 극렬한 심판 가운데 놓이게 됩니다. 그러기에 재림을 두려움으로 기다릴 이유가 없습니다. 재차 말씀드리지만, 주님의 재림을 두렵게 가르치고 배운 것은 모두 사탄에게 속은 것입니다. 그렇지 않습니까? 어느 신부가 혼인날 신랑이 오는 것을 두려워한단 말입니까? 두려워할 자들은 깨어 있지 못한 자, 즉 예수 그리스도를 영접하지 않은 자들입니다. 성도는 흥분과 기대감으로 기다립니다. 그날은 일생일대에 가장 기쁜 날이기 때문입니다. 두려워하는 것이 아니라 이웃에게 구원의 초청장을 많이 뿌려야 합니다. 주님의 재림을 두려워하시는 분이 있다면, 이제는 그러지 않으셔도 됩니다. 아니 그러면 안 됩니다. 성도는 혼인 잔치로, 사탄과 그를 추종하던 자들은 영원한 심판으로 주님을 맞이하게 됩니다. 이를 믿고 우리 모두 주님의 재림을 간절히 사모하는 자들이 됩시다.

세 번째로 이 심판은 의롭고, 합당합니다.

"(계 16:5) 내가 들으니 물을 차지한 천사가 이르되 전에도 계셨고 지금도 계신 거룩하신 이여 이렇게 심판하시니 의로우시도다 (계 16:6) 그들이 성도들과 선지자들의 피를 흘렸으므로 그들에게 피를 마시게 하신 것이 합당하니이다 하더라 (계 16:7) 또 내가 들으니 제단이 말하기를 그러하다 주 하나님 곧 전능하신 이시여 심판하시는 것이 참되시고 의로우시도다 하더라"

5절에 주님에 대한 묘사를 주의해서 봅시다. 1장 4절에서 "이제도 계시고 전에도 계셨고 장차 오실 이"라고 묘사했습니다. 그 표현은 현재를 강조하여 말함으로 모든 세대를 살아가는 성도에게 언제나 함께 계심을 강조하여 묘사했다면, 본문은 "전에도 계셨고 지금도 계신 거룩하신 이"라고 합니다. 이렇게 묘사함은 전에 심판을 예고하신 하나님이 지금 심판하고 있음을 묘사하여 과거에 한 심판의 경고를 듣지 않은 자들에게 오늘 심판이 있을 것을 말씀하고 있습니다. 이는 마치 누가복음 16장에 등장하는 거지 나사로와 부자의 이야기를 기억나게 합니다. 땅에 있는 자들에게 모세와 선지자가 있는데 그들의 말을 들어야 함을 말씀했습니다(눅 16:31). 그러니까 심판은 그들이 들은 하나님의 복음에 반응하지 않은 자들이 받는 결과입니다.

5절에 "이렇게 심판하심이 의롭다"라고 합니다. 7절에서도 "심판하시는 것이 참되시고 의로우시도다"라고 합니다. 이렇게 말함은 처음이 아닙니다. 15장에서 "(계 15:3) 하나님의 종 모세의 노래, 어린 양의 노래를 불러 이르되 주 하나님 곧 전능하신 이시여 하시는 일이 크고 놀라우시도다 만국의 왕이시여 주의 길이 의롭고 참되시도다 (계 15:4) 주여 누가 주의 이름을 두려워하지 아니하며 영화롭게 하지 아니하오리이까 오직 주만 거룩하시니이다 주의 의로우신 일이 나타났으매 만국이 와서 주께 경배하리이다 하더라"라고 하였습니다. 왜 의롭다고 합니까? 그것은 "그들이 성도들과 선지자들의 피를 흘렸기 때문"이라고 합니다. 세상이 심판을 받는 이유는 성도들과 선지자들의 증거를 받지 않을 뿐 아니라 그들을 죽였기 때문입니다. 이는 11장에서 두 증인이 복음을 전하다가 무저갱에서 올라온 짐승에게 죽임을 당하고 땅에 사는 자들이 즐거워하고 기뻐했는데 이러한 이유로 그들이 심판을 받는 것이 합당합니다.

그러기에 6절에서는 "합당하다"라고 하고, 7절에서는 "참되고 의롭다"라고 합니다. 참되다는 말은 "알레디노스"라는 헬라어인데 참되다는 뜻과 함께 "정당하다"라는 의미가 있습니다. 그래서 현대어 성경은 "정당하고 참되십니다."라고 했습니다. 사실은 두 단어는 비슷한 말을 두 번 반복하여 하나님의 심판의 의로움에 대해 강조합니다. 또한, 이 참되고 의롭다는 말이 나온 장소가 "제단"입니다. 15장과 16장은 소리가 성전에서 나왔는데 이 말은 제단에서 나왔다는 말입니다. 왜 그럴까요? 그것은 6장 9절부터 다섯째 인이 떨어졌을 때 순교자들이 제단 아래서 부르짖었던 것에 근거합니다. 그래서 6장 후반부터 본 절까지 일곱 번에 걸쳐 제단과 관련하여 기도와 심판에 대해 말씀하고 있습니다. 그러기에 이 심판은 합당하고 의롭습니다. 이 제단은 거듭 말씀드리지만, 핍박을 받아 순교 당한 영혼들의 기도가 있는 곳입니다. 그러므로 이 심판이 핍박받는 성도들이나 순교한 자들의 신원에 부응하는 응답입니다. 그러기에 하나님의 심판은 단순한 분노에 의한 것이 아니라 타당성과 정당성을 지닌 의로운 행위입니다.

네 번째로 이 심판 중에도 짐승의 표를 받은 자들은 회개하지 않습니다.

"(계 16:8) 넷째 천사가 그 대접을 해에 쏟으매 해가 권세를 받아 불로 사람들을 태우니 (계 16:9) 사람들이 크게 태움에 태워진지라 이 재앙들을 행하는 권세를 가지신 하나님의 이름을 비방하며 또 회개하지 아니하고 주께 영광을 돌리지 아니하더라"

"(계 16:11) 아픈 것과 종기로 말미암아 하늘의 하나님을 비방하고 그들의 행위를 회개하지 아니하더라"

"(계 16:21) 또 무게가 한 달란트나 되는 큰 우박이 하늘로부터 사람들에게 내리매 사람들이 그 우박의 재앙 때문에 하나님을 비방하니 그 재앙이 심히 큼이러라"

9장에서 "(계 9:20) 이 재앙에 죽지 않고 남은 사람들은 손으로 행한 일을 회개하지 아니하고 오히려 여러 귀신과 또는 보거나 듣거나 다니거나 하지 못하는 금, 은, 동과 목석의 우상에게 절하고 (계 9:21) 또 그 살인과 복술과 음행과 도둑질을 회개하지 아니하더라"라고 하였습니다. 세상은 고통이 주어진다고 회개하지 않습니다. 도리어 더 강퍅해집니다. 본문에도 세 번이나 같은 말씀을 하십니다. 그들이 대접심판을 당하여 고난을 겪고 있음에도 불구하고 회개하지 않고 도리어 하나님을 훼방합니다.

본문을 보면 그들이 얼마나 극심한 고난을 겪는지 말씀합니다. 첫 번째 대접에서는 피부병으로 고통을 당하고, 두 번째와 세 번째는 물이 피로 변하여 마실 물이 없고, 네 번째는 불에 태워 죽임을 당하고, 다섯 번째는 혀를 깨물 수밖에 없는 고통이 주어지고, 여섯 번째는 거짓 영의 유혹으로 영적인 고통을 당하고, 일곱 번째는 지진과 우박이 떨어져 죽임을 당합니다. 이러한 심판이 임하는 것을 본문은 "하나님의 진노"라고 표현합니다. 여기서 하나님의 진노라는 표현은 헬라어로 "뒤모스"인데 그 뜻은 "끓어 올랐다가 다시 분출되는 화, 흥분시키는 포도주"라는 의미가 있습니다. 그러므로 하나님의 진노라는 말은 하나님께서 세상을 향하여 얼마나 진노하시는지 알 수 있는 표현입니다. 그 결과로 주어지는 심판은 크고 엄청난 것일 수밖에 없습니다. 그런데 이러한 심판 중에도 회개하기는커녕 하나님을 훼방하고 있습니다.

성경은 이것이 죄 된 인간의 본성임을 우리에게 알려줍니다. 이스라엘 백성들이 출애굽하여 나올 때 애굽에 열 재앙을 줬지만, 회개하기는커녕 도리어 강퍅해진 것을 우리는 압니다. 또한, 엘리야가 갈멜산에서 바알이 참신이 아님을 증명하고 그 선지자들을 죽였지만, 아합과 이세벨은 회개하기는커녕 더욱 강퍅해져 엘리야를 죽이겠다고 이를 가는 것을 봅니다. 버림받은 자와 구속함을 입은 자의 특징은 환난이 왔을 때 극명하게 드러납니다. 버림받은 자는 더욱 강퍅해지고 구속함을 입은 자는 그 일을 통해 하나님께 더욱 가까이 가게 됩니다. 이렇게 회개하지 않기에 하나님의 심판은 임할 수밖에 없습니다. 사실 우리도 마찬가지였습니다. 하나님의 은혜가 아니면 우리도 또한 강퍅한 심령으로 남아 하나님의 진노의 심판을 받을 수밖에 없는 인간들입니다. 아니 이미 받았던 존재들입니다.

진노의 대접이 짐승의 표를 받은 사람들과 그 우상에게 경배하는 자들에게 주어졌다고 기록합니다. 반대로 우리는 행위가 온전치 않으나 하나님께서 우리에게 쏟을 진노의 대접을 어린양 예수님께 쏟아부어 예수님께서 우리를 대신하여 심판을 받았습니다. 그러니까 이 땅의 모든 사람은 심판을 당하는데 믿지 않는 자들은 그들의 행위에 근

470

거하여 심판을 당하고, 성도는 예수님께서 대신 심판을 받아 형벌을 면하게 되었습니다. 우리는 하나님의 강력한 은혜로 성령의 내주하심을 입고 그 결과 하나님의 소리를 듣는 귀가 열렸기에 말씀을 들으면 "아멘"하고, 삶에 하나님의 징계가 있을 때 회개의 무릎을 꿇을 수 있는 존재가 되었습니다. 이 은혜에 감사하며 이 세상을 심판에서 구원하기 위해 복음을 전하는 전도자의 삶을 사는 자가 됩시다.

42. 도둑 같이 오리니 깨어 자기 옷을 지키라
요한계시록 16장 10-21절

16장은 일곱 개의 대접이 모두 쏟아져 세상을 심판하는 모습을 묘사하고 있습니다. 네 번째 대접까지 보면서 하나님의 심판은 반드시 있으며, 그 심판의 대상은 사탄과 그의 추종자들이라고 했습니다. 또한, 이 심판은 의롭고, 합당했지만 결과는 아무도 회개하지 않았습니다.

이제 다섯 번째 대접의 내용을 봅시다.

"(계 16:10) 또 다섯째 천사가 그 대접을 짐승의 왕좌에 쏟으니 그 나라가 곧 어두워지며 사람들이 아파서 자기 혀를 깨물고 (계 16:11) 아픈 것과 종기로 말미암아 하늘의 하나님을 비방하고 그들의 행위를 회개하지 아니하더라"

첫 번째부터 네 번째까지의 나팔과 대접은 같은 대상에게 쏟아졌습니다. 하지만 다섯 번째는 대상이 달리 묘사되었습니다. 9장에서 다섯 번째는 나팔을 불었을 때 무저갱에서 나온 황충이 올라와 이마에 하나님의 인침을 받지 못한 자들에게 다섯 달 동안 고통이 있었습니다. 그들은 죽고 싶어도 죽지 못했고 죽기를 구하여도 얻지 못했습니다. 앞서 말씀드렸듯이 다섯 번째 나팔과 대접은 대상이 다릅니다. 나팔은 황충에게, 대접은 짐승의 왕좌에 쏟아졌습니다. 그러나 대상의 형태가 달라졌을 뿐 그 결과는 같습니다. 나팔이 경고의 의미였다면, 대접은 그것의 실현입니다. 나팔과 대접의 공통적인 모습은 다섯 번째부터 인간의 고통이 구체화됩니다. 그래서 나팔은 다섯 번째 나팔을 세 개의 화 중에서 첫 번째 화라고 했습니다. 나팔이 불렸을 때 무저갱에서 올라온 황충에게 이마에 표 없는 사람들이 다섯 달 동안 괴롭힘을 당하면서도 죽을 수 없는 고통을 겪는다고 했는데 대접에도 "사람들이 아파서 자기 혀를 깨물고 아픈 것과 종기로 말미암아 하나님을 비방한다."라고 하고 있습니다. 다섯 번째 나팔에서 등장한 황충을 본문에서는 짐승의 보좌라고 더 구체화하고 있습니다. 그래서 짐승의 보좌에 대접심판이 쏟아짐으로 그 화를 땅에 사는 자들에게 발하였습니다. 이러한 모습은 하나님께서 당신의 백성을 대하는 모습과 완전히 상반됩니다. 하나님은 당신 백성의 죄를 위해 당신이 고통을 당하셨다면, 사탄은 자신에게 주어진 심판으로 인해 자신을 따르는 사람들을 고통스럽게 하는 존재입니다.

이렇듯 짐승을 따르던 자들에게 어둠이 임하고 아파서 자기 혀를 깨무는 모습은 예수님께서 하신 말씀의 성취입니다. 마태복음 13장 천국 비유 중 알곡과 가라지 비유에서 추숫꾼이 와서 가라지를 심판하실 것을 말씀하시면서 "(마 13:42) 풀무불에 던져 넣으리니 거기서 울며 이를 갈리라"라고 하셨고, 또한, 마태복음 25장 달란트 비유에서 한 달란트 받은 자에게 말씀하시기를 "(마 25:30) 이 무익한 종을 바깥 어두운 데로 내쫓으라 거기서 슬피 울며 이를 갈리라"라고 하셨습니다. 그런데 이러한 고통 중에도 땅에 거하는 자들의 반응은 놀랍기까지 합니다. 11절 후반을 보면 "그들의 행위를 회개하지 아니하더라"라고 합니다. 9절에서도 회개하지 않았다고 하고 있습니다. 이는 마치 여섯 개의 나팔이 불린 후에 땅에 거하는 자들이 "회개하지 않았다"(9:21)라고 하는 반응과 같습니다. 회개하지 않을 뿐 아니라 하나님을 비방했다고 합니다. 9절에서도 같은 반응이었습니다. 이렇게 비방한다고 말하면서 하나님을 수식하는 단어가 있습니다. 그것은 "하늘의 하나님"이라는 말입니다. 이 말은 하나님의 주권에 대한 표현입니다. 이러한 표현은 마태복음 11장 25절에서 회개하지 않는 고을들을 심판하시는 하나님의 주권에 대해 묘사하면서 "천지의 주재"라는 말을 사용했는데 같은 의미입니다. 하늘의 하나님은 천지의 주재자로서 사탄과 그를 추종하는 자들을 심판하실 분이십니다. 그런데 더 무섭고 놀라운 일이 있습니다. 그것은 요한계시록에서 "회개"라는 단어가 본 절이 마지막이라는 사실입니다. 이는 심판의 당위성을 말하는 것일 뿐 아니라 돌이킬 기회가 완전히 사라진 것을 말하고 있기에 무섭고 놀랍습니다.

이어서 여섯 번째 대접이 쏟아진 이야기를 하고 있습니다. 이 이야기 속에서 세상 사람들에게 잘 알려진 "아마겟돈"이 등장합니다.

"(계 16:12) 또 여섯째 천사가 그 대접을 큰 강 유브라데에 쏟으매 강물이 말라서 동방에서 오는 왕들의 길이 예비되었더라 (계 16:13) 또 내가 보매 개구리 같은 세 더러운 영이 용의 입과 짐승의 입과 거짓 선지자의 입에서 나오니 (계 16:14) 그들은 귀신의 영이라 이적을 행하여 온 천하 왕들에게 가서 하나님 곧 전능하신 이의 큰 날에 있을 전쟁을 위하여 그들을 모으더라 (계 16:15) 보라 내가 도둑 같이 오리니 누구든지 깨어 자기 옷을 지켜 벌거벗고 다니지 아니하며 자기의 부끄러움을 보이지 아니하는 자는 복이 있도다 (계 16:16) 세 영

474

이 히브리어로 아마겟돈이라 하는 곳으로 왕들을 모으더라"

    여섯 번째 나팔도 유브라데와 관련하여 말씀하셨습니다. 나팔경고에서도 유브라데에 명하기를 결박한 네 천사를 놓아주라고 했고 그 천사들이 놓이니 사람 삼 분의 일을 죽였다고 합니다. 그리고 그들을 이만만의 마병대로 묘사하는데, 불과 연기와 유황으로 죽였다고 합니다. 또한, 그 말들의 힘은 입과 꼬리에 있다고 기록하고 있습니다. 본문에도 유브라데에 쏟아져 물이 마르고 동방에서 오는 왕들의 길이 예비되었다고 합니다. 이 말은 무슨 말일까요? 먼저 유브라데에 쏟은 이유를 알아야 합니다. 요한계시록은 많은 상징을 사용하여 기록하였고, 그것은 구약의 이야기들을 모티브로 하여 기록하였는데, 본문에 등장한 유브라데 강도 그 상징 중의 하나입니다. 구약의 이스라엘이 공격을 당하고 이스라엘에 위기를 준 주요대상들은 유브라데 강변에 있는 나라들이었습니다. 바벨론과 앗수르입니다. 이들은 모두 이스라엘의 동쪽에 위치하였고 그들이 그 강으로부터 이스라엘을 침공하였습니다. 그래서 나팔경고에서는 유브라데에 명하여 네 천사와 이만만의 마병들이 등장하여 사람 3분의 1을 죽이는 것으로 경고했다면, 본문은 동방으로부터 왕들이 영적 이스라엘을 치러오는 모습을 상징적으로 묘사했습니다.

    본문에서 "길이 예비되었다"라고 하는데 이 말은 최종적인 심판의 예고로서의 의미를 가집니다. 이렇게 최종적 심판의 때에 벌어지는 현상을 그다음 절에서 묘사합니다. 13절과 14절이 그것입니다. 요한이 보니 "개구리 같은 세 더러운 영이 용의 입과 짐승의 입과 거짓 선지자의 입에서 나오니 그들은 귀신의 영이라 이적을 행하여 온 천하 왕들에게 가서 하나님 곧 전능하신 이의 큰 날에 있을 전쟁을 위하여 그들을 모으더라"라고 합니다. 개구리 같은 세 영은 무엇을 가리키는 말일까요? "개구리"는 유대인들에게 있어 부정한 동물이었을 뿐만 아니라(레 11:10, 41) 모세를 통해 애굽에 내린 재앙 중 하나였습니다. 그리고 재앙을 가져오는 동물로 묘사되어 있습니다(출 8:5-11; 시 105:30). 페르시아의 종교인 조로아스터교에서 개구리는 "아리안"(Ahriman)으로 불렸는데 재앙을 가져오는 자인 동시에 흑암 권세의 대리자로서 빛의 사자인 오르무드(Ormud)와 싸우는 존재로 생각되었습니다(Moffatt). 반면에 애굽인들은 개구리를 긍정적으로 이해하여 풍요와 다산의 여신인 헥트로 생각하였습니다. 유대인들은 이런 신들을 "귀신" 즉, 사탄의 사자 또는 우상숭배와 밀접하게 연결된 존재로 생각하였습니다(9:20; 19:2; 고전 10:20, 21).

이어서 개구리 같은 세 더러운 영이라고 묘사됩니다. "더럽다"에 해당하는 헬라어는 "아카다르타"입니다. 이 단어는 불결하다는 의미로 귀신과 관련하여 사용되었습니다(막 1:23; 3:11; 5:2). 그렇다면 왜 귀신과 관련하여 더럽다고 했을까요? 그것은 당연히 그들의 행위가 영혼들을 죄짓게 하고 하나님을 떠나게 하기 때문이며, 그 수단으로 거짓말을 사용하기 때문입니다. 그래서 마태복음 8장 44절에서 마귀를 "거짓의 아비"라고 하였습니다. 그래서 본문에서도 "개구리 같은 세 더러운 영"이라고 묘사합니다.

이렇게 더러운 영을 세 부류로 말합니다. 그것은 "용, 짐승, 거짓 선지자"입니다. 그리고 그들의 입에 대해 말하기를 그 입이 개구리같이 더럽다고 묘사합니다. 용은 두 선지자와 싸워 선지자들을 죽인 무저갱에서 올라온 존재(12:3, 9)이며, 짐승은 용의 졸개들로서 하나는 바다에서(13:1-10), 하나는 땅에서 올라온 존재인데 땅에서 올라온 짐승은 거짓 선지자를 상징합니다(13:11-18). 이들을 언급하면서 동시에 이들의 입을 말합니다. 그러니까 최종심판의 때가 되면 거짓의 영인 사탄의 강력한 역사로 사람들을 미혹합니다. 이 영들이 온 천하를 다니며, 왕들을 모으고 그 왕들을 온갖 거짓말과 유혹하는 말로 하나님을 대적하는 세력들을 결합해 결과적으로는 영적인 이스라엘, 주의 백성들을 대항하여 싸우게 합니다. 이 일은 주님께서 이미 예고하셨습니다. 예루살렘에서 마지막 일주일을 보내는 동안 예루살렘의 심판을 예고하시면서 "(마 24:24) 거짓 그리스도들과 거짓 선지자들이 일어나 큰 표적과 기사를 보여 할 수만 있으면 택하신 자들도 미혹하리라"라고 하셨습니다.

이와 관련하여 바울은 무서운 말씀을 합니다. 바르지 않은 종말관을 가지고 신앙생활하고 있는 데살로니가 교회를 향하여 "(살후 2:9-12) 악한 자의 나타남은 사탄의 활동을 따라 모든 능력과 표적과 거짓 기적과 불의의 모든 속임으로 멸망하는 자들에게 있으리니 이는 그들이 진리의 사랑을 받지 아니하여 구원함을 받지 못함이라 이러므로 하나님이 미혹의 역사를 그들에게 보내사 거짓 것을 믿게 하심은 진리를 믿지 않고 불의를 좋아하는 모든 자들로 하여금 심판을 받게 하려 하심이라"라고 하였습니다. 그러니까 사탄의 주요사역 원리는 거짓입니다. 거짓으로 사람들을 유혹하고 심지어 거짓으로 사람들을 충동질하여 성도들을 박해하고 교회를 진멸하려 합니다. 이러한 모습은 초대교회 때부터 종말의 날까지 계속될 것인데 결코 미혹을 당하거나 두려워하여 숨는 교회가 되어서는 안 됩니다. 그것은 사탄의 수하에 있는 세상이 원하는 바입니다. 그래서 바울은 디모데후서에서 여러 번 말하기를 "(딤후 2:1-2) 내 아들아 그러므로 너는 그 리스도 예수 안에 있는 은혜 가운데서 강하고 또 네가 많은 증인 앞에 서 내게 들은 바를 충성된 사람들에게 부탁하라 그들이 또 다른 사람 들을 가르칠 수 있으리라"라고 하였습니다.

15절을 보기 전에 16절을 먼저 보겠습니다.

"(계 16:16) 세 영이 히브리어로 아마겟돈이라 하는 곳으로 왕들 을 모으더라"

16절에서 말도 많은 "아마겟돈"이 나옵니다. 이 아마겟돈은 믿는 자들뿐 아니라, 믿지 않는 자들에게도 최후의 전쟁으로 인식되어 있 습니다. 그래서 이 전쟁이 "중동에서 일어나느냐? 극동 아시아에서 일어나느냐?"는 등의 말이 많습니다. 하지만 이 모든 논쟁과 이야기 는 헛된 것입니다. 아마겟돈이 고대 근동에서 어떻게 인식되었는지 알면 본문의 말씀이 말하려는 의미를 알 수 있습니다. "아마겟돈", 이 말은 헬라어이고, 이 장소를 히브리어로 하면 "므깃도"입니다. 이 지 역은 중동에서 전쟁터로 인식되었습니다. 왜냐하면, 아프리카와 유 럽, 그리고 아시아의 교량 역할을 한 곳이 레반트(지중해 동부) 지역 이었습니다. 그래서 서로의 지역을 침공하기 위해서는 반드시 통과해 야 하는 땅이 있는데, 그곳이 이스라엘 땅에 있는 이스르엘 평야였고 그 땅을 지키는 성이 므깃도였습니다. 이 지역은 동서로 갈멜산이 놓 여 있어 남북을 갈라놓습니다. 그런 지리적 환경에서 남북을 잇는 단 하나의 골짜기가 므깃도였습니다. 그기에 이곳은 제국을 꿈꾸는 자

478

들에게 반드시 통과해야 하는 땅이고 지켜야 하는 요새였습니다.

그래서 성경에는 므깃도에서 벌어진 전쟁 이야기가 많습니다. 그 중에 사사기 5장에 기록된 드보라 이야기가 있습니다. 당시 이스라엘 백성들은 가나안 왕 야빈의 학정에 시달리고 있었습니다. 이스라엘 백성들은 그들을 심히 두려워하였습니다. 그 이유는 야빈과 군대장관 시스라에게 구백 대의 철병거가 있어 이스라엘은 전쟁의 상대가 되지 않았기 때문입니다. 어느 날 드보라가 바락에게 하나님께서 시스라를 네 손에 붙이신다는 약속을 하고 전쟁에 나가게 합니다. 그 결과 그들을 모두 멸하고 인간적으로 불가능한 대승을 거두게 됩니다. 이와 같은 일을 말하는 것입니다. 하나님을 대적하는 자들을 모두 모아 한곳에서 심판하시겠다는 의도입니다. 열왕기상을 보면 아합이 등장합니다. 그는 두로의 공주 이세벨과 결혼함으로 공식적으로 이스라엘에 바알과 아세라 신을 들여온 자입니다. 하나님은 그를 심판하시기 위해 거짓 영을 거짓 선지자들에게 넣어 그 말을 믿게 하여 죽게 하였습니다. 이처럼 본문에 나온 더러운 개구리 같은 영과 아마겟돈은 하나님을 대적하는 자들을 모두 멸하겠다는 것을 의미합니다.

이렇게 전쟁의 장소를 거론하며 최후의 일전을 말한 것은 대적들을 한 장소에 모아 심판하시는 하나님의 역사하심을 말씀합니다. 이렇게 대적을 한곳에 모아 심판하신 모형은 구약성경에서 여러 번 기록하고 있습니다. 홍해사건이 그러하고, 아말렉과의 전투(출 17장)가 그러합니다. 또한, 여호수아가 가나안 땅에서 한 전쟁 중 두 번의 전투인 남부 연합군, 북부 연합군 전투가 그렇습니다. 히스기야 때 앗수르 군사 185,000명이 한 번에 죽은 것도 그렇습니다. 미가는 타작마당에 모음같이 대적을 모아 멸하실 것을 예언하였고(미4:12-13),

요엘 3장 2절과 12절에서는 "여호사밧 골짜기"로 대적을 모아 한 번에 심판할 것을 말씀합니다. 여기서 "여호사밧"이란 말은 "여호와께서 심판하신다"라는 뜻입니다. 그러니까 여호사밧 골짜기는 므깃도 골짜기의 완벽한 모형이고 예언입니다. 그러므로 아마겟돈 전쟁은 전투기가 날아다니고 핵폭탄이 터지는 등의 전쟁을 말하는 것이 아닙니다. 이는 대적들을 한 번에 멸하실 것을 강력하게 말씀하는 내용입니다.

그러기에 성도들에게 요구하는 것이 있습니다. 그것은 15절 말씀처럼 "보라 내가 도둑 같이 오리니 누구든지 깨어 자기 옷을 지켜 벌거벗고 다니지 아니하며 자기의 부끄러움을 보이지 아니하는 자는 복이 있도다"라는 말씀입니다. 세상이 어떻게 변하든지 성도에게는 변함없이 추구해야 할 자세가 있습니다. 그것은 깨어 있는 것입니다. 이 경고는 마태복음 25장에 열 처녀 비유를 통해 "(마 25:13) 그런즉 깨어 있으라 너희는 그 날과 그 때를 알지 못하느니라"라고 하셨습니다. 바울도 데살로니가 교회를 향해 "(살전 5:2) 주의 날이 밤에 도둑 같이 이를 줄을 너희 자신이 자세히 알기 때문이라"라고 했습니다. 또한, 본서에서 사데 교회(계 3:2-4)와 라오디게아 교회(계 3:18)를 향해서도 깨어 있을 것을 말씀했습니다.

이렇게 말씀하시면서 "자기 옷을 지켜 벌거벗고 다니지 아니하며 자기의 부끄러움을 보이지 아니하는 자는 복이 있도다"라고 하십니다. 자기 옷을 지킨다는 말은 무슨 뜻일까요? 우리의 옷은 무엇일까요? 그것은 7장 14절의 말씀처럼 "어린양의 피에 그 옷을 씻어 희게 된" 옷입니다. 이 옷은 우리의 행위에 근거한 것이 아니라 주의 은혜로 주어졌습니다(계 6:11). 어린양의 신부에 대해 묘사할 때 "(계

480

19:8) 그에게 빛나고 깨끗한 세마포 옷을 입도록 허락하셨으니 이 세마포 옷은 성도들의 옳은 행실이로다 하더라"라고 했습니다. 그렇다면, 이 옷을 벗을 수 있을까요? 본문에서 "옷을 지켜 벌거벗고 다니지 아니하게" 하라고 한 말씀은 무슨 뜻일까요? 이 말씀은 칭의의 옷을 입고 있음을 확신하며 사탄의 참소로 자신의 치부가 드러나 그리스도의 대속의 은혜를 확신하지 못하는 자들은 불행한 자이며 반대로 칭의의 옷이 자신에게 입혀 있음을 확신하며 사탄의 어떤 참소에도 흔들리지 않는 자로서 요동하지 않는 믿음의 사람이 되기에 복된 자가 됩니다.

이렇게 대적들을 므깃도에 모을 것을 여섯 번째 대접을 통해 말씀하셨다면, 그 결과가 일곱 번째 대접을 쏟았을 때 나타나게 됩니다. 일곱 번째 대접을 봅시다.

"(계 16:17) 일곱째 천사가 그 대접을 공중에 쏟으매 큰 음성이 성전에서 보좌로부터 나서 이르되 되었다 하시니 (계 16:18) 번개와 음성들과 우렛소리가 있고 또 큰 지진이 있어 얼마나 큰지 사람이 땅에 있어 온 이래로 이같이 큰 지진이 없었더라 (계 16:19) 큰 성이 세 갈래로 갈라지고 만국의 성들도 무너지니 큰 성 바벨론이 하나님 앞에 기억하신 바 되어 그의 맹렬한 진노의 포도주 잔을 받으매 (계 16:20) 각 섬도 없어지고 산악도 간 데 없더라 (계 16:21) 또 무게가 한 달란트나 되는 큰 우박이 하늘로부터 사람들에게 내리매 사람들이 그 우박의 재앙 때문에 하나님을 비방하니 그 재앙이 심히 큼이러라"

일곱 번째 대접은 공중에 쏟았겼습니다. 공중에 쏟았다는 말은 세상 전체를 말합니다. 바울은 에베소 교회에 편지하면서 사탄의 권세에 대해 말하는데 말하기를 "(엡 2:2) 공중의 권세 잡은 자를 따랐으니 곧 지금 불순종의 아들들 가운데서 역사하는 영이라"라고 하였습니다. 그러니까 공중에 쏟았다는 말은 사탄이 다스리는 세상을 심판하신다는 말씀입니다. 그리고 이어지는 단어에 주목해야 합니다. 그것은 성전에서 보좌로부터 소리가 나서 이르되 "되었다"라는 단어입니다. 이 말은 요한이 요한복음에서도 기록했습니다. 예수님께서 십자가에서 하신 일곱 마디 중의 하나인 "다 이루었다"라는 말입니다. 본서 21장 6절에서도 "이루었도다 나는 알파와 오메가라"라고 하였습니다. 그렇다면 무엇을 다 이루었으며 무엇이 되었다는 말일까요? 그것은 예수님께서 십자가상에서 우리의 구원을 완성하게 이루셨음을 의미합니다. 이 싸움은 우리가 하여 이긴 것이 아니라 주님께서 십자가상에서 우리의 죄를 담당하여 죽으심으로 이루셨습니다. 동시에 사탄의 권세는 무너졌습니다. 그래서 "되었다"라고 한 후에 바벨론 심판에 대한 묘사가 기록됩니다.

바벨론은 사탄이 다스리는 세상을 의미합니다. 베드로도 베드로전서를 쓰고 결론에서 "(벧전 5:13) 택하심을 함께 받은 바벨론에 있는 교회가 너희에게 문안하고 내 아들 마가도 그리하느니라"라고 하여 로마가 다스리는 세상을 바벨론이라고 묘사했습니다. 그러므로 본문에서 큰 성 바벨론의 멸망은 세상의 멸망을 말합니다. 그러면서 바벨론은 "맹렬한 진노의 포도주잔을 받았다"라고 합니다. 이렇게 바벨론 심판에 대한 묘사는 앞으로 볼 17장과 18장에서 더 구체적으로 묘사됩니다.

이 장의 제목이 "도둑 같이 오리니 깨어 자기 옷을 지키라"입니다. 거짓의 영인 사탄에 속아 거짓 선지자들이 활동하여 이들의 입에서 나온 말이 사람들을 미혹하고 결국은 심판으로 인도한다는 사실을 말씀하면서 성도들은 깨어 있어 자신의 옷 즉, 예수 그리스도의 보혈로 정결케 된 옷을 지키라는 것을 말씀합니다. 이러한 사탄의 거짓 영에게 미혹되지 않기 위해서는 깨어 있어야 합니다. 본문의 말씀처럼 깨어 자기 옷을 지켜야 합니다. 종종 그리스도인들도 하나님의 존재와 그분의 역사를 의심합니다. 사탄이 주는 생각과 경험과 상식이라는 선입견이 거저 주시는 하나님의 은혜, 살아계셔서 우리와 함께 계시는 주님을 의심하게 합니다. 이런 사탄의 속임에 속지 말아야 합니다.

누가복음은 "(눅 12:35)허리에 띠를 띠고 등불을 켜고 서 있으라 (눅 12:36) 너희는 마치 그 주인이 혼인 집에서 돌아와 문을 두드리면 곧 열어 주려고 기다리는 사람과 같이 되라 (눅 12:37) 주인이 와서 깨어있는 것을 보면 그 종들은 복이 있으리로다 내가 진실로 너희에게 이르노니 주인이 띠를 띠고 그 종들을 자리에 앉히고 나아와 수종 들리라 (눅 12:38) 주인이 혹 이경에나 혹 삼경에 이르러서도 종들이 그같이 하고 있는 것을 보면 그 종들은 복이 있으리로다 (눅 12:39) 너희도 아는 바니 집 주인이 만일 도둑이 어느 때에 이를 줄 알았더라면 그 집을 뚫지 못하게 하였으리라 (눅 12:40) 그러므로 너희도 준비하고 있으라 생각하지 않은 때에 인자가 오리라 하시니라."라고 합니다. 그리스도께서 보혈을 흘려 죽으심으로 우리에게 입혀 주신 구원의 옷, 그리스도의 보혈로 깨끗이 씻김을 받고 입은 그 옷을 사탄이 의심을 불어넣고 거짓된 가르침으로 미혹해도 칭의의 확신을 잃지 않도록 말씀에 깨어 있기를 바랍니다.

본문에서 주님께서 도둑같이 오신다는 것은 갑자기 온다는 뜻이지 강도같이 두렵게 온다는 말이 아닙니다. 그러므로 깨어 있는 자들에게는 주님의 오심이 도둑같이 되지 않습니다. 깨어 있지 못한 자들에게만 도둑입니다(살전 5:2-5). 기다리는 우리에게는 신랑으로 오십니다. 그날을 기대감으로 기다리며 거룩한 신부의 옷을 죄로 더럽히지 않고, 거짓에 미혹되어 벌거벗은 것과 같은 자들이 되지 않기를 바랍니다.

43. 어린양과 성도들이 이기리라
요한계시록 17장 1-18절

16장에서는 일곱 대접이 쏟아지는 심판을 기록했습니다. 이 장은 16장 19절에서 하나님의 심판을 받은 바벨론 심판의 내용을 17장과 18장이 보충하여 설명하고 있습니다. 17장에서는 큰 음녀의 심판이 기록되어 있고 18장에서 큰 음녀를 달리 표현한 바벨론 심판을 기록합니다. 음녀 심판과 바벨론 심판은 같은 것인데 17장과 18장은 각각 다른 각도에서 그 멸망을 말하고 있습니다.

음녀는 심판을 받는다고 말씀하고 있습니다.

"(계 17:1) 또 일곱 대접을 가진 일곱 천사 중 하나가 와서 내게 말하여 이르되 이리로 오라 많은 물 위에 앉은 큰 음녀가 받을 심판을 네게 보이리라 (계 17:2) 땅의 임금들도 그와 더불어 음행하였고 땅에 사는 자들도 그 음행의 포도주에 취하였다 하고"

일곱 대접을 가진 일곱 천사 중 하나가 "물 위에 앉은 큰 음녀가 받을 심판을 네게 보이리라"라고 요한에게 말하고 있습니다. 음녀는 구약성경에서 하나님을 배반하고 우상숭배 하던 이스라엘과 예루살렘을 나타낼 때 주로 사용된 표현입니다(사 1:21; 렘 13:27; 호 2:5). 본문에서 음녀는 일차적으로 로마를 가리킵니다. 그리고 더 나아가 음녀는 세상을 지배하고 있는 사탄의 악한 영향력을 상징합니다. 그런데 이 음녀를 말하면서 그가 앉아 있는 장소에 대해 말합니다. 그것은 "물 위"입니다. 이 음녀를 18장에서는 바벨론이라고 묘사하고 있는데 바벨론이 자리하고 있던 장소가 유프라테스강이었기 때문이기도 했겠지만, 그것보다는 15절에서 이 물을 달리 표현하고 있는데 "백성과 무리와 열국과 방언들"입니다. 여기서 물을 백성과 무리와 열국과 방언들이라고 한 것은 이 음녀가 영향을 끼치고 있는 영역이 모든 세계와 세대이기 때문입니다.

그래서 본문 2절에서도 말하기를 "땅의 임금들도 그와 더불어 음행하였고 땅에 사는 자들도 그 음행의 포도주에 취하였다"라고 하였습니다. 음녀는 하늘에 거하는 자들과 대조를 이루는 땅에 거하는 자들을 자신의 포도주에 취하게 했습니다. 음녀는 이 땅의 많은 사람을 미혹하여 음행하게 하였고 그것에 취하여 하나님을 대적하게 하였습니다. 음행이란? 하나님이 아닌 세상을 사랑하는 것을 말합니다. 본 서에서는 13장에 등장한 짐승을 섬기는 것으로 묘사되었습니다. 이러한 묘사는 야고보도 했는데 야고보서 4장 4절에서 "간음한 여인들아 세상과 벗 된 것이 하나님과 원수 됨을 알지 못하느냐 그런즉 누구든지 세상과 벗이 되고자 하는 자는 스스로 하나님과 원수 되는 것이니라"라고 하여 세상 것을 사랑하고 그것을 신으로 섬기는 모든 것을 간음했다고 하고 그 행위를 음행이라고 말했습니다. 그러기에 음녀는 심판을 받는 것이 마땅합니다. 1절과 2절을 함께 생각하면 음녀는 땅에 거하는 자들에게 음행의 영향을 끼쳤고 땅에 거하는 자들은 그것에게 영향을 받아 모두가 음행했기에 심판을 받게 되었습니다. 이와 대조되는 자들이 있는데 그것은 성도입니다. 13장과 14장에서 성도들을 짐승의 유혹과 핍박에도 무릎 꿇지 않고 하나님의 계명과 예수의 믿음을 지킨 자들입니다.

이렇게 음녀에 대해 심판을 말씀하시면서 3절부터는 이 음녀의 정체에 대해 말씀해 주고 있습니다.

"(계 17:3) 곧 성령으로 나를 데리고 광야로 가니라 내가 보니 여자가 붉은 빛 짐승을 탔는데 그 짐승의 몸에 하나님을 모독하는 이름들이 가득하고 일곱 머리와 열 뿔이 있으며 (계 17:4) 그 여자는 자줏빛과 붉은빛 옷을 입고 금과 보석과 진주로 꾸미고 손에 금잔을 가졌는데 가증한 물건과 그의 음행의 더러운 것들이 가득하더라 (계 17:5) 그의 이마에 이름이 기록되었으니 비밀이라, 큰 바벨론이라, 땅의 음녀들과 가증한 것들의 어미라 하였더라 (계 17:6) 또 내가 보매 이 여자가 성도들의 피와 예수의 증인들의 피에 취한지라 내가 그 여자를 보고 놀랍게 여기고 크게 놀랍게 여기니"

요한은 성령에 이끌려서 광야로 갔습니다. 그곳에서 요한은 붉은 짐승을 탄 음녀를 보았습니다. 이 짐승의 몸에 하나님을 모독하는 이름들이 가득하다는 것으로 보아 13장 1절에 등장했던 바다에서 나온 짐승임을 알 수 있습니다. 이 짐승은 역사에 나타난 하나님의 백성을 핍박하는 나라들을 상징합니다. 그러므로 음녀가 이 짐승을 탔다는 것은 땅에 거하는 사람들에게는 복종을, 성도에게는 핍박을 주는 존재임을 알 수 있습니다. 또한, 요한이 광야로 간 이유는 12장에 나오는 대로 교회를 상징하는 여자 즉, 아이를 낳은 여자가 용을 피해 광야로 갔기 때문입니다.

그리고 이 음녀가 자줏빛과 붉은 옷을 입고 금과 각종 보석으로 치장을 했다고 기록하고 있습니다. 이는 한마디로 극도의 사치를 부리고 그것으로 땅에 거하는 사람들을 미혹하고 있음을 의미합니다. 자줏빛과 붉은 옷은 당시 황제나 귀족들이 입던 옷이고, 각종 보석으로 치장했다는 것은 그들이 누리고 있는 세속적 부귀를 의미합니다. 이렇게 꾸미는 것은 단순한 사치를 의미하지 않습니다. 본문에 "꾸미고"라는 말이 있는데 이는 헬라어로 "크뤼소오"로 "어떤 악한 의도를 가지고 자신을 위장해서 사람의 영혼을 사냥하기 위함"이라는 뜻입니다. 결국, 음녀의 이런 모습은 사람들의 영혼을 미혹하여 사냥하기 위함입니다. 사람들은 음녀의 이러한 모습으로 인해 음행의 포도주에 취해 참 진리를 깨닫지 못하고 하나님을 대적하게 되었습니다.

나아가 음녀의 손에는 금잔을 가졌는데 그 속에 가증한 물건과 음행의 더러운 것들이 가득하다고 묘사하고 있습니다. 가증한 물건과 더러운 것들은 모두 우상숭배와 관계된 말입니다. 그러므로 음녀의 잔에 이러한 것들이 가득하다는 것은 음녀와 그를 따르는 모든 무리가 이 우상숭배라는 포도주에 취하였음을 의미합니다.

그리고 그 음녀의 이마에 이름이 기록되었는데 그 이름이 바벨론이라고 하고 있습니다. 이는 당시 로마의 창녀들이 이마에 자신의 이름이 기록된 띠를 두른 것을 비유하여 말하는 듯합니다. 이는 성도들이 이마에 하나님의 인을 받는 것과 짐승을 추종하던 자들이 그 이마에 짐승의 표를 받은 것과 같은 의미입니다. 이 음녀의 이마에 자신의 이름이 있는데 그 이름이 바벨론입니다. 그러므로 그 존재는 바벨론이며, 그의 행실은 음행하며, 역할은 음행케 하는 자입니다. 그러기에 뒤에 이어지는 설명은 "땅의 음녀들과 가증한 것들의 어미"라고 하며, "성도들의 피와 예수의 증인들의 피에 취했다."라고 합니다.

당시 로마는 극도로 타락하여 사치와 향락이 넘치는 도시였습니다. 이들은 군중의 즐거움을 위해 원형 경기장에서 성도들을 야수의 먹이가 되게 했으며 검투사들의 제물이 되게 했습니다. 로마는 성도의 피에 취해 있었습니다. 세속의 권력과 세상의 유혹은 합력하여 성도와 교회를 대적합니다. 이런 일들은 성경과 기독교 역사 속에 항상 있었습니다. 민수기 31장 16절에서 이방 선지자 발람은 발락에게 하나님의 백성을 기만하고 죄에 빠뜨릴 계교를 일러주었습니다. 로마시대에는 로마 정부가 칼로 교회를 핍박했고 또 화려함과 타락한 문화로 성도들을 미혹하려 했습니다.

음녀인 바벨론은 사람들을 유혹하거나 핍박하여 하나님으로부터 떠나게 하고 음행인 우상숭배를 하게 하였습니다. 지금도 이 음녀는 세상의 도시와 산업, 예술과 문화 등을 통해 사람들을 유혹하고 하나님을 떠나게 하고 있습니다. 사치와 향락에 빠지게 하고 세상의 물질과 명예를 신처럼 섬기게 하고 있습니다. 심지어는 성도들에게도 이생의 자랑과 안목의 정욕, 육신의 자랑을 추구하게 하고 있습니다. 이 음녀는 에덴동산에서부터 예수님의 재림 때까지 계속됩니다. 그러므로 우리는 분별해야 합니다. 우리의 눈이 세상을 바라보고 우리의 마음이 세상의 것에 매이지 않도록 깨어 있어야 합니다. 세상 것에 취하면 망하게 됩니다.

레위기 10장을 보면 다른 불을 사용하다가 타 죽은 나답과 아비후의 이야기가 있습니다. 그들이 다른 불을 사용한 이유에 대해 기록하기를 술에 취했기 때문이라고 말합니다. 그 결과 제사장들은 성소에 들어갈 때 술을 금하여 옳고 그름을 분별하게 하라는 규례가 추가되었습니다. 이것을 모든 시대의 성도들에게 적용하면 성도는 세상의 것, 본문에서 말하는 음행의 포도주에 취하지 말아야 합니다. 정신을 똑바로 차리고 말씀과 기도에 힘을 다하여 성령의 술에 취하는 것이 말세를 살아가는 성도의 자세라 할 수 있습니다.

이렇게 음녀를 보고 요한이 기이히 여겼습니다. 이를 본 천사가 이 여자와 짐승에 대해 해석해 주고 있습니다.

"(계 17:7) 천사가 이르되 왜 놀랍게 여기느냐 내가 여자와 그가 탄 일곱 머리와 열 뿔 가진 짐승의 비밀을 네게 이르리라"

천사는 여자와 그가 탄 짐승에 관해 설명해 줍니다. 본 절은 특히 짐승에 대해 말해 주고 있는데 일곱 머리와 열 뿔을 가졌다고 합니다. 음녀가 탄 것을 1절에서는 "물", 3절에서는 "하나님을 모독하는 이름이 가득한 짐승으로 일곱 머리와 열 뿔을 가진 짐승", 본 절에서도 "일곱 머리와 열 뿔을 가진 짐승"이라고 하고 있습니다. 이는 일차적으로 로마를 의미합니다. 로마는 로물루스와 레무스 형제가 건국할 때 일곱 언덕 위에 도시를 세웠습니다. 그래서 9절을 보면, "지혜 있는 뜻이 여기 있으니 그 일곱 머리는 여자가 앉은 일곱 산이요"라고 하였습니다. 또한, 로마에는 테베레강이 중심을 흐르고 있었습니다.

그러면서 이 짐승에 대해 말하기를 전에 있었다가 시방은 없으나 장차 무저갱으로부터 올라와 멸망으로 들어갈 자라고 말하고 있습니

490

다.

"(계 17:8) 네가 본 짐승은 전에 있었다가 지금은 없으나 장차 무저갱으로부터 올라와 멸망으로 들어갈 자니 땅에 사는 자들로서 창세 이후로 그 이름이 생명책에 기록되지 못한 자들이 이전에 있었다가 지금은 없으나 장차 나올 짐승을 보고 놀랍게 여기리라"

짐승에 대해 묘사하면서 이 짐승의 존재시기에 대해 말해 줍니다. 그것은 "전에 있었다가 지금은 없으나 장차 무저갱으로부터 올라와 멸망으로 들어갈 자"입니다. 이 표현은 예수님에 대해 했던 표현을 모방하여 한 말입니다. 예수님에 관해서는 "이제도 계셨고 전에도 계시며 장차 오실 이" 또는 "전에도 계셨고 지금도 계신 이"등이었습니다. 하지만 짐승은 전에 있었고 장차 무저갱에서 올라올 것인데, 지금은 없다고 합니다. 이 말은 무슨 말일까요? 뒤에 나오는 10절에서는 달리 묘사하고 있어 더욱 혼란스러울 수 있습니다. 10절에서는 "또 일곱 왕이라 다섯은 망하였고 하나는 있고 다른 하나는 아직 이르지 아니하였으나 이르면 반드시 잠시 동안 머무르리라"라고 하기 때문입니다. 8절에서는 지금은 없다고 해놓고 10절에서는 지금은 하나가 있다고 합니다. 이 두 문장은 다른 이야기를 하고 있습니다. 먼저 8절은 예수님께서 이미 승리하셨기에 짐승의 현재적 패배를 묘사하고 있습니다. 예수님은 요한복음 12장 31절에서 "이제 이 세상에 대한 심판이 이르렀으니 이 세상의 임금이 쫓겨나리라"라고 하셨고, 요한복음 16장 11절에서는 "심판에 대하여라 함은 이 세상 임금이 심판을 받았음이라"라고 하였습니다. 그러니까 짐승은 주님에 의해 심판을 받은 존재임을 현재적 시점에서 언급한 것이 "전에는 있었으나 지금은 없고 장차 무저갱에서 올라올 자"라고 한 8절의 말씀입니다.

그리고 10절에서 일곱 왕에 대해 묘사하면서 "다섯은 망하였고 하나는 있고 다른 하나는 아직 이르지 아니하였다"라고 하는 것을 굳이 과거에 로마의 왕들을 찾거나 시대 속에서 일곱 왕을 찾으려고 시도하지 말아야 합니다. 요한이 이 글을 쓸 당시 로마의 황제는 도미티아누스였습니다. 도미티아누스가 황제가 될 때까지 "옥타비아누스, 티베리우스, 칼리굴라, 클라우디우스, 네로, 갈바, 오토, 비텔리우스, 베스파시아누스, 티투스" 등 열 명이나 더 있었습니다. 그러니까 도미티아누스까지만 해도 열한 명의 황제가 있었으니, 일곱이라는 말에 로마의 황제를 언급하는 것은 억지춘향이 됩니다. 이 말은 과거에 교회를 박해하던 많은 세력을 다섯 왕으로 비유하여 한 말이고, 지금의 하나는 지금도 계속되는 짐승의 박해를 의미하며, 아직 오지 않은 하나는 오늘의 박해가 끝났다고 끝이 아니라 계속될 것임을 의미합니다. 마치 예수님께서 전에도 계셨고 지금도 계시며 장차 오실 이인 것과 같습니다. 그리고 일곱이란 완전수로서 그 의미는 짐승이 심판받기 전까지 성도에게 박해와 공격을 계속해서 가할 것을 의미합니다.

그러므로 8절과 10절의 말씀은 충돌을 일으키는 말이 아니라 짐승은 예수님의 심판에 의해 없는 것과 같으나 그 힘은 여전하여 성도들을 박해함을 의미합니다. 이러한 적그리스도의 나라들은 계속해서 일어납니다. 그리스도를 대적하는 나라가 사라진 듯하지만, 다시 일어납니다. 다니엘이 본 환상도 그러했습니다. 이스라엘 백성들이 바벨론에서 70년간의 포로 생활을 마치면 돌아가 성전을 짓고 강력한 나라가 되리라 생각했습니다. 하지만 다니엘을 통해 말씀하신 하나님은 바벨론 이후에 페르시아, 헬라, 로마 등의 나라가 계속해서 일어나 이스라엘을 괴롭힐 것이고 종국에는 그리스도께서 임하셔서 그분의 나라가 온 세상에 가득할 것을 말씀하셨었습니다. 마찬가지로 그리스도께서 재림하셔서 이 땅의 역사를 그치게 할 때까지 이 세상 나라와 권세는 계속해서 일어나고 성도를 핍박하게 됩니다.

또한, 열 뿔은 12절에서 열 왕이라고 해석해 주고 있습니다.

"(계 17:12) 네가 보던 열 뿔은 열 왕이니 아직 나라를 얻지 못하였으나 다만 짐승과 더불어 임금처럼 한동안 권세를 받으리라"

이 열 왕은 여러 의견이 있지만, 그중에서 가장 타당한 해석은 "열"이란 상징적 의미로 이해하여 짐승의 권세를 따르는 세상의 통치자들이나 권세를 가리킵니다. 또한, 이 열 왕은 지상 영역에서 유력한 것들로서 예술, 교육, 산업 그리고 정권들과 또 그 중심 권력층에 맹종하는 자들을 의미합니다. 그들은 짐승과 연합하여 어린양에게 대적할 땅의 임금들이며 그리스도를 대적하는 자들입니다. 한편 12절에서 "한동안"이라고 한 것은 그들이 짐승과 더불어 권세를 잡고 하나님의 백성을 핍박하고 하나님을 대적하는 행위는 아주 짧은 시간에 불과할 것을 의미합니다.

이러한 엄청난 핍박과 공격이 있음에도 본문은 말하기를 어린양이 이기겠다고 말씀합니다.

"(계 17:14) 그들이 어린 양과 더불어 싸우려니와 어린 양은 만주의 주시요 만왕의 왕이시므로 그들을 이기실 터이요 또 그와 함께 있는 자들 곧 부르심을 받고 택하심을 받은 진실한 자들도 이기리로다"

적그리스도의 세력은 기독교를 박해하며 자신이 원하는 일이 성공적으로 이루어지는 것을 보며 기세가 등등할 것입니다. 그러나 그들에게 주어진 기간을 성경은 "잠시"라고 계속해서 말하고 있습니다. 그 기간이 지나면 반드시 어린양이 그들을 이기게 됩니다. 그리스도는 전 세대를 통해 다양한 형태의 적그리스도를 물리치시고 승리합니다. 그리고 결과적으로 적그리스도의 나라는 멸망합니다. 그리스도는 만왕의 왕이시며 만주의 주로 당신을 대적하는 모든 세력을 멸하십니다. 나아가 14절 후반에서 말하는 것처럼 그리스도와 함께 있는 자들 곧 부르심을 입고 빼내심을 얻고 진실한 자들이 그리스도와 함께 이길 것이라고 말씀합니다.

여기서 그리스도와 함께 싸워 이길 성도에 대해 말씀하시면서 성도가 어떤 자들인지 말씀하고 있다는 것에 잠시 주의를 기울여야 합니다. 그것은 먼저 성도는 그리스도와 함께 있는 자입니다. 그리스도는 우리와 늘 함께 계십니다. 행복하고 기쁠 때나, 핍박으로 고통 가운데 있을 때나, 언제든지 함께하시는 임마누엘의 하나님이십니다. 다음으로 성도는 부르심을 입고 빼내심을 얻은 자라고 합니다. 성도가 모여 교회가 되는데 교회란 부르심을 입은 자들의 모임이라는 뜻으로 "에클레시아"라고 합니다. 죄악이 만연하고 그 형벌을 피할 수 없던 우리를 부르셔서 제사장, 구별된 백성이 되게 하셨습니다. 그리고 마지막으로 성도는 진실한 자들이라고 말합니다. 이를 본서 14장 3절로 5절에서는 "(계 14:3) 그들이 보좌 앞과 네 생물과 장로들 앞에서 새 노래를 부르니 땅에서 속량함을 받은 십사만 사천 밖에는 능히 이 노래를 배울 자가 없더라 (계 14:4) 이 사람들은 여자와 더불어 더럽히지 아니하고 순결한 자라 어린 양이 어디로 인도하든지 따라가는 자며 사람 가운데에서 속량함을 받아 처음 익은 열매로 하나님과 어린 양에게 속한 자들이니 (계 14:5) 그 입에 거짓말이 없고 흠이 없는 자들이더라"라고 하였습니다. 성도는 하나님께서 세상에서 구별하여 부르셔서 동행하시며 하나님의 영광의 덕을 선전하라고 부르신 자들입니다. 이를 기억하며 살아야 합니다. 이렇게 살 때 어려움도 많겠지만, 본문 말씀처럼 어린양으로 더불어 이기겠다고 하신 것을 잊지 맙시다.

이 승리는 이미 창세기에서 예언되었습니다. 기록되기를 "(창 3:15) 내가 너로 여자와 원수가 되게 하고 네 후손도 여자의 후손과 원수가 되게 하리니 여자의 후손은 네 머리를 상하게 할 것이요 너는 그의 발꿈치를 상하게 할 것이니라"라고 했었습니다. 즉 사탄은 예수님을 십자가에 달고 그의 발꿈치를 상하게 하였으나 예수님께서는 부활하셔서 사탄의 머리를 상하게 하셨을 뿐만 아니라 사탄의 머리를 밟아 완전히 진멸하셨습니다. 그리스도께서 이미 이기셨습니다. 그러므로 성도인 우리는 사탄과 싸워 이길 힘이 없으나 이미 이기신 주님을 의지함으로 사탄과 싸워 이길 수 있습니다.

출애굽 한 이스라엘 백성들이 요단강을 건너 첫 번째로 만났던 여리고 성을 무너뜨린 이야기를 우리는 잘 압니다. 여호수아가 난공불락이었던 여리고 성을 앞에 두고 고민할 때 하나님은 여호수아에게 신을 벗으라고 말씀하심으로 당신이 직접 그 싸움을 싸우고 여호수아와 그 군대는 자신의 지시를 따를 것을 말씀하셨습니다. 이스라엘 백성은 말씀하신 대로 순종하여 여리고 성을 돌았고 그 결과 도저히 무너질 것 같지 않았던 여리고 성은 무너졌습니다. 이 싸움은 철저히 하나님께 승리가 달렸음을 알려주는 싸움이었습니다. 앗수르의 185,000명이 예루살렘을 포위하고 있을 때 이사야와 히스기야는 하나님께 기도하였습니다. 힘의 논리라면 앗수르가 손쉽게 이길 수 있는 싸움이었지만, 하나님께서 당신의 사자를 보내 하룻밤 새 185,000명을 죽이시고 앗수르왕 산헤립은 본국으로 돌아가 암살을 당하게 하셨습니다.

우리의 싸움은 혈과 육의 싸움이 아니라 정세와 권세와의 싸움이라고 하신 주님의 말씀과 너희는 담대하라 내가 세상을 이기었노라고 하신 말씀을 기억합시다. 우리는 이깁니다. 이 땅에 사는 동안 사탄의 공격이 심하고 그 핍박으로 인하여 많이 고통스럽다 하더라도 주님께서 우리와 함께하시는 한 반드시 이깁니다.

싸움의 승패는 주님께 달려 있습니다. 여호수아 앞에 나타난 군대 장관을 향해 여호수아 물었습니다. "(수 5:13) 너는 우리를 위하느냐 우리의 대적을 위하느냐?"고 말입니다. 이에 군대 장관은 말하기를 "(수 5:14) 아니라 나는 여호와의 군대 장관이라"라고 했습니다. 여기서 여호수아는 하나님을 자신을 위해 일하는 존재로 만들려고 했다면, 하나님은 반대로 여호수아가 하나님의 편이 되기를 원하셨습니다. 다시 말씀드리면, 하나님이 우리 편이 되어 주셔서 우리가 원하는 방식으로 승리하는 것이 아니라, 우리가 하나님의 편이 되어 하나님께서 원하시는 방법으로 승리하기를 원하십니다.

8절 말씀의 지금은 없다고 한 것처럼 우리의 승리는 어린양의 이김에 근거합니다. 또한, 10절의 하나는 있다고 한 말씀처럼 사탄은 지금도 권세를 가지고 성도를 공격합니다. 이러한 상황 속에 사는 우리는 어린양의 승리에 힘입어 사탄과 싸워 이기는 성도가 됩시다.

44. 내 백성아 거기서 나오라
요한계시록 18장 1-24절

17장에서는 음녀의 심판을 말했다면 18장에서는 큰 성 바벨론의 심판을 말씀합니다. 이 둘은 같은 내용을 설명하고 있습니다. 이 바벨론은 교회를 핍박하고 유혹하여 하나님을 대적하게 했던 존재입니다. 바벨론은 구약에서 이스라엘과 밀접한 관계를 맺고 있습니다. 바벨론은 문자적으로 "신들의 문"이라는 뜻이 있습니다. 이 바벨론은 홍수 이후에는 노아의 자손들이 바벨탑을 세워 하나님을 대항했던 장소였습니다. 이 성은 니므롯이 세웠습니다(창 10:9, 10). 니므롯은 함의 아들 구스의 소생입니다. 이 니므롯은 성경에서는 특이한 사냥꾼이라고 기록하고 있습니다. 또한, 바벨론의 신 담무스의 아버지로도 알려져 있습니다. 담무스는 니므롯과 세미라미스 사이에서 태어났습니다. 이러한 바벨론의 신앙은 전 세계로 흩어졌는데 가나안 땅에서는 담무스가 바알로, 애굽에서는 오시리스로, 그리스로 가서는 제우스, 로마로 가서는 주피터로 나타났습니다.

그리고 바벨론은 신바벨론의 왕 느브갓네살에 의해 이스라엘 백성이 포로로 끌려가 고통을 당했던 땅입니다. 그래서 이사야 선지자는 이 성읍을 "강포한 곳"이라고 했고, 에스겔은 "피로 건축한 성읍"이라고 묘사했습니다. 그 이유는 지금까지 말씀드린 것처럼 우상숭배와 강포가 있었기 때문입니다. 이 바벨론은 일차적으로는 로마를 상징하고 시대를 초월하여 교회를 핍박하고 유혹하는 사탄의 세력을 상징합니다. 본문은 이러한 바벨론이 멸망할 것이라고 말씀합니다. 그러므로 본문을 통해 바벨론 심판에 대한 선언과 심판의 당위성 그리고 그 결과에 대해 보겠습니다. 또한, 그 심판에 대한 말씀 중에 성도들에게 하신 말씀도 보겠습니다.

본문은 큰 권세를 가진 천사가 내려와 힘센 음성으로 바벨론의 무너짐을 외치고 있습니다.

"(계 18:1) 이 일 후에 다른 천사가 하늘에서 내려 오는 것을 보니 큰 권세를 가졌는데 그의 영광으로 땅이 환하여지더라 (계 18:2) 힘찬 음성으로 외쳐 이르되 무너졌도다 무너졌도다 큰 성 바벨론이여 귀신의 처소와 각종 더러운 영이 모이는 곳과 각종 더럽고 가증한 새들이 모이는 곳이 되었도다"

읽은 대로 한 천사가 하늘에서 내려와 바벨론의 무너짐을 선포하고 있습니다. 여기서 "무너졌도다"라는 말은 "에페센"이라는 헬라어로 과거형입니다. 그러므로 바벨론이 무너졌다는 것은 이미 심판이 선언되었을 뿐만 아니라 심판을 받았음을 말씀합니다. 이것은 사데 교회를 향해 살았으나 죽었다는 표현과 같습니다. 바벨론을 향한 하나님의 오래 참으심이 이제 끝을 보입니다. 이렇게 두 번이나 무너졌다고 반복하고 과거형을 사용한 이유는 이 바벨론에 대한 심판은 분명하고 확실한 사건임을 의미합니다. 그런데 왜 바벨론이 이렇게 무너져야 할까요? 그것은 이 바벨론의 정체 때문입니다. 바벨론의 정체에 대해 본문에서 말하고 있습니다. 그것은 우리가 읽은 대로 "귀신의 처소와 각종 더러운 영이 모이는 곳과 각종 더럽고 가증한 새들이 모이는 곳"이었습니다. 여기서 "모이는 곳"이란 말은 "필라케"라는 말인데 이는 수호자라는 뜻과 감옥이라는 뜻이 있습니다.

　이 두 가지 의미 중에 본문은 수호자란 의미보다는 감옥이라는 의미가 더 어울립니다. 이 말은 16장에서 아마겟돈에 대해 말씀드릴 때 하나님이 교회를 대적하는 자들을 모아 심판하시는 장소의 의미로 말씀드렸습니다. 그와 같은 맥락에서 바벨론은 귀신과 각종 더러운 영이 모이는 곳으로 그들은 성도와 교회를 핍박하고 그 영혼을 사냥하기 위해 모였지만 결과적으로 그곳은 하나님의 심판을 받기 위해 모인 감옥 같은 장소가 되었습니다.

　바벨론은 온갖 귀신과 악한 영, 가증한 새들이 모여 있었을 뿐 아니라 하나님의 심판을 부르는 행위를 했습니다.

　"(계 18:3) 그 음행의 진노의 포도주로 말미암아 만국이 무너졌으며 또 땅의 왕들이 그와 더불어 음행하였으며 땅의 상인들도 그 사치의 세력으로 치부하였도다 하더라."

　본문은 바벨론 멸망의 원인을 네 가지로 말합니다. 먼저는 음행의 진노의 포도주로 말미암아 만국이 무너졌기 때문이라고 합니다. 이는 우리가 이미 계속해서 보아왔듯이 이 음행은 우상숭배를 말합니다. 이 말씀이 선포될 당시 로마는 우상숭배가 극에 달했습니다. 그리고 많은 사람에게 그것을 강요하고 따르지 않으면 생명을 빼앗는 짓을 일삼았습니다. 그러기에 바벨론은 멸망할 수밖에 없게 되었습니다. 이 우상숭배를 하나님은 너무나 싫어하십니다. 그래서 십계명의 첫 번째와 두 번째가 모두 우상숭배를 금하는 내용이며 신구약을 막론하고 우상숭배에 대해 엄하게 금하고 있습니다. 이 시대에도 많은 사람이 유무형의 우상을 숭배합니다. 이것은 하나님의 진노의 포도주를 마시는 행위임을 알아야 합니다. 그러므로 우상숭배하는 이 시대와 열방이 그것을 금하고 상천 하지의 유일하신 하나님을 섬기도록 하는 일에 힘을 쏟아야 합니다.

바벨론 멸망의 두 번째 원인은 사치와 극도의 치부 때문이라고 말합니다. 땅의 왕들이 바벨론의 영향으로 극도의 사치스러운 생활을 하였으며 상인들도 이들과 결탁해 치부하였습니다. 3절의 "사치"라는 말은 신약성경에 다섯 번 등장하는 단어인데 본서에만 세 번이 기록됩니다. 이 말의 헬라어 "스트레누스"라는 말로 "과잉된 부와 잉여물 때문에 생겨나는 교만과 방종과 음란한 삶"을 의미합니다. 이처럼 사치는 부의 축적으로만 가능합니다. 이 지나친 부의 축적은 자신을 교만하게 만들며 죄악의 유혹에 쉽게 넘어지게 합니다. 레드라는 신학자는 이 첫 번째와 두 번째 원인을 동시에 연결하여 생각했는데, 바벨론이 사람들에게 짐승을 숭배하도록 하는 수단으로 부를 준다고 말합니다. 큰 음녀 바벨론은 사람들을 짐승에게 경배하게 하려고 권세와 부와 사치를 약속하면서 유혹합니다.

12절을 보면 바벨론이 심판을 받아야 하는 이유가 치부와 사치였는데 그들이 거래하던 물건이 다시는 보이지 않겠다고 하는 중에 거래한 것이 "사람의 영혼"이라는 표현이 있습니다. 사실, 이 유혹은 현재도 마찬가지입니다. 하나님을 섬기는 것과 자신의 부 사이에서 고민하며 하나님께서 부를 주시면 주님의 뜻대로 살지만 그렇지 않고 하나님을 섬기는 것으로 인해 부를 잃으면 세상과 타협하고 심지어는 주님을 떠나는 일도 벌어지는 것이 현실입니다. 세상 사람은 차치하고 현재 성도 된 우리들의 모습일 때가 있습니다. 그러므로 우리는 사치와 치부를 멀리해야 합니다. 주님께서 우리에게 주신 부와 명예를 잘 관리할 줄 아는 지혜가 있어야 합니다. 그렇지 못하면 주신 부와 명예는 우리를 망하게 하는 원인이 될 수밖에 없습니다.

세 번째로 바벨론이 망하게 된 이유는 부로 인하여 교만해졌기 때문입니다.

"(계 18:7) 그가 얼마나 자기를 영화롭게 하였으며 사치하였든지 그만큼 고통과 애통함으로 갚아 주라 그가 마음에 말하기를 나는 여왕으로 앉은 자요 과부가 아니라 결단코 애통함을 당하지 아니하리라 하니"

바벨론의 부요는 사치를 낳았고 그 사치는 교만을 불렀습니다. 그들의 교만에 대해 본문에서 말하기를 "나는 여왕으로 앉은 자요 과부가 아니라 결단코 애통함을 당하지 아니하리라"라고 하고 있습니다. 바벨론은 자신을 가리켜 여왕이라고 합니다. 그러면서 말하기를 과부가 아니라 애통을 당하지 않을 것이라고 말합니다. 이러한 표현은 이사야 선지자의 글에 있는 말씀을 인용하였습니다. 이사야 46장은 바벨론 심판에 대한 묘사가 있고 그 뒤에 이은 47장이 바벨론을 왕국의 여주인(사 47:5)으로 묘사하며 본문과 같은 말을 합니다. 이사야 47장 8절에서 "그러므로 사치하고 평안히 지내며 마음에 이르기를 나뿐이라 나 외에 다른 이가 없도다 나는 과부로 지내지도 아니하며 자녀

502

를 잃어버리는 일도 모르리라 하는 자여 너는 이제 들을지어다"라고 하였습니다.

　이사야와 요한은 공통으로 바벨론은 현재의 부와 명예가 영원할 것이라고 한 것을 기록합니다. 바벨론은 비천해지거나 애통을 당하지 않을 것이라고 확신하고 있습니다. 이러한 교만은 타인을 무시하고 착취하는 행동으로 이어집니다. 심지어는 생명을 경시하고 물질이면 다 된다는 물질 만능에 빠지게 됩니다. 이러한 교만으로 인해 바벨론은 멸망할 수밖에 없었습니다. 교만을 하나님은 너무나 싫어하십니다. 잠언에서는 교만한 자를 하나님께서 미워하신다고 수도 없이 말씀합니다. 잠언서 14장 3절은 "미련한 자는 교만하여 입으로 매를 자청하고 지혜로운 자의 입술은 자기를 보전하느니라"라고 했으며, 잠언서 16장 18절은 우리가 잘 알고 있는 말씀인데 말씀하시기를 "교만은 패망의 선봉이요 거만한 마음은 넘어짐의 앞잡이니라"라고 하고 있습니다.

　하나님은 교만을 너무나 싫어하십니다. 그 이유는 교만한 자는 하나님 앞에서 절대로 무릎을 꿇지 못하기 때문이며, 하나님을 의지하지 않기 때문입니다. 주님께서 주신 것이 많다고 여기시는 분들은 특별히 겸손하시기 바랍니다. 지식과 학벌, 돈과 명예, 건강과 미모, 배경과 출신 등 모든 것이 교만으로 드러나지 않도록 스스로 겸비하여 하나님의 은혜가 넘치게 임하는 복이 있기를 바랍니다.

　네 번째로 바벨론이 멸망하게 되는 이유는 성도들의 피를 흘렸기 때문이라고 합니다.

"(계 18:24) 선지자들과 성도들과 및 땅 위에서 죽임을 당한 모든 자의 피가 그 성 중에서 발견되었느니라 하더라"

이 이유는 6장 10절에서 "어느 때까지 하시려 하나이까"라고 제단 아래에서 외쳤던 하나님의 말씀과 그들이 가졌던 증거로 말미암아 죽었던 이들에 대한 응답입니다. 이 말씀은 16장 6절에 세상이 대접심판을 받는 이유에 대해 말할 때도 있었습니다. 사도 요한 당시 로마는 성도들을 핍박했습니다. 어떤 이는 사자 굴에, 어떤 이는 검투사들의 제물로, 어떤 이는 화형장의 이슬로, 어떤 이는 관리들 정원의 등불로 죽어갔습니다. 하나님은 이러한 성도들이 흘리는 순교의 피를 잊지 않으실 뿐 아니라 순교자들과 성도의 눈물의 기도를 기억하셔서 반드시 보상하십니다. 하나님은 이러한 네 가지 이유로 바벨론을 심판하겠다고 합니다.

그러면서 본문은 바벨론의 심판이 순식간에 벌어질 것을 말씀합니다.

"(계 18:8) 그러므로 하루 동안에 그 재앙들이 이르리니 곧 사망과 애통함과 흉년이라 그가 또한 불에 살라지리니 그를 심판하시는 주 하나님은 강하신 자이심이라"

이 재앙에 대해 사망과 애통과 흉년, 그리고 불에 살라지겠다고 합니다. 이렇게 말씀하시는 이유는 그 심판이 철저하게 진행될 것이기 때문입니다. 그러면서 이 재앙의 기간을 말하는데 그것은 "하루 동안"입니다. 10절, 17절, 19절에서도 "한 시간에"라는 표현이 있습니다. 8절에서 "하루 동안"과 10절의 "한 시간에"는 "아무도 예측할 수 없는 순간의 시간"으로 모두 짧은 시간을 의미하는 말입니다. 이는 바벨론에게 임할 하나님의 심판이 순식간에 벌어질 것을 상징을 사용하여 말씀하고 있습니다. 하나님의 심판은 오래 걸리지 않습니다. 예고하고 오시지 않습니다. 몇 년 동안 준비할 시간이 없습니다. 평안하다 안전하다 할 때, 시집가고 장가가고 할 때, 갑작스레 임하여 인간들이 의지하고 힘으로 삼았던 모든 것을 일순간에 멸망하게 됩니다. 그러므로 우리도 생각해 보아야 합니다. 우리가 하나님 아닌 다른 것을 힘으로 삼고 있지 않은지 생각해 보아야 합니다. 하나님의 호흡 한 번이면 모두 사라질 것을 의지하고 있지 않은지 돌아보고 말씀 앞에 바로 서는 우리가 되어야 합니다.

이렇게 멸망하는 바벨론의 모습을 본문은 구체적으로 기록하고 있습니다.

"(계 18:21) 이에 한 힘 센 천사가 큰 맷돌 같은 돌을 들어 바다에 던져 이르되 큰 성 바벨론이 이같이 비참하게 던져져 결코 다시 보이지 아니하리로다 (계 18:22) 또 거문고 타는 자와 풍류하는 자와 퉁소 부는 자와 나팔 부는 자들의 소리가 결코 다시 네 안에서 들리지 아니하고 어떠한 세공업자든지 결코 다시 네 안에서 보이지 아니하고 또 맷돌 소리가 결코 다시 네 안에서 들리지 아니하고 (계 18:23) 등불 빛이 결코 다시 네 안에서 비치지 아니하고 신랑과 신부의 음성이 결코 다시 네 안에서 들리지 아니하리로다 너의 상인들은 땅의 왕족들이라 네 복술로 말미암아 만국이 미혹되었도다"

21절을 보면 한 힘센 천사가 등장합니다. 그는 5장 2절에서 일곱 인으로 봉한 책을 지키는 자로 나타났었고 10장 1절에서는 요한에게 책을 가져다주는 자로 등장했었습니다. 이러한 관계로 보건대, 힘센 천사는 이 예언의 말씀이 성취됨을 상징하는 존재입니다. 이러한 힘센 천사는 큰 맷돌 같은 돌을 들어 바다에 던지는 행위를 통해 바벨론이 심판받을 것을 말씀합니다. 그 결과 음악 소리가 끊어질 것이라고 함으로 바벨론에 기쁨이 사라질 것을 말하고, 세공업자가 보이지 않는다고 말함으로 모든 산업이 망할 것을 말하며, 맷돌 소리가 들리지 않는다고 하는데 이는 기근으로 음식이 떨어질 것을 말하며, 등불이 보이지 않는다는 것은 바벨론이 완전히 멸망한 것을 의미합니다. 이는 8절에서 사망과 애통과 흉년이라는 말과 같습니다. 이 바벨론이 얼마나 철저히 심판을 받게 될지에 대해 본문은 "결코 다시……. 아니하고"라는 표현을 무려 일곱 번이나 사용하고 있습니다.

바벨론에 대해 이렇게 심판받을 것이라고 말씀하시는 주님은 성도들에게 몇 마디 하십니다.

"(계 18:4) 또 내가 들으니 하늘로부터 다른 음성이 나서 이르되 내 백성아, 거기서 나와 그의 죄에 참여하지 말고 그가 받을 재앙들을 받지 말라"

하나님은 바벨론 멸망을 선포하시는 중에도 성도들에게 경고의 말씀을 하십니다. 그것은 우리가 읽은 대로 "내 백성아, 거기서 나와 그의 죄에 참여하지 말고 그가 받을 재앙들을 받지 말라"는 말입니다. 바클레이라는 신학자는 본 절의 "나와"라는 창세기 12장 1절에서 아브라함에게 "본토, 친척, 아비집을 떠나 내가 지시하는 곳으로 가라"라는 명령과 창세기 19장 12절부터 14절에서 아브라함의 조카 롯에게 "일어나 소돔을 떠나라"라는 명령, 그리고 고린도후서 6장 14절에서 바울이 "믿지 않는 자와 멍에를 같이 하지 말라"는 말씀과 같은 의미라고 했습니다. 성경의 여러 곳에서 바벨론과 세상으로부터 나오라고 말씀합니다. "(사 52:11) 너희는 떠날지어다 떠날지어다 거기서 나오고 부정한 것을 만지지 말지어다 그 가운데에서 나올지어다 여호와의 기구를 메는 자들이여 스스로 정결하게 할지어다, (슥 2:7) 바벨론 성에 거주하는 시온아 이제 너는 피할지니라, (고후 6:17) 그러므로 너희는 그들 중에서 나와서 따로 있고 부정한 것을 만지지 말라"라고 말입니다.

우리는 이미 세상으로부터 나온 존재들입니다. 그러므로 세상과 다른 가치관, 세상과 다른 목표, 세상과 다른 즐거움을 추구하는 존재가 되었습니다. 그러기에 본문의 "나와"와 "참여하지 말고"라는 말씀은 이 시대를 사는 우리에게도 아주 중요한 말씀입니다. 먼저는 죄의 자리에서 나와야 합니다. 죄를 이기는 가장 지혜로운 방법은 죄의 자리를 떠나는 것입니다. 그래서 시편 1편은 "복 있는 사람은 악인의 꾀를 쫓지 아니하며 죄인의 길에 서지 아니하며 오만한 자의 자리에 앉지 아니하고"라고 하였습니다. 죄 짓는 자리에 있으면서 죄 안 짓기를 바라는 것이 얼마나 힘든 일이며 때로는 무모한 일인지 우리는 잘 압니다. 이는 마치 시궁창에 발을 들여놓고 더러운 것이 몸에 묻지 않기를 바라는 것과 같습니다. 그러므로 가장 지혜로운 것은 할 수만 있으면 죄의 자리를 떠나는 것입니다. 그러나 어쩔 수 없이 그 자리에 있어야 할 때가 있습니다. 사실 우리가 사는 삶 자체가 죄가 가득한 곳입니다. 우리는 하나님을 경외하지 않는 직장에 있을 수 있습니다. 우리는 음란하고 온갖 죄로 가득한 거리를 걸어야 합니다. 원치 않지만, 동료들과 회식 자리에 앉기도 해야 하고, 편법과 불법을 행하는 것이 지혜로운 행위라고 여기는 사람들과 함께 있어야 합니다. 그러한 우리에게 본문은 분명히 그것에 참여하지 말라고 말합니다.

사실 거룩하고 바른 것보다는 세속적이고 바르지 않은 것에 물드는 것이 훨씬 빠릅니다. 오랫동안 하나님의 말씀으로 훈련이 된 사람도 순식간에 죄에 물들어 버리는 경우가 있습니다. 이스라엘 백성들을 보면 그것을 잘 알 수 있습니다. 이스라엘 백성들이 애굽에서 나와 40년 동안 광야에서 하나님을 경험하고 그분의 말씀을 배웠습니다. 그러나 그들이 모압 광야에서 음란한 여인들의 유혹에 속수무책으로 순식간에 넘어가는 것을 보면 거룩한 것보다는 거룩하지 않은 것의 전염성이 훨씬 빠르다는 사실을 알 수 있습니다.

그러기에 참여하지 말라는 말이 얼마나 힘든 요구인지 알 수 있습니다. 그래서 요한이 당시의 성도들이 짐승에게 절하지 않고 그들의 요구에 순응하지 않기 위해서는 "성도의 인내"가 필요하다고 합니다. 심지어 죽을 수도 있기에 "주 안에서 죽는 자가 복이 있도다"라고 하였습니다. 그러기에 본문의 말씀처럼 죄에 참여하지 않는 것이 얼마나 어려운 일인지 알 수 있습니다. 그런데도 그렇게 해야 합니다. 이렇게 말씀하시는 이유는 죄에서 나오지 않고 그 죄에 참여하면 심판이 있기 때문입니다. 그래서 본문은 그의 받을 재앙을 받지 말라고 하

508

십니다. 소돔과 고모라가 멸망할 때 롯의 가족들이 그곳에서 나왔기에 재앙을 받지 않은 것과 같습니다. 여리고 성이 무너질 때 라합이 성에서 빼낸 사람들을 자신의 집에 모아 놓은 것과 같습니다. 우리는 주님의 백성입니다. 그러므로 우리는 하나님의 구속하심을 입고 영원한 구원을 선물로 받은 존재들입니다. 이러한 우리는 그 정체성에 맞게 세상의 죄악에서 나오고 그 죄에 참여하지 않는 성도가 되어야 합니다. 그뿐만 아니라 우리 주변에 아직도 주님을 알지 못하여 죄 가운데 있으며 죄에 참여하는 많은 사람에게 복음을 전하여 그들이 이 두려운 심판을 당하지 않게 합시다.

45. 할렐루야
요한계시록 19장 1- 10절

18장에서 바벨론 심판을 말씀하신 주님은 19장부터는 성도의 승리와 영광에 관해 말씀하고 있습니다. 우리는 "할렐루야"라는 제목으로 말씀을 보겠습니다. "할렐루야"라는 말은 "여호와를 찬양하라"라는 말입니다. 이 단어는 구약에서는 15편의 시편에서만 20회 사용되었고, 신약에서는 본문 19장에서만 4회 기록되고 있습니다. 할렐루야라는 말은 환희, 승리, 감사를 표현할 때 사용하는데 이 바탕에는 하나님께 대한 감사와 영광이 자리 잡고 있습니다. 이 할렐루야라는 말을 본 장에서 많이 사용한 이유는 본 장이 그리스도와 그에게 속한 자들에게 종국적인 승리가 주어지고 있기 때문입니다.

저는 개인적으로 요한계시록을 크게 세 부분으로 나누어 생각하는데 다음과 같습니다. 1장부터 3장은 편지의 수신자인 일곱 교회에 대해 기록하며 이기라고 격려하고 있고, 4장부터 18장까지는 교회가 당할 환난과 대적들의 멸망에 대해 기록하고 있으며, 19장부터 22장까지는 성도의 승리와 영광에 대해 기록하고 있습니다.

16장에서 일곱 개의 대접이 쏟아져 세상 심판을 묘사하고 그것을 구체적으로 17장과 18장에서 음녀와 바벨론의 멸망을 기록하였고 그 심판으로 인하여 그들의 비탄의 소리가 들렸다면, 본문에서는 구원받은 허다한 무리의 찬양 소리가 들려옵니다. 그 이유는 하나님의 심판이 의로우실 뿐 아니라 그 심판으로 하나님의 통치하심과 어린양의 혼인 잔치가 열리게 된 것 때문입니다. 19장을 본격적으로 들어가기 전에 알아 두어야 할 것은 17장과 18장의 멸망과 19장의 혼인 잔치,

510

그리고 그리스도인의 승리와 영광은 시간의 흐름에 따라 기록한 것이 아니라는 사실입니다. 다시 말씀드리면 그리스도의 승리로 사탄과 그의 졸개들은 심판으로 멸망 당하고, 그리스도를 따르는 자들은 그리스도와 혼인 관계에 있는 존재로서 영광 가운데 있음을 알려줍니다.

19장은 세 가지 이야기를 진행하고 있습니다. 먼저는 하나님을 찬양하는 부분이고, 두 번째는 혼인 잔치에 관한 이야기입니다. 그리고 나머지 하나는 그리스도의 승리를 말합니다. 여기에서는 하나님을 찬양하는 부분과 그리스도와 성도의 혼인 잔치에 대해 보겠습니다.

"(계 19:1) 이 일 후에 내가 들으니 하늘에 허다한 무리의 큰 음성 같은 것이 있어 이르되 할렐루야 구원과 영광과 능력이 우리 하나님께 있도다 (계 19:2) 그의 심판은 참되고 의로운지라 음행으로 땅을 더럽게 한 큰 음녀를 심판하사 자기 종들의 피를 그 음녀의 손에 갚으셨도다 하고"

요한은 하늘에 허다한 무리의 큰 음성 같은 것을 들었습니다. 본문에서 하늘에 허다한 무리의 찬양은 7장 9절과 10절에서 "능히 셀 수 없는 큰 무리가 나와 흰옷을 입고 손에 종려 가지를 들고 보좌 앞과 어린 양 앞에서 서서 큰 소리로 외쳐 구원하심이 보좌에 앉으신 우리 하나님과 어린양께 있도다"라고 한 것을 다시 묘사하는 내용입니다. 그래서 본 절에서도 7장 10절의 찬양처럼 그들은 큰 음성으로 찬양하기를 "할렐루야 구원과 영광과 능력이 우리 하나님께 있도다"라고 합니다. 구원받은 자들이 한 찬양에서 첫 번째 "할렐루야"가 등장합니다. 이들이 "할렐루야"라고 노래한 이유가 있습니다. 그것은 1절과 2절을 통해서 보면 두 가지 내용인 것을 알 수 있습니다. 먼저 1절 후반의 "할렐루야 구원과 영광과 능력이 우리 하나님께 있도다"라고 한 찬양은 성도를 구원하신 것에 대한 찬양입니다. 그리고 또 하나의 이유는 2절의 "그의 심판은 참되고 의로운지라 음행으로 땅을 더럽게 한 큰 음녀를 심판하사 자기 종들의 피를 그 음녀의 손에 갚으셨도다"라고 한 것처럼 16장부터 18장까지 이어졌던 대적을 심판하신 것에 대한 찬양입니다.

할렐루야라는 말이 시편에서, 그리고 이스라엘 사람들의 입에서 나올 때의 상황은 이 두 가지 내용일 때입니다. 이 사실은 구약에서 할렐루야라는 단어가 등장하는 열다섯 개의 시편이 증명합니다. 이 열다섯 편의 시편 중에 처음으로 등장하는 시편 104편은 "(시 104:35) 죄인들을 땅에서 소멸하시며 악인들을 다시 있지 못하게 하시리로다 내 영혼아 여호와를 송축하라 할렐루야"라고 하여 주의 백성의 승리와 대적을 심판하심에 대해 외치고 있습니다. 유대인들은 구약에서 할렐루야라는 단어가 기록된 열다섯 편의 시편을 유월절과 초막절에 낭독하였습니다. 유월절은 장자를 치시는 것으로 애굽을 심판하시고 그 백성들을 구원하신 날을 기억하고 감사하는 절기이고, 초막절은 그들을 광야에서 보호하신 것뿐만 아니라, 가나안에 들어가 짓지 않은 집에 살게 하시고 심지 않은 과실을 먹게 하신 것을 기억하며 감사하는 절기입니다. 이런 때 열다섯 개의 할렐루야 시를 낭독하게 한 이유는 이 시들이 대적을 심판하심과 주의 백성을 구원하신 것에 대한 찬양이기 때문입니다. 그러니까 첫 번째 등장한 할렐루야 찬양은 음녀를 심판하여 주님의 종들이 피를 흘린 것에 대한 심판과 구원에 감사하며 영광을 돌리는 성도들의 찬양입니다.

이제 두 번째와 세 번째 할렐루야 찬양을 봅시다.

"(계 19:3) 두 번째로 할렐루야 하니 그 연기가 세세토록 올라가더라 (계 19:4) 또 이십사 장로와 네 생물이 엎드려 보좌에 앉으신 하나님께 경배하여 이르되 아멘 할렐루야 하니 (계 19:5) 보좌에서 음성이 나서 이르시되 하나님의 종들 곧 그를 경외하는 너희들아 작은 자나 큰 자나 다 우리 하나님께 찬송하라 하더라"

첫 번째 할렐루야의 이유가 대적을 심판하고 성도를 구원하신 것에 대한 찬양이라면, 두 번째와 세 번째 할렐루야는 모든 사람에게 하나님을 찬양할 것을 요청합니다. 그리고 첫 번째 할렐루야 찬양이 허다한 무리의 찬양이었다면, 두 번째와 세 번째 할렐루야는 24 장로와 생물들의 찬양입니다. 이 찬양은 4장에서 이미 있었습니다. "(계 4:9) 그 생물들이 보좌에 앉으사 세세토록 살아 계시는 이에게 영광과 존귀와 감사를 돌릴 때에 (계 4:10) 이십사 장로들이 보좌에 앉으신 이 앞에 엎드려 세세토록 살아 계시는 이에게 경배하고 자기의 관을 보좌 앞에 드리며"라고 찬양했습니다.

3절을 보면 할렐루야라고 하면서 "그 연기가 세세토록 올라가더라"라고 합니다. 그 연기는 무엇일까요? 다른 번역본들은 "그 여자(창녀)를 태우는 연기"라고 했습니다. 이 연기는 2절에서 큰 음녀의 심판때 날 것이고 그 심판에 대한 찬양이 이어지고 있습니다. 그런 와

중에 24 장로와 네 생물이 보좌에 앉으신 하나님께 경배하며 "할렐루야"를 외치고 있습니다.

이어서 4절에 또다시 할렐루야를 외치고 있는데 그 이유를 5절은 말하기를 "보좌에서 음성이 나서 이르시되 하나님의 종들 곧 그를 경외하는 너희들아 작은 자나 큰 자나 다 우리 하나님께 찬송하라 하더라"라고 합니다. 보좌에서 음성이 나서 말하기를 "그를 경외하는 너희들아 작은 자나 큰 자나 다 우리 하나님께 찬송하라"라고 합니다. 이렇게 하나님을 찬송하라고 요구하는 이유는 앞에서 허다한 무리가 노래했듯이 "구원과 영광과 능력이 우리 하나님께 있도다"라고 한 것 때문입니다.

이렇게 요구하는 것은 14장에서 천사가 외친 "(계 14:7) 그가 큰 음성으로 이르되 하나님을 두려워하며 그에게 영광을 돌리라 이는 그의 심판의 시간이 이르렀음이니 하늘과 땅과 바다와 물들의 근원을 만드신 이를 경배하라 하더라 (계 14:8) 또 다른 천사 곧 둘째가 그 뒤를 따라 말하되 무너졌도다 무너졌도다 큰 성 바벨론이여 모든 나라에게 그의 음행으로 말미암아 진노의 포도주를 먹이던 자로다 하더라 (계 14:9) 또 다른 천사 곧 셋째가 그 뒤를 따라 큰 음성으로 이르되 만일 누구든지 짐승과 그의 우상에게 경배하고 이마에나 손에 표를 받으면 (계 14:10) 그도 하나님의 진노의 포도주를 마시리니 그 진노의 잔에 섞인 것이 없이 부은 포도주라 거룩한 천사들 앞과 어린 양 앞에서 불과 유황으로 고난을 받으리니 (계 14:11) 그 고난의 연기가 세세토록 올라가리로다 짐승과 그의 우상에게 경배하고 그의 이름 표를 받는 자는 누구든지 밤낮 쉼을 얻지 못하리라 하더라"라고 한 것과 같습니다. 그러니까 3절부터 5절까지 있는 할렐루야는 구원과 심판의 하나님을 찬양함과 동시에 모든 믿는 자들에게 환난과 어려움 속에서도 오직 하나님만을 찬송하라고 요청하고 있음을 알 수 있습니다.

이렇게 세 번의 할렐루야가 구원과 심판, 그리고 경배하는 "할렐루야"였다면 네 번째 "할렐루야"는 하나님의 통치하심에 대한 찬양입니다.

"(계 19:6) 또 내가 들으니 허다한 무리의 음성과도 같고 많은 물소리와도 같고 큰 우렛소리와도 같은 소리로 이르되 할렐루야 주 우리 하나님 곧 전능하신 이가 통치하시도다 (계 19:7) 우리가 즐거워하고 크게 기뻐하며 그에게 영광을 돌리세 어린 양의 혼인 기약이 이르렀고 그의 아내가 자신을 준비하였으므로 (계 19:8) 그에게 빛나고 깨끗한 세마포 옷을 입도록 허락하셨으니 이 세마포 옷은 성도들의 옳은 행실이로다 하더라 (계 19:9) 천사가 내게 말하기를 기록하라 어린 양의 혼인 잔치에 청함을 받은 자들은 복이 있도다 하고 또 내게 말하되 이것은 하나님의 참되신 말씀이라 하기로 (계 19:10) 내가 그 발 앞에 엎드려 경배하려 하니 그가 나에게 말하기를 나는 너와 및 예수의 증언을 받은 네 형제들과 같이 된 종이니 삼가 그리하지 말고 오직 하나님께 경배하라 예수의 증언은 예언의 영이라 하더라"

네 번째 할렐루야는 6절에서 말하고 있듯이 "할렐루야 주 우리 하나님 곧 전능하신 이가 통치하시도다"라고 하고 있습니다. 하나님이 이렇게 심판하신 후에 하나님의 영원한 통치가 있게 됩니다. 더는 공중권세 잡은 사탄의 영향은 없게 된다는 의미입니다. 하나님의 통치는 이미 전 역사 속에 존재했습니다. 그리고 예수님의 초림과 함께 하나님 나라가 임하였고 그 나라는 지금도 계속되고 있으며 앞으로도 영원합니다. 그리고 그 나라는 주님의 통치 아래에 있습니다. 이는 예수님께서 십자가에서 승리하심으로 우리에게 임하였습니다. 세례 요한과 예수님은 "회개하라 천국이 가까웠다"라는 말을 사역의 시작 부분에서 했습니다. 천국은 하나님의 통치가 있는 나라를 말합니다. 이 통치는 믿지 않는 자들에게는 심판으로, 믿는 자들에게는 동행과 동거하심으로 성취되었습니다. 예수님의 이름 중에 "임마누엘"이 그것입니다. 하나님의 성령이 우리 안에 거하심으로 이 이름은 성취되었고 그 결과로 우리 안에서 하나님의 통치가 이루어졌습니다.

이렇게 하나님이 통치하신다고 한 찬양은 뒤 이어 이 통치가 어떤 식으로 이루어지는지 말씀해 줍니다. 그것은 혼인입니다. 주님의 통치는 혼인을 통해 이루어졌습니다. 신랑이신 예수님과 신부인 성도의 혼인을 통해 주님의 완벽한 동행과 동거가 이루어졌습니다. 주인이 종을 대하듯 하지 않습니다. 힘 있는 권력자가 무력한 백성들을 권력으로 다스리는 것을 말하지 않습니다. 온전한 사랑의 관계를 통해 인격적으로 이끌어 주시는 것이 하나님의 통치입니다.

또한, 하나님의 통치는 새로운 것이 아니라 잃어버린 하나님의 나라 회복입니다. 하나님 나라와 그의 통치가 온전히 이루어지기 위해서는 "어린양의 혼인"이 이루어져야만 합니다. 왜냐하면, 어린양의 신부는 하나님의 백성들이기 때문입니다. 이 말씀은 창세기 1장과 2장의 성취입니다. 태초에 하나님께서는 세상을 창조하셨습니다. 그중에서 하나님과 교제의 대상으로 사람을 하나님의 형상대로 지으셨습니다. 그리고 아담과 하와를 짝지어주셔서 에덴에 두심으로 하나님의 나라를 건설하셨습니다. 그러나 인간의 범죄로 하나님과 분리가 일어났고 이 분리를 사망이라고 합니다. 이 분리는 어린양이신 예수님의 구속적 죽음으로 말미암아 회복되었습니다. 이를 혼인 관계로 묘사했습니다. 이렇게 혼인이란 이미지로 말씀하신 것은 부부를 가리켜 "두 몸이 합하여 하나가 된다."라는 말씀이 의미하듯이 깨어졌던 관계가 "연합"된 것에 있기 때문입니다.

바벨론의 멸망에 대해 17장과 18장에서 말하고 19장에서는 그 일을 이루신 하나님을 찬양하는 중에 혼인 잔치에 대해 말씀하고 있다는 것은 바벨론의 멸망과 혼인 잔치 사이에 밀접한 관계가 있음을 알 수 있습니다. 그것은 신랑이신 그리스도께서 바벨론을 멸망시킴으로 더는 신부인 교회가 더럽힘을 당하지 않아도 되며 동시에 신랑 되신 예수 그리스도와 완전한 연합, 연합의 완성을 이룰 수 있다는 말입니다. 그래서 본문은 "혼인 기약이 이르렀고"라고 합니다. 여기서 혼인 기약이 이르렀다고 한 말은 결혼예식이 임박했고 그것이 진행된다는 사실을 선포하는 의미가 있습니다. 유대인의 결혼식 풍습에 신랑이 오게 되면 "(마 25:6) 보라 신랑이로다 맞으러 나오라"라고 한 것과 같습니다. 이 일은 주님의 초림으로 성취되었으며 성령 강림으로 성도에게 적용되었고, 재림으로 완성됩니다.

이렇게 혼인 기약이 가까이 이른 때에 "그의 아내가 자신을 준비시켰다"라고 합니다. 교회는 이 순간을 위해 그 고난의 시간을 통과했습니다. 그 시간을 통해 짐승에게 절하지 않고 그 표를 받지 않기 위해 인내했으며 심지어는 죽기까지 했습니다. 아내인 신부는 신랑이 처소를 예비하고 오겠다고 한 약속을 믿고 기다립니다. 그것을 가리켜 본문은 "그 아내가 자신을 준비시켰다"라고 하였습니다. 그런데 이렇게 신부가 자신을 준비한 것이 온전치 않은 것이 문제입니다. 고난의 시간을 통과하고 짐승에게 절하지 않으며 표를 받지 않고 죽기까지 충성했다고는 하나 때로는 넘어지고 때로는 무릎 꿇는 일이 많습니다. 그렇다면 이런 신부의 모습은 온전히 자신이 준비한 것일까요? 그렇지 않습니다. 그래서 신부가 자신을 준비한 것의 시작과 완성은 그리스도의 보혈로 씻은 옷을 입은 것입니다. 그것이 시작이었고 그것이 성도를 싸움할 수 있게 했으며, 그것이 신부 준비의 완성입니다.

그러기에 8절에서 신부의 복장에 대해 다음과 같이 말씀하고 있습니다. 그것은 "그에게 빛나고 깨끗한 세마포 옷을 입도록 허락하셨으니 이 세마포 옷은 성도들의 옳은 행실이로다"라는 말씀입니다. 신부가 입고 있어야 할 옷이 있는데 그것은 깨끗한 세마포입니다. 그것은 순결을 상징합니다. 그런데 이 옷은 신부 스스로가 입은 것이 아닙니다. 그 입은 것이 능동이 아니라 수동이라는 것에 주목해야 합니다. 이 말은 신부가 입은 예복인 세마포는 신랑이 입게 했다는 것입니다. 이와 같은 표현이 이미 이사야 61장 10절에 있습니다. 하나님께서 이스라엘 백성들을 바벨론의 포로에서 해방시켜 구원해 주신 것에 대해 기록하면서 말씀하시기를 "내가 여호와로 말미암아 크게 기뻐하며 내 영혼이 나의 하나님으로 말미암아 즐거워하리니 이는 그가 구원의 옷을 내게 입히시며 공의의 겉옷을 내게 더하심이 신랑이 사모를 쓰며 신부가 자기 보석으로 단장함 같게 하셨음이라"라고 하셨습니다.

이스라엘 결혼 문화를 알면 이 세마포, 즉 예복이 하나님의 은혜라는 사실을 알 수 있습니다. 이스라엘 사람들은 결혼예식에 참여하는

518

모든 자에게 주인이 예복을 준비해 두어 그것을 입고 잔치에 참여하게 했습니다. 또한, 주인이 준비해 둔 예복을 입지 않으면 잔치에 참여할 수 없었습니다. 그래서 마태복음 22장은 혼인예식에 초청을 받은 사람이 예복을 입지 않았다고 쫓겨나는 장면이 있는 것입니다. 이를 영적으로 표현하면, 하나님의 은혜가 아닌 자신의 의로는 잔치에 참여할 수 없음을 의미합니다. 이 신부가 입은 거룩한 행실인 세마포는 주님께서 입혀 주셨습니다. 주님께서 피를 흘려주심으로 우리의 모든 죄악을 담당하셨고 그 은혜를 입고 그 사랑에 감격한 주의 백성들이 주님의 말씀을 지켜 얻은 결과물입니다. 다시 말씀드리지만, 우리 자신의 의를 가지고 어린양과 결혼하려 한다면 그것은 절대 불가능합니다. 우리 스스로는 구원받지 못하며 어린양의 잔치에 참여할 수 없습니다.

그래서 바울은 빌립보서 3장 9절에서 "그 안에서 발견되려 함이니 내가 가진 의는 율법에서 난 것이 아니요 오직 그리스도를 믿음으로 말미암은 것이니 곧 믿음으로 하나님께로부터 난 의라"라고 증거했습니다. 인간의 행위의 의는 불완전합니다. 이사야는 인간의 의가 더러운 옷 즉 누더기 옷과 같다고 말했습니다(사 64:6). 오직 예수께서 주신 의만이 완전하고 영광스럽습니다. 성도의 행실은 그 의에 비하면 보잘것없으며 또 영광스럽지도 못합니다. 특별히 이 세마포, 즉 성도의 옳은 행실은 요한계시록을 통해 본다면 짐승에게 절하지 않고 믿음을 지킨 것을 말합니다. 14장 4절도 "이 사람들은 여자(음녀; 17:1)로 더불어 더럽히지 아니하고 정절이 있는자라"고 말씀했습니다. 하나님의 은혜를 입은 주의 백성들은 주님의 은혜로 믿음을 지킵니다. 이는 하나님의 사랑과 예수 그리스도의 은혜, 성령의 도우심으로 가능합니다.

이어서 본문은 "혼인 잔치에 청함을 받은 자들이 복이 있다"라고 합니다. 청함을 받았다는 말을 로마서에서는 다음과 같이 기록합니다. "(롬 8:30) 또 미리 정하신 그들을 또한 부르시고 부르신 그들을 또한 의롭다 하시고 의롭다 하신 그들을 또한 영화롭게 하셨느니라"라고 하였습니다. 여기서 "부르신 사람"에 대해 말하는데 그는 본문에서 "청함을 받은 자"입니다. 어떤 이들은 혼인 잔치에 청함을 받은 자들을 신부와 다른 존재로 말하며 이들을 부끄러운 구원을 받은 자라고 합니다. 하지만 그렇지 않습니다. 신부와 청함을 받은 자는 같은 존재의 다른 표현일 뿐입니다. 어린양의 신부와 청함을 받은 자들은 다른 사람이 아니라 같은 성도입니다.

이 이야기 속에 놀라운 호칭이 있습니다. 그것은 "어린양"입니다. 이렇게 처음부터 끝까지 예수님을 어린양이라고 한 것은 어린양의 대속으로 우리가 신부가 되었기 때문입니다. 이 영광스러움이 가능하게 된 것은 "(벧전 1:18-19) 은이나 금같이 없어질 것으로 한 것이 아니요 오직 흠 없고 점 없는 어린양 같은 그리스도의 보배로운 피로" 되었기 때문입니다. 이렇게 놀라운 일 앞에서 요한은 이 말을 전한 천사에게 엎드려 경배하려 했습니다. 이때 천사는 "오직 하나님께 경배하라"라고 말합니다.

이 장의 제목이 "할렐루야"입니다. 이 말은 "여호와를 찬양하라"입니다. 정말로 하나님은 찬송 받으시기에 합당한 분이십니다. 그러므로 우리도 우리 대적인 사탄을 심판하신 것으로 인하여 "할렐루야"라고 외치고, 억만 죄악과 심판에서 건지신 하나님을 "할렐루야"로 찬양합시다. 나아가 이 땅의 모든 사람에게 하나님의 구원을 전하고 그들로 하나님을 "할렐루야"로 찬양하게 합시다. 또한, 어린양의 신부로서 하나님의 통치가 온전히 이루어지는 성도의 삶이 됩시다.

46. 백마 탄 자와 하늘에 있는 군대
요한계시록 19장 11-21절

19장 1절부터 10절까지의 말씀을 통해 "할렐루야"라는 제목으로 은혜를 나누었습니다. 하나님의 백성들을 구원하심과 대적들을 심판하심, 그리고 하나님의 통치에 대하여 구원받은 성도들과 생물들 그리고 장로들이 찬송하는 모습을 보았습니다. 이 장에서는 할렐루야 찬송 후에 요한이 본 모습에 관해 보겠습니다.

"(계 19:11) 또 내가 하늘이 열린 것을 보니 보라 백마와 그것을 탄 자가 있으니 그 이름은 충신과 진실이라 그가 공의로 심판하며 싸우더라"

요한은 하늘이 열린 것을 보았습니다. 이는 하나님의 일하심에 대해 요한을 대표로 하여 모든 성도에게 보여주고 있는 장면입니다. 그것은 그리스도와 성도의 승리, 그리고 대적의 심판에 대한 것입니다. 앞에서 할렐루야 찬송의 내용처럼 대적의 심판과 성도의 구원 그리고 그리스도의 통치에 대한 것입니다. 이 묘사에서 오해가 있습니다. 그것은 백마 탄 자에 대한 해석입니다. 6장 1절과 2절에서 첫 번째 인을 떼었을 때 등장했던 백마 탄 자와 같은 존재로 보는 해석입니다. 그렇지 않습니다. 6장의 백마 탄 자는 면류관을 받았으나 본문의 백마 탄 자는 많은 면류관이 있으며, 6장의 백마 탄 자는 활을 가지고 이기고 또 이기려는 자인 성도를 말하지만, 본 장의 백마 탄 자는 흰옷을 입고 철장과 예리한 검을 가지고 싸우며, 백마를 탄 자들이 따르는 그리스도를 가리킵니다. 이것은 뒤에서 더 자세히 보도록 하겠습니다.

이제 본문이 말하고 있는 그리스도에 대한 묘사를 구체적으로 살펴보겠습니다. 먼저 그리스도의 이름에 대해 말해 줍니다. 그것은 충신, 진실입니다. 여기서 "충신"이라는 말은 헬라어로 "피스토스"인데 이는 "신실한 자, 충성된 자"라는 말입니다. 본서 1장 5절에도 "또 충성된 증인으로 죽은 자들 가운데에서 먼저 나시고 땅의 임금들의 머리가 되신 예수 그리스도로 말미암아 은혜와 평강이 너희에게 있기를 원하노라"라고 할 때 쓰였습니다. 예수 그리스도는 하나님 아버지께서 주신 사명을 충성되게 감당하셨고 하나님의 율법에 근거하여 충성되게 심판하실 분임을 말씀합니다. 그 결과 아버지께서 주신 사명인 택한 백성들을 하나도 잃어버리지 않고 다 영생에 이르도록 구원하는 일을 완성하신 분이십니다.

또한 "진실"이라는 말은 헬라어로 "알레디노스"인데 이는 "참된 자"라는 뜻입니다. 예수 그리스도는 진리 자체이시고 참되신 분이십니다. 3장 14절에서 "라오디게아 교회의 사자에게 편지하기를 아멘이시요 충성되고 참된 증인이시요 하나님의 창조의 근본이신 이"라고 했습니다. 주님은 충성되고 진실하신 분이십니다. 이 충성과 진실이라는 이름은 오직 예수님께만 온전하게 쓰일 수 있는 단어입니다. 인간을 비롯한 그 어떤 피조물도 온전히 충성되거나 진실하지 못합니다. 오직 예수님만이 충성되고 진실하신 분이십니다.

이어지는 공의로 심판하며 싸우더라는 말은 첫 번째 할렐루야 찬양의 이유였던 심판이 "(계 19:2)그의 심판은 참되고 의로운지라 음행으로 땅을 더럽게 한 큰 음녀를 심판하사 자기 종들의 피를 그 음녀의 손에 갚으셨도다"라고 한 것과 같이 그리스도의 심판의 공정성에 대한 묘사입니다. 그래서 그리스도가 세상을 심판하심이 공의로운 행위임을 분명히 합니다. 주님은 사사로운 정에 치우치지 않습니다. 오직 약속의 법에 근거하여 심판하실 뿐입니다. 그렇다면 제가 언급한 약속의 법이란 무엇일까요? 그것은 행위에 근거한 것이 아니라 하나님의 약속에 근거한 법이란 뜻입니다. 이 약속의 법은 공의의 법을 포함합니다. 그 이유는 죄의 삯은 사망인데 인간은 자신이 지은 죄에 대한 삯을 지불할 능력이 없어 예수님께서 대신 지불하셔서 죄의 삯은 사망이라는 공의를 만족시키셨기 때문입니다. 그래서 그 약속을 믿는 자에게 구원을 주시고 그렇지 않은 자를 심판하십니다. 그러기에 약속의 법에 근거한 공의의 심판을 하십니다. 한편 "심판하며 싸우더라"에 해당하는 헬라어 "크리네이 카이 폴레메이"는 모두 현재 시제로 쓰였는데 이는 그리스도의 심판 사역이 영원한 것이며, 대적들을 향한 그리스도의 전투와 심판이 지속적임을 의미합니다. 심판은 골고다에서 이미 하셨고, 지금도 계속해서 하시며, 재림의 날에 완성하십니다.

이러한 주님의 모습을 묘사하는데 그것은 심판자의 모습입니다.

"(계 19:12) 그 눈은 불꽃 같고 그 머리에는 많은 관들이 있고 또 이름 쓴 것 하나가 있으니 자기밖에 아는 자가 없고 (계 19:13) 또 그가 피 뿌린 옷을 입었는데 그 이름은 하나님의 말씀이라 칭하더라 (계 19:14) 하늘에 있는 군대들이 희고 깨끗한 세마포 옷을 입고 백마를 타고 그를 따르더라 (계 19:15) 그의 입에서 예리한 검이 나오니 그것으로 만국을 치겠고 친히 그들을 철장으로 다스리며 또 친히 하나님 곧 전능하신 이의 맹렬한 진노의 포도주 틀을 밟겠고 (계 19:16) 그 옷과 그 다리에 이름을 쓴 것이 있으니 만왕의 왕이요 만주의 주라 하였더라"

우리가 1장을 볼 때 "(계 1:14) 그의 머리와 털의 희기가 흰 양털 같고 눈 같으며 그의 눈은 불꽃 같고 (계 1:15) 그의 발은 풀무불에 단련한 빛난 주석 같고"라고 했는데 본문은 그 부분을 다시 언급하면서 그 눈은 불꽃 같다고 묘사하고 있습니다. 이 말은 주님께서 모든 것을 꿰뚫는 지식과 통찰력이 있음을 나타냅니다. 그러므로 주님 앞에는 아무것도 숨길 수 없습니다.

그리고 주님의 머리에는 많은 면류관이 있습니다. 그것은 심판의 주로 오시는 그리스도께서 전쟁에서 이미 승리했고 만물을 통치할 자이심을 상징합니다. 바울은 빌립보 교회에 편지하면서 그리스도께서 죽기까지 복종하심으로 얻은 영광에 대해 묘사하기를 "(빌 2:9) 이러므로 하나님이 그를 지극히 높여 모든 이름 위에 뛰어난 이름을 주사 (빌 2:10) 하늘에 있는 자들과 땅에 있는 자들과 땅 아래에 있는 자들로 모든 무릎을 예수의 이름에 꿇게 하시고 (빌 2:11) 모든 입으로 예수 그리스도를 주라 시인하여 하나님 아버지께 영광을 돌리게 하셨느니라"라고 하였습니다.

또한, 그리스도께서는 자기밖에 아는 자가 없는 이름을 소유하고 계십니다. 고대 사회에서 이름을 안다는 사실은 하나님이나 신의 능력을 소유한 것으로 이해되었습니다. 그리스도는 본서에 계시 된 여러 가지 이름 외에도 누구도 알 수 없으며 오직 자신만이 알고 있는 비밀스러운 이름을 갖고 계십니다. 이 사실은 그리스도께서 그 누구도 모방할 수 없는 능력과 권세를 소유하고 있음을 알려줍니다.

그리고 그리스도는 피 뿌린 옷을 입었다고 합니다. 여기서 피 뿌린 옷이란 두 가지 의미가 있습니다. 하나는 예수 그리스도께서 우리의 죄를 위해 죽으셨음을 말하는 것이고, 또 하나는 그리스도께서 원수들을 심판하실 때 원수들의 피가 옷에 묻은 것을 의미합니다. 이미 구약에서는 원수들을 멸하시는 것에 대해 묘사할 때 홍의를 입은 자라고 묘사했습니다. 그래서 이사야는 사탄의 세력을 상징하는 에돔을 심판하신 메시아에 대해 "(사 63:1)에돔에서 오는 이 누구며 붉은 옷을 입고 보스라에서 오는 이 누구냐 그의 화려한 의복 큰 능력으로 걷는 이가 누구냐 그는 나이니 공의를 말하는 이요 구원하는 능력을 가진 이니라"라고 하였습니다. 본문은 이 피 뿌린 옷의 이름을 말하는데 그 이름이 "하나님의 말씀"이라고 합니다. 이 옷의 이름을 하나님의 말씀이라고 한 이유가 있습니다. 그것은 심판이 하나님의 말씀에 근거하여 된 것임을 의미합니다.

그리고 그리스도 뒤에 하늘에 있는 군대들이 희고 깨끗한 세마포를 입고 백마를 타고 그를 따른다고 말씀합니다. 이 희고 깨끗한 세마포를 입고 백마를 탄 하늘에 있는 군대는 천사를 의미하지 않습니다. 이는 앞에서도 말씀드렸듯이 6장에서 첫 번째 인을 떼었을 때 등장하는 성도를 의미합니다. 여기서 놀라운 것은, 19장 8절에서는 혼인을 맞는 신부가 입은 옷과 본 절에 등장하는 군대가 입은 옷이 같다는 사실입니다. 이것은 성도의 이중적 정체성을 의미합니다. 성도는 그리스도의 신부이면서 동시에 거룩한 싸움을 하는 전사임을 말씀합니다.

계속해서 그리스도에 대해 묘사하기를 "그의 입에서 예리한 검이 나오니 그것으로 만국을 치겠고 친히 그들을 철장으로 다스리며 또 친히 하나님 곧 전능하신 이의 맹렬한 진노의 포도주 틀을 밟겠고"라고 합니다. 재림하시는 예수 그리스도의 입에서 예리한 검이 나오는 것은 그가 말씀으로 세상을 창조하셨듯이 말씀으로 세상을 심판하실 것을 의미합니다. 이 표현은 1장 16절에서 "그의 오른손에 일곱 별이 있고 그의 입에서 좌우에 날선 검이 나오고 그 얼굴은 해가 힘있게 비치는 것 같더라"라고 하였던 묘사입니다. 히브리서 기자도 말씀에 대해 "(히 4:12) 하나님의 말씀은 살아 있고 활력이 있어 좌우에 날선 어떤 검보다도 예리하여 혼과 영과 및 관절과 골수를 찔러 쪼개기까지 하며 또 마음의 생각과 뜻을 판단하나니 (히 4:13) 지으신 것이 하나도 그 앞에 나타나지 않음이 없고 우리의 결산을 받으실 이의 눈 앞에 만물이 벌거벗은 것 같이 드러나느니라"라고 하였습니다. 주님은 말씀 자체이며, 그의 말씀은 심판의 기준과 도구가 됩니다. 주님은 말씀으로 세상을 창조하셨으며, 말씀으로 세상을 심판하십니다.

그러면서 그리스도께서 친히 철장으로 그들을 다스릴 것이라고 합니다. 이 말씀도 이미 앞에서 언급되었던 말씀입니다. 12장에서 여인이 사내아이를 낳았는데 그를 묘사하기를 "(계 12:5) 여자가 아들을 낳으니 이는 장차 철장으로 만국을 다스릴 남자라 그 아이를 하나님 앞과 그 보좌 앞으로 올려가더라"라고 예언하였습니다. 그리고 그 예언이 실제로 실현되었습니다. 여기서 철장으로 통치하신다는 것은 그리스도의 강력한 능력과 확고한 심판을 나타내는 표현으로 그리스도께서 짐승과 그의 추종자들은 물론 온 세상을 지배하시는 절대적 권력을 소유하셨음을 의미합니다. 그 강력한 권력을 소유하신 그리스도께서 전능하신 이의 맹렬한 진노의 포도주 틀을 밟을 것이라고 합니다. 이 묘사도 14장에서 성도에 대한 추수와 대적에 대한 추수, 두 가지 추수에 대해 말씀하시면서 대적을 심판하실 때 한 묘사였습니다. 기록되기를 "(계 14:19) 천사가 낫을 땅에 휘둘러 땅의 포도를 거두어 하나님의 진노의 큰 포도주 틀에 던지매 (계 14:20) 성 밖에서 그 틀이 밟히니 틀에서 피가 나서 말 굴레에까지 닿았고 천육백 스다디온에 퍼졌더라"라고 하였습니다. 그가 밟을 포도들은 원수들을 가리킵니다. 그는 포도주 틀에서 포도를 밟듯이 그 원수들을 맹렬한 진노로 진멸하실 분이십니다.

그리고 그의 옷과 다리에 이름을 쓴 것이 있는데 "만왕의 왕이요 만주의 주"입니다. 그는 분명히 예수 그리스도이십니다. 본서 17장 14절은 "그들이 어린 양과 더불어 싸우려니와 어린 양은 만주의 주시요 만왕의 왕이시므로 그들을 이기실 터이요 또 그와 함께 있는 자들 곧 부르심을 받고 택하심을 받은 진실한 자들도 이기리로다"라고 했습니다. 그런데 여기서 잠깐 생각해 볼 문제가 있습니다. 그것은 백마 타신 예수님과 그 뒤를 따르는 군대인 성도에 대한 묘사는 재림에 대한 묘사가 아니라는 사실입니다. 충격적으로 들리실지 모르지만, 요한계시록에는 예수님의 재림에 대한 말씀이 없습니다. 단 한 구절, 1장에서 "(계 1:7) 볼지어다 그가 구름을 타고 오시리라 각 사람의 눈이 그를 보겠고 그를 찌른 자들도 볼 것이요 땅에 있는 모든 족속이 그로 말미암아 애곡하리니 그러하리라 아멘"이라는 구절뿐입니다. 이러한 표현은 이미 예수님께서 "(마 24:30) 그들이 인자가 구름을 타고 능력과 큰 영광으로 오는 것을 보리라", "(마 26:64) 그들이 인자가 구름을 타고 능력과 큰 영광으로 오는 것을 보리라"라고 하셨고, 누가도 사도행전에서 구름에 가려 하늘로 올라가신 예수님을 쳐다보는 사람들에게 "(행 1:11) 너희 가운데서 하늘로 올려지신 이 예

528

수는 하늘로 가심을 본 그대로 오시리라 하였느니라"라고 하셨습니다. 그러니까 주님의 재림은 반드시 구름과 관련하여 언급되고 있습니다. 굳이 계시록에서 주님의 재림에 대한 간접적 묘사를 찾는다면 "(계 6:16) 산들과 바위에게 말하되 우리 위에 떨어져 보좌에 앉으신 이의 얼굴에서와 그 어린 양의 진노에서 우리를 가리라 (계 6:17) 그들의 진노의 큰 날이 이르렀으니 누가 능히 서리요"라는 부분과 "(계 16:14) 그들은 귀신의 영이라 이적을 행하여 온 천하 왕들에게 가서 하나님 곧 전능하신 이의 큰 날에 있을 전쟁을 위하여 그들을 모으더라"라는 부분 정도입니다.

그러나 오늘 본문은 구름이 아니라 백마를 타신 모습으로 묘사되며 전쟁하는 모습으로 묘사됩니다. 이는 재림하셔서 대적들과 싸우는 모습을 기록한 것이 아니라 성도들 앞에서 악과 싸우는 대장되신 예수님의 모습을 그리고 있습니다. 이미 17장 음녀를 심판하시는 모습에서 "(계 17:14) 그들이 어린 양과 더불어 싸우려니와 어린 양은 만주의 주시요 만왕의 왕이시므로 그들을 이기실 터이요 또 그와 함께 있는 자들 곧 부르심을 받고 택하심을 받은 진실한 자들도 이기리로다"라고 하였는데 본문은 이 모습을 다시 묘사합니다.

분명하게 말씀드리는 것은 요한계시록의 목적이 예수님의 재림에 대해 묘사하려는 것이 아닙니다. 요한계시록의 목적은 이 땅에 사는 성도들에게 믿음을 지켜 승리하라는 말씀에 초점이 있습니다. 그래서 1장에서는 예수님은 교회 안에 거하시며 교회의 사자들을 붙들고 계신 분으로 묘사되고(1:20), 2장과 3장에서는 교회들에게 "이겨라"라고 격려하면서 이기는 자가 받을 영광에 대해 묘사하였으며, 그 뒤를 이은 말씀들이 교회 앞에서 싸우시고 승리하시는 주님에 관한 묘사를 하며 결과적으로 영광스러운 하나님의 나라가 임할 것에 관하여 기록하고 있습니다. 그러므로 요한계시록을 통해 예수님께서 재림하실 어떤 짧은 기간에 관해 설명하려는 시도는 옳지 못합니다. 도리어 시대를 초월하여 모든 성도에게 하시는 말씀으로 성도 각자가 처한 시대와 상황 속에서 믿음을 지키라는 주님의 말씀으로 받는 것이 옳은 해석이고 적용입니다. 주님은 오늘도 우리 앞서 싸우시고 우리는 그 뒤를 따르며 싸우는 하늘에 있는 군대에 속한 전사임을 기억해야 합니다. 12장 11절의 "우리 형제들이 어린 양의 피와 자기들이 증언하는 말씀으로써 그를 이겼으니 그들은 죽기까지 자기들의 생명을 아끼지 아니하였도다"라고 말씀하신 것처럼 주님의 뒤를 따르는 군사로 사는 자가 됩시다.

이어지는 말씀은 주님과 성도들의 심판으로 패하고 망한 대적들에 대한 묘사입니다.

"(계 19:17) 또 내가 보니 한 천사가 태양 안에 서서 공중에 나는 모든 새를 향하여 큰 음성으로 외쳐 이르되 와서 하나님의 큰 잔치에 모여 (계 19:18) 왕들의 살과 장군들의 살과 장사들의 살과 말들과 그것을 탄 자들의 살과 자유인들이나 종들이나 작은 자나 큰 자나 모든 자의 살을 먹으라 하더라 (계 19:19) 또 내가 보매 그 짐승과 땅의 임금들과 그들의 군대들이 모여 그 말 탄 자와 그의 군대와 더불어 전쟁을 일으키다가 (계 19:20) 짐승이 잡히고 그 앞에서 표적을 행하던 거짓 선지자도 함께 잡혔으니 이는 짐승의 표를 받고 그의 우상에게 경배하던 자들을 표적으로 미혹하던 자라 이 둘이 산 채로 유황불 붙

530

는 못에 던져지고 (계 19:21) 그 나머지는 말 탄 자의 입으로부터 나오는 검에 죽으매 모든 새가 그들의 살로 배불리더라"

요한은 또 한 천사가 태양 안에 서서 공중의 모든 새에게 외치는 것을 보았습니다. 천사가 태양 안에 선 것은 하늘을 날고 있는 모든 새가 볼 수 있고 들을 수 있도록 외치기 위해서입니다. 그 내용은 하나님의 큰 잔치에 관한 것인데 이는 어린양의 혼인 잔치와 대조됩니다. 그것은 심판의 잔치입니다. 새들이 왕들의 고기와 장군들의 고기와 장사들의 고기와 말과 그 탄 자들의 고기와 그 전쟁에 참여한 모든 자의 고기를 먹는 잔치입니다. 그들은 그리스도인들을 대적하고 박해하던 자들입니다. 이들은 그리스도의 심판을 받고 죽임을 당한 자들입니다. 새들에게 고기를 먹게 하겠다는 것은 수치스러운 죽음을 의미하는 것으로 그들이 완전히 망했음을 나타내는 표현입니다. 이러한 묘사는 이미 에스겔을 통해 주어졌었습니다. 기록되기를 "(겔 39:17) 주 여호와께서 이같이 말씀하셨느니라 너 인자야 너는 각종 새와 들의 각종 짐승에게 이르기를 너희는 모여 오라 내가 너희를 위한 잔치 곧 이스라엘산 위에 예비한 큰 잔치로 너희는 사방에서 모여 살을 먹으며 피를 마실지어다 (겔 39:18) 너희가 용사의 살을 먹으며 세상 왕들의 피를 마시기를 바산의 살진 짐승 곧 숫양이나 어린 양이나 염소나 수송아지를 먹듯 할지라 (겔 39:19) 내가 너희를 위하여 예비한 잔치의 기름을 너희가 배불리 먹으며 그 피를 취하도록 마시되 (겔 39:20) 내 상에서 말과 기병과 용사와 모든 군사를 배부르게 먹일지니라 하라 주 여호와의 말씀이니라"라고 하였습니다. 이는 20장에서 곡과 마곡에 관해 언급하겠지만, 에스겔서에서도 유다를 대적했던 곡과 마곡에 대한 심판에 대하여 말씀하시면서 하신 묘사였습니다. 주님께서도 심판에 대해 말씀하시면서 "(마 24:28) 주검이 있는 곳에는 독수리들이 모일 것이니라"라고 하셨습니다. 이 묘사는 대적들에게는 심판의 잔치요 하나님께는 승리의 잔치가 됩니다.

이 심판은 요한계시록 16장에 예언된 아마겟돈 심판을 가리킵니다. 17장과 18장의 큰 음녀 곧 바벨론의 멸망은 이 심판의 결과였습니다. 그리고 그들을 따랐던 모든 자, 짐승과 그에게 경배하던 자들이 받는 심판에 대한 묘사가 본문입니다. 또한, 20절에서 그들이 "산채로 던지운다"라는 말은 그들이 악인의 부활체를 입은 후 최종적 지옥에 던져질 것을 가리킵니다. 반대로 하나님의 백성들은 에녹과 엘리야가 죽음을 경험치 않고 변화된 몸으로 천국에 올라간 것처럼 생명의 부활을 얻어 산채로 천국으로 들려 올라가게 됩니다. 그러므로 주님께서 부르시는 날까지 믿음을 지키는 복이 있기를 바랍니다. 세상의 가치관에 휩쓸리지 말고 오직 예수님의 구속의 은혜를 믿고 말씀에 붙들려 말씀대로 살아야 합니다. 그것이 성도의 옳은 행실, 깨끗한 세마포입니다. 주님의 때가 얼마 남지 않았습니다. 본문의 말씀처럼 우리는 신부이면서 동시에 하늘에 있는 군대임을 기억하고 앞서가신 주님의 뒤를 따라 전투하는 전사로서의 삶을 힘을 다해 삽시다.

47. 천년왕국
요한계시록 20장 1-15절

본 장은 요한계시록에서 가장 논란이 많은 장입니다. 그것은 우리가 천년왕국이라고 알고 있는 내용입니다. 이 천년왕국설은 크게 세 가지로 나누어집니다. 전천년설, 후천년설, 무천년설, 그리고 전천년설은 역사적전천년설과 세대주의적 전천년설 등으로 나누어집니다. 이 설들의 기준은 예수님의 재림의 시기가 언제냐에 있습니다. 예수님의 재림이 천년왕국 전에 있다는 설이 전천년설이고, 예수님의 재림이 천년왕국 후에 있다는 설이 후천년설입니다. 그리고 무천년설은 천년의 기간이 따로 있는 것이 아니라 예수님의 초림부터 재림까지의 기간이 천년왕국 시기라고 말하는 설입니다. 그리고 전천년설 가운데도 구약의 예언들이 문자 그대로 성취되어 유대인들이 예루살렘으로 돌아가 성전을 세우고 짐승 제사를 다시 드린다고 보는 견해가 세대주의적 전천년설이고, 천년왕국을 유대인이나 이방인을 막론하고 신약의 성도들이 부활하여 그리스도와 함께 왕노릇하는 왕국으로 보는 견해가 역사적 전천년설입니다.

이 여러 견해 가운데서 한국교회에 가장 영향을 많이 끼친 것은 세대주의적 전천년설입니다. 세대주의 자들에게 있어서 크게 구분되는 것은 두 가지입니다. 첫째는 하나님은 인간 역사에 세대를 부여하시고 각 세대별로 각기 다른 방법으로 인간들을 다루신다는 것과 둘째는 신약교회와 이스라엘 백성들을 구별한다는 것입니다. 먼저 세대 구분을 보면 1) 무죄시대(에덴동산시대, 창 1:28), 2) 양심시대(타락에서 노아홍수까지, 창 3:23), 3) 인간정부시대(노아에서 바벨탑까지, 창 8:21), 4) 약속시대(아브라함에서 애굽까지, 창 12:1), 5) 율법시대(모세에서 세례 요한까지, 출 19:8) 6) 은혜시대(교회시대, 요 1:17), 7) 왕국시대(천년왕국, 엡 1:10)로 구별합니다.

그러므로 구약성경은 기본적으로 이스라엘 백성들에게 적용되는 것으로 예언은 완전하게 문자적으로 해석이 되어야 한다고 주장합니다. 신약시대의 교회는 주님이 재림하시면 휴거를 받아 천년왕국에서 천 년 동안 이 땅을 통치하는 왕 노릇을 하고 그 기간에 이스라엘의 회복이 있다는 것입니다. 그러므로 교회와 이스라엘은 완전히 별개입니다. 이들은 성경 특히 예언에 관해서는 문자적 해석을 주장합니다. 그래서 천년왕국은 문자 그대로 그리스도와 성도가 이 땅에서 왕노릇 하는 기간이라고 말합니다. 이 같은 영향으로 1992년 예수님께서 재림한다는 사상이 다미선교회를 통해 등장했습니다. 그들은 1992년 주님이 재림하고 후에 7년 대환난이 있고 2000년부터 천년왕국이 실현된다고 믿었지만, 불발되고 말았습니다.

이렇게 많은 설 때문에 교단이 나뉘고 이단들이 생겼는데 그 본문이 20장입니다. 그렇다면 왜 이렇게 많은 설이 만들어졌을까요? 그것은 본장 1절부터 3절까지를 성경 전체에 놓고 해석하지 않고 이 세 구절만을 따로 떼서 해석했기 때문입니다. 성경해석의 원리는 성경의 어떤 부분이든지, 그것은 성경 전체의 흐름 속에서 해석되어야 합니다. 이 몇 구절의 해석이 바르냐 그렇지 않으냐는 창세기 1장 1절부터 요한계시록 19장 21절까지 내용과 비교하여 보면 알 수 있습니다. 19장까지 성경이 하던 이야기와 20장의 이야기는 같아야 합니다. 아니 최소한 그 흐름에서 벗어나면 안 됩니다. 특별히 20장에서 문제가 되는 천년왕국이 지상의 일이냐 천상의 일이냐? 또는 예수님의 재림전이냐 후냐, 아니면 예수님의 초림부터 재림까지의 일이냐는 이 주제에 대해 창세기부터 요한계시록 19장까지 어떻게 말하고 있느냐를 보면 알 수 있습니다. 1절부터 3절까지의 말씀만을 가지고 본문을 해석하면 안 됩니다. 본문은 성경 전체가 무엇을 말하는지를 생각하면서 보아야 바르게 볼 수 있습니다.

"(계 20:1) 또 내가 보매 천사가 무저갱의 열쇠와 큰 쇠사슬을 그의 손에 가지고 하늘로부터 내려와서 (계 20:2) 용을 잡으니 곧 옛 뱀이요 마귀요 사탄이라 잡아서 천 년 동안 결박하여 (계 20:3) 무저갱에 던져 넣어 잠그고 그 위에 인봉하여 천 년이 차도록 다시는 만국을 미혹하지 못하게 하였는데 그 후에는 반드시 잠깐 놓이리라"

요한은 천사가 무저갱의 열쇠를 가지고 하늘에서 내려와 사탄을 결박하고 무저갱에 천 년간 가두어 두었다가 잠시 놓이는 장면을 보았습니다. 여기서 무저갱은 "아뷔소스"라는 헬라어로 "밑바닥이 없는 구덩이"라는 뜻으로 사탄과 그의 졸개들을 가두어 두는 곳입니다. 예수님께서 거라사에서 만난 광인 속에 거했던 군대 귀신들은 예수님께 자기들을 무저갱으로 들어가라고 하지 마시기를 간구하였습니다(눅 8:30, 31). 그리고 사도 베드로는 하나님께서 범죄 한 천사들을 어두운 구덩이에 두어 심판 때까지 지키게 하셨다고 했고(벧후 2:4), 유다는 자기 지위를 지키지 않고 자기 처소를 떠난 천사들을 큰 날의 심판까지 영원한 결박으로 흑암에 가두셨다고(유 6) 했습니다. 이 모든 장소, 무저갱, 어두운 구덩이, 흑암 등은 같은 장소입니다.

또한, 사탄을 여러 가지 단어로 묘사하고 있습니다. 먼저는 사탄을 대표하는 상징적인 이름인 용으로, 이를 또 에덴동산에서 인간을 타락시킬 때의 모습인 "옛 뱀"으로, 헬라어와 한문으로 부르는 사탄의 다른 이름인 "마귀"로 표현하고 있습니다. 이는 모두 하나입니다. 그것은 하나님을 대적하고 성도를 핍박하는 영적인 존재에 대한 다른 표현일 뿐입니다. 그런데 한 천사가 하늘에서 무저갱의 열쇠를 받아 내려와 이 사탄을 쇠사슬로 결박하고 무저갱에 가두어 인을 봉한 후에 천 년 동안 가두어 두었습니다. 이는 예수 그리스도의 대속 사역으로 사탄이 결박되었음을 의미합니다. 여기서 결박되었다는 것은 사탄의 활동이 현저하게 제한을 받게 되었음을 의미합니다. 마치 개를 줄로 묶어 행동을 제한한 것과 같습니다. 사탄이 이렇게 힘을 잃게 된 것은 예수 그리스도의 탄생과 죽음과 부활 때문입니다. 예수 그리스도의 승리로 인해 사탄은 더는 그리스도와 그를 따르는 자들의 사역을 방해할 수 없게 되었습니다.

예수님께서 마태복음 16장 18절에서 말씀하시기를 "내가 이 반석 위에 교회를 세우리니 음부의 권세가 이기지 못하리라"라고 하셨습니다. 또한, 마태복음 12장 29절에서 말씀하기를 "사람이 먼저 강한 자를 결박하지 않고야 어떻게 그 강한 자의 집에 들어가 그 세간을 늑탈하겠느냐 결박한 후에야 그 집을 늑탈하리라"라고 하셨습니다. 이처럼 주님은 사탄의 세력을 결박하셨습니다. 그리고 그의 제자들도 그의 영을 받아 세계를 향해 뻗어 나갔고 음부의 권세는 대항하지 못했습니다. 주님께서 예루살렘 입성하신 후 자신의 죽음에 대해 말씀하시면서 요한복음 12장 31절과 32절에서 "이제 이 세상의 심판이 이르렀으니 이 세상 임금이 쫓겨나리라 내가 땅에서 들리면 모든 사람을 내게로 이끌겠노라"라고 하신 것처럼 주님의 사역을 통해 교회

536

가 복음을 증거 하여 많은 사람이 주께로 나아왔고 이를 사탄이 막을 수 없었습니다. 그러므로 복음을 들고 나아갑시다. 우리들의 나아감을 사탄이 막을 수 없으며 주께서 택한 백성을 구원하는 일을 방해할 수 없음을 믿고 영혼 구원을 위해 힘을 쓰는 성도들이 됩시다.

이렇게 말씀하시는 중에 3절에서는 사탄이 잠깐 놓이겠다고 말합니다. 7절에서도 말씀하시기를 "천년이 차매 사탄이 그 옥에서 놓여"라고 합니다. 이 말씀은 말세의 어느 시점에 사탄이 무저갱에서 나온다는 말로 해석하면 안 됩니다. 이 말씀은 말세의 어느 시점이 아닙니다. 사탄이 무저갱에서 잠깐 동안 놓임을 받겠다는 말은 예수 그리스도의 승리 이후에도 사탄은 적은 능력이지만 끊임없이 성도를 공격하고 박해한다는 말씀입니다. 이미 본서에서 사탄이 교회를 핍박하는 기간에 대해 말하면서 3년 반, 한때 두 때 반 때, 1260일, 사흘 반 등의 기간을 사용했습니다. 3년 반의 기간은 성도들이 믿음을 지키고 복음을 전하는 시간이며 동시에 사탄이 활동하는 기간입니다. 이 기간에 사흘 반과 본문의 잠깐 동안은 같은 의미인데 그것은 성도가 고난을 당하는 기간이 짧음을 의미합니다. 반대로 주님과 함께 누리는 기쁨과 은혜를 천년이라는 긴 기간을 통해 두 기간을 비교하고 있습니다. 또한, 이 말씀의 대상이 초대교회 성도라는 사실을 간과해서는 안 됩니다. 당시 고난받는 성도들이 이 말씀을 통해 위로와 소망을 얻었던 말씀입니다. 2000년이 지난 시점의 이야기를 하고자 함이 아닙니다. 주님으로 인해 얻은 천국은 영원하며 반대로 받는 고난은 잠시라는 사실을 말씀하고 있습니다. 사탄의 극렬한 박해는 예수님이 재림하시기 직전에만 있는 사건이 아닙니다. 그것은 전 세대를 걸쳐 계속되었고 주님의 재림으로 완전히 끝나게 됩니다.

"(계 20:4) 또 내가 보좌들을 보니 거기에 앉은 자들이 있어 심판하는 권세를 받았더라 또 내가 보니 예수를 증언함과 하나님의 말씀 때문에 목 베임을 당한 자들의 영혼들과 또 짐승과 그의 우상에게 경배하지 아니하고 그들의 이마와 손에 그의 표를 받지 아니한 자들이 살아서 그리스도와 더불어 천 년 동안 왕 노릇 하니"

요한은 천사가 사탄을 무저갱에 넣고 잠시 놓임을 받는 사건과 함께 보좌들을 보았습니다. 그 보좌에는 심판하는 권세를 받은 자들이 앉아 있었는데 그들은 예수의 증거와 하나님의 말씀을 인하여 순교한 자들과 짐승에게 절하지 않고 이마와 손에 짐승의 표를 받지 않으며 믿음을 지킨 자들이 있었고 그들은 살아서 그리스도와 더불어 천년 동안 왕노릇하고 있는 것을 보았습니다. 여기 기록한 내용은 이미 4장부터 계속해서 보았던 것들입니다. 이들은 한 마디로 성도입니다. 그들은 이미 순교하였거나 지금 믿음을 지키고 있는 자들의 모습입니다. 그들은 그리스도와 함께 왕노릇하고 있습니다. 여기서 왕노릇 한다는 것은 왕으로서 통치한다는 의미입니다.

주님께서는 이미 우리를 왕 같은 제사장이라고 했습니다. 주님은 인간을 창조하시고 명하시기를 "정복하고 다스리라"라고 하셨습니다. 그렇습니다. 우리는 이미 왕이신 주님과 함께 이 땅을 통치하고 있습니다. 여기서 통치한다는 말씀은 세상을 심판한다는 의미입니다. 주님은 마태복음 19장 28절에서 "예수께서 가라사대 내가 진실로 너희에게 이르노니 세상이 새롭게 되어 인자가 자기 영광의 보좌에 앉을 때에 나를 좇는 너희도 열 두 보좌에 앉아 이스라엘 열 두 지파를 심판하리라"라고 하셨습니다. 그리고 요한복음 3장 18절에서도 "저를 믿는 자는 심판을 받지 아니하는 것이요 믿지 아니하는 자는 하나님의 독생자의 이름을 믿지 아니하므로 벌써 심판을 받은 것이니라"라고 하셨습니다. 바울도 로마서 5장 17절에서 "한 사람의 범죄로 말미암아 사망이 그 한 사람을 통하여 왕 노릇 하였은즉 더욱 은혜와 의의 선물을 넘치게 받는 자들은 한 분 예수 그리스도를 통하여 생명 안에서 왕 노릇 하리로다"라고 하였습니다.

우리는 이미 우리가 전하는 복음을 통해 하나님의 통치를 실현하고 있습니다. 주님의 백성들은 주님의 말씀으로 세상을 정복하고 다스려 가고 있습니다. 이것이 주님과 함께 통치하는 것입니다. 이 일은 이 땅의 주님의 백성들과 천상의 구원받은 백성들이 모두 함께 진행하고 있는 것임을 본문은 우리에게 말씀해 줍니다. 이 말씀을 듣고 있는 초대교회 성도들이 보이십니까? 그들의 외적인 환경은 사탄의 세력에게 핍박과 고난은 받고 있지만, 내적으로 그리고 영적으로는 주님의 복음으로 세상을 심판하고 있다는 자부심과 영광스러움으로 거룩한 전의를 불태우고 있는 모습이 보이지 않습니까? 앞에서 말씀드렸듯이 실제적인 "왕노릇"은 하늘에서 하는 것이 아니라 이 땅에서 합니다. 5장 10절에서 "그들로 우리 하나님 앞에서 나라와 제사장들을 삼으셨으니 그들이 땅에서 왕 노릇 하리로다"라고 한 말씀을 기억합시다.

"(계 20:5) (그 나머지 죽은 자들은 그 천 년이 차기까지 살지 못하더라) 이는 첫째 부활이라 (계 20:6) 이 첫째 부활에 참여하는 자들은 복이 있고 거룩하도다 둘째 사망이 그들을 다스리는 권세가 없고 도리어 그들이 하나님과 그리스도의 제사장이 되어 천 년 동안 그리스도와 더불어 왕 노릇 하리라"

첫째 부활은 육신은 죽고 영혼은 부활하는 것을 의미하고, 둘째 부활은 죽었던 육신이 살아나 영혼과 함께 영원한 부활을 얻는 것을 의미합니다. 또한, 첫째 사망은 육신의 죽음을 의미하며, 둘째 사망은 불신자들이 주님의 재림으로 얻게 될 육신과 영혼의 영원한 지옥 형벌을 의미합니다. 그러므로 첫째 부활에 참여한 자들이란 예수님을 믿고 구원받은 성도들입니다. 둘째 사망이 그들을 다스리는 권세가 없다고 하는데, 이는 주님의 재림 시에 주님께서 죽음의 권세를 깨뜨리고 영원한 부활의 생명을 얻으신 것처럼 성도들도 영원한 부활 생명을 얻을 것을 말씀하신 것입니다. 그래서 14장에서 짐승의 표를 받지 말라고 권면하면서 "지금 이후로 주 안에서 죽는 자들은 복이 있도다 하시매 성령이 이르시되 그러하다 그들이 수고를 그치고 쉬리니 이는 그들의 행한 일이 따름이라 하시더라"(14:13)라고 하셨습니다.

초대교회 성도들은 이 말씀을 들으면서 당장 눈앞에 놓인 죽음이 자신들의 영원한 생명은 해할 수 없다는 확신 가운데 주님을 위해 기꺼이 생명을 내놓았을 것입니다. 그래서 주님은 마태복음 10장 28절에서 "몸은 죽여도 영혼은 능히 죽이지 못하는 자들을 두려워하지 말고 오직 몸과 영혼을 능히 지옥에 멸하시는 자를 두려워하라"라고 하셨습니다. 영원한 생명의 부활이 우리에게 이미 있는 것을 기억하고 이 땅을 다스리는 사탄의 궤계와 핍박에 넘어지지 말고 믿음으로 승리하는 성도가 되기를 바랍니다.

"(계 20:7) 천 년이 차매 사탄이 그 옥에서 놓여 (계 20:8) 나와서 땅의 사방 백성 곧 곡과 마곡을 미혹하고 모아 싸움을 붙이리니 그 수가 바다의 모래 같으리라 (계 20:9) 그들이 지면에 널리 퍼져 성도들의 진과 사랑하시는 성을 두르매 하늘에서 불이 내려와 그들을 태워 버리고 (계 20:10) 또 그들을 미혹하는 마귀가 불과 유황 못에 던져지니 거기는 그 짐승과 거짓 선지자도 있어 세세토록 밤낮 괴로움을 받으리라"

이 부분은 17장부터 계속된 대적들의 심판을 다시 묘사하고 있습니다. 교회를 핍박하는 자들이 교회를 극렬하게 핍박하지만, 하나님께서는 그들을 철저하게 심판하실 것을 묘사하는 내용입니다. 여기서 요한은 곡과 마곡이라는 상징적 언어를 사용하고 있습니다. 이 곡과 마곡은 에스겔서 38장과 39장에서 예언되었던 내용을 빌려서 사용하고 있습니다. 여기서 마곡은 노아의 손자이며 야벳의 아들로서 후에 이스라엘 동북쪽에 자리하고 있는 로스와 메섹과 두발이란 족속 혹은 나라 이름으로 사용되었고, 곡은 그 나라들의 왕 이름으로 사용되었습니다(창 10:2, 겔 38:2). 곧 곡과 마곡은 이스라엘을 대적하고 이스라엘에 환난을 가져온 대표적인 족속과 왕입니다. 그런 관점에서 본문의 곡과 마곡은 인류 역사에 나타날 적그리스도의 세력에 대한 상징적 명칭이라 할 수 있습니다.

이렇게 바다의 모래와 같이 많은 사탄의 세력을 멸하시겠다고 합니다. 하나님께서 성도를 핍박하는 세력에 대해 불처럼 강하게 임하여 저들을 소멸하십니다. 이는 엘리사 때 아람 군사들이 도단을 둘러쌌던 것을 다시 묘사하는 것이며, 히스기야 때 예루살렘을 둘러쌌던 앗수르 군사 185,000명을 멸하셨던 상황을 기억시키며 대적들을 멸하실 것에 대한 묘사입니다. 또한, 이 모습은 아마겟돈에 대적을 불러 모아 심판하시는 하나님에 대한 다른 표현입니다. 주님의 재림이 그러합니다. 주님께서 재림하심으로 주의 백성과 교회를 둘러서서 핍박하던 모든 세력은 일거에 심판을 받게 됩니다.

"(계 20:11) 또 내가 크고 흰 보좌와 그 위에 앉으신 이를 보니 땅과 하늘이 그 앞에서 피하여 간 데 없더라"

이를 가리켜 백 보좌 심판이라고 합니다. 재림하신 주님은 보좌에 앉으셔서 세상을 심판하십니다. 그런데 본문에서 말씀하시기를 땅과 하늘이 그 앞에서 피하여 간데없다고 합니다. 여기서 "피하여"라는 말은 21장 1절의 "처음 땅과 처음 하늘이 없어졌고"라는 단어와 병행되는 동의어입니다. 여기서 "피하여"라는 말은 헬라어로 "퓨고"인데 하나님의 시야에서 완전히 사라짐을 의미합니다. 이 말은 유에서 무가 되었다는 말입니다. 이 땅을 회복시켜 에덴으로 만드시는 개념이 아니라 완전히 없애 버리는 것입니다. 새 하늘과 새 땅은 기존의 것의 갱신이 아니라 새 창조입니다. 그것이 물리적인 것일지 그렇지 않을지는 알 수 없으나 사탄과 그의 권세, 죄와 더러움, 아픔과 고통, 사망과 슬픔이 없는 새로운 세상을 창조할 것을 말씀합니다. 또한 "피하고"라는 말은 주님의 심판 앞에 설 자가 없다는 말씀이기도 합니다. 그래서 이어지는 다음 절부터는 심판에 대한 구체적인 말씀이 기록되고 있습니다.

"(계 20:12) 또 내가 보니 죽은 자들이 큰 자나 작은 자나 그 보좌 앞에 서 있는데 책들이 펴 있고 또 다른 책이 펴졌으니 곧 생명책이라 죽은 자들이 자기 행위를 따라 책들에 기록된 대로 심판을 받으니 (계 20:13) 바다가 그 가운데에서 죽은 자들을 내주고 또 사망과 음부도 그 가운데에서 죽은 자들을 내주매 각 사람이 자기의 행위대로 심판을 받고 (계 20:14) 사망과 음부도 불못에 던져지니 이것은 둘째 사망 곧 불못이라 (계 20:15) 누구든지 생명책에 기록되지 못한 자는 불못에 던져지더라"

본문에 두 가지의 책이 기록됩니다. 하나는 생명책이고 다른 하나는 "책들"로 행위들이 기록된 책입니다. 다니엘서 7장 10절에도 심판하는 책들이 펴있는 장면이 있습니다. 죽은 자들 즉, 구원받지 못한 자들은 자신들의 행위대로 심판을 받습니다. 반대로 구원받은 자들은 생명책에 이름이 기록되어 있어서 불못에 던져지지 않습니다. 이 말씀의 1차 수신자였던 초대교회 성도들은 이 말씀을 통해 놀라운 위로와 소망을 얻었을 것입니다. 마찬가지로 우리도 천국에 대한 위로와 소망, 그리고 행위가 아닌 그리스도의 보혈의 공로로 얻은 구원의 은혜에 대해 깊은 감사가 넘쳐야 합니다.

천년왕국은 이미 우리 가운데 있습니다. 주님과 함께 하는 지금, 이 시간이 천국입니다. 나아가 우리는 개인적이든 우주적이든 종말을 맞이하게 될 것이고 그때 영원한 나라에서 완전한 주님의 통치로 복된 삶이 있습니다. 이를 믿고 오늘이라는 날 동안 믿음을 지키는 자가 됩시다.

48. 다 이루었다
요한계시록 21장 1-8절

요한계시록의 결론 부분에 와 있습니다. 앞으로 볼 21장과 22장은 2장과 3장에서 이기는 자들에게 약속한 것들의 성취가 기록됩니다. 또한, 이 부분은 창세기 1장부터 3장까지 있었던 이야기들의 회복을 기록합니다. 그런 의미에서 앞으로 볼 부분은 요한계시록의 결론일 뿐 아니라 성경 전체의 결론이며 약속의 성취라고 볼 수 있습니다.

"(계 21:1) 또 내가 새 하늘과 새 땅을 보니 처음 하늘과 처음 땅이 없어졌고 바다도 다시 있지 않더라"

요한은 새 하늘과 새 땅을 보았습니다. 여기서 새 하늘과 새 땅이라고 한 말은 단지 땅과 하늘만을 의미한 것이 아니라 땅과 하늘 사이의 모든 피조물의 상태와 그 안에 존재하는 유무형의 모든 것을 의미합니다. 그러므로 새 하늘과 새 땅은 저주받은 모든 유무형의 피조물들이 새롭게 됨을 의미합니다. 이렇게 새 하늘과 새 땅을 말하는 것은 독자들의 시선을 창조 사건으로 돌리게 합니다. 아무것도 없던 때에 하나님께서 천지를 창조하셨습니다. 그리고 그 안에 인간을 창조하시고 하나님은 그들과 사랑의 교통을 하셨습니다. 그러던 세상은 사탄으로 인해 인간과 하나님의 관계가 깨지고 땅은 저주를 받아 엉겅퀴를 내며 인간은 사망의 지배를 당하는 존재가 되었습니다. 이렇게 저주받고 심판받았던 세상이 새롭게 된 것을 표현한 것이 1절이고 요한이 본 것입니다.

544

그러기에 새 하늘과 새 땅은 모든 피조물의 소망입니다. 죽음과 질병과 오염으로 신음하고 있는 모든 피조물의 소망이 새 하늘과 새 땅입니다. 그래서 로마서 8장 19절은 "피조물이 고대하는 바는 하나님의 아들들이 나타나는 것이니"라고 합니다. 이 새 하늘과 새 땅은 이미 성경 여러 곳에서 예언했습니다. 이사야 65장 17절에서 "보라 내가 새 하늘과 새 땅을 창조하나니 이전 것은 기억되거나 마음에 생각나지 아니할 것이라"라고 했고 베드로후서 3장 13절에서는 "우리는 그의 약속대로 의가 있는 곳인 새 하늘과 새 땅을 바라보도다"라고 했습니다. 이 새 하늘과 새 땅은 그리스도 안에서 성취됩니다. 그리고 그것의 완전한 완성은 그리스도의 재림으로 주어집니다. 이 새 하늘과 새 땅의 실체에 대해 완벽하게 경험할 순 없지만, 그것이 어떤 것인지는 종종 경험할 수 있습니다.

저는 개인적으로 새 하늘과 새 땅을 경험한 적이 있습니다. 그 경험이 비록 완전한 새 하늘과 새 땅은 아니지만, 어떤 느낌일지 알 수 있습니다. 저는 군대를 전후해서 하나님의 실존에 대해 의심했고 만약 실재한다고 하더라도 진정으로 목회자로 소명 받았는지도 다시 한 번 확인해야 했습니다. 그래서 신학교 2학년 겨울 방학 때 말씀 통독 집회에 참석했고 4박 5일 동안 성경을 읽으면서 그 안에서 살아계셔서 말씀하시는 하나님을 만났습니다. 일정을 마치고 배낭을 메고 혼자 산에서 내려왔습니다. 내려올 때 눈보라가 심하게 몰아쳤지만, 전혀 춥거나 외롭지 않았습니다. 눈보라는 봄바람에 흩날리는 꽃잎처럼 느껴졌고, 온산을 하얗게 덮고 있던 눈은 영광의 광채였습니다. 눈에 보이는 모든 것은 새 하늘과 새 땅이었습니다. 은혜를 받고 나니 이전 것은 보이지 않고 모든 것이 새롭게 보였습니다.

본문을 전후로 요한은 두 가지 대조되는 현상을 보았습니다. 하나는 죄와 악으로 하나님을 대적하며 성도를 핍박하던 음녀 바벨론의 심판을 보았고, 또 다른 하나는 승리한 자들에게 주어진 새 하늘과 새 땅의 모습입니다. 이렇게 새 하늘과 새 땅을 보고 있던 요한은 하늘과 땅은 있는데 바다는 다시 있지 않다고 합니다. 여기서 바다가 없어졌다는 것은 이스라엘에서 바다는 불안과 갈등의 상징으로 쓰였기 때문입니다. 그래서 다니엘서 7장이나 본서 14장에서는 악한 짐승들이 바다에서 나오는 것을 알 수 있습니다. 히브리어로 바다는 "얌"이라고 합니다. 이 단어는 원래 바다의 신을 칭하는 말이었지만 시간이 지나면서 그냥 바다를 가리키는 말로 변화되었습니다. 그래서 지중해권 사람들은 모두 바다를 두려워했습니다. 그러므로 새 하늘과 새 땅에서 다시는 바다가 보이지 않겠다고 한 것은 성도를 괴롭히는 악한 존재가 영원히 사라졌다는 것을 의미합니다.

이렇게 바다를 정복하고 그 존재의 두려움을 이긴 사건이 성경에 기록되어 있습니다. 이스라엘 백성들이 홍해와 요단강을 건넌 사건은 바다의 신인 "얌"을 정복한 사건이며, 예수님께서 풍랑 이는 바다를 명하여 잔잔하게 하고 바다 위를 걸으신 사건은 바다를 점령하신 전능하신 하나님을 드러낸 사건입니다. 그런 차원에서 새 하늘과 새 땅에 바다가 없다는 것은 성도를 유혹하고 핍박하던 모든 악한 세력들이 존재하지 않음을 말씀하고 있습니다. 이미 우리 안에 있는 하나님의 나라와 개인적 종말이나 예수님의 재림으로 임하게 될 천국에서는 어떤 해로움이나 고통도 없습니다. 그래서 본 장에서는 계속해서 새 하늘과 새 땅에 없는 것들을 나열하고 있습니다.

"(계 21:4) 모든 눈물을 그 눈에서 닦아 주시니 다시는 사망이 없고 애통하는 것이나 곡하는 것이나 아픈 것이 다시 있지 아니하리니 처음 것들이 다 지나갔음이라"

이 땅이 저주를 받아 주어졌던 눈물, 사망, 애통, 아픔 등은 새 하늘과 새 땅에서는 다시 없습니다. 이 모든 것들은 죄로 인해 하나님과의 관계가 깨져 생긴 것들이었습니다. 그러나 하나님의 임재는 이 모든 것을 사라지게 하였습니다. 당시 핍박받고 있던 성도들이나 이 땅의 성도들이 바라는 바입니다. 주님의 임재는 이 땅의 모든 슬픔과 아픔을 사라지게 합니다. 왜냐하면, 우리 가운데 주님께서 계셔서 그 눈에서 눈물을 씻기시며 위로해 주시기 때문입니다. 그래서 주님은 죽기 전날 우리에게 성령을 보내 주실 것을 예언하시면서 그를 가리켜 "다른 보혜사"라고 했습니다. 여기서 보혜사란 헬라어로 "파라클레토스"인데 옆에서 돕는다. 옆에서 말한다는 뜻으로 변호사, 상담가 등으로 번역되는 단어입니다. 주님을 영접한 모든 사람은 이 은혜를 이미 입고 있습니다. 영원한 천국의 그림자인 이 땅에서의 성도는 주님의 임재와 그분을 날마다 실감함으로 새 하늘과 새 땅을 경험하며 사는 존재입니다.

"(계 21:25) 낮에 성문들을 도무지 닫지 아니하리니 거기에는 밤이 없음이라"

25절에서는 밤이 없다고 말합니다. 여기서 밤이 없다는 말은 두 가지 의미가 있습니다. 그것은 주께서 처음 창조하실 때와 같이 자연의 빛에 의존하는 세계가 아니라 하나님과 어린양의 영광의 광채가 비취는 세계가 될 것을 의미하고, 다음으로는 성경의 일반적인 용례처럼 "밤이나 어두움"은 하나님으로부터 소외되어 분리된 것을 나타내므로, "밤이 없다"라는 것은 하나님께서 우리와 영원히 함께 계심을 의미합니다.

"(계 21:27) 무엇이든지 속된 것이나 가증한 일 또는 거짓말하는 자는 결코 그리로 들어가지 못하되 오직 어린 양의 생명책에 기록된 자들만 들어가리라"

속된 것이나 가증한 일 또는 거짓말하는 자들이 없습니다. 여기서 "속된 것"이란 헬라어로 "코이논"이란 말인데 "모독하는 것"을 의미하는 것으로 우상 숭배자들을 가리킵니다. 그리고 "가증한 일"은 "브델뤼그마"란 말로 우상숭배 하는 자나 배교자들을 가리킵니다. 또한 "거짓말하는 자"는 하나님을 대적하는 자로 나타나며 거짓 선지자들을 가리킵니다. 그러므로 새 하늘과 새 땅에서는 오직 경건한 주의 백성만이 존재합니다. 이 땅에서 천국의 그림자인 교회가 불완전하여 때로는 거짓 선지자도 있고 배교자도 있으며 겉으로는 하나님을 섬긴다면서 우상을 숭배하는 위선자들도 있지만, 주께서 예비하신 새 하늘과 새 땅, 새 예루살렘에서는 그 모든 것들이 없으며 오직 경건한 주의 백성들만이 존재합니다. 이렇게 주의 임재로 주어진 새 하늘과 새 땅, 그리고 그것이 완성될 주님의 재림의 때를 사모하며 오늘의 환난과 어려움, 애통과 눈물, 핍박과 유혹을 넉넉히 이기는 주의 백성이 됩시다.

이어서 요한이 본 것은 하늘에서 새 예루살렘이 내려오는 것입니다.

"(계 21:2) 또 내가 보매 거룩한 성 새 예루살렘이 하나님께로부터 하늘에서 내려오니 그 준비한 것이 신부가 남편을 위하여 단장한 것 같더라 (계 21:3) 내가 들으니 보좌에서 큰 음성이 나서 이르되 보라 하나님의 장막이 사람들과 함께 있으매 하나님이 그들과 함께 계시리니 그들은 하나님의 백성이 되고 하나님은 친히 그들과 함께 계셔서"

다음 장에서 자세히 보겠지만 하늘에서 내려오는 새 예루살렘은 건물이 아닙니다. 이것은 성도의 공동체입니다. 그리고 그것이 하늘에서 내려온다는 의미는 교회의 영적 위치가 하늘이기 때문입니다. 그리스도의 몸인 교회를 주제로 쓴 에베소서는 교회가 존재하는 위치에 대해 말하기를 "(엡 2:6) 또 함께 일으키사 그리스도 예수 안에서 함께 하늘에 앉히시니"라고 하고 있습니다. 그러므로 하늘에서 내려온 새 예루살렘은 현재 중동에 있는 이스라엘의 예루살렘이 아니라 거룩하고 영광스런 교회 공동체의 모습입니다.

또한, 하늘에서 내려왔다는 의미는 교회의 양면성에 대하여 말하고 있습니다. 이미 19장에서 교회의 양면적인 모습을 보았습니다. 그것은 신부이면서 동시에 전사의 모습입니다. 19장 7절과 8절에서 어린양의 아내가 등장하며 흰 세마포를 입도록 허락받았다고 하며, 14절에서 하늘의 군대가 흰 세마포를 입고 백마를 타고 어린양의 뒤를 따르며 싸우는 전사의 모습을 보았습니다. 그러니까 교회의 양면성이란? 어린양의 신부이면서 전사의 모습입니다. 이 양면적인 교회의 모습이 본문에서는 하늘에 거하는 자들이면서 동시에 이 땅에 내려와 영적 전투를 벌이는 존재로 묘사됩니다. 그러므로 새 예루살렘이란? 구약에서 예루살렘을 거룩하고 영광스러운 도성이라 칭하였던 것처럼 성도의 공동체인 교회의 영광스런 모습입니다. 그래서 2절 후반에 "그 준비한 것이 신부가 남편을 위하여 단장한 것 같더라"라고 하였습니다.

이렇게 영광스런 교회에 대해 하나님께서 함께 계심을 말씀합니다. 우리가 읽은 3절에서만 "함께"라는 단어가 세 번 등장합니다. "하나님의 장막이 사람들과 함께, 하나님이 그들과 함께, 하나님이 친히 그들과 함께"입니다. 특히 하나님의 장막이라고 한 말은 이미 7장에서 "(계 7:15) 그러므로 그들이 하나님의 보좌 앞에 있고 또 그의 성전에서 밤낮 하나님을 섬기매 보좌에 앉으신 이가 그들 위에 장막을 치시리니"라고 하여 하나님께서 구원받은 자들에게 장막을 쳐주실 것을 말씀하셨습니다. 여기서 장막을 친다는 말이 요한복음에서 "(요 1:14) 말씀이 육신이 되어 우리 가운데 거하시매"라고 할 때 "거하신다"라는 말과 같은 단어인 "스케노어"라는 헬라어를 사용하고 있습니다. 그런데 오늘 3절 중반에 "하나님이 그들과 함께 계시리니"라고 한 말에서 "계시리니"가 같은 단어입니다. 그래서 개역 성경은 "거하시고"라고 번역했고 가톨릭 성경은 "하나님과 함께 거처하시고"라고 하였고 NLT는 "He will live with them"이라고 하였고 KJV은 "he will dwell with them"이라고 하였습니다. 그러니까 3절의 전반부를 다시 번역하면 "하나님의 장막이 사람들과 함께 있으매 하나님이 그들과 함께 사시리니"가 됩니다. 이렇게 사시고 계신 것을 우리가 아는 한 단어로 말할 수 있는데 그것은 "임마누엘"입니다. 이는 예수님

550

의 탄생 예언 때 이름으로 계시 된 것이고 성령의 강림과 내주하심으로 성취되었습니다.

이렇게 장막을 쳐주시고 함께 사시는 것은 성경이 일관되게 말씀했습니다. 범죄로 에덴에서 쫓겨나 하나님과 함께하던 교제가 끊어졌습니다. 그런 그들에게 광야에서 성막을 짓게 하시면서 "(출 29:46) 그들은 내가 그들의 하나님 여호와로서 그들 중에 거하려고 그들을 애굽 땅에서 인도하여 낸 줄을 알리라 나는 그들의 하나님 여호와니라"라고 하셨고, 축복과 저주에 대해 말씀하신 레위기 26장에서 "(레 26:11) 내가 내 성막을 너희 중에 세우리니 내 마음이 너희를 싫어하지 아니할 것이며 (레 26:12) 나는 너희 중에 행하여 너희의 하나님이 되고 너희는 내 백성이 될 것이니라"라고 하셨습니다. 그리고 하나님의 영광이 떠났던 예루살렘에 하나님의 영광이 다시 임하는 것에 대해 기록한 에스겔 선지자는 에스겔서의 가장 마지막 절에 "(겔 48:35) 그 성읍의 이름을 여호와 삼마(여호와께서 거기 계신다)라 하리라"라고 하였는데 이러한 말씀에 대한 최종적인 성취가 본문입니다.

이렇게 함께 하여주심을 4절의 말씀처럼 모든 눈물을 닦아 주셨을 뿐만 아니라 처음 것들이 다 지나갔다고 기록합니다. 이 말은 1절의 "새 하늘과 새 땅"과 같은 의미입니다. 그래서 이어지는 5절 말씀에서 "(계 21:5) 보좌에 앉으신 이가 이르시되 보라 내가 만물을 새롭게 하노라 하시고 또 이르시되 이 말은 신실하고 참되니 기록하라"라고 하셨습니다.

이렇게 새롭게 하심에 대해 말씀하시고 나서 이 장의 제목과 같은 말씀을 하십니다.

　"(계 21:6) 또 내게 말씀하시되 이루었도다 나는 알파와 오메가요 처음과 마지막이라 내가 생명수 샘물을 목마른 자에게 값없이 주리니"

　보좌에 앉으신 이는 말하기를 "이루었도다"라고 합니다. 이 말은 예수님께서 십자가에 달리셔서 하셨던 일곱 마디 말씀 중의 하나인데 그것도 요한이 기록하였습니다. 요한복음 19장 30절에서 "(요 19:30) 예수께서 신 포도주를 받으신 후에 이르시되 다 이루었다 하시고 머리를 숙이니 영혼이 떠나가시니라"라고 하셨습니다. 이렇게 다 이루셨다고 하시기 전에 신 포도주를 마셨습니다. 이것을 마시기 위해 주님은 "(요 19:28) 내가 목마르다"라고 하셨습니다. 이 말도 사복음서 저자 중 요한만이 기록합니다. 이에 로마 병사가 "해면"에 신 포도주를 적셔 입에 대었고 그것을 마셨습니다. 이 해면은 로마 병사가 용변을 본 후에 뒤처리할 때 사용했습니다. 이것을 당하신 이유는 우리가 당할 수치와 치욕을 담당하신 것을 의미합니다. 우리의 죄를 위해 어린양으로서 피를 흘리고 우리가 당할 치욕을 담당하시고 죽으면서 "다 이루었다"라고 말씀하셨는데 이를 요한은 본문에서 다시 사용합니다. 주님은 십자가에서 우리의 모든 죄를 도말 하셨습니다. 그런 주님께서 요한계시록 마지막 부분에서 또 이 말씀을 하심은 그 구원의 모든 과정을 주님께서 다 이루셨다는 것을 강조합니다.

　그러면서 자신을 가리켜 말하기를 "알파와 오메가"라고 하십니다. 이를 부연하면 처음과 마지막입니다. 처음에 세상을 창조하신 주님께서 세상의 모든 것을 마무리하십니다. 주님께서 구원의 일을 시작하셨으니 마치시겠다는 것입니다. 세상을 창조하시고 인간을 지으셔서 사랑의 교제를 하셨던 주님은 사탄으로 인해 깨진 관계를 다시 회복하시는 분이십니다. 그래서 알파와 오메가입니다. 원상태로 회복하시는 분이십니다. 그래서 바울은 빌립보서 1장 6절에서 "너희 속에 착한 일을 시작하신 이가 그리스도 예수의 날까지 이루실 줄을 우리가 확신하노라"라고 하였습니다. 주님께서 우리를 선택하시고 구원하시기로 작정하셨으므로 외부의 어려움이 성도를 핍박하거나, 성도 내면에서 발생할 수 있는 모든 갈등을 제거하시고 구원하십니다.

당시 성도들의 관점에서 이 말씀은 놀라운 위로와 확신을 줍니다. 그들은 자신들이 형장의 이슬로 사라지면서 하나님은 살아 계신지? 창조자이고 이 땅에서 기적을 베푸셨던 주님은 오늘도 여전하신지? 자신들이 구원받았는지, 구원받을 수 있을지, 그렇지 못한지를 고민했습니다. 주 안에서 죽는 것은 좋으나 주님은 살아계셔야 하고 자신을 선택하신 주님은 자신을 끝까지 책임져 주셔야 했습니다. 그것만 확신할 수 있다면 그들은 기꺼이 주님을 위해 생명을 드릴 수 있었습니다. 그런 그들에게 본문의 말씀은 기꺼이 주님을 위해 생명을 드릴 수 있는 확신을 심어 주었습니다.

그러면서 "내가 생명수 샘물을 목마른 자에게 값없이 주리니"라고 합니다. 여기서 생명수 샘물은 에덴동산에 흐르던 네 개의 강이 그 원형입니다. 아담의 범죄로 에덴에서 쫓겨난 인간은 생명수를 잃었습니다. 그래서 예레미야 2장 13절에서 "내 백성이 두 가지 악을 행하였나니 곧 그들이 생수의 근원 되는 나를 버린 것과 스스로 웅덩이를 판 것인데 그것은 그 물을 가두지 못할 터진 웅덩이들이니라"라고 하여 인간이 범죄하여 하나님을 떠난 것을 샘을 버린 것으로 비유하였고 이렇게 떠난 인간에게 은혜를 베푸셔서 다시 생명수를 통해 생명을 얻게 하셨는데 그것이 에스겔 47장에서 성전에서 흐르는 물을 통해 말씀하셨습니다. 이러한 상징은 선지자들이 계속해서 사용했고, 예수님도 "(요 4:14) 내가 주는 물은 영원히 목마르지 아니하리라", "(요 7:37,38) 누구든지 목마르거든 내게로 와서 마셔라 나를 믿는 자는 성경에 이름과 같이 그 배에서 생수의 강이 흘러나리라"라고 하셨습니다. 그런데 이 물은 값없이 주어진다는 것에 더 큰 은혜가 있습니다. 이는 이사야 예언의 성취입니다. 이사야 55장 1절에서 "오호라 너희 모든 목마른 자들아 물로 나아오라 돈 없는 자도 오라 너희는 와서 사 먹되 돈 없이, 값 없이 와서 포도주와 젖을 사라"라고 하셨습니다. 구원은 하나님의 선물로 거저 주셨습니다. 그래서 은혜입니다.

이렇게 생명수 샘물을 값없이 주겠다고 하시면서 놀라운 말씀을 하십니다.

"(계 21:7) 이기는 자는 이것들을 상속으로 받으리라 나는 그의 하나님이 되고 그는 내 아들이 되리라"

이기는 자는 이것들 즉, 생명수 샘물을 상속받겠다고 하셨습니다. 이기는 자들이라고 하니 또 공로가 있어야 하는 것으로 생각하지 마십시오. 우리가 얻은 구원을 상징하는 옷, 어린양의 피로 씻은 세마포는 거저 주어졌습니다. 요한은 요한복음에서 "(요 1:12) 영접하는 자 곧 그 이름을 믿는 자들에게는 하나님의 자녀가 되는 권세를 주셨으

554

니"라고 하였습니다. 구원은 예수님을 믿음으로 얻었습니다. 그럼에서도 우리에게 이기라고 한 것은 이겨서 구원을 쟁취하라고 한 것이 아니라 구원의 은혜를 지키고 구원의 삶을 살라고 하신 말씀입니다. 이것이 이기는 자입니다. 이것은 앞에서 교회는 신부이면서 동시에 전사라는 양면성을 갖고 있다고 했던 것과 같습니다. 성도는 이미 흰 세마포를 선물로 받은 자로 이긴 자이나 동시에 그 구원의 삶을 살아 이겨야 하는 존재입니다.

이러한 자들이 생명수 샘물을 상속으로 받겠다고 했는데, 그냥 주어진다고 하면 될 것을 상속이라고 한 이유는 "나는 그의 하나님이 되고 그는 내 아들이 되리라"라고 하신 말씀 때문입니다. 하나님의 나라를 상속받는데 그 자격은 아들에게 있습니다. 그러니까 하나님은 아버지가 되십니다. 성경은 왕과 백성, 주인과 종, 목자와 양처럼 관계성을 통해 말씀하시는데 우리에게 구원에 대해 말씀하실 때는 아버지와 아들의 관계 속에서 상속, 유업 등으로 비유하여 말씀하셨습니다. 그런데 이기는 자와 아들이라는 말이 한 절에 동시에 등장하는 이유는 우리는 아들이면서 동시에 종이나 백성으로서 충성해야 하는 존재이기 때문입니다.

이렇게 구원의 은혜를 입은 교회와 대조되는 이들이 있습니다.

"(계 21:8) 그러나 두려워하는 자들과 믿지 아니하는 자들과 흉악한 자들과 살인자들과 음행하는 자들과 점술가들과 우상 숭배자들과 거짓말하는 모든 자들은 불과 유황으로 타는 못에 던져지리니 이것이 둘째 사망이라"

"두려워하는 자들"이 첫 번째로 언급됩니다. 사실 이 말은 뒤에 오는 모든 자를 대표합니다. 성경에서 최초의 두려움은 범죄 한 아담의 두려움입니다. 두려움이란 하나님 앞에서 벌거벗은 상태입니다. 이 말을 요한계시록의 말로 하면 세마포를 입도록 허락받지 못한 자입니다. 그래서 이어지는 말이 "믿지 아니하는 자"입니다. 그 뒤에 이어서 나오는 모든 자는 요한계시록에서 믿지 않고 사탄에 속한 자들을 묘사한 말입니다. 이러한 자들에게 심판이 있습니다. 그러면서 이들은 둘째 사망을 당한다고 합니다. 앞에서도 말씀드렸지만 둘째 사망이란 주님의 재림 이후에 모든 이가 육체의 부활로 하나님 앞에 섰을 때, 믿는 자들은 생명책에 기록되어 첫째 부활에 참여하여 형벌을 당하지 않지만, 믿지 않는 자들은 예수님을 믿지 않으므로 첫 번째 부활을 얻지 못하였고 그러기에 당연히 둘째 사망에 이르게 됩니다.

이 장의 제목이 "다 이루었다"입니다. 우리는 예수님께서 십자가 위에서 다 이루신 구원의 은혜를 입고 살아갑니다. 그러나 동시에 사탄과 싸워 이겨야 하는 전사로 살아갈 자입니다. 비록 이 땅에서 가난하고 고통받고 심지어는 주님으로 인하여 순교하더라도 주님의 생명을 유업으로 얻게 됩니다.

로마서 8장 35절로 39절의 "(롬 8:35) 누가 우리를 그리스도의 사랑에서 끊으리요 환난이나 곤고나 박해나 기근이나 적신이나 위험이나 칼이랴 (롬 8:36) 기록된 바 우리가 종일 주를 위하여 죽임을 당하게 되며 도살 당할 양 같이 여김을 받았나이다 함과 같으니라 (롬 8:37) 그러나 이 모든 일에 우리를 사랑하시는 이로 말미암아 우리가 넉넉히 이기느니라 (롬 8:38) 내가 확신하노니 사망이나 생명이나 천사들이나 권세자들이나 현재 일이나 장래 일이나 능력이나 (롬 8:39)

556

높음이나 깊음이나 다른 어떤 피조물이라도 우리를 우리 주 그리스도 예수 안에 있는 하나님의 사랑에서 끊을 수 없으리라"라는 말씀처럼 우리의 구원의 일을 시작하신 주님께서 끝날까지 책임지실 것을 믿고 구원의 확신이 흔들리지 않는 성도가 되기를 바랍니다.

49. 어린양의 신부, 새 예루살렘
요한계시록 21장 9-27절

이 본문은 일부의 사람들에게 오해를 일으켰습니다. 소위 천국에 갔다 왔다는 사람들이 천국에 대해 묘사할 때 인용되는 본문입니다. 하지만 이 본문은 그렇게 인용될 말씀도 아니고 죽어서 갈 천국의 모습도 아닙니다. 특별히 새 예루살렘을 물리적 천국으로 보는 것은 성령께서 요한을 통해 성도들에게 주시고자 하신 말씀의 본질을 놓치는 실수를 범하게 됩니다.

그렇다면 본문이 의도한 내용은 무엇일까요?

"(계 21:9) 일곱 대접을 가지고 마지막 일곱 재앙을 담은 일곱 천사 중 하나가 나아와서 내게 말하여 이르되 이리 오라 내가 신부 곧 어린 양의 아내를 네게 보이리라 하고 (계 21:10) 성령으로 나를 데리고 크고 높은 산으로 올라가 하나님께로부터 하늘에서 내려오는 거룩한 성 예루살렘을 보이니"

"일곱 대접을 가지고 마지막 일곱 재앙을 담은 일곱 천사 중 하나"가 요한에게 말하고 있다고 본문은 시작합니다. 이렇게 말하고 있는 천사는 17장 1절에서도 등장했습니다. 그때는 음녀와 그가 다스리는 세계인 바벨론을 심판할 때 등장하였습니다. 같은 천사가 등장하여 한 번은 음녀를 심판하는 것에 대해 보여주었고 본문에서는 어린양의 아내인 새 예루살렘에 대해 보여주었습니다. 얼핏 보면 같은 천사가

558

다른 이야기 하는 것 같으나 그렇지 않습니다. 대적에 대한 심판과 동시에 교회의 영광에 대해 보여줍니다. 박해하던 사탄의 세력이 심판받는 상황과 고난받던 교회의 영광은 그리스도의 공의로운 심판의 결과라는 차원에서 이 천사가 음녀의 심판과 새 예루살렘에 대해 보여주는 것은 당연합니다.

천사는 요한에게 "이리 오라"라고 말합니다. 이렇게 말함은 4장 1절에서 "이리로 올라오라 이 후에 마땅히 일어날 일들을 내가 네게 보이리라"라고 하신 것과 같습니다. 2장과 3장에서 일곱교회를 향하여 "이기라"라고 하고 이기는 자가 받을 영광에 대해 보여주기 위해 "이리로 올라오라"라고 했다면, 본문에서는 약속대로 이기는 자가 받은 영광이 어떠한 것인지를 보여주기 위해 "이리 오라"라고 부르고 있습니다.

이렇게 오라고 한 후에 천사는 "내가 신부 곧 어린 양의 아내를 네게 보이리라"라고 합니다. 요한은 예수님에 대해 5장에서 시작된 어린양이라는 호칭을 계속해서 사용하고 있습니다. 그리스도의 신부는 어린양의 피로 산 존재들임을 강조하는 표현입니다. 자신의 공로로 그리스도의 신부가 된 것이 아닙니다. 자신의 행위로 구원을 이루고 그리스도의 신부가 된 것이 아닙니다. 오직 어린양 되신 예수님의 피흘려 주심의 공로로 신부가 된 것을 강조하여 말씀하고 있습니다.

그리고 천사가 보여주고자 하는 것이 "아내"임을 기억해야 합니다. 예루살렘이라는 도시나 건물을 보여주고자 함이 아닙니다. 이것을 놓쳤기 때문에 소이 "내가 본 천국"의 이야기가 나옵니다. 성경에서 천국이라고 번역한 헬라어는 "헤 바실레이아 투 데우(마 12:28절, 19:24절, 21:31,43절)"와 "바실레이아 톤 우라논(마 4:17, 막 1:15,

눅 6:20, 계 22:1)"입니다. 이를 직역하면 "그 하나님의 나라", "그 하늘들의 그 나라"입니다. 이 두 문장 모두 하나님의 통치에 주안점이 있습니다. 그래서 세례 요한이나 예수님께서 처음으로 하신 선포의 말씀이 "회개하라 천국이 임했다."입니다. 이는 예수님께서 오심으로 하나님의 통치가 임했다는 표현입니다. 그러니까 요한계시록을 통해 물리적인 천국을 묘사하는 것은 적절치 않습니다. 결론적으로 말씀드리면 새 예루살렘은 천국에 대한 물리적 묘사가 아니라 성도의 공동체가 가진 영광스러움에 대한 묘사입니다. 이 공동체는 이미 육신이 죽어 내세적인 천국에 거하는 자들과 현재 땅에서 성도로 살아가는 자들과 앞으로 성도로 살아갈 모든 이들을 포함한 우주적 공동체를 말씀합니다.

이렇게 신부의 모습을 보여주겠다고 하고 요한을 높은 산으로 인도합니다. 높은 산으로 데리고 간 것은 이 이야기의 모티브가 에스겔서 40장부터 기록된 새 성전 환상임을 알 수 있습니다. 에스겔 40장에서 "(겔 40:1) 우리가 사로잡힌 지 스물다섯째 해, 성이 함락된 후 열넷째 해 첫째 달 열째 날에 곧 그 날에 여호와의 권능이 내게 임하여 나를 데리고 이스라엘 땅으로 가시되 (겔 40:2) 하나님의 이상 중에 나를 데리고 이스라엘 땅에 이르러 나를 매우 높은 산 위에 내려놓으시는데 거기에서 남으로 향하여 성읍 형상 같은 것이 있더라"라고 하였습니다. 하나님은 에스겔에게 예루살렘이 멸망한 후에 새 예루살렘 성전의 모습을 보여주셨습니다. 이때 에스겔은 주의 권능에 이끌려 이스라엘 땅의 매우 높은 산 위에 오른 후에 성읍 같은 것을 보았다고 하며 새 성전 환상을 기록합니다. 그러니까 요한이 본 거룩한 성 예루살렘은 에스겔이 본 성전의 성취가 됩니다. 그래서 이어지는 말

560

씀이 "하나님께로부터 하늘에서 내려오는 거룩한 성 예루살렘을 보이니"입니다.

이렇게 하늘에서 내려온 새 예루살렘의 모습을 11절부터 구체적으로 묘사하고 있습니다.

"(계 21:11) 하나님의 영광이 있어 그 성의 빛이 지극히 귀한 보석 같고 벽옥과 수정 같이 맑더라 (계 21:12) 크고 높은 성곽이 있고 열두 문이 있는데 문에 열두 천사가 있고 그 문들 위에 이름을 썼으니 이스라엘 자손 열두 지파의 이름들이라 (계 21:13) 동쪽에 세 문, 북쪽에 세 문, 남쪽에 세 문, 서쪽에 세 문이니 (계 21:14) 그 성의 성곽에는 열두 기초석이 있고 그 위에는 어린 양의 열두 사도의 열두 이름이 있더라"

새 예루살렘에 대해 묘사하면서 첫 번째로 한 것은 "하나님의 영광이 있어"라는 말입니다. 이렇게 하나님의 영광이 있다는 말은 광야에서 성막을 만들고 봉헌하였을 때 성막에 하나님의 영광이 충만했다(출 4035)고 했고 솔로몬이 성전을 건축하였을 때도 성전에 하나님의 영광이 충만했다(대하 7:1)고 했으며, 요한이 말씀이 육신이 되어 우리 가운데 거하신 예수님에 대해 말할 때도 "(요 1:14) 말씀이 육신이 되어 우리 가운데 거하시매 우리가 그의 영광을 보니 아버지의 독생자의 영광이요 은혜와 진리가 충만하더라"라고 하였습니다. 이렇게 하나님의 영광이 성전에 충만했던 것의 연장 선상에서 새 예루살렘에 하나님의 영광이 있다고 묘사합니다.

이렇게 새 예루살렘에 영광이 충만한 것은 영광 자체이신 하나님께서 임마누엘 하시기 때문입니다. 그러면서 그 영광을 구체적으로 묘사하기를 "그 성의 빛이 지극히 귀한 보석 같고 벽옥과 수정 같이 맑더라"라고 합니다. 영광을 묘사하며 보석, 벽옥, 수정 같다고 하는데 이러한 묘사는 4장에서 "(계 4:3) 앉으신 이의 모양이 벽옥과 홍보석 같고 또 무지개가 있어 보좌에 둘렸는데 그 모양이 녹보석 같더라"라고 했던 것과 보좌를 둘러싼 것에 대해 "(계 4:6) 보좌 앞에 수정과 같은 유리 바다가 있고 보좌 가운데와 보좌 주위에 네 생물이 있는데 앞뒤에 눈들이 가득하더라"라고 한 것과 같습니다. 보좌에 앉으신 하나님의 영광스러운 모습을 묘사한 것과 새 예루살렘의 영광을 묘사한 것이 같은 것은 이미 앞에서 말씀드렸듯이 영광 자체이신 하나님께서 새 예루살렘에 임마누엘 하시기 때문입니다. 이러한 묘사는 아론이 입었던 에봇에 열두 보석이 이스라엘의 영광스러움을 의미했던 것과 같고, 이사야 선지자를 통해 바벨론에서 돌아와 영광스럽게 된 예루살렘을 묘사했던 것과 같습니다. 이사야는 "(사 54:11) 너 곤고하며 광풍에 요동하여 안위를 받지 못한 자여 보라 내가 화려한 채색으로 네 돌 사이에 더하며 청옥으로 네 기초를 쌓으며 (사 54:12) 홍보석으로 네 성벽을 지으며 석류석으로 네 성문을 만들고 네 지경을 다 보석으로 꾸밀 것이며"라고 하였습니다.

이어서 높고 큰 성곽과 열두 개의 성문과 기초석이 있었습니다. 그리고 성문에는 이스라엘 열두 지파의 이름이 있고 문마다 천사가 있었습니다. 그리고 성곽의 열두 기초석에는 열두 사도의 이름이 기록되어 있는 것을 보았습니다. 먼저 열두 문에 열두 지파의 이름이 있는 것은 에스겔 48장 30절부터 35절의 묘사를 인용했습니다. 그리고 이것은 민수기 2장에서 성막을 중심으로 사방에 세 지파씩 진을 쳤던 것이 성문의 이미지로 발전한 것입니다. 또한, 각 문에 천사가 있는 것은 성문으로 들어오는 모든 이들을 검증하기 위해서입니다. 이 이미지는 창세기 3장에서 아담과 하와가 범죄 한 후에 아담과 하와를 에덴에서 쫓아내시고 화염검을 든 천사를 세워 못 들어가게 하셨던 것이 그 시작입니다. 이 화염검을 든 천사의 이미지는 성막에서 성소와 지성소를 가리고 있던 휘장에 새겨져 있었는데 예수님께서 죽으심으로 위로부터 갈라져 성소와 지성소의 구분이 없어졌습니다. 이렇게 갈라진 휘장을 통해 지성소로 들어갈 수 있는 것은 누구에게나 허락된 것이 아닙니다. 그것은 예수 그리스도의 보혈, 요한계시록의 표현대로 하면 어린양의 피로 그 옷을 씻은 자만이 들어갈 수 있습니다. 이 피가 없는 자는 들어갈 수 없는데 이는 에덴을 지키던 천사가 그 피를 확인하는 것과 같습니다. 그래서 열두 문에 열두 천사가 서 있는 이유입니다.

그리고 열두 기초에 열두 사도의 이름이 있는 것은 사도들의 가르침 위에 성곽이 세워졌음을 의미합니다. 예수님은 산상수훈(마 5-7장)의 결론에서 주님의 가르침에 기초한 건물이 무너지지 않는다고 하셨습니다. 또한, 베드로가 "(마 16:16) 시몬 베드로가 대답하여 이르되 주는 그리스도시요 살아 계신 하나님의 아들이시니이다"라고 한 고백 위에 교회를 세우겠다고 하시며 음부의 권세가 이기지 못하겠다(마 16:18)고 하셨습니다. 그러므로 본문에 열두 기초에 열두 사도의 이름이 기록되었다는 것은 예수님의 말씀을 전했던 사도들의 가르침 위에 교회가 설 것을 의미합니다. 그래서 바울은 에베소 교회에 편지하면서 "(엡 2:20) 너희는 사도들과 선지자들의 터 위에 세우심을 입은 자라 그리스도 예수께서 친히 모퉁잇돌이 되셨느라 (엡 2:21) 그의 안에서 건물마다 서로 연결하여 주 안에서 성전이 되어 가고 (엡 2:22) 너희도 성령 안에서 하나님이 거하실 처소가 되기 위하여 그리스도 예수 안에서 함께 지어져 가느니라"라고 하셨습니다. 새 예루살렘인 교회는 구약의 예표적 말씀과 신약의 성취 위에 세워진 사람들의 모임입니다.

이어서 성과 성곽의 크기를 기록합니다.

"(계 21:15) 내게 말하는 자가 그 성과 그 문들과 성곽을 측량하려고 금 갈대 자를 가졌더라 (계 21:16) 그 성은 네모가 반듯하여 길이와 너비가 같은지라 그 갈대 자로 그 성을 측량하니 만 이천 스다디온이요 길이와 너비와 높이가 같더라 (계 21:17) 그 성곽을 측량하매 백사십사 규빗이니 사람의 측량 곧 천사의 측량이라"

천사는 성과 성곽을 측량하기 위해 금 갈대 자를 가졌다고 합니다. 이 묘사도 이미 있었습니다. 11장에서 "(계 11:1) 또 내게 지팡이 같은 갈대를 주며 말하기를 일어나서 하나님의 성전과 제단과 그 안에서 경배하는 자들을 측량하되"라고 하였습니다. 11장의 갈대 자도 성도의 공동체를 측량하는 것이라고 말했습니다. 마찬가지로 본문의 금 갈대로 성과 성곽을 측량한다고 하는데 성도의 공동체를 측량하는 표현입니다. 이렇게 측량하는 것은 당신의 소유권을 분명히 하고자 함입니다.

이렇게 측량한 성의 모양은 정육면체로 크기는 각 면의 길이가 일만 이천 스다디온입니다. 이렇게 정육면체인 것은 지성소의 모습과 같습니다. 그리고 이렇게 정육면체인 이유는 이스라엘 사람들에게 있어서 정사각형은 완전을 의미하는데 여섯 면을 모두 정사각형으로 만든 것은 하나님의 영역을 의미하는 지성소의 완전함을 표현합니다. 이 지성소의 완전함은 다시 새 예루살렘의 완전으로 발전했는데 이는 성도의 공동체 즉, 우주적 교회의 완전함을 말합니다. 그래서 바울은 교회를 가리켜 "(고전 3:16) 너희가 하나님의 성전이라"라고 말할 때 "히에론"이라는 말 대신에 지성소를 가리키는 "나오스"라는 단어를 사용하였습니다. 지성소가 거룩하고 완전한 이유는 하나님의 임재를 상징하는 법궤가 있었기 때문인데 성도가 성전 즉, 지성소인 이유는 성도 안에 말씀이신 주님께서 내주하여 계시기 때문입니다.

그리고 성의 크기가 일만 이천 스다디온이라고 하는데 이는 7장에서 구원받은 성도들을 셀 때 지파별로 일만 이천이었던 것과 같습니다. 정육면체는 열두 개의 변을 가지고 있고 이를 일만 이천과 곱하면 144,000이 됩니다. 이는 우연의 일치가 아니라 성도의 공동체를 묘사한 일관성의 산물입니다. 이렇게 묘사하고 있는 것은 빌립보 교회에게 이기라고 하시고 이기는 자에게 주시겠다고 하신 것의 성취인데 "(계 3:12) 이기는 자는 내 하나님 성전에 기둥이 되게 하리니 그가 결코 다시 나가지 아니하리라 내가 하나님의 이름과 하나님의 성 곧 하늘에서 내 하나님께로부터 내려오는 새 예루살렘의 이름과 나의 새 이름을 그이 위에 기록하리라"라고 하였습니다.

또한, 성곽은 144규빗이라고 하고 있습니다. 본문이 말하는 144규빗이 높이인지 두께인지가 불분명합니다. 원문도 두께인지 높이인지 구분이 없습니다. 그러나 현대인의 성경과 현대어 성경은 "두께"라고 명시하여 의역했습니다. 저도 그 해석에 동의합니다. 높이라면 12절에서 성곽이 높다고 한 것과 맞지 않습니다. 1규빗이 45~50cm이니 144규빗은 많이 잡아야 70m밖에 안 되기 때문입니다. 성의 높이는 일만이천 스다디온으로 1스다디온이 185m이므로 높이가 2,220km가 됩니다. 그러니 성곽의 높이보다는 두께라고 의역한 것이 자연스럽습니다. 어찌 되었건 144규빗에 무한대의 숫자 1,000을 곱하면 144,000이 되어 이것 또한 구원받은 무리의 총계와 같아집니다. 결론적으로 성과 성곽의 크기는 물리적인 크기를 말하고자 함이 아니라 새 예루살렘은 성도의 공동체임을 분명히 하고자 숫자적 상징성을 빌려 사용한 것을 알 수 있습니다.

이러한 성도의 공동체, 어린양의 아내, 새 예루살렘을 말해놓고 그 영광에 대해 묘사합니다.

"(계 21:18) 그 성곽은 벽옥으로 쌓였고 그 성은 정금인데 맑은 유리 같더라 (계 21:19) 그 성의 성곽의 기초석은 각색 보석으로 꾸몄는데 첫째 기초석은 벽옥이요 둘째는 남보석이요 셋째는 옥수요 넷째는 녹보석이요 (계 21:20) 다섯째는 홍마노요 여섯째는 홍보석이요 일곱째는 황옥이요 여덟째는 녹옥이요 아홉째는 담황옥이요 열째는 비취옥이요 열한째는 청옥이요 열두째는 자수정이라 (계 21:21) 그 열두 문은 열두 진주니 각 문마다 한 개의 진주로 되어 있고 성의 길은 맑은 유리 같은 정금이더라"

여기서 언급된 보석들을 해석하려 하다가 억지로 풀게 되는 우를 범하게 됩니다. 왜냐하면, 언급된 보석이 현재 우리가 알고 있는 보석과 일치하지 않을 뿐 아니라 이 보석들의 해석을 완벽하게 지지해주는 예표나 관련 성경 말씀이 없기 때문입니다. 그렇다면 이 보석들이 의미하는 바는 무엇일까요? 그것은 이 보석들은 교회의 영광스러움을 묘사합니다. 이것의 구약적 예표는 대제사장의 가슴에 있는 열두 보석입니다. 대제사장은 이스라엘 열두 지파를 상징하는 보석을 가슴에 품고 하나님 앞에 나아갔습니다. 열두 지파의 상징물로 보석을 선택하신 이유는 열두 지파가 하나님께는 존귀한 존재이기 때문입니다. 마찬가지로 성전의 성곽과 문이 각종 보석으로 꾸며져 있는 것으로 묘사하여 성도의 공동체가 갖는 영광스러움을 드러내고 있습니다.

지금까지 성과 성곽의 구조와 구조물에 대해 보았습니다. 22절부터는 새 예루살렘의 내부적 특징에 대해 묘사합니다.

"(계 21:22) 성 안에서 내가 성전을 보지 못하였으니 이는 주 하나님 곧 전능하신 이와 및 어린 양이 그 성전이심이라"

새 예루살렘에는 성전이 없다고 합니다. 이 말씀은 이 글을 읽고 있던 초대교회 성도들에게는 매우 충격이었습니다. 왜냐하면, 그들은 주 후 70년에 예루살렘 성전이 파괴된 후부터 성전의 재건을 기대했고 예루살렘의 재건은 성전의 재건과 맥을 같이 했기 때문입니다. 지금도 이스라엘 사람들은 1948년에 독립한 후에 물리적 성전의 재건을 기대하고 준비하고 있습니다. 하지만 본문에 성전은 없다고 말합니다. 이렇게 말한 이유는 본문에서 설명합니다. "주 하나님 곧 전

능하신 이와 어린 양이 그 성전이심이라"라고 말입니다. 이미 복음에
입각한 신앙생활을 하는 성도들은 이 말씀이 무엇인지 잘 압니다. 주
님은 "(요 2:19) 예수께서 대답하여 이르시되 너희가 이 성전을 헐라
내가 사흘 동안에 일으키리라 (요 2:20) 유대인들이 이르되 이 성전
은 사십육 년 동안에 지었거늘 네가 삼 일 동안에 일으키겠느냐 하더
라 (요 2:21) 그러나 예수는 성전 된 자기 육체를 가리켜 말씀하신 것
이라"라고 하신 말씀을 하셨기 때문입니다.

그러므로 물리적인 예루살렘 재건이나 성전의 재건에 대한 해석
은 더는 복음적인 해석이 아닙니다. 복음적인 예루살렘과 성전은 이
미 성취된 사건입니다. 그래서 스데반이나 바울은 "지극히 높으신 이
는 손으로 지은 전에 계시지 아니하시다(행 7:48, 17:24)"라고 하였
습니다. 에스겔은 새 성전의 환상을 말하면서 결론적으로 말하기를
"(겔 48:35) 그 날 후로는 그 성읍의 이름을 여호와삼마라 하리라"
라고 하였는데 그 뜻은 "여호와께서 거기 계시다 하리라"라는 말입니
다. 주님께서 계셔야 온전한 성전이 됩니다. 계속해서 보았듯이 복음
적인 새 예루살렘은 어린양의 아내인 성도의 공동체를 의미하며 성전
은 예수님이십니다. 이는 우리 안에 주님께서 거하심으로 이미 완성
되었습니다.

이전에도 보았듯이 이 성에는 없는 것이 있습니다.

**"(계 21:23) 그 성은 해나 달의 비침이 쓸 데 없으니 이는 하나님
의 영광이 비치고 어린 양이 그 등불이 되심이라"**

본 절은 "(사 60:19) 다시는 낮에 해가 네 빛이 되지 아니하며 달도 네게 빛을 비추지 않을 것이요 오직 여호와가 네게 영원한 빛이 되며 네 하나님이 네 영광이 되리니 (사 60:20) 다시는 네 해가 지지 아니하며 네 달이 물러가지 아니할 것은 여호와가 네 영원한 빛이 되고 네 슬픔의 날이 끝날 것임이라"라고 하신 예언의 성취입니다. 하나님께서 임재하심으로 성전이 따로 필요치 않을 뿐 아니라 그곳에는 하나님과 어린양께서 직접 자신의 광채로서 비춰시기 때문에 해와 달과 같은 처음 하늘에 있는 자연적인 것은 전혀 필요하지 않습니다.

이 말씀도 이미 성취되었습니다. 예수님은 죽으시기 전날 제자들과 최후의 만찬을 하시면서 보혜사 성령을 보내 주실 것을 예언하셨는데 성령께서 성도의 심령에 임하시면 "(요 14:26) 보혜사 곧 아버지께서 내 이름으로 보내실 성령 그가 너희에게 모든 것을 가르치고 내가 너희에게 말한 모든 것을 생각나게 하리라"라고 하였고, "(요 16:13) 그러나 진리의 성령이 오시면 그가 너희를 모든 진리 가운데로 인도하시리니 그가 스스로 말하지 않고 오직 들은 것을 말하며 장래 일을 너희에게 알리시리라"라고 하였습니다. 또한, 요한일서를 통해 하나님은 빛이시고 그를 믿는 성도는 빛 가운데 행할 것을 말씀하셨습니다. 이 말씀은 어둠 가운데서 갈 바를 알지 못하던 자에게 성령께서 빛으로 인도하실 것을 말씀하심인데 이것은 이미 성취되었습니다. 그리고 "어린 양이 그 등불이 되심이라"라고 하고 있는데 이 말씀은 예수께서 "나는 세상의 빛이라"라고 선언하신 말씀을 상기시키고 있습니다(요 1:9; 3:19; 8:12; 12:35).

이렇게 영광스러운 새 예루살렘의 또 다른 영광에 대한 묘사가 이어집니다.

"(계 21:24) 만국이 그 빛 가운데로 다니고 땅의 왕들이 자기 영광
을 가지고 그리로 들어가리라 (계 21:25) 낮에 성문들을 도무지 닫지
아니하리니 거기에는 밤이 없음이라 (계 21:26) 사람들이 만국의 영
광과 존귀를 가지고 그리로 들어가겠고"

밤이 없기에 성문은 닫히지 않습니다. 이렇게 닫히지 않는다고 말
한 것은 동서 사방에서 구원받은 자들이 들어올 것을 묘사하며, 동시
에 만국의 영광과 존귀를 가지고 땅의 왕들과 사람들이 들어오는 것
을 기록하고 있습니다. 이는 이사야를 비롯한 선지자들이 한 예언의
성취입니다. 기록되기를 "(사 60:3) 나라들은 네 빛으로, 왕들은 비치
는 네 광명으로 나아오리라 (사 60:4) 네 눈을 들어 사방을 보라 무리
가 다 모여 네게로 오느니라 네 아들들은 먼 곳에서 오겠고 네 딸들은
안기어 올 것이라"라고 하였습니다(사 2:2-3, 슥2:11; 14:16).

본문의 결론입니다.

"(계 21:27) 무엇이든지 속된 것이나 가증한 일 또는 거짓말하는
자는 결코 그리로 들어가지 못하되 오직 어린 양의 생명책에 기록된
자들만 들어가리라"

새 예루살렘에 들어가지 못할 자들을 기록합니다. 이는 8절에서 한
번 언급한 자들에 대해 달리 묘사한 것입니다. 8절은 "두려워하는 자

570

들과 믿지 아니하는 자들과 흉악한 자들과 살인자들과 음행하는 자들과 점술가들과 우상 숭배자들과 거짓말하는 모든 자들은 불과 유황으로 타는 못에 던져지리니 이것이 둘째 사망이라"라고 하였습니다. 반대로 새 예루살렘에 들어갈 자에 대해 말하기를 "오직 어린 양의 생명책에 기록된 자들만 들어가리라"라고 하여 20장 15절에서 "누구든지 생명책에 기록되지 못한 자는 불못에 던져지더라"라고 한 것에 대해 다시 기록하여 오직 어린양의 생명책에 기록된 자만이 들어갈 수 있음을 강조합니다.

우리가 어린양의 아내, 새 예루살렘임을 기억합시다. 성도의 공동체의 기초가 사도들의 가르침과 신앙고백인 것을 기억합시다. 성도의 공동체인 교회가 제대로 세워지고 회복되기 위해 디모데후서 1장 13절과 14절은 "너는 그리스도 예수 안에 있는 믿음과 사랑으로써 내게 들은 바 바른 말을 본받아 지키고 우리 안에 거하시는 성령으로 말미암아 네게 부탁한 아름다운 것을 지키라"라고 한 말씀을 기억하며 우리 각자가 말씀 앞에 바로 서고 그 말씀대로 사는 자가 됩시다. 또한, 우리 안에 거하시면서 우리를 위로하시고 이기게 하시는 주님을 실감하시기 바랍니다. 사도 바울이 로마서 8장 18절에서 "현재의 고난은 장차 우리에게 나타날 영광과 족히 비교할 수 없도다"라고 말씀을 기억하며 영원한 영광 가운데 거하는 성도가 되기를 바랍니다.

50. 다시는 저주가 없으리라
요한계시록 22장 1-5절

모든 인간의 바람은 에덴의 회복입니다. 그래서 일반 종교들도 극락, 낙원, 천국 등을 말하고 내세를 기대하지 않는 사람도 이 땅에서 죽음과 고통이 없는 삶을 꿈꾸고 이루려 합니다. 완벽한 행복의 삶을 가능하게 하는 곳을 파라다이스라 칭하며 그 세계를 꿈꿉니다. 이 모든 것은 인간의 내면에 있는 잃어버린 땅에 대한 사모함에서 시작되었습니다. 이 본문은 바로 그 에덴의 회복입니다. 인간이 범죄하여 잃어버린 땅, 아니 쫓겨난 땅으로의 회귀입니다. 이 회복은 2장과 3장에서 이기는 자에게 주시겠다고 한 약속이었고 그것의 성취입니다. 그 성취가 본문에 있습니다.

"(계 22:1) 또 그가 수정 같이 맑은 생명수의 강을 내게 보이니 하나님과 및 어린 양의 보좌로부터 나와서"

이미 21장에서 새 예루살렘에 대하여 여러 가지 묘사가 있었습니다. 새 예루살렘의 외적인 모습과 그 안에 있는 영광스러움이었습니다. 본문은 그것의 연장 선상에 있습니다. 새 예루살렘 즉, 성도의 공동체의 모습에 대해 말씀하고 있는데 특별히 21장 27절에서 그 안에 들어갈 수 있는 자를 언급했습니다. 그것은 "오직 어린양의 생명책에 기록된 자들만 들어가리라"라고 하신 말씀입니다. 이렇게 생명책에 기록된 자들이 들어간다고 한 곳은 지금까지 요한계시록을 보면서 여러 번 반복하여 보았던 한사람 아담의 범죄로 인해 모든 사람이 쫓

572

겨났던 에덴입니다. 그러기에 본문은 에덴동산에 있던 것들의 회복을 말하고 있습니다.

천사는 요한에게 "수정같이 맑은 생명수의 강"을 보여주었습니다. 이 생명수 강은 21장 6절에서 "내가 생명수 샘물을 목마른 자에게 값 없이 주리니"라고 하였던 것에서 더 확장되어 "생명수 강"이 되었습니다. 이것은 창세기 2장 10절부터 기록된 네 개의 강에 대한 묘사와 같습니다. 기록되기를 "강이 에덴에서 흘러나와 동산을 적시고 거기서부터 갈라져 네 근원이 되었으니"라고 하였습니다. 그리고 이 묘사는 에스겔 선지자가 새 성전에 대해 말할 때도 "(겔 47:1) 그가 나를 데리고 성전 문에 이르시니 성전의 앞면이 동쪽을 향하였는데 그 문지방 밑에서 물이 나와 동쪽으로 흐르다가 성전 오른쪽 제단 남쪽으로 흘러내리더라"라고 하였습니다. 이렇게 흐르는 생명수 강을 요한이 다시 기록하는데 창세기에서는 에덴에서 물이 시작되고, 에스겔서에서는 성전 문지방에서 흐르며, 본문에서는 "하나님과 어린양의 보좌로부터" 흐른다고 하고 있습니다. 그러니까 생명수 강의 근원은 "어린양"입니다. 이는 "(출 17:6) 너는 반석을 치라 그것에서 물이 나리니 백성이 마시리라"라고 하신 주님은 그 반석 위에 서신 후에 말씀하셨는데 그것은 반석이 아닌 당신 자신이 침을 당하여 생명수 샘이 되실 것을 예표하신 것입니다. 또한, 스가랴 선지자는 "(슥 13:1) 그 날에 죄와 더러움을 씻는 샘이 다윗의 족속과 예루살렘 거민을 위하여 열리리라"라고 하였는데 이것은 어린양 예수님께서 흘리신 피와 물이 "죄와 더러움"을 씻어줄 수 있음을 말씀합니다. 그리고 이사야 선지자는 "(사 12:3) 그러므로 너희가 기쁨으로 구원의 우물들에서 물을 길으리로다"라고 하였습니다.

생명수 샘과 그 샘에서 흐르는 물이 강을 이룬 것은 예수님을 통해 완성되었습니다. 그러기에 하나님과 어린양의 보좌로부터 흐른다고 하였습니다. 예수님은 초막절 절기에 예루살렘 성전에서 다음과 같이 말씀하셨습니다. "(요 7:37) 명절 끝날 곧 큰 날에 예수께서 서서 외쳐 이르시되 누구든지 목마르거든 내게로 와서 마시라 (요 7:38) 나를 믿는 자는 성경에 이름과 같이 그 배에서 생수의 강이 흘러나오리라"라고 하였습니다. 또한, 사마리아 여인에게는 그 물을 마신 자의 영원한 결과에 대해 말씀하시기를 "(요 4:14) 내가 주는 물을 마시는 자는 영원히 목마르지 아니하리니 내가 주는 물은 그 속에서 영생하도록 솟아나는 샘물이 되리라"라고 하셨습니다. 그리고 이 생명수가 무엇인지 말씀하셨는데 "(요 7:39) 이는 그를 믿는 자들이 받을 성령을 가리켜 말씀하신 것이라"라고 하였습니다. 결론적으로 말씀드리면 예수님께서 생명수 샘이 되시고, 그로부터 성령이 임하여 성령이 임한 자마다 영원히 목마르지 않을 뿐 아니라 생명수가 흐르는 통로가 되는데 그것이 모여 강을 이룰 것을 의미합니다. 그것이 교회 공동체의 영광이며 능력입니다.

이렇게 생명수 강이 흐르고 강 좌우로 생명나무가 있다고 기록합니다.

"(계 22:2) 길 가운데로 흐르더라 강 좌우에 생명나무가 있어 열두 가지 열매를 맺되 달마다 그 열매를 맺고 그 나무 잎사귀들은 만국을 치료하기 위하여 있더라"

길 가운데로 흐른다는 말은 에덴동산에 네 개의 강이 동산을 적셔 생명을 자라게 했듯이 생명수 강이 새 예루살렘에서 생명을 자라게 하고 풍성케 할 것을 의미합니다. 그래서 이어지는 말이 강 좌우에 생명 나무가 있어 열두 가지 열매를 맺되 달마다 그 열매를 맺겠다고 합니다. 이것도 에덴동산의 모습을 그려주고 있습니다. 하나님은 에덴동산을 만드시고 "(창 2:9) 여호와 하나님이 그 땅에서 보기에 아름답고 먹기에 좋은 나무가 나게 하시니 동산 가운데에는 생명나무와 선악을 알게 하는 나무도 있더라"라고 하셨습니다. 창세기에서는 나무가 먼저 나오고 네 개의 강이 흐른다고 기록했다면, 오늘 본문은 기록 순서만 바뀌었을 뿐 같은 모습을 그려줍니다. 이 모습도 에스겔 선지자를 통해 예언되었는데 "(겔 47:12) 강 좌우 가에는 각종 먹을 과실나무가 자라서 그 잎이 시들지 아니하며 열매가 끊이지 아니하고 달마다 새 열매를 맺으리니 그 물이 성소를 통하여 나옴이라 그 열매는 먹을 만하고 그 잎사귀는 약 재료가 되리라"라고 하였습니다. 아담과 하와가 선악을 알게 하는 나무의 열매를 먹었을 때 하나님은 "(창 3:22) 여호와 하나님이 이르시되 보라 이 사람이 선악을 아는 일에 우리 중 하나 같이 되었으니 그가 그의 손을 들어 생명나무 열매도 따먹고 영생할까 하노라"라고 하시고 에덴에서 그들을 내보냈습니다 (창 3:23). 이렇게 에덴 동산에서 쫓겨나서 다시는 먹을 수 없었던 생명나무의 열매를 먹을 수 있게 되었습니다. 그래서 본문 14절에서 자기 두루마리를 빤 자들이 생명나무에 나아가겠다고 기록합니다. 이것은 에베소 교회에게 이기라고 하시면서 이기는 자에게 "(2:7) 하나님의 낙원에 있는 생명나무 열매를 주어 먹게 하리라"라고 하신 것에 대한 성취입니다. 생명 샘, 생수의 강, 생명나무 등의 이미지는 창세기 3장에서 잃어버렸던 것이 회복되었음 말씀합니다. 다시 말씀드리지만, 이것은 죽어서 가는 천국에서 이루어지는 것이 아니라 현재 예수님의 초림부터 이미 이루어진 사건이며 주님의 재림으로 완성되는 사건입니다.

계속해서 생명나무에 대해 보면, 이 나무는 열두 가지 열매를 맺되 달마다 맺는다고 합니다. 이 말은 딱 열두 가지 열매를 달마다 하나씩 맺는다는 것이 아닙니다. 그렇다면 천국엔 이 땅에서 맺는 과일보다 적은 숫자의 열매를 맺는 꼴이 됩니다. 이는 문자적으로 해석하기보다 "12"가 가진 히브리적 상징으로 해석하는 것이 옳습니다. 12는 충만한 수, 꽉 찬 수, 만 수를 의미합니다. 그러니까 열두 가지 열매를 열두 달 동안 맺는다는 것은 완전하고 풍성한 은혜로 구원받은 자들을 만족시켜 줄 것을 의미합니다.

이어지는 말씀에 그 나무의 잎사귀는 만국을 치료하기 위하여 있다고 기록합니다. 이것은 생명나무가 의미하는 바의 확장된 표현입니다. 생명나무 잎사귀가 죽었던 만국 백성을 치료하는 약재료가 됩니다. 에스겔은 "(겔 47:12) 그 열매는 먹을 만하고 그 잎사귀는 약 재료가 되리라"라고 하였습니다. 이 잎사귀의 목적이 만국을 치료하는 것인데 이것은 교회 공동체에 속한 이들이 만국을 통해 불치병인 사망이 치료되어 생명을 얻은 자들임을 말씀합니다.

이렇게 생명수의 강과 생명나무, 그리고 만국을 치료하는 잎사귀로 인한 놀라운 결과를 말씀합니다.

"(계 22:3) 다시 저주가 없으며 하나님과 그 어린 양의 보좌가 그

가운데에 있으리니 그의 종들이 그를 섬기며"

　"다시 저주가 없으며"라는 말로 에덴에 거하는 자들의 영원한 상태에 대해 기록합니다. 그렇다면 다시는 저주가 없다고 한 이유는 무엇일까요? 이전에 있던 저주는 무엇일까요? 그것은 에덴에서 쫓겨난 저주입니다. 아담의 범죄 후에 주어진 말씀에 "(창 3:17) 아담에게 이르시되 네가 네 아내의 말을 듣고 내가 네게 먹지 말라 한 나무의 열매를 먹었은즉 땅은 너로 말미암아 저주를 받고 너는 네 평생에 수고하여야 그 소산을 먹으리라"라고 했는데 이 저주입니다. 이 저주로 여자는 해산하는 고통을, 남자는 수고의 고통을, 뱀은 배로 땅을 기며 흙을 먹는 저주를, 땅은 엉겅퀴를 내는 저주를 받았습니다. 이 저주를 생각하면서 다시는 저주가 없다고 한 것입니다. 이렇게 다시는 저주가 없게 된 것은 하나님의 사랑과 예수님의 은혜, 성령께서 내주하여 인 쳐주심의 결과입니다. 그래서 바울은 "(갈 3:13) 그리스도께서 우리를 위하여 저주를 받은 바 되사 율법의 저주에서 우리를 속량하셨으니 기록된바 나무에 달린 자마다 저주 아래에 있는 자라 하였음이라"라고 하였습니다. 그래서 이제는 그리스도인들에게는 저주가 없습니다. 한때 한국교회에 "가계에 흐르는 저주를 끊으라"라는 말이 유행했었습니다. 이 말은 복음적으로 오류가 있습니다. 가계에 흐르는 저주는 예수님을 영접함으로 이미 끊어졌습니다. 우리가 노력하고 일명 대적 기도를 하고, 공로를 쌓아서 끊어지는 것이 아닙니다. 예수님 안에 있는 모든 자는 저주로부터 해방되었습니다.

　저주가 없기에 하나님과 어린양의 보좌가 그 가운데 있습니다. 4장에서 하나님의 보좌를 묘사할 때 그 보좌를 그룹들과 24 장로들이 둘러싸고 있었습니다. 이것을 본 절에서는 새 예루살렘 안에, 성도의 공동체 안에, 교회 안에 있다고 합니다. 이 보좌가 있는 가장 작은 처소는 성도의 심령입니다. 우리를 성전 즉, 지성소라고 했고 그 안에 하나님과 예수님의 영인 성령께서 거하심으로 우리의 심령은 주님의 보좌입니다. 그래서 성도의 공동체 안에 하나님과 어린양의 보좌가 있습니다.

주님께서 공동체 안에 거하시기에 주님의 종들이 보좌에 앉으신 이를 섬길 수 있습니다. 여기서 "섬긴다"라고 한 헬라어는 "라튜리오"입니다. 이 단어는 "봉사하다"라는 의미도 있으나 많은 부분 "예배하다(마 4:10, 눅 4:8, 요 7:15, 눅 2:37, 행 26:7)"라는 의미로 사용되었습니다. 그러니까 4장에서 장로들과 그룹들이 하나님을 경배한 것과 같은 의미입니다. 이렇게 구원하신 주님을 주님의 백성들이 섬기는데 그 섬기는 것의 가장 기본적인 모습은 예배입니다. 예배를 통해 감사를 표하고 하나님을 섬깁니다. 그리고 그것은 삶의 예배로 연결되어 예수님께서 우리를 사랑하신 것같이 이웃을 사랑하는 행위로 발전합니다. 이것이 주님을 섬기는 행위입니다.

"(계 22:4) 그의 얼굴을 볼 터이요 그의 이름도 그들의 이마에 있으리라"

하나님의 얼굴을 보겠다고 합니다. 구약을 아는 사람이라면 얼마나 놀라운 이야기인지 알 것입니다. 하나님과 가장 친밀했던 모세도 하나님의 얼굴을 보지 못하고 등만 보았습니다. 삼손의 아버지 마노아는 천사를 만난 후에 하나님의 얼굴을 보았으니 죽을 것이라고 두려워했습니다. 하나님의 임재를 상징했던 법궤는 만들어 지성소에 안치한 후에 단 한 번도 제대로 보지 못했습니다. 일 년에 하루 들어갈 때도 향을 피우고 들어갔기에 제대로 보지 못했고 이동할 때는 모두 덮어 그 누구도 보지 못했습니다. 그런데 구원받은 자들은 하나님의 얼굴을 보겠다고 합니다. 얼굴을 본다는 것은 하나님에 대한 올바른 이해와 친밀한 관계를 의미하는 표현입니다.

그런데 이 놀라운 복도 이미 성취되었습니다. 주님께서 잡히시기 전날 밤에 빌립이 예수님께 아버지를 보여주시면 족하겠다고 하였을 때 주님은 "(요 14:9) 빌립아 내가 이렇게 오래 너희와 함께 있으되 네가 나를 알지 못하느냐 나를 본 자는 아버지를 보았거늘 어찌하여 아버지를 보이라 하느냐"라고 하셨고 "(요 14:20) 그 날에는 내가 아버지 안에, 너희가 내 안에, 내가 너희 안에 있는 것을 너희가 알리라"라고 하셨습니다. 하나님은 에덴을 만드시고 그 안에서 아담은 하나님의 얼굴을 보고 대화할 수 있었습니다. 하지만 아담의 범죄로 하나님의 낯을 피하고 결국 쫓겨나게 되어 하나님의 얼굴을 보지 못하게 되었습니다. 그러나 주님의 초림으로 다시 회복되었는데 기록되기를 "(요 1:18) 본래 하나님을 본 사람이 없으되 아버지 품 속에 있는 독생하신 하나님이 나타내셨느니라"라고 하셨습니다. 그러니까 성도는 하나님의 얼굴을 이미 보고 있습니다. 이렇게 하나님의 얼굴을 보는 것도 에덴의 회복입니다.

또한, 하나님의 이름도 그의 종들인 성도의 이마에 있겠다고 합니다. 마지막 장에 와서 또다시 그의 종들의 이마에 하나님의 이름이 있는 것에 대해 다시 기록하는 이유는 무엇일까요? 그것은 이 땅에 사는 자들에게 자신의 이마에 하나님의 인을 받느냐? 아니면 짐승의 표를 받느냐? 하는 요구 때문입니다. 이 선택의 요구에서 짐승의 표를 거부하다가 가난하게 되고 핍박을 받으며 심지어 "(계 12:11) 죽기까지 그 생명을 아끼지 아니한" 자들이 받을 영광이 얼마나 크고 놀라운 것인지 말해줍니다.

7장과 14장에서 어린양의 인을 맞은 자들에 대해 이미 언급되었습니다. 이렇게 이마에 이름이 있다는 것은 그 이름의 소유가 되었다는 뜻입니다. 또한, 이마에 하나님의 이름이 있다는 것의 또 다른 의미는 그의 생각이 하나님께 있음을 의미합니다. 또한, 13장에서도 짐승의 표를 이마와 오른손에 받는 자들에 대해 기록하는데 그의 생각과 행위가 짐승에게 속한 것을 상징하는 표현이었습니다. 마찬가지로 성도의 이마에 하나님의 이름이 새겨져 있는 것은 그가 하나님께 속한 존재일 뿐 아니라 오직 하나님에 대해 생각하고, 하나님의 방식으로 생각하며, 하나님의 뜻대로 행하는 자임을 의미합니다. 이 표현도 이기는 자에게 주시겠다고 했었습니다. 2장에서 버가모 교회를 향해 말씀하시면서 "하나님의 이름"을 새겨 주겠다고 했습니다(계 3:12). 이렇게 이름이 이마에 있다는 것의 그림자는 성막에 대해 말씀하시면서 제사장의 이마에 "여호와께 성결"이라는 패를 써서 붙이도록 한 것입니다. 우리들의 이마에는 하나님의 이름이 새겨져 있습니다. 그러기에 하나님께 성결해야 하고 그 성결로 세상을 대해야 합니다.

"(계 22:5) 다시 밤이 없겠고 등불과 햇빛이 쓸 데 없으니 이는 주 하나님이 그들에게 비치심이라 그들이 세세토록 왕 노릇 하리로다"

밤이 없겠고 빛이 필요 없다고 하며 그 이유를 하나님이 그들에게

580

비치시기 때문이라고 합니다. 이스라엘은 초막절이 시작되면 성전에 여인의 뜰 양 끝에 두 개의 기둥을 높이 세우고 그 위에 등잔을 만들고 심지를 만들어 꽂고 기름을 부어 초막절 축제가 끝날 때까지 불을 밝혔습니다. 그러는 동안 예루살렘은 밤이 없었습니다. 온 예루살렘은 그 불빛으로 밝게 빛났습니다. 이렇게 밝히던 등불은 축제가 끝남과 함께 꺼졌는데 밤에는 어둠이 사방을 덮었습니다. 이렇게 초막절 절기가 끝나고 주님은 현장에서 간음하다 붙잡힌 여인에게(요 8장), 그리고 날 때부터 소경이었던 이를 고친 후에(요 9장) 주님은 "나는 세상의 빛이다"라고 선언하셨습니다. 요한복음을 시작하면서 예수님의 오심에 대해 "(요 1:4) 그 안에 생명이 있었으니 이 생명은 사람들의 빛이라 (요 1:5) 빛이 어둠에 비치되"라고 하였고, 요한일서 2장 8절부터는 참 빛이 벌써 비치었고 성도는 그 빛 가운데 거하는 자라고 하였습니다.

그렇게 선언하신 주님은 본문을 통해 당신이 세상의 빛이심을 다시 알려주고 있습니다. 이렇게 밤이 없고 자연적인 빛도 필요 없고 오직 하나님이 그들의 빛이 되어 비치신다고 한 것은 하나님의 영광으로 빛나는 임재를 시각적으로 표현한 것입니다. 성경 여러 곳에서 하나님의 빛을 비추어 주시길 간절히 바랐는데(민 6:25-26, 시 4:6, 31:16, 80:3) 그것의 성취로 이 말씀이 주어졌습니다.

그러면서 마지막으로 "그들이 세세토록 왕 노릇 하리로다"라고 말씀하셨습니다. 이기는 자에게 주시는 복입니다. 천년이 아닙니다. "세세토록"입니다. 두아디라 교회에 편지하면서 이기는 자는 "만국을 다스리는 권세를 주리라"라고 하였던 것의 성취입니다. 세세토록 왕노릇 하겠다고 한 것을 베드로는 "(벧전 1:6) 그러므로 너희가 이제 여러 가지 시험으로 말미암아 잠깐 근심하게 되지 않을 수 없으나 오히려 크게 기뻐하는도다 (벧전 1:7) 너희 믿음의 확실함은 불로 연단하여도 없어질 금보다 더 귀하여 예수 그리스도께서 나타나실 때에 칭찬과 영광과 존귀를 얻게 할 것이니라"라고 하여 현재의 고난은 잠깐이요 장차 받을 영광은 영원한 것임을 고백했습니다. 주님과 함께 이 땅에서 왕노릇하는 것은 무엇일까요? 그것은 복음을 전하는 것입니다. 그 일을 통해 구원과 심판의 행위를 하는 것입니다.

이 본문이 잃어버렸던 에덴의 회복이었습니다. 이것은 이미 주님의 백성들에게 이루어진 일입니다. 그러기에 다시는 저주가 없을 뿐 아니라 생명수 강이 되고 생명수이신 주님의 통로가 되며, 세상을 치료하는 잎사귀가 되어 영혼을 건지는 성도가 되어야 합니다.

51. 내가 속히 오리라
요한계시록 22장 6-21절

지금까지 닫혔던 에덴이 열리고 잃어버렸던 생명나무와 생명수를 회복하는 성도의 공동체인 새 예루살렘에 대해 보았습니다. 이렇게 이기는 자들이 받을 영광스러운 회복에 대해 말하고 나서 완전한 회복의 날을 소망하게 하며 말씀을 마치고 있습니다.

"(계 22:6) 또 그가 내게 말하기를 이 말은 신실하고 참된지라 주 곧 선지자들의 영의 하나님이 그의 종들에게 반드시 속히 되어질 일을 보이시려고 그의 천사를 보내셨도다 (계 22:7) 보라 내가 속히 오리니 이 두루마리의 예언의 말씀을 지키는 자는 복이 있으리라 하더라"

천사는 요한에게 "이 말은 신실하고 참되다"라고 말합니다. 천사가 말한 "이 말"은 요한계시록 전체의 말씀입니다. 이 말은 신실하고 참되다고 말함으로 지금까지 했던 모든 말은 반드시 이루어질 일임을 말씀합니다. 그렇다면 요한계시록 전체에서 한 말은 무엇이었나요? 그것은 성도들의 구원과 사탄의 세력들을 심판하시는 내용이었습니다. 특별히 세상에서 믿음의 싸움을 싸우는 성도들의 구원에 대한 말씀이었습니다. 그래서 "이기라"라고 했습니다. 그러니까 본문의 "이 말"은 성도의 구원에 대한 말입니다. 성도가 구원받는 것이 신실하고 참된 일입니다. 바울도 죽음 앞에서 말하기를 "(딤후 2:13) 우리는 미쁨이 없을지라도 주는 항상 미쁘시니 자기를 부인하실 수 없으시리라"라고 하였습니다. 바울은 믿음을 지키고 복음을 전하다가 사형 선고를 받았음에도 실망하거나 주의 사랑에 대해 의심을 품는 것이 아니라 자신을 구원해 주실 것에 대한 확신을 갖고 고백하였습니다.

그러면서 이 말은 "속히 이루어질 일"이라고 합니다. 이 말은 요한계시록을 시작하면서 "(계 1:1) 예수 그리스도의 계시라 이는 하나님이 그에게 주사 반드시 속히 일어날 일들을 그 종들에게 보이시려고 그의 천사를 그 종 요한에게 보내어 알게 하신 것이라"라고 했었습니다. 시작과 끝에서 이 말을 함으로 요한계시록을 통해 주어진 말씀은 미래의 어느 때에 이루어지는 것이 아니라 이 말씀이 주어진 때부터 주님 오실 때까지 매 시대를 살아가는 사람들에게 똑같이 속히 이루어지는 말씀입니다.

이렇게 주어진 말씀을 지키는 자에게 복이 있습니다. 복이 있다고 한 말은 1장 3절에서도 했던 말입니다. 1장 3절에 "이 예언의 말씀을 읽는 자와 듣는 자와 그 가운데에 기록한 것을 지키는 자는 복이 있나니 때가 가까움이라"라고 했는데 이 두 구절에서 복이 있는 이유에 대해 같은 말을 합니다. 그것은 때가 가깝기 때문입니다.

무엇을 어떻게 지키라는 말씀인가요? 14절에서 언급하고 있습니다. "(계 22:14) 자기 두루마기를 빠는 자들은 복이 있으니 이는 그들이 생명나무에 나아가며 문들을 통하여 성에 들어갈 권세를 받으려 함이로다"라고 합니다. 지키는 자가 복이 있는데 그것은 그 옷을 빠는 자입니다. 그 옷을 빠는 것은 7장 14절에서 "어린 양의 피에 그 옷을 씻어 희게 하였느니라"라고 하였습니다. 그리고 이렇게 빠는 것은 자신의 의지나 힘이 아니라 은혜임을 말하기를 "(계 19:8) 그에게 빛나고 깨끗한 세마포 옷을 입도록 허락하셨으니"라고 하였습니다. 그러니까 지키는 자가 복이 있다고 한 말은 예수님의 은혜로 그 죄가 씻음 받고 의의 옷을 입은 자입니다.

이렇게 복된 소식을 들은 요한은 감사하여 천사에게 경배하려 합니다.

"(계 22:8) 이것들을 보고 들은 자는 나 요한이니 내가 듣고 볼 때에 이 일을 내게 보이던 천사의 발 앞에 경배하려고 엎드렸더니 (계 22:9) 그가 내게 말하기를 나는 너와 네 형제 선지자들과 또 이 두루마리의 말을 지키는 자들과 함께 된 종이니 그리하지 말고 하나님께 경배하라 하더라"

요한은 천사의 발 앞에 경배하려 했고 천사는 "나는 너와 네 형제 선지자들과 또 이 두루마리의 말을 지키는 자들과 함께 된 종이니 그리하지 말고 하나님께 경배하라 하더라"라고 하였습니다. 이러한 일은 처음이 아닙니다. 19장 10절에서도 같은 일이 있었는데, 이때도 천사를 통해 성도인 신부가 세마포 옷을 입도록 허락받았다는 말을 한 후에 있었습니다. 이 구원의 말씀이 놀랍게 감동이 되어 경배하려 했습니다. 요한은 감격하여 그 말을 전한 천사에게라도 경배하려 했으나 천사는 요한을 비롯한 독자들에게 그 경배의 대상을 분명히 해 줍니다. 그것은 오직 하나님께 경배하라는 것입니다. 이렇게 하나님께서 경배받으실 이유는 구원이 인간의 행위에 근거한 것이 아니라 하나님의 전적인 은혜이기 때문입니다. 이사야는 바벨론에서 이스라엘을 구원해 내실 하나님에 대해 말하면서 "(사 43:21) 이 백성은 내가 나를 위하여 지었나니 나를 찬송하게 하려 함이니라"라고 하였습니다. 4장에서도 보좌를 둘러싼 장로들이 면류관을 벗어 주 앞에 드리면서 "(계 4:11) 우리 주 하나님이여 영광과 존귀와 권능을 받으시는 것이 합당하오니 주께서 만물을 지으신지라 만물이 주의 뜻대로 있었고 또 지으심을 받았나이다 하더라"라고 했습니다. 우리 주님의 전적인 은혜로 구원받은 우리는 하나님을 영원토록 찬송하는 존재입니다.

천사는 요한에게 중요한 말을 전하고 있습니다.

"(계 22:10) 또 내게 말하되 이 두루마리의 예언의 말씀을 인봉하지 말라 때가 가까우니라 (계 22:11) 불의를 행하는 자는 그대로 불의를 행하고 더러운 자는 그대로 더럽고 의로운 자는 그대로 의를 행하고 거룩한 자는 그대로 거룩하게 하라"

말씀을 인봉하지 말라고 합니다. 10장에서 요한이 받은 말씀이 펴 놓인 작은 책이었고 그것을 먹었습니다. 이어지는 11장에서 요한을 대표로 하는 두 증인이 세상에서 말씀을 전하다가 죽임을 당했습니다. 이것은 복음이었고 본문의 말씀도 같습니다. 이 복음의 말씀은 인봉 돼서는 안 됩니다. 요한계시록은 비밀의 책이 아닙니다. 요한계시록을 비롯한 성경 전체의 주제인 복음은 반드시 전파되어야 합니다. 왜냐하면, 이 말씀을 통해 구원과 심판이 실행되기 때문입니다. 또한, 인봉하지 말아야 할 이유는 주님 앞에 설 때가 가깝기 때문입니다.

이렇게 말씀하시면서 불의를 행하고 더러운 자들은 그대로 행하라 하고, 의롭고 거룩한 자들도 그대로 하라고 합니다. 이 말은 죄짓고 있는 자들에게 회개하지 말라는 말이 아닙니다. 이 말은 다니엘서의 "(단 12:10) 많은 사람이 연단을 받아 스스로 정결하게 하며 희게 할 것이나 악한 사람은 악을 행하리니 악한 자는 아무것도 깨닫지 못하되 오직 지혜 있는 자는 깨달으리라"라는 말씀을 인용하여 한 말입니다. 그러니까 복음을 전하였을 때 은혜를 입은 자들은 그 은혜로 계속 거룩한 삶을 살 것이고, 악을 행하는 자들은 자신이 받은 복음을 이해하지 못하고 깨닫지 못했기에 계속해서 악을 행하고 결국에는 심판을 받을 것을 강조한 말씀입니다. 결국, 회개하고 천국을 얻는 자와 회개하지 못하고 형벌 받을 자로 나뉘게 됨을 말씀하고 있습니다.

그러기에 12절에서 다음과 같이 말합니다.

"(계 22:12) 보라 내가 속히 오리니 내가 줄 상이 내게 있어 각 사람에게 그가 행한 대로 갚아 주리라"

다시 강조하여 말씀하시기를 "내가 속히 오리니"라고 합니다. 왜 요한계시록을 시작하시면서부터 끝까지 "속히 오겠다"라고 하고 있습니까? 그것은 이 땅의 교회, 지상의 교회는 전투하는 교회로서 환난과 고난이 쉼 없이 계속되기 때문입니다. 또한, 교회가 복음을 전하다가 얻는 괴로움이든지 인생을 사는 동안 당하는 어려움이든지 그것들이 믿음의 싸움에서 성도를 지치게 하고 넘어지게 하기 때문입니다. 그래서 요한은 교회를 향해 "이기라"고 했습니다. 전사들에게 최종적인 위로는 대장 되신 예수님의 재림으로 완전한 구원의 은혜를 베푸시는 날입니다. 그래서 "내가 속히 오리라"라는 말은 주님을 사모하는 모든 자에게 가장 큰 위로이고 소망이 됩니다.

그러면서 각 사람에게 그가 행한 대로 갚아 주겠다고 하는데 그 행한 대로는 서두에서 말씀드렸듯이 예수님의 보혈의 은혜를 입고 죄를 씻은 행위입니다. 그 은혜를 입은 자와 입지 못한 자들에게 보응이 있을 것을 말씀하십니다. 특별히 믿음을 지킨 자들에게 상을 주시겠다고 합니다. 오해하지 말아야 합니다. 이 상은 우리가 이 땅에서 경험하고 있는 개념의 상이 아닙니다. 금 면류관, 개털 모자 등이 아닙니다. 누구는 황금 집에, 누구는 쪽방에 사는 등의 개념이 아닙니다. 그런 개념은 성경 어디에도 없습니다. 요한계시록에서 말하는 상, 그리고 히브리서 저자가 "(히 10:35) 그러므로 너희 담대함을 버리지 말라 이것이 큰 상을 얻게 하느니라"라고 했던 상은 "구원"이란 상입니다.

그래서 그 상에 대해 이어지는 말씀에서 부연하여 설명하고 있습니다.

"(계 22:14) 자기 두루마기를 빠는 자들은 복이 있으니 이는 그들이 생명나무에 나아가며 문들을 통하여 성에 들어갈 권세를 받으려 함이로다 (계 22:15) 개들과 점술가들과 음행하는 자들과 살인자들과 우상 숭배자들과 및 거짓말을 좋아하며 지어내는 자는 다 성 밖에 있으리라"

자기 두루마기를 빠는 것이 행위이고, 생명나무에 나아가며 성에 들어가는 결과입니다. 이 말씀을 주의하여 보면 "생명나무에 나아가며 문들을 통하여 성에 들어갈 권세"라는 말이 있습니다. 그리고 그것을 받는다고 합니다. 어떻게 받습니까? 그것은 자기 두루마기를 빠는 것으로 생명나무에 나아가고 성에 들어갈 권세를 받습니다. 두루마기를 빠는 것도, 생명나무에 나아가는 것도 모두 은혜로 주어졌다는 사실입니다.

특별히 문으로 들어간다고 하는데 이 문은 그리스도입니다. 예수님은 요한복음 10장에서 "나는 양의 문이다"라고 선언하셨고 히브리서에서도 "(히 10:20) 그 길은 우리를 위하여 휘장 가운데로 열어 놓으신 새로운 살 길이요 휘장은 곧 그의 육체니라"라고 하여 주님이 지성소, 새 예루살렘으로 들어가는 문임을 말씀하십니다. 그리고 그 조건은 피입니다. 그래서 "(히 10:19) 그러므로 형제들아 우리가 예수의 피를 힘입어 성소에 들어갈 담력을 얻었나니"라고 하였습니다. 또한, 문을 통해 들어간다는 것은 합법적으로 들어감을 말합니다. 예수님이 아닌 율법이나 전통으로 들어가려는 자들과 이끄는 자들은 "절도며 강도(요 10:8)"라고 하여 오직 예수님만이 합법적인 문이 되심을 말씀하였습니다.

이 성에 못 들어가는 자들이 있습니다. "개들, 점술가들, 음행하는 자들, 살인자들, 우상 숭배자들"입니다. 이것을 문자적으로 해석하면 안 됩니다. 이는 요한계시록 안에서 해석해야 합니다. 다른 것들은 요한계시록 안에 모두 있고 상식적으로 이해가 되나 "개들"이 문제입니다. 대체 개들은 누구일까요? 진짜 "개"로 인식하고 계신 분은 없으리라 생각됩니다. 초대교회 당시 "개들"이라고 불림을 입은 자들이 있습니다. 바울도 "(빌 3:2) 개들을 삼가고 행악하는 자들을 삼가고 몸을 상해하는 일을 삼가라"라고 했는데 개들은 유대교 신자들을 일컫는 말입니다. 초대교회 최대의 이단과 방해자는 유대교 신자입니다. 이들이 성 밖에 있다는 말은 예수님께서 달란트 비유에서 "(마 25:30) 이 무익한 종을 바깥 어두운 데로 내쫓으라 거기서 슬피 울며 이를 갈리라 하니라"라고 한 것과 같습니다. 구원에서 제외된 자들의 자리를 말합니다.

이렇게 말씀하시면서 이 말씀을 하고 계신 주님 자신에 대해 말씀합니다.

"(계 22:13) 나는 알파와 오메가요 처음과 마지막이요 시작과 마침이라"

예수님 자신에 대한 이러한 묘사는 1장 8절에서 처음 기록되어 모두 일곱 번 사용되었습니다. 이렇게 일곱 번을 기록한 이유는 예수님의 신적인 충만함을 상징합니다. 특히 본 절은 같은 의미를 달리 표현하며 반복하는 삼 중적으로 강조합니다. 이 말은 예수님이 하나님과 동등함을 의미하는데 요한이 기록한 요한복음은 시작 부분에서 이를 말씀했습니다. 요한복음 "(요 1:1) 태초에 말씀이 계시니라 이 말씀이 하나님과 함께 계셨으니 이 말씀은 곧 하나님이시니라"라고 하였습니다. 역사를 시작하고 마치시는 분이십니다. 구원의 일을 시작하시고 완성하시는 분이십니다. 그래서 바울도 "(빌 1:6) 너희 안에서 착한 일을 시작하신 이가 그리스도 예수의 날까지 이루실 줄을 우리는 확신하노라"라고 하였는데 여기서 착한 일은 구원의 일입니다.

590

13절 말씀과 함께 예수님 자신에 대하여 하신 말씀이 또 있습니다.

"(계 22:16) 나 예수는 교회들을 위하여 내 사자를 보내어 이것들을 너희에게 증언하게 하였노라 나는 다윗의 뿌리요 자손이니 곧 광명한 새벽 별이라 하시더라"

예수님은 다윗의 뿌리요 자손이라고 말합니다. 5장 5절에서도 "다윗의 뿌리가 이기었다"고 말씀할 때는 장로 중 하나가 말하였습니다. 이렇게 예수님에 대해 말하는 것은 성경을 통하여 메시아가 다윗의 자손으로 오실 것이라고 했던 것을 다시 상기시키려는 의도가 있습니다. 소경 바디메오도 예수님이 자신 앞을 지나실 때 "다윗의 자손 예수여 나를 불쌍히 여기소서"라고 외쳤고, 마태는 복음서를 시작하면서 "아브라함과 다윗의 자손 예수 그리스도의 계보"라고 했습니다.

이와 함께 광명한 새벽별이라고 소개합니다. 새벽별은 어둠 속에서 가장 밝게 빛나서 여명을 밝히는 별인데 이 별이 의미하는 바는 예수님입니다. 이 새벽별이 의미하는 바와 같이 심판과 저주 가운데 신음하는 이들에게 예수님께서 구원의 빛이 되심을 말씀합니다. 주님은 다윗의 뿌리로 어두운 세상에 임하셔서, 광명한 참 빛이 되셨습니다. 새벽별이란 여명을 알리는 별로서 새날이 밝아옴을 말하듯이 예수님께서는 사람들의 빛으로 임하셨음을 말씀합니다. 그래서 요한은 "(요 1:4) 그 안에 생명이 있었으니 이 생명은 사람들의 빛이라"라고 하였습니다. 이렇게 자신을 소개하시는 이유는 무엇일까요? 그것은 교회에 구원의 소식을 전하기 위함입니다. 요한계시록은 교회로 시작(1:4)해서 교회로 끝나는(22:16) 책입니다. 그래서 교회 안에 거하시고(1:20), 교회에게 "이기라"고 격려하는 책입니다. 주님의 관심은 교회에 있습니다. 그래서 그 교회를 위하여 이 글을 쓰고 있으며 성령을 통해 증거되고 성령을 받은 주의 사자들이 세상을 향해 외치라고 하는 책입니다.

그래서 이어지는 말씀에 교회의 외침이 있습니다.

"(계 22:17) 성령과 신부가 말씀하시기를 오라 하시는도다 듣는 자도 오라 할 것이요 목마른 자도 올 것이요 또 원하는 자는 값없이 생명수를 받으라 하시더라"

성령과 신부가 말하고 있습니다. 성령과 신부라고 한 것은 성령이 거하는 존재인 신부, 성도 개인을 시작으로 교회의 사명이 무엇인지 말해 줍니다. 이미 16절에서 "내 사자를 보내어 증언하게 하노니"라고 했는데 이 사자는 요한계시록 안에서 주의 말씀을 전하는 천사뿐 아니라 성령의 내주하심을 입은 성도들을 나타내는 표현입니다. 그러므로 성도는 세상을 향해 "오라"라고 외쳐야 합니다. 그래서 이 말씀을 듣는 자도 오라고 외치라고 합니다. 이 외침은 교회 내에 특정한 계층의 사람이나 특별한 사람만이 하는 것이 아니라 복음을 들은 모든 사람은 외쳐야 합니다.

오라는 말씀과 함께 와서 무엇을 해야 할지 말해 줍니다. 그것은 "목마른 자도 올 것이요 또 원하는 자는 값없이 생명수를 받으라 하시더라"라고 합니다. 이 말씀은 이사야 선지자가 "(사 55:1) 오호라 너희 모든 목마른 자들아 물로 나아오라 돈 없는 자도 오라 너희는 와서 사 먹되 돈 없이, 값없이 와서 포도주와 젖을 사라"라고 했던 말씀과 같습니다. 예수님도 "(요 7:37)누구든지 목마르거든 내게로 와서 마시라 나를 믿는 자는 성경에 이름과 같이 그 배에서 생수의 강이 흘러나리라"라고 초청하였습니다.

이 말씀이 우리에게 주는 놀라운 사실은 요한계시록은 심판이나 종말에 주어질 환난을 말하고자 하는 책이 아니라는 것입니다. 전에도 말씀드렸듯이 "7년 대환난"이나 "믿음이 아닌 행위를 근거로 성도도 심판받는다는 백 보좌 심판" 등의 이야기로 성도들을 겁박하거나 공포에 빠지게 하려는 책이 아닙니다. 요한계시록은 구원의 자리로 초청하는 복음 중의 복음을 말하는 책입니다. 심판은 이 복음의 초청에 응하지 않는 자들에 대해 불가피하게 임하는 것을 말할 뿐 거기에 초첨이 있지 않습니다. 분명히 기억해야 할 것은 구원은 값없이 받습니다. 자신의 행위가 아니기에 "목마른 자도, 원하는 자는"이라고 하였습니다.

이렇게 말씀하신 주님은 한 가지 경고를 하십니다.

"(계 22:18) 내가 이 두루마리의 예언의 말씀을 듣는 모든 사람에게 증언하노니 만일 누구든지 이것들 외에 더하면 하나님이 이 두루마리에 기록된 재앙들을 그에게 더하실 것이요 (계 22:19) 만일 누구든지 이 두루마리의 예언의 말씀에서 제하여 버리면 하나님이 이 두루마리에 기록된 생명나무와 및 거룩한 성에 참여함을 제하여 버리시리라"

하나님의 말씀은 주어진 성경으로 충분합니다. 그래서 무엇인가 더하려는 시도는 옳지 않을 뿐 아니라 심판을 받습니다. 동시에 주의 말씀에서 불편하거나 껄끄러운 말씀을 제하고 받아들이려는 모든 시도 또한 옳지 않을 뿐 아니라 심판을 당합니다. 이단은 차치하더라도 소위 개혁교회라고 하는 교회들의 강단에서 말씀이 왜곡되고 오염되어 말씀이 아닌 인문학 강좌가 행해지고 온갖 잡다한 이야기로 성경을 훼손시키는 행위가 만연합니다. 이성과 합리적인 생각을 기준으로 성경을 재단하고 교훈적이고 기복적으로 다루는 행위가 가득합니다. 성도들도 마찬가지입니다. 자신에게 이익이 되느냐 그렇지 않으냐로 말씀에 대해 수용 여부를 결정하고 자기 생각을 성경에 더하여 합리화하는 모든 행위는 본문 말씀에 근거해 책망을 당하게 됩니다.

주님이 다시 한번 강조하여서 하신 말씀이 있습니다.

"(계 22:20) 이것들을 증언하신 이가 이르시되 내가 진실로 속히 오리라 하시거늘 아멘 주 예수여 오시옵소서 (계 22:21) 주 예수의 은혜가 모든 자들에게 있을지어다 아멘"

내가 속히 오리라고 하신 말씀은 본문에서만 세 번째입니다(7, 12절). 이렇게 속히 오리라고 강조하신 것은 성도들의 간절한 기도에 대한 응답입니다. 다섯 번째 인이 떨어졌을 때 제단 아래서 "(계 6:10) 큰 소리로 불러 이르되 거룩하고 참되신 대주재여 땅에 거하는 자들을 심판하여 우리 피를 갚아 주지 아니하시기를 어느 때까지 하시려 하나이까"라고 부르짖던 순교자들의 부르짖음에 대한 응답입니다.

요한계시록은 "(1:3) 때가 가까움이라"라는 말로 시작하여 "속히 오리라"는 약속으로 마치고 있습니다. 그리고 교회는 "아멘 주 예수여 오시옵소서"라고 화답합니다. "아멘 주 예수여 오시옵소서"라는 성도들의 화답을 아람어로 "마라나타"라고 합니다. 그래서 초대교회 성도들은 이 말을 인사말로 사용하였습니다. 오늘날 성도들도 이 말이 인사가 되어야 합니다. "마라나타", "주여 어서 오시옵소서", 이 말이 주님을 사랑하는 우리의 고백이 되길 바랍니다.

요한계시록은 "주 예수의 은혜가 모든 자들에게 있을지어다 아멘"이라는 말로 끝맺습니다. 구약이 "(말 4:6)내가 와서 저주로 그 땅을 칠까 하노라"라는 말씀으로 마쳤습니다. 그런 가운데 주님께서 보혈을 흘려 심판으로부터 구원해 주셨기에 요한계시록은 모든 사람에게 이 은혜가 임하길 원한다고 하며 마치고 있습니다. 성경은 한 사람 아담의 불순종으로 닫혔던 에덴의 문이 한 사람 예수 그리스도의 순종으로 에덴이 열려 그 안으로 들어가는 것으로 마칩니다. 사탄에게 속하여 선악을 알게 하는 나무의 열매를 먹고 하나님과 원수가 되고 사망을 당한 인간의 이야기로 시작한 성경은 예수님의 대속의 은혜로 신부가 되어 생명나무 열매를 먹고 하나님과 영원히 사는 이야기로 마치고 있습니다.

이 은혜를 세상에 전하는 자로 삽시다. 그래서 세상을 향해서는 "오라 목마른 자도 올 것이요 또 원하는 자는 값없이 생명수를 받으라"라고 외치며, 주님께는 "마라나타", "아멘, 주여 어서 오시옵소서"라고 기도하는 자가 됩시다.